重庆市出版专项资金资助项目

黄希庭心理学文集⑦

# 时间认知模型

黄希庭 著

西南大学出版社
国家一级出版社 全国百佳图书出版单位

图书在版编目(CIP)数据

时间认知模型 / 黄希庭著. -- 重庆 : 西南大学出版社, 2021.10
(黄希庭心理学文集)
ISBN 978-7-5697-0608-6

Ⅰ. ①时… Ⅱ. ①黄… Ⅲ. ①心理学—研究 Ⅳ. ①B84

中国版本图书馆CIP数据核字(2021)第000431号

# 时间认知模型

SHIJIAN RENZHI MOXING

黄希庭　著

责任编辑：赖晓玥
特邀编辑：陈有国
责任校对：牛振宇
装帧设计：观止堂_未　氓
排　　版：吴秀琴
出版发行：西南大学出版社(原西南师范大学出版社)
地址:重庆市北碚区天生路2号
邮编:400715　市场营销部电话:023-68868624
http: // www.xdcbs.com
印　　刷：重庆新金雅迪艺术印刷有限公司
幅面尺寸：185mm×260mm
印　　张：30.5
插　　页：2
字　　数：650千字
版　　次：2021年10月 第1版
印　　次：2021年10月 第1次印刷
书　　号：ISBN 978-7-5697-0608-6

定　　价：88.00元

**黄希庭（摄于2016年）**

西南大学资深教授，1937 年生于浙江台州温岭。曾任中国心理学会第七、八届副理事长兼心理学教学工作委员会主任，国务院学位委员会第五届心理学学科评议组召集人，全国博士后管理委员会第六届专家组成员及教育学组召集人，教育部高等学校心理学教学指导委员会副主任，教育部长江学者评审专家组成员及教育学科组召集人。在中国开创了时间心理学、健全人格养成教育、中国特色社区心理学研究，出版了一系列高等学校心理学的优秀教材和教学参考书。曾荣获“国家级有突出贡献的中青年专家”（1992）、“首届国家级教学名师奖”（2003）、“全国先进工作者”（2005）、“重庆直辖 10 年建设功臣”（2007）、“新中国成立 60 周年重庆杰出贡献英模”（2009）、“全国优秀科技工作者”（2010）、“中国心理学会终身成就奖”（2011）、“全国教书育人楷模”（2012）、“当代教育名家”（2017）等荣誉及荣誉称号。

·黄希庭教授给研究生讲课。

# 总 序

我生于浙江台州温岭。我的启蒙小学是村里的鲸山小学，小学毕业后因家境困难失学一年在家干农活。初一我在离家较近的大溪中学读书。从初二开始我一直就读于温岭中学；考大学填升学志愿时，我的班主任李子英老师鼓励我向巴甫洛夫学习，报考北大心理专业。1956年9月开学那天上午，北京大学哲学系心理专业主任孙国华教授在迎新会上以“不卑不亢”为主题，教导我们做人做事都应遵循这一原则，他的教导深深地印刻在我的心里。1964年我被北京大学录取为研究生，师从沈迺璋教授；我的最大收获是学会了无师自通，并养成了终身学习和终身锻炼身体的习惯。在1961年至1964年的三年里，我在西南师范学院担任张增杰先生的助教，耳濡目染其教学的态度和技能，这为我当教师打好了基础。1977年，十年浩劫的“文化大革命”已经结束，但心理学教学并未解禁。我被校方聘为自然辩证法授课教师。

自1978年我开始讲授普通心理学，此后讲授过公共课心理学、现代心理学流派、青年心理学、心理学教学法等本科课程，还讲授过人格心理学、认知心理学、教育心理学、心理学研究方法等专题课，主持完成了40多项国家级和省部级研究课题。下面扼要地谈谈我在心理学四个领域里的教学和研究的点滴心得。

## 一、我与普通心理学的结缘

1978年，我开始一边撰写讲义，一边为教育系一年级学生讲授普通心理学，后经两次修改的这本讲义以《普通心理学》之名由甘肃人民出版社于1982年出版，当时读者对该书的反映较好。1984年,人民教育出版社资深编辑戚长福先生主动向我约稿。于是我重新撰写了一本《心理学导论》。这本《心理学导论》1991年5月由人民教育出版社出版。它是根据国家教委1985年武汉文科教材会议推荐的高校心理学专业、教育系有关专业的要求而撰写的普通心理学教材;后经修订,于2007年人民教育出版社出版了它的第二版。

我在普通心理学教学中特别注重以下四个环节:一是培养学生的辩证唯物主义的心理观,即用事实来论证心理是脑的机能,是客观现实的主观反映。既反对以化约的方式来解释复杂心理现象的还原论,也反对把心理现象视为与大脑活动毫不相干的副现象论;既反对把复杂的心理和行为视为对客观现实的机械反映的理论,也反对把心理和行为看作与客观现实毫不相干的唯心论;力求从当代心理学的多种取向整合的角度以事实来论证辩证唯物主义的心理观。二是在教学中既注重基础知识的传授,也重视系统分析观的传授;既重视学生记忆能力的培养,也注意他们思维能力的培养;同时注重帮助学生养成勤奋、严谨、创新、求实的品质。三是在教学中尽量引导学生学以致用,把学到的知识应用到自己的生活实际中去,使学生感受到学习心理学确实会促进自己健康成长。四是编译教学参考书以扩大学生的学习视野。我组织翻译出版了戴维·迈尔斯著《心理学(第七版)》(人民邮电出版社2006年版),《心理学与我们》(人民邮电出版社2008年版),主编了《简明心理学辞典》(安徽人民出版社2004年版),等等。

值得提及的是我在讲授普通心理学时十分注重联系实际。例如,在讲解“注意”时我提出以下一些问题,引导学生学以致用。

·课前预习时,勾出教材中的重点难点,为什么记笔记和听课的效率会明显提高?(注意指向重点难点,对教材的理解深刻了)

·为什么有些人能做到认认真真学习,痛痛快快玩耍?(全神贯注,目标管理,学习效率提高了)

·为什么专心学习时觉得时间过得快,无所事事或注意力涣散时觉得时间过得慢?(注意指向的对象不同所导致)

·为什么注重体育锻炼、睡眠充足的人比不进行体育锻炼、经常失眠的人学习效率要高?(学习需要注意资源的付出,前者有足够的注意资源,后者可能缺少足够的注意资源)

·在寝室里读书与在教室和图书馆里读书,效果为什么大不相同?(环境氛围不同,注意力受干扰的程度也不同)

·为什么读书时眼到、嘴到、手到、耳到、心到,效率会显著提高?(多种感官协同活动更有助于注意力集中)

我认为，普通心理学的其他章节也可以提出类似的问题，这样做既能引导学生学以致用又能活跃课堂学习氛围。在普通心理学的教学中，我除了对学生为人为学进行引导之外，还要求学生树立终身学习的理念。在教学之余，我常叮嘱他们要努力学好马克思主义哲学、中国哲学概论、高等数学和英语。

### 二、我与时间心理学的结缘

算起来，我与时间心理学的结缘迄今已经有65个年头了。记得1957年，程乃颐先生给我们班讲授普通心理学，他讲到人们对时间往往容易产生错觉。当时我觉得很新奇，很想设计一个实验进行研究。到了工作岗位上，我还一直在思考有关时间心理的研究：

·什么是时间？我们能从心理学的角度进行研究吗？

·为什么有的时间过得很快？有的时间过得很慢？

·所有心理活动都有时间参与，时间无始无终，我们该怎样加以研究呢？

·我们没有专门的时间感受器，但我们为什么能觉知到时间呢？

·为什么人们对待时间的态度是如此的不同？……

通过阅读文献，设计研究，我和我的学生们曾做过许多时间心理学的研究，例如：时间的无意识加工(unconscious processing of time)或时间的内隐加工(implicit processing of time)。我们的研究表明，内隐时间表征具有方向性、顺序性、连续性和认知不可渗透性；时间修饰词和汉字字组顺序蕴含着内隐时间信息，在对时间修饰词的概念加工时会自动激活其内隐时间属性表征，内隐时间顺序表征受知觉表征系统的支配也具有自动加工和提取的特点。我们还探讨过时序知觉中意识和无意识的贡献，以及不同动态条件下的内隐时间特征及时间信息自动加工与控制加工的电生理学指标。

时间知觉(time perception)是指个体对时间的“直接”反映。但时间瞬息即逝，时间知觉依赖于同质刺激的自发组织，即在大约3秒的限度内把一些相继事件知觉为相对同时的一个单元，即知觉到的现在(perceived present)，包括对时间持续性和顺序性的知觉。我们研究过刺激的感觉通道性质(包括拓扑性质的变化)、复杂度、强度、呈现时间的长短以及人格因素、刺激的空间特征等对时间知觉的影响，得到了不少有趣的结果；探讨过时序知觉的重复启动效应，时序知觉的中枢计时与分布计时，以及多感觉整合的时间再校准；还用事件相关电位初步探讨了时间知觉的神经加工及其相关脑区的激活状况。

时间估计(time estimation)也称时间判断(time judgment)，是指个体依据主观经验对客观时间的持续性和顺序性的认知，可以用多种方法(例如比较法、产生法、估计法、再现法、等级评定法、ERP方法等)进行时间估计(包括时距或时序估计)实验。所有这些时间估计方法都会产生误差，即使是短时距估计也是如此。我们研究过时距估计中的锚定效应、重复刺激效应、标量效应、注意效应、视听通道效应以及回溯式时距估计的一些特点;发现了不同年龄段儿童时间估计准确性与利用时间标尺有关,儿童越幼小,越倾向利用空间关系来估计时间,Kappa效应越明显。

对长于5秒的刺激序列的时间认知称为时间记忆(time memory)。时间记忆包括对时距、时点和时序这三种时间信息的记忆。时间记忆可以以钟点、日期等确切的线索为参照,但大多数时间记忆实验是以某个事件的时间线索而实现的,没有任何明确的言语编码形式,仅依靠有关事件对时间信息进行编码、保持和提取。个体对时间的记忆与计时工具测量出来的时间通常是不一致的。我们曾探究过回溯式时间记忆、预期式时间记忆以及时间性前瞻记忆的某些特点:用新闻片段和公众性新闻事件为实验材料,考查了回溯式时间记忆表征的特点,发现老年人回溯式时间记忆能力下降可能是与大脑中的海马功能衰退导致信息加工速度减慢和情节记忆加工能力衰减相关。还对预期式的时点、时距和时序信息在长时记忆中的表征特点做过研究,结果发现时间记忆既有层次网络的特征也有线性结构的特征;还探讨过时间性前瞻记忆与事件性前瞻记忆具有不同的认知机制问题。此外,我们还对时间记忆的层次网络模型和变化分割模型做过实验。

我们在整合国内外一系列研究成果的基础上,于1999年的一篇论文中提出了一个理论构想——时间认知的分段综合模型(range-synthetic model of temporal cognition)。时间无始无终而又瞬息即逝,时间与人类的生活形影不离且时间就是生命,我们是怎样来把握时间的呢?一个合理的答案是人类采用分段式来把握时间。最有力的证据是人发明了各种时间标尺(如毫秒、秒、分、小时、日、周、月、年、期、纪等)并用它们来标记时间。个体心理世界的各种成分是普遍联系、相互作用的,虽然时间与人生形影不离但人却没有专门的时间感受器,人类总是凭借经验综合各种因素来认知时间。人类对不同时距具有不同的表征,我们的许多研究都表明,无论对于哪一种时距的认知均受多种因素(例如事件的数量与结构,通道性质和特点,时距、时序和时点的性质,注意资源,编码方式,提取策略,实验指标,以及个体的时间信念、情绪、人格特征、疾病等)的影响;不仅如此,还受心理的其他成分如动机、兴趣、爱好、价值观等影响。人类时间认知的分段综合模型能很好地解释爱因斯坦的时间相对性问题,他说:“把你的手放在很热的炉子上一分钟,感觉起来好像一小时;而坐在一位漂亮姑娘身边整整一个小时,感觉起来却像一分钟。”用心理学家的话来说,这就是给感受打上了不同的时间标尺之故。我和我的团队做了许多实验来论证时间认知的分段综合模型,结果表明人类的时间认知确实具有分段性和综合性的特点。这是我们研究时间认知的一个主要收获。

我们既关注人们时间认知上的共同性,也关注人们时间人格上的差异性。时间给每个人以相同的机会，但每个人对于时间的感受、把握、管理、使用和爱惜却是不同的，人们在时间上的这些稳定的个体差异，我们称之为时间人格上的差异。时间人格(time personality)就是个人对待时间的方式。人们对待时间的方式有许多差异。时间最公平，它给勤奋的人留下智慧和力量，而给懒惰的人留下空虚和懊恼；时间瞬息即逝，有的人总是在检查自己对时间抓得紧不紧，而有的人总是白白消耗时光还埋怨时间过得太慢；平庸者坐失良机，智慧者能抓住良机并且能创造良机。凡此种种实例，到处可见。

从1997年开始我们对时间人格的研究主要集中在下列三个方面：(1)时间管理倾向研究。在深入实际调查的基础上我们编制了由时间价值感、时间监控观及时间效能感三个指标构成的"青少年时间管理倾向量表"，该量表的信效度均符合心理测量学的要求，还探讨过青少年的时间管理倾向与学业成绩、个人能力、自我观念、工作成就的关系。(2)时间洞察力研究。时间洞察力是指个体对于时间的认知、体验和行动的一种人格特质，它既具有能力的性质(由认知加工、时间管理和决策等构成)，也具有动力的性质(由价值观、责任感、义务感、荣誉感、事业心等构成)。人生从过去、经现在、向着未来，时间洞察力还包含过去时间洞察力、现在时间洞察力与未来时间洞察力，其中所含的认知、情感和行动倾向成分也不相同；其中有些属于状态时间洞察力(state time perspective)，有些则属于特质时间洞察力(trait time perspective)，后者才是时间维度上的人格特质。我们从我国的实际出发探讨过时间洞察力的结构成分，编制过两个(过去、未来)时间洞察力量表。(3)不同自我同一性状态下的时间洞察力研究。我们考查了不同自我同一性状态下的被试在其过去、现在和未来的时间体验上的差异；还探讨过时间自我评价的理论意义和实践意义。

我们在时间人格领域还有许多问题需要进一步深入探讨：

(1)时间管理倾向、时间洞察力、时间自我同一性的实质是什么？其核心指标是什么？怎样区分状态时间洞察力与特质时间洞察力？

(2)时间洞察力是先天的还是后天的？

(3)时间自我同一性的稳定性与变异性有怎样的关系？

(4)时间管理就是自我管理，那么我们怎样来塑造自己的时间人格呢？

## 三、我与人格心理学的结缘

我曾给大学生做过几次人格心理学的专题讲座。张春兴先生邀我参加他主持的"世纪心理学丛书"撰写，我很乐意接受《人格心理学》的撰写工作。接受此任务后用什么框架来建构全书使我很是纠结。当时教科书的结构大多是理论范型取向，由于交书稿时间的限制，我便采用了人格理论范型取向加人格研究专题的方式来撰写《人格心理学》(1998年由台北东华书局出版，2002年由杭州浙江教育出版社出版)。

我的《人格心理学》虽然已经完成，但内心并不满意。怎样撰写一本中国特色的人格心理学著作呢？这成了我久久难以释怀的难题。在学习《论语》的过程中我终于找到了答案：孔子推崇的君子人生便是我要寻找的人格样板。君子人生格调也就是君子人格。孔子所推崇的君子人格都是从知、情、意、行的整体角度提出来的。例如，"子谓子产：'有君子之道四焉：其行己也恭，其事上也敬，其养民也惠，其使民也义。'"(《公冶长》)子曰："君子成人之美，不成人之恶；小人反是。"(《颜渊》)子曰："君子矜而不争，群而不党。"(《卫灵公》)司马牛问君子，子曰："君子不忧不惧。"曰："不忧不惧，斯谓之君子已乎？"曰："内省不疚，夫何忧何惧？"(《颜渊》)《论语》中孔子推崇的君子人格就包含了人生追求、人生态度、人生智慧和人生修养。我做了初步的归纳，今后如果要撰写中国特色的人格心理学著作，我将按这四个部分加以构建。

(一)君子的人生追求

人生追求(life purpose)也称人生目标、人生抱负，是个人内心的动力坐标，指个人以积极的行动来争取某个目标的达成，因而具有方向性和持久性。君子的人生追求是仁、义、忠、恕。

1.仁、义

子曰："君子道者三……仁者不忧，知者不惑，勇者不惧。"(《宪问》)又说："君子去仁，恶乎成名？君子无终食之间违仁，造次必于是，颠沛必于是。"(《里仁》)"樊迟问仁。子曰：'爱人。'"(《颜渊》)爱人有各种表现：爱护、同情、怜悯、体谅、厚道、忍让、慈爱、友善、善良、报恩等。仁是爱人的态度。

子曰："君子喻于义，小人喻于利。"(《里仁》)子曰："君子义以为上，君子有勇而无义为乱，小人有勇而无义为盗。"(《阳货》)子曰："君子之于天下也，无适也，无莫也，义之与比。"(《里仁》)子曰："君子义以为质，礼以行之，孙以出之，信以成之。君子哉!"(《卫灵公》) 孔子认为义的本质是实行仁，是对原则的态度。

2.忠、恕

《论语·颜渊》篇记载："仲弓问仁。子曰：'……己所不欲，勿施于人。'"又说："己欲立而立人，己欲达而达人。"(《雍也》)推己及人的肯定方面是"尽己为人"，孔子称之为"忠"；而推己及人的否定方面是"己所不欲，勿施于人"，孔子称之为"恕"。"子曰：'参乎！吾道一以贯之。'曾子曰：'唯。'子出。门人问曰：'何谓也？'曾子曰：'夫子之道，忠恕而已矣。'"(《里仁》)忠恕之道就是行仁道。

"忠"的对象有多种，除了忠于君，如"君使臣以礼，臣事君以忠"(《八佾》)，还有忠于人，如“居处恭，执事敬，与人忠”（《子路》）；忠于长上，如“孝慈则忠”（《为政》）；忠于朋友，如“子贡问友，子曰：‘忠告而善道之……’”（《颜渊》）；忠于职守，如“子张问曰：‘令尹子文三仕为令尹，无喜色；三已之，无愠色，旧令尹之政，必以告新令尹。何如？’子曰：‘忠矣！’”（《公冶长》）。

（二）君子的人生态度

人生态度（life attitude）是指对人生所持的举止心情，它是一种具有持久性和一致性的倾向，这种倾向是与对人生目的的理解相联系的。通常人生态度包含认知、情感和行为倾向三种成分。君子的人生态度如下：

1.知命而行

子曰：“不知命，无以为君子也。”（《尧曰》）孔子说的“命”就是内心的使命感。子曰：“君子有三畏，畏天命，畏大人，畏圣人之言。小人不知天命而不畏也，狎大人，侮圣人之言。”（《季氏》）孔子的人生态度坚定不移，具有“知其不可而为之”的献身精神。

2.践行仁道

子曰：“唯仁者能好人，能恶人。”（《里仁》）又曰：“我未见好仁者，恶不仁者，好仁者无以尚之，恶不仁者，其为仁矣。”（《里仁》）

子贡问：“乡人皆好之，何如？”子曰：“未可也。”“乡人皆恶之，何如？”子曰：“未可也，不如乡人之善者好之，其不善者恶之。”（《子路》）

君子好善恶恶而践行仁道。

3.言行一致

子曰：“君子耻其言而过其行。”（《宪问》）又曰：“……故君子名之必可言也，言之必可行也。君子于其言，无所苟而已矣！”（《子路》）

4.心怀宽广

子曰：“君子坦荡荡，小人长戚戚。”（《述而》）子曰：“富与贵，是人之所欲也；不以其道得之，不处也。贫与贱，是人之所恶也；不以其道得之，不去也。君子去仁，恶乎成名？君子无终食之间违仁，造次必于是，颠沛必于是。”（《里仁》）讲求安贫乐道，心安神泰。

（三）君子的人生智慧

人生智慧（life wisdom）是对人生的独特的理性思考，也是对人生的持久的创造性的智力活动。君子的人生智慧有哪些特点呢？

1.行中庸

子曰：“中庸之为德也，其至矣乎！民鲜久矣。”（《雍也》）在《中庸》中，仲尼曰：“君子中庸，小人反中庸。君子之中庸也，君子而时中；小人之中庸也，小人而无忌惮也。”

2.尊理性

“樊迟问知(智)。子曰:‘务民之义,敬鬼神而远之,可谓知(智)矣。’”(《雍也》)。《论语》中谈仁很多,谈智较少。但“知”与“智”的含义有相似之处。子曰:“知者不惑”(《宪问》),“择不处仁,焉得知”(《里仁》)。这里的知都有明智、智慧、理性的意思。《中庸》列出的三达德,智甚至排在首位,居仁之首,说明孔学是十分重视智慧、理性的,但孔学的智慧既不是技术思维,也不是聪明计算,更谈不上是探求科学的手段,而是一种修德从善的理性思考。

(四)君子的人生修养

人生修养(moral upbringing of life)指养成正确对待自己人生的行为方式,人生修养即修身。在《论语》中孔子关于君子修身的论述很多,下面择其要者而述之。

1.好学

子曰:“君子食无求饱,居无求安,敏于事而慎于言,就有道而正焉,可谓好学也已。”(《学而》)子曰:“有颜回者好学,不迁怒,不贰过。不幸短命死矣,今也则亡,未闻好学者也。”(《雍也》)

子曰:“由也!女闻六言六蔽矣乎?”对曰:“未也。”“居!吾语女。好仁不好学,其弊也愚;好知不好学,其蔽也荡;好信不好学,其蔽也贼;好直不好学,其蔽也绞;好勇不好学,其蔽也乱;好刚不好学,其蔽也狂。”(《阳货》)好学是君子必须具备的人格特征,在仁、知、信、直、勇、刚的形成中起着重要作用。同时,孔子还指出好学才能增长才干。子曰:“小子何莫学夫诗?诗,可以兴,可以观,可以群,可以怨。迩之事父,远之事君;多识于鸟兽草木之名。”(《阳货》)孔子还强调:“君子病无能焉,不病人之不已知也。”(《卫灵公》)

2.自省

子曰:“见贤思齐焉,见不贤而内自省也。”(《里仁》)

子曰:“君子有九思:视思明,听思聪,色思温,貌思恭,言思忠,事思敬,疑思问,忿思难,见得思义。”(《季氏》)又说:“君子有三戒:少之时,血气未定,戒之在色;及其壮也,血气方刚,戒之在斗;及其老也,血气既衰,戒之在得。”(《季氏》)曾子曰:“吾日三省吾身——为人谋而不忠乎?与朋友交而不信乎?传不习乎?”(《学而》)因此,“躬自厚而薄责于人”(《卫灵公》)便成了修身之方。

3.谨言敏行

子曰:“巧言令色,鲜矣仁。”(《学而》)“巧言、令色、足恭,左丘明耻之,丘亦耻之。”(《公冶长》)子曰:“君子耻其言而过其行。”(《宪问》)子曰:“先行其言,而后从之。”(《为政》）又曰："古者言之不出，耻躬之不逮也。"（《里仁》）君子"敏于事而慎于言"（《学而》），"君子欲讷于言而敏于行"（《里仁》）。"子曰：'能行五者于天下为仁矣。'……'恭、宽、信、敏、惠。恭则不侮，宽则得众，信则人任焉，敏则有功，惠则足以使人。'"（《阳货》）

孔子虽然没有在《论语》中提出"修身"的概念，但却提过与之相类似的，如"克己""修己""正身""求诸己""自省""自讼"等概念，十分重视人生修养。

2000年底，我在大学生中做过一个开放式问卷调查："你认为什么样的行为是心理健康者的特征性行为？依据你的看法，请写出5至10条。"收回问卷49份，提出的特征性行为共计393条，经内容分析可以看出当代大学生对心理健康的追求大多已超出了心理是否有疾病的标准。他们所追求的心理健康标准更高，可以将大学生的心理健康期盼概括为：

对世界抱开放态度，乐于学习和工作，不断吸取新经验；

以正面的眼光看待他人，有良好的人际关系和团队精神；

以正面的态度看待自己，能自知、自尊、自我悦纳；

以正面的态度看待现在和未来，追求现实且高尚的生活目标；

以正面的态度对待挫折，能调控情绪，心境良好。

综合孔子推崇的君子人格以及西方心理学家关于健康人格的理论和当代大学生对最佳的心理健康者的期盼，我提出了健全人格理论（perfect personality theory）。我认为，当代大多数大学生所追求的理想人格或优秀人格就是源自孔子推崇的君子人格。心理健康是一个连续体，连续体的一端是最差的心理健康状态，即心理疾病或心理障碍，而它的另一端是最佳的心理和行为状态，即健全人格。健全人格是个人最佳的心理和行为的有机结合，是当代大学生所期盼的人格，也是当代的君子人格。

健全人格是一个动态系统，它是由许多心理成分组成的复杂组织，其中最主要的是三个具有独立功能的成分。这三个成分可以用三个同心圆来表示，其中最核心的是正确的价值观。价值观是每个人区分好坏、美丑、对错的信念系统，它通常是充满情感的，不仅引导人们追求自己的理想，而且还决定着人生中的种种选择。健全人格的第二层次是积极的自我观，即个人积极主动地面对自己的人生，包含自爱、自立、自信、自省和自强等。健全人格的第三层次是追求未来梦想的优良品格，属于相对表层的要素，如好学、有责任心、肯实干、宽恕、同理心、互助合作、心境平和以及勇气、节俭等品格。上述这三类心理成分也就是健全人格的三个子系统，它们又是相互关联、相互影响的。我们还对健全人格系统的稳定性和可变性做过一些研究。

## 四、我与应用心理学的结缘

虽然我主要从事基础心理学的教学和研究，但对心理学的应用也一直十分重视。

因为我认为一门学科是否有生命力，它的影响力大小，在很大程度上取决于该学科对社会的贡献。中国心理学研究，不仅应当对学科的理论建设有更大的贡献，还应该更多地参与解决社会中的各种实际问题。无论是基础理论抑或是社会实用问题，我们都应努力进行探究。

2005年，由我担任首席专家的教育部哲学社会科学重大研究课题攻关项目“中国心理健康服务体系现状及对策研究”获得批准(批准号：05JZD00031)。我们用了五年时间完成该项目，在全国取样五万余份，其最终成果《中国心理健康服务体系建构》约50万字，内容包括第一编心理健康服务的理论基础(含三章)，第二编需求方分析(含四章)，第三编服务方分析(含三章)，第四编心理健康服务的影响因素(含三章)，第五编心理健康服务的效果与对策(含四章)，总计五编十七章构成。

20世纪初期，西方心理健康服务的理论和方法传入中国，但在我国古代典籍中早已有心理健康服务的理论和方法。例如在理论方面，孔子(前551—前479年)的仁学，倡导忠以克己，恕以待人，“知其不可而为之”的处世态度；《老子》是战国时期道家的一部经典著作，除了有其论述的修身养性之道外，还包含有丰富的辩证法思想，如以柔克刚、以弱胜强、祸福相倚、物极必反、要从反面入手才能取得正面结果等等。浩如烟海的我国儒释道经典著作无疑可以成为中国特色心理健康服务的理论根基。

关于维护心理健康的方法，我最近学习了早在春秋战国时期成书的《黄帝内经》，感慨很多。《黄帝内经》不仅是中医学的理论基础，而且在心理治疗方面也有许多独到的见解，很值得我们研究。

例如，《黄帝内经·素问》中阴阳应象大论篇和五运行大论篇都指出：“怒伤肝，悲胜怒”，“喜伤心，怒胜喜”，“思伤脾，怒胜思”，“忧伤肺，喜胜忧”，“恐伤肾，思胜恐”，这说明“情志相胜”的基本原理，即有意识地采用一种情志活动，去控制、调节因另外一种情志而引起的疾病，从而达到治疗心身疾病的目的。脏象五行学说把人的情志分为怒、喜、思、悲、恐五类，并用五行学说来表示它们的联系，但我们也不能机械地照搬五行相克之说，因为某种疾病可能是由某种情志之偏而导致的，也可能是多种原因造成的。例如情绪表达要适度，不可过度，“悲哀动中者，竭绝而失生。喜乐者，神惮散而不藏。愁忧者，气闭塞而不行。盛怒者，迷惑而不治。恐惧者，神荡惮而不收”(《灵枢·本神》)。对于过度的情绪，医家则设法加以制止。例如，一般而言，喜对身体有益，但喜乐过度，就会导致喜极气散不能收藏。《素问·举痛论》提出“恐则精却”“恐则气下”，以治疗喜乐过度而导致的精神疾患。

又例如，《素问·移情变气论篇》说：“闭户塞牖，系之病者，数问其情，以从其意。得神者昌，失神者亡。”即是说，关好门窗，向病人详细询问病情，使他愿意如实地说出病情。经过问诊并参考色脉之后，便可作出判断：如果病人面色光华，脉息和平，这叫“得神”，预后良好；如果病人面色无华，脉不应时，这叫“失神”，预后不佳。也就是说，在进行言语开导时，医生必须取得患者的信任，在安静无干扰的环境下以严肃、亲切的态度对待患者。这既有利于让患者诉说病痛，具有心理疏导之功效，同时也能使患者提升战胜疾病的信心。《灵枢·师传》中还说：“岐伯曰：人之情，莫不恶死而乐生。告之以其败，语之以其善，导之以其所便，开之以其所苦。虽有无道之人，恶有不听者乎？”岐伯说，人之常情，没有不怕死的，人们都喜爱活着。告诉他哪些对人有害处，哪些对人有好处，用适宜的方法指导他，解开他心中的苦痛。即使是不懂道理的人，难道会不听劝告吗？这正是心理疏导的精髓。医生通过阐述、解释、鼓励、安慰、保证、暗示等方法晓之以理、动之以情、喻之以例，这种开导式心理治疗对患者是很有帮助的。

从2013年起，我和陈红教授开始筹划和推进社区心理学专业委员会的建立。2014年10月10日，中国心理学会常务理事会批准筹建社区心理学专业委员会。2015年9月，中国心理学会社区心理学专业委员会（筹）首届学术会议在苏州大学召开。同年10月，在中国心理学会十一届八次常务理事会上，与会的常委们以全票通过社区心理学专业委员会（筹）的转正申请。社区心理学专业委员会挂靠西南大学心理学部，第一届主任是陈红，副主任包括马建青、王振宏、赵俊峰、刘电芝、夏凌翔（兼任秘书长，2016年底改由吕厚超担任），标志着我国制度化的社区心理学正式建立。至今，中国心理学会社区心理学专业委员会已成功举办六届学术年会。社区心理学正在我国蓬勃兴起，重庆、江苏、北京、上海、天津、湖南等地先后建立了研究机构，并开展了大量关于社区心理学的研究和实践工作。2017年11月2日，中国社区心理学服务与研究中心（China Community Psychology Service and Research Center）在西南大学举行揭牌仪式，首个中国社区心理学服务与研究中心正式成立。

为了扩大学术影响力，促进社区心理学的研究和交流，2014年12月社区心理学专业委员会（筹）决定主办《社区心理学研究》集刊，并成立了以我为主编，陈红、韩世辉（后由苏彦捷担任）、马建青、毕重增（常务）为副主编的首届编委会，至今已出版了10卷；2021年4月被南京大学中国社会科学评价中心认定该刊为CSSCI（2021—2022）收录集刊。在中国心理学会社区心理学专委会成立初期，以我为顾问，陈红教授为主任，联合二十余位心理学家翻译出版了《社区心理学译丛》（共10本）。由我任主编，毕重增、苏彦捷、陈红任副主编的《社区心理学导论》教材即将在人民教育出版社付梓出版，全书涵盖了中国特色社区心理学的观点和方法、社区氛围与社区价值观、社区亚群体心理、社区应用心理以及社区心理学的未来方向等部分。我们决心把心理学的成果写在社区千家万户的心坎里，努力构建中国特色社区心理学的话语体系。

实事求是是中国特色社区心理学生存和发展的命脉。我们要到社区中去研究，把仁爱、正义、文明、和谐、诚信作为中国特色社区心理学的理论基础。这五项价值原则不仅符合新时代的社区建设的要求，而且它源自中华传统文化的核心价值观（仁、义、礼、智、信），已经根植在中国人的内心，潜移默化地影响着我们的思维模式、情感倾向和行事风格，有助于中华优秀文化传统在我国社区的传承和弘扬。社区五价值理论（five-values theory of community psychology）弘扬了人性的真善美，鞭挞了假恶丑，为居民健全人格的养成及和谐幸福社区的建设提供理论支撑。心怀着服务国家富强、民族复兴、人民幸福安康的愿望，我相信中国特色社区心理学必定有大的发展，在理论建设和践行服务等方面取得辉煌的成绩。

心理学是一门探寻心迹、理解人生、点燃心灵真善美的学问。我热爱心理学，心理学成了我生命的一部分；它给了我欢乐和满足，也使我迷茫和焦虑。我从事心理学教学和研究61年的心得体会对于后来者少走些弯路可能是有益的。

是为序。

黄希庭 谨识

2021年5月于西南大学心理学部

# 序　言

时间,是许多学科学者共同研究的对象,也是心理学家的研究对象。著名的物理学家阿尔伯特·爱因斯坦(1879—1955)曾说过:“把你的手放在滚烫的炉子上一分钟,感觉起来像一个小时;坐在一个漂亮的姑娘身边整整一小时,感觉起来就像一分钟。”虽然爱因斯坦是在解释何谓“相对论”,但这句话也反映了个人的时间感源自其主观经验。

时间感或时间认知很复杂,受许多因素的影响,谜团重重。为了探究这类心理时间的性质,心理学家提出了许多理论假设并用各种研究方法进行探索。梳理时间认知的研究方法将有助于我们解决今后的研究任务。

时间认知可以分为时距认知和时序认知,前者是指个体对刺激呈现的时距长短的认知,后者指对不同刺激先后顺序的认知。针对这两种不同的认知,心理学家发展出两种相应的测量方法。时距认知的测量方法可细分为时距量表法和时距辨别法。时距量表法就是要求被试在一组较易区分的刺激时间中根据知觉到的时间做出反应,大多属于心理物理法范畴,主要包括口头估计任务(verbal estimation task)、数量估计任务(numerical estimation task)、产生任务(production task)和复制任务(reproduction task)。其中,口头估计任务就是要求被试根据呈现的时距,以时钟时间为单位(如:毫秒、秒或分)给出言语估计;数量估计任务是口头估计任务的变式,被试的言语报告并非以时间为单位,而是用连续的数字来表示;产生任务要求被试根据主试提供的标准时距(如电脑屏幕上呈现汉字“一秒”),按键产生出与主试提出的标准时距相一致的时距;复制任务就是要求被试复制出的时距与目标时距(如在屏幕上呈现实心圆,时间为1秒钟)相一致。而时距辨别法则要求被试在一组很难区分的时距中做出辨别反应,主要有比较任务(comparison task)、二分任务(bisection task)和泛化任务(generalization task)。比较法就是要求被试根据一个标准时距对一个比较时距做出长、短或相等的判断;二分任务是比较任务的变式,先要求被试记住一个长标准时距(如:1600毫秒)和一个短标准时距(如:400毫秒),然后对介于其间的包括长、短标准时距在内的若干等距时距(如:400,600,800,1000,1200,1400和1600毫秒)做出更接近长标准时距或更接近短标准时距的判断;同样源自比较任务,泛化任务仅要求被试学习一个标准时距(如:1000毫秒),然后对若干对称于标准时距的等距时距刺激(如:400,600,800,1000,1200,1400和1600毫秒)做出相等或不相等的判断。时序认知的测量方法主要有时序判断任务(temporal order judgment task)和同时性判断任务(simultaneity judgment task)。一般情况下,这两种任务都会以不同的时间间隔向被试呈现两个刺激,它们的不同在于时序判断任务要求被试判断哪一个刺激先出现,即指出两个刺激出现的先后顺序;同时性判断任务则要求被试判断两个刺激是同时出现还是相继出现,但不需要指出两个刺激出现的先后顺序。

在早期时间认知研究中,研究者主要依据被试的行为反应数据和口语报告的资料来论证时间认知的编码、储存加工和提取的理论假设。随着研究的深入,一些研究者们对行为数据的使用有了革新,目的是通过对原始数据进行深入处理,从而获得更为丰富的行为指标。其中,最具代表性的是根据二分任务或泛化任务中被试的某一反应比率计算的"主观相等点(point of subjective equality,PSE)"和"韦伯比率(weber ratio,WR)"。前者能够反映标准刺激与比较刺激在主观上的时间相等的点,在标准刺激固定的前提下,"主观相等点"越低,表示被试知觉到的比较刺激时距越长;后者则可以反映被试的时距知觉敏感性,"韦伯比率"越低,时距知觉越敏感。然而,受行为学研究的局限,单依靠行为指标并不能满足心理学家对人类时间认知的探索。一方面,行为指标往往基于个体对刺激的事后反应,不能反映时间认知的即时加工过程;另一方面,行为指标不能直接考查人类在时间认知过程中的生理和神经活动。随着上世纪末心理生理学和认知神经科学的兴起,越来越多的生理指标被引入时间心理学。例如,Angrilli等人使用生理指标考查了时间知觉,他们将被试的心律和皮肤电分别作为注意定向和唤醒水平的生理指标,成功揭示了注意和唤醒在情绪影响时间认知过程中的作用(Angrilli, Cherubini,Pavese, Manfredini,1997)。在此之后,通过事件相关电位(event-related potential,ERP)、时频分析(time-frequency analysis)、功能磁共振成像(functional magnetic resonance imaging,fMRI)、正电子发射断层扫描(positron emission tomography,PET)等技术获得的生理指标也陆续出现在了时间心理学研究中。这些新的研究技术为我们揭示时间信息加工的神经机制提供了有效手段。例如,事件相关电位研究发现时距加工任务中大脑额叶处诱发的关联负变化(contingent negative variation,CNV)的波幅会随着时间知觉的长度和时间知觉准确性而发生变化;对脑电信号进行时频分析发现,时距信息保持过程中大脑诱发的alpha波波幅能够有效反映被试的时距信息保持能力;功能磁共振和正电子发射断层扫描的脑成像研究发现,小脑、基底神经节和额叶是参与时间信息加工的主要脑区。

越来越丰富的数据使得心理学家建构出了若干能够解释人类时间认知的模型,并不断地对已有模型进行修正和完善。Treisman(1963)以机械钟表的理念提出了内部时钟模型(internal clock model),该模型假设人脑内存在一个起搏器(pacemaker)或振荡器,它按照一定的频率稳定地发出脉冲,这些脉冲被一个累加器(accumulator)记录整合,成为表征时间的基础。Church等人(1984)在内部时钟模型的基础上,进一步强调主观心理时间与客观物理时间的差异,提出了标量计时模型(scalar timing model)。该模型包括时钟、记忆和决策三个水平。时钟阶段通过起搏器以一定的频率产生脉冲,对时间的注意会使起搏器和累加器之间的开关联通,从而让脉冲通过开关(switch)进入累加器形成时间表征;记忆阶段包括工作记忆(working memory)和参考记忆(reference memory)两个子功能,它们分别负责存储时钟阶段形成的时间表征和从长时记忆中提取与当前任务相关的其他时间表征;决策阶段主要对工作记忆中的当前时距和参照记忆中的时距表征进行比较。随后,Zakay和Block(1997)提出了注意闸门模型(attention gate model),该模型最主要的特征是把注意等认知因素和计时的量化属性结合了起来,使用“闸门”(gate)的概念替换了标量计时模型中的“开关”,并让闸门继承了开关对时间相关注意的控制能力。当个体分配给时间信息加工的注意资源越多,闸门开启的程度就越大,累加器就会接收到更多由节拍器产生的脉冲,时距知觉也就越长。2004年,以起搏器—累加器的思想为基础,结合神经生物学领域的研究,Meck等人提出了纹状体振荡频率模型(striatal beat frequency model)(Matell,& Meck,2004)。该模型认为,在皮质—纹状体回路中,对皮质中神经元振荡的同步检测(coincidence detection)是时间信息表征的神经基础。前额皮质神经元可以采用振荡(oscillation)对刺激进行表征,纹状体可以检测皮质神经元的振荡模式,刺激的物理特征信息可由振荡神经元获得,而时间信息可由振荡的相对相位提取。虽然这些模型能在一定程度上揭示人类的时间认知的机制,但受到研究视角的影响这些模型或多或少存在着一定的局限性。我们的研究团队从系统论的角度出发,在吸收现有心理时间研究中合理成分的基础上提出了时间认知分段综合模型(range-synthetic model of temporal cognition model)(黄希庭,李伯约，张志杰，2003；黄希庭，徐光国，1999)。该模型强调人类的时间认知会受到多种因素影响、存在分段的特性，并且该模型具有极强的兼容性和扩展性，能够吸收现有心理时间研究中合理的成分，不断提高自身的预测效度，旨在为理解人类的时间认知提供有价值的视角。

任何一个时间认知的实验研究都包含它的刺激变量、被试变量和因变量。这本论文集收录了我们学术团队近年来合作完成并在国内外杂志上发表的一些研究报告和学术论文，由四个专题构成，内容涉及时间认知研究中的刺激变量、被试变量、因变量以及我们对时间认知分段综合模型的研究。

专题一“时间认知实验的刺激变量”，由十篇论文组成。该专题主要探究了人类的时间认知在受到外部刺激影响时的一些特征：个体的时距估计不会受到Müller-Lyer错觉的影响；疼痛表情能够显著延长个体的时距知觉，但其对秒上、秒下时距知觉的影响机制可能存在差异；刺激的拓扑性质变化能够显著地增强新异刺激对时距知觉的延长效应；数目及其呈现方式能够影响时距知觉，但其对秒上、秒下时间知觉的影响存在分段性；大小依存者的时距知觉会随刺激面积的增加而延长；个体对喜悦表情的时间整合时程要明显长于愤怒和悲伤表情；个体对红色的时距知觉短于蓝色，个体对红色的时距知觉受到情景的调节。

专题二“时间认知实验的被试变量”，由十篇论文组成。该专题围绕时间认知的被试变量，考查了对时间认知存在潜在影响的诸多因素：以双任务范式操纵注意控制，发现节律性时间期待效应不受注意控制的影响；以警觉能力高低区分被试，发现高警觉被试的时距知觉显著长于低警觉被试；使用事件相关电位技术，揭示了注意调节时距知觉的神经加工进程和相关脑区的激活状况；对比不同年龄组的回溯式时距估计，发现老年人回溯式时距估计能力的下降可能与信息加工速度减慢和情节记忆加工能力衰减有关；要求被试进行认知重评或表达抑制，发现被试的生理唤醒水平和注意偏向可能是情绪刺激扭曲时距知觉的机制；通过诱发疼痛，发现疼痛能显著降低时间性前瞻记忆的成绩；对比A型、B型人格者的时间性前瞻记忆，发现A型人格者具有力求以高效和策略的时间监控模式完成时间性前瞻记忆任务的行为倾向。

专题三“时间认知实验的因变量”，由十一篇论文组成。该专题回顾了时间加工与空间距离加工的对称干扰关系和不对称干扰关系及其神经机制，时空隐喻中时间表征的左右方向性及其心理机制，时距估计干扰效应与解释理论；比较了时间、金钱与幸福的关系，发现金钱虽有利于减轻个体的痛苦，但也会削弱个体的幸福感，而时间却往往有利于幸福感的提高；系统地探讨了时序知觉和时距知觉中的重复启动效应的作用机制及其影响因素；考查了工作记忆对时间和数字的心理表征之间关联的调节作用，证明了工作记忆的决策层面是调节时间和数字表征之间关联的核心因素；探讨了多通道感知的再校准效应和多通道感觉整合效应的异同；通过问卷调查和实验揭示了中国大学生认为过去与现在的幸福没有显著区别、将来会比过去和现在幸福的评价特点。

专题四“时间认知分段综合模型研究”，由十二篇论文组成。该专题用时间词义赋值特征的分析方法系统地探讨了过去与未来两个时间段的分段性；探究了自我同一性状态对时间透视体验的结构关系，发现在自认达成型与自认扩散型两种不同的同一性状态下，不仅个体在过去、现在、预期未来和理想未来的时间体验上有积极与消极之分，而且在各种时间体验之间的结构关系上前者的结构更为清晰；用系统分析论证了时间认知分段综合模型的合理性，并完整地阐述了该模型的理论要点：人类对时间的认知具有分段性，不同时距具有不同表征，个体无论对哪一种时距的认知均受多种因素的影响。该专题还在1s范围内、1~6s范围内验证了人类对时间的认知具有分段性；考查了“心理现在”在视觉与听觉、空时距与实时距中的表征与差异，证明了分段性与综合性存在交互作用；阐述了时间心理学研究的三个值得注意的新方向——时间与意识的关系、时间认知的脑机制问题以及时间人格等问题的研究。

“山重水复疑无路，柳暗花明又一村。”方法上的进步为我们观察时间认知行为提供了一个又一个新的视野。对于时间认知的性质，我们不可能单单依靠思维，或单单依靠缺乏深思熟虑的实验而获得；唯一可能的途径是把思维与实验结合起来进行观察，尽可能多地搜集各种经验事实，并把这些事实加以比较，然后总结出简单而全面的命题来。简言之，我们必须尽量采用归纳法。这也就是我们最大的收获！

是为序。

黄希庭 谨识

2019年6月于西南大学有容斋

# 目 录

# 专题一 时间认知实验的刺激变量

人类的时间认知十分复杂,但也有规律可循。使用科学研究方法,人类是能够破解时间认知谜题的。

# 引　言

子在川上曰："逝者如斯夫！不舍昼夜。"(《论语·子罕》)孔子在河边感叹道："时光啊，像河水一样日夜不停地奔流而去。"两千多年前，孔子发出时光逝去不复返的感叹，而对时间认知的科学研究，则是源自20世纪50年代认知心理学的诞生。

在探寻时间认知机制的科学研究中，相关分析法和实验法十分相似，但具体实施却十分不同。在相关分析研究中，研究者不对研究环境加以控制，只对现场收集到的资料或对以前收集到的资料进行统计分析，对两个变量间联系的程度和方向做出判断，而不试图建立因果关系。实验法则不同，它是在人为控制环境下进行观测和询问，严密控制实验环境，收集资料，其目的是试图建立变量间的因果关系。实验法就是研究者有目的地操纵自变量，控制额外变量，以观察自变量对因变量的影响的一种研究方法。

时间认知实验设计的基本流程是：研究假设→设计实验→实施实验→进行观测→得出结论。在开始做一个实验之前，研究者通常要对研究的变量下某个概念的操作性进行定义，即以具体操作过程来对某个概念加以定义，其目的有二：一是为了便于与读者进行有效的交流，二是为了便于其他研究者重复验证。虽然定义一个概念的方式是多样的，但必须尽可能选择符合实验目的的客观准确的方式。在时间认知实验中，通常有一组被试接受自变量(independent variable)的处理，另一组(控制组)则没有。除自变量外，这两组被试接受严格一致的处理，因此在因变量上观测到的任何差异，都可归因于自变量所引起的改变。

在时间认知实验中研究者所用的自变量主要有两类。一类是通过研究者系统操纵的刺激变量(stimulus variable)。例如在我们的实验中使用了刺激物的新异性程度、刺激物的数目和呈现方式、刺激物的面积大小和立体框架大小、刺激物的运动速度和旋转角度、疼痛表情及不同面孔的表情整合、颜色(红色)以及刺激物的拓扑性质等都属于刺激自变量。还可以改变实验室的环境，如照明状况或噪音水平，来考查其对被试的时间认知的影响。在本专题中，Müller-Lyer图形中的线段因其背景的不同而对时距估计产生影响。这一类自变量也称为刺激或环境自变量(stimulus or environmental independent variable)。另一类是通过对具有某些特性的被试进行选择而实现，在实验中，由于被试的某些特性而对时间认知产生影响的因素称为被试变量(subject variable)。被试变量对时间认知十分重要，我们将在本书专题二中加以讨论。

# Müller-Lyer 图形中长度加工与时距估计的关系

## 1 前言

时间和空间是物质存在也是心理存在的基本形式。研究者很早就发现时间加工和空间距离的加工存在相互干扰的情况，从而形成Tau效应和Kappa效应。研究者在水平方向上呈现三个闪光刺激，形成2种距离或2种时距，结果发现距离固定时，刺激之间的时间间隔越长，人们判断其空间距离越大，产生Tau效应；反之，刺激之间的时间固定，刺激之间的空间距离越大，估计的时距也越长，出现Kappa效应（Benussi，1913；Cohen，Hansel，&Sylvester，1953；Henry&McAuley，2009；Sarrazin，Giraudo，Pailhous，&Bootsma，2004；Sarrazin，Giraudo，&Pittenger，2007）。Kappa效应和Tau效应除了受时间、距离的影响，还与内隐的速度有关（Jones&Huang，1982）。内隐速度假设（implict velocity hypothesis）指出，被试在对几个离散刺激的时间间隔或空间间隔进行辨别时，虽然表面上刺激没有运动，但是被试直观或内隐地感知刺激以固定的速度移动，刺激好像是从一个位置移动到另一位置。刺激之间的时间间隔越短，内隐速度越快，知觉到的距离越长，出现Tau效应；同理，刺激之间的空间距离越长，其内隐速度越快，知觉到的时间越长，出现Kappa效应（Jones&Huang，1982）。为了排除内隐速度的影响，研究者以刺激本身的长度（例如一段直线）作为与距离相关的空间信息，考查空间维度中的长度加工与时间加工的关系。在Casasanto和Boroditsky（2008）的研究中，屏幕中的线段从200到800像素变化，线段呈现的时间为1000ms~5000ms，要求被试估计线段的长度或者其呈现的时间。用统计回归的分析方法，发现线段的客观长度与估计的时间呈显著的正相关，即随着刺激长度的增加，估计的时间增长；但是刺激呈现的时间对长度估计无影响。这表明长度加工和时间加工出现不对称的干扰，这种不对称的干扰关系得到了后续研究的证实（Bottini&Casasanto，2010；Casasanto&Boroditsky，2008；Casasanto，Fotakopoulou，&Boroditsky，2010；Srinivasan&Carey，2010）。

时—空干扰的不对称与时间的空间隐喻特点有关。日常生活中人们更多用具体的空间词语来谈论抽象的时间概念，如“长的会议（long meeting）”、“短的周末（short weekend）”，而很少用时间词谈论具体的空间信息（Boroditsky，2000；Lakoff&Johnson，1999）。语言习惯的使用使时间表征表现出空间隐喻的特点。说英语的被试用长度信息表达时间概念，而说希腊语的被试用数量信息表达时间概念，跨文化研究发现，他们对时间的估计分别受到刺激长度、数量的影响（Casasanto，2008；Casasantoetal.，2004）。语言不是独立存在的,经常与知觉经验紧密相连,以感知经验为基础(Hostetter&Alibali,2008),时间的空间隐喻也是语言和知觉经验共同作用的结果,即人们首先在客观世界中获取时间概念的知觉经验,利用语言表达此类信息,知觉经验和语言习惯多次结合,逐渐形成了稳定的时空表征联结。

已有的研究者以外显的线段或者内隐的长度信息为材料,发现无论是同时加工刺激的长度和时间两个维度的信息,还是单独加工某个维度,刺激的长度都显著影响估计的时间,这表明长度与时间在心理表征上存在联结(Casasanto&Boroditsky,2008)。人们对长度的知觉可能受到背景信息的影响而发生扭曲。错觉条件下,长度加工与时间加工的关系如何?Lebensfeld 和 Wapner(1968)在同一水平方向上呈现不同朝向的三个箭头,形成两种距离或两个时距,结果发现,箭头朝内(<>)缩短了100~700ms的时间知觉,出现Kappa效应;箭头之间的时间间隔越长,知觉到的空间距离越长,出现Tau效应。但在这一研究中,时间知觉或空间距离的判断受到内隐速度的影响。当无内隐速度参与时,长度错觉与时间加工的关系如何,至今仍不清楚,本研究将对此问题进行探讨。

实验1采用与Casasanto等(2008)类似的程序,要求被试同时注意Müller—Lyer图形的长度(实线段,即图形中的箭杆是可视的)及其呈现的时间,然后要求被试再现箭杆的长度或图形呈现的时间,考查错觉条件下,长度加工与时间加工的关系。实验2采用空线段(即Müller—Lyer图形的长度仅由2个箭翼组成,其他过程同实验1)继续探讨长度错觉与时间加工的关系是否稳定,即两者的关系是否受到刺激呈现方式的影响。实验1和实验2中,Müller—Lyer图形中增加了垂直方向的箭头(箭翼垂直于水平线段)作为对照条件,此条件下长度错觉量最小。实验3进一步同时操作箭杆长度和箭头朝向,考查长度错觉影响时间加工的阶段:低水平的客观长度还是主观上的长度错觉对时间加工的影响更大?在时距选择上,已有研究采用1秒以上的时间(1000ms~5000ms),时间间隔1000ms,本研究增加了毫秒内的时间,旨在更广泛的时间范围内,综合考查长度加工与时间加工在心理表征上的关系。

## 2 实验1

### 2.1 方法

#### 2.1.1 被试

在校大学生19人,其中男生9人,女生10人,年龄在18~24岁,平均年龄20.9岁,实验后获得适量报酬。视力或矫正视力正常,无色盲或色弱。没有学习过心理学课程,不具有 Müller—Lyer错觉方面的知识。

2.1.2 刺激和设计

仪器为17英寸显示器，屏幕的分辨率为1024×768pixels，刷新频率为85Hz。被试距离电脑屏幕57cm。实验为2(长度：短、长)×3(箭头朝向：朝内、垂直、朝外)×4(时距：500ms、1500ms、2500ms、3500ms)×2(任务类型：时间估计、长度估计)的被试内设计。Müller—Lyer图形的两种长度为：短(40mm)和长(80mm)；3种箭头朝向：箭头朝内(<——>)、垂直条件(|——|)和箭头朝外(>——<)。时间估计和长度估计各有24种实验条件(2×3×4)。箭翼长1cm，箭翼之间的夹角为60°，每个箭翼距离水平线30°。因变量为复制时间的平均值、复制长度的平均值。

## 2.2 程序

实验程序采用E—prime1.1软件编制，每个被试在单独的房间内完成。具体的实验程序见图1。视觉刺激呈现在屏幕的中央，背景为黑色。被试看懂指导语后按任意键开始。首先在屏幕中央呈现400ms的注视点，300ms~500ms的随机间隔后，出现Müller—Lyer图形(“<——>、|——|或>——<”)。图形消失后，出现反应线索(字母“s”或“t”)。字母“s”出现时，被试需复制Müller—Lyer图形的箭杆长度，字母“t”出现时，复制Müller—Lyer图形呈现的时间。复制长度时，屏幕左侧有一固定的红色圆点(为起点)，被试用鼠标选择终点，确定后按下鼠标左键，此时起点和终点之间的线段即为复制的长度，被试可自行修改，直到确定后进入下一个trial(见图1A)。复制时间时，字母“t”出现后，被试按一次“3”键，此时出现一个白色的正方形。当被试感觉白色正方形呈现的时间和刚才Müller—Lyer图形呈现的时间相等时，再按一次“3”键，两次按键的时间即为复制的时间(见图1B)。一个block内，时间线索和长度线索呈现的顺序是随机的，trials之间的间隔为1500ms。正式实验前有一定的练习，练习中给予一定的反馈，其标准与以往相关研究相同。复制时间的误差在标准时距的20%以内反馈为“恰好”，误差低于和高于20%分别反应为“过短、过长”。复制长度的误差在箭杆长度的15%以内反馈为“恰好”，误差低于和高于15%分别反应为“过短、过长”。正式测验包括3个blocks了，每个block包括96个trials，共组成288个trials。每个block之间有1~2分钟的休息时间。整个实验持续50分钟左右。指导语告知被试仅凭感觉估计时间。

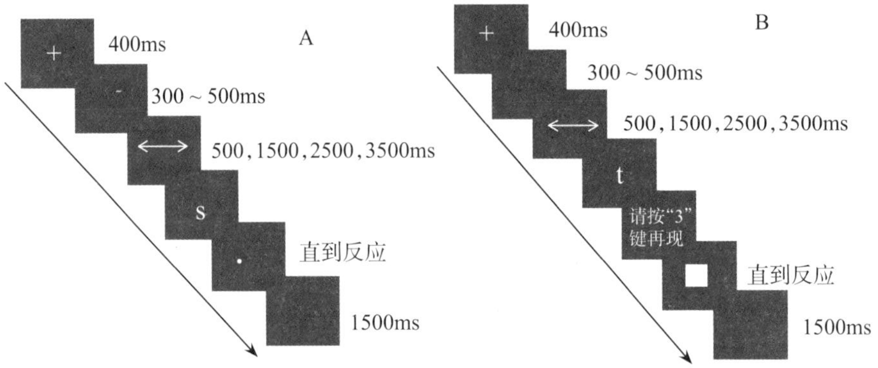


图1 实验1的实验流程:A为长度复制任务,B为时间复制任务

### 2.3 结果与分析

2名被试对不同时距的估计值类似,表明他们不能准确地区分4个时距,因此剔除这2名被试的数据。计算每个被试每种条件下估计时间的平均数,剔除2.5个标准差以外的数据。不同长度条件下时间估计的平均值和标准误见图2。对长度、箭头朝向和时距进行三因素重复测量方差分析,结果发现,时距的主效应显著,$F(3,48)=123.58$,$p<0.001$,$\eta_p^2=0.89$;长度的主效应显著,$F(1,16)=14.79$,$p<0.001$,$\eta_p^2=0.48$;箭头朝向的主效应不显著$F(2,32)<1$,$p>0.05$;长度和时距的交互作用显著,$F(3,51)=3.08$,$p<0.05$,$\eta_p^2=0.17$。简单效应分析表明,当时距为500ms和1500ms时,线段的长短之间无差异($p>0.05$);当时距为2500ms和3500ms时,短的线段和长的线段存在显著差异($p<0.02$)。

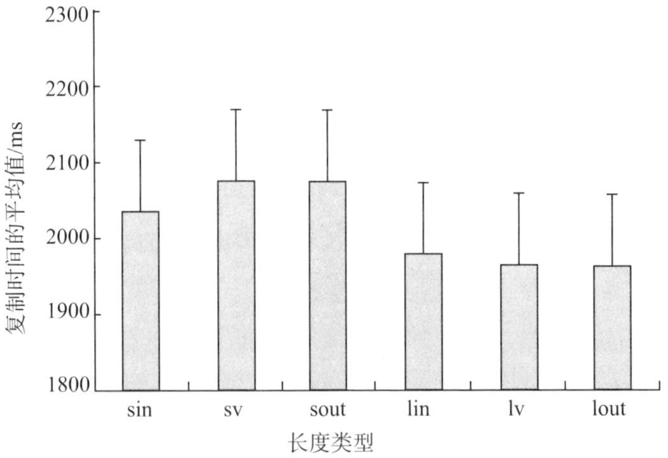


图2 不同长度条件下时距复制的平均值和标准误

注:sin、sv、sout分别代表箭头之间的距离短(40mm)时,箭头朝内、垂直条件和箭头朝外;lin、lv、lout分别代表箭头之间的距离长(80mm)时,箭头朝内、垂直条件和箭头朝外。

对长度的结果进行三因素重复测量方差分析，结果表明，长度的主效应显著，$F(1,16)=434.86$，$p<0.001$，$\eta_p^2=0.97$。箭头朝向的主效应显著，$F(2,32)=95.96$，$p<0.001$，$\eta_p^2=0.86$。长度和箭头朝向的交互作用显著，$F(2,32)=7.52$，$p<0.01$，$\eta_p^2=0.32$，简单效应分析表明，线段短时，估计的长度依次为箭头朝内(38.80mm)<垂直条件(39.97mm)<箭头朝外(45.87mm)；线段长时，三种箭头的值依次为71.53mm、75.09mm、79.79mm。朝向和时间的交互作用显著，$F(6,96)=2.76$，$p<0.05$，$\eta_p^2=0.15$。简单效应分析表明，每种时间内，三种箭头朝向之间均存在显著差异。其他主效应及交互作用不显著($p>0.05$)。

Müller－Lyer图形的箭杆长度不变时，箭头朝向对时距估计无影响，这与已有的结果不一致(Lebensfeld&Wapner，1968)。两项研究的差异可能与刺激的呈现方式有关，本研究中，箭杆和箭翼作为一个整体一并呈现，被试能看到箭杆的长度，箭翼的作用降低。为了增加箭头朝向的显著性，实验2采用空线段，即Müller－Lyer图形中的箭杆是不可见的，其长度由两个箭头之间的间隔组成。

## 3 实验2

### 3.1 方法

#### 3.1.1 被试

在校大学生19人，其中男生8人，女生11人，年龄在19~23岁，平均年龄20.6岁，视力或矫正视力正常，没有学习过心理学的课程，不具有Müller－Lyer错觉方面的知识。被试自愿参加实验，实验后获得适量报酬。

#### 3.1.2 材料及程序

箭杆的长度是不可视的，即刺激是“<>、| | 或><”。实验设计及程序与实验1完全相同。因变量为复制时间的平均值、复制长度的平均值。

### 3.2 结果与分析

2名被试对时间的辨别性太差，不能区分4个时距，因此剔除了这2名被试的数据。计算每个被试每种条件下的平均数和标准差，剔除2.5个标准差以外的数据。对时距估计的平均值进行长度、箭头朝向和时距的三因素重复测量方差分析，结果发现，时距的主效应显著，$F(3,48)=165.68$，$p<0.001$，$\eta_p^2=0.91$。长度的主效应显著，$F(1,16)=32.12$，$p<0.001$，$\eta_p^2=0.67$。箭头朝向的主效应不显著，$F(2,32)<1$，$p>0.05$，如图3所示。

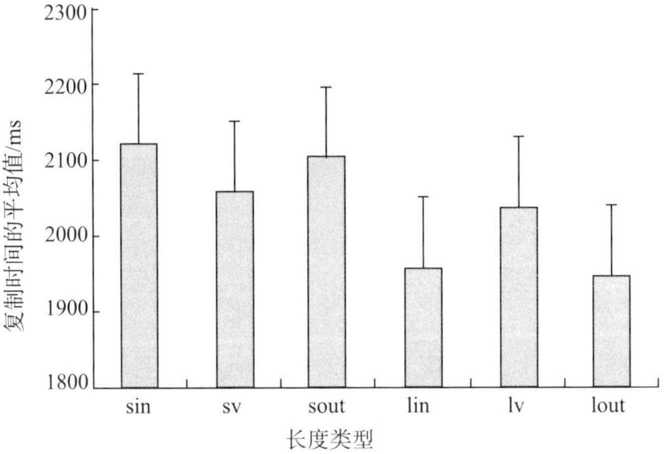


图3 不同长度条件下时距复制的平均值和标准误

注：横坐标的含义与图2相同。

对长度复制的平均值进行三因素重复测量方差分析，结果发现，长度的主效应显著，$F(1, 16)=330.18$，$p<0.001$，$\eta_p^2=0.95$。箭头朝向的主效应显著，$F(2, 32)=35.79$，$p<0.001$，$\eta_p^2=0.69$。长度和箭头朝向的交互作用显著，$F(2, 32)=3.43$，$p<0.05$，$\eta_p^2=0.18$。简单效应分析表明，2种长度中，估计的长度依次为箭头朝内＜垂直条件＜箭头朝外。时距的主效应显著，$F(3, 48)=4.56$，$p<0.01$，$\eta_p^2=0.23$，事后多重比较发现，500ms和1500ms差异不显著，2500ms和3500ms之间差异不显著，500ms与2500ms，3500ms以及1500ms与2500ms，3500ms之间的差异均显著（$p<0.05$）。

实验1发现，时距对长度估计无影响，实验2发现时距的长短也能影响长度估计（结果的差异可能与信息显著性有关，关于这一点我们将在总讨论中详细阐述），但时距对长度的影响程度小于长度对时距估计的影响程度，表明长度加工和时距估计仍存在不对称的干扰。另一方面，无论Müller—Lyer图形的箭杆是否可见，主观的长度错觉都不影响估计的时间，时间估计仅受箭杆客观长度的影响，箭杆越长，估计的时间越长。箭头朝向的主效应不显著的原因可能有两个，一是长度对时间加工的影响仅受低水平的客观长度的影响；第二种可能是不同箭头朝向之间的错觉量差异太小，两个实验中，箭头朝内和箭头朝外之间的差异均在9mm以内（45.87－38.80=7.07；79.79－71.53=8.26），可能没有达到长度影响时间加工的阈限。为了寻找长度错觉对计时无影响的原因，我们进行了实验3。实验3操作箭杆长度和箭头朝向，使得箭杆的客观长度差异大于15mm（预实验发现，当长度差异大于15mm时，线段长度与估计的时间存在正相关），但此时箭头朝向产生的长度错觉（小于9mm）会缩短主观长度的差异。采用实线段，这样使得长度信息显著。如果客观长度仍显著影响时距估计，就说明，长度对时间的加工主要受客观长度的影响；相反，如果客观长度对时距估计的影响因主观错觉的影响而变得不显著，即表明长度错觉在某些条件下也能影响时间加工。

## 4 实验3

### 4.1 方法

在校大学生16人，其中男生7人，女生9人，自愿参加本实验。年龄在18~24岁，平均年龄21.1岁。实验后获得适量报酬。视力或矫正视力正常，没有学习过心理学的相关课程。

仅采用一组图形，容易出现练习效应或熟悉效应，因此本实验将Müller—Lyer刺激分成两组。根据预实验，当长度差异大于15mm时，客观线段长度越长，估计的时间越长。因此一组是短箭杆：40mm（>——<）和55mm（<——>）。另一组是长箭杆：60mm（>——<）和80mm（<——>）。实验为4（长度40mm，55mm，60mm，80mm）×4（时距500ms，1500ms，2500ms，3500ms）的被试内设计。

### 4.2 程序

程序与实验1类似，区别在于：本实验中，时间估计和长度复制在不同的blocks中完成。在每个block中要求被试忽视无关信息，只完成一种任务。正式实验前有一定的练习，并给予相应的反馈。时间任务包括112个trials，分为2个blocks，中间休息1~2分钟。长度任务包括48个trials。实验任务顺序在被试间平衡，即一半被试先完成时间加工，另一半被试先完成长度加工。实验共需35分钟。

### 4.3 结果和分析

计算每种任务的平均值，剔除每个被试每种条件下2.5个标准差以外的数据。对长度估计的结果进行长度和时距两因素重复测量方差分析，结果表明，长度的主效应显著，$F(3,45)=314.96$，$p<0.001$，$\eta_p^2=0.96$，估计的4个长度的值依次为49.66mm，52.39mm，67.38mm，72.10mm；时距的主效应不显著，$F(3,45)=1.99$，$p>0.05$；长度和时距的交互作用不显著，$F(9,135)=1.20$，$p>0.05$。结果如图4。这说明当单独完成长度任务时，时距不影响长度估计。

对时距估计的平均数进行长度、时距的两因素重复测量方差分析，结果如图5所示。分析表明时距的主效应显著，$F(3,45)=435.60$，$p<0.001$，$\eta_p^2=0.97$；长度的主效应显

著，$F(3,45)=9.61$，$p<0.001$，$\eta_p^2=0.40$；长度和时距的交互作用不显著，$F(9,135)=0.91$，$p>0.05$。对四种长度进行事后分析，发现55mm和60mm之间无差异，其他长度之间的差异（40mm~55mm，40mm~60mm，40mm~80mm，55mm~80mm）均达到显著性水平（$p<0.05$）。

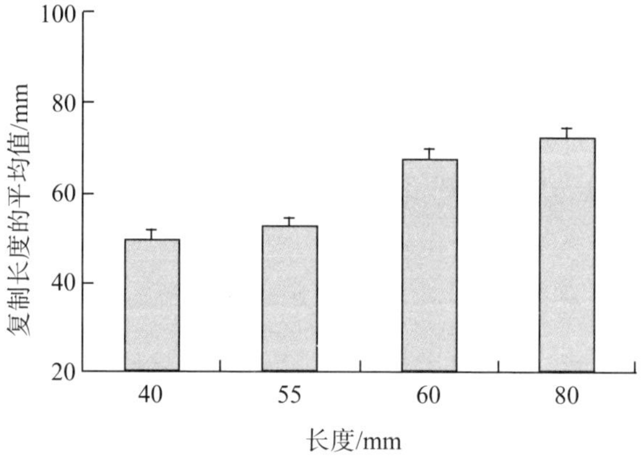


图4 不同长度中复制长度的平均值

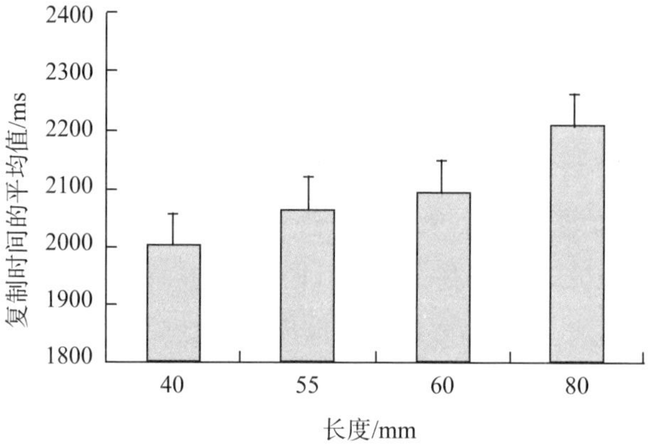


图5 不同长度中复制时间的平均值

实验3的结果表明，线段的客观长度而不是主观长度错觉对时距估计的影响更大。因为客观长度的差异大于15mm时，不管箭头朝向造成的错觉量如何，线段的客观长度都会影响估计的时间，例如在40mm和55mm以及60mm和80mm中，主观长度差异仅分别为2.73mm、4.72mm，但因为客观长度差异大，它们之间的时距估计值仍存在显著差异。

## 5 讨论

被试同时注意Müller—Lyer图形的长度及其时间时，无论刺激的长度是实线段（实验1)还是空线段(实验2),客观长度对时间估计都有显著的影响,即Müller—Lyer图形的长度越长,复制的时距越长;但是Müller—Lyer图形造成的长度错觉不影响估计的时间,这与已有的相关研究不一致(Lebensfeld&Wapner,1968),结果的差异可能与采用的实验方法和时距范围不同有关。在Lebensfeld等的研究中,三个视觉夹角自左向右水平排列,构成2种距离或2个时间间隔,在此条件下,人们对时间间隔或距离间隔的判断与内隐速度混淆,而本研究同时呈现Müller—Lyer图形的箭杆和箭翼,无内隐速度的干扰。此外,Lebensfeld采用的是比较法,时间间隔在500ms左右,而本研究的时距较长,采用的是复制法,有动作过程。方法的差异也是计时成绩出现差异的原因(Gooch,Snowling,&Hulme,2011;Wackermann&Spti,2006)。在实验1和实验2中,箭头朝内和箭头朝外产生的知觉差异在9mm以内,此时箭头朝向之间无差异。但通过实验3,我们发现长度错觉不影响时间估计不可能是由箭头朝向造成的长度差异太小造成的。因为在实验3中,箭头朝内和箭头朝外产生的知觉差异即使不到5mm,箭头朝向之间的差异仍然显著。需要指出的是,虽然本研究与Lebensfeld的研究结果不同,但都表明Müller—Lyer图形可能在低水平的知觉阶段影响时间加工,前者的实验设计使得被试主要根据内隐速度和箭头朝向的线索判断距离或时间间隔,箭头朝向产生的距离错觉在低水平的知觉阶段影响时间知觉(Ono&Kawahara,2007),本研究中,Müller—Lyer图形构成的线段长度是更显著的信息,被试主要利用此信息即可完成目标任务。人们在时距估计中难以抵制客观长度的干扰,说明刺激长度可能也是在低水平的知觉阶段影响时间加工的,客观长度与时间存在自动化的内在联结。

刺激的客观长度越长,估计的时间越长,刺激的长度与估计的时间存在非常显著的正相关;时距对长度估计的影响小,甚至无影响。时间加工和长度加工的不对称干扰与已有的研究一致(Bottini&Casasanto,2010;Casasanto&Boroditsky,2008;Casasanto,Fotakopoulou,&Boroditsky,2010)。这种不对称可能是由时间的空间隐喻特点和感知运动经验造成的。人们不仅用空间来表达时间概念,还借助空间来思考时间,思维水平的时空关系能够影响认知阶段的时空加工(Casasanto&Boroditsky,2008);此外,感知运动经验也在时空加工的不对称关系中起着重要作用:人们经常看到物体运行的距离越远,经历的时间越长。5~6岁的儿童把汽车行驶的距离和行驶的时间长短混同起来,表明人们倾向参照空间距离来判断时间(黄希庭,杨宗义,刘中华,1980)。本研究中无论被试同时注意时间和长度两种信息还是仅注意一种信息,时间估计都受到长度信息的干扰,说明长度和时间在心理表征上形成了“刺激越长,时间越长”的自动化联结。

已有的研究采用的刺激是直线,时距在1秒以上,发现了时空加工的不对称干扰是稳定存在的(Casasanto&Boroditsky,2008),但是本研究增加了1秒内的时间,实验1发现:

当Müller—Lyer图形呈现的时间短时(500ms,1500ms),线段长度对时距估计无影响;当刺激呈现的时间长时(2500ms,3500ms),长度才对估计的时间产生显著的影响。实验2采用空线段,发现时距也影响长度估计:刺激的时距越长,判断的长度也越长。这表明实线段和空线段中时间加工的特点存在差异:实线段中,被试能够看见线段,长度信息显著,被试分配大概相等的注意资源即可完成两种任务;而空线段中,长度是由顶点之间的距离形成的,长度不可见,此时长度信息的显著性降低,被试需要分配更多的注意资源加工长度,因此时间也影响了长度加工。这一新发现说明长度加工和时间加工的不对称干扰虽是明显的,但也会受到长度信息显著性、时距等因素的影响,表现出干扰程度上的差异。时间加工和非时间加工的关系容易受到注意、工作记忆等因素的影响,例如,同时加工时间和非时间信息时,计时任务获取的注意资源越多,估计的时间越长(黄希庭,郭秀艳,聂晶,2003;Block,Hancock,&Zakay,2010);非时间任务占有的工作记忆特别是中央执行资源越多,时间任务的成绩越差(毕翠华,黄希庭,2011;Brown,2006;Buhusi&Meck,2009;Fortin,Schweickert,Gaudreault,&Viau—Quesnel,2010)。我们认为,长度加工和时间加工的关系除了受到与语言、感知经验有关的时空隐喻的影响外,还与不同实验任务占有的注意和工作记忆资源有关,在今后的研究中,应该结合时间认知分段综合模型,在不同的时间范围内,综合运用多种方法,集中探讨注意、工作记忆在长度加工和时间加工关系中的作用。

## 6 结论

(1)Müller—Lyer图形中,线段的客观长度越长,估计的时距越长,但箭头朝向产生的主观长度错觉对时距估计无影响。

(2)长度对时距估计具有显著的影响,而时距对长度估计的影响甚微,表明长度加工和时距估计存在不对称的干扰。

(3)长度加工与时距估计的关系还与长度信息显著性、研究方法及时间范围有关。

合作者:毕翠华、袁祥勇。原文载于《心理科学》,2014年第3期。

# 时距知觉的扭曲:新异刺激效应

## 1 引言

时距知觉是时间知觉的重要组成部分，是指个体对介于两个相继事件之间间隔时间或某一事件持续时间的知觉。它与个体的生活息息相关，从听觉信息的理解到运动技能的控制都离不开对时距信息的加工。然而,大量的研究表明,个体觉知的主观时距会受到多种因素的影响而发生扭曲( 黄希庭 ,李伯约 ,张志杰 ,2003; Eagleman, 2008)。对新异刺激的探测和反应能力关系到个体的生存和发展。研究发现,刺激的新异性也是影响时距知觉的一个重要因素。例如,在预期式时距辨别任务中,被试倾向于将重复刺激序列中的第一个刺激的呈现时间判断为长于等时距出现的中间刺激的呈现时间(Rose & Summers, 1995)。同样,当不被预期的新异刺激出现在重复的标准刺激序列中时,相比标准刺激它的呈现时间往往会被高估(Tse, Intriligator, Rivest, & Cavanagh, 2004),这种现象被称为时距知觉中的新异刺激效应(the oddball effect)(Schindel, Rowlands, & Arnold, 2011)。

利用视错觉现象来探讨视觉系统的神经生理机制已有很长的历史(Eagleman, 2001),近年来时间错觉也越来越受到研究者们关注,这为时间知觉的研究提供了一种有效的思路。作为时间错觉的一种,新异刺激效应对时距知觉的研究具有一定的特殊意义。这主要表现在新异刺激的特殊性上。新异刺激普遍存在于自然界之中,对它的探测和反应对个体的生存和发展具有重要意义,因此过去的时间里对新异刺激的研究积累了丰富的成果。有关的行为和认知神经研究表明:新异刺激能够引起一系列与知觉、注意、学习和记忆有关的神经活动;相比重复刺激,新异刺激能够引起更大的神经激活(Ranganath & Rainer, 2003)。虽然,时距知觉受到包括注意和唤醒在内的众多因素的影响是不争的事实,但是其产生的心理和神经机制仍存在很大争议。结合已有的新异刺激研究成果探讨新异刺激时距知觉,将有助于更好地理解时距知觉产生的心理和神经机制。因此,深入探讨时距知觉中的新异刺激效应是有必要的。为此,本文从研究范式入手,结合现有研究,重点介绍了其产生的心理和神经机制,最后对现有研究中尚未解决的一些问题做了尝试性的讨论。

## 2 新异刺激效应的研究范式

新异刺激时距知觉的研究方法并不唯一，但总体来讲大部分研究都利用了新异刺激范式（oddball paradigm）。新异刺激范式最初应用于视觉和听觉诱发电位的研究，常用来诱发事件相关电位的 P300 成分。该范式的要点是：同一感觉通道中的一系列刺激由两种刺激组成，一种称为标准刺激，另一种称为偏差刺激或新异刺激；其中标准刺激出现的概率很大，而偏差刺激或新异刺激出现的概率则较小。实验室中，通过控制两类刺激出现的概率，能够有效地控制刺激的新异性，为研究时距知觉中的新异刺激效应提供了一种可行的方法。

结合恒定刺激法，实验常采用预期式时距辨别任务，要求被试比较新异刺激和标准刺激呈现时间的长短，并进行二项迫选（the two-alternative force-choice，2AFC）反应。以 Tse 等（2004）研究中的一个实验为例，标准刺激为重复呈现的静止圆盘，其呈现时间为固定时距（标准时距：1050 ms）；新异刺激为动态扩张的圆盘，其呈现时间为随机选取的 9 个时距（比较时距：450，525，600，675，750，825，900，975 和 1050 ms）中的任意一个。实验前告知被试这是一项时距辨别任务，标准刺激的呈现时间相等，要求其在新异刺激出现之后的一段时间之内做出相应反应（认为新异刺激的呈现时间比标准刺激的呈现时间长，按“较长”键；认为新异刺激的呈现时间比标准刺激的呈现时间短，按“较短”键）。此外，主观相等点（point of subjective equality，PSE）是研究中的另一个重要概念，即被试在作比较时主观上认为与标准时距相等的时距，其操作定义为，以比较时距为横坐标，以被试判断新异刺激的呈现时间长于标准刺激的比率为纵坐标，判断比率为 50%的点所对应的比较时距即为该被试的 PSE。研究通常以 PSE 的大小来描述时距知觉的扭曲：如果 PSE 显著大于标准时距，那么认为出现“时间收缩”（temporal contraction）现象；如果 PSE 显著小于标准时距，则认为出现“时间扩张”（temporal expansion）现象。

## 3 新异刺激效应产生的原因

尽管许多研究都稳定地观察到时距知觉中的新异刺激效应，但是其产生的原因仍存在争议。从研究范式来看，刺激的新异性是相对于重复出现的标准刺激而言的，离开了标准刺激，新异刺激也就失去了其新异性。因此，对新异刺激效应的解释离不开对新异刺激和标准刺激的关注。据此，可将现有研究中对新异刺激效应的解释分为两类：第一类，强调对新异刺激时距知觉的主观扩张，认为注意或唤醒是影响新异刺激效应的主要因素；第二类，强调对标准刺激时距知觉的主观收缩，认为神经编码效能与时距知觉有着密切联系。

### 3.1 注意假设

研究表明：相比标准刺激，不被预期的新异刺激会吸引更多注意资源（Corbetta & Shulman，2002；Ranganath & Rainer，2003），这预示着新异刺激能够通过注意机制影响人们的时距知觉。

Tse 等（2004）考查了注意与新异刺激时距知觉的关系。研究采用经典的新异刺激范式，并以视觉和听觉刺激为材料，要求被试比较新异刺激和标准刺激的呈现时间。实验结果表明，无论是视觉刺激还是听觉刺激，被试都倾向于判断新异刺激的呈现时间长于标准刺激。但是这一现象存在一个潜伏期，即仅当标准刺激的呈现时间长于某一时距（如 120 ms）时才会发生。另外，结果还发现主观时间扩张曲线（以标准时距为横坐标，时间扩张系数（标准时距 /PSE）为纵坐标）呈现为一种"peak - dip - rise"的模式。这些结果贴切地反映了注意定向的特点：首先，注意资源至少需要 120~150 ms 才能完全分配给一个新刺激，所以主观时间扩张只能在 120 ms 以上的时距发生；其次，注意可分为外源性成分和内源性成分，所以主观时间扩张曲线表现为"peak - dip - rise"的模式；最后，注意是一种中枢加工过程（central process），所以主观时间扩张在视觉和听觉通道上表现出相似的结果。因此，Tse 等人认为注意定向是新异刺激效应产生的基础：在预期式时距辨别任务中，不被预期的新异刺激会获得更多的注意资源，进而导致信息加工速度的提高、单位时间加工的信息增多，因此被试知觉到的新异刺激的呈现时间也就更长。这一假设也可称为信息加工假设。

### 3.2 唤醒假设

对于个体是如何加工时间信息的问题，传统的计时模型给出了解释。这类模型认为人的大脑中存在一个类似时钟或计时器的"装置"，它为主体感知外部刺激的时间信息提供了计时机制。例如，内部时钟模型（internal clock model）假设脑内存在一个起搏器，它按照一定的频率稳定地发放脉冲，这些脉冲被一个计数器记录整合，成为表征时间的基础；计数器所记录的时间信息可以进入存储器和比较器；比较器可以提取存储器中的时间信息与当前的时间信息进行比较，并通过反应机制产生反应；此外，言语选择机制和特定唤醒中枢分别作用于存储器和起搏器，前者可促进时间信息的提取，后者可改变起搏器发放脉冲的速度：唤醒水平越高，起搏器发放脉冲的速度越快，知觉的时间越长（Treisman，1963）（如图 1）。因此，根据这类模型唤醒可能是影响新异刺激效应的主要因素。

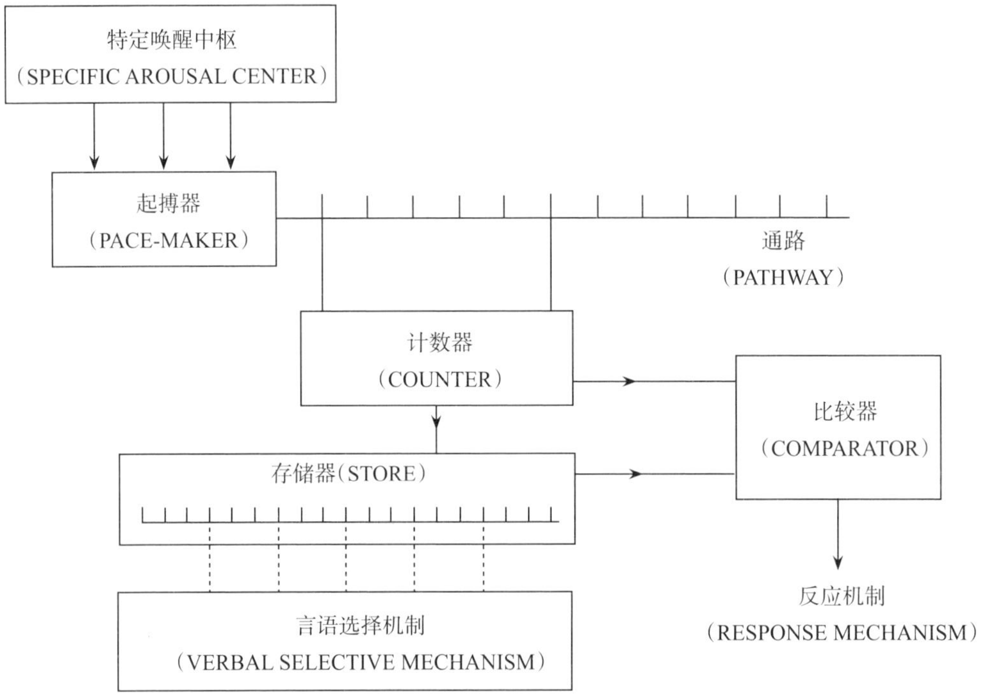


图1 内部时钟模型 资料来源：Treisman（1963）

Tse 等（2004）的研究受到众多关注，但其观点却没有得到更多支持，有研究者认为被试唤醒水平的提高才是产生新异刺激效应的主要原因（Seifried & Ulrich，2010）。Sokolov 认为不被预期的刺激能够提高个体的唤醒水平（引自 Ulrich，Nitschke，& Rammsayer，2006）。根据内部时钟模型，个体唤醒水平的提高会加快起搏器发放脉冲的速度，进而知觉到更长的时间（Treisman，1963）。因此，唤醒假设认为预期能够调节被试的时距知觉，但这种调节作用是间接的：在预期式时距辨别任务中，不被预期的新异刺激提高了被试的唤醒水平，进而加快了起搏器发放脉冲的速度，最终导致被试知觉新异刺激的呈现时间更长。

唤醒假设得到了一些研究的支持。例如，Ulrich 等（2006）在一项研究中比较了被试对低概率刺激和高概率刺激的时距知觉，结果发现相比高概率刺激，被试认为低概率刺激的呈现时间更长，且对其表现出更强的时距辨别力。由于注意假设不能解释被试在低概率刺激时距辨别力上的优势，因此这个研究支持了唤醒假设。此外，后续研究结果也进一步支持了这一假设（Seifried & Ulrich，2010）。

注意假设和唤醒假设分别从不同的角度探讨了新异刺激效应产生的原因，得到了一些研究的支持。但是，Pariyadath 和 Eagleman（2007）却发现新异刺激唤醒度的变化没有显著影响被试的时距知觉，这说明注意和唤醒可能并不是影响新异刺激效应的主要因素。然而，林苗和钱秀莹(2012)认为，高唤醒度的负性新异刺激没有产生相应的效应并不能否定注意对时距知觉的影响，出现这种情况的原因可能是中性新异刺激和负性新异刺激都能最大限度地吸引注意或者对负性新异刺激存在适应过程，掩盖了负性情绪体验的注意特性。尽管如此，一些研究者还是将目光转向神经生理学方面以寻找新异刺激效应产生的神经机制，神经编码效能假设就是这方面的例子。

### 3.3 神经编码效能假设

Eagleman 等人根据某些神经活动会随着刺激的重复出现而减弱，即重复抑制现象(Grill-Spector, Henson, & Martin, 2006; Ranganath & Rainer, 2003)提出了时距知觉的神经编码效能假设(Eagleman, 2008; Eagleman & Pariyadath, 2009; Pariyadath & Eagleman, 2007, 2008, 2012; Sadeghi, Pariyadath, Apte, Eagleman, & Cook, 2011)。与注意假设和唤醒假设不同，神经编码效能假设在解释新异刺激效应时将关注点转向重复出现的标准刺激，认为对标准刺激时距知觉的主观收缩才是产生新异刺激效应的主要原因。该假设将时距知觉与神经编码效能相联系，认为表征刺激所需要的神经能量与主观的时距知觉存在着对应关系，新异刺激效应的产生是由于表征重复刺激时神经编码的效能提高，神经活动减弱，对应着较短的时距知觉；反之，表征新异刺激时神经活动较强，知觉到的时距也随之变长。

Eagleman 等人设计了一系列实验来验证这一假设。Pariyadath 和 Eagleman (2008)在一项研究中采用改进的闪光融合范式探讨了新异刺激对临界闪烁融合阈限(the critical flicker fusion threshold, CFFT)的影响。Pariyadath 和 Eagleman 认为，由于人们对熟悉刺激和新异刺激的主观时距知觉不同，因此如果快速闪现的刺激为新异刺激，CFFT 将改变。实验中，研究者在指定屏幕区域的不同位置依次向被试呈现刺激，要求被试在两种条件——重复条件(同一刺激重复闪现)和随机条件(不同刺激依次闪现)下报告他们在瞬间知觉到的刺激数量。结果发现被试在随机条件下报告的字母数量要显著多于重复条件下的字母数量。这一结果验证了被试对重复刺激和新异刺激主观时距知觉的差别。值得注意的是，研究中刺激的呈现时间都短于 100 ms，因此有理由相信其产生的原因不是注意机制或唤醒机制而是神经活动的重复抑制特征，符合神经编码效能假设。但显然这一研究并没有直接证明时距知觉与神经活动的关系，而只有找到时距知觉与神经活动适应性特征间的直接联系，才能有效证明这一假设。Sadeghi 等(2011)正是这样做的。为了探讨视觉皮层的颞中区(the middle temporal area, MT 区)神经活动的适应性特征对运动刺激时距知觉的影响，研究依次呈现由随机运动的点组成的若干标准刺激和一个测试刺激，通过控制点的运动方向设置了三种条件：随机条件（每个标准刺激的运动方向随机）、重复条件（标准刺激和测试刺激的运动方向一致）和新异条件（标准刺激与测试刺激的运动方向相反）。整个研究包括人类心理物理实验和猴子电生理实验。在人类心理物理实验中，被试报告测试刺激的呈现时间是长于还是短于标准刺激的呈现时间；而在猴子电生理实验中，则不进行时距辨别任务，仅要求猴子探测刺激间间隔时间的变动以维持它们对视觉刺激的注意，同时采用标准的细胞外技术（standard extracellular techniques）记录猴子 MT 区的神经活动。通过对比这两个实验，Sadeghi 等人发现人类在三种条件下的视觉时距辨别任务中的表现与猴子在相应条件下神经活动的适应性特征变化一致，如在猴子 MT 区神经活动增强的条件下，人类被试的时距知觉也更长。这有力地证明了时距知觉与神经活动之间的联系。另外，后续的研究发现标准刺激重复的次数、标准刺激与新异刺激间的差异程度和实验内容（experimental context）都能够影响新异刺激效应的大小，这一结果也符合神经编码效能假设（Pariyadath & Eagleman，2012）。此外，最近的一些研究也从其他方面支持了这一假设（Matthews，2011；Pan & Luo，2012；Wang & Jiang，2012）。例如，Matthews（2011）发现，相比新异刺激，被试倾向于判断立即出现的重复刺激的呈现时间更短。

神经编码效能假设试图探讨新异刺激效应产生的神经机制，这种取向为研究打开了新局面，确实令人兴奋。但是神经编码效能假设将时距知觉归因于低水平的神经活动变化却受到了质疑（Aaen-Stockdale，Hotchkiss，Heron，& Whitaker，2011；Schindel et al.，2011）。

### 3.4 各种因素之间的联系

在新异刺激范式中，相比标准刺激，新异刺激具有不被预期的性质，因此新异刺激效应可能主要反映了预期对时距知觉的影响（Pariyadath & Eagleman，2007）。但是这种影响可能要通过注意、唤醒和神经编码效能的改变实现。因此，注意假设、唤醒假设和神经编码效能假设可能分别从不同的角度解释了新异刺激效应，它们之间不存在简单的排斥关系，预期、注意、唤醒和神经编码效能之间可能存在着某种联系，它们直接或间接影响着对新异刺激和标准刺激的时距知觉。

首先，预期与注意、唤醒的联系。注意假设和唤醒假设都强调预期对时距知觉的影响，但是这种影响是间接的。新异刺激具有不被预期的性质，这种性质可以吸引注意资源或提高唤醒水平，进而影响被试的时距知觉（Tse et al.，2004；Ulrich et al.，2006）。

其次，注意与唤醒的联系。对比 Tse 等（2004）和 Ulrich 等（2006）的研究发现，注意假设和唤醒假设并非相互排斥：Tse 等（2004）的实验结果在一定程度上也能用唤醒假设解释；同样，Ulrich 等（2006）的实验结果也不能完全否定注意假设。New 和 Scholl（2009）认为注意对新异刺激时距知觉的影响是通过唤醒实现的：新异刺激捕获注意资源，提高了被试的唤醒水平，进而导致被试体验到主观的时距扩张。这说明注意和唤醒对这种时距知觉扭曲的作用可能发生在同一进程的不同阶段上。

最后，神经编码效能与预期、注意和唤醒的联系。神经编码效能假设从神经生理学的角度对新异刺激效应进行了解释，强调神经活动的重复抑制特性对重复刺激时距知觉的影响。预测误差模型（the prediction error model）认为重复抑制是自上而下知觉期待的结果，它反映了当感官刺激符合大概率的认知对象时预测误差的减少（Summerfield，Trittschuh，Monti，Mesulam，& Egner，2008）。这表明预期是影响神经活动的重要因素，它可以导致对重复刺激的神经编码效能的提高，减少神经的新陈代谢活动（Grill-Spector et al.，2006）。另外，研究同样表明注意（Murray & Wojciulik，2003）和唤醒（Lewis，Critchley，Rotshtein，& Dolan，2007）也是影响神经活动的因素。虽然神经编码效能假设认为较强的神经活动是时距扩张和注意提高的共同原因，或者是时距扩张导致了注意提高（Eagleman & Pariyadath，2009），但是一个可能的假设是：对新异刺激的时距知觉在一定程度上取决于神经编码效能，而神经编码效能又取决于被试的预期、注意和唤醒状态。

## 4 值得思考的几个问题

近年来，时距知觉中的新异刺激效应受到越来越多的关注，研究者们希望借此现象探索时距知觉的心理与神经机制。虽然目前的研究已对一些有趣的问题进行了较为深入的讨论，但是受研究时间和方法的限制，研究成果还谈不上丰硕，对一些问题也尚未得出一致结论。

### 4.1 变量混淆的问题

Tse 等（2004）在研究中分别以刺激的动态性差异、颜色差异、形状差异、大小差异定义新异刺激，经比较发现，不同差异条件下被试对新异刺激呈现时间的高估量并不一致。有研究表明刺激自身的量值（如大小、多少等）（Xuan，Zhang，He，& Chen，2007）、运动（Brown，1995）等都是影响时距知觉的因素。这说明在新异刺激效应的研究中，影响新异刺激时距知觉的因素除了刺激的新异性外还包括新异刺激自身的特征。因此，也就不难理解为什么当标准刺激为静止的圆盘，新异刺激为动态扩张的圆盘时，被试会高估新异刺激的呈现时间，但当标准刺激不变，新异刺激为动态缩小的圆盘时，则不会出现这种现象，这可能主要反映了刺激自身的突出性对时距知觉的影响（van Wassenhove, Buonomano, Shimojo, & Shams, 2008； van Wassenhove, Wittmann, Craig, & Paulus, 2011）。考虑到时距知觉中的新异刺激效应主要关注的是刺激的新异性对时距知觉的影响，而对新异刺激本身的时距知觉的基线水平是有差异的，所以当被试对新异刺激的时距知觉出现扭曲时，有必要考虑这一结果是否受到刺激自身特征的影响，对它的解释是否具有普适性。因此，今后对新异刺激效应的研究应注意确定对新异刺激本身的时距知觉的基线水平，尽量避免受到刺激自身特征对实验结果及其解释的干扰。

另外，从影响刺激新异性的角度来看，新异刺激出现的概率、新异刺激与标准刺激间的差异程度和新异刺激在刺激序列中的位置是否变动等都可能对刺激的新异性产生影响。虽然，通过实验设计，研究者们可以有效地控制与分离这些因素，也相继发现新异刺激出现的概率（Pariyadath & Eagleman, 2012； Sadeghi et al., 2011）、新异刺激与标准刺激间的差异程度（Aaen-Stockdale et al., 2011； Pariyadath & Eagleman, 2012； Schindel et al., 2011）和新异刺激在刺激序列中的位置是否变动（Sadeghi et al., 2011）等因素都可以影响新异刺激效应，但是深入系统地探讨这些因素对时距知觉的影响程度的研究还是缺少的。另外，通常认为，新异刺激效应反映了预期对时距知觉的影响，增加新异刺激的不可预期性能够增大新异刺激效应，但是 Sadeghi 等（2011）的研究却发现当新异刺激在刺激序列中的位置固定时，其新异刺激效应大于位置变动时的新异刺激效应，这说明预期对时距知觉的影响可能比已知的复杂。

### 4.2 新异刺激效应的跨通道研究

Tse 等（2004）发现新异刺激效应不仅存在于视觉通道中，而且同样存在于听觉通道中，那么视听通道中的新异刺激是否会相互发生作用？它们之间的相互作用又是否具有对称性呢？ van Wassenhove 等（2008）对这一问题进行了探讨，发现当呈现不一致的视听刺激时，被试对听觉刺激的时距知觉受到不一致的视觉刺激的影响，但对视觉刺激的时距知觉却很少受到不一致的听觉刺激的影响，视听通道存在非对称的相互作用。值得注意的是，虽然在后来的研究中也发现了新异刺激视听通道相互作用的非对称性，但这种非对称性却与 van Wassenhove 等人的研究结果不同，即同时呈现的听觉刺激影响对视觉刺激的时距知觉，但同时呈现的视觉刺激却不影响对听觉刺激的时距知觉（Chen & Yeh, 2009）。对比 Van Wassenhove 等（2008）与 Chen 和 Yeh（2009）的研究发现，二者的实验在刺激特征和程序上都存在着明显差异，因此不难理解这一矛盾结果。van Wassenhove 等（2008）在实验中采用了动态变化的刺激，而这种动态的刺激自身会造成时距知觉的扭曲，因此她们的实验结果可能主要反映了动态刺激特征对时距知觉的影响。

虽然，已有的研究表明听觉是时间信息加工的优势通道（Kanai, Lloyd, Bueti, & Walsh, 2011; Walker & Scott, 1981），但是对新异刺激时距知觉的跨通道研究表明情况并非总是如此，这可能还取决于视听通道刺激自身的特征等。另外，目前的研究主要集中在视听通道，对触觉通道新异刺激的时距知觉还鲜有研究。

### 4.3 新异刺激效应中的时间因素

比较以往研究发现，在不同研究中新异刺激效应的大小存在差异。Ulrich 等（2006）发现被试对新异刺激呈现时间的高估小于 15%，而在 Tse 等（2004）的研究中，对新异刺激呈现时间的高估达到了 25%~50%。有研究表明，在恒定刺激法中比较刺激的非对称性对 PSE 的估计具有重要影响（Masin, Fanton, & Crestoni, 1988）。对比研究发现，Tse 等（2004）选取的比较时距恰好是非对称的（以标准时距为中心参照）。Seifried 和 Ulrich（2010）认为这种非对称性是影响新异刺激效应大小的一个重要因素，并通过实验比较了对称条件和非对称条件下新异刺激效应的大小。结果发现在非自适应程序（the non-adaptive procedure）中比较时距的非对称性的确可以影响新异刺激效应的大小，即非对称条件下产生的新异刺激效应要显著大于对称条件下的新异刺激效应。然而接下来的实验却没有获得与此一致的结果，因此这一现象背后的原因还有待于进一步探索。

研究还发现在新异刺激范式中，标准刺激的呈现时间对新异刺激效应也有影响。Tse 等（2004）的研究显示，当标准刺激的呈现时间大于 120 ms 时，被试才会高估新异刺激的呈现时间；Ulrich 等（2006）的研究也发现，当标准刺激为 100 ms 时，刺激出现的概率不会影响被试的时距知觉；Seifried 和 Ulrich（2010）也发现仅当标准刺激的呈现时间大于等于 306 ms 时才会出现新异刺激效应。目前的研究对于这个临界值的大小并没有得出统一的结论，基于不同的理论假设，人们对这个临界值产生的原因也有不同的解释。一种观点认为临界值的产生主要是因为注意的分配或者唤醒对内部时钟的影响需要一定的时间，小于这一时间注意或唤醒将无法发挥作用，最终将导致新异刺激效应消失（Seifried & Ulrich, 2010; Tse et al., 2004）；另一种观点认为新异刺激效应的大小会受到实验内容的影响，因此当整个实验中不同标准时距条件随机交错进行时，短标准时距条件下产生的新异刺激效应大小会受到长标准时距条件下新异刺激效应大小的影响，进而导致短标准时距条件下新异刺激效应消失（Pariyadath & Eagleman, 2012）。除此之外，已有研究还发现，在延迟重复条件下被试对比较刺激的时距知觉要显著长于立即重复条件下的时距知觉（Matthews, 2011），这表明刺激间的时间间隔（interstimulus interval, ISI）可能也能影响新异刺激效应的大小。在已有的研究中不同标准时距条件下的 ISI 是一致的（Seifried & Ulrich, 2010; Tse et al., 2004; Ulrich et al., 2006），因此相对于长标准时距条件,短标准时距条件下采用同等的 ISI 可能是不适合的,这也有可能导致在短标准时距条件下新异刺激效应消失。

## 5 小结和展望

一直以来,传统的计时模型都认为注意和唤醒是影响时距知觉的重要因素。但是,一个仍值得思考的问题是,注意或唤醒是否能够独自影响时距知觉,这一过程是否需要其他因素的参与。虽然有研究认为新异刺激效应的产生同样是注意或唤醒机制发生作用的结果(Tse et al.,2004; Ulrich et al.,2006),但是从现有研究来看这类观点至少面临着两个问题:第一,研究发现新异刺激效应并不受到新异刺激唤醒度的调节(Pariyadath & Eagleman,2007),这似乎表明注意或唤醒并不能有效地影响新异刺激效应;第二,采用改进的闪光融合范式的研究表明,当序列中刺激的呈现时间小于 100 ms 时,刺激的新异性对时距知觉仍有影响(Pariyadath & Eagleman,2008),这同样与注意或唤醒假设不符,因为小于 100 ms 的刺激呈现时间太短而不足以使注意或唤醒发生作用。因此,注意或唤醒可能不是造成对新异刺激时距知觉扭曲的关键因素。那么,这一关键因素是什么呢?针对这一问题,Eagleman 等(2009)从神经生理学的角度出发,认为神经活动的适应性特征(重复抑制)与时距知觉存在联系,并提出了神经编码效能假设。该假设认为神经活动的大小(magnitude)才是影响时距知觉的关键因素,注意提高与新异刺激时距知觉扭曲的关系实际上可能是一种结果与原因的关系,即由神经活动增强引起的主观时距扩张在先,注意的提高在后,是时距扩张导致了注意提高,进而有利于知觉系统更好地加工刺激,此心理过程具有一定的进化适应意义(Eagleman & Pariyadath,2009)。当然,神经编码效能假设并不能完全否定注意或唤醒对新异刺激时距知觉的影响,因为注意或唤醒也能够影响神经活动(Murray & Wojciulik,2003; Lewis et al.,2007),进而通过改变神经活动的大小而间接地影响时距知觉。尽管神经编码效能假设的一些观点还需要进一步的研究证实,但是它仍为人们理解时距知觉提供了一种新的思路,提示人们不能将时距知觉扭曲仅仅归因于注意或唤醒机制。

目前,对时距知觉中的新异刺激效应的研究取得了较大的进展,这不仅体现在电生理学记录等技术的应用上,也体现在解释机制的深化上。尽管如此,对于其产生的心理和神经机制,研究者们仍存在争论,因此今后的研究还可以从以下几个方面开展。首先,预期、注意、唤醒和神经编码效能等因素可能直接或间接参与了新异刺激效应形成的过程,但现有的行为学研究往往不能有效地分离这些因素,这就造成了人们在解释新异刺激效应时易混淆各种因素。因此今后结合更具时间分辨率的事件相关电位(ERP)

技术和更具空间分辨率的功能磁共振成像(fMRI)技术对这一现象进行研究是十分必要的。其次,注意与时距知觉的关系是长久以来人们关注的主要问题之一,众多研究表明注意分配是影响时距知觉的重要因素(Zakay & Block,1997;陈有国等,2007)。然而,神经编码效能假设以一种独特的观点阐述了注意和新异刺激效应之间的关系,即认为注意的提高不是导致新异刺激时距知觉扩张的原因,而更可能是这种现象的结果。这一观点尚需今后研究的进一步探讨。最后,今后的研究还应从多个方面入手,涉及视、听、触等多种刺激通道,结合不同的方法,选择生态效度更高的刺激(如3D刺激)系统地进行。

合作者:李宝林、毕翠华、陈有国。原文载于《心理科学进展》,2013年第21卷第6期。

# 疼痛表情对秒下及秒上时距知觉的影响

## 1 前言

时距知觉指的是个体对单个事件的持续时间或者两个事件之间间隔时间的知觉，它对人们的日常生活相当重要（黄希庭，李伯约，张志杰，2003；黄希庭，徐光国，1999）。例如，估计自己是否有足够的时间通过马路，与朋友以一个合适的说话速度交流等都需要时距知觉的参与（Allman, Teki, Griffiths, & Meck, 2014）。

准确地感知时间对我们的行为和决策很重要，然而许多因素都会影响我们的时距知觉。在情绪影响时距知觉的研究中，较为一致的发现是威胁性刺激（愤怒面孔、恐惧图片、疼痛刺激等）能够显著延长主观时距（Grommet et al., 2011；Lake, LaBar, & Meck, 2016；Ogden, Moore, Redfern, & McGlone, 2014；Tipples, 2008）。出现威胁性刺激时个体需要尽快进行防御反应（攻击或者逃跑），此时将时间流动的速度知觉为较慢有利于个体进行较快的反应（Droit-Volet & Meck, 2007）。疼痛表情作为一种威胁性的警告信号，具有独特的适应性功能，它能够传递各种有害刺激带来的不适感，并能引起旁观者的关注和照顾行为（de C Williams, 2002），因此疼痛表情可能影响时距知觉。

情绪对时距知觉的影响并不一致。例如愤怒和恐惧表情能影响时距知觉（Grommet et al., 2011；Tipples, 2008），而厌恶表情没有显著影响时距知觉（Grondin, Laflflamme, & Gontier, 2014）。Kappesser 和 de C Williams（2002）使用判断任务发现被试能够准确地区别疼痛表情与其他负性情绪（恐惧、愤怒、悲伤、惊讶和厌恶）；一项功能磁共振研究也发现，被试在观看疼痛刺激和厌恶刺激时，只有前者会激活顶叶皮层（Benuzzi, Lui, Duzzi, Nichelli, & Porro, 2008）。因此有必要研究疼痛表情能否影响时距知觉以更好地理解负性情绪影响时距知觉的方式和特点。

根据起搏器—累加器模型（pacemaker-accumulator model, PA）（Cheng, Tipples, Narayanan, & Meck, 2016；Fayolle , Gil, & Droit-Volet, 2015），疼痛表情可能通过唤醒和注意影响时距知觉。该模型认为个体产生一个主观时距需要时钟、记忆和决策三个阶段。在时钟阶段，一个起搏器以一定频率发射脉冲到一个累加器中，累加器收集的脉冲数量是个体对物理时距的主观表征。在起搏器的脉冲到达累加器的过程中存在一个控制开关，当它闭合时脉冲能到达累加器，断开时则被阻挡（Treisman, Faulkner, Naish, & Brogan, 1990）。唤醒能够加快起搏器产生脉冲的频率，导致在单位时间内累加器收集到的脉冲更多，是一种乘法的影响，即与客观时距的长度成正比。例如，具有高唤醒度的愤怒和恐惧表情能够以乘法的方式延长被试的主观时距(Gil & Droit-Volet,2011;Tipples,2008)。注意则是影响开关闭合开启的延迟时间或它在计时过程中开启闭合的频率,因而它对时距知觉的影响可能是加法的,即独立于客观时距,但也可能是乘法的(Buhusi & Meck,2009;Grommet et al.,2011;Lui,Penney,& Schirmer,2011)。疼痛表情能影响观看者的唤醒和注意,有研究让被试评估疼痛和六种基础表情,疼痛表情被评价为具有高唤醒度(Simon,Craig,Gosselin,Belin,& Rainville,2008);另一项研究使用点探测任务,发现相比中性表情,被试对疼痛表情有着更早的注意定向和更晚的注意脱离,即对疼痛表情的注意维持较长(Baum,Schneider,Keogh,& Lautenbacher,2013)。因此,疼痛表情可能通过唤醒和注意影响时距知觉。

时间分段综合模型认为人类的时距知觉具有分段性,加工不同长度时距的认知或神经机制存在差异,其影响因素也因此而不同(尹华站,李祚山,李丹,黄希庭,2010)。对注意而言,有研究指出,以1s为分界点,个体对秒下时距为自动加工;对秒上时距则主要为认知控制加工,需要注意资源(Hayashi,Kantele,Walsh,Carlson,& Kanai,2014)。而唤醒对时距知觉的影响在200ms到数秒的时距知觉研究中得到证明(Lake et al.,2016)。因此,疼痛表情影响秒上和秒下时距知觉的方式可能不同,有必要进行分别的探索,这有助于揭示人类时距知觉的特点以及人类如何利用时间信息适应客观世界,具有理论和实践意义。

相同情绪对时距知觉的影响根据所用范式的不同而存在差异(Matthews & Meck,2014)。Gil和Droit-Volet(2011)以愤怒和中性表情作为实验材料,使用二分法(tempotal bisection task)发现,愤怒表情相比中性表情显著延长了被试的主观时距,但使用泛化法(temporal generalization task)没有发现显著差异。他们认为该结果是由于工作记忆在这两个范式中所起的作用不同导致的:在二分法范式中,记忆过程起的作用较小,因为被试并非根据标准时距的记忆表征,而是从前面试次的比较时距里提取出一个判断标准来分辨当前比较时距是长还是短;而在泛化法范式中,被试则需要准确记忆标准时距并以之进行判断,这减弱了唤醒对时距知觉的影响。因此,使用二分法和泛化法范式,可能有助于检验疼痛表情影响时距知觉是否依赖特定范式。而且,他们所采用的时距较短(400~1600 ms以及400~1000 ms),不确定注意对时距知觉的影响是否也依赖实验范式,有必要在更长的时距下探讨范式差异的影响。

因此,为了探讨疼痛表情对秒上和秒下时距知觉的影响,我们采用200~800 ms以及1400~2600 ms两个呈现时距作为实验条件。在实验1中使用二分法任务,因为面孔表情影响时距知觉的研究主要是用该范式得到验证的(Fayolle & Droit-Volet,2014;Gil & Droit-Volet,2011;Tipples,Brattan,& Johnston,2015),使用相同的范式有利于与其他研究者的研究结果进行比较。在实验2中使用泛化法任务检验疼痛表情影响时距知觉是否依赖特定范式。

## 2 实验1

### 2.1 目的

采用二分法考查疼痛表情对个体在秒上和秒下的时距知觉的影响。

### 2.2 方法

#### 2.2.1 被试

26名被试(男15人,女11人)参与此次实验。男性被试平均年龄为20.77岁($SD$=1.80岁),女性被试为20.69岁($SD$=2.09岁)。所有被试均报告视力或矫正视力正常,无色盲或色弱,右利手。实验后被试均获得适量实验报酬。

#### 2.2.2 仪器和材料

被试在单独的房间里面对着电脑屏幕进行实验。实验程序使用E-Prime1.2(Psychology Software Tools, Pittsburg, PA, USA)进行编程,控制并记录相关行为数据。刺激呈现在21英寸彩色显示器上,屏幕分辨率为1024×768pixels,刷新率为85Hz,屏幕背景为黑色。被试使用相应的键盘按键进行判断反应。使用白色十字作为注视点。在实验训练阶段,我们使用浅棕色的矩形(6.84°×9.22°)作为实验刺激。在正式实验阶段,我们使用Sheng和Han(2012)使用于疼痛共情研究的20张数码相片(6.84°×9.22°)作为实验刺激,这些相片为呈现疼痛和中性表情的10名中国人的面孔(5名男性,5名女性)。

如表1所示,为了评估这些表情是否达到实验要求,实验后每位被试分别对每张表情表达出的疼痛程度、自身因表情而产生的不愉悦程度和唤醒度(1=完全不疼、极度愉悦或平静,9=极度疼痛、极度不愉悦或激活)进行评价(Sheng & Han, 2012; Simon et al., 2008)。配对$t$检验显示疼痛表情比起中性表情具有更高的唤醒度、不愉悦程度和疼痛程度(唤醒度:$t(53)=10.61$, $p<0.01$, Cohen's $d$=1.68,不愉悦度:$t(53)=11.10$, $p<0.01$, Cohen's $d$=2.09,疼痛程度:$t(53)=22.44$, $p<0.01$, Cohen's $d$=4.12)。

表1 以9点量表对中性和疼痛表情的评价($M \pm SD$)

| | 唤醒度 | 不愉悦程度 | 疼痛程度 |
|---|---|---|---|
| 疼痛表情 | 6.04(1.28) | 6.45(0.95) | 6.94(0.96) |
| 中性表情 | 4.01(1.12) | 4.66(0.75) | 2.44(1.21) |

2.2.3 设计

采用2(表情:中性和疼痛表情)×2(时距范围:秒下和秒上)×7(呈现时距)的被试内设计。因变量为根据被试判断当前呈现刺激的持续时间比标准时距“长”的比率所算出的主观相等点(point of subjective equality,PSE)和韦伯比例(Weber Ratio,WR),PSE为被试反应“长”或“短”的比率为50%的时距,而WR反映的是时距知觉的敏感性。

2.2.4 程序

该实验根据时距范围分为秒上秒下两个部分,顺序在被试间随机。在秒下部分,被试首先学习“短”标准时距(200ms)和“长”标准时距(800ms),然后进入练习阶段,最后是正式测验阶段。在秒上部分,材料和程序与秒下条件部分相同,但长短标准时距分别改为2600ms和1400ms。

被试被告知在刺激呈现期间不要使用计数、打拍子等策略进行计时以排除不同计时策略对实验结果的影响(Rattat & Droit-Volet,2012)。

在学习阶段,被试需要记住由呈现在屏幕中心的浅棕色矩形所表示的“短”和“长”标准时距,两者各随机呈现5次。然后先后进入两个练习阶段,他们需要对每个浅棕色矩形的呈现时间进行计时,在矩形刺激消失,“?”标志呈现在屏幕中央时判断它是更接近“短”还是“长”标准时距并按下相应按键(D或K键,被试间平衡),“?”标志会在被试做出反应或持续3秒后消失,最后呈现正误反馈并进入下一个试次。第二个练习阶段结束后会呈现总的正确率。第一个练习阶段呈现短和长的标准时距,各随机呈现4次,第二个练习阶段呈现的时距为200,300,400,600,700和800ms(秒下部分)或者1400,1600,1800,2200,2400和2600ms(秒上部分),每个时距各随机呈现2次。在正式实验阶段,被试被告知目标刺激从浅棕色矩形改为人类表情图片,且不再呈现反馈。每个试次开头随机呈现1050或2050ms的注视点,并在结束时随机呈现1500或2500ms的注视点,目标刺激呈现时距在秒下条件下为200,300,400,500,600,700和800ms,在秒上条件下为1400,1600,1800,2000,2200,2400和2600ms,该阶段被试需要完成随机呈现的140个试次。

## 2.3 结果与分析

如图1所示,为了考查疼痛表情对时距知觉的影响,分别在秒上和秒下条件下计算被试将在每一个呈现时间($t$)上的疼痛和中性表情判断为“长”的比率$P$(“长”| $t$),并通过累加高斯函数拟合出一条S形曲线。拟合用的两个参数分别是平均数($\mu$)和标准差($\sigma$)。图中垂直实线和虚线分别代表疼痛和中性表情的PSE。可以看出在秒上和秒下条件下,疼痛表情的拟合曲线和PSE都相对中性表情左移,表示被试高估了时间。

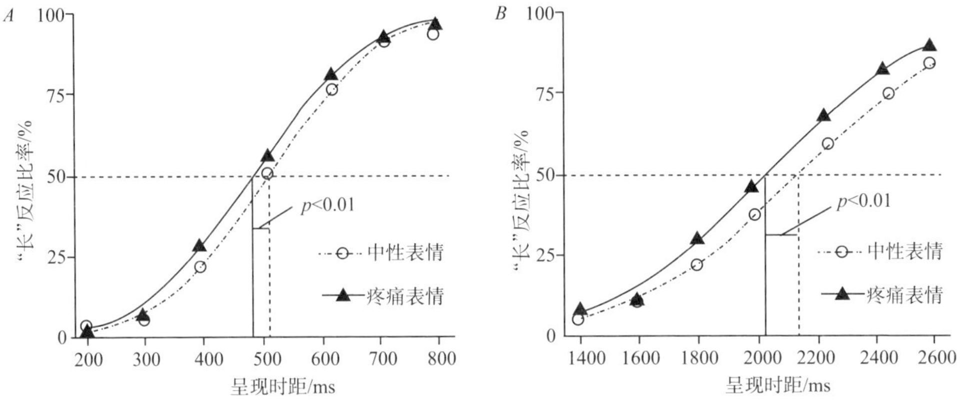


图1 使用二分法，将呈现时距（图A为200~800ms；图B为1400~2600 ms）反应为"长"的比率的拟合曲线

比较疼痛和中性表情在时距知觉上的PSE和WR。以PSE为因变量，做2（表情：中性和疼痛）×2（时距范围：秒下和秒上）的重复测量方差分析，结果发现呈现时距的主效应显著，$F(1, 25)=3913.68$，$p<0.01$，$\eta_p^2=0.99$；表情的主效应显著，$F(1, 25)=31.25$，$p<0.01$，$\eta_p^2=0.56$；交互作用显著，$F(1, 25)=19.45$，$p<0.01$，$\eta_p^2=0.44$。随后的简单效应分析发现，在秒下条件下，疼痛表情的PSE（$M=481.02$，$SD=82.14$）显著小于中性表情的PSE（$M=509.52$，$SD=85.65$），$F(1, 25)=8.44$，$p<0.01$；在秒上条件下，疼痛表情的PSE（$M=2021.70$，$SD=163.00$）也显著小于中性表情的PSE（$M=2137.79$，$SD=157.27$），$F(1, 25)=30.94$，$p<0.01$。而且，如图1所示，中性表情和疼痛表情条件下的PSE的差值随时间增大，将秒上及秒下两者的PSE差值进行配对样本$t$检验证实了这点，$t(25)=4.41$，$p<0.01$，Cohen's $d=0.87$。

以WR为因变量，做2（表情：中性和疼痛表情）×2（时距范围：秒下和秒上）的重复测量方差分析，发现呈现时距的主效应显著，$F(1, 25)=7.53$，$p<0.05$，$\eta_p^2=0.23$，200~800ms的WR显著高于1400~2600ms的WR；表情的主效应不显著，$F(1, 25)=0.351$，$p=0.56$；交互作用不显著，$F(1, 25)=1.73$，$p=0.20$。

以上结果说明，疼痛和中性表情条件下被试的时距知觉的敏感性没有差异，在PSE上存在差异，表现为在疼痛表情条件下，被试高估了时间，而且在秒上条件下的高估程度大于秒下条件。

实验1采用二分法范式发现被试在对疼痛表情和中性表情的时距知觉上存在差异，但这种现象是否依赖特定范式？实验2采用泛化法范式来检验这点。

# 3 实验2

## 3.1 目的

采用泛化法考查疼痛表情对个体在秒上和秒下条件下的时距知觉的影响，检验疼痛表情影响时距知觉是否依赖特定范式。

## 3.2 方法

### 3.2.1 被试

26 名被试（男 9 人，女 17 人）参与此次实验，男性被试的平均年龄为 20.91 岁（*SD*=2.65 岁），女性为 20.67 岁（*SD*=1.31 岁）。所有被试均报告视力或矫正视力正常，无色盲或色弱，右利手。实验后被试均获得适量的实验报酬。

### 3.2.2 仪器与材料

仪器与材料同实验 1。

### 3.2.3 设计

自变量同实验 1，因变量为根据被试判断当前呈现刺激的持续时间与标准时距“相等”的比率所算出的 PSE 和 WR。

### 3.2.4 程序

实验过程与实验 1 相同，但是将实验 1 中的“短”和“长”标准时距置换成两者的平均时距（秒上部分的标准时距为 500 ms，秒下部分为 2000 ms），实验要求从判断比较时距是更接近“短”还是“长”标准时距改为与标准时距“相等”还是“不相等”，以及第一个练习阶段呈现的时距改为 200，500 和 800 ms（秒下部分）和 1400，2000，2600 ms（秒上部分），500 和 2000 ms 随机呈现 4 次，其余 2 次，第二个练习阶段呈现的时距为 200、300、400，500，600，700 和 800 ms（秒下部分）和 1400，1600，1800，2000，2200，2400 和 2600 ms（秒上部分），500 ms 和 2000 ms 随机呈现 6 次，其余 1 次。

## 3.3 结果与分析

如图 2 所示，为了考查疼痛表情对时距知觉的影响，我们分别在秒上和秒下部分计算被试将在每一个呈现时间（$t$）上的疼痛和中性表情判断为“相等”的反应比率 $P$（“相等”$\mid t$），通过截断高斯函数拟合出一条 S 形曲线。拟合用的两个参数分别是平均数（$\mu$）和标准差（$\sigma$）。可以看出在秒下部分，两种表情的拟合曲线和 PSE 的差异较小，而在秒上部分，疼痛表情的拟合曲线和 PSE 都相对中性表情左移，表示被试高估了时间。

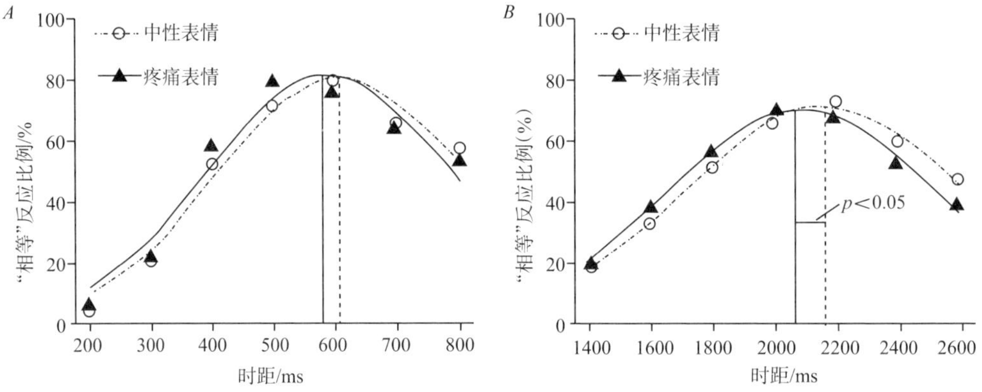


图2 使用泛化法，将呈现时距(图A为200~800ms；图B为1400~2600ms)反应为"相等"的比率的拟合曲线

与实验1相同，比较疼痛和中性表情在PSE和WR上的差异。以PSE为因变量，做2(表情：中性和疼痛表情)×2(时距范围：秒下和秒上)的重复测量方差分析，发现呈现时距的主效应显著，$F(1,25)=473.95$，$p<0.01$，$\eta_p^2=0.95$；表情的主效应显著，$F(1,25)=8.92$，$p<0.01$，$\eta_p^2=0.26$；交互作用不显著，$F(1,25)=1.79$。由于呈现时距和表情交互作用不显著，即表情对时距知觉的影响独立于呈现时距，因此分别对在秒上和秒下呈现时距条件下疼痛和中性面孔的PSE作配对样本$t$检验，发现在200~800ms呈现时距，中性表情的PSE($M=624.28$，$SD=120.51$)与疼痛表情的PSE($M=608.47$，$SD=118.69$)没有显著差异，$t(25)=1.45$，$p=0.16$。但在1400~2600ms呈现时距，疼痛表情的PSE($M=2118.93$，$SD=361.46$)显著低于中性表情($M=2166.77$，$SD=316.68$)，$t(25)=2.40$，$p<0.05$，Cohen's $d=0.14$。

以WR为因变量，做2(表情：中性和疼痛表情)×2(时距范围：秒下和秒上)的重复测量方差分析。结果发现呈现时距的主效应显著，$F(1,25)=73.14$，$p<0.01$，=0.75，200~800ms的WR的敏感性显著高于1400~2600ms的WR；表情的主效应不显著，$F(1,25)=1.64$，$p=0.21$；交互作用不显著，$F(1,25)=0.057$，$p=0.813$。

以上结果说明，疼痛和中性表情条件下被试的时距知觉的敏感性没有差异，在PSE上存在差异，表现为在1400~2600ms的呈现时距，疼痛表情条件下的被试倾向于高估时间。

## 4 总讨论

实验1和2分别使用二分法和泛化法范式，在秒上和秒下条件下考查疼痛表情如何影响时距知觉。

实验1的结果发现疼痛表情相对于中性表情,在秒下和秒上都显著延长了个体的主观时距。而在实验2中,疼痛表情只在秒上显著延长了个体的时距知觉。两个实验中,疼痛表情对时距知觉的敏感性没有显著影响。实验1的结果发现被试在疼痛表情条件下知觉到的时距较长。该结果与前人使用其他威胁性刺激,如愤怒表情(Gil & Droit-Volet,2011)、恐惧图片(Grommet et al.,2011)、疼痛刺激(Ogden et al.,2014)的实验结果一致,反映了威胁性刺激能够稳定地延长个体的主观时距。当个体面对他人的疼痛表情时,将时间流动知觉为较慢有助于个体更迅速地逃跑或救助疼痛者,反映了时距知觉的适应性(Droit-Volet & Gil,2009)。而且,被试在秒上条件下对时距的高估程度显著大于在秒下条件的,符合PA模型中唤醒对时距知觉产生乘法的影响的观点(Gil & Droit-Volet,2011;Tipples,2008)。Simon等人(2008)让被试对疼痛和六种基础表情进行评估,发现疼痛表情具有高唤醒度,本研究让被试在实验结束后评定实验材料也证实了这点。因此,疼痛表情引起的高唤醒度能够加快起搏器发出脉冲的速度,即起搏器在单位时间内产生的脉冲增加,导致被试高估了时距。

与实验1结果不同,实验2发现疼痛表情在秒下对时距知觉没有显著影响,与Gil和Droit-Volet(2011)使用相同范式的结果一致,验证了在泛化法范式下唤醒对时距知觉的作用被减弱的观点。但实验2也发现了在秒上条件下疼痛表情能够显著延长时距知觉。这反映出疼痛表情对秒下和秒上条件下的时距知觉存在区别,即秒下的时距知觉主要依赖自动加工系统,而秒上的则需要占用工作记忆和注意资源(Hayashi et al.,2014)。例如,对于秒上的时距知觉,Lui等人(2011)呈现情绪图片作为分心物,让被试对随后出现的中性图片进行计时,由于情绪图片的注意调节作用使较少的注意资源被集中到计时过程中,导致被试低估了时距。而疼痛表情能影响被试的注意,有研究发现被试对疼痛表情有着较早的注意定向和较晚的注意脱离(Baum et al.,2013)。因此,结合PA模型中注意能够影响开关的观点,疼痛表情可以让开关更早开启或更晚关闭(Grommet et al.,2011),或者让更多的注意资源用于维持开关在一个较稳定的关闭状态(Buhusi & Meck,2009),导致被试高估了时间。Gil和Droit-Volet(2011)使用泛化法范式没有发现愤怒表情通过注意影响时距知觉的原因可能是他们使用的时距较短(400~1000 ms以及400~1600 ms)。

实验2的结果反映出疼痛表情对秒上秒下时距知觉的影响存在区别,符合时间分段综合模型的观点(尹华站等,2010)。该模型认为人类的时距知觉具有分段性,唤醒和注意在不同的呈现时距对时距知觉的影响不同。Lake等人(2016)指出唤醒和注意对时距知觉的影响随着时间进程而发生动态变化:情绪刺激出现后到最多几秒的呈现时距内,情绪对时距知觉的影响是由唤醒主导的，数秒之后生理唤醒效应不再明显，因为与简单情绪事件相关的生理唤醒会在数秒后回到基线水平。随着时间的推移，时距知觉受生理唤醒与认知过程的交互作用影响的程度逐渐提高，注意控制过程随着时间的推移变得越来越重要。

本研究存在一些问题，如没有直接测量被试在面对疼痛和中性表情时的唤醒和注意状态。在本研究的基础上，还可在其他范式和呈现时距方面进行研究，尝试探讨疼痛表情的威胁警示与趋近救助功能各自对时距知觉的影响、共情特质的个体差异对这方面的影响，并进一步采用脑成像技术考查其脑机制，这些都是今后研究探索的方向。

## 5 结论

研究结果发现，在二分法范式中，疼痛表情显著延长个体的秒上及秒下的时距知觉，而在泛化法范式中，疼痛表情只延长了秒上的时距知觉。实验2的结果提示了疼痛表情影响时距知觉的机制具有分段性的可能：在秒下，疼痛表情主要通过唤醒影响时距知觉，而在秒上则是由唤醒和注意共同影响。

合作者：黄顺航、刘培朵、李庆庆、陈有国。原文载于《心理科学》，2018年第2期。

# 拓扑性质对视觉新异刺激时距知觉的影响

## 1 引言

时距知觉与我们的生活息息相关，从听觉信息的理解到运动技能的控制都离不开对时距信息的加工。准确地知觉时距对个体的生存具有重要意义，然而大量研究表明：个体知觉到的时距并不完全取决于事物客观的时距信息，还会受到刺激的量值（Xuan, Zhang, He, & Chen, 2007）、运动信息（Brown, 1995; Wang & Jiang, 2012）、空间频率（Aaen-Stockdale, Hotchkiss, Heron, & Whitaker, 2011）等因素的影响。这表明大脑对事物某些非时间信息的加工会影响时距信息的加工。

时距知觉扭曲现象反映了人们的时距知觉具有相当强的可塑性。当不被预期的新异刺激出现在重复的标准刺激序列中时，相比标准刺激，它的呈现时间往往会被高估，比如在重复出现的红色圆盘中突然插入一个同样大小的黑色圆盘，要求被试比较它们呈现时间的长短，在等时距呈现的条件下被试会倾向于判断黑色圆盘的呈现时间更长（Tse, Intriligator, Rivest, & Cavanagh, 2004）。这种现象被称为时距知觉中的新异刺激效应（oddball effect）（Schindel, Rowlands, & Arnold, 2011）。近年来这种现象得到了广泛的关注。Tse 等人（2004）发现当标准刺激与新异刺激间的差异为颜色、形状、大小和动态等时，被试均会倾向于高估新异刺激的呈现时间。后续的研究也发现，通过改变标准刺激的朝向、明度和运动方向等来定义新异刺激也会引起被试对新异刺激呈现时间的高估（Sadeghi, Pariyadath, Apte, Eagleman, & Cook, 2011; Schindel et al., 2011）。然而，通过对比可以发现，当标准刺激与新异刺激间的差异不同时，被试对新异刺激呈现时间的高估量也不相同，如已有研究发现：随着标准刺激与新异刺激间朝向差异的增大，被试对新异刺激呈现时间的高估量也随之增加（Pariyadath & Eagleman, 2012; Schindel et al., 2011）。此外，Aaen-Stockdale 等人（2011）也发现当标准刺激与新异刺激间仅存在空间频率上的差异时，新异刺激效应没有出现。这些都说明新异刺激的新异程度是影响新异刺激效应大小的重要因素。

拓扑性质是指在拓扑变换（如拉伸、扭曲、挤压等）下图形保持不变的性质和关系，如连通性、内外关系、洞的个数等。例如，当一个正方形变成圆形时，其连通性等拓扑性质保持不变，因此正方形和圆形是拓扑等价图形；然而当正方形变成圆环时，一个有洞一个没洞，洞的个数是一种典型的拓扑性质，因此正方形和圆环在拓扑性质上存在差异。研究发现个体的视知觉对拓扑性质的差异更为敏感（Chen, 1982）。对似动现象

(Chen, 1985)、错觉关联效应(Chen & Zhou, 1997)、构形优势效应(Todd, Chen, & Norman, 1998)和掩蔽启动现象(Huang, Zhou, & Chen, 2011)等的研究也都表明对拓扑性质的检测在视知觉过程中有着重要意义。这一观点也得到了种系发生学(Chen, Zhang, & Srinivasan, 2003;朱静,郭兴焱,马园,任菲,2010)、发展心理学(Chien et al., 2012)和认知神经科学(Zhuo et al., 2003)研究的支持。

此外,安蓉、阴国恩和郑金香(2004)发现在限时呈现条件下被试倾向于按拓扑特征对图形进行分类,这说明拓扑性质对其他心理加工过程也有着重要的影响。时距知觉是个体具有的一种基本能力,易受到各种因素的影响而发生扭曲(黄希庭,李伯约,张志杰,2003)。虽然拓扑性质是事物所具有的一种重要性质,对视知觉有着重要作用,但是却鲜有人关注其对视时距知觉的影响。目前有学者通过对运动诱发视盲(motion induced blindness, MIB)现象的研究发现,当两个图形是连通的,或位于同一洞中,或具有相同的洞的个数时,它们更倾向于共同消失或重现,且共同消失的时间更长(左真涛,罗欢,周可,2013)。这一现象暗示拓扑性质可能的确能够影响个体对刺激时距信息的加工,但是其仍尚未明确揭示拓扑性质对视时距知觉的影响。

拓扑性质知觉理论认为,知觉物体的核心内涵(即在形状变换中保持不变的整体不变性质)可以定义为大范围拓扑不变性质,因此图形拓扑性质的改变(如一个实心的圆盘变成空心的圆环)将被视觉系统知觉为新的知觉物体的产生(Chen, 2005; Zhou, Luo, Zhou, Zhuo, & Chen, 2010)。据此,可以推测当一个图形突然发生了拓扑性质的变化,将在更大程度上破坏原有图形的一致性,从而使新图形具有更大程度的新异性。因此,结合时距知觉中的新异刺激效应,可以预测:相比拓扑等价条件,当标准刺激与新异刺激间存在拓扑性质差异时,被试会更倾向于高估新异刺激的呈现时间。

本研究结合一种时距扭曲现象——时距知觉中的新异刺激效应——来探讨拓扑性质对视觉新异刺激时距知觉的影响。实验采用新异刺激范式,要求被试比较新异刺激与标准刺激呈现时间的长短。实验1考查了当标准刺激与新异刺激间存在拓扑性质差异和非拓扑性质差异时,被试对新异刺激呈现时间的高估情况。另外,根据物体形状在变换中保持的不变特征,德国数学家克莱因于1872年提出了爱尔浪根纲领(Erlanger Program)。根据这一纲领,各种形状性质可以由不同层次的几何学,即欧几里得几何学、仿射几何学、射影几何学和拓扑学来加以描述,几何学性质中最为稳定的是拓扑性质(如洞的个数),接着依次是射影性质(如共线性)、仿射性质(如平行性)和欧氏性质(如方向性)(Chen, 2005;朱滢,2005)。拓扑性质知觉理论认为视觉系统的形状知觉存在一个功能层次,其类似于克莱因的爱尔浪根纲领按不变性对几何学的分类,即各个层次的几何不变性质是形状知觉的主要元素。因此,实验2系统考查并比较了不同层次的几何不变性质对新异刺激时距知觉的影响。

## 2 实验1 洞的个数对视觉新异刺激时距知觉的影响

洞的个数是一种典型的拓扑性质。实验1通过两个实验考查了当标准刺激和新异刺激间存在洞的个数这种拓扑性质差异和轮廓形状这种非拓扑性质差异时，被试在新异刺激时距知觉上的差异。

### 2.1 实验 1a

#### 2.1.1 方法

2.1.1.1 被试

18 名非心理学专业在校本科生和研究生自愿参加并顺利完成实验，其中男7名，女11 名，年龄为 18~25 岁（平均年龄 21.94±1.55 岁）。除一名被试为左利手外，其他均为右利手，视力或矫正视力正常。实验后给予适当报酬。

2.1.1.2 刺激和仪器

采用 CoreDRAW12 绘制白色（RGB：255，255，255）单孔正方形（正方形边长 2.66°，单孔直径 1.5°）、双孔正方形（正方形边长 2.66°，每个内孔直径 1.06°，水平两孔间距 0.3°）、单孔圆环（外直径 3°，内直径 1.5°）和双孔圆环（外直径 3°，每个内孔直径 1.06°，水平两孔间距 0.3°），它们的面积相等；采用E-prime 1.1 编制程序；用电脑呈现刺激和记录反应，视觉刺激呈现在 17 英寸 CRT 彩色显示器中央，屏幕分辨率为 1024×768pixels，背景为灰色（RGB：100，100，100），刷新频率为 85 Hz；被试距离计算机屏幕约 57 cm。

2.1.1.3 设计

采用 2（标准刺激类型：单孔正方形和双孔正方形）× 2（差异类型：拓扑性质差异和非拓扑性质差异）的被试内设计。因变量为被试判断新异刺激的呈现时间比标准刺激的呈现时间“长”的比率。

标准刺激类型指实验中重复出现的标准刺激的类型；差异类型指标准刺激与新异刺激间的差异类型：当标准刺激为单孔正方形、新异刺激为单孔圆环时，标准刺激与新异刺激间为非拓扑性质差异，而当标准刺激为单孔正方形、新异刺激为双孔圆环时，标准刺激与新异刺激间为拓扑性质差异；同样当标准刺激为双孔正方形、新异刺激为单孔圆环时，标准刺激与新异刺激间为拓扑性质差异，而当标准刺激为双孔正方形、新异刺激为双孔圆环时，标准刺激与新异刺激间为非拓扑性质差异。

2.1.1.4 程序

正式实验前对被试进行适当练习,使其熟悉实验程序与任务操作,练习程序同正式实验程序。正式实验的流程如图1所示,首先向被试呈现一定数目(3~10个)的标准刺激,每个标准刺激的呈现时间为500 ms(标准时距),标准刺激间的时间间隔为300 ms,间隔300 ms之后随机呈现新异刺激之一作为比较刺激,呈现时间为350,400,450,500,550,600或650 ms(比较时距)。然后呈现空屏,要求被试比较标准刺激与新异刺激的呈现时间,并通过按键进行反应。为了平衡被试的按键反应,要求一半被试在认为新异刺激的呈现时间长时按"F"键,反之按"J"键;另一半被试的按键要求与此相反。最后间隔1000 ms后开始下一个试次。实验在暗室中进行。

整个实验共分为两组,每组中只包含一种标准刺激,但包含两种新异刺激,所以每组中的差异类型都可分为拓扑性质差异和非拓扑性质差异。被试完成两组的顺序是随机的。实验中每种条件的7个比较时距都呈现12次,因此整个实验共有4×7×12(336)个试次,被试每完成84个试次后休息一次,故整个实验期间可以休息3次,除第二次休息时间由主试规定外(为了降低前一组实验对后一组实验的可能影响,要求被试最少休息5min),其他的休息时间由被试自己控制。整个正式实验约45min。

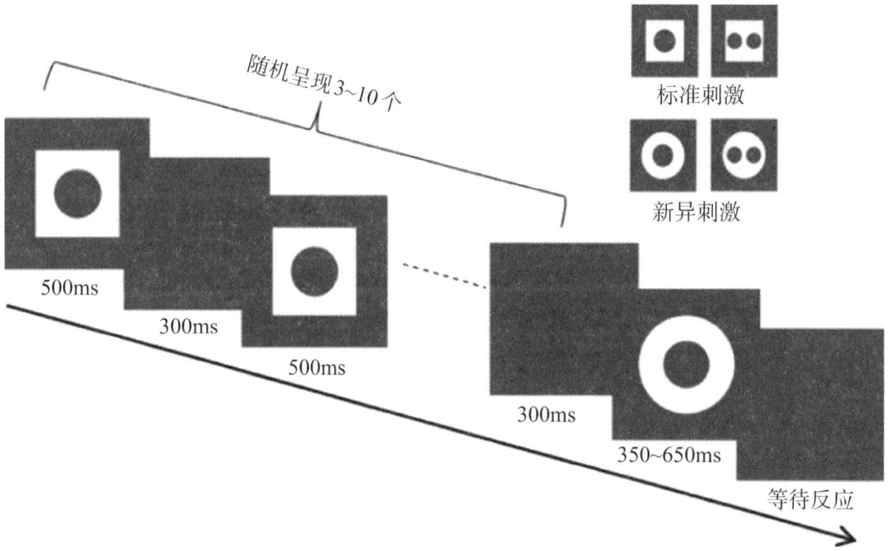


图1 实验1a流程示意图

首先向被试随机呈现3~10个标准刺激(标准刺激有两类:单孔正方形和双孔正方形),当前为单孔正方形;接着呈现一个新异刺激(新异刺激也有两类:单孔圆环和双孔圆环),当前为单孔圆环;最后要求被试比较新异刺激和标准刺激的呈现时间。标准刺激的呈现时间为500ms,新异刺激的呈现时间为7个比较时距(350~650ms)中的任意一个,刺激间间隔300ms。

2.1.2 结果与分析

使用 Sigma Plot 12.0 和 SPSS 13.0 对所有被试的数据进行分析。以比较时距为横坐标，以被试判断新异刺激呈现时间长于标准刺激呈现时间的比率为纵坐标，将每名被试在每种条件下的数据拟合成一条 Sigmoid 曲线（$f=1/(1+exp(-(x-x0)/b))$），求得每名被试在每种条件下的主观相等点（point of subjective equality，PSE，即被试判断长的比率为50%的点所对应的比较时距），见图 2。同时，为了便于比较，参照以往研究（Tse et al.，2004）将主观相等点转换成时间膨胀系数（temporal expansion factor），计算公式为：时间膨胀系数=标准时距/PSE，其值大于 1 表示相比标准刺激被试高估了新异刺激的呈现时间，小于 1 则表示相比标准刺激被试低估了新异刺激的呈现时间，值越大表示被试对新异刺激呈现时间的估计越长。

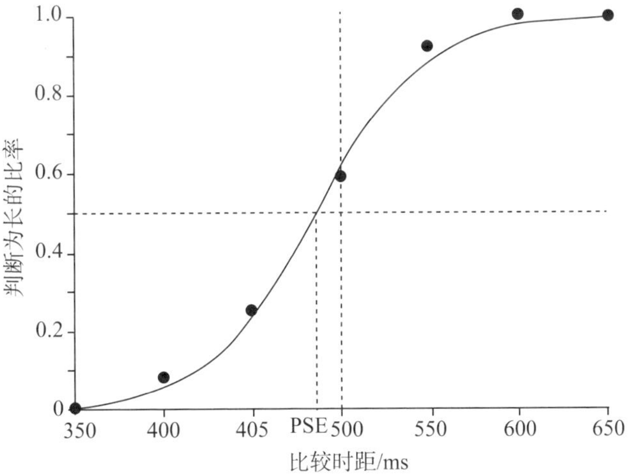


图 2　一名被试（LXF）分别在一种条件下的 7 个比较时距上判断新异刺激呈现时间长于标准刺激呈现时间的比率及其拟合的 Sigmoid 曲线

图中水平虚线为被试判断新异刺激呈现时间长于标准刺激呈现时间的比率为50%，其与 Sigmoid 曲线的交点所对应的时距即为被试的 PSE。

根据心理测量函数求得被试在各种条件下的PSE，进而求得所有被试在每种条件下的平均时间膨胀系数（如图 3）。

对时间膨胀系数进行统计分析。首先，单样本 $t$ 检验发现，仅当标准刺激为双孔正方形且新异刺激为单孔圆环时，时间膨胀系数显著大于 1，$t(17)=3.90$，$p=0.001$，表明在这种条件下出现了显著的新异刺激效应。其次，2（标准刺激类型：单孔正方形和双孔正方形）× 2（差异类型：拓扑性质差异和非拓扑性质差异）的重复测量方差分析发现，标准刺激类型的主效应显著，$F(1, 17)=4.90$，$p<0.05$；差异类型的主效应显著，$F(1, 17)=$

25.52，$p<0.001$；标准刺激类型和差异类型的交互作用不显著，$F(1, 17)=2.32$，$p>0.05$，表明标准刺激类型和标准刺激与新异刺激间的差异类型对新异刺激时距知觉都有显著影响。

分别对两种标准刺激条件下拓扑性质差异和非拓扑性质差异时的时间膨胀系数进行配对样本 $t$ 检验。结果发现当标准刺激为单孔正方形时，拓扑性质差异条件下的时间膨胀系数（1.0179）显著大于非拓扑性质差异条件下的时间膨胀系数（0.9880），$t(17)=2.41$，$p<0.05$；当标准刺激为双孔正方形时，拓扑性质差异条件下的时间膨胀系数（1.0768）也显著大于非拓扑性质差异条件下的时间膨胀系数（1.0139），$t(17)=3.97$，$p=0.001$。这表明无论标准刺激为何种类型，拓扑性质差异条件下的时间膨胀系数都要显著大于非拓扑性质差异条件下的时间膨胀系数，即说明在拓扑性质差异条件下，被试更倾向于高估新异刺激的呈现时间。

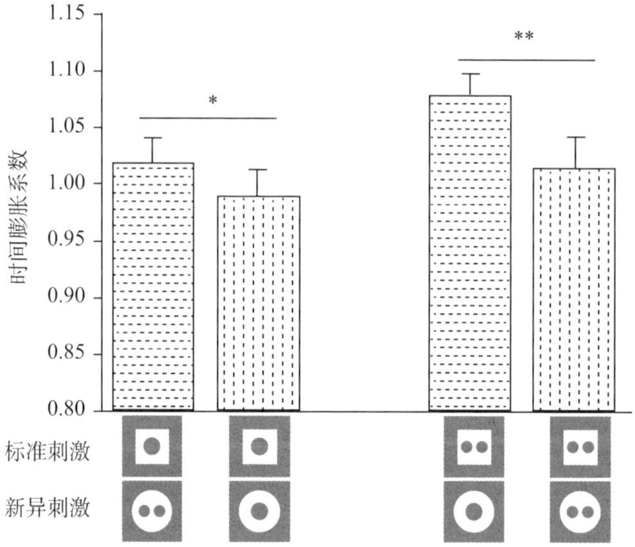


图 3 实验 1a 中不同条件下的平均时间膨胀系数（M ± SE）

注：*表示 $p<0.05$，**表示 $p<0.01$

### 2.2 实验 1b

#### 2.2.1 方法

##### 2.2.1.1 被试

14 名非心理学专业在校本科生和研究生自愿参加并顺利完成实验，其中男 7 名，女 7 名，年龄 20~23 岁（平均年龄 21.5±1.02 岁）。所有被试均为右利手，视力或矫正视力正常。实验后给予适当报酬。

2.2.1.2 刺激和仪器

采用 Core DRAW12 绘制白色(RGB：255,255,255)单孔正方形、双孔正方形、双孔圆环(同实验 1a)和三孔正方形(正方形边长 2.66°,每个内孔直径为 0.87°,三孔圆心间的间距分别为 1.24°、1.24°和 1.37°),它们面积相等;其他同实验 1a。

2.2.1.3 设计

采用单因素被试内设计。自变量为新异刺激的类型,有三个水平,即单孔正方形、三孔正方形和双孔圆环。因变量同实验 1a。

由于标准刺激为双孔正方形,因此当新异刺激为单孔正方形和三孔正方形时,标准刺激与新异刺激间的差异为拓扑性质差异;而当新异刺激为双孔圆环时,标准刺激与新异刺激间的差异为非拓扑性质差异。

2.2.1.4 程序

实验中每种条件下的 7 个比较时距都呈现 12 次,因此整个实验共有 3×7×12 (252) 个试次,被试每完成 63 个试次后休息一次,故整个实验期间可以休息 3 次,休息时间由被试自己控制。整个正式实验约 30 min。其他同实验 1a。

2.2.2 结果与分析

同实验 1a,根据心理测量函数求得被试在各种条件下的 PSE,进而求得所有被试在每种条件下的平均时间膨胀系数(如图 4)。

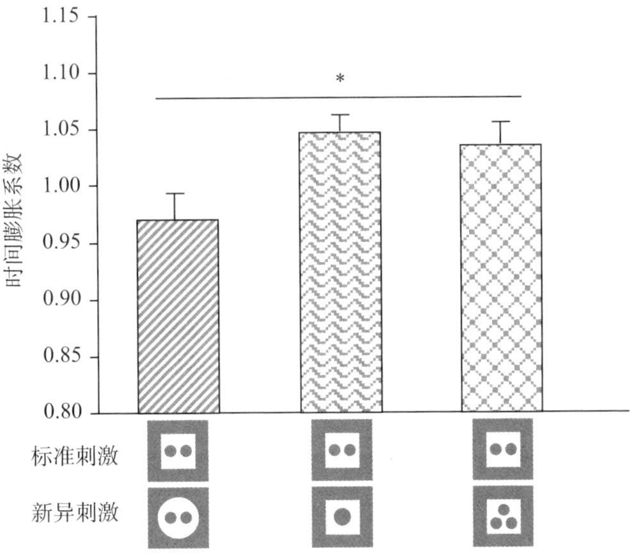


图 4 实验 1b 中不同条件下的平均时间膨胀系数(M ± SE)

注:*表示 $p<0.05$

对时间膨胀系数进行统计分析。首先,单样本 $t$ 检验发现,仅当新异刺激为单孔正方形时，时间膨胀系数显著大于 1，$t(13)=3.21$，$p<0.01$。其次，单因素重复测量的方差分析发现，新异刺激类型的主效应显著，$F(1.28, 16.70)=6.94$，$p<0.05$。事后比较显示，当新异刺激为单孔正方形时，其时间膨胀系数（1.0466）显著大于新异刺激为双孔圆环时的时间膨胀系数（0.97），$p<0.01$，且与新异刺激为三孔正方形时的时间膨胀系数（1.0362）没有显著差异，$p>0.05$；另外，当新异刺激为三孔正方形时，其时间膨胀系数也显著大于新异刺激为双孔圆环时的时间膨胀系数，$p<0.05$。同实验 1a，这一结果说明在拓扑性质差异条件下，被试更倾向于高估新异刺激的呈现时间。

### 2.3 讨论

时距知觉受到刺激自身特征（如大小、多少等）的影响（Xuan et al.，2007）。为了平衡拓扑差异条件和非拓扑差异条件下新异刺激自身特征对时距知觉的影响，实验 1a 在两种差异条件下采用面积相等和轮廓形状相同的新异刺激（单孔圆环和双孔圆环），结果发现在相同的标准刺激条件下，当标准刺激与新异刺激间的差异为拓扑性质差异时，被试对新异刺激呈现时间的高估要显著大于非拓扑性质差异条件。然而，在实验 1a 的拓扑性质差异条件中，标准刺激与新异刺激间不但存在洞的个数这种拓扑性质差异，而且也存在轮廓形状差异；而非拓扑性质差异条件中标准刺激与新异刺激间仅存在轮廓形状差异。这种差异数量的不对等在一定程度上影响了对实验结果的解释。因此，实验 1b 进一步采用面积相等的三种新异刺激，结果发现在相同的标准刺激条件下，当标准刺激与新异刺激间的差异仅为拓扑性质差异（即洞的个数差异）时，被试对新异刺激呈现时间的高估仍显著大于非拓扑性质差异（即轮廓形状差异）条件。综合实验 1 的两个实验，可以得出以下结论：相对于非拓扑性质差异条件，拓扑性质差异条件下被试更倾向于高估新异刺激的呈现时间。

## 3 实验 2 不同层次的几何不变性质对视觉新异刺激时距知觉的影响

根据拓扑性质知觉理论，形状知觉有一个功能层次，其划分类似于克莱因的爱尔浪根纲领按不变性对几何学的分类。实验 2 系统探讨了不同层次的几何不变性质对新异刺激时距知觉的影响。

### 3.1 方法

#### 3.1.1 被试

40 名在校非心理学专业本科生和研究生自愿参加并顺利完成实验，其中男 15 名，女 25 名，年龄为 20~27 岁（平均年龄 22.6±1.43 岁）。所有被试均为右利手，听力和视力或矫正视力正常。实验后给予适当报酬。

3.1.2 刺激和仪器

采用 CoreDRAW12 绘制白色（RGB：255，255，255）正方形（边长 2.66°）、平行四边形（上下边长和高都为 2.66°）、等腰梯形（上底 1.99°、下底 3.32°、高 2.66°）、圆形（直径 3°）和单孔圆环（同实验 1）；采用 Adobe Audition 生成一个 1000 Hz 的正弦音；听觉刺激用耳机呈现，其他同实验 1。

3.1.3 设计

采用 2（标准刺激类型：正方形和听觉刺激）× 4（新异刺激类型：平行四边形、梯形、圆形和单孔圆环）的混合设计。其中标准刺激类型为被试间变量；新异刺激类型为被试内变量。因变量同实验 1。当标准刺激为正方形，新异刺激为平行四边形、梯形、圆形或单孔圆环时，它们之间的差异分别为欧氏性质（方向性）、仿射性质（平行性）、射影性质（共线性）或拓扑性质（洞的个数）。另外，为了探讨不同类型的新异刺激的特征对时距知觉的影响，实验同时采用一种听觉刺激为标准刺激，此时无论新异刺激为何种图形，它们之间都没有任何几何性质的差异。

3.1.4 程序

整个实验共分为两组，每组中只包含一种标准刺激，但包含四种新异刺激。被试为人数相等的两组（每组 20 名），每组被试只参加一组实验。实验中每种条件下的 7 个比较时距都呈现 12 次，因此每组实验共有 4×7×12（336）个试次，被试每完成 84 个试次后休息一次，故整组实验期间可以休息 3 次，休息时间由被试自己控制。整组正式实验约 40 min。其他同实验 1。

### 3.2 结果与分析

同实验 1，根据心理测量函数求得被试在各种条件下的 PSE，进而求得所有被试在每种条件下的平均时间膨胀系数（如图 5）。

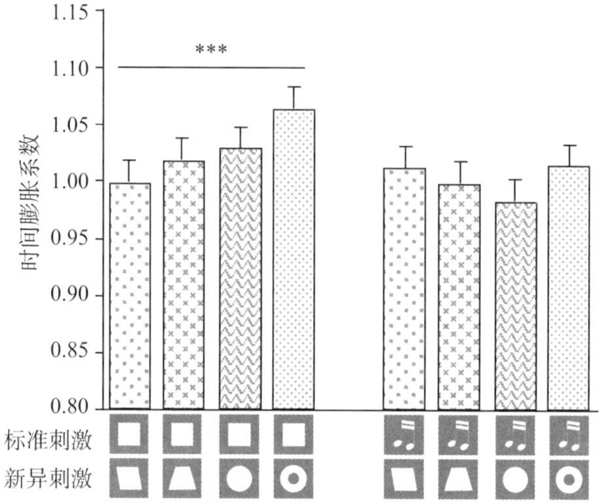


图5 实验2中不同条件下的平均时间膨胀系数(M ± SE)

注:***表示 $p<0.001$

对时间膨胀系数进行统计分析。首先,单样本 $t$ 检验发现,仅当标准刺激为正方形且新异刺激为单孔圆环时,时间膨胀系数显著大于1,$t(19)=2.88$,$p=0.01$。其次,两因素混合设计的重复测量方差分析发现,标准刺激类型的主效应不显著,$F(1,38)=0.99$,$p>0.05$;新异刺激类型的主效应显著,$F(3,114)=5.90$,$p=0.001$;交互作用显著,$F(3,114)=5.01$,$p<0.01$。进一步的简单效应分析发现,当标准刺激为听觉刺激时,新异刺激类型的简单效应不显著,$F(3,114)=2.18$,$p>0.05$;当标准刺激为正方形时,新异刺激类型的简单效应显著,$F(3,114)=8.74$,$p<0.001$,拓扑性质差异条件下的时间膨胀系数(1.065)显著大于欧氏性质差异条件(0.9984,$p<0.001$)、仿射性质差异条件(1.0183,$p<0.01$)和射影性质差异条件(1.0282,$p<0.01$)下的时间膨胀系数,且时间膨胀系数随着刺激间形状差异性质的稳定性的提高而增大,呈一种显著的线性趋势,$F(1,19)=20.48$,$p<0.001$。这些说明标准刺激与新异刺激间的几何性质差异显著影响被试对新异刺激的时距知觉;相比其他几何性质,拓扑性质对新异刺激时距知觉的影响最大,即在拓扑性质差异条件下被试更倾向于高估新异刺激的呈现时间,且这一结果不是由新异刺激自身特征造成的。

### 3.3 讨论

实验2的结果发现:当标准刺激与新异刺激间的差异分别为欧氏性质、仿射性质、射影性质和拓扑性质时,被试对新异刺激呈现时间的高估量依次递增,且拓扑性质差异条件下的时间膨胀系数显著大于其他三种条件下的时间膨胀系数。这再次验证了实验1

的结论，即在拓扑性质差异条件下被试更倾向于高估新异刺激的呈现时间。那么这一结果是否由新异刺激自身的特征引起的呢？实验2也发现，当标准刺激为听觉刺激，新异刺激不变时，被试对新异刺激的时距知觉并没有显著差异。这进一步说明了不同层次的几何不变性质对新异刺激时距知觉的影响。

## 4 总的讨论

采用新异刺激范式，结合时距知觉中的新异刺激效应，本研究探讨了拓扑性质对视觉新异刺激时距知觉的影响。实验1发现，当标准刺激与新异刺激间存在拓扑性质的差异时，被试更倾向于高估新异刺激的呈现时间；实验2比较了不同层次的几何不变性质对新异刺激时距知觉的影响，发现随着标准刺激与新异刺激间差异性质稳定性的增加，被试对新异刺激呈现时间的高估量也逐渐增大，相比其他几何性质，拓扑性质是一种最稳定的性质，其对新异刺激时距知觉的影响最大，且这一结果并不是由于新异刺激自身的特征造成的。综合两个实验，我们认为，拓扑性质对视觉新异刺激的时距知觉具有重要影响，这种影响源自标准刺激与新异刺激间的差异。

本研究发现标准刺激与新异刺激间的差异会影响被试对新异刺激的时距知觉，这与以往研究结果一致（Pariyadath & Eagleman，2012；Schindel et al.，2011）。标准刺激与新异刺激间的差异可以从知觉物体的角度解释。Chen（2005）认为知觉物体可以定义为拓扑变换中的不变性。已有研究发现：相对于非拓扑性质（如轮廓、形状和颜色等），只有拓扑性质的变化才能显著地破坏多物体跟踪的成绩（Zhou et al.，2010）。这说明拓扑性质的改变的确可以破坏对象"足够平滑的转换"，从而产生"新刺激"（陈 霖，2008）。本研究发现，相对于其他几何性质，被试会在拓扑性质改变的条件下更大程度地高估新异刺激的呈现时间。这一结果一方面表明拓扑性质能够通过改变刺激的新异程度进而影响对新异刺激的时距知觉，另一方面也从另一个角度支持了知觉物体的拓扑学定义。

时距知觉会受到众多因素的影响已成为定论，但是其产生的心理和神经机制目前仍存在着争论。传统的计时模型认为在有机体的大脑中存在一个类似时钟或计时器的"装置"，它为主体感知外部的时距信息提供了一套计时机制（Treisman，1963）。然而，这类模型并没有得到更多生理学研究的证实。因此，Eagleman 和 Pariyadath（2009）提出了神经编码效能假设，认为个体的时距知觉反映了大脑表征外部刺激所需要的神经能量，所需的能量越多，知觉的时距越长。这一假设得到了众多研究的支持。如 Sadeghi 等人（2011）以随机运动的点组成的若干标准刺激和一个测试刺激为实验材料，发现人类在视觉时距辨别任务中的表现与猴子在相应条件下视觉皮层的颞中区（the middle temporal area，MT 区）神经活动的适应性特征变化一致，即在猴子 MT区神经活动增强（包括神经反应持续时间的增长和振幅的增大）的条件下，人类被试的时距知觉也变长。神经编码效能假设在解释时距知觉中的新异刺激效应时，常将关注点放在重复出现的标准刺激上，认为新异刺激效应的产生是由于表征重复刺激时神经编码效能提高，神经活动减弱，对应着较短的时距知觉；反之，表征新异刺激时神经活动较强，知觉到的时距也随之变长（李宝林，黄希庭，毕翠华，陈有国，2013）。这一假设同样可以为本研究结果提供一种合理的解释。已有研究表明，拓扑性质知觉主要激活了前颞叶皮层（Wang，Zhou，Zhuo，& Chen，2007；Zhou，Zhang，& Chen，2008；Zhou et al.，2010；Zhuo et al.，2003），且在长距离似动中，前颞叶的激活程度随着两图形间差异性质稳定性的增强呈线性上升（Zhuo et al.，2003）。因此本研究结果，即随着标准刺激与新异刺激间差异性质稳定性的增强，被试对新异刺激呈现时间的高估量也随之增大，符合神经编码效能假设。

不过在本研究中，当标准刺激与新异刺激都为视觉刺激时，被试对新异刺激呈现时间的高估量（平均约为 2.36%）比以往研究要小（约为 10%），且没有在所有条件下都出现显著的新异刺激效应。这可能主要有以下几个原因：第一，从刺激呈现方式来看，以往研究在新异刺激呈现之后会接着呈现标准刺激（Pariyadath & Eagleman，2007；Schindel et al.，2011；Tse et al.，2004），而本研究的新异刺激总是位于刺激序列中的最后一个位置。相比而言，当新异刺激前后都有标准刺激时，其新异性可能会更加突出，故以往研究中对新异刺激呈现时间的高估量相对较大；第二，在本研究中，被试在一次实验中必须完成多种条件的任务，这一方面可能会造成被试的疲劳，另一方面由于各种条件中新异刺激的新异程度不同且是随机呈现，被试对一种新异刺激呈现时间的知觉可能会受到其他新异刺激的影响，即除了标准刺激，其他条件的新异刺激也成为被试做出判断的参考，这就造成被试对新异刺激呈现时间的知觉更为准确，进而削弱了新异刺激效应。此外，实验背景（experimental context）也是影响新异刺激效应的重要因素。已有研究发现，实验中某个试次产生的新异刺激效应大小受到之前试次产生的新异刺激效应大小范围的影响（Pariyadath & Eagleman，2012）。在本研究中，当标准刺激与新异刺激间的差异为非拓扑性质差异时，并没有出现显著的新异刺激效应，这可能是由于在实验中非拓扑性质差异条件总是与拓扑性质差异条件同时存在，被试在非拓扑性质差异条件下产生的新异刺激效应大小受到了在拓扑性质差异条件下产生的新异刺激效应大小的调节。尽管如此，本研究还是观察到，不同条件下被试对新异刺激呈现时间的高估量不同，这表明拓扑性质对新异刺激时距知觉的确具有重要影响。

本研究发现，相比其他几何性质，被试会在拓扑性质差异条件下更大程度地高估新异刺激的呈现时间。尽管刺激的自身特征是影响时距知觉的重要因素（Xuan et al.，

2007),但本研究结果却并非受刺激的自身特征影响所致。实验1发现,无论标准刺激与新异刺激为何种刺激,只要它们之间存在拓扑性质差异,被试都更倾向于高估新异刺激的呈现时间,这说明拓扑性质对新异刺激时距知觉的影响是较稳定的。同样,实验2发现,当标准刺激与新异刺激间不存在几何性质差异时,被试知觉到的新异刺激呈现时间没有显著差异,这进一步验证了不同层次的几何不变性质对新异刺激时距知觉的影响。此外,以往的研究表明,听觉通道在时距知觉中占有优势地位(Kanai, Lloyd, Bueti, & Walsh, 2011),等时距呈现的条件下,被试往往会判断声音的呈现时间更长(Walker & Scott, 1981)。然而,实验2发现,当标准刺激为听觉刺激时,被试并没有显著低估新异刺激的呈现时间。已有的众多研究发现,某些神经活动会随着刺激的重复出现而减弱,即重复抑制现象(Grill-Spector, Henson, & Martin, 2006; Ranganath & Rainer, 2003)。根据神经编码效能假设,听觉刺激的重复出现可能减弱了相关神经活动的强度,进而使被试低估了标准刺激的呈现时间。因此,本研究中被试之所以没有在听觉刺激条件下低估新异刺激的呈现时间,可能就是这两种作用相互抵消的结果。

本研究利用时距知觉中的新异刺激效应考查了拓扑性质对新异刺激时距知觉的影响,发现相比其他几何性质,拓扑性质的改变对新异刺激时距知觉的影响最大。然而,非拓扑性质除了本研究中的几种几何性质,还包括颜色、光通量、空间频率等等,与它们相比拓扑性质对新异刺激时距知觉的影响是否仍具有优势,这是今后研究应继续探讨的问题。另外,本研究只关注了洞的个数这种拓扑性质对新异刺激时距知觉的影响,但是拓扑性质还包括连通性、内外关系等,今后研究还应采用不同的方法继续探讨这些性质对时距知觉的影响。

## 5 结论

作为一种重要的非时间信息,拓扑性质对视觉新异刺激时距知觉具有重要影响,这表现在(1)当标准刺激与新异刺激表现出拓扑性质的差异时,被试更倾向于高估新异刺激的呈现时间;(2)相对于其他几何性质的变化,拓扑性质的变化能够导致更大程度的新异刺激效应。同时,这一结果为知觉物体的拓扑学定义提供了新的证据。

合作者:李宝林、陈有国、袁祥勇、Todd Jackson。原文载于《心理学报》,2013年第12期。

# 数目及其呈现方式在不同范围内对时间知觉的影响

## 1 前言

人类通常借助时间、空间或数量信息认识世界，并做出一定的行为反应。时间加工和数量认知存在密切的关系。例如，在知觉上容易认为列车的车厢越多，长度越长，运行的时间也越长。研究者早期根据动物的行为结果提出了模式控制模型（mode control model），认为时间信息加工（计时）和数量信息加工（计数）具有相似的编码形式，编码后的信息进入同一累加器中，随后信息存储在记忆系统中，用于最后的反应决策（Meck & Church，1983）。后来Walsh（2003）扩展了这一观点，提出了数量理论（a theory of magnitude），指出人们的认知系统中存在普遍的数量系统，时间、空间、数量都是普遍的数量系统的重要成分；不同维度具有相同的表征形式；这些维度之间存在相互干扰；时间、空间、数量在大脑的顶叶皮层具有共同的神经机制。近10年来，这一理论得到了认知和神经机制方面研究的证实：刺激的数量越多或者数字越大，人们知觉其呈现的时间越长；时间和数量表征都激活了丘脑–皮质–纹状体（thalamo-cortico-striatal circuits）的活动，两者在前额、顶叶皮层、小脑等区域存在共同的大脑结构（Fetterman & Killeen，2011；Lourenco& Longo，2010；Bueti &Walsh，2009；Dormal，Andres，& Pesenti，2008；Buhusi & Meck 2005；Cappelletti，Freeman，& Cipolotti，2009，2011；Dormal，Joassin，& Pesenti，2012）。数字的大小（Vicario，Pecoraro，Turriziani，et al.，2008；Oliveri，Vicario，2008）、刺激的个数（本研究中用数目表示刺激的多少）都干扰时间加工，表现为小的阿拉伯数字或少的刺激数目导致被试对时间的低估，而大的阿拉伯数字或多的刺激数目导致对时间的高估。阿拉伯数字和刺激的数目都包含数量信息，但是两种数量形式对时间加工的影响机制是不同的，本研究主要关注刺激的数目对时间知觉的影响。

刺激连续呈现（刺激一个一个序列出现，共N个）时，其数量影响知觉到的时间。例如Dormal，Seron和Pesenti（2006）采用Stroop方法，包括3种实验条件（一致性条件、不一致性条件和中性条件），中性条件是指时间固定、数目不同或者数目固定、时间不同，时间为1200ms~1500ms，刺激为5~9个圆点。被试的任务是比较两组连续呈现的刺激的时间或者数目，结果发现时间长短和数目多少一致时（多/长，少/短），反应时更短，错误率更低；而不一致条件下（多/短，少/长），反应时更长，错误率增大。其他研究也证实刺激的数目与知觉到的时间成正比（Droit-Volet，Clément，& Fayol，2003；Roitman，Brannon，Andrews，& Platt，2007；Dormal & Pesenti，2012；Javadi & Aichelburg，2012）。刺激的呈现方式有2种，一种是如上所述的连续呈现，还有一种就是刺激以组块的形式同时呈现，被试对总数目的估计影响时间知觉，例如Xuan，Zhang，He和Chen（2007）发现，不同数目的刺激同时呈现时，即1个数目呈现600ms，9个数目同时出现在屏幕中，呈现时间为750ms，当数目多少与其时间长短一致时，反应时更短，出现了显著的促进效应；当数目多少与时间长短不一致时，反应时变长。

数目加工与时间加工的关系可能受到刺激呈现方式的影响，连续呈现时，被试需要不断地注意每个刺激用以估计总的数目，而计时过程也是逐步累加的，刺激结束后才能估计其呈现的时间，这样，计数与计时的累加过程相似，因此被试对数目的敏感性和时间的辨别力类似；而当刺激同时呈现时，被试不一定加工每个刺激，就可以很快地估计总的数目，而时间一直是不断累积的，此时刺激数目的编码方式不同于时间的累加过程，被试对数目的敏感性优于时间的敏感性（Droit-Volet，Clément，& Fayol，2008；Droit-Volet，2010）。但是在这两项研究中，时间加工或数目估计任务在不同的被试间完成，研究者通过比较两者的辨别力而探讨计时和计数关系，仍未见有报告在同一研究中比较刺激的不同呈现方式对时间知觉的影响。如果时间和数目在心理上具有共同的表征机制，那么两者应该具有很强的自动化联结，无论呈现方式如何，刺激的数目总会影响时间知觉。另一方面，时间加工具有分段性，不同的时间范围内具有不同的加工特点（黄希庭，2006；Bangert，Reuter-Lorenz，& Seidler，2011）。研究者发现，400ms的短时距和1600ms的长时距加工在大脑波幅上存在差异（张志杰，袁宏，黄希庭，2006）。那么数目对不同范围内时间知觉的影响是否一致？已有研究是在600ms~1000ms内和1秒以上的时间中单独考查数目对时间判断的影响，而没有考查数目相同时，不同时间范围内时间知觉的差异。本研究在不同时间范围内，拟考查两种呈现方式条件下，数目多少对时间知觉的影响是否一致；数目相同时，呈现方式对时间知觉的影响是否存在差异，以深入探讨时间和数量在心理表征上的具体关系。

本研究假设，时间在1秒内，不管数目多少，连续呈现比同时呈现条件下知觉到的时间更长；1秒以上，刺激的数目少，同时呈现和连续呈现之间差异不显著，但是数目多时，连续呈现的条件下，时间被分割的段数增加或内部时钟的速率加快，知觉到的时间应该比同时呈现条件下更长。

在研究方法上，已有研究采用两分任务（bisection task）或Stroop任务，固定一个维度，变化另一维度的信息，研究计时和计数之间的相互干扰程度，但是对于不同维度交互作用出现的具体阶段仍不清楚，无关维度可能直接影响了时间的知觉，也可能影响决策。本研究采用S1—S2比较的方法，即连续呈现2个时间，一个是标准时间，另一个是比较时间，要求被试判断哪个时间更长。标准时间是固定的，我们改变此阶段刺激的数目，我们预期刺激数目影响当前知觉到的标准时间，数目越多，被试知觉到的标准时间越长，判断比较时间为短的概率越大。这一方法考查的是刺激数目及其呈现方式在知觉阶段对时间加工的影响。

## 2 实验1

### 2.1 目的

探讨1秒内数目及其呈现方式对时间知觉的影响。

### 2.2 方法

#### 2.2.1 被试

30名大学生自愿参加实验，其中男生16名，女生14名，年龄在18~23岁（平均年龄21.05±1.53岁）。同时呈现和连续呈现条件下的被试人数均为15名。所有被试的视力或矫正视力正常，实验后获得适量报酬。

#### 2.2.2 实验材料

仪器为17英寸彩色显示器，计算机屏幕背景为灰色，刷新频率为85Hz。刺激是红色的实心圆，其直径为2cm。同时呈现时，各个实心圆紧密排列在屏幕中央。

#### 2.2.3 实验设计

实验为2（同时呈现和连续呈现）×6（时距：250ms，300ms，350ms，450ms，500ms，550ms）×2（数目：小数和大数，小数为1，2，3个；大数为7，8，9个）的混合设计。呈现方式为被试间因素，时距和数目为被试内因素。因变量有3种测量指标，分别为时距的主观相等点、差别阈限和韦伯比率。

#### 2.2.4 程序

实验程序采用E-prime1.1软件编制，被试距离电脑屏幕为50cm。同时呈现时，相继呈现S1（标准时距）和S2（比较时距），S1的呈现时间为400ms，实心圆的数目为1个，2个，3个，或7个，8个，9个；S2呈现的时间在250ms，300ms，350ms，450ms，500ms，550ms之间随机选其一，实心圆的数目固定为1个。S1与S2之间的时间间隔为800ms。S2消失后，出现一个“?”，此时被试判断S2呈现时间比S1的时间更“短”还是更“长”，短用食指（按F键），长用中指（按H键）作按键反应。按键反应在被试间平衡。连续呈现时，在S1阶段，实心圆一个一个连续地呈现在屏幕中央，总的时间为400ms（从第一个出现到最后一个消失），为了防止被试根据固定的节奏来计时，每个实心圆的呈现时间以及实心圆之间的时间间隔都是不同的，这与已有研究中采用连续呈现的任务程序类似。S1阶段，总的时间为400ms，每个圆的呈现时间是非常短的，被试感觉好像是一个圆连续地闪烁，能够把S1阶段圆呈现的时间知觉为一个整体，而且S1阶段所有的圆呈现之后，间隔800ms才出现S2，这样在S2呈现之前被试有足够的时间估计S1呈现的总时间。因此连续呈现条件下被试是能够区分S1和S2两个时间的。以实心圆为2个为例，同时呈现和连续呈现的流程图见图1和图2。

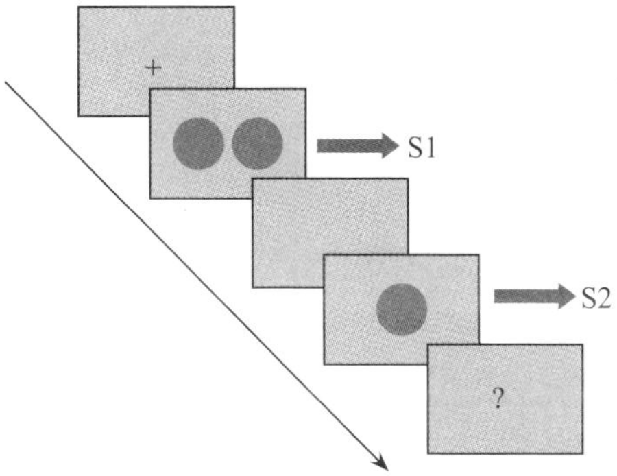


图1 同时呈现时的流程图

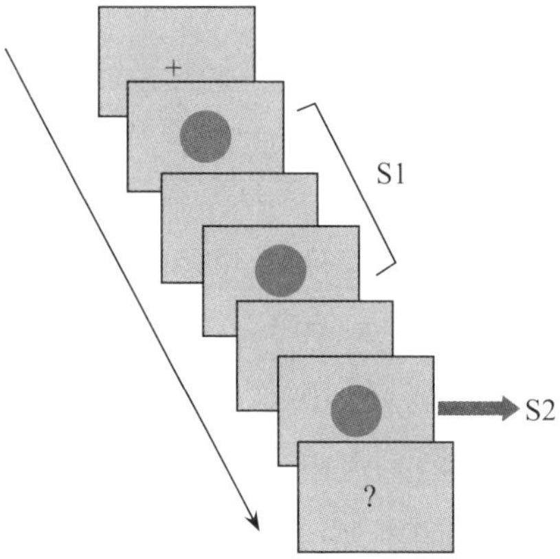


图2 连续呈现时的流程图

正式实验前有一定的练习，练习中对被试的正确率给予反馈，准确率达到80%方可进入正式实验，经过几次重复的练习仍不能准确辨别时间的被试无需进行正式试验。正式实验分4组，每组由36个试次组成，每次循环包括12个试次（2数目×6时距），每个试次重复3次。被试在每组实验之间休息2分钟，整个实验约20分钟。

### 2.3 结果

使用Sigmaplot10.0和SPSS16.0分析数据。以时距为横坐标，以被试反应为“长”的比率为纵坐标，将每名被试的数据拟合成一条Sigmoid曲线。根据拟合成的曲线，删除拟合后R2低于60%的被试，共删除5名被试，最终同时呈现和连续呈现条件下的被试分别为12人,13人。

2.3.1 主观相等点的分析

主观相等点是计时准确性的指标,Sigmoid曲线判断比率为50%的点所对应的时距为该被试的主观相等点(point of subjective simultaneity,PSS)。图3为所有被试在不同时距条件下反应为"长"的比率。

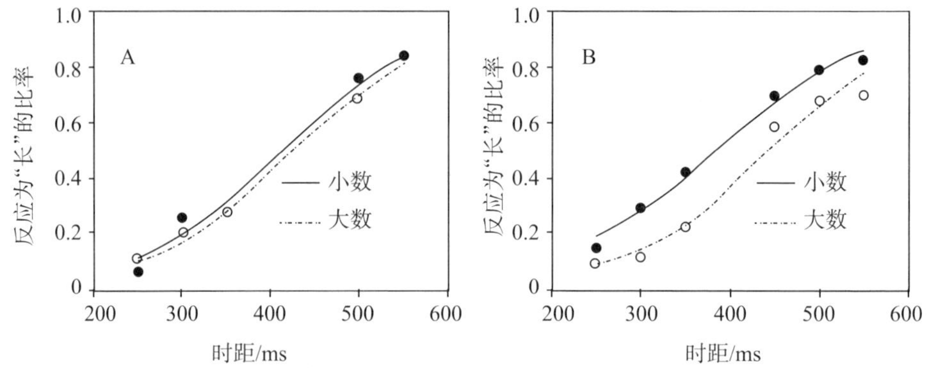


图3 所有被试在6种时距条件下反应为长的比率拟合成的Sigmoid曲线

注:A为同时呈现,B为连续呈现。

对数目及其呈现方式的主观相等点进行重复测量方差分析,结果表明,数目的主效应显著,$F(1,23)=7.37$,$p<0.01$;呈现方式的主效应不显著,$F(1,23)=0.095$,$p=0.761$;数目和呈现方式的交互作用显著,$F(1,23)=5.35$,$p<0.05$。对交互作用进行简单效应分析发现,同时呈现条件下,小数的主观相等点(415.77±14.72ms)和大数的主观相等点(421.31±18.60ms)几乎没有差别($p>0.05$);连续呈现条件下,小数的主观相等点(389.66±14.14ms)显著小于大数的主观相等点(458.94±17.87ms)($p<0.001$),如图4。无论小数还是大数条件下,同时呈现的主观相等点和连续呈现的主观相等点之间差异均不显著($p>0.05$)。

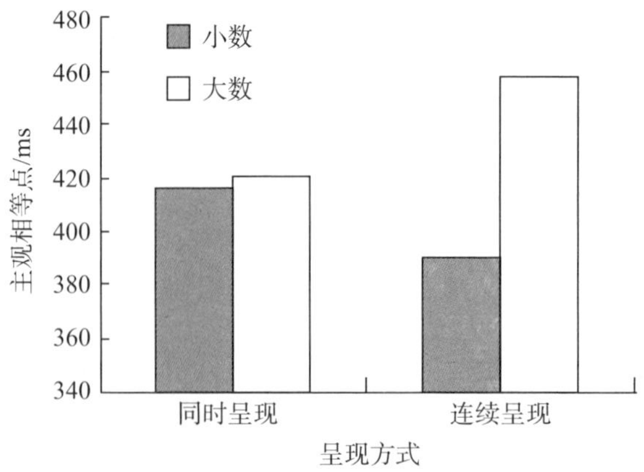


图4 数目及其呈现方式的主观相等点

2.3.2 差别阈限的分析

差别阈限是时间敏感性的绝对测量指标，反映了计时的变异性。对数目、呈现方式的差别阈限进行重复测量方差分析，结果显示：数目的主效应不显著，$F(1,23)=1.42$，$p=0.25$；呈现方式的主效应不显著，$F(1,23)=0.51$，$p=0.482$；两者的交互作用也不显著，$F(1,23)=0.14$，$p=0.715$。

2.3.3 韦伯比率的分析

韦伯比率是时间敏感性的相对测量指标，反映了计时的敏感性。对数目、呈现方式的韦伯比率进行重复测量方差分析，结果表明：数目的主效应边缘显著，$F(1,23)=3.64$，$p=0.06$；呈现方式的主效应不显著，$F(1,23)=0.28$，$p=0.61$；数目和呈现方式的交互作用不显著，$F(1,23)=1.03$，$p=0.32$。

本实验发现，1秒内，呈现方式的作用不明显，但是数目及其呈现方式的交互作用显著，即数目对时间知觉的影响依赖刺激的呈现方式。具体表现为：连续呈现时，数目呈现在标准时间阶段时，小数引起标准时间的缩短，故被试更倾向于判断比较时距为长；大数导致标准时间的增长，被试判断比较时距为短的概率更大。因此小数的主观相等点小于大数的主观相等点。但是同时呈现时大小数目的主观相等点没有差异，这表明短时间内，同时呈现的数目对时间知觉的影响不显著。

## 3 实验2

### 3.1 目的

考查1秒以上数目及其呈现方式对时间知觉的影响。

### 3.2 方法

3.2.1 被试

31名大学生自愿参加实验，其中男生18名，女生13名，年龄在17~25岁（平均年龄20.25±2.53岁）。同时呈现和连续呈现条件下的被试人数分别为16名，15名。被试的视力或矫正视力正常，实验后获得一定的报酬。

3.2.2 材料及设计

程序与实验1基本相同，区别在于S1和S2阶段实心圆呈现的时间不同。标准时距为1600ms，比较时距为1000~2200ms之间的6个时距（1000ms，1200ms，1400ms，1800ms，2000ms，2200ms），比较时距之间的时间间隔与标准时距的比率与实验1相同（200/1600=1/8）。

### 3.3 结果

#### 3.3.1 主观相等点的分析

数据处理的工具和方法与实验1相同。图5为所有被试在不同时距条件下反应为“长”的比率。对数目、呈现方式的主观相等点进行重复测量方差分析，结果发现，数目的主效应显著，$F(1,29)=11.18$，$p=0.002$，事后比较发现，小数的主观相等点（1523.29±157.89ms）小于大数的主观相等点（1627.80±167.83ms）。呈现方式的主效应不显著，$F(1,29)=0.17$，$p=0.68$，数目和呈现方式的交互作用不显著，$F(1,29)=0.012$，$p>0.05$。小数和大数在不同呈现方式条件下的主观相等点见图6。

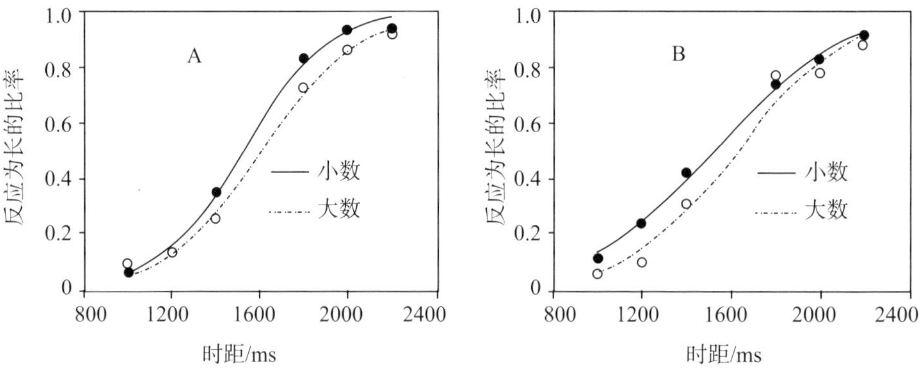


图5 所有被试在6种时距条件下反应为长的比率拟合成的Sigmoid曲线

注：A为同时呈现，B为连续呈现。

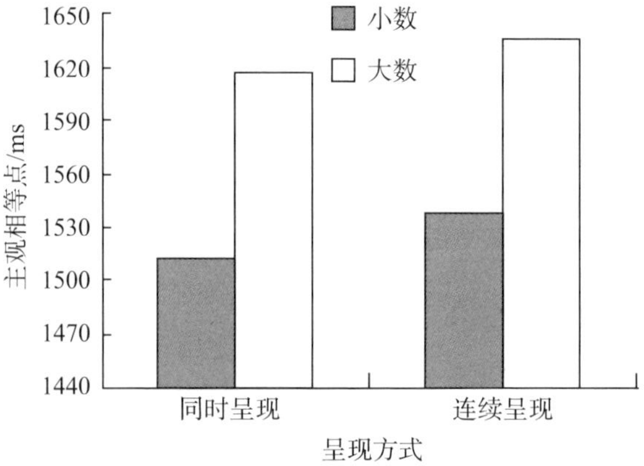


图6 数目及其呈现方式的主观相等点

#### 3.3.2 差异阈限的分析

对数目、呈现方式的差别阈限进行重复测量方差分析，结果表明：数目的主效应不显著，$F(1,29)=1.57$，$p=0.22$；呈现方式的主效应不显著，$F(1,29)=0.79$，$p=0.38$；数目和呈现方式的交互作用非常显著（见图7），$F(1,29)=16.55$，$p<0.001$。简单效应分析发现，同

时呈现时，小数的差别阈限（196.11±41.46）小于大数的差别阈限（238.34±35.33），$p<0.05$；连续呈现时，小数的差异阈限（304.52±42.82）显著大于大数的差别阈限（224.78±36.48），$p=0.001$。而无论小数还是大数条件下，两种呈现方式之间都无差异。

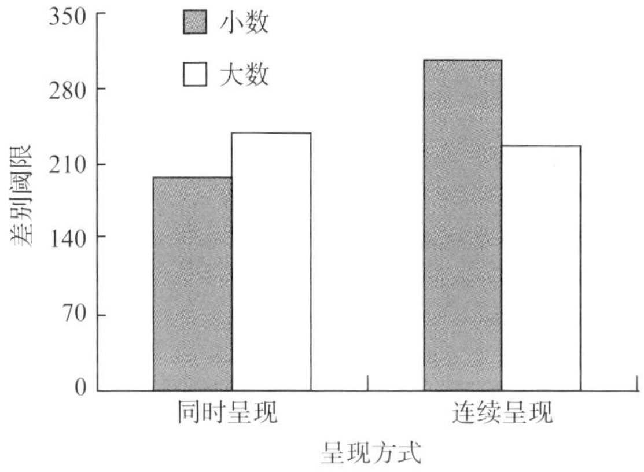


图7 数目及其呈现方式的差别阈限

3.3.3 韦伯比率的分析

对数目、呈现方式的差别阈限进行韦伯比率重复测量方差分析，结果发现：数目的主效应显著，$F(1, 29)=4.32$，$p<0.05$；呈现方式的主效应不显著，$F(1, 29)=0.67$，$p=0.418$；两者的交互作用显著，$F(1, 29)=12.40$，$p=0.001$。对交互作用进行简单效应分析，结果显示同时呈现时，小数和大数的韦伯比率没有差异（0.13±0.03vs0.14±0.02）；连续呈现时，小数的韦伯比率（0.20±0.03）显著大于大数的韦伯比率（0.03±0.02），$p=0.001$，如图8。无论小数还是大数条件下，同时呈现和连续呈现的韦伯比率之间均没有差异。

与1秒内的时间知觉不同，时间在1秒以上时，刺激的数目在两种呈现方式条件下都影响知觉到的时间；而且，数目及其呈现方式的交互作用还影响计时的变异性和敏感性，说明长时间内，数目与时间的链接更紧密。

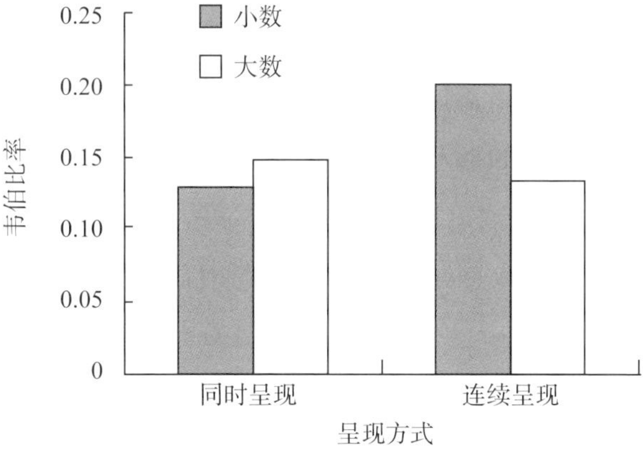


图8 数目及其呈现方式的韦伯比率

## 4 实验1与实验2的联合分析

为了考查不同时间范围内人们对时间的辨别性是否存在差异,以韦伯比率为因变量,对数目、呈现方式、时间范围三个因素进行方差分析,结果发现:数目的主效应显著,$F(1,52)=7.61$,$p=0.008$;呈现方式的主效应不显著,$F(1,52)=0.85$,$p>0.05$;数目和呈现方式的交互作用显著,$F(1,52)=6.18$,$p=0.016$。对交互作用进行简单效应分析,结果表明,同时呈现时,小数和大数的韦伯比率没有差异;连续呈现时,小数的韦伯比率显著大于大数的韦伯比率。时间范围的主效应显著,$F(1,52)=5.28$,$p=0.026$,1秒内比1秒以上的韦伯比率更大。通过比较发现,时间越短,人们对时间的敏感性越差,当时间在1秒以上时,人们对时间的敏感性提高。说明不同时间范围内人们对时间的辨别力存在差异。

## 5 讨论

### 5.1 1秒内数目对时间知觉的影响

依赖刺激的呈现方式,本研究比较了刺激的不同呈现方式对时间知觉的影响,发现1秒内和1秒以上的时间内,呈现方式的作用都不显著。但是1秒内呈现方式和数目的交互作用显著。同时呈现条件下,刺激的数目不影响时间知觉,这与其他研究不一致(Xuan,2007;Yates,Loetscher,& Nicholls,2012)。在Xuan等(2007)的研究中,1个或9个圆点呈现600ms或750ms,一致条件下(数目少—时距短,数目长—时距长)反应时更短,反之,不一致条件下反应时增加。本研究中,同时呈现条件下,数目对毫秒内时间知觉的影响不显著,原因可能与刺激呈现的时间有关。Yate等(2012)在640~960ms的时间范围内,采用与Xuan同样的任务,发现正方形的面积越大,知觉的时间越长,在本研究中,即使被试难以知觉数目差异,也应该能知觉到面积上的差别,从而造成知觉时间上的不同,但是结果却与此不符。这说明在550ms的短时间内,刺激的数目对时间知觉的影响是非常小的,原因可能是极短时间的知觉具有自动加工的特点,是建立在感觉记忆加工的基础上的,受额外刺激的影响较小。

连续呈现时,刺激的数目影响知觉到的标准时间。数量少,知觉的时间短;数量多,知觉的时间长。这与已有的研究一致(Dormal et al.,2006;Droit -Volet et al.,2003;Roitman et al.,2007;Dormal et al.,2012),表明数目与时间具有内在的自动化联结。还有个原因可能是短时间内刺激一个一个连续呈现,容易引起重复刺激效应,重复刺激提高了被试的唤醒水平,增加了内部时钟节拍器的速率,使得标准时距增长(Ortega & López,2008;Ortega,Lopez,& Church,2009),因此数目越多,知觉到的标准时距越长,比较时距为"长"的概率降低,主观相等点右移。

### 5.2 1秒以上数目及其呈现方式对时间知觉的影响

与1秒内的实验结果不同,时间在1秒以上时,无论刺激同时呈现还是连续呈现,其数目都影响计时的准确性。计时的变异性和敏感性还受到刺激的数目和呈现方式交互作用的影响。同时呈现时,数目少,知觉到的标准时间短,变异性小;数目多,知觉到的标准时间长,变异性大。这与Xuan以及Yate的研究一致,表明长时间内,人们能够自发地把知觉到的多—大—长,少—小—短联系起来。刺激的数目越多,其知觉对时间加工的干扰越大,表明在心理上,时间和数目具有自动化的内在联结,进一步证实了数量理论。

连续呈现条件下,数目影响时间知觉的准确性,这与1秒内的结果一致。同时,数目还影响到时间知觉的变异性和敏感性,即数目越多,估计时间越长,变异性越大,敏感性越高。这说明刺激连续呈现时,其数目与时间的关系更密切。刺激一个一个连续呈现时,被试需要不断地注意并累加每个刺激,这一累加过程与时间编码过程类似,因此连续呈现的刺激促进了计时,提高了计时的准确性。这与刺激连续呈现时,计时和计数的辨别性相似的研究结果一致(Droit-Volet et al.,2008;Droit-Volet et al.,2010)。数目对时间加工的影响还与刺激数目、时间范围、通道等因素有关。例如Agrillo,Ranpura和Butterworth(2010)在5~13s的时间内呈现11~19个听觉刺激,发现时间估计和数目判断互不影响;Javadi和Aichelburg(2012)用视觉呈现刺激,数目为28~40个,时间为53~106ms,发现数目影响时间的判断,时间也影响数目的辨别。本研究中,相比1秒内的时间,当时间在1秒以上时,每个刺激呈现的频率不高,因此不能充分判定,连续呈现中,数目对时间知觉的影响是由于重复刺激引起唤醒水平的提高造成的。1秒以上,在同时呈现和连续呈现条件下,刺激数目都影响知觉到的时间,表明视觉呈现时,数目与时间具有自动化的联结,与数量理论一致。

### 5.3 不同时间范围内计时特点的比较

通过2个实验,本研究发现:不同时间范围内,刺激的数目对时间知觉的影响是不同的,这种影响与刺激的呈现方式有关。同时呈现时,数目不影响500ms内短时间的知觉,却影响了1秒以上的时间知觉,说明时间与数目在心理表征上存在内在联结。但是因为时间加工具有分段性,因此这种联结在不同范围内的计时出现差异。这是数量理论所不能解释的,根据数量理论,时间、数量具有共同的心理表征机制,应该持续地出现一致性效应(Walsh,2003)。本研究并未完全支持数量理论,只是进一步证实,时间、数量共享一部分加工机制(毕翠华,黄希庭,陈有国,刘霞,2010;Cappelletti et al.,2009;Cappelletti et al.,2010),除此之外,两个维度还具有各自的独特的加工特点。连续呈现时,不同时间内,数目都会影响时间知觉,表明刺激一个一个序列呈现时,与时间加工的累加过程类似,对时间知觉的影响也大。不同时间范围内,数目相同时,两种呈现方式在时间知觉的准确性、变异性和敏感性上都无差异，这与预期不符，原因可能是呈现方式是被试间设计，经过练习，被试较好地掌握了某种呈现方式，如果今后在同一被试中，随机变换呈现方式，两种呈现方式对计时的影响会更明显。从另一个角度讲，在本研究中，呈现方式不起作用，也进而证明了数目对时间的影响基本是稳定存在的，受其他因素的影响较小。表明时间、数目、空间存在共同的表征机制，但是不同维度也各自有其独特的加工特点。

### 5.4 需进一步研究的问题

在本研究中，有些问题还需要进一步探讨。首先，用S1—S2匹配的方法通过听觉呈现空时距或实时距，发现编码阶段和决策阶段存在分离的神经网络结构（Rao et al., 2001; Harrington, Boyd, Mayer, et al., 2004; Chen, Huang, Yang, et al., 2010; Harrington, Zimbelman, Hinton, & Rao, 2010），但视觉容易受到注意、刺激的特点等因素的影响，本研究变化S1阶段的刺激属性，固定S2阶段的刺激特征，发现数量影响S1阶段的时间知觉，但是这不能说明这种影响仅发生在编码阶段，因为视时距中，编码和决策是否具有独特的大脑结构仍不清楚，而且这种方法并不能有效地把记忆加工分离出来。今后仍需要借助高时间分辨率的ERP技术和高空间分辨率的FMRI技术探讨数量影响时间知觉的时间进程及内在机制。其次，同时呈现和连续呈现在静态与动态、注意捕获等方面存在差异，虽然本研究发现两种呈现方式对时间加工无显著差异，但不同呈现方式可能在不同的时间进程中对时间知觉的影响存在差异，因此未来需要综合考虑多种因素，严格控制额外因素，进一步探讨数量影响时间知觉的相关条件，以深入揭示时间和数量在心理表征上的关系。

## 6 结论

本研究得出如下结论：

（1）时间在1秒内，刺激的数目连续呈现时，数目多和少分别引起对知觉到的时间的高估和低估，而同时呈现对知觉到的时间无影响。

（2）时间在1秒以上时，同时呈现和连续呈现条件下，数目影响计时的准确性；连续呈现时，刺激的数目还影响计时的变异性和敏感性。

（3）数目及其呈现方式对计时的影响与不同范围内时间加工的特点有关。

合作者：毕翠华。原文载于《心理与行为研究》，第2013年第1期。

# 运动视觉信息中时间知觉线索的实验研究

## 1 引言

运动视觉是视觉系统的基本维度,观察者准确判断视觉流域中运动物体到达某一特定点的时间——碰撞时间(Time-To-Collision)或接触时间(Time-To- Contact),即TTC的能力是至关重要的。心理学家对TTC知觉线索的研究表明,当物体沿视轴运动时($d\theta/dt=0$),TTC知觉和计时行为并非根据速度和距离信息做出,而是以物体视觉影像相对扩张率的倒数($\Phi/d\Phi/dt$)即tau margin信息为主要线索,由视觉变量$\tau$表示,当物体向偏离视轴的特定目标($d\Phi/dt\neq 0$,$d\theta/dt\neq 0$)运动时,物理信息和视觉信息都被观察者用于TTC判断(刘瑞光,黄希庭,1997)。Delucia通过实验发现,物体大小也是影响TTC知觉的重要因素,当物体差异很大时,人们倾向于认为大物体先到达目标(Delucia, Warren, 1994)。研究还证实,人的TTC判断存在很大的性别差异,男性的判断准确性普遍高于女性(刘瑞光,黄希庭,1997)。对于另一种情况($d\Phi/dt=0$)下TTC知觉线索的研究较少,此时运动物体不存在视觉扩张信息($\Phi/d\Phi/dt$),仅存在视觉边界的收缩信息($\theta/d\theta/dt$)(刘瑞光,黄希庭,1997)。现实生活中不乏其例,体育运动中举行环行自行车赛和汽车赛,以及司机驾驶机动车改变方向时,车道外的行人为避免碰撞和准确估计车辆到达目的地的时间,就会进行TTC判断。本研究采用绝对判断法考查在$d\Phi/dt=0$的情况下TTC知觉线索及其中是否存在性别差异。

## 2 研究方法

本研究用两个实验考查在运动物体的时间知觉中影响TTC判断的因素,被试端坐在距计算机2.5米处,头放在一个特制的凹型木架上,保持视线与计算机屏幕中线齐平,以保证$d\Phi/dt=0$,整个实验在自然光照条件下进行,正式实验前先让被试进行预备实验,目的是使之熟悉操作并加快反应速度。

### 2.1 仪器、材料

微机486一台,计时精确性校正到毫秒,运动物体和目标分别是一个正方形物体和一竖线,均由计算机产生。

### 2.2 被试

西南师范大学物理系、中文系和心理系的40名在校大学生自愿参加实验，男女各半，裸视力正常，平均年龄22岁。

### 2.3 设计

实验一操纵三个因素，距离有两个水平（16cm，20cm），速度有三个水平（1cm/s，2cm/s，4cm/s），性别（男，女），采用2×3×2混合实验设计，距离和速度为被试内因素，性别为被试间因素。实验二操纵两个因素，第一个因素为物体大小，两种水平（大、小），第二个因素为运动方式，两种水平（匀速、加速），被试内设计。

### 2.4 程序

实验一：首先计算机屏幕上出现实验说明与要求，被试按空格键后屏幕正中出现开始标示符“+”，持续500ms，接着屏幕左方出现一长为20cm的红色竖线（目标），同时在距竖线右边的20cm或16cm处出现一边长为4cm的蓝色正方形物体（正方形物体的左边距竖线20cm或16cm），定格3s后，物体以恒定的速度向目标运动（计算机计时开始）。物体的运动速度有三种1cm/s，2cm/s，4cm/s，当物体运动到其初始位置与竖线（目标）距离的2/3位置处物体消失，要求被试判断物体何时到达目标，当被试认为物体到达目标（以物体的左边到达竖线为准）时，用右手迅速按下键盘上的J键，与此同时清屏，计算机记录被试的判断时间、物体的实际到达时间及判断的误差。各种处理组合平衡随机出现，被试按空格键开始下一次判断.每个被试须完成五段实验，共120次判断，其中每段实验包括四节，每节中各处理组合平衡随机出现一次。被试在实验中可随时休息，实验后被试均得到一定的报酬。

实验二：基本与实验一同，区别在于物体的初始位置固定，与目标的距离为20cm；物体的大小分为两种，一是边长为4cm的正方形大物体，一是边长为2cm的正方形小物体；运动方式有两种，一是物体以2cm/s的恒定速度向目标运动，一是物体以0.2cm/$s^2$的加速度向目标运动，初速度为2cm/s。每个被试须完成五段实验，共80次判断，其中每段实验包括四节，每节中各处理组合平衡随机出现一次，其他要求同实验一。

### 2.5 结果

#### 2.5.1 实验一

利用SPSS对实验数据进行多元方差分析（MANOVA）。结果表明，距离因素的效应极其显著［$F(1,22)=9.02, P<0.01$］，运动速度的效应显著［$F(2,44)=4.26, P<0.05$］，性别

因素的效应也极其显著[$F(1,22)=9.23, P<0.01$],距离与速度、距离与性别、速度与性别间的一阶交互作用不显著[$F(2,44)=1.85, P>0.05$;$F(1,22)=1.53, P>0.05$;$F(2,44)=1.43, P>0.05$],距离、速度与性别之间的二阶交互作用也不显著[$F(2,44)=2.46, P>0.05$]。由此得知,距离和速度对被试的TTC判断具有很大的影响,它们是主要的时间知觉线索,被试对时间的判断不仅仅依赖于呈现的视觉刺激以及物体视觉边界的收缩信息($\theta/d\theta/dt$),还应通过观察物体的距离和速度后做出。

表1 被试TTC判断中的绝对误差平均值和标准差

| 性别 | 距离/cm | 绝对误差平均值和标准差/ms | 速度/cm·s$^{-1}$ | | |
|---|---|---|---|---|---|
| | | | 1 | 2 | 4 |
| 男 | 20 | *M* | 605 | 904 | 319 |
| | | *SD* | 332 | 486 | 211 |
| | 16 | *M* | 447 | 257 | 336 |
| | | *SD* | 291 | 292 | 308 |
| 女 | 20 | *M* | 1832 | 1170 | 724 |
| | | *SD* | 2147 | 1073 | 474 |
| | 16 | *M* | 738 | 721 | 374 |
| | | *SD* | 402 | 668 | 259 |

表1显示,短距离的时间判断优于长距离,快速运动时的TTC判断优于慢速运动时的TTC判断。继续对速度因素(B)的三个水平的均值进行Duncan检验得知,B2(2cm/s)与B1(lcm/s)间的差异不显著($P> 0.05$),B3(4cm/s)与B2(2cm/s),B3(4cm/s)与Bl(1cm/s)间差异均显著($P<0.05$),这说明当物体以4cm/s的速度运动时,被试对TTC判断的准确性显著优于另两种条件下的判断准确性。由此可知,在短距离或快速运动条件下,被试利用视觉信息判断时间的可能性较大,随着距离的增加、速度的减慢,物理信息在判断中的作用逐渐增大,此种条件下,视觉信息和物理信息都是重要的TTC知觉信息源。

表2 各种实际TTC条件下被试的TTC判断及相对误差平均值

单位:ms

| 实际TTC | 4000 | 5000 | 8000 | 10000 | 16000 | 20000 |
|---|---|---|---|---|---|---|
| 相对误差 | −55 | −118 | −168 | −258 | 346 | 738 |
| 相对误差(男) | 24 | 191 | −9 | −279 | −45 | 478 |
| 相对误差(女) | −135 | −427 | −327 | −237 | 648 | 988 |

方差分析的结果还表明，在运动物体的TTC判断中存在显著的性别差异，男性的判断准确性普遍高于女性。从表2给出的被试TTC判断及相对误差平均值来看：就整体而言，当实际的TTC不大于10秒时，被试的时间判断呈高估倾向，与男性相比，女性趋于高估时距；而当实际TTC超过10秒后，则呈现低估时距倾向，这时女性比男性更趋于低估时距。由数据分析得知，被试的TTC判断值与实际的TTC值相差不远，总是围绕着实际TTC值波动，男女被试在各种条件下TTC判断值的散点图显示出了实际TTC及相应的TTC判断值间的线性关系，对两者进行线性拟合得出回归直线为：$Tr$=0.966TTC+0.280。其中TTC表示实际的TTC值，$Tr$表示判断的TTC值。经回归方程的方差分析，结果极其显著（$F(1,22)=9.37$，$P<0.01$）。

2.5.2 实验二

经方差分析表明，物体的大小效应不显著[$F(1,15)=3.38$，$P>0.05$]，运动方式的效应极其显著[$F(1,15)=30.98$，$P<0.01$]，物体大小与运动方式的交互作用也显著[$F(1,15)=6.80$，$P<0.05$]。这说明被试在TTC判断中没有利用物体大小这一线索，而物体的运动是否存在加速度对其判断产生了很大的影响。将每个被试作为区组重新进行方差分析，除得出显著的组间变异外，其他各因素的效应及交互作用的效应与以上相同。尽管大小因素的主效应不显著，但它与运动方式的交互作用极大地影响被试的判断。继续对交互作用进行简单效应检验得知，运动方式（B）在物体的大小（A）两个水平上都有极显著的影响[B在A1（大物体）水平上，$F(1,15)=14.40$，$P<0.01$；B在A2（小物体）水平上，$F(1,15)=35.91$，$P<0.001$]。结果表明，无论是大物体还是小物体，被试在进行时间判断时都考虑了运动方式——是否加速这一知觉线索。

**表3 各种条件下被试TTC判断的误差平均值与标准差**

| | 误差平均值与标准差/ms | 大物体 | 小物体 |
|---|---|---|---|
| 匀速 | *M* | 898 | 1189 |
| | *SD* | 325 | 426 |
| 加速 | *M* | 532 | 590 |
| | *SD* | 220 | 272 |

由表3可知，与物体匀速运动的情况相比，当物体加速运动时，被试TTC判断的准确性更高，判断值与实际TTC间的差异较小，判断更容易些。由此得知，尽管物体视觉轮廓的变化率保持不变，物体边界与目标间的视觉收缩信息对被试的TTC知觉仍产生较大的影响，视觉信息也是重要的时间知觉线索。

根据被试在各种条件下TTC判断的相对误差平均值绘成图1，此图显示出，无论大物体或小物体，随着实际TTC的减少，判断的相对误差值由正变为负，这体现出被试低估长时距、高估短时距的倾向，并且当物体匀速运动时（实际TTC为10秒），相对误差值较小，而当物体加速运动时，则出现了较大的相对误差值，这说明，10秒的时距较难于判断，或许10秒左右存在着TTC的一个知觉阈限。

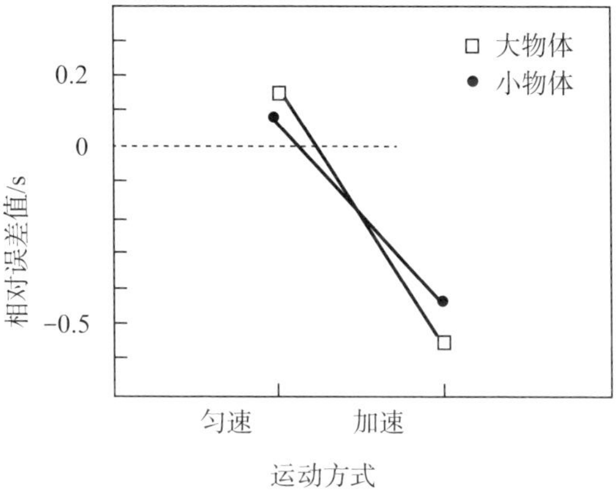


图1 物体大小和运动方式对TTC判断的影响

## 3 讨论

当前研究表明，在运动物体视觉影像的扩张率保持不变的情况下（$d\Phi/dt=0$），TTC知觉利用了物理信息源的距离和速度，观察者不仅能够统合两种信息，而且能从物体的运动中获得加速度估计，无论是对大物体还是小物体，这种区分都是有效的。本实验条件下TTC知觉没有发现显著的大小效应，这与Bootsma的研究结果一致（Bootsma，& Oudejans 1993）。之所以大小效应不显著是因为此种条件下物体视觉轮廓的扩张率不变，视觉轮廓本身的大小对判断不起作用，物体消失之前，观察者所注意的是物体边界与目标间的视觉收缩信息（$\theta/d\theta/dt$）以及物体的运动状态，这使得Tresilian区分的“global”tau对于TTC判断的贡献不可低估（刘瑞光，黄希庭，1997）。此时tau-margin是一种重要的时间知觉线索，从本研究来看，在短距离、快速运动条件下，被试观察物体运动的时间较短，其TTC判断是通过知觉-运动”系统选择一种迅速、直接做出行为的途径，即利用了tau信息，TTC判断的正确率较高，较长的TTC导致被试时间判断的正确率降低。而物体一旦消失，此线索就不复存在，生态学观点认为，来自运动的持续的感觉输入与其知觉特点不相关，决定知觉的是视觉信息而不是感觉刺激（Freeman，Harris，& Tyler，1994）。本研究条件下的时间知觉线索来源于运动物体提供给观察者的多种信息源，最终用于TTC估计的是视觉信息和物理信息统合的结果（Tresilian，1995）。实验中体现出的长时距低估、短时距高估现象(以10秒为界)与先前的研究结果一致,但与物体沿视轴运动情况下($d\theta/dt=0$)的结果正相反,究其原因,也许是后一种计时任务包含躲避倾向,因此并非所有的TTC判断任务都是相同的,不同任务具有不同的时间知觉线索。就观察者判断的TTC和实际TTC来看,物体匀速运动时,两者的关系适合用线性模型来描述。这与Yakima等人提出的模型一致(Yakimoff, Mateeff, & Ehrenstein, 1993)。TTC判断中极其显著的性别差异在本实验中得到充分体现,男性的判断准确性普遍高于女性,这归因于两性空间能力的差异、时空信息的经验以及采用的不同判断技术。另外,由本实验结果还得出这样的启示:人的TTC判断是否在10秒左右存在着一个时间知觉"阈限"?对此还有待于进一步探索。

## 4 小结

在运动物体视觉影像的扩张率保持不变($d\Phi/dt=0$)的条件下,本研究得出下述结论:

(1)视觉信息和物理信息是重要的时间信息源,TTC知觉线索是视觉信息和物理信息的统合。

(2)时间判断存在显著的性别差异,男性的判断准确性普遍高于女性。

(3)当物体匀速运动时,TTC判断值与实际TTC间的关系适合用线性模型来描述。

合作者:刘瑞光。原文载于《心理学报》,1999年第1期。

# 短时距知觉中的面积效应

人对刺激的某些空间特点的知觉，如视觉中刺激间的距离、方向，听觉中刺激的频率，影响着人对刺激的持续性的知觉，即所谓的Kappa效应。反之，对刺激的持续性的知觉也会影响到人们对刺激的某些空间特点的判断，如肤觉、视觉中的距离，亦即所谓的Tau效应。这种现象称为时空依赖性。

综观前人对时空依赖性的研究，绝大多数集中在对刺激间的距离或长度的知觉与对刺激的持续时距的知觉的相互影响上，研究中所用的材料也多为相继呈现的离散刺激所形成的空“距离”与空时距（Jones & Huang，1982）。对时空依赖性的解释主要有两种。Anderson等人以速度、时间、距离三者关系的整合在时间、空间判断中的作用解释时空依赖性，即所谓的归因的匀速假说（imputed velocity hypothesis）（Anderson，1975；Cohen et al.，1955；Collyer，1977）。而Jones和Huang（1982）则把Kappa和Tau效应归结为背景性错觉，认为是实验情境所具有的特点导致被试把相继呈现的离散刺激归结为匀速运动（但并未真正感受到这种运动），因而，速度、时间、距离三者的物理关系为进行时间—空间判断提供了一个自然背景，从而产生刺激间距离越大，知觉到的时距越长的错觉，特别是当这种判断的难度较大时更是如此，反之亦然。

尽管上述归因的匀速假说能较好地说明大多数以相继呈现的离散刺激为材料的空时距的实验现象，却难以预测和解释以线段、矩形、立体框架等刺激为材料的实时距的实验结果。例如，在对超短时距（100ms以下）的研究中，Thomas和Cantor发现，刺激的面积大小影响着知觉到的时距的久暂（Thomas & Cantor，1975，1976），而Bobko等使用长时距（55s）和有意义的材料（在不同大小的显示器上放映同一游戏）也得到了时距估计的长短与显示器的显示面积大小有关这一结果（Bobko，Bobko，& Davis，1986）。事实上，这种以线段、矩形、立体框架等刺激为材料的研究尚不多见。从Kappa和Tau效应都是一种背景性错觉这一理论假设出发，我们设想，在短时距中，刺激本身的面积与体积大小也可能会影响时距知觉。如果这一猜想得到证实，进一步的问题就是能否由此说明在一定条件下对刺激的大小的加工是被试表征时间体验的一个重要因素？为此，本研究设计了两个实验来探讨短时距中刺激的面积大小、立体框架大小对时距知觉的影响及其主要原因。

# 1 实验1

## 1.1 目的

检验关于短时距下平面上、静止的刺激的面积大小影响再现时距的假设。

## 1.2 方法

采用被试内设计(5×5),自变量为标准刺激图形(实心矩形)的面积大小与呈现时距的长短(1,2,3,4,5s)。刺激时距的范围根据Fraisse的观点确定,刺激图形的绝对大小以计算机屏幕所能容许的为准,其长宽比为3:2,最大面积为384cm²,其相对大小比值为:1,13,38.81,87.58,313.13。观测变量为再现时距与反应时。使用两台ST-286微机(带EGA卡)自动呈现标准刺激并记录被试的反应时和再现时距,程序设计全部采用汇编语言,计时精度为1ms。被试为在读本科大学生10名,其中男6名,女4名,有8名被试在实验前使用过计算机。实验后,付给被试少量酬金。

实验的具体做法是:计算机自动呈现标准刺激(其面积、时距水平均随机化),刺激消失后,被试尽快按下shift键再现出刺激时距;然后被试做一道一位数减法题(计算机自动呈现题目,以大减小),最后被试按任意键进行下一次测试。实验前被试首先阅读书面指导语,接着由主试简要讲解并指导被试练习2~8次,约2分钟,内容与正式实验相同。待被试熟悉实验程序后,正式实验开始。

## 1.3 结果与分析

将全体被试在5种刺激时距与5种面积水平下的再现时距、反应时的平均值列入表1。

表1 各种刺激时距($A$)及面积水平($B$)下的再现时距、反应时的平均值

单位:s

| 测项 | | $B_1$ | $B_2$ | $B_3$ | $B_4$ | $B_5$ |
|---|---|---|---|---|---|---|
| | | $\bar{x}$ | $\bar{x}$ | $\bar{x}$ | $\bar{x}$ | $\bar{x}$ |
| $A_1$ | 再现时距 | 1.01±0.34 | 0.90±0.39 | 1.69±0.56 | 1.55±0.58 | 1.43±0.45 |
| | 反应时 | 0.70±0.37 | 0.76±0.37 | 0.70±0.43 | 0.70±0.38 | 0.95±0.36 |
| $A_2$ | 再现时距 | 1.74±0.63 | 1.79±0.90 | 2.76±0.98 | 2.33±0.86 | 2.36±0.74 |
| | 反应时 | 0.82±0.43 | 0.76±0.37 | 0.71±0.46 | 0.59±0.27 | 0.75±0.36 |
| $A_3$ | 再现时距 | 2.56±0.79 | 2.38±0.90 | 3.14±1.21 | 3.65±1.54 | 3.11±1.24 |
| | 反应时 | 0.63±0.41 | 0.79±0.48 | 0.74±0.36 | 0.70±0.34 | 0.66±0.37 |

续表

| 测项 | | $B_1$ | $B_2$ | $B_3$ | $B_4$ | $B_5$ |
|---|---|---|---|---|---|---|
| | | $\bar{x}$ | $\bar{x}$ | $\bar{x}$ | $\bar{x}$ | $\bar{x}$ |
| $A_4$ | 再现时距 | 3.34±1.17 | 2.90±0.93 | 4.13±1.17 | 3.94±1.08 | 4.13±1.31 |
| | 反应时 | 0.72±0.50 | 0.70±0.42 | 0.67±0.38 | 0.83±0.42 | 0.75±0.46 |
| $A_5$ | 再现时距 | 3.95±1.61 | 3.69±1.27 | 4.35±1.14 | 4.66±1.30 | 4.88±1.39 |
| | 反应时 | 0.82±0.52 | 0.80±0.60 | 0.72±0.36 | 0.68±0.42 | 0.68±0.40 |

对变换后的再现时距进行方差分析,结果表明,刺激时距对再现时距的影响极其显著($F(4,36)=255.29$, $P<0.001$)。同时,正如我们所设想的,时距刺激的面积大小对再现时距的影响也是极其显著的($F(4,36)=45.70$, $P<0.001$),并且刺激时距与面积对再现时距的交互作用不显著($F(16,691)=0.87$, $P>0.05$)。这一结果表明,在短时距下(1~5s),时距刺激的面积大小显著影响再现时距的长短。

对反应时的方差分析结果,显示刺激时距与面积大小及其交互作用对反应时的影响均不显著。考虑到这一结果是在排除了个体差异的影响的前提下取得的,而指导语又强调了反应的速度,并且实验的难度不大,被试的反应标准又无变化,所以这一结果是合理的。

## 1.4 讨论

实验一的结果,证实了时距刺激的面积大小影响知觉到的时距长短这一构想。但是,造成这种影响的原因尚未确定。一方面,由于面积较大的刺激,其轮廓较大,若被试对时间信息的加工与刺激的轮廓大小有关,则在同一时距下,较大轮廓的刺激引起较长的时距知觉是不足为奇的。Fraisse(1971)曾指出,在空间和时间之间存在着交互影响,空间的大小与时间的大小是可以互相影响的,就如同Muller-Lyer错觉影响对线段长度的知觉一样。另一方面,由于刺激材料为填充图形,故在同一刺激时距下,面积较大的刺激所具有的刺激强度也较大,引起较强的神经兴奋,从而时距知觉较长,Fraisse对Vander、Waals和Roelofs结果就是这样解释的(Fraisse,1971),但未提供直接证据。当然,更可能的是,这是这两种因素共同起作用的结果。我们预期面积效应主要源于轮廓大小,即在一定条件下人对刺激的大小的加工是表征时间体验的一个重要线索,因此,有必要以未填充图形为材料进行研究,若未填充图形的轮廓大小同样显著地影响时距知觉,则支持轮廓大小是造成面积效应的主要因素这一设想,否则,支持后两种设想。以下称未填充的立体刺激的体积大小为立体框架大小。

## 2 实验2

### 2.1 目的

通过对短时距下刺激的立体框架大小对再现时距的影响的探索，初步探讨形成面积效应的主要原因。

### 2.2 方法

实验材料为相对大小比为（1，12.6，29.4，90.67，702.7）的空心立体框架，最大“体积”为219 $cm^2$。被试为9名在读本科大学生，其中男生5名。实验的其他方面除指导语中关于材料的说明不同外，均同实验一。

### 2.3 结果分析与讨论

全体被试在各种刺激时距与立体框架下的再现时距、反应时的平均值见表2。

**表2 各种刺激时距（$A$）与立体框架在小（$B$）下的再现时距、反应时**

单位：s

| 测项 | | $B_1$ | $B_2$ | $B_3$ | $B_4$ | $B_5$ |
|---|---|---|---|---|---|---|
| | | $\bar{x}$ | $\bar{x}$ | $\bar{x}$ | $\bar{x}$ | $\bar{x}$ |
| $A_1$ | 再现时距 | 1.91±1.46 | 2.90±2.93 | 2.45±3.38 | 1.96±1.73 | 1.56±0.58 |
| | 反应时 | 0.56±0.21 | 0.62±0.33 | 0.79±0.35 | 0.77±0.42 | 0.72±0.24 |
| $A_2$ | 再现时距 | 3.20±1.60 | 3.07±1.67 | 2.83±1.66 | 3.98±3.95 | 3.23±2.81 |
| | 反应时 | 0.67±0.31 | 0.63±0.29 | 0.52±0.26 | 0.52±0.25 | 0.60±0.21 |
| $A_3$ | 再现时距 | 3.73±1.57 | 4.63±4.35 | 4.13±2.48 | 4.15±3.59 | 4.07±2.42 |
| | 反应时 | 0.57±0.24 | 0.52±0.22 | 0.55±0.27 | 0.49±0.22 | 0.61±0.28 |
| $A_4$ | 再现时距 | 5.13±2.45 | 4.67±2.65 | 4.07±1.24 | 4.50±2.21 | 5.14±3.37 |
| | 反应时 | 0.53±0.25 | 0.50±0.20 | 0.60±0.40 | 0.53±0.26 | 0.61±0.36 |
| $A_5$ | 再现时距 | 7.37±4.65 | 4.72±1.43 | 5.72±4.07 | 5.45±2.70 | |
| | 反应时 | 0.45±0.31 | 0.54±0.23 | 0.55±0.27 | 0.48±0.18 | |

对再现时距和反应时的数据进行多元方差分析，结果发现，除刺激时距对再现时距及反应时的影响极其显著外（$F(8,1008)=7.00$，$P<0.001$），时距刺激的立体框架大小［$F(8,1008)=0.71$，$P<0.6$］以及立体框架大小与面积大小对再现时距和反应时的交互作用均不显著［$F(32,1008)=0.82$，$P>0.7$］。这一结果似乎表明，在短时距下，时距刺激的立体框架大小不影响再现时距及反应时的长短，同时也揭示实验一中的面积效应主要可归结为强度上的不同所致，而非轮廓的大小。

但是,这一统计检验结果与我们对数据的直观分析不符。从交互作用示意图上看,至少立体大小与刺激时距对再现时距的交互作用应当是显著的。因而我们不能轻易地接受两者中任何一个结果。根据前人在时空关系的研究中关于个体差异的存在可以产生Kappa效应、Kappa效应的逆效应、无效应三种迥然不同的研究结果(Collyer,1977),不同被试的反应类型的不同,可能导致前人Kappa研究中结果上的混乱和本研究中统计检验与对数据的直观分析不符,因而有必要深入探讨个体差异及其对研究结果的影响。只有这样才能得到可靠的结论。为此,作者尝试性地提出和运用了个体水平的统计分析这一解决个体差异难题的有效方法。

运用个体水平的统计分析方法,我们对实验2的数据再次进行统计分析,结果发现:仅在两名男性被试身上发现立体框架大小显著影响时距知觉的长短(简称为大小依存者),而且其中有一名被试有显著高估倾向(大约为其他被试的再现时距的两至三倍),遗憾的是实验后对被试的口头询问未发现这两名被试的策略与其他被试有何不同;对排除了这两名被试后的样本数据进行的统计分析与直观分析一致,即立体框架大小及其与刺激时距的交互作用均不显著;对全体被试的校正数据——在各个被试的反应数据中扣除其独特部分——进行的统计分析与直观分析一致,即立体框架大小及其与刺激时距的交互作用均不显著。从上述结果可以得出如下结论:存在两种不同反应类型的被试——大小依存者与非大小依存者,在不同反应类型的被试中刺激的立体框架大小对短时距知觉的影响不同,刺激的立体框架大小对大小依存者的短时距知觉的影响极其显著,但对非大小依存者的影响不显著。

运用个体水平的统计分析思想方法,我们对实验一的数据再次进行统计分析,结果发现:面积大小显著影响时距知觉的长短;对全体被试的校正数据——在各个被试的反应数据中扣除其独特部分——进行的统计分析与对原始数据的统计分析一致,即面积大小及刺激时距对时距知觉的影响极其显著。

综合实验1、实验2的上述结果,我们认为:刺激的面积大小对短时距知觉的影响极其显著;存在两种不同反应类型的被试——大小依存者与非大小依存着,在不同反应类型的被试中刺激的立体框架大小对短时距知觉的影响不同,刺激的立体框架大小对大小依存者的短时距知觉的影响极其显著,但对非大小依存者的影响不显著。由此可初步推断:在不同类型的被试中产生面积效应的原因不同,在非大小依存者被试中产生面积效应的主要原因是刺激的强度,但在大小依存者被试中产生面积效应的主要原因却是刺激的大小。

合作者:张蜀林。原文载于《心理科学》,1995年第1期。

# 短时距估计中刺激物的动态变化效应

## 1 引言

在心理时间的研究历史上，研究者习惯于将时间认知的研究区分为时间知觉和时间记忆。时间知觉又称为“知觉到的现在”，其范围几乎在5s以内。超过此范围的刺激序列已不能被知觉为一个整体单元，当属时间记忆的范畴（Zakay，1993；黄希庭，郑涌，1995）。时间记忆就是关于刺激事件的认知，人们通过一段时间间隔内体验刺激事件的变化来测定时间，个体对刺激事件的组织在时间认知中起着重要的作用，其中关键因素是刺激事件被划分为“单元”或“组块”的程度（Grondin，2001）。时间估计过程中刺激变化的一个突出表现就是刺激的运动，而刺激运动又体现为速度的变异。

先前的实验研究主要从以下几个方面展开：速度效应的考查、到达时间的估计、运动的探测。本人的有关研究得出，刺激物与目标的距离、刺激运动的速度和加速度是重要的时间知觉线索，高阶视觉信息在时间判断中也起一定的作用（刘瑞光，黄希庭，1999）。另有一些研究采用极短的时距或方块刺激以及波状、旋转式刺激的结果表明，对于极短时距来说，刺激运动与较长的时距再现相关，随着时距的延长，运动效应逐渐消失。Tayama等人发现，最慢的运动刺激被判断的时距短于静止刺激的时距，以较快速度运动的刺激时距的判断不比静止刺激的时距长。其所使用的时距范围是2s至16s（Tayama，Nakamura，& Aiba，1987）。Fraisse研究发现，当标准时距为10s时，刺激速度的时间延长效应较明显，在5s的刺激时距条件下，速度的时间延长效应消失，这一点与Tayama的研究结果一致。还有研究发现刺激速度对时间判断没有影响，这就使得研究结果之间产生了对立或不一致现象。因此对于刺激的动态变化与短时距估计之间的关系问题至今没有一个确切的答案。

本项实验研究采用单任务程序、预期式研究范式和再现时距的反应指标，以视觉方式呈现刺激，对影响人们时间估计的刺激物的动态变化效应进行考查，不仅是对时间记忆研究的进一步深入和发展，而且以传统的心理物理学定律和韦伯定律的数量化方法为基础，利用平均差误法从心理物理学的视角对短时距估计中刺激物的动态变化效应做出分析，属该领域研究方法上的创新之举，具有重要的理论意义和借鉴价值。

## 2 实验一

### 2.1 目的

主要考查刺激物的变化对于时间估计的作用。

### 2.2 方法

#### 2.2.1 被试

16名山东科技大学应用电子专业的大学生自愿参加了本实验,6名女性,10名男性。被试的认知和操作能力正常,实验过后都收到一定的报酬。

#### 2.2.2 仪器和材料

一台奔腾Ⅲ计算机和Philipe高分辨率显示屏。刺激序列和被试的反应记录都由计算机自动完成。

#### 2.2.3 实验设计

本实验采用嵌套设计。实验操纵的因素有两个:刺激物的旋转角度(90°,180°,270°,360°)为被嵌套因素,物理时距(9s,21s)为嵌套因素。

#### 2.2.4 程序

实验分为两个阶段:练习阶段和实验阶段。

被试进入练习阶段之后,通过两次按下空格键再现四种目标时距(3s,9s,15s,21s),目标时距是一段无声的时距,以"预备"信号的消失到"开始"信号的呈现之间的时距为标志,四种目标时距在练习过程中随机平衡呈现,数据记录由计算机自动完成。练习目的旨在减少被试的反应变异,增加时间估计的准确性。被试练习达到75%的准确性即可进入实验阶段(精确到10ms)。

进入正式实验阶段以后,每次试验都以计算机屏幕上的预备信号——"预备"一词的呈现为标志,此信号呈现1000ms后自动消失,随后在计算机屏幕的左侧激起一个条形刺激物(长5cm,宽1cm)(颜色为黑色),刺激物以1cm/s的速度自左向右运动,刺激物在运动过程中发生旋转,旋转角度有四个:90°,180°,270°,360°。它们分别嵌套在两种物理(目标)时距(9s,21s)之中,刺激物在屏幕上的呈现时间达到两种物理(目标)时距之一时自动消失。刺激物在屏幕上消失后,屏幕中央呈现一个提示信号"开始",被试端坐在计算机屏幕前,眼睛距屏幕的距离为65cm。被试用右手拇指按下"空格"键后提示信号消失,计算机计时开始。当被试估计流逝的时间与刺激的呈现时间相当时,尽快用右手拇指按下空格键结束时距估计。每次试验结束后计算机记录下刺激物的状态、呈现时间和被试的再现时距。然后屏幕上再次出现预备信号,标志着下一轮实验的开始。

实验中共产生4种实验条件,研究者在每种实验条件下采用平衡随机化方法对被试进行逐一测试,每个被试共须完成32次测试,每种条件下测试8次。

### 2.3 结果与分析

#### 2.3.1 效应检验

计算出每个被试再现时距的平均值,按照三个标准差原则去除两个无效数据。对实验数据进行方差分析(如表1所示),结果表明,作为嵌套因素的物理时距的主效应不显著 $F(1,2)=7.88, p>0.005$,被嵌套因素旋转角度的主效应极其显著 $F(2,60)=100.25, p<0.01$。

**表1 两因素完全随机嵌套实验设计的方差分析表**

| 变异源 | *SS* | *df* | *MS* | *F* |
|---|---|---|---|---|
| A(物理时距/s) | 1913.297 | 1 | 1913.2973 | 7.88 |
| B(A)(旋转角度/°) | 485.880 | 2 | 242.940 | 100.25** |
| 单元内误差 | 145.398 | 60 | 2.423 | |
| 总和 | 2544.575 | 63 | | |

注:**表示 $p<0.01$

进一步计算出各种实验条件下被试再现时距的平均值及相对误差(如表2所示),由表2可知,随着旋转角度的增加,被试的时距估计倾向于高估;旋转角度的减少使得估计时距呈低估倾向。从总体上讲,对于9s和21s的物理时距来说,被试分别产生了-0.04s和-1.1s的相对误差,两种条件下都表现出时距的低估倾向,这说明或许在内部速度影响人对时距的估计之外,还存在认知因素和注意策略对时间估计的影响。

**表2 各种实验条件下的再现时距平均值及相对误差**

| 物理时距/s | 旋转角度/° | | | |
|---|---|---|---|---|
| | 90 | 180 | 270 | 360 |
| 9 | 6.10 | 11.82 | | |
| | (-2.90) | (2.82) | | |
| 21 | | | 17.25 | 22.54 |
| | | | (-3.75) | (1.54) |

注:括号内数据为再现时距减去物理时距得到的相对误差。

2.3.2 韦伯分数

计算出各种实验条件下的韦伯分数，并将韦伯分数在坐标系中描画出来得到如下的直方图（图1）。由图1可知，旋转角度为360°时得到了最小的韦伯分数，此时被试具有最大的感受性，时间判断的准确性最高。旋转角度为90°时得到的韦伯分数最大，此时被试获得较低的感受性，判断不准确，即在90°的旋转角度条件下被试的时间扭曲最大。图1中呈现出的一般趋势为：随着刺激物旋转角度的增加，被试的时间感受性增强。

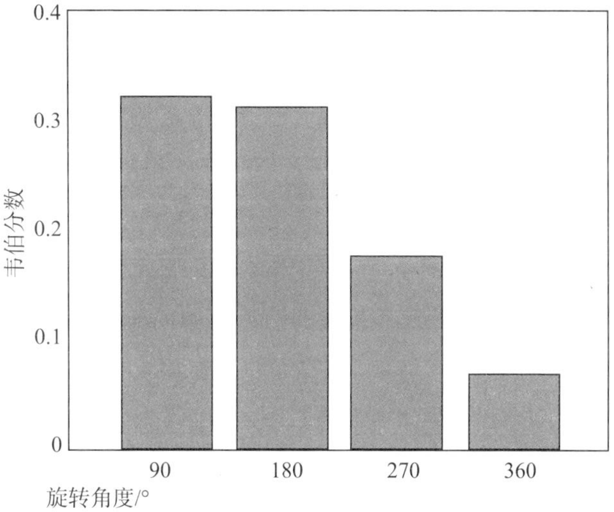


图1　各种实验条件下韦伯分数直方图

2.3.3 常误分数

表3中的常定错误分数（简称“常误分数”）由公式*R*/*T*来确定，其中*R*为再现时距，*T*为物理时距。由表3可知，被试对与9s和21s两种物理时距都表现出一致地低估倾向，与9s时距相比，被试对21s时距的低估误差更大些。计算得出旋转角度为90°，180°，270°，360°时的平均常定错误分数分别为0.678，1.313，0.821和1.073。由此得出，旋转角度为90°和270°时，被试低估时距；旋转角度为180°和360°时，被试倾向于高估时距。不同旋转角度条件下的平均常误分数是物理时距的函数。

**表3　被试在不同物理时距下的再现时距、差别阈限、韦伯分数和常误分数表**

| 物理时距/s | 再现时距/s | 差别阈限/s | 韦伯分数 | 常误分数 |
|---|---|---|---|---|
| 9 | 8.96 | −0.04 | 0.0044 | 0.996 |
| 21 | 19.90 | −1.10 | 0.0524 | 0.948 |

# 3 实验二

## 3.1 目的

测定刺激的变化(旋转方向)对于时间判断的效应,同时进一步检验刺激的运动速度对于短时距估计的影响。

## 3.2 方法

### 3.2.1 被试

19名山东科技大学机电一体化专业的大学生自愿参加本实验,7名女性,12名男性。被试的认知和操作能力正常,实验后都收到一定的报酬。

### 3.2.2 仪器和材料

计算机硬件条件与实验一相同,刺激物由计算机自动产生并显示在高分辨率显示屏上。不同之处是刺激物在以一定速度运动的过程中的旋转角度都是90°,旋转方向有两个:顺时针和逆时针。

### 3.2.3 实验设计

本实验设计采用被试内设计。实验操纵的因素有三个:刺激速度(0,1cm/s,3cm/s,5cm/s),物理时距(6s,12s,18s,24s),刺激的旋转角度(+90°,-90°)。

### 3.2.4 程序

实验程序基本同实验一。不同之处是刺激物在以0,1cm/s,3cm/s,5cm/s的速度运动过程中所产生的旋转角度都是90°,旋转方向有两个:顺时针旋转(+90°)和逆时针旋转(-90°)。本实验共产生32种处理组合,研究者在每种实验条件下采用平衡随机化方法对被试进行逐一测试,即每个被试共须完成192次测试,每种实验条件下测试6次。

## 3.3 结果与分析

### 3.3.1 效应检验

对实验数据进行重复测量三个因素的方差分析(如表4所示),结果表明,时距因素的主效应极其显著,$F(3,54)=228.55$,$p<0.01$;刺激物运动速度的主效应显著,$F(3,54)=3.48$,$p<0.05$;物理时距和速度的二阶交互作用也显著,$F(9,162)=2.21$,$p<0.05$;刺激物旋转因素的效应不显著,$F(1,18)=0.05$,$p>0.05$;时距与旋转角度的二阶交互作用[$F(3,54)=1.11$,$p>0.05$]、速度与旋转角度的二阶交互作用[$F(3,54)=0.46$,$p>0.05$]以及速度、时距与旋转角度的三阶交互作用都不显著[$F(9,162)=1.56$,$p>0.05$]。

表4 被试再现时距均值的方差分析

| 变异源 | *SS* | *df* | *MS* | *F* |
|---|---|---|---|---|
| 被试间 | 2373.77 | 18 | | |
| 被试内 | 23239.61 | 589 | | |
| 物理时距 | 18526.56 | 3 | 6175.52 | 228.55** |
| 物理时距×被试 | 1459.20 | 54 | 27.02 | |
| 刺激速度 | 98.10 | 3 | 32.70 | 3.48* |
| 刺激速度×被试 | 508.36 | 54 | 9.41 | |
| 旋转角度 | 0.435 | 1 | 0.435 | 0.05 |
| 旋转角度×被试 | 163.61 | 18 | 9.09 | |
| 物理时距×刺激速度 | 119.83 | 9 | 13.31 | 2.21* |
| 物理时距×刺激速度×被试 | 993.01 | 162 | 6.13 | |
| 物理时距×旋转角度 | 12.97 | 3 | 4.32 | 1.11 |
| 物理时距×旋转角度×被试 | 210.35 | 54 | 3.90 | |
| 刺激速度×旋转角度 | 6.77 | 3 | 2.26 | 0.46 |
| 刺激速度×旋转角度×被试 | 266.23 | 54 | 4.93 | |
| 物理时距×刺激速度×旋转角度 | 69.82 | 9 | 7.76 | 1.56 |
| 物理时距×刺激速度×旋转角度×被试 | 804.36 | 162 | 4.97 | |
| 总和 | 25613.38 | 607 | | |

注：*表示$p<0.05$；**表示$p<0.01$

将各种速度条件下再现时距的均值进行多重比较，结果表明，除了静止和刺激以1cm/s的速度运动的实验条件下被试的反应差异不显著之外，其余实验条件下被试的时距估计值均差异显著。从时距和速度之间显著的二阶交互作用的简单效应检验来看，速度因素在6s和12s的时距条件下差异不显著[分别为$F(3,162)=0.46$，$p>0.05$和$F(3,162)=1.46$，$p>0.01$]；在18s和24s时距条件下，速度因素的效应极其显著[分别为$F(3,162)=5.41$，$p<0.01$和$F(3,162)=14.95$，$p<0.01$]。

3.3.2 常定错误分数

将被试的平均再现时距转化为常误分数（如表5所示）得知，被试除了对6s的短时距呈现高估倾向，对18s和24s的较长时距呈现出低估倾向外，速度对这三个物理时距的估计具有延长效应。对于12s的时距来说，时间估计的相对误差时正时负，此时的绝对误差值最小（$M$=0.99），时间估计最准确。6s（$M$=1.11）和24s（$M$=0.89）时距的估计误差最大，18s时距的估计误差居中（$M$=0.90）。相对于静止刺激（$M$=0.97）而言，运动刺激（$M$=0.98）具有时距延长效应，这与实验一的结果一致。慢速运动和快速运动条件下的时距估计结果呈现出显著的差异，较快的刺激速度比较慢的刺激速度更能延长时间判断，这与实验一的结果一致。

表5 被试的平均常误分数

| 速度/(cm/s) | 物理时距/s | | | |
|---|---|---|---|---|
| | 6 | 12 | 18 | 24 |
| 0 | 1.15 | 1.01 | 0.85 | 0.87 |
| 1 | 1.06 | 0.98 | 0.88 | 0.85 |
| 3 | 1.10 | 1.03 | 0.92 | 0.87 |
| 5 | 1.14 | 0.95 | 0.96 | 0.98 |

在0，1cm/s，3cm/s和5cm/s的刺激速度条件下时距再现的平均常误分数分别为0.97，0.94，0.98和1.01。其中18s时距时，相应于0，1cm/s，3cm/s和5cm/s的刺激速度的平均常误分数为0.85，0.88，0.92和0.96，这些数据显示出静止序列能产生最短的时距判断，而运动序列的联合效应（$M$=0.92）则代表了减少时间判断总变异中的8.2%。在24s的时距条件下也产生了类似的结果，相应于0，1cm/s，3cm/s和5cm/s的速度序列的平均常误分数为0.87，0.85，0.87和0.98，较短的时距判断与1cm/s的速度序列相联系，运动序列（$M$=0.90）能减少时间判断的3.5%。在6s时距条件下，相应于0，1cm/s，3cm/s，5cm/s速度的平均常误分数分别为1.15，1.06，1.10，1.14，从静止序列和运动序列（$M$=1.1）的比较中发现，刺激运动能减少时间判断的4.4%。在12s时距条件下，相应于0，1cm/s，3cm/s，5cm/s速度的再现时距的平均常误分数分别为1.01，0.98，1.03，0.95，与静止序列相比，混合运动序列（$M$=0.99）能减少时间判断的2%。

## 4 讨论

刺激物动态变化的显著效应在本研究中得以显示，就刺激运动和速度的时距延长效应来讲，本研究与先前的有关研究存在着既对立又统一的关系。没有对时距范围加以界定是先前研究的最大弱点（Brown，1995；Jones & Yee，1997；Oberauer & Kliegl，2004）。研究中所表现出的短时距高估、长时距低估现象与先前的结论一致，即被试对短时距的判断产生正的常性误差,对长时距的判断产生负的常性误差。由被试再现时距的差别阈限和韦伯分数得知,高估短时距、低估长时距的时间转折点是11.4s,这一结果与本人先前研究得出的10s左右的“阈限”基本一致。

刺激物的旋转角度变化在本研究中表现出极其显著的实验效应,这一动态变化过程为被试的时间估计行为提供了重要的线索,在90°和270°的旋转条件下,再现的时距呈现低估倾向;在180°和360°旋转条件下,被试的再现时距则呈现高估倾向。刺激的旋转方向对被试的实际估计行为没有产生显著的影响,之所以如此是因为刺激的旋转角度和旋转方向属于不同的运动特性,它们以不同方式影响着人们的主观时间判断,前者是通过影响人的时间体验或人对时间流逝的认知起作用(Quinlan,2003),后者与人们惯常的行为或思维方式有关,它不能为时间估计提供有效的线索(Avni-Babad & Ritov,2003)。

刺激的速度显著地影响着被试的时间判断。从整体上说,快速运动的刺激延长时间估计,刺激速度的时距延长效应主要产生于较长时距(18~24s)估计条件下,较短时距(6~12s)条件下刺激的速度延长效应不显著。与静止的刺激条件相比,运动刺激常与较短、较准确的时距判断相关,静止的刺激常与较长的时距判断相关。根据时间认知的变化/分割模型,刺激物的变化可以加强人的时间体验。“变化”是关于时间流逝的一个心理学概念,该模型强调了在人们认知时间的过程中事件组织的作用。该模型认为,有规律、有次序的事件改变是一种有效的时间线索,人们知觉变化的数目越多,时距估计应该越长(黄希庭,徐光国,1997,1999)。从这一点来说,本实验结果支持Poynter的预测,“刺激变化”是一种重要的时间线索,知觉时距是由被试体验到的变化数量来决定的(Brown,1995):此结果也与Michon等人的理论观点一致:人们的时间体验依赖于一段时间间隔内所呈现的时间信息数量,并可将此看作一种“认知的事件序列”(如次序、连续性、变化),此序列包含着时序信息,人们通过对事件空间位置变化的认知而加工更多的时序信息,因此运动物体期望能够延长时间判断(Barnes & Jones,2000;Oberauer & Kliegl,2004)。

系统地探测刺激物的动态变化对于时距估计的影响具有重要的意义,因为在时间心理学中,变化是自然环境的一个重要特性,“变化”概念具有重要的生态学意义,时间估计既指向刺激事件的运动和变化特性,同时又受其影响(Gibson,1975)。对于同样长的物理时距来说,由于旋转着的运动刺激覆盖了一系列不同的空间位置,可以向观察者提供关于变化的刺激物的一个动力模型。在空间定位中,假设旋转角度的大小决定刺激复杂性,那么较大的旋转角度由于产生较多的变化,应该能够延长时间估计(刘瑞光,2005)。变化并非仅指一种简单事件的变异性,这些事件的知觉组织、显著性、可区分性以及一系列实验之间事件的变异性也是很重要的(Oberauer & Kliegl,2004)。Poynter等人格外强调这一点,因为它有助于区分出时间认知的变化/分割模型。本研究结果也为时间认知的变化/分割模型提供了有力的证据,然而在对时间信息加工机制的解释上使用黄希庭所提出的分段综合模型或许更合理一些(黄希庭,2000)。

## 5 结论

刺激物的运动、速度和旋转角度显著地影响着被试的时间判断,刺激物速度的时距延长效应对于较长时距(18s至24s)来说更加明显:运动刺激与较短、较准确的时距判断相关联:旋转角度的减少使得被试低估时距,而旋转角度的增加使得时距估计呈高估倾向。被试在时间估计过程中表现出长时距低估和短时距高估现象,本研究得到的时间估计转换点是11.4s,此点与先前的有关研究基本一致。

合作者:刘瑞光。原文载于《心理科学》,2006年第5期。

# 不同面孔表情时间整合的时程效应

在时间认知的研究中,时间更多的是被作为一个因变量来考查。随着研究视野的拓展和对时间的认识不断加深,现代心理学家认为,时间不仅是一种因变量,而且是一种重要的自变量(黄希庭,2006)。近年来,时间整合作为时间认知的一个重要问题,受到诸多学者的关注,成为时间认知的一个新的热点问题。时间整合是指相继呈现的序列事件或现象被加工为一个整体表征的过程,是对过去和当前刺激记忆的重新建构,其显著特征是序列事件或现象被加工为一个新的有意义的心理表征,与被加工的事件或现象不同(陈本友,黄希庭,2008)。

人类的感觉系统具有时间整合能力,这已经在物体识别和场景组织中得到验证(Parton, Dormer, Donnelly, & Usher, 2006; Simons & Rensink, 2005)。Anaki等研究发现,在面孔知觉中也存在时间整合效应(Anaki, Boyd, & Moscovitch, 2007)。当完整性面孔被分成眼睛、鼻子和嘴三部分,分别以不同的时间间隔相继呈现时,被试是能够基于完整的面孔进行匹配或者识别的。当面孔刺激变为具有一定意义的表情面孔后,时间整合是否发生呢?研究发现,当把完整的面孔表情分成眼睛、鼻子和嘴三部分,分别以不同的时间间隔和不同的刺激相继呈现时,时间整合效应仍旧存在,即能够进行表情识别(陈本友,黄希庭,2012)。

虽然面孔知觉中也存在时间整合,但整合效果却受到刺激异步呈现(stimulus onset asynchrony, SOA)的影响。当SOA小于450ms时,时间整合效果较好;当SOA大于450ms时,时间整合的效果显著下降,整体加工被破坏,这时的面孔识别就是基于部分识别(Anaki et al., 2007;陈本友,黄希庭,2012)。但是,在面孔表情的时间整合中,研究发现不同面孔表情的时间整合效果存在差异,一般来说,喜悦的面孔表情的识别要显著优于愤怒和悲伤2种面孔表情(陈本友,黄希庭,2012)。但对于面孔表情时间整合的SOA是否不同于中性的面孔刺激,以及不同面孔表情时间整合的SOA是否也存在差异,目前仍不清楚。已有研究表明,时间整合是个体快速获得大量外部信息的重要机制(Mustovic et al., 2003)。而这个问题的探讨有助于深入理解个体能在多长时间内对相继快速呈现的信息进行整体加工。

本研究拟以人类3种基本的面孔表情为实验材料,借鉴Anaki和陈本友等的研究(Anaki et al., 2007;陈本友,黄希庭,2012),进一步考查面孔表情的时间整合的时程问题,以及不同面孔表情的时间整合的时程差异。

## 1 研究目的

通过设置面孔表情各部分呈现之间的间隔时距的不同水平，固定各部分呈现时间，考查不同间隔时间之间的时间整合是否存在差异，以及不同面孔表情的时间整合的时程是否存在差异。

## 2 研究对象与研究方法

### 2.1 研究对象

从西南大学随机选取60名大学生，男、女各30名。所有被试的视力或矫正视力均正常，心理健康。被试均没有参加过类似的实验，实验结束后均获得一定的报酬。

### 2.2 材料和仪器

研究中使用的实验材料来自中国科学院心理研究所的中国人表情图片系统（Chinese affective picture system），从中选取有效图片30张，喜悦、愤怒和悲伤表情图片各10张，男、女表情图片比例大致相同，每张表情面孔强度的9点量表评分均值为4.8~5.7。每张图片都是正面面孔，只包含面孔的3个部分：眼睛、鼻子和嘴。无化妆、头饰、头发、耳朵等外部特征，图片是256色格式，大小8.06×10.40cm。每张表情面孔被分割为3个主要部分（图1）。上部包含头的上部，刚好在眼睛以下被切开，中间部分包含鼻子，刚好在嘴唇以上被切开，下部包含嘴。所有实验均在Dell奔腾Ⅳ计算机上完成，17英寸液晶显示器，分辨率为800×600pixels，屏幕刷新率为85Hz。实验程序用E-Prime1.1软件编制。

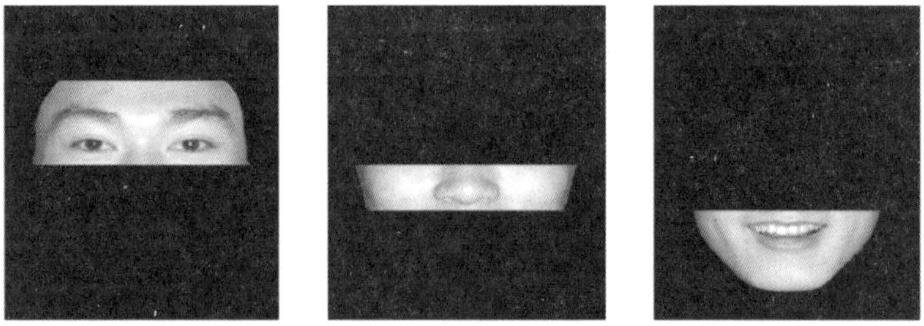

图1 面孔表情刺激

### 2.3 研究设计

研究采用5（间隔时距）×3（表情类型）×2（呈现方向）混合设计，3个自变量分别是：①间隔时距为被试间变量，是面孔表情各主要部分相继呈现的间隔时间。前期研究（陈本友，黄希庭，2012）表明，当间隔时间在600ms条件下，喜悦面孔表情仍能完成时间整合，而在900ms条件下，则不能完成时间整合；而愤怒和悲伤表情，在200ms条件下，仍能完成时间整合，在600ms条件下，不能完成时间整合。据此，本研究的间隔时距共设置5个水平，分为2种情况，喜悦表情的5个水平是600ms，700ms，750ms，800ms，900ms，愤怒和悲伤2种表情的5个水平分别是200ms，300ms，400ms，500ms，600ms。不管是哪种间隔时间条件，3个主要部分的呈现时间都相同，均为17ms；由于前期研究（陈本友，黄希庭，2012）已经表明200ms（悲伤和愤怒）和600ms（喜悦）条件下，被试对分离呈现的面孔表情是能够进行时间整合的，所以本实验就不再设置基线比较的完整面孔表情呈现条件，只要2种情况下的其他条件与第一种条件存在差异，也同样能说明其加工过程是不同的。②表情类型为被试内变量，共有3个水平：喜悦、愤怒、悲伤。③呈现方向为被试内变量，分为正立和倒置呈现2个水平。不管是正立呈现还是倒置呈现，眼睛部分总是首次呈现，接着是鼻子，最后是嘴。衡量时间整合效果的指标为分离呈现的面孔表情各部分的整体识别的正确率。

### 2.4 实验程序

整个实验过程在照明充分的行为实验室内进行，60名被试被随机分配到5种条件下进行单个测试。被试坐在距离计算机屏幕75cm处，实验材料在屏幕上呈现，由E-prime软件程序控制。实验流程如下：每次试验开始，屏幕中央都有一个1000ms的注视点（+），注视点消失后，随机相继呈现组合的面孔（由3部分构成），这些面孔要么是正立的，要么是倒置的，紧接着是一个黑屏间隔（200ms），为了消除后像或其他类型的视觉维持的影响，一个500ms的掩蔽刺激（由不同面孔的面部特征的碎片组合而成，如图2）呈现在面孔呈现过的位置。

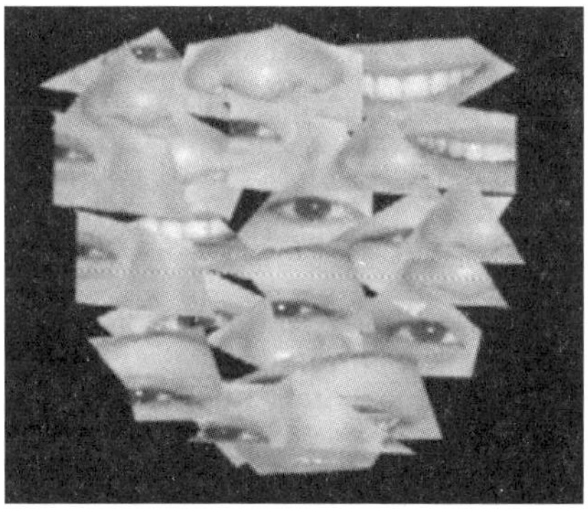

图2 掩蔽刺激

掩蔽刺激呈现完后，屏幕中央呈现任务要求，要求被试通过按键对呈现的面孔进行分类：1代表愤怒，2代表喜悦，3代表悲伤。如果被试认为呈现过的表情类型是愤怒就按小键盘数字键“1”进行反应,以此类推。反应时间限制为3000ms。实验由60次试验构成。在每个条件下,每个面孔表情刺激呈现1次。试验间的间隔是3s。

实验开始前,先呈现指导语,被试理解后进行练习,共10次,实验程序跟正式实验相同,结果不进行统计分析,目的是让被试熟悉实验流程,练习中使用的面孔表情在正式实验中不再使用。练习结束后是正式实验,整个实验流程见图3。完成整个实验需要20~26min。

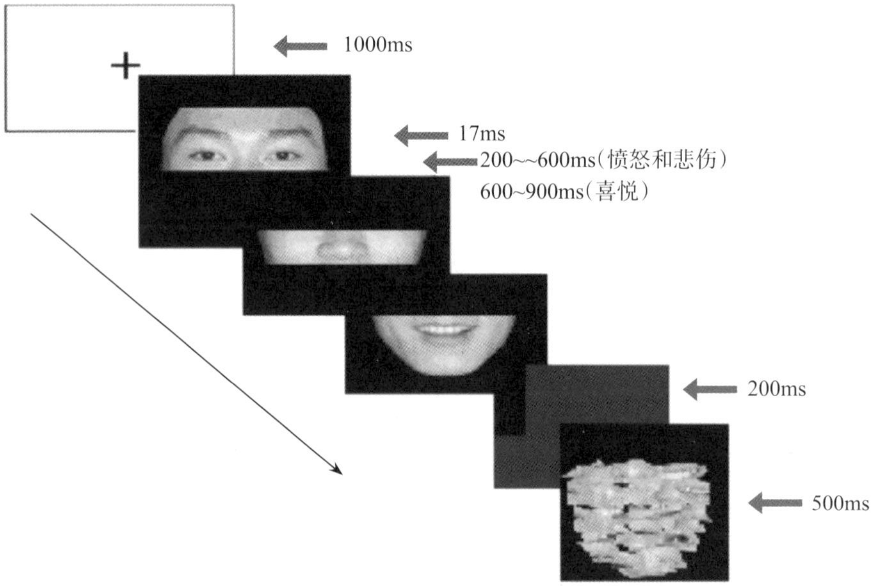


图3 实验刺激流程示意图

## 3 结果与分析

### 3.1 不同条件下面孔表情知觉的时间整合的倒置效应

由表1可知,在愤怒和悲伤表情中,间隔时距在200ms,300ms,400ms上的倒置效应较大,而在500ms,600ms上的倒置效应比较小;在喜悦表情上,间隔时距在600ms,700ms上的倒置效应较大,而在750ms,800ms,900ms上的倒置效应较小,具体效应趋势见图4。两因素(表情类型和间隔时距)倒置效应的方差分析表明,间隔时距的主效应显著,$F(4,165)=4.26$,$p<0.01$,而表情类型的主效应和二者的交互效应均不显著,$F(2,165)=1.87$,$p>0.05$;$F(8,165)=0.11$,$p>0.05$。配对比较显示,在愤怒和悲伤表情上,200ms,300ms,400ms之间的倒置效应差异不显著,而500ms和600ms之间的差异也不显著,但是它们与前3种条件间的差异显著;在喜悦表情中,600ms和700ms之间的差异不显著,750ms,800ms,900ms之间的差异也不显著,但是它们与前2种条件都存在显著差异。

表1 不同条件下面孔表情知觉的时间整合效果的平均准确率

| 表情类型 | 呈现方式 | 呈现条件 | | | | | | | | | |
|---|---|---|---|---|---|---|---|---|---|---|---|
| | | 200/ms | | 300/ms | | 400/ms | | 500/ms | | 600/ms | |
| | | *M* | *SD* | *M* | *SD* | *M* | *SD* | *M* | *SD* | *M* | *SD* |
| 愤怒 | 正立 | 0.83 | 0.11 | 0.83 | 0.13 | 0.79 | 0.07 | 0.70 | 0.06 | 0.65 | 0.07 |
| | 倒置 | 0.64 | 0.30 | 0.63 | 0.15 | 0.62 | 0.11 | 0.60 | 0.11 | 0.58 | 0.09 |
| | 侄置效应 | 0.19 | 0.24 | 0.18 | 0.07 | 0.18 | 0.15 | 0.10 | 0.13 | 0.08 | 0.13 |
| 悲伤 | 正立 | 0.84 | 0.09 | 0.81 | 0.13 | 0.79 | 0.12 | 0.70 | 0.11 | 0.64 | 0.14 |
| | 倒置 | 0.63 | 0.12 | 0.62 | 0.18 | 0.63 | 0.12 | 0.59 | 0.10 | 0.57 | 0.10 |
| | 倒置效应 | 0.21 | 0.12 | 0.20 | 0.15 | 0.17 | 0.09 | 0.11 | 0.10 | 0.09 | 0.13 |
| 表情类型 | 呈现方式 | 呈现条件 | | | | | | | | | |
| | | 600/ms | | 700/ms | | 750/ms | | 800/ms | | 900/ms | |
| | | *M* | *SD* | *M* | *SD* | *M* | *SD* | *M* | *SD* | *M* | *SD* |
| 喜悦 | 正立 | 0.90 | 0.04 | 0.89 | 0.09 | 0.83 | 0.14 | 0.77 | 0.12 | 0.71 | 0.10 |
| | 倒置 | 0.74 | 0.19 | 0.75 | 0.22 | 0.73 | 0.14 | 0.68 | 0.14 | 0.64 | 0.13 |
| | 倒置效应 | 0.16 | 0.16 | 0.14 | 0.15 | 0.10 | 0.06 | 0.08 | 0.08 | 0.07 | 0.16 |

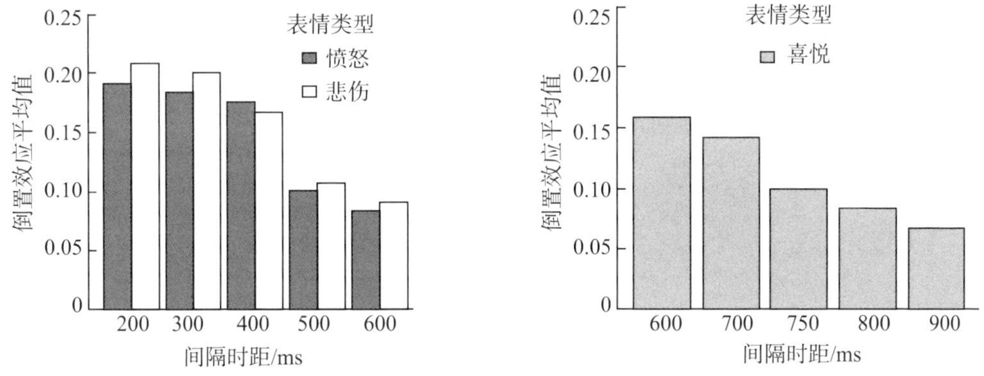


图4 不同间隔时距条件下时间整合的倒置效应

### 3.2 不同条件下面孔表情知觉的时间整合效果

从表1可以看出，3种表情的正立识别正确率较高，而且在间隔时距较短时，识别正确率也高，但比较而言，喜悦表情的识别正确率要高些。对识别正确率进行三因素(间隔时距、呈现方向和表情类型)方差分析，结果表明，间隔时距的主效应显著，$F$(4,

330)=13.36,$p<0.001$;呈现方向的主效应显著,$F(1,330)=92.58$,$p<0.001$;表情类型的主效应显著,$F(2,330)=14.16$,$p<0.001$。配对比较显示,喜悦的面孔表情知觉显著好于其他2种面孔表情;呈现方向和间隔时距的交互效应显著,$F(4,330)=2.42$,$p<0.05$,其他交互效应不显著。

对每种表情类型的呈现方向和呈现条件的交互作用进行简单效应分析,结果表明,在喜悦表情中,只有600ms和900ms条件下的正立与倒置表情的正确率差异显著,其他3种条件下(750ms,800ms,900ms)的差异均未达到显著水平,说明间隔时距超过700ms,时间整合就比较困难了;在愤怒和悲伤表情中,只有200ms,300ms,400ms条件下的正立与倒置呈现的表情的正确率差异显著,而其他2种条件下的差异未达到显著水平,说明间隔时距超过400ms时,时间整合就比较困难,而在400ms以内时,时间整合还是比较容易的(见表2)。

表2 不同间隔时距条件下面孔表情知觉的时间整合效果的差异比较

| 间隔时距/ms | 表情类型 | 间隔时距/ms | 表情类型 | |
|---|---|---|---|---|
| | 喜悦[$F(1,22)$] | | 愤怒[$F(1,22)$] | 悲伤[$F(1,22)$] |
| 600 | 6.03* | 200 | 4.12* | 24.29*** |
| 700 | 4.28* | 300 | 12.19** | 9.54** |
| 750 | 3.19 | 400 | 21.76*** | 6.42* |
| 800 | 2.52 | 500 | 3.11 | 2.26 |
| 900 | 1.97 | 600 | 2.07 | 2.21 |

注:*表示$p<0.05$;**表示$p<0.01$;***表示$p<0.001$

## 4 讨论

### 4.1 不同间隔时距条件下的时间整合效应

倒置效应是衡量面孔加工方式的一个重要指标(陈本友,黄希庭,2008),倒置效应越大,表明被试更有可能是对分离呈现的面孔表情部分作为一个整体进行识别;倒置效应越小,表明被试越有可能是依据分离呈现的面孔表情的各部分特征进行识别,而没有把它们加工为一个整体。

本实验条件下,当面孔表情的各部分以低于400ms的间隔时距相继呈现时,被试更倾向于把它们作为一个整体进行加工(即发生了时间整合,形成了一个有意义的心理表征)。由于在愤怒和悲伤2种表情中,200ms,300ms,400ms条件下的倒置效应都较大,而且它们之间也不存在显著差异,根据有关研究的结果(陈本友,黄希庭,2012),200ms条件下的面孔表情知觉过程属于整体加工过程,因此在这3种条件下,本实验没有发现差异,表明它们属于同一个加工过程,也就是被试在这些条件下对分离呈现的面孔表情的各部分是基于整体知觉的,而非部分。相反,在500ms,600ms条件下的倒置效应都较小,而且它们与其他3种条件间存在显著差异,说明在这2种条件下的面孔表情知觉是基于面孔表情各部分的知觉,而非整体。

在喜悦表情中,当面孔表情各部分以低于700ms的间隔时距相继呈现时,被试更容易把它们作为一个整体进行知觉,因为600ms,700ms条件下的倒置效应均较大,而且不存在显著差异。根据有关研究的结果(陈本友,黄希庭,2012),它们应该属于同一个加工过程,即在进行面孔表情的知觉时是基于整体加工,而非部分;相反,在750ms,800ms,900ms条件下的倒置效应较小,而且它们与其他2种条件间存在显著差异,说明这3种条件下的面孔表情是依据某部分特征而非整体的基础进行知觉的。以往的研究发现,面孔整体的信息会显著影响倒置效应的存在和大小(Sekunova & Barton,2008;Singer & Sheinberg,2006)。在面孔表情中,本实验结果也发现了类似的效应,说明面孔表情的知觉加工与面孔知觉一样,整体信息在其知觉中起着重要的作用,只要整体信息遭到破坏,不管是延长间隔时距,还是增大部分的呈现时间,抑或倒置呈现,都很难发生时间整合。这样,被试赖以知觉的整体信息无法形成,导致识别效果明显下降。

### 4.2 不同面孔表情知觉的时间整合效应

有关研究已经表明不同面孔表情知觉的时间整合效果是不同的(陈本友,黄希庭,2012),本实验的结果再次证实了这一观点。本实验条件下,不管是哪种间隔时距,都存在共同的趋势,就是喜悦表情的时间整合要明显好于其他2种面孔表情。通过比较可以发现,在愤怒和悲伤2种表情中,其时间整合效果相同,在SOA延长到850ms时,相继呈现的各部分仍能进行整体表征,而当SOA延长到1050ms时,时间整合就比较困难了。基于这一点,本实验可以说明愤怒和悲伤2种表情的时间整合的时间进程趋于一致,在呈现时间很短时,其时间整合的分界点位于850ms左右;在喜悦表情中,当SOA延长到1450ms时,相继呈现的各部分仍能进行整体表征,而当SOA延长到1550ms时,时间整合变得比较困难,随着SOA的不断延长,时间整合就更困难。基于这一点,本实验可以说明,不同面孔表情的时间整合的时程,即SOA是不同的。

不同面孔表情的识别存在差异,这已经得到有关研究的证实(Fox et al.,2000;Pollak & Kistler,2002;凤四海,黄希庭,2004)。Anaki等的研究表明(Anaki et al.,2007),当分离的面孔各部分在450ms(SOA)内相继呈现时,面孔的时间整合比较容易,而当SOA在1450ms时,时间整合很难发生了。本实验的结果与此研究存在一定的差异。本实验条件下,当SOA超过1450ms时,某些面孔表情(如喜悦)的时间整合仍能发生,这可能是由于实验的刺激材料不同导致的。以往的研究所用的刺激材料为中性面孔,本实验所用的刺激材料为具有一定意义的面孔表情,相对来说,面孔表情比中性面孔在个体记忆中更清晰、更深刻,也更容易整合,所以识别也更容易。对面孔表情的时间整合优于面孔,以及喜悦表情的识别优于悲伤和愤怒2种表情的原因,我们已经在有关研究中进行了阐释(陈本友,黄希庭,2012)。

## 5 结论

(1)时间整合的时程(SOA)受到刺激材料的意义性的影响,面孔表情的时间整合的时程要长于面孔(450ms),但一般不超过1450ms。

(2)面孔表情的时间整合时程也存在类型差异,喜悦表情的时间整合时程要明显长于愤怒和悲伤2种表情。喜悦的面孔表情的时间整合时程约为1450ms以内,而悲伤和愤怒2种表情的时间整合时程约为850ms以内。

合作者:陈本友。原文载于《西南大学学报(自然科学版)》,2012年第12期。

# The Colour Red Affects Time Perception Differently in Different Contexts

Colour can have psychological and behavioral effects (Elliot & Maier, 2014), as well as aesthetic properties (Schloss & Palmer, 2015). Numerous studies have investigated the relationship between colour and other psychological variables, such as sexual attractiveness (Pazda, Elliot, & Greitemeyer, 2014), intellectual performance (Shi, Zhang, & Jiang, 2015) and food consumption (Bruno, Martani, Corsini, & Oleari, 2013; Genschow, Reutner, & Wänke, 2012). In this study, we examined the effect of colours on individuals' time perception in different contexts.

## 1 Red versus blue

Several previous studies examining colour and time perception have obtained inconsistent results. For example, Smets (1969) found that red light made participants perceive time as passing more quickly than blue light. However, Gorn, Chattopadhyay, Sengupta, and Tripathi (2004) found that participants in a blue condition perceived a web page as loading faster than participants in a red condition did. In addition, Shibasaki and Masataka (2014) used a temporal bisection paradigm and found that participants perceived the duration of a red screen as longer than that of a blue one; interestingly, this effect only manifested in males and only in durations of 1270 millisecond. The researchers suggested that red induces greater arousal than blue does.

Other studies have used electroencephalography (EEG) and galvanic skin response (GSR) to support the assumption that red is a higher arousal stimulus than blue (Ali, 1972; Jacobs & Hustmyer, 1974). This assumption explains ability of red to draw participants' attention to stimuli (Buechner, Maier, Lichtenfeld, &Schwarz, 2014). However, in time estimation tasks, participants tend to underestimate processing time intervals regarding stimuli that occupy more attentional resources and are accordingly processed more quickly (Zakay, 1993; Zakay & Tsal, 1989). As red can induce a high arousal and accordingly draw participants' attention, we therefore hypothesized that participants would estimate shorter durations in the red condition.

## 2 Colour-in-context

Context may also importantly affect colour processing. Elliot and Maier (2014) proposed the colour-in-context(CIC) theory, which integrates numerous colour psychology studies (see review: Elliot & Maier, 2014). This theory crucially assumes that colour carries meaning, and therefore proposes that some of the psychological effects of colour are context-specific. The various functions of the colour red are apparent: in an achievement-oriented context, red may indicate a danger of failure, and therefore evoke avoidance motivation (Mehta & Zhu, 2009); in contrast, in a heterosexual relationship-oriented context, the association of red with romance and passion may promote sexual attractiveness (Elliot & Niesta, 2008).These results indicate that the effects of red are at least partly dependent on context. Meier, D'Agostino, Elliot, Maier, and Wilkowski (2012) found that in a relationship context, red evoked approach motivation. Gable and Poole (2012) found that approach motivation reduced perceived duration in pleasant contexts because participants in these states were engaged in pursuing appetitive objects or goals. In daily life, dating and interviewing are commonly regarded as pleasant and unpleasant conditions, respectively. Furthermore, Angrilu, Cherubini, and Pavese (1997) found that participants estimated longer durations for negative images than for positive ones only regarding high-arousal stimuli. Therefore, context may moderate the effect of the colour red, a high-arousal stimulus, on time perception.

This study therefore aimed to determine if the effect of colour on perceived duration varies in differing online contexts (dating online vs. interviewing online). We hypothesized that, only in a red condition, perceived duration would be shorter in a dating context than in an interviewing context. Following similar studies (e.g., Shibasaki & Masataka, 2014), we used the colour blue in a contrast condition. In addition, we used the estimation paradigm to measure participants' time perception.

## 3 Method

### 3.1 Participants

One hundred undergraduate students participated (51males; mean age 20.75 years; age range 17~27 years). Participants received a gift in exchange for their participation (e.g., a ball-point pen). All participants reported having normal or correct-to-normal vision without any colour deficiencies; no participants reported being homosexual or bisexual.

### 3.2 Materials and procedure

Participants were randomly assigned to conditions in a2 (colour: blue t-shirt vs. red t-shirt) by2 (context: dating vs. interviewing) between-participants design; each condition had 25 participants. Participants satin front of a computer monitor (Dell E2215HV) and watched it carefully. First, instructions were presented informing the participant of the context he or she was in. In the dating (interview) context, participants were told that they would go on a date (attend an interview; see Appendix A). Participants then viewed a portrait of a person of the opposite sex for 10 seconds. These portraits were taken from Meier et al. (2012). The person in each portrait was wearing either a red or a bluet-shirt. Following Meier et al., colours were controlled using a CIELCH colour model and a Gretag Mac Beth Eye-One Pro spectrophotometer (parameters for red and blue: LCh (51.1/57.7/27.8) and LCh (51.6/57.6/278.3), respectively, Figure A1). Portraits were presented in the middle of the monitor on a white background. Each picture was presented with Microsoft PowerPoint. The experiment room had no windows; the light source was a fluorescent lamp that could be controlled and that emitted balanced white light. Immediately after the presentation of portraits, participants hand-wrote an estimate of the number of seconds the portrait was presented for.

## 4 Results

Two participants' data were excluded because they were more than three standard deviations from the mean. We conducted a2 (colour conditions: red vs. Blue) by2 (context conditions: dating vs. interviewing) between-subjects ANOVA on written time estimation. A preliminary analysis including sex as a factor identified neither a significant main effect nor significant interactive effects of sex ($ps > 0.10$); sex was therefore not considered in further analysis.

The main effect of context was not significant, $F(1, 94)=0.209$, $p=0.649$. The main effect of colour was significant, $F(1, 94)=5.346$, $p=0.023$, partial $\eta^2=0.054$, indicating that participants in the red condition ($M=6.65$, $SD=2.213$) gave shorter estimated durations than participants in the blue condition ($M=8.14$, $SD=4.108$).

Importantly, the analysis identified a significant interaction between colour and context, $F(1, 94)=7.748$, $p=0.007$, partial $\eta^2=0.076$ (see Figure A2). Further analysis indicated that participants in the dating condition ($M$=5.583, $SD$=0.654) estimated significantly shorter durations than participants in the interview condition ($M$=7.680, $SD$=0.640), but only regarding portraits shown in red, $F(1, 94)$=5.251, $p$=0.024, and not blue, $M_{dating}$=8.880, $SD$=0.640, $M_{interviewing}$ = 7.375, $SD$=0.654; $F(1, 94)$=2.706, $p$=0.103. Further analysis also indicated that participants estimated significantly shorter durations for portraits shown in red than in blue, but only in the dating condition, $F(1, 94)$=12.983, $p$=0.001, and not in the interview condition, $F(1, 94)$= 0.111, $p$=0.74.

## 5 Discussion

The above results indicate that viewing red makes perceived durations shorter than viewing blue does. Critically, only in the red condition, perceived duration was shorter in an online dating context than in an online interview context. This indicates that context moderates the effect of the colour red on individuals' time perception.

This study used the estimation paradigm; participants estimated shorter durations when viewing red (vs. blue). This finding suggests that participants perceived the presentation interval as passing more quickly when viewing red (vs. blue). This contrasts with the finding that red extends perceived duration (e.g., Shibasaki &Masataka, 2014). This disagreement may be due to two possible explanations. First, differences may reflect the experimental situations used. Durations on the order of milliseconds are assumed to be processed automatically (Smith, Harper, Gittings, & Abernethy, 2007). This study examined intervals of several seconds; factors such as cognitive control and the perceived environment, as well as automatic processes, may thus have affected participants' performance. For instance, sub and supra duration perception in individuals each use different neural systems (Lewis & Miall, 2003). Future research should further examine these possible processing methods and aim to propose an integrated model explaining the effect of colour on time perception.

Second, context may be critical. We found that context importantly moderates effect of colour on time perception. The CIC proposes that the psychological effects of the colour red are context-related. Meier et al. (2012) measured participants' walking speed and found that red evoked approach motivation (vs. avoidance motivation) in a dating context (vs. an interviewing context). We likewise found that the effect of red on time perception varied depending on context; however, the mechanism underlying this effect remains unclear. Gable and Poole (2012) found that approach motivation reduced participants' perceived duration. However, there was no clear context information in the study of Shibasaki and Masataka (2014). As red is often regarded as a signal of danger, red may have evoked avoidance motivation in that study. Similarly, differently oriented motivations may underlie this study's observation that context mediated the effect of red on the perceived duration of intervals. Finally, the effect of colour on perceived interval duration was inconsistent; future research should therefore examine variables moderating the relationship of colour with perceived duration.

Different colours may have different effects. For example, Labrecque and Milne (2012) found that blue was linked to the perceived competence of a brand; additionally, Kaya and Epps (2004) found that participants associated blue with openness. Nonetheless, red is the most widely studied colour; research often contrasts the effects of other colours with those of red. Orange is also a long wavelength colour that attracts attention, which may therefore have effects similar to those of red. Future research should directly test the effect of other colours on time perception.

Our results contribute to colour psychology. Previous research has mainly examined the effect of colour on time perception without considering social contexts or in only one context. Our study simultaneously examined different colours and contexts to investigate their interactive effect on perceived interval duration. However, this research has the following limitations. We used portraits from Meier et al. (2012) and controlled the display monitor and the light in the room; however, colour control was not perfectly strict, as we did not control viewing angle, for example. In addition, the sample was small; future research might identify additional significant effects by examining larger samples (Elliot, 2015).

In conclusion, this study found that colour affects the perceived duration of intervals, and that social context moderates the effect of the colour red on perceived duration. This suggests that colour affects time perception, and that context moderates this effect. Future research should examine the moderation of this effect by other contexts, and propose and test explanations of the mechanism underlying this effect.

## 6 Appendix

### APPENDIX A. INSTRUCTION WORDING

(date context) Please imagine the following context:

You will go on a date online. This date is very important. Your date is adjusting the equipment now. Please watch the screen carefully. The next portrait is your date. If you understand, please press the left mouse button. (interview context) Please imagine the following context: You will attend an interview online. This interviews very important. Your boss is adjusting the equipment now. Please watch the screen carefully. The next portraits your boss. If you understand, please press the left mouse button.

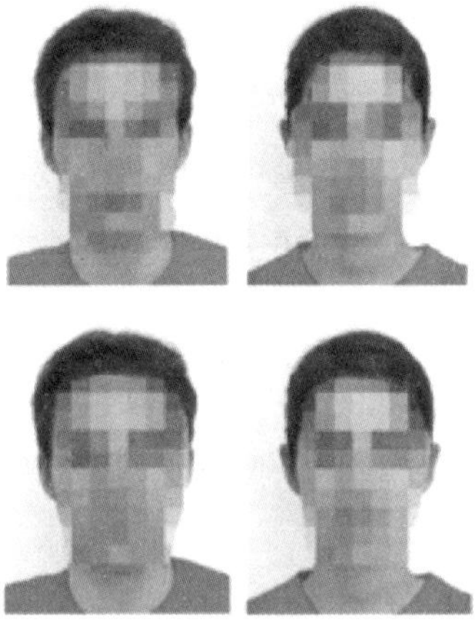

Figure A1 (The faces were sharp in the experiment; they are blurred here for privacy.)

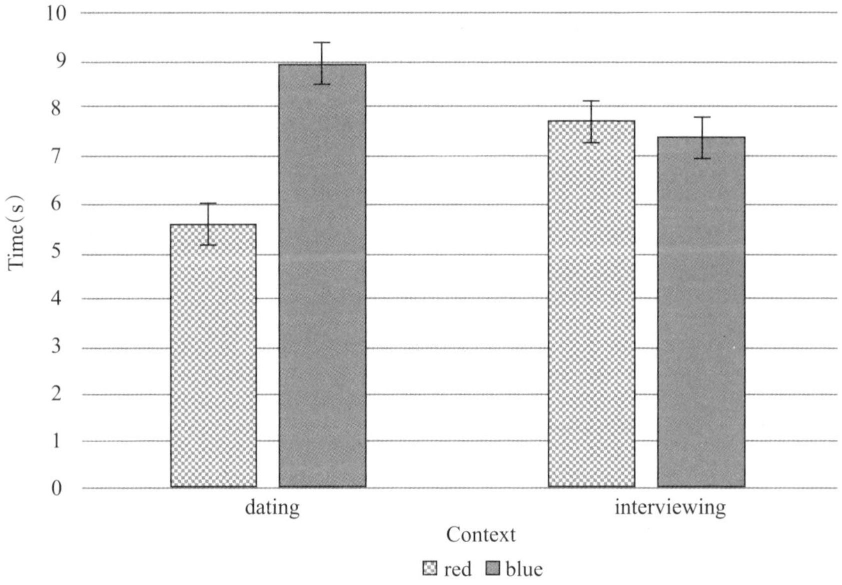


Figure A2 Mean estimated time according to colour and context. Confidence intervals (95%) are indicated by vertical lines.

合作者：史嘉鑫。原文载于*International Journal of Psychology*，2016年第1期。

# 专题二 时间认知实验的被试变量

人类没有专门接收时间信息的感觉器官，却能认知时间、管理时间，这与人类具有高度发达的大脑、具有高度协调的感觉器官和运动器官是分不开的。

# 引　言

时间认知的实验研究都是围绕着变量而展开的，通过探讨变量间的关系来揭示人类时间认知的内部机制，因此必然要涉及被试变量，而被试变量是无法进行随机分派的，我们必须严格谨慎地选择被试，以实现对自变量的控制。保持条件一致是一个好的实验设计的基本保证，这是每位学过心理学的人都明白的道理。如果时间认知实验的自变量是一个被试变量时，它有可能与另一个被试变量有一定的规律性的联系，那么任何实验结果都有可能是不经意间由那第2个变量，即额外变量（extraneous variable）引起的。这种问题也称为“被试变量–被试变量混淆”，也就是可能错误的结论是由于引入额外的被试变量所导致的。

举一个例子来说明。有位研究者假设老年人在解决复杂的时间洞察力问题时要比中年人快，其潜在设想是老年人生活经验丰富，解决复杂的时间洞察力问题比较容易，困难较少。为了检验这个假设，研究者要求30名老年人和30名中年人解决同样复杂的时间洞察力问题，结果发现这两组的成绩没有显著差异。经深入调查后发现，虽然中年人生活经验不及老年人，但中年人精力旺盛、反应敏捷（其中一些中年人还阅读过时间管理方面的书），这些额外变量对中年人被试有显著的影响，而对老年人被试则没有任何影响，从而导致“被试变量—被试变量混淆”。

每一位被试都是活生生的个体。他们对时间的知觉、估计、记忆、推理、决策和态度等等，都离不开其身体，都离不开其大脑、基因等。探究正常人的时间认知机制必须选择正常人为被试。不正常、不健康的被试也有助于我们了解他们时间认知受损的情况。例如正常被试可以察觉到相隔1~3毫秒的滴答声是不同的时间事件，而纯词聋病人则需要滴答声间隔15~30毫秒；虽然正常被试可以数出呈现速度达到9~11个/秒的滴答声，但纯词聋病人不能数出呈现速度快于2个/秒的滴答声。有证据表明这种言语时间知觉的缺陷是由脑损伤所致。

有的研究者操纵被试的“注意”、“警觉”、“意识”作为自变量来探究时间认知的内在机制。应留意术语的混淆。例如把警觉（alertness）和唤醒（arousal）作为醒觉（wakefulness）、注意（attention），甚至意识（consciousness）的同义词来使用，是不妥当的。以警觉来替代醒觉，也是错误的。其实，警觉这个术语应该指，主体不仅仅是清醒的，而且很显然能够感知并做出行为。它是介于“清醒”和“注意”之间的心理状态。唤醒是指自主神经系统活动的信号出现如皮肤颜色改变（发红或苍白）、汗毛的活动（根部竖起），瞳孔直径变大或变小、流汗、性勃起等等。因此一个人在醒着、警觉、完全有意识时可以没有唤醒，而在睡眠时甚至在昏迷时却能被唤醒。准确地使用术语是科研成功的必要条件之一。

# 注意控制是否影响节律性时间期待?

## 1 引言

在我们的生活环境中有着许多节律性事件,比如言语对话,随着音乐节拍跳舞(Bläsing et al.,2012),观众按照同一节拍鼓掌(Néda,Ravasz,Brechet,Vicsek,& Barabási,2000)等等。人们能够感知到环境中的节律性信息,并利用这些信息预测下一个刺激何时出现,这种现象称为节律性时间期待(rhythmic temporal expectation; Bouwer & Honing,2015; Coull & Nobre,2008; Lawrence & Klein,2013)。具有节律的刺激序列诱导产生的时间期待,将我们的注意内隐地指向与节律性序列时间模式一致的时间点,并对该时间点(即节律点)上的目标刺激进行加工(Bolger,Coull,& Schön,2014,Teki &Griffiths,2014)。相比于非时间规律条件,或者相比于出现在节律点之前或之后,目标出现在节律点上会提高知觉成绩。例如,在听觉节律的研究中发现,节律性时间期待能够加快对目标的反应(Lange,2009; Rimmele,Jolsvai,& Sussman,2011),提高对音高(Jones,Moynihan,MacKenzie,& 2002)、强度(Geiser,Notter,& Gabrieli,2012)和持续时间(McAuley & Jones,2003)等方面不同的偏差声音的觉察。相似的成绩增益效应同样出现在视觉(Rohenkohl,Cravo,Wyart,& Nobre,2012)、触觉(Dockstader,Cheyne,& Tannock,2010)以及跨通道的研究中(Bolger,Trost,& Schön,2013;Keil,Pomper,& Senkowski,2016; Miller,Carlson & McAuley,2013)。人们利用节律性时间线索的能力也得到了电生理学研究的支持。目标刺激呈现在具有时间规律的环境背景中,节律性时间期待会调节大脑的神经活动,来提高出现在节律点上的事件的知觉加工(Lakatos,Karmos,Mehta,Ulbert,&Schroeder,2008; Sanabria & Correa,2013)。

研究发现,成年人可以依据节律声音序列打拍子(Nozaradan,Zerouali,Peretz,& Mouraux,2015),即便被试没有接受过任何音乐训练(Bigand &Poulin-Charronnat,2006)。婴儿也表现出了对节律声音的敏感性(Hannon & Johnson,2005; Zentner& Eerola,2010),甚至有研究发现出生两三天的新生儿就能够感知到音乐节奏(Winkler,Háden,Ladinig,Sziller,& Honing,2009)。这些发现似乎说明感知节律并利用节律预测事件何时出现的能力是天生的,无需主动地注意。然而,Grahn(2012)认为这不能排除学习的干扰,因为胎儿6个月时在子宫内就可以听到声音。此外,有研究者认为注意对节律性时间期待很重要。没有注意人们就无法感知到节律信息的存在(Bouwer & Honing,2012)。需要指出,Parncutt(1994)发现人们可以把周期在100~2000 ms之间的刺激序列知觉为一个连续的整体。该时间范围包含很多重要活动,比如言语、音乐等等。因此,本文将讨论的节律信息界定在该时间范围。

节律性时间期待对人们的生活和发展有着重要的意义。研究发现,具有发展性语言障碍的儿童(Bedoin, Brisseau, Molinier, Roch, & Tillmann, 2016),患有口吃、注意缺陷综合征、精神分裂症、自闭症和阅读障碍的人无法利用节律信息预测接下来的刺激出现的时间(Allman, Teki, Griffiths, & Meck, 2014; Calderone, Lakatos, Butler, & Castellanos, 2014; Lakatos, Schroeder, Leitman, & Javitt, 2013; Wieland, McAuley, Dilley, & Chang, 2015)。但是,目前学界对于节律性时间期待是完全自动化的过程,还是受到注意控制的影响还存在争议。有研究认为注意对节律性时间期待很重要(Bouwer & Honing, 2012;Grahn, 2012)。另外一些研究者认为节律性时间期待属于自动化的过程,只要暴露在存在节律信息的环境中,无论是否要求被试注意节律信息,节律信息均能够被利用,从而形成时间期待(Coull &Nobre, 2008; Large & Jones, 1999)。

## 2 节律性时间期待的相关理论模型

### 2.1 动态注意理论

动态注意理论(dynamic attending theory, DAT)认为,注意能量不是固定不变的。当外界出现具有节律性时间结构的刺激时,注意能量会以动态振荡的形式而展开(Large & Jones, 1999)。注意振荡(attentional oscillation)能够与外部事件的节律产生同步。如果目标出现的时间与注意振荡的波峰相位重合,能够促进其加工。如图1a所示,注意振荡可以理解为具有极限环吸引子(limited cycle attractor)的动态系统,使得注意能量按照一定的周期波动,形成注意节律。该动态系统具有3个关键的特点:1)内源性(endogenous),即使没有外部刺激诱导,该系统也可以按照它固有的频率振荡,即自然空载频率(natural idling frequency); 2)内外偶联(entrainment),可以解释注意振荡如何与外界刺激节律产生同步振荡;3)自我维持特性(self-sustaining),指当外部刺激不再继续呈现时,内部注意振荡仍然能够按照偶联的振荡形式保持一段时间(Henry & Herrmann, 2014; Jones, 2010; Large & Jones, 1999)。

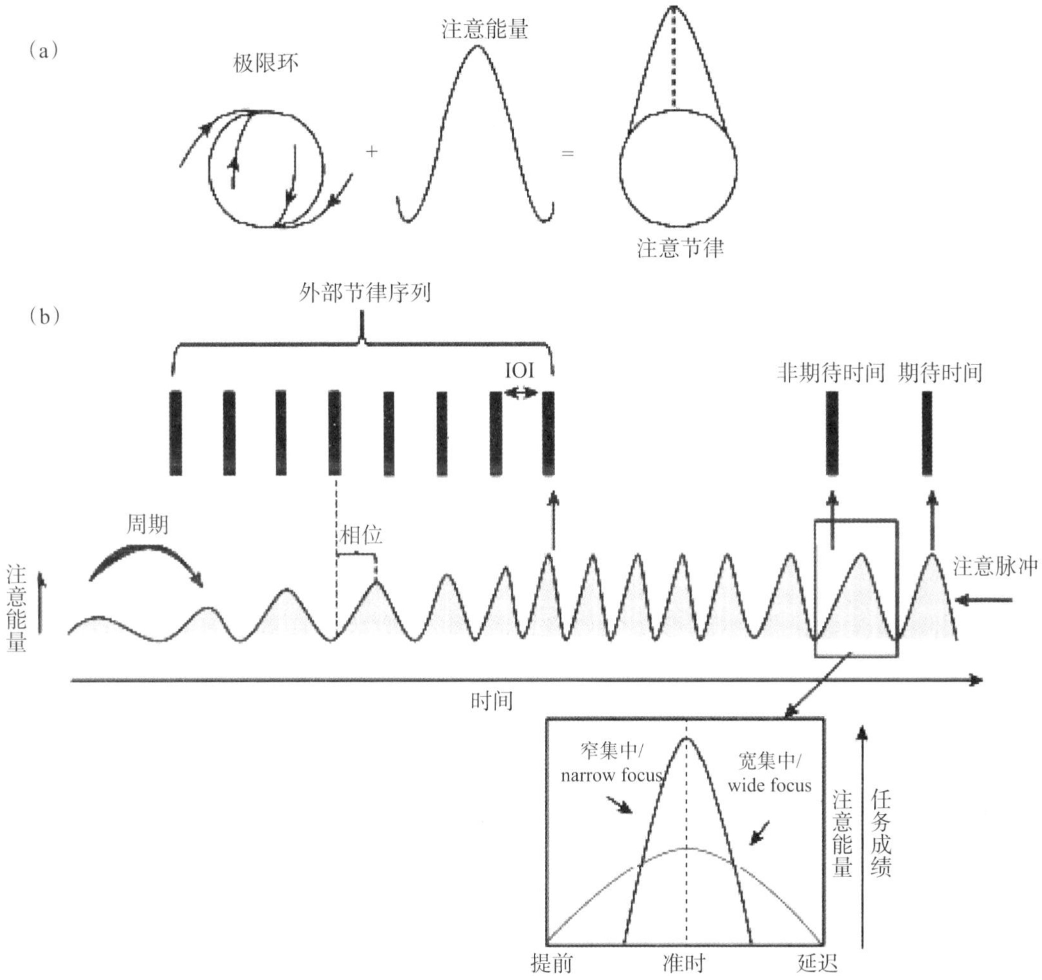


图1　动态注意理论的模型示意图

注：(a)极限环振荡和注意能量脉冲共同构成了注意节律，期待的时间点对应着注意脉冲的峰值。(b)内外偶联：注意脉冲实时调整其周期和相位，使得其振荡能够与外部节律序列的时间结构产生同步。（资料来源：Barnes & Jones，2000）

注意脉冲(attentional pulse)是注意振荡的关键成分。它表示一个振荡循环内注意能量的分布。当刺激呈现时刻与注意脉冲的波峰重合时，知觉成绩(比如偏差刺激的检测)最佳。而出现的时间与注意脉冲的峰值不同步时，异步程度越大，成绩越差(Barnes & Jones，2000)。换言之，知觉成绩依赖于目标出现时间与注意脉冲的相对相位。通过内外偶联，内部注意振荡能够与外部节律性刺激序列产生同步。如图 1b 所示，该过程包含注意振荡相位和周期的实时调整。其目的是降低外部刺激序列与内部振荡之间的非同步程度。因此，内外偶联提供了一种机制。通过该机制，内部的注意振荡波峰能够与外界节律刺激呈现的时间对齐，从而准确地预测下一个刺激出现的时间，并在刺激出现之前做好准备。较高的规律性能够促进注意脉冲能量的集中(即窄集中,narrow focus),使得刺激序列和内部振荡之间产生紧密的相位偶联,更多的注意能量就分配到期待目标出现的时间点上。这个过程往往被认为是刺激驱动的、非随意的,不受注意控制的影响(Jones,2010; Large & Jones,1999)。相反,如果序列的时间规律性较差,偶联质量差,注意能量则分布宽泛(即宽集中,widefocus)。由此可见,节律性时间期待是由当前振荡器的周期和相位所决定的,表明了个体倾向于在将来的某一时间感知事件或做出反应(Barnes &Jones,2000; Lawrence & Klein,2013)。这种注意资源节律性振荡活动,将注意与期待联系起来。换言之,时间期待本质上是将注意资源配置到将来的某一时间,如果刺激出现在该时间点,能够促进其加工(Correa,Lupiáñez,Madrid,& Tudela,2006; Correa,Lupiáñez,& Tudela,2005; Coull,2004)。

然而,自然环境中的刺激很少具有周期性。目标出现时间与注意脉冲波峰之间的非同步程度(出现了期待违反,violation of expectation)往往也为人们提供重要的信息。当目标出现在注意脉冲达到波峰之前,事件往往被知觉为出现得早。刺激出现在注意脉冲波峰之后,往往被知觉为出现得晚。基于此,目标出现时间与注意脉冲之间的相对瞬时相位决定了期待违反的方向和程度。反过来,期待违反又激发了错误矫正机制。为了保持同步,内部注意振荡会及时调整振荡相位和周期(Henry & Herrmann,2014; Iversen & Balasubramaniam,2016)。可以说,刺激序列的时间结构在一定程度上决定了知觉成绩(Henry,Herrmann,& Obleser,2014)。

### 2.2 振荡选择假设

神经振荡指神经元集群的去极化状态(depolarized states)和超极化状态(hyperpolarized states)节律性的交替:刺激输入时,如果处于神经元集群的去极化状态(兴奋相位)会增强对刺激的反应,而如果刺激输入时处于超极化状态(抑制相位),则会抑制对刺激的反应(Henry & Herrmann,2014)。因此,刺激输入时所对应的神经振荡的瞬时相位决定了其被知觉的程度是减弱还是增强(Schroeder& Lakatos,2009)。刺激出现的时间点对应着神经振荡的兴奋相位时,更有可能被感知到,引起更快的反应,诱发更大的反应电位(Busch & VanRullen,2010; Cravo,Rohenkohl,Wyart,& Nobre,2013;Schroeder,Lakatos,Kajikawa,Partan,& Puce,2008)。

振荡选择假设(oscillatory selection hypothesis)认为,当外部的刺激序列具有节律性时间结构时,时间信息在目标刺激出现之前就能引发神经振荡调整(Schroeder & Lakatos,2009; Lakatos,Musacchia et al.,2013)。通过内外偶联,神经振荡会改变其周期和相位,使之与外部节律序列同步,导致神经元集群的兴奋相位与刺激序列中刺激出现的时间一一对应。这种节律性的神经振荡可以作为时间维度上进行注意选择的基础。具体而言,即对出现在注意时间点上的刺激反应进行增强,对出现在未注意时间点上的刺激反应进行抑制(Herbst & Landau, 2016; Lakatos, Schroeder, et al., 2013; ZionGolumbic et al., 2013)。该假设在视觉(Cravo et al., 2013)、听觉(Lakatos, Musacchia, et al., 2013)以及视听双通道(Lakatos et al., 2008)研究中均得到证实。例如,在 Cravo 等人(2013)的研究中,视觉材料以节律或非节律的形式呈现。结果发现,只有以节律性时间结构呈现的刺激序列能够诱发皮层的同步振荡。研究发现,低频神经振荡(特别是 Delta 和 Theta 频带振荡)在时间期待中具有重要的作用(Henry & Herrmann, 2014; Schroeder & Lakatos, 2009)。低频神经振荡的相位与行为成绩和刺激诱发的神经反应有关(Henry et al., 2014; van Wassenhove, 2016)。低频神经振荡就像一个闸门,管理着时间期待对知觉成绩的影响(Herrmann, Henry, Haegens, & Obleser, 2016)。

高频神经振荡包括 Beta 频带(大约 15~25 Hz)和 Gamma 频带(大约 30~80 Hz)的振荡,在时间期待的产生中也具有重要的作用(Fujioka, Ross, &Trainor, 2015; Fujioka, Trainor, Large, & Ross, 2012; Henry & Herrmann, 2014; Zanto, Snyder, & Large, 2006)。比如 Beta 能量的波动,能够与节律刺激序列形成偶联。在刺激出现之前,能量迅速地增加。而如果刺激序列不具有时间规律时,这种效应会减弱。进一步的研究发现,在节律性时间结构中,Beta 能量在每个声音呈现之后迅速地降低,而在下一个声音呈现之前又迅速地升高。最重要的是这种增长与呈现声音的速度有关:速度快,则 Beta 能量增长得快;速度慢,则增长得较慢(Fujioka et al., 2012; Meijer, Woerd, & Praamstra, 2016)。如果在期待的时间点上刺激没有出现,Beta 能量的降低现象就会消失,但是下一个声音呈现之前能量的提高依然存在(Fujioka, Trainor, Large, & Ross, 2009)。这些发现意味着 Beta 能量的增加不仅仅是内外偶联中振幅的调整导致的,也表征了对预期时间的编码。仅仅呈现等时声音序列就能调整 Beta 能量振荡的现象在成人(Fujioka et al., 2015)和儿童(Etchell, Ryan, Martin, Johnson, & Sowman, 2016)为被试的研究中均被证实。以上证据表明,Beta 能量的振荡可以作为时间期待的指标,反映了注意能量随时间波动的情况(Chang, Bosnyak, &Trainor, 2016; Sameiro-Barbosa & Geiser, 2016)。Beta 能量在刺激出现之前的增长意味着时间期待的建立,与知觉成绩的改善有关。且这种效应与目标刺激的性质无关,使用听觉时间延迟探测任务(Arnal, Doelling, & Poeppel, 2015)、强度检测任务(Herrmann et al., 2016)、音高变异探测任务(Doelling& Poeppel, 2015)的研究均发现:在节律环境中,刺激出现之前 Beta 能量会增加。

那么低频神经振荡和高频神经振荡是如何共同影响时间期待的呢? Henry 和 Herrmann (2014)认为这与相位—振幅偶联(phase-amplitude coupling)有关,即高频能量波动嵌套在低频神经振荡中。比如 Gamma 振荡能量增长周期对应着低频神经振荡的高兴奋相位波动。具体而言,低频神经振荡反映了皮层兴奋状态的波动,局部神经元集群在兴奋时间窗口激活率增加,并且这种神经元激活模式与 Gamma-band 能量增长的周期性一致。因此,在节律刺激与低频神经振荡产生内外偶联的前提下,Gamma-band 能量增长的时间与预期事件出现的时间一致,促进了出现在期待时间点上的事件的加工(Saleh, Reimer, Penn, Ojakangas, & Hatsopoulos, 2010)。

低频神经振荡可以作为动态注意理论的神经基础(Morillon & Schroeder, 2015; Schroeder & Lakatos, 2009)。特别是,有研究者发现动态注意理论中通过数学建模能够预测听觉皮层中 Delta 振荡的情况(Herrmann et al., 2016)。然而,两者并不完全等同。首先,动态注意理论是通过数学建模来模拟出注意随时间波动的情况。注意脉冲具有区间大小的变化,当外部刺激序列具有较高的时间规律时,其注意脉冲较窄,能量集中。而没有节律序列时,注意脉冲较宽,能量分布较分散(Henry &Herrmann, 2014)。其次,DAT 理论认为,即便没有外部节律刺激序列存在,注意依然按照固有的频率振荡。但是 Schroeder 和 Lakatos(2009)提出,存在两种注意模式:当外部刺激具有节律性时,注意会以节律模式(rhythmic mode)展开,通过与任务有关的输入刺激进行内外偶联,神经振荡的不同兴奋状态可以作为时间注意选择的机制;如果无节律信息可以利用,那么注意就会以连续加工的模式(continuous processing mode)展开,低频振荡会受到抑制。再次,低频神经振荡还能与高频神经振荡形成相位—振幅偶联,共同作为时间期待的基础(Arnal et al., 2015; Paul, Sederberg, &Feth, 2015)。而 DAT 理论假设存在多个节律振荡器分别与具有不同周期的节律事件进行内外偶联(Jones, 2010),未说明不同振荡器之间如何协同。最后,DAT 理论认为只要人们暴露在具有节律信息的环境中,无论他们是否注意到节律信息,节律信息仍然能够被利用,用来形成时间期待,进而影响行为(Large & Jones, 1999)。而振荡选择假说则认为,虽然神经振荡可以作为时间维度上注意选择的机制,但是这种神经振荡的模式只与注意到的节律形式一致,而未注意到的节律则受到了抑制(Lakatos et al., 2008)。

## 3 注意控制与节律性时间期待

### 3.1 节律性时间期待不受注意控制影响的证据

Coull 和 Nobre (2008)根据所利用的时间信息的特点,将时间期待分为内源性时间期待和外源性时间期待。其中,利用包含时间信息的提示符号主动预测目标何时出现的时间期待称为内源性时间期待(又称时间定向, temporal orienting)。利用节律线索预测目标何时出现的时间期待则称为节律性时间期待。无论是时间定向还是节律性时间期待，目的均是利用当前的时间信息预测将来目标出现的时间。但是时间定向所利用的时间信息是人为设定的，且要求被试主动去利用时间信息。期待是根据前置符号（pre-cues）建立的。该符号表示线索和目标刺激之间的间隔时间信息。时间定向效应通过比较有效线索和无效线索之间的反应差异测得。而节律性时间期待所利用的时间信息隐含在按照规律时间呈现的刺激序列之中。任务并不要求被试主动地去利用节律性时间信息去预测下一个刺激何时出现。作业成绩与 ISI（刺激序列中刺激之间的间隔时间）和 FP（刺激序列与目标之间的间隔时间）的匹配程度有关。

大量的研究证实：时间定向受到注意控制的影响，而节律时间期待则属于自动化的过程（Capizzi，Sanabria，& Correa，2012；de la Rosa，Sanabria，Capizzi，& Correa，2012；Sanabria & Correa，2013）。例如，在 Breska 和 Deouell（2014）的研究中，视觉目标内嵌在按照规律时间闪烁的颜色刺激序列中，出现的时间为节律点或者非节律点。实验中包括 3 种条件：注意节律线索，注意颜色线索，既不注意颜色也不注意节律线索。结果发现，被试可以主动利用颜色线索预期目标出现的时间。当预测性的颜色线索有效时，相比于无效条件，被试的反应更快。尽管在这种条件下没有要求被试注意节律线索，但是，如果目标出现时间位于节律点上，被试的反应速度仍然可以得到增强。但是当要求被试注意节律线索时，颜色效应消失。研究者认为，尽管符号和节律性时间信息均能够形成时间期待，但是只有节律性时间信息在非注意条件下仍然能够形成时间期待。脑机制的研究也证实了节律性时间期待可能更加自动化，不受注意控制的影响。Triviño，Arnedo，Lupiáñez，Chirivella 和 Correa（2011）发现右侧前额皮层损伤的病人依然可以利用节律性线索形成时间期待，却无法使用符号线索预测目标何时出现。使用 TMS 抑制背外侧前额皮层（dorsolateral prefrontal cortex，DLPFC）的活动会影响时间定向效应，而利用节律形成的时间期待效应则保持完整（Correa，Cona，Arbula，Vallesi，& Bisiacchi，2014）。

然而，以上研究只能说明时间定向和节律性时间期待包含不同的加工过程，并不能作为节律性时间期待不受注意控制影响的直接证据。有研究者采用双任务范式，直接考查节律性时间期待是否受到工作记忆任务的干扰。在呈现刺激序列（包括节律性序列和非节律性序列两种条件）的同时要求被试完成一项工作记忆任务。结果发现无论工作记忆任务和节律性刺激序列是否呈现在同一感觉通道，目标出现在节律性刺激序列之后的反应总是要快于出现在非规律刺激序列之后，并且工作记忆负荷并不会对这种效应产生影响（Cutanda，Correa，& Sanabria，2015；de la Rosa et al.，2012）。

MMN 是研究节律性时间期待是否需要注意参与的重要指标（Geiser，Sandmann，

Jäncke, & Meyer, 2010)。MMN 独立于注意，是在偏差刺激出现后大约 150 ms 的负向偏移的 EEG 信号(Näätänen, Paavilainen, Rinne, & Alho, 2007)。一般认为，之前形成的规律受到破坏时会诱发 MMN 电位。听觉系统具有预测的特性，能够持续地从环境中抽取出规律，从而形成对即将出现的感觉信息的期待。当即将出现的刺激没有与预期匹配时，错误的信号就能够诱发 MMN (Bendixen, Schröger, &Winkler, 2009)。Geiser 等(2010)以 MMN 为指标也证实节律性时间期待发生在前注意阶段。他们使用具有时间规律性的重音(accent)来诱发节奏感。实验中，他们要求被试观看一段没有声音的视频片段。在观看视频期间呈现节律性声音。比标准声音高的偏差声音或者出现在节奏点上，或者出现在两个节奏之间(通常认为该位置为弱节奏点)。结果发现，偏差刺激出现在弱节奏点上诱发的 MMN 电位具有更大的振幅(相比于出现在强节奏点上)。因此，研究者认为即使要求被试将注意转向其他事件，被试仍然可以区分出不同的节奏点。这种效应在以新生儿(Winkler et al., 2009)和成年人(Ladinig, Honing, Háden, & Winkler, 2009)为被试的研究中均得到了证实。例如，Ladinig 等人直接比较了在弱节奏点消失的刺激和在强节奏点消失的刺激诱发的 MMN，结果发现强节奏点上消失的刺激诱发的 MMN 电位具有更短的潜伏期。

综上所述，不论要求被试注意其他刺激信息还是完成其他的任务，只要环境中存在节律性信息(相比于非节律性信息)就能够促进出现在节律点上的刺激的加工，即节律性时间期待不受注意控制的影响，属于自动化的过程。

### 3.2 节律性时间期待受注意控制影响的证据

近年来的一些研究对节律性时间期待是刺激驱动，不受注意控制的影响这一观点提出了挑战。

Schwartze, Rothermich, Schmidt-Kassow 和 Kotz (2011)采用 ERP 技术证实，注意对于节律性知觉是必不可少的。该研究包含非注意和注意两种条件。在非注意条件下，被试被要求观看一段视频材料，该视频只呈现画面而无声音。之后完成一份关于视频内容的问卷，而在实验开始前，被试被要求只关注影片而忽略所有的声音。在注意条件下，被试被要求注视屏幕中间的星号，同时注意声音序列并默数出序列中新异刺激的个数。实验中声音序列包括节律性声音序列和非节律性声音序列两种类型。结果发现：在非注意条件下，节律性刺激序列和非节律性刺激序列中，新异刺激诱导产生的 MMN 电位没有差异。而在注意条件下，当要求被试检测出刺激序列中的新异刺激的个数时，相比于非规律性的刺激序列，规律的刺激序列能够引发更大的 P3b 电位。只有在被试主动注意节律性时间信息时(相比于注意其他信息)，才能够诱发 P3 电位(Breska & Deouell, 2014)。

Breska 和 Deouell (2016)通过操作目标刺激出现在节奏点上的概率也证实了注意在时间上的分布能够摆脱节律性时间期待的影响。实验中包含 3 种条件,1)刺激序列为节律序列,目标有 80%的概率出现在节奏点上; 2)刺激序列为节律性序列,目标80%的概率出现在非节奏时间点上; 3)刺激序列为非节律性序列。当目标刺激(绿色长方形)出现时要求被试尽快做出反应。结果发现,当目标刺激更大地可能出现在非节奏点上时,非节奏点上被试的反应速度要显著地快于出现在节奏点上。该结果说明:自上而下的认知控制能够使注意摆脱节律性偶联的振荡分布形式,从而根据实际意义进行调整。而这种根据任务的需要对无关节律性信息进行抑制的现象,在选择性注意的研究中也得到了证实。在 Lakatos 和 Musacchia 等人(2013)的实验中存在两种刺激流,每一个刺激流均由一种特定频率的声音刺激组成,偶然会出现偏差声音。实验条件包括两种:其一,交替呈现两种节律性的听觉刺激(ISI 分别为624.5 ms 和 562.5 ms),受过训练的猴子只对要求注意的刺激流中的偏差声音做出反应;其二,分别单独呈现这两种节律性听觉刺激流,要求猴子听到偏差声音时就做出反应。任务期间记录下猴子听觉初级皮层神经元活动。结果发现,低频神经振荡的兴奋相位与要求被试注意的刺激流产生了同步,而要求忽略的刺激流不影响低频神经振荡。以上结果说明,在初级听觉皮层中,低频神经振荡的内外偶联受到注意控制的调节。当采用视听通道交替呈现刺激流时也证实了选择性注意对节律性时间期待的影响(Lakatos et al.,2008)。

此外,Morillon,Schroeder,Wyart 和 Arnal (2016)发现节律性时间期待包含人们主动推测时间规律的成分。实验一采用了 3 种条件:第一种为周期预测条件(prediodic predictable,PP),声音按照固定的间隔时间依次呈现,形成了 1.3,2.25,2.9,3.45 或 3.9Hz 的等时序列。第二种为非周期预测条件(aperiodicpredictable,AP),为 255,290,345,445 和 770ms 的 SOA 按照递增或递减的顺序构成的刺激序列,这种条件下被试能够抽取出时间规律从而推导出下一个声音目标可能出现的时间。第三种条件为非周期非预测条件(aperiodic unpredictable,AU),这种条件为以上 5 种 SOA 按随机顺序排列,所以无法根据序列形成时间期待。结果发现,以知觉敏感性为因变量指标时,在 PP 和 AP 条件下,被试的知觉辨别能力要好于 AU 条件,而 PP 和 AP 之间无差异。这说明时间预期既可以通过周期性的刺激规律性也可以通过非周期性的刺激规律形成,从而促进刺激的加工。该结果说明了节律时间期待的形成不仅取决于外部刺激序列的驱动,也取决于被试利用时间规律推测目标何时出现的能力。此外,当以反应时为因变量指标时,却发现在 PP 条件下,反应速度要显著地快于 AP 条件和 AU 条件,而 AU 和 AP 之间不存在显著差异。这说明反应时的增益不仅取决于时间预期也取决于刺激自身的周期规律性。以上结果无法用单一的神经振荡内外偶联机制来解释,因此研究者认为时间预期可以从周期时间规律中分离出来，不完全属于同一系统。

# 4 存在的问题与展望

## 4.1 以往研究中存在的问题

第一，刺激的客观属性是否影响节律性时间期待。虽然 Ladinig 等人（2009）和 Geiser 等人（2010）的研究得出相同的结论，即使要求被试注意其他的事件，刺激出现在强节奏点和弱节奏点上诱发产生的 MMN 成分也存在差异。但是这两个研究却有着不同的结果。首先，Ladinig 等人发现，出现在不同节奏位置上的偏差刺激引发的 MMN，只有潜伏期的不同而不存在振幅的差异。与之相反，Geiser 等人则发现了振幅存在差异而潜伏期没有差异。振幅和潜伏期均可以作为检测偏差强度的指标（Näätänen et al., 2007；Winkler et al., 2009），因此很难仅仅根据其中一项指标，就确定节律性时间期待属于前注意过程（Bouwer & Honing, 2012）。这些矛盾的发现本身就可以质疑研究结果的可靠性。其次，Ladinig 等人假设出现在强节奏点上的偏差刺激要比出现在弱节奏点上引发更强的反应。然而，Geiser 等人的研究结果却表明，出现在弱节奏点上的偏差刺激引发的反应要比出现在强节奏点上更强烈。这种差异很容易通过偏差刺激本身的特征差异进行解释。比如 Ladinig 等人使用的是相比标准刺激更弱的声音作为偏差刺激，而 Geiser 等人则使用比标准声音更强的声音作为偏差刺激。而在具有音乐旋律的节律结构中，较高的声音往往被期待出现在强节奏点上。因此较高的声音出现在弱节奏点上更出乎意料（Geiser et al., 2010），而较弱的声音出现在强节奏点上更出乎意料（Ladinig et al., 2009）。但是这种解释不符合 DAT 的假设。根据 DAT，通过内外偶联，注意能量在强节奏点达到了峰值，从而对出现在强节奏点上的偏差刺激反应更大，而这与刺激的属性无关，完全与 Geiser 等人的结果相反。此外，以往的研究往往是通过相同的某一刺激诱发产生节律，从而形成节律性时间期待，这其中混淆了刺激本身的规律性。因此有必要接下来探讨刺激属性对节律性时间期待的影响。

第二，对于时间定向和节律性时间期待，有研究已经发现了行为（Rohenkohl, Coull, & Nobre, 2011）和事件相关电位（Breska & Deouell, 2014）上的分离。例如，在双任务范式中，进行时间定向任务的同时完成一项工作记忆任务，时间定向效应就受到了影响（Capizzi et al., 2012）。相反，基于节律形成的时间期待，则不会受到工作记忆任务的干扰（Cutanda et al., 2015；de la Rosa et al., 2012）。上述发现证实时间定向受到注意控制的影响，而基于节律形成的外源性时间期待则属于自动化的加工过程，不受注意控制的影响。但是，脑成像研究却很难区分出时间定向和节律时间期待的脑区。Coull 和 Nobre (2008)发现这两种类型的时间期待均激活皮层下结构,包括壳核和小脑(putamen and cerebellum)、腹侧前运动(ventral premotor cortex)和左侧顶下皮层(left inferior parietal cortex)。而有研究发现,时间定向激活双侧前额皮层(prefrontal cortex; Coull, Davranche, Nazarian, & Vidal, 2013)。Triviño 等人(2011)发现右侧前额损伤的病人(10 人)可以利用节律但不能使用符号线索形成期待。相反,左侧前额损伤的病人(5 人)可以利用符号线索却不能利用节律线索预测目标何时出现。但是该研究是基于较少的样本量得出的结论,因此还需要进一步的讨论。近来采用 rTMS 技术,用 1Hz 的脉冲抑制左侧或右侧 DLPFC,结果发现无论是刺激左侧还是右侧 DLPFC,时间定向效应都有所增加,而基于节律的时间期待效应没有变化(Correa et al., 2014)。该结果支持了两种类型的时间期待效应神经机制上的分离。但是,该研究结果与假设中 1Hz 会抑制皮层兴奋相反,因此左侧前额皮层是否与节律性时间期待有关,还需要进一步的探讨。此外,Marchant 和 Driver (2013)发现节律时间期待能够激活多个脑区,包括双侧额下回(inferior frontal gyrus, IFG)、脑岛(insula)、左侧顶内沟(left intraparietal sulcus, IPS)和 DLPFC。该结果似乎说明了节律性时间期待与认知控制有关。但是需要注意的是,在该研究中,等时刺激序列条件包含 4 种 SOA(100ms, 200ms, 300ms 和 400ms),而且不同的试次间 SOA 不同。那么前额皮层的激活,就无法确定是由节律性时间期待引起的,还是由不同的 SOA 转换导致的。要想确定节律性时间期待是否涉及与注意控制有关的脑区,还需要进一步的研究支持。

第三,先前研究中,目标刺激出现在与节律性序列同步的时间点上的概率很大。甚至只要背景序列具有节律性(相比于非节律性条件),目标刺激就会出现在节律性时间点(Rohenkohl et al., 2011)。而 Breska 和 Deouell (2016)发现,当目标有更大的可能出现在非节律性时间点上时,注意会从期待时间点转移到目标可能出现的时间点,从而打破节律性时间期待。因此,就很难将所观察到的节律性时间期待效应完全归因于自动形成。要确认节律性时间期待是完全自动化的过程,必须排除更高层次的加工过程以及自主加工的影响。此外,为了减少被试使用节律性信息的动机,很多研究尝试对节律性刺激序列之后与目标刺激呈现之间的时间间隔进行随机化处理(Mathewson, Fabiani, Gratton, Beck, & Lleras, 2010)。尽管这种设计对于确定节律性时间期待自动化更合适,但是仍然存在两个缺陷。首先,目标呈现的时间分布是以节律点为中心保持对称的。这可能导致主观时间估计向平均数回归(Jazayeri & Shadlen, 2010),从而使得出现在节律点上的刺激变得更有可能出现。已有研究证实这种回归现象的存在(Sanabria, Capizzi, & Correa, 2011)。其次,以往研究中,很多情况下被试只有节律性信息可以利用,即使要求被试忽略节律性信息,然而相比于无信息可利用,被试更倾向于利用这些节律信息。

因此想要证明节律性时间期待是完全自动化的过程还需要排除被试对节律性信息的主动使用(Herrmann & Henry,2014)。

### 4.2 展望

通过前文的综述可以看出,节律性时间期待效应是刺激驱动的还是受到注意控制,还是两者皆有,学界还存在争议。DAT理论认为,只要人们暴露在具有节律性信息的环境中,即便没有注意到节律性信息,他们的注意仍然会与节律性信息产生内外偶联,并以振荡的形式在时间维度上展开。即使存在多种节律性的情景,不同振荡频率的振荡器也会与不同的节律性时间产生内外偶联。该过程是完全自动化的,不受认知控制的影响。虽然DAT理论得到了很多研究的支持,但是仍然有一些现象无法用其进行解释。比如,根据DAT理论,刺激的客观属性并不影响节律性时间期待,但是新异刺激和标准刺激相对差异却会引起不同的MMN反应(Geiser et al., 2010; Ladinig et al., 2009)。另一方面,有研究者认为注意对于节律性时间期待是必不可少的。例如,有研究发现内部神经振荡只会与注意到的节律性信息产生内外偶联(Lakatos, Musacchia et al., 2013)。尽管前人在注意控制对节律性时间期待调节方面做了很多有益的研究,但是仍然存在很多问题值得我们思考与探索。具体来说,接下来的研究可以从以下两个方面展开。

第一,注意控制是否在早期知觉编码阶段影响节律性时间期待? Lakatos 等人(2008)发现:当存在多个节律性信息时,内部神经振荡只与要求被试注意的节律产生内外偶联,而未注意到的节律则受到了抑制。似乎在早期知觉阶段就能够影响节律性时间信息的编码。Lavie 等人(Lavie, 2005; Lavie, Hirst, de Fockert, & Viding, 2004)认为在知觉阶段高知觉负荷会消耗尽注意资源,致使没有多余的资源来加工干扰刺激,使得干扰项没有得到知觉加工,从而导致了早期注意选择。因此,如果把节律性时间信息当作干扰信息,接下来可以增加早期知觉负荷来考查注意控制是否在早期编码阶段影响节律性时间期待。

第二,工作记忆负荷是否影响节律性时间期待? 双任务范式中,操作工作记忆的负荷能够有效地进行注意控制(Correa et al., 2014)。然而,Cutanda 等人(2015)发现,即使是在双任务条件下,节律性时间期待效应也不受到同时进行的工作记忆任务的影响。但是,这无法排除通道效应的影响,因为该实验中采用的是听觉节律,相比于其他感觉通道,听觉通道仅需少量注意甚至不需要注意资源就可对时间信息进行加工(Näätänen, Astikainen, Ruusuvirta, & Huotilainen, 2010)。DAT 基于听觉节律的研究,可能是源于听觉系统非常适合抽取环境中的时间规律(Haroush, Hochstein, & Deouell, 2010; Herrmann et al.,2016)。

越来越多的证据发现,在视觉通道(Cravo et al.,2013)或者跨通道中,(Keil et al.,2016;Miller et al.,2013)节律刺激能够影响知觉作业成绩。比如,Dockstader等人(2010)采用触觉刺激证实了注意选择会调节躯体感觉皮层的振荡情况。触觉刺激为电流刺激,连续呈现4次,构成一组刺激链(stimulus train),刺激之间的间隔时间为670ms。1340ms之后再重复呈现一组刺激链,共重复200次。该刺激序列呈现在两种实验条件下:1)注意电刺激。要求被试注意电流刺激,并数出刺激链的数量。2)不注意电刺激。通过指导语告知被试忽略电刺激,而集中注意观看影片。影片只有画面而无声音。结果发现,在注意电刺激条件下(相比于忽略条件),刺激出现之前能够诱发更高的gamma能量。

此外,Keil等人(2016)同时考查了视觉和触觉通道的节律性时间期待。结果发现,无论目标是视觉刺激还是触觉刺激,当刺激节律形式展开(固定ISI),相比于随机条件,其反应速度都更快。并且这种节律性时间期待效应在触觉中要比在视觉中更强。因此,接下来的研究有必要检验其他感觉通道形成的时间期待是否会受到工作记忆负荷的干扰。此外,不同时程的时间加工可能涉及不同的加工过程,比如秒以上的时间可能需要注意、记忆等认知资源的参与,而秒以下的时间更多的是自动化的加工过程(Ivry & Schlerf,2008; Lewis &Miall,2003)。以上研究中,刺激序列以较快的速度呈现(大于1Hz),因此,还要考虑不同时间尺度构成的节律形成的时间期待与注意控制之间的关系。

合作者:邱俊杰、于晓琳。原文载于《心理科学进展》,2017年第12期。

# 警觉在视听时间信息加工过程中的作用

## 1 引言

时间知觉是对客观现象持续性和顺序性的感知，是运动控制、语音识别和音乐欣赏等活动的必要条件，也是人们有效安排日常生活和工作的前提（黄希庭，徐光国，1999；黄希庭，李伯约，张志杰，2003）。在日常的生活中，物理时间和我们的主观时间通常是不一致的，会受到个体的唤醒状态、知识经验、刺激属性等因素的影响。比如快乐的时光总是转瞬即逝，等待却显得特别漫长（Droitvolet，2012；Sylvie & Meck，2007）。体积较大或者比较复杂的刺激会扩展我们的主观时间，而重复出现或高概率出现的刺激会压缩我们的主观时间（Eagleman，2008；Van Wassenhove，Buonomano，Shimojo，& Shams，2008）。那么，如何解释物理时间和主观时间之间的差异及其影响因素呢？虽然目前研究中存在许多争论，但多数研究认为注意和唤醒是导致主客观时间知觉不一致的关键因素（Bar-Haim，Kerem，Lamy，& Zakay，2010；Brendel，Hecht，DeLucia，& Gamer，2014；Coull，Franck，Bruno，& Francoise，2004；Merchant，Harrington，& Meck，2013；Tse，Intriligator，Rivest，& Cavanagh，2004）。

注意可以区分为选择性注意和非选择性注意：选择性注意主要包含注意的集中和注意资源的分配，而非选择性注意主要代表注意的强度（例如，警觉和持续性注意）（Posner & Petersen，2012；Robertson，Mattingley，Rorden，& Driver .，1998；Sturm，& Willmes .，2001；Weinbach & Henik，2011）。在以往关于注意对时间知觉的影响的研究中，研究者主要关注了选择性注意对时间知觉的影响（Hemmes，Brown，& Kladopoulos，2004；Ulrich，Nitschke，& Rammsayer，2006；Yunzhe et al.，2013）。选择性注意在解释时间知觉的理论模型中也占据着重要的位置，以时钟模型理论为基础的标量预期理论（scalar expectancy theory，SET）认为时间信息加工过程包括时钟、记忆和决策三个水平。时钟阶段通过起搏器以一定的频率产生脉冲，在起搏器和累加器之间有一开关，选择性注意决定着这个开关的闭合。当注意时间特征时，开关闭合，脉冲通过开关进入累加器进行累加。记忆阶段由工作记忆和参照记忆组成，累加器把有关的时间信息传送至工作记忆和参照记忆中，并形成相应的时间表征。决策阶段主要对工作记忆中的当前时距和参照记忆中的时距表征进行比较，进而做出判断（Allan，1998；Beyond & Review，2010；Gibbon，Church，& Meck，1984）。根据标量预期模型，当人们把注意资源越多地分配到信息时间的特征上，起搏器的脉冲就会越多地传输到累加器中，人们知觉到的时间就越长；相反，减少对时间特征的注意，人们知觉到的时间就会变短（Coull et al.，2004；Coull，Ruey-Kuang，& Meck，2011；Henry，Herrmann，& Jonas，2015）。虽然，有大量的研究考查选择性注意对时间知觉研究的影响，但很少有研究关注非选择性警觉注意是否会影响以及如何影响时间知觉的问题。

警觉作为一种非选择性注意，它是个体对没有出现但可能出现的刺激的一种持续性的准备状态，特指外源性警觉（phasic alertness），不同于一般意义上的唤醒状态（内源性警觉，tonic alertness），是选择性注意的基础（Finke et al.，2012；Husain & Rorden，2005；Sturm & Willmes，2001）。一般用信号提示线索范式来研究外源性警觉，具体指在目标刺激出现之前呈现一个警觉提示信号，警觉提示信号和目标刺激之间的时间间隔是随机的，且不提示目标刺激出现的位置，有警觉信号和无警觉信号的目标刺激的反应时之间的差值代表了警觉的效率。差值越大，表示被试的外源性警觉水平越高；差值越小，被试的外源性警觉效率就越低（Jin，Mccandliss，Tobias，Amir，& Posner，2002；Robertson et al.，1998）。在日常工作中，有很多的工作岗位需要作业者保持较高的警觉效率和准确的时间知觉，比如机场调度人员、飞行员、汽车司机和执行特殊任务的军人等，若此类的工作中，作业者因为警觉水平下降或者时间知觉出现偏差而导致操作不当或者延误时机，则可能造成巨大的人员伤亡和财产损失。警觉能力也是选拔运动员、飞行员和汽车司机的重要参考指标（C. N. Brown，Guskiewicz，& Bleiberg，2007；L. Brown et al.，2014；Petróczi & Aidman，2008；Tafti，Besset，& Billiard，1992）。因此，警觉和时间知觉在人们的日常生活和工作中，都具有重要意义。

那么，警觉是否会影响时间知觉，以及如何影响时间知觉呢？在日常的生活中，我们会经常遇到警觉影响时间知觉的情景，例如，在等待重要、紧急事情的时候，个体警觉性提高，感觉时间流逝变慢，主观时间变长，个体高估了时间。Droit - Volet发现如果在时间刺激之间呈现一个听觉提示信号（提示信号会提高被试的警觉水平），儿童会高估时间（Droit-Volet，2003）。因此，我们假设警觉会影响时间知觉。此外，不同通道的时间知觉信息加工存在不对称现象，例如听觉刺激会影响视时间知觉，而视觉刺激不会影响听时间知觉（Chen & Yeh，2009；Klink，Montijn，& van Wezel，2011）。研究也发现听觉通道的时间信息加工比视觉通道的时间信息加工更加敏感（Droit-Volet，Meck，& Penney，2007；Grondin，Meilleur-Wells，Ouellette，& Macar，1998；Lustig & Meck，2011；Penney，Gibbon，& Meck，2000；Stauffer，Haldemann，Troche，& Rammsayer，2012；Wearden，Edwards，Fakhri，& Percival，1998），视听时间知觉的神经机制也存在一定的差异（Merchant et al.，2013）。那么，警觉对不同通道的信息加工影响是否相同呢？我们通过两个实验对这一问题进行研究，实验一采用听觉信号提示线索和视觉通道内的时间二分法相结合的范式来探索警觉对视觉通道内的时间知觉的影响。实验二采用听觉信号提示线索和听觉通道内的时间比较法相结合的范式来探讨警觉对听觉时间信息加工过程的影响。通过两个实验我们来探讨警觉怎样影响时间知觉,以及警觉对视听通道的时间信息加工是否相同。

## 2 实验一

### 2.1 被试

25个被试(23个女生,2个男生,年龄在18~25岁,平均年龄21岁)。所有被试均报告视力或矫正视力正常,无色盲或色弱,右利手。实验后被试均获得适量的报酬。

### 2.2 仪器和材料

程序采用E-prime编制,刺激呈现在17英寸彩色显示器上,屏幕分辨率为1024×768pixels,刷新率为85Hz。被试眼睛距离屏幕中心约50cm。时间刺激为白色正方形,大小为135×135 pixels,屏幕背景为黑色。听觉提示线索为300ms的纯音(采样率44.1Khz,频率为440Hz,响度为50dB,波形为正弦波)。

### 2.3 实验设计与程序

实验采用信号提示线索和二分法相结合的范式。实验分为学习阶段和测验阶段。在学习阶段,被试首先学习“长”标准刺激(1300ms)和“短”标准刺激(700ms)各5次。在测验阶段,7个时间段(700ms,800ms,900ms,1000ms,1100ms,1200ms,1300ms)随机呈现。被试的任务是判断测验阶段呈现的时间段是更接近“长”标准时间,还是更接近“短”标准时间,如果呈现的时间段更接近“长”标准时间,被试就用右手食指按“K”键。。如果呈现的时间更接近“短”标准时间,被试就用左手食指按“D”键。按键在被试间平衡。在时间刺激出现之前,在50%的试次中,被试的双耳中会呈现一个300ms的纯音提示线索,50%的试次中没有提示线索。在有提示线索的试次中,首先在屏幕中央呈现注视点“+”号1000ms,接着双耳中呈现纯音提示线索300ms,随后随机出现(450ms,650ms或850ms)的空屏。接着出现白色正方形,白色正方形从出现到消失的时间为比较时间。白色正方形消失后,屏幕中央会出现一个问号。被试的任务是判断在问号出现的时候,比较时间是更接近“长”标准时间,还是更接近“短”标准时间。反应结束后,随机呈现1500~2500ms的时间段。实验过程中,除了线索、白色正方形和问号呈现的时间外,屏幕中央一直出现“+”号注视点。在没有线索的试次中,除了没有纯音提示线索,其他和有提示线索的试次流程完全相同。每种条件共出现16次,共224个试次。

### 2.4 结果与分析

计算每种条件下的每一个时间段($t$)做“长”反应的比例$P$(“长” | $t$)。根据每个时间段的$P$(“长” | $t$)值,通过累加高斯函数拟合出一条S形曲线。拟合用的两个参数分别是平均数($\mu$)和标准差($\sigma$)。平均数为被试的主观相等点(point of subjective equality, PSE),即当$P$(“长” | $t=\mu$)=0.5时所对应的时间段。标准差($\sigma$)则和被试的时间知觉的敏感性有关(标准差越小,时间知觉的差别阈限越小,被试的时间敏感性就越高)。估计参数($\mu,\sigma$)和判定系数($R^2$)的描述性统计如表1。

**表1 每种条件下的估计参数和可解释变异量的描述性统计**

| | 最小值 | 最大值 | 平均数 | 标准差 |
|---|---|---|---|---|
| AN-$\mu$/ms | 834.38 | 1254.33 | 1026.39 | 95.90 |
| AN-$\sigma$/ms | 11.49 | 431.98 | 193.50 | 98.58 |
| AN-$R^2$ | 0.61 | 1.00 | 0.90 | 0.09 |
| AC-$u$/ms | 755.78 | 1167.07 | 976.92 | 91.25 |
| AC-$\sigma$/ms | 101.94 | 279.21 | 171.92 | 47.45 |
| AC-$R^2$ | 0.82 | 0.99 | 0.94 | 0.04 |

注:AN表示无提示线索,AC表示有提示线索。$R^2$表示拟合曲线的判定系数。估计参数($\mu,\sigma$)分别表示平均数和标准差。

为了探讨有警觉提示线索和无警觉提示线索条件下被试在时间知觉上的差异,作者比较了两种条件下的时间知觉拟合函数的估计参数($\mu,\sigma$)和可解释变异量($R^2$)之间的差异。对两种条件下的时间知觉的拟合曲线的判定系数($R^2$)进行方差分析显示:两种条件下被试之间的差异不显著($F(1,24)=3.72, P>0.05, \eta_p^2=0.13$),说明两种条件下被试的时间知觉拟合曲线的拟合优度没有显著差异。对表示时间知觉敏感性的标准差($\sigma$)进行方差分析显示,两种条件下的标准差差异不显著($F(1,24)=2.06, P>0.1, \eta_p^2=0.08$)(图1A),说明两种条件下,被试在时间知觉的敏感性方面没有差异。对于两种条件下被试的主观相等点($\mu$),方差分析显示两种条件下被试的主观相等点差异显著($F(1,24)=17.42, P<0.01, \eta_p^2=0.42$)(图1B)。

以上结果说明,两种条件下的被试在时间知觉的敏感性上没有差异,在主观相等点上存在差异,有声音信号提示条件下被试倾向于高估时间,而无声音信号提示条件下被试倾向于低估时间。

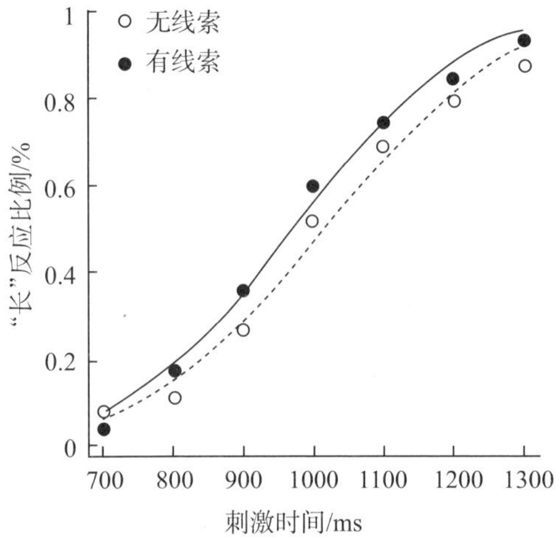


图 1A 有听觉提示线索和无听觉提示线索的拟合曲线

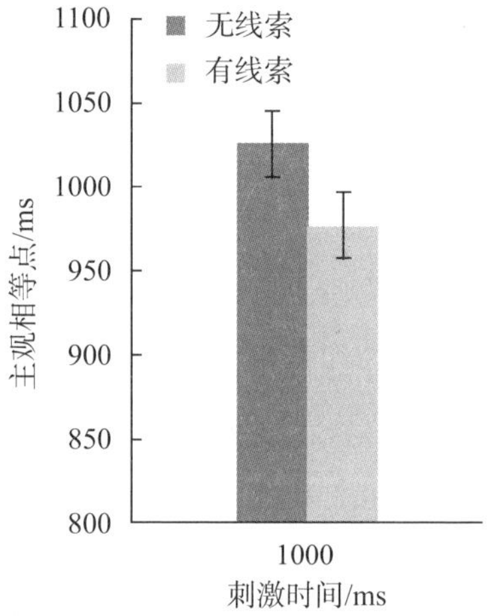


图 1B 有听觉提示线索和无听觉提示线索两个条件下主观相等点的差异

实验一的结果说明,警觉信号会影响视时间知觉。在有警觉信号的条件下,被试倾向于高估视时间;在没有警觉信号提示的条件下,被试倾向于低估视时间,而视时间知觉的敏感性在这两种条件下没有差异。然而,听时间知觉加工相对于视时间知觉加工更加敏感(Grondin et al., 1998; Lustig & Meck, 2011; Penney et al., 2000; Wearden et al., 1998)。那么,警觉信号是否会影响听时间知觉的敏感性呢?还是只影响时间知觉估计的长短呢?在实验二中,我们通过结合警觉提示线索和时间比较法来研究警觉提示信号对听时间信息加工的影响。

## 3 实验二

### 3.1 被试

30个被试(27个女生,3个男生,年龄在18~24岁,平均年龄21岁)。所有被试均报告视力或矫正视力正常,无色盲或色弱,右利手。实验后被试均获得适量的报酬。

### 3.2 仪器和材料

实验二中,用到两种不同频率的纯音材料。持续300ms的听觉提示纯音(采样率44.1Khz,频率为440hz,响度为50dB,波形为正弦波)和标记时间的七个时间段的声音刺激700ms, 800ms, 900ms, 1000ms, 1100ms, 1200ms和1300ms(采样率44.1Khz,频率为220hz,响度为50dB,波形为正弦波),其他实验仪器和材料同实验一。

### 3.3 实验设计与程序

实验采用被试内设计。除了标记时间的视觉刺激改为听觉刺激，屏幕中央一直呈现注视点，其他实验程序和实验器材同实验1。

### 3.4 结果与分析

和实验一的计算方式相同，计算每种条件下的每一个时间段($t$)做“长”反应的比例$P$(“长” | $t$)。根据每个时间段的$P$(“长” | $t$)值，通过累加高斯函数拟合出一条S形曲线。拟合用的两个参数分别是平均数($\mu$)和标准差($\sigma$)。平均数为被试的主观相等点(point of subjective equality，PSE)，也就是当$P$(“长” | $t=\mu$)=0.5时所对应的时间段。标准差($\sigma$)则和被试的时间知觉的敏感性有关(标准差越小，时间知觉的差别阈限越小，被试的时间敏感性就越高)，估计参数($\mu$，$\sigma$)和判定系数($R^2$)的描述性统计如表2。

表2 每种条件下的估计参数和可解释变异量的描述性统计

| | 最小值 | 最大值 | 平均数 | 标准差 |
|---|---|---|---|---|
| AN-$\mu$/ms | 954.77 | 1168.39 | 1012.49 | 45.43 |
| AN-$\sigma$/ms | 15.13 | 202.70 | 135.32 | 38.74 |
| AN-$R^2$ | 0.91 | 1.00 | 0.97 | 0.02 |
| AC-$u$/ms | 882.36 | 1020.91 | 939.28 | 36.70 |
| AC-$\sigma$/ms | 59.92 | 170.47 | 116.08 | 28.41 |
| AC-$R^2$ | 0.87 | 1.00 | 0.97 | 0.03 |

注：AN表示无提示线索，AC表示有提示线索。$R^2$表示拟合曲线的判定系数。估计参数($\mu$，$\sigma$)分别表示平均数和标准差。

为探讨不同线索提示条件下被试在时间知觉上的差异，作者比较了两种条件下的时间知觉拟合函数的估计参数($\mu$，$\sigma$)和判定系数($R^2$)之间的差异。对于判定系数($R^2$)，方差分析显示线索提示的主效应不显著($F<1$)，说明不同条件下拟合曲线的拟合优度不存在差异。对于表示时间知觉敏感性的标准差($\sigma$)，方差分析显示，线索提示的主效应显著($F(1, 29)=5.94$，$P<0.05$，$\eta_P^2=0.17$)，说明两种条件下被试在时间知觉敏感性上存在差异(图2A)，即有提示线索相对于无提示线索可以改善被试的时间敏感性。对于不同条件下的被试的主观相等点(μ)，方差分析显示，线索的主效应显著($F(1, 29)=87.38$，$P<0.001$，$\eta_P^2=0.75$)。说明主观相等点在无提示线索和有提示线索两种条件下差异十分显著(图2B)。实验二的结果说明：在听觉通道内，警觉提示线索不但可以使被试对时间知觉的主观相等点显著左移，从而高估时间，也可以显著改善被试的时间知觉的

敏感性。

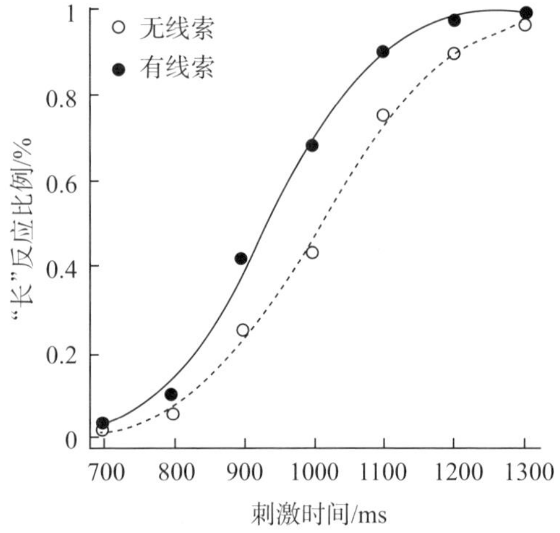


图 2A 有听觉提示线索和无听觉提示线索的拟合曲线

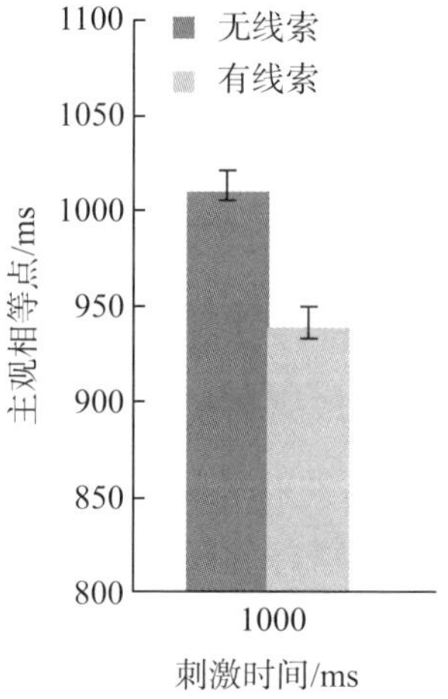


图 2B 有听觉提示线索和无听觉提示线索两个条件下主观相等点的差异

## 4 讨论

两个实验中,警觉信号都可以使被试高估时间,但对时间敏感性的影响却不同:警觉信号对被试视时间知觉的敏感性没有影响,却可以提高被试听时间知觉的敏感性。警觉信号使个体时间知觉的主观相等点左移,个体高估时间,改善听时间知觉的敏感性,这一作用对于人们适应复杂的环境具有重要的意义。比如,在危险的情境中提前释放预警信号,个体警觉水平提高,感觉时间流逝变慢,个体相对就会有较多的时间来应对危险的情况(Arstila,2012;Manzey & Lorenz,1998)。因此,探讨警觉对时间知觉的影响及其认知机制具有重要的现实意义。此外,在关于时间知觉的实验研究和理论解释中,已有的研究主要关注选择性注意在其中的作用(Coull et al.,2004;Hemmes et al.,2004;Peiduo,Wenjing,Jia,Xiting,& Antao,2013;Ulrich et al.,2006),却忽略了持续性警觉注意在时间信息加工过程中的作用。因此,探讨警觉在时间信息加工过程中的作用,对于发展和完善已有的时间知觉理论也具有重要的价值。

在标量预期模型框架内的时间信息加工过程中,高估时间的原因有两种:一是选择性注意的影响,选择性注意可以调节时间信息加工过程中起搏器和累加器之间的开关开合的潜伏期。当注意时间信息特征时,起搏器和累加器之间的开关闭合;当结束对时间信息特征的注意时,起搏器和累加器之间的开关打开。不论物理时间长还是短,开关开合的潜伏期对于估计时间长短的影响是相同的,是一种加法的性质。二是唤醒的影响,唤醒可以调节起搏器的脉冲速率。唤醒水平越高,起搏器的脉冲速率就越快;物理时间越长,被试对时间的高估就会越多,同时会增加被试时间知觉的敏感性,表现出乘法的性质(Maricq,Roberts,& Church,1981;Meck,1983)。

先前的研究指出,警觉信号会周期性地提高个体的唤醒水平(Mcdonnell & Achterberg,2010;Yanaka,Saito,Uchiyama,& Sadato,2010),警觉是选择性注意的基础(Finke et al.,2012;Husain & Rorden,2005),因此警觉信号可能会同时通过调节注意和唤醒影响时间知觉。实验一的结果显示,警觉信号使被试的主观相等点左移,被试高估视时间,但视时间知觉的敏感性不变。说明不论物理时间长还是短,被试对视时间高估的量是相同的,警觉信号可能会通过调节对视时间信息特征的选择性注意来实现(Maricq et al.,1981;Meck,1983)。在实验一中,相对于没有提示线索的条件,警觉提示线索的出现使被试的警觉水平提高,当标记时间的物理刺激出现时,被试可以更容易注意到物理刺激的时间属性,起搏器和累加器之间的开关就会提前闭合,即开关的潜伏期缩短,被试就倾向于高估时间,但不影响视时间知觉的敏感性。实验二的结果显示,警觉信号不但使被试高估时间,也提高了被试时间知觉的敏感性,说明警觉信号可能是通过调节个体的唤醒水平影响时间知觉的(Maricq et al.,1981;Meck,1983)。在实验二中,警觉信号的出现提高了个体的唤醒水平,从而使起搏器的脉冲速率变快,被试高估时间;且物理时间越长,个体对时间的高估就会越多,进而影响被试时间知觉的敏感性。虽然,在实验二中警觉信号既影响了听时间知觉的长短,也影响了听时间知觉的敏感性,但并不能说明警觉仅仅是通过调节唤醒水平来影响听时间知觉的,也存在警觉通过对选择性注意的调节影响起搏器和累加器之间开关开合的潜伏期来影响时间知觉的情况,两者并不矛盾,这两种调节同时存在时也会导致实验二的结果的产生。实验一的结果也说明警觉可以通过影响开关开合的潜伏期影响时间知觉。因此,在听觉通道内,警觉信号可能是通过对选择性注意和唤醒的双重影响来实现的。

实验一和实验二的不同结果说明:警觉信号对视时间知觉和听时间知觉的影响是不同的。先前的研究发现视时间知觉和听时间知觉不同,听觉通道对时间信息加工更加敏感(Cheng,Etchegaray,& Meck,2007;Penney et al.,2000),听觉刺激也更加容易捕获和保持注意,是一种相对自动化的注意过程(Meck,2010;Penney,2003;Penney,Holder,& Meck,1996)。因此,警觉信号对视听时间知觉影响不同可能是因为听觉时间编码的起搏器更容易受到警觉信号的影响,而视觉时间信息加工的起搏器节律则不易受到警觉信号的影响。警觉信号会引起短暂的唤醒,这种唤醒能够影响听觉通道起搏器的节律,却不足以达到影响视觉通道起搏器节律的强度。这一结果也说明视听通道内的时间知觉的编码阶段的机制可能是不同的,时间信息的加工是分布式而不是集中式的,至少不同通道的时间知觉编码阶段的机制是分布式的(James,Roach,Hanson,Mcgraw,& David,2012;Zélanti & Droit-Volet,2012)。

警觉对时间知觉的影响是通过调节唤醒还是选择性注意唤醒,关于这一问题的争论也同样存在于情绪对时间知觉的影响中(Bar-Haim et al.,2010;Droit-Volet,2003;Gil & Droit-Volet,2011;Grommet et al.,2011)。例如,Grommet等人发现由图片所诱发的恐惧情绪会使被试高估时间,但不影响时间知觉的敏感性,表现出加法的性质,其认为恐惧情绪对时间知觉的影响可能是通过调节注意来改变开关的潜伏期实现的(Grommet et al.,2011)。Droit - Volet等人发现,由电影所诱发的恐惧情绪不但使被试高估时间,还提高了被试时间知觉的敏感性。他们认为恐惧情绪对时间知觉的影响是通过唤醒引起的,影响的是起搏器的脉冲速率(Fayolle,Droit-Volet,& Gil,2011)。先前的研究指出,恐惧性信息会提高被试的警觉水平和唤醒度(Davis & Whalen,2001;Estes & Adelman,2008)。那么,为什么同样的恐惧情绪对时间的知觉影响却不同呢?根据当前的研究结果,我们推测由图片和电影所诱发的恐惧情绪所引起的警觉和唤醒的强度不同,相对于图片,由恐怖电影诱发的恐惧情绪所引起的警觉水平和唤醒度更高,从而更容易影响时间知觉中起搏器的速率和开关的潜伏期。因此,情绪对时间知觉的影响也可能是通过对警觉的影响,进而调节注意和唤醒双重因素来实现的。因此,探讨警觉影响时间知觉的机制,对于解决情绪对时间知觉影响的研究中存在的矛盾有很好的参考价值。

## 5 结论

实验一的结果说明:警觉对视时间知觉的影响可能是通过改变开关的潜伏期实现的。而实验二的结果说明:警觉对听时间知觉的影响则可能是通过改变开关的潜伏期和起搏器的节律实现的。这一结果说明视听通道的时间信息加工机制可能是不同的,对解决情绪影响时间研究中存在的争论也有一定的参考价值。更加重要的是,以往的研究认为,选择性注意在时间知觉中起着重要的作用,却忽视了警觉在时间知觉中的作用,本研究发现警觉可能在时间知觉中起着更加基础的作用,通过调节选择性注意和唤醒来影响时间知觉,这一发现对于发展和完善已有的时间知觉理论模型有重要的意义,未来需要进一步探讨警觉影响时间知觉的神经生物学基础。

合作者:刘培朵、刘光远。原文载于《西南大学学报(社会科学版)》,2017年第5期。

# 节律性时间期待效应不受注意控制的影响

## 1 前言

人们利用事件内在的时间结构(节律性信息)预测目标事件何时发生的能力称为节律性时间期待(rhythmic temporal expectancy, Sanabria & Correa, 2013)。"动态注意理论"(dynamic attending theory, DAT)认为,注意资源在时间维度上的分布并非均匀的,而是由刺激驱动的,以振荡的模式展开。机体之所以能够利用节律的时间信息预测目标刺激出现的时间,是因为内部注意振荡与外部规律性刺激序列进行内外偶联(entrainment),由此产生了同步振荡(Jones, 2010; Large & Jones, 1999)。如果目标刺激出现的时间与注意振荡的波峰吻合,能够促进目标刺激的加工。Lakatos, Karmos, Mehta, Ulbert 和 Schroeder(2008)发现神经元群的低频振荡能够与节律性刺激序列同步,节律性刺激序列引发的大脑皮层神经元群的低频振荡可以作为节律性时间期待的内在神经机制。而低频振荡能进一步诱导产生更高频率的振荡(比如 beta 和 gamma 频带),在目标刺激出现之前高频振荡的能量会出现短暂的增加(Fujioka, Trainor, Large, & Ross, 2012)。当目标刺激出现在期待的时间时,加工相关刺激时皮层的兴奋状态达到最佳(Schroeder & Lakatos, 2009),从而促进目标刺激的加工。

有研究者认为,节律性时间期待可能需要注意的参与(Lakatos et al., 2008; Schwartze, Rothermich, Schmidt-Kassow, & Kotz, 2011)。在 Schwartze 等人(2011)的研究中,他们采用听觉新异刺激范式(auditory oddball paradigm)来考查节律性刺激序列是否影响与自动加工有关的成分(以失匹配负波 MMN 为指标)和与认知控制有关的成分(以 P3b 为指标)。实验包含两种任务,一种任务为要求被试观看视频片段,而忽略同时呈现的听觉刺激序列;另一种任务为要求被试注意刺激序列,并且数出序列中出现的新异刺激的个数。结果发现,当要求被试注意节律性刺激序列时,节律性刺激序列能够调节与注意有关的 P3b;而当要求被试完全忽略听觉刺激序列时,节律性刺激序列并不会调节与自动加工有关的 MMN。

另一方面,有研究者证实节律性刺激诱导产生的时间期待不受注意控制的影响(de la Rosa, Sanabria, Capizzi, & Correa, 2012; Rohenkohl, Coull, &Nobre, 2011; Triviño, Arnedo, Lupiáñez, Chirivella, &Correa, 2011)。例如, Rohenkohl 等人(2011)发现,无论要求被试注意节律信息还是符号信息,节律信息均会提高被试的反应速度,而符号信息仅仅在要求主动注意时才会有效。de la Rosa 等人(2012)采用双任务范式,进一步考查了通过规律刺激序列建立起来的时间期待效应是否受到注意控制的影响。在该研究中,单任务条件下,被试需要完成反应时任务,目标刺激出现在规律性或非规律性听觉刺激序列之后。而在双任务条件下,被试还要同时完成一项在视觉通道中呈现的工作记忆任务。结果表明,相比于目标刺激出现在非规律性刺激序列之后,目标刺激出现在规律性刺激序列之后被试的反应速度更快,且这种效应与任务条件无关。但是在该研究中依然存在两个问题。第一,节律性刺激序列中平均每隔550ms呈现一个刺激。而时间知觉研究发现,短时距(< 1s)的加工与自动化加工有关,而长时距(≥ 1s)则需要认知资源的参与,包括注意和记忆资源(Buhusi & Meck, 2009; Ivry & Schlerf, 2008)。机体可以知觉到的节律周期大约在 100~2000ms 之间(Parncutt, 1994)。第二,目标刺激和刺激序列均通过听觉通道呈现,工作记忆任务呈现在视觉通道内。注意可能在听觉和视觉通道间来回切换,从而影响注意控制的效果。

为了进一步探讨注意控制是否影响节律性时间期待效应,本研究采用双任务范式来比较单任务和双任务条件下,由较慢速度规律的节律性刺激序列形成的时间期待效应。双任务范式常用来研究注意资源分配的问题(Brown, 2006)。Brown, Collier 和 Night (2013)发现,在双任务条件下时间知觉成绩会受到影响。本研究仍然采用 de la Rosa 等人(2012)实验一中的工作记忆任务,该任务需要被试数出并记住每种颜色的注视点出现的次数,涉及记忆的保持和更新过程,而工作记忆的更新涉及与执行控制有关的成分(Rammsayer & Ulrich, 2011)。此外, Capizzi, Sanabria 和 Correa(2012)发现该工作记忆任务影响涉及认知控制过程的内源性时间期待效应(又称时间定向, temporal orienting)。如果节律性时间期待不受注意控制的影响,那么无论刺激序列和目标刺激是否呈现于同一感觉通道,目标出现在规律性刺激序列之后,被试的反应都将更快,且该效应与任务要求无关。

## 2 实验 1

考查当节律性刺激序列以较慢的速度呈现时,注意控制是否影响节律性时间期待。

### 2.1 方法

#### 2.1.1 被试

31 名本科生被试,女生 20 名,男生 11 名,年龄为 20.86±2.67 岁,右利手,听力正常,视力或矫正视力正常,之前未参加过类似实验。

2.1.2 实验设计

实验为2×3×2的混合设计，节律性（规律性和非规律性）以及刺激序列和目标刺激之间的间隔时间（foreperiod：650ms，950ms和1250ms）为被试内变量，任务条件（单任务和双任务）为被试间变量。因变量为被试的平均反应时。

2.1.3 材料和仪器

实验程序采用E-prime软件编写。所有的声音刺激为Adobe Audition1.5产生的纯音（5ms的淡入和淡出），通过耳机呈现。在反应时任务中，目标刺激为400Hz，100ms的声音。目标刺激出现之前为6个依次呈现的频率为700Hz，时长为50ms的声音刺激。视觉材料呈现在17寸CRT显示屏中央（分辨率为1024×768pixels，刷新率为85Hz）。被试距离屏幕的距离大约为60cm。视觉材料为红、蓝、绿三种颜色的十字（1.5°×1.5°）。

2.1.4 程序和任务

实验在暗室中进行。实验正式开始前告知被试目标刺激出现之前会有无关声音刺激存在，要求被试忽略。实验程序：首先在屏幕中间呈现某一颜色的十字作为注视点，该注视点直到单个trial中目标声音刺激出现才消失。500ms之后呈现声音刺激序列，声音刺激序列包括规律性和非规律性刺激序列，在不同的trials中随机呈现。在规律性刺激序列中，按照固定的刺激间时距（950ms）呈现听觉刺激。而在非规律性刺激序列中，两个相邻声音刺激之间的间隔时间为350ms，650ms，950ms，1250ms或1550ms，这五个间隔时间在不同的trials中的排列顺序是随机的。声音刺激序列结束之后一段时间呈现目标声音刺激。刺激序列消失之后到目标声音刺激出现之间的间隔时间为650ms，950ms或1250ms。此外，为了消除先期的时间期待效应（foreperiod effect），在每个trial中，650ms，950ms和1250ms呈现的概率不同。根据non-aging的概率分布，650ms出现在50%的trials中，950ms出现在25%的trials中，1250ms出现在12.5%的trials中，剩余12.5%为“捕捉试次（catch trial）”，即目标刺激不呈现。当目标刺激出现时，要求被试尽快地用右手食指按“B”键做出反应，被试有1100ms的时间做出反应。（见图1）

双任务条件下被试除了完成反应时任务外，还需要完成一项工作记忆任务。工作记忆任务为记住每个block中，三种颜色的“+”各出现多少次，颜色在不同的trials间随机变换，但是在单个trial中保持恒定。在该工作记忆任务中，被试工作记忆的内容会不断地更新。单个block结束后，随机提示一种颜色（比如红色），被试需要回答该颜色对应的“+”在该block中出现的次数。当被试做出回答之后，会呈现反馈。反馈呈现1500ms，告诉被试反应是否正确。

被试被随机地分配到单任务实验组或双任务实验组，每个被试需要完成1个练习block和8个正式实验blocks，每个组块包含16个trials。

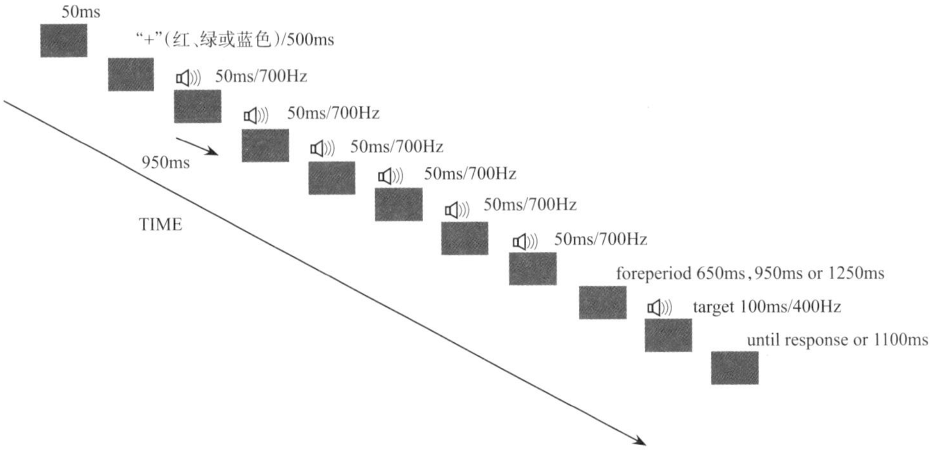


图1 实验1中单个trial的实验流程

在非规律性刺激序列中，相邻的两个声音刺激之间的间隔时间可能是350ms，650ms，950ms，1250ms或1550ms，它们的顺序在不同trials中随机排列。

### 2.2 结果与分析

练习、错误反应和未做出按键反应的试次，反应时小于150ms或大于1200ms的试次（0.16%）不计入统计分析。在工作记忆任务中，被试对颜色的记忆测试结果正确率平均为87%（13%*SD*），为保证被试确实认真完成了工作记忆任务，仅将正确完成工作记忆任务的平均反应时成绩纳入结果分析。

重复测量方差分析表明，任务主效应显著，$F(1, 29)=11.75$，$p<0.01$，$\eta^2=0.29$。单任务中被试的平均反应时（312ms）要比双任务中的平均反应时（368ms）短，这证实了工作记忆任务操作的有效性。节律性条件的主效应显著，$F(1, 29)=8.45$，$p<0.01$，$\eta^2=0.23$。节律性条件下被试的反应时（335ms）要快于非节律性条件（345ms）。本研究最重要的发现是，节律性与任务条件不存在交互作用，$F<1$（图2）。具体而言，节律性效应在单任务［$F(1, 29)=4.02$，$p=0.054$，$\eta^2=0.12$］和双任务条件下［$F(1, 29)=4.45$，$p<0.05$，$\eta^2=0.13$］均达到显著水平，即目标刺激出现在规律性刺激序列之后，被试的反应速度要明显快于出现在非规律性刺激序列之后。

间隔时间主效应显著，$F(2, 58)=11.32$，$p<0.01$，$\eta^2=0.28$。间隔时间和节律性条件存在交互作用，$F(2, 58)=3.71$，$p<0.05$，$\eta^2=0.11$（图3）。通过简单效应分析，我们比较了规律性条件和非规律性条件在每种间隔时间条件下的差异，结果发现节律性效应仅发生在间隔时间为950ms的条件下，$F(1, 29)=18.74$，$p<0.001$，$\eta^2=0.39$，在间隔时间为650ms条件（$p=0.39$）和间隔时间为1250ms条件（$p=0.96$）下不存在显著性差异。这一结

果证实了 non-aging 分布操作的有效性。

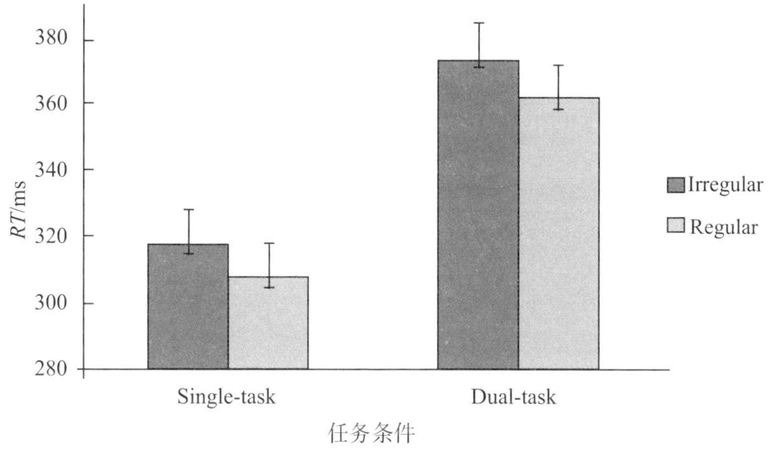


图 2　节律性和任务条件下的平均反应时

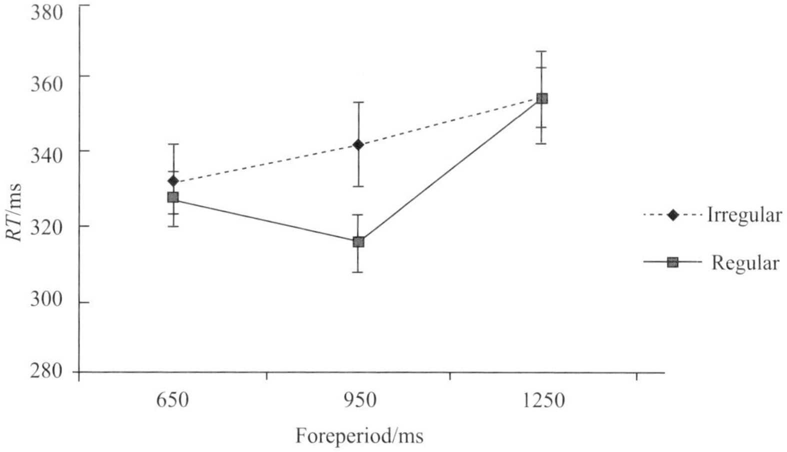


图 3　节律性和间隔时间条件下的平均反应时

## 3 实验 2

探讨注意控制对跨通道的节律性时间期待效应的影响。

### 3.1 方法

#### 3.1.1 被试

47 名本科生被试，其中女生 33 名，男生 14 名，年龄为 21.36±2.14 岁，右利手，听力正常，视力或矫正视力正常。被试之前均未参加过本实验或相关类似实验。

3.1.2 设计

实验为2×3×2的混合设计，节律性(规律性和非规律性)以及刺激序列和目标刺激之间的时间间隔(350ms，950ms和1550ms)为被试内设计，任务条件(单任务和双任务)为被试间设计。因变量为被试的平均反应时。

3.1.3 材料和仪器

与实验1类似，只不过目标刺激改为视觉刺激"□"和"□"。

3.1.4 程序和任务

与实验1类似，仅有两点不同。第一，要求被试看到"□"立即按"J"键反应，看到"□"按"F"键反应。视觉目标材料呈现时间为200ms，被试有1200ms的时间做出反应。第二，由于视时间辨别能力比听时间辨别能力差(Ulrich，Nitschke，&Rammsayer，2006)，我们将刺激序列和目标刺激之间的间隔时间改为350ms，950ms和1550ms。共包括1个练习block和16个正式实验blocks，每个block包含32个trials。由于任务时间较长，考虑到被试会疲劳，将任务分为两天进行。

### 3.2 结果与分析

练习、错误反应和未做出按键反应的试次，反应时小于150ms或大于1200ms的试次(2.19%)不计入统计分析。单任务条件下，一名被试未完成任务，一名被试反应时任务正确率较低(66%)，双任务条件下两名被试的工作记忆任务正确率较低(分别为63%和44%)。在工作记忆任务中，被试对颜色的记忆测试结果的正确率平均为88%(10%*SD*)，为了保证被试确实认真完成了工作记忆任务，数据结果只分析正确完成工作记忆任务的平均反应时。

重复测量方差分析表明，任务主效应显著 $F(1,41)=4.91$，$p<0.05$，$\eta^2=0.12$。单任务中的平均反应时(440ms)要比双任务中的平均反应时(483ms)短。节律性条件的主效应显著，$F(1,41)=92.07$，$p<0.001$，$\eta^2=0.69$；节律性条件下反应时(456ms)要快于非节律性条件(468ms)。此外，节律性与任务条件不存在显著交互作用，$F(1,41)=3.96$，$p=0.053$。具体而言，节律性时间期待效应在单任务[$F(1,41)=28.27$，$p<0.001$，$\eta^2=0.41$]和双任务条件下[$F(1,41)=68.70$，$p<0.001$，$\eta^2=0.63$]均达到显著水平(图4)，即目标刺激出现在规律性刺激序列之后，被试的反应速度要明显快于出现在非规律性刺激序列之后，且这种效应与任务条件无关。

间隔时间主效应显著，$F(2,82)=40.21$，$p<0.001$，$\eta^2=0.50$；事后比较结果表明，被试在950ms间隔时间条件下的平均反应时显著快于在350ms间隔时间条件下的平均反应

时($p<0.01$),但是与1550ms间隔时间之间不存在显著差异($p=0.72$)。间隔时间和节律性条件存在交互作用,并达到了显著水平,$F(2,82)=4.81$,$p<0.05$,$\eta^2=0.11$(图5)。通过简单效应分析,我们比较了规律性条件和非规律性条件在每种间隔时间条件下的差异。结果发现节律性效应在间隔时间为950ms的条件下[$F(1,41)=65.84$,$p<0.001$,$\eta^2=0.62$]、350ms条件下[$F(1,41)=11.01$,$p<0.01$,$\eta^2=0.21$]和1550ms条件下[$F(1,41)=11.13$,$p<0.01$,$\eta^2=0.21$]均达到了显著水平。

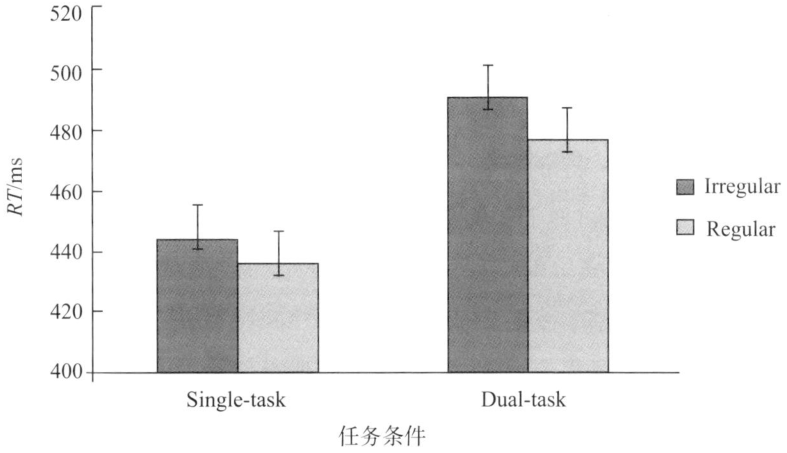


图4　节律性和任务条件下的平均反应时

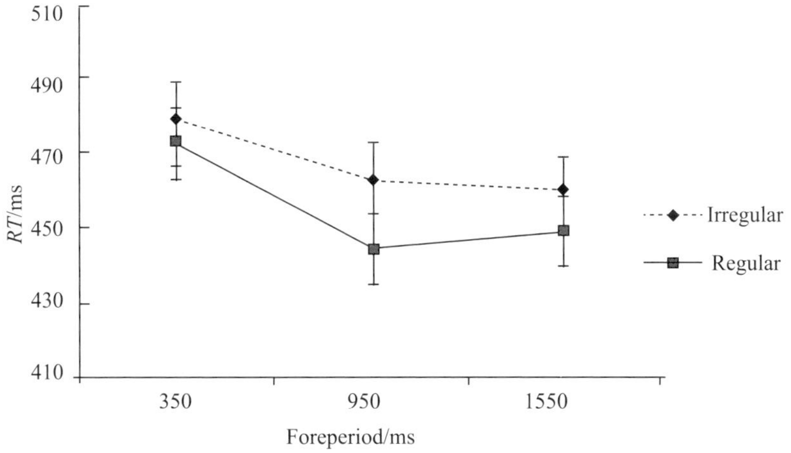


图5　节律性和间隔时间条件下的平均反应时

## 4 总讨论

目前学界对于节律性时间期待是自动化的过程(de la Rosa et al.,2012;Triviño et al.,2011),还是受到注意控制的影响(Schwartze et al.,2011),还存在争议。先前采用双任务范式的研究发现,当要求被试忽略刺激序列而完成工作记忆任务时,无论工作记忆任务是否与刺激序列呈现在同一感觉通道,时间期待效应均不受影响(Cutanda, Correa, &Sanabria, 2013, 2015; de la Rosa et al., 2012)。为了进一步探讨上述问题,本研究仍然采用双任务范式,但是不同于先前的研究,本研究中刺激序列以较慢的速度呈现(ISI: 950ms)。结果发现无论目标刺激是否与节律性序列呈现在同一感觉通道,时间期待均能提高反应时任务的成绩,且该效应不受任务条件的影响。

有研究者发现,相比于短时距知觉加工,长时距知觉加工可能需要认知资源参与,包括注意资源和记忆资源(Buhusi & Meck, 2009; Ivry & Schlerf, 2008)。这与当前的研究结果并不矛盾。以往的时距知觉研究要求被试对单个时距进行估计,而在当前的研究中刺激序列可以看成是有多个时距构成的时间规律序列。Grondin(2010)认为单个时距和时间序列涉及不同的时间加工过程。单个时距的加工是线性的,符合起搏器-累加器模型(pacemaker--counter model)的假设,该过程往往需要注意的参与。当要求被试将注意分配到非时间信息上时,被试会低估时间。而时间序列的加工是动态、非线性的,这种时间规律性使得即将出现的刺激具有可预测性,符合 DAT 假设(Henry & Herrmann, 2014; Large & Jones, 1999)。DAT 假设内部注意振荡器能够自动地与外部规律性的刺激序列产生内外偶联,通过内外偶联,注意振荡与外部节律性时间结构序列产生同步,使注意资源分配到预期刺激出现的时间。此外,本研究结果也得到了脑科学研究的支持。Triviño 等人(2011)发现右侧前额皮层受损的病人,其利用节律性的时间信息预测目标刺激何时出现的能力并未受损,但是利用提示时间信息预测目标刺激出现时刻的能力却受到了影响。采用经颅磁刺激(transcranial magnetic stimulation, TMS)抑制与注意控制有关的背外侧前额皮层(dorsolateral prefrontal cortex)的活动,同样发现利用提示时间线索形成的时间期待效应受到了影响,而节律性时间信息驱动的时间期待效应保持稳定(Correa, Cona, Arbula, Vallesi, & Bisiacchi, 2014)。

规律性条件和间隔时间条件存在显著的交互作用。但是在实验一中,时间期待仅仅加快了 950ms 间隔条件下被试的反应速度,而这种效应在 650ms 和 1250ms 间隔条件下并不存在。而实验二中,节律性不仅促进了 950ms 条件下被试的反应速度,同时也促进了 350ms 和 1550ms 条件下被试的反应速度。由于实验二中不同间隔时间水平相差较大,对于这种促进作用可能有三种解释:第一,规律性刺激序列提高了被试的唤醒水平。之前有研究者发现听觉节律性序列能够提高生理唤醒水平(Husain, Thompson, & Schellenberg, 2002)。根据该解释,先出现的目标刺激其加工速度要快于后出现的刺激(Escoffier, Sheng, & Schirmer, 2010),但这与当前研究结果不一致。第二,大脑皮层的神经元集群的兴奋和抑制状态能够与外部规律性刺激序列产生内外偶联,使得注意资源在时间上呈动态分布。在不同的时间点上注意水平不同,使得出现在不同时间点上的刺激得到不同程度的加工,而如果目标出现在期待的时间,其注意水平达到最优,对目标刺激加工的促进作用最大(Schroeder & Lakatos,2009)。第三,体现了规律性刺激序列对听觉刺激和视觉刺激的时间期待的不同。然而,DAT 预测,节律性时间期待对注意在时间上的分配并不受呈现目标刺激感觉通道的影响(Escoffier, Herrmann, & Schirmer, 2015)。根据听觉节律性信息形成的时间期待不仅能够促进听觉目标刺激的加工,同样也能促进出现在期待时间点上视觉和触觉刺激的加工。而 DAT 假设注意振荡是随时间动态变化的过程,目标出现时间对应着振荡的波峰时,促进作用最大;而出现在其他相位点则促进作用较弱(Large& Jones,1999)。

与当前研究结果相反,Schwartze 等人(2011)的研究表明:节律性时间期待的产生依赖于被试对刺激序列的注意,涉及注意控制的过程。在 Schwartze 等人的研究中,研究者要求被试数出听觉刺激序列中新异刺激的个数,结果发现规律性的刺激序列能够影响与注意加工过程有关的 P3b 电位。但是这并不能说明注意控制是节律性时间期待产生的必要条件,这可能是被试对序列即将结束的预期而非对目标出现的期待(Sussman, Winkler, Huotilainen, Ritter, &Näätänen, 2002)。此外,在 Schwartze 等人的研究中,注意条件类似于双任务范式,但是规律性和非规律性节律条件下的行为成绩并没有达到显著差异。而当前研究结果表明:即使在双任务条件下,被试依然可以利用规律性序列形成时间期待(规律性刺激序列条件下被试的反应速度显著快于非规律性刺激序列条件),这表明,尽管任务要求被试忽略听觉序列而注意工作记忆任务,被试依然可以自动地利用规律性刺激序列预测目标刺激出现的时间。将来可以通过 ERP 研究来探讨双任务条件下,规律性刺激序列是如何调节神经活动的,以便阐释以上行为和脑电研究结果的矛盾。

本研究进一步证实:无论刺激序列以较慢的速度呈现还是刺激序列与目标刺激呈现在不同的感觉通道中,这种效应均是十分稳定的。该结果支持了通过规律性刺激序列形成的时间期待不受注意控制的影响这一观点,并且将 DAT 模型的适用范围扩展到了通过长时距间隔的刺激序列形成的节律性时间期待中。但是,本研究仍然有不足之处,比如实验任务仅仅包括单任务和双任务两种,而未设置多种工作记忆负荷水平,以便考查被试对次任务的不同注意水平是否影响节律性时间期待。

## 5 结论

刺激以较慢速度的节律出现,形成的规律性刺激序列能够诱导产生时间期待,并且不受同时进行的工作记忆任务的干扰。即使目标刺激和节律性刺激序列呈现在不同的感觉通道内,节律性时间期待效应依然存在,且不受注意控制的影响。

合作者:邱俊杰、于晓琳、李宝林。原文载于《心理科学》,2016年第6期。

# 时间知觉的注意调节:一项ERP研究

## 1 引言

时间知觉(time perception)在时间认知分段综合模型里属于极短时距(5s内)的研究范围(黄希庭,徐光国,1999;黄希庭,李伯约,张志杰,2003)。时间知觉包括对事件持续性和顺序性的知觉(Fraisse,1963;凤四海,黄希庭,2004)。目前从认知神经科学角度对时间知觉的研究仅限于事件持续性知觉(Gibbons & Rammsayer,2005;Meck,2005;Meck & Malapani,2004)。时间知觉的理论模型分为生物取向、认知取向以及综合取向。生物取向模型主要强调有机体时间信息加工或计时活动的内源性成分,假设有机体大脑内存在一个生物钟或内部时钟,内部时钟是时间信息表征的前提。认知取向模型主要强调时间信息加工的外源性成分,即外部刺激因素、环境因素以及其他认知活动过程对时间知觉的影响,认为时间是从刺激环境特别是刺激的变化中抽象和建构而来的,是认知过程的间接结果,尤其是记忆和注意的结果。综合取向模型将以上两种观点加以整合,认为时间知觉是各种内部和外部因素共同作用的结果,因此较具生态学效度(凤四海,黄希庭,2004)。生物取向观点强调时间知觉中的自动加工成分,认知取向观点强调时间知觉中的控制加工成分,综合取向观点则认为两种加工均存在于时间知觉中。时间认知分段综合模型强调认知时间的分段性(黄希庭,徐光国,1999;黄希庭,李伯约,张志杰,2003),时间知觉中自动加工与控制加工的关系也应该随着时距的不同而动态地变化。

认知神经科学提供了不同时距加工,其机制不同的证据。对一名叫H.M.的脑损伤病人的研究最早发现了不同时距加工机制分离现象。H.M.是一名两内侧颞叶(bilateral medial temporal lobe)损伤病人,研究者要求H.M.再现1~300s范围内的时距,结果发现H.M.能够较精确地再现20s以下的时距,而系统低估20s以上的时距(Richards,1973)。Eisler和Eisler用幂函数拟合了H.M.再现时距的数据,发现其心理物理函数有明显的断裂,分裂为高低两段(Eisler & Eisler,2001)。神经药理学的研究进一步表明:自动加工与控制加工的关系随着时距的不同而有差异。Rammsayer运用神经药理学方法发现影响工作记忆的药物均会影响大约500ms以上时距的加工,而大约500ms以下的时距加工则有赖于基底神经节多巴胺的活动性,表明约500ms以下时距不受认知控制影响,而约500ms以上时距则受工作记忆的调节(Rammsayer,1999)。Lewis等回顾了功能性磁共振成像研究成果后认为，对时距信息的加工有自动加工和认知控制加工两种机制，“1s”是两种加工机制的分界点（Penelope A Lewis & Miall，2003）。对“秒下（sub-second）”时距的加工主要是自动加工，不受注意、唤醒等因素的影响，所涉及的脑区称为“自动计时系统（automatic timing system）”，主要包括小脑、基底神经节、辅助运动区等。对“秒上（supra-second）”时距的加工主要是认知控制加工，易受注意、唤醒等因素的影响，与之有关的脑区称为“认知控制计时系统（cognitively controlled timing system）”，主要包括前额叶皮质、顶叶等。Lewis以自动加工和控制加工为标准划分不同的计时系统能够解释许多fMRI研究结果，但是由于fMRI时间分辨率较低，以此为依据提出以“秒上”和“秒下”为时间点来划分脑的加工机制则尚需要实验加以验证。

注意调节对时间知觉的影响是划分两种加工机制的重要指标之一。最近的研究发现，在视觉通道内对时间的注意进行调节能够对时间知觉产生影响。例如Coull等报告了一项fMRI的研究（Coull，Vidal，Nazarian，& Macar，2004）：操纵对时间的注意程度，证明了时间知觉受注意调节的影响，即时间知觉中存在控制加工。研究者在双任务实验条件下，通过指导语让被试按照比例将注意分配到视觉刺激的时间和颜色属性上，结果发现随着对时间注意的增加，时间分辨任务成绩提高，而颜色分辨任务成绩下降，同时前辅助运动区、右岛盖的活动性也提高，表明上述脑区与对时间的注意进行调节有关。时间任务比颜色任务激活的程度更高的脑区有前辅助运动区、右岛盖、右背外侧前额叶、右背侧前运动区、左腹内侧前额叶、右颞下回、右颞中回、右颞上回、左顶下小叶、右顶下小叶、左前壳。表明以上区域与时间信息加工有关。此项研究明确了视时间知觉中控制加工涉及的区域，但不能确定控制加工开始的时间点。

事件相关电位具有极高的时间分辨率，能够弥补以上神经药理学和fMRI研究的不足。关联性负变（Contingent Negative Variation，CNV）被认为与时间信息加工密切相关（Elbert，Ulrich，Rockstroh，& Lutzenberger，1991），有研究者对CNV波幅、峰值等与时间信息加工的关系进行了一系列的研究（Bendixen，Grimm，& Schröger，2005；Françoise Macar & Vidal，2003；Pfeuty，Ragot，& Pouthas，2003a）。以CNV为指标研究自上而下的对时间的注意的调节，结果发现对同一刺激的时间和非时间属性的注意所激活的脑区有差异。例如，Gibbons等要求被试对同一听觉刺激分别进行时间和音调分辨任务，结果发现注意时间属性时额叶和中央区电极在150ms至1000ms诱发更负的波，后部电极在500ms至1000ms诱发更负的波（Gibbons，Brandler，& Rammsayer，2003）；Pouthas等对同一视觉刺激分别进行时间和强度分辨任务，结果发现注意强度属性的最大波幅位于楔叶、前扣带回、左前额叶。在右额叶，注意时间属性比注意强度属性诱发的波幅更大（Pouthas，Garnero，Ferrandez，& Renault，2000）。但是以上的研究均是简单地将时间与非时间属性的注意所激活的脑区相比较，而没有操纵对时间属性的注意程度这一变量。

本研究采用改进的Macar双任务实验范式(Françoise Macar, Grondin, & Casini, 1994)，要求被试完成时间分辨和音调分辨双任务，实现对时间知觉的注意调节。在Macar双任务实验范式中，研究人员通过指导语要求被试按照比例将注意分配到刺激的时间属性与非时间属性上，形成五种注意条件：只注意时间属性，忽略非时间属性；注意时间属性多于非时间属性；同等注意时间属性和非时间属性；注意非时间属性多于时间属性；只注意非时间属性，忽略时间属性。以往的研究发现，要求被试以不同的比例注意刺激的时间属性与非时间属性(Coull et al., 2004; Françoise Macar et al., 1994)时，被试均能按实验要求的比例分配注意，并影响其时间估计。本研究中以时间知觉所诱发的CNV为指标，操纵对刺激时间属性的不同注意程度，探讨此动态过程中听时间知觉的脑区激活特点。

## 2 方法

### 2.1 被试

19名本科生自愿参加本实验，其中男4名，女15名，年龄为18~22岁(平均年龄20.11±1.10岁)。左利手1人，其余均为右利手，听力正常，视力或矫正视力正常，没有脑部损伤或神经系统疾病，在实验后获得适当报酬。其中有两人因为错误率过高而被剔除，有效被试为17人，男4名，女13名，平均年龄为20.24±1.03岁。

### 2.2 刺激

计算机屏幕背景为黑色，注意提示图片为边长5cm的正方形，如图1所示，均由Photoshop6.0绘制。纯音刺激由Edifier耳机呈现，声音强度为50dB，频率分别为974Hz、1000Hz、1026Hz，呈现时间分别为540ms、1080ms、1620ms，声音刺激均由Adobe Audition1.5产生。实验程序由E-prime1.1编制，刺激的呈现和反应记录均由计算机自动控制。

### 2.3 程序

实验中的注意分配提示如图1所示，注意资源用黑色表示，左边表示对时间的注意比例，右边表示对音调的注意比例。五种注意条件从左向右分别为：*T*条件，只注意时间，忽略音调；*Tp*条件，注意时间多于音调；*tp*条件，同等注意时间和音调；*tP*条件，注意音调多于时间；*P*条件，只注意音调，忽略时间。

所有被试在实验前均进行练习以熟悉实验过程，练习阶段与正式实验程序相同。在练习阶段被试学习并掌握如图1所示的分配注意的方法。首先向被试呈现指导语和注意提示，确认被试懂得实验过程和注意提示含义后开始练习。练习完一组后，要求被试向主试解释实验过程与注意提示的含义。主试根据被试的回答纠正其中存在的错误，然后继续练习。至少练习5组，确认被试熟悉并掌握实验过程和任务要求后，结束练习。

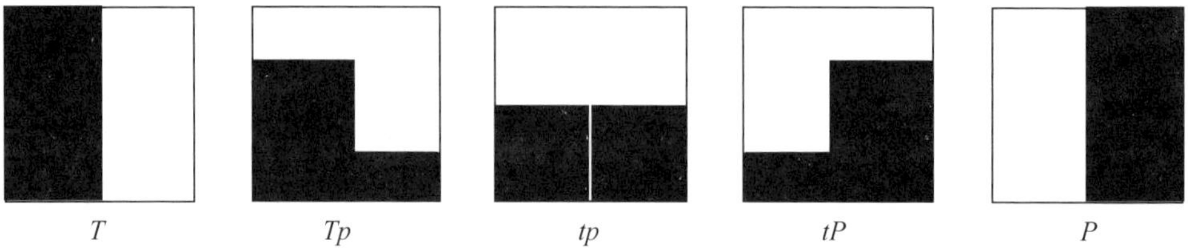


图1 注意分配提示

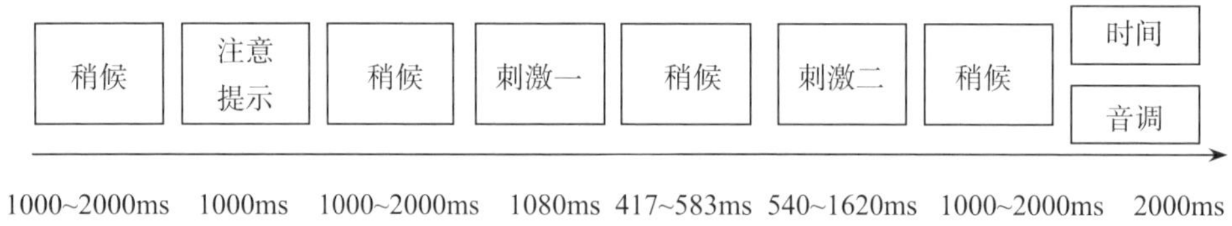


图2 实验流程图

正式实验阶段，主试不要求被试解释实验过程与注意提示的含义，其余过程与练习阶段相同。实验流程如图2所示，实验开始时呈现注意提示。要求被试按要求将注意分配到刺激的时间、音调之上。然后呈现两个声音刺激。第一个声音刺激呈现时间为1080ms，音调为1000Hz，第二个声音刺激呈现的时间随机选取540ms、1080ms、1620ms之一，音调随机选取974Hz、1000Hz、1026Hz之一，根据前面的刺激提示被试将注意分配到两个刺激的时间与音调属性上。最后呈现反应信号——汉字“时间”或“音调”。当呈现“时间”时，判断第二个刺激的呈现时间比第一个刺激“短”还是“长”，或者二者相等。当呈现“音调”时，判断第二个刺激的音调比第一个刺激“低”还是“高”，或者二者音高相同。被试用食指、中指和无名指按“1”“2”“3”三个数字键之一反应。（“1”表示较短/较低；“2”表示相等；“3”表示较长/较高。用左手反应时无名指按“1”，中指按“2”，食指按“3”；右手反应时食指按“1”，中指按“2”，无名指按“3”）在一次试验中被试只做一次按键反应。研究发现，在不同注意提示下，被试对时间判断与音调判断的反应比例也会随着发生变化，在 *T* 条件下，100%的反应均为时间判断；在 *Tp* 条件下，75%的反应为时间判断，25%的反应为音调判断；在 *tp* 条件下，50%的反应为时间判断，50%的反应为音调判断；在 *tP* 条件下，25%的反应为时间判断，75%的反应为音调判断；在 *P* 条件下，100%的反应为音调判断。

实验共分为10组。每组只包含一种注意条件，由36次试验组成。采用拉丁方顺序平衡五种注意条件，每个被试在前五组实验中用左手按键，后五组实验中用右手按键。由被试自己在每组实验之间安排休息时间（约1min）。做完正式实验的时间约为60min。

### 2.4 脑电记录

采用Brian Products ERP记录与分析系统。按照国际10~20扩展的64导电极帽记录脑电。采用Ag/AgCl电极,并以双乳突连线为参考电极,前额接地,双眼外侧安置电极记录水平眼电,左眼上下安置电极记录垂直眼电。带通滤波为DC~100Hz。采样频率为500Hz/导,头皮电阻小于5kΩ。连续记录脑电数据后离线分析,数字滤波为0.01~40Hz,自动矫正眨眼等伪迹,波幅在±80μV之外的将自动排除。分析时程为刺激呈现后的1400ms,基线为刺激呈现前100ms。

### 2.5 数据和统计分析

#### 2.5.1 行为数据

在脑电实验过程中,记录被试对时间与音调任务反应的错误率和反应时。时间任务包括*T*、*Tp*、*tp*、*tP*四种注意条件,音调任务包括*Tp*、*tp*、*tP*、*P*四种注意条件。为检验被试是否按比例将注意分配到时间属性与音调属性上,对每个被试每种任务类型的四个点分别用线性回归求其斜率。然后对时间与音调任务斜率作配对*t*检验,估计每个被试的时间和音调高/低的百分数后,分别做配对*t*检验。为检验时间分辨任务和音调分辨任务的难度差异,时间任务以*T*、*Tp*、*tp*、*tP*顺序,音调任务以*P*、*tP*、*tp*、*Tp*顺序对两任务反应时和错误率分别进行配对*t*检验。

#### 2.5.2 ERP数据

对五种注意条件下两个听觉刺激所诱发的ERP进行叠加平均,各条件的有效叠加次数均达到了90次以上。综合考虑以往对CNV的研究(张志杰,袁宏,黄希庭,2006)和对时间的注意的脑功能定位的结果(Coull et al.,2004;Francois Macar et al.,2002),本文选取Fz、FCz、Cz、CPz、Pz、F3/F4、FC3/FC4、C3/C4、CP3/CP4、P3/P4十五个电极点,对P1、N1、P2的波幅与潜伏期分别进行二因素(注意条件、电极点)重复测量方差分析。对CNV平均始潜时(CNV与X轴的交点)至540ms平均波幅进行二因素(注意条件、电极点)进行重复测量方差分析。所有方差分析的*p*值均用Greenhouse Geisser法矫正。脑地形图由64导电极数据绘制。

#### 2.5.3 偶极子溯源分析

使用Brain Electrical Source Analysis(BESA5.0)软件,选用四壳椭球模型(4 shell ellipsoidal head modal),对300~540ms时段只注意时间诱发波形减去只注意音调诱发波形所得到的差异波进行源分析。首先根据主成分分析(PCA)确定偶极子数目,然后不限制偶极子的方向和位置,使用遗传算法(Genetic Algorithm)自动确定偶极子的位置,以相应的残差作为偶极子定位是否真实的评价指标。

# 3 结果

## 3.1 反应时与错误率分析

行为数据分析发现2名被试的错误率过高,其数据没有进入分析。图3为17名被试时间与音调分辨任务行为数据结果。时间任务反应时的斜率均值为79.70±61.47,音调任务反应时的斜率均值为-91.86±74.62,对时间与音调任务反应时的斜率作配对$t$检验,两种任务差异显著,$t(16)=7.707$,$p<0.001$,结果表明对时间属性的注意减少时,时间任务的反应时增加,音调任务的反应时减少。时间任务错误率的斜率均值为0.036±0.068,音调任务错误率斜率均值为-0.304±0.055,对时间与音调任务错误率的斜率作配对$t$检验,两种任务差异显著,$t(16)=2.736$,$p<0.05$,表明对时间属性的注意减少时,时间任务的错误率上升,音调任务的错误率下降。时间任务低估率均值为(5.3±6.07)%,高估率均值为(8.38±7.93)%,对时间任务高/低估计百分数分别作配对$t$检验,高/低估计百分数差异显著,$t(67)=-2.623$,$p<0.05$,表明时间任务倾向于高估。音调任务低估率均值为(9.02±8.75)%,高估率均值为(10.59±12.48)%,高/低估计不存在显著差异,$t(67)=-1.024$,$p>0.05$。以上的结果表明被试是按照实验要求将注意按比例分配在时间任务与音调任务上。时间反应实验按照$T$、$Tp$、$tp$、$tP$顺序,音调反应实验按照$P$、$tP$、$tp$、$Tp$顺序,将这两种任务反应时做配对$t$检验,结果反应时差异不显著,$t(67)=-1.906$,$p>0.05$。对两种任务的错误率做配对$t$检验,结果显示错误率差异不显著,$t(67)=-0.952$,$p>0.05$,表明时间任务与音调任务难度不存在显著差异。

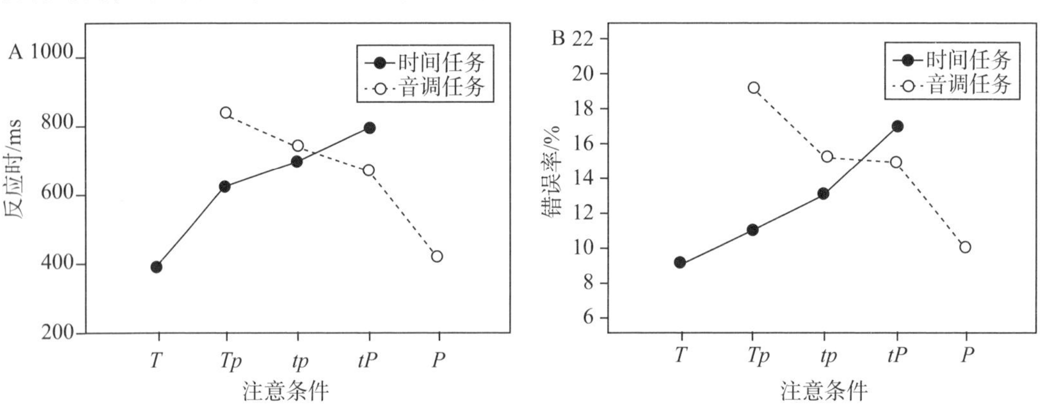


图3 时间与音调分辨反应实验结果

注:A图为五种注意条件下对时间与音调分辨的反应时。B图为五种注意条件下对时间与音调分辨反应的错误率。

对时间的注意逐渐减少时,时间分辨的反应时逐渐增加,反应错误率上升。对音调的注意逐渐增加时,音调分辨的反应时逐渐减小,反应错误率下降。

### 3.2 ERP分析

五种注意条件下，时间知觉所诱发的ERP见图4，首先为正波$P1$，其波峰位于约48ms处，主要分布于颞、额叶；接着为负波$N1$，其波峰位于约100ms处，主要分布于额叶；随后为正波$P2$，其波峰位于约174ms处，主要分布于中央、顶叶；最后诱发CNV成分，其始潜时位于大约190ms处，波幅在大约300ms时开始趋于平缓，主要分布于额叶。因为将刺激一的1080ms与刺激二的540ms，1080ms和1620ms三种时距所诱发的CNV波形叠加，所以在700ms~800ms、1100~1300ms观察到波幅下降。

$P1$、$N1$和$P2$成分分析。分别以峰值和潜伏期为因变量进行方差分析，注意条件主效应均不显著（所有$p>0.05$）。但以LSD法对五种注意条件下的$P2$峰值做多重比较发现，只注意时间（$T$条件）与只注意音调（$P$条件）的差异达到显著水平（$p<0.05$），只注意时间诱发的$P2$波幅均值为$-0.115\pm1.785\mu V$，只注意音调诱发的$P2$平均波幅为$0.48\pm1.871\mu V$。注意条件与电极点的交互作用均不显著（所有$p>0.05$）。

CNV成分平均波幅分析。以CNV成分始潜时至540ms的平均波幅为因变量进行方差分析，注意条件差异显著，$F(4,64)=4.771$，$p<0.01$。主要表现为随着对时间注意的减少，五种注意条件下诱发的波幅呈下降趋势，平均波幅见图4。进一步使用LSD法做多重比较（其结果见表1）可知，$T$条件与$Tp$、$tp$、$tP$、$P$差异显著，$Tp$条件与$tP$、$P$条件的差异达到显著水平，同时$tP$条件与$P$条件的差异边缘显著（$p=0.052$）。电极主效应显著，$F(14,224)=54.146$，$p<0.001$。主要表现为额叶电极波幅最大，FCz的平均波幅为$-5.527\pm2.331\mu V$，Fz的平均波幅为$-5.361\pm2.224\mu V$。注意条件与电极交互作用不显著，$F(56,728)=1.350$，$p>0.05$。

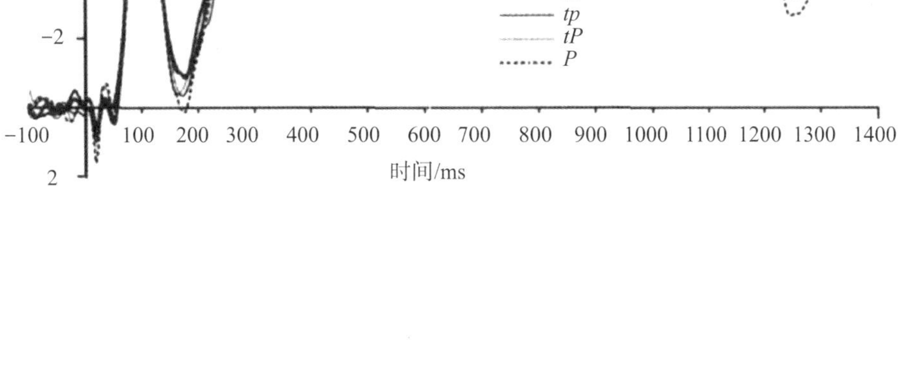

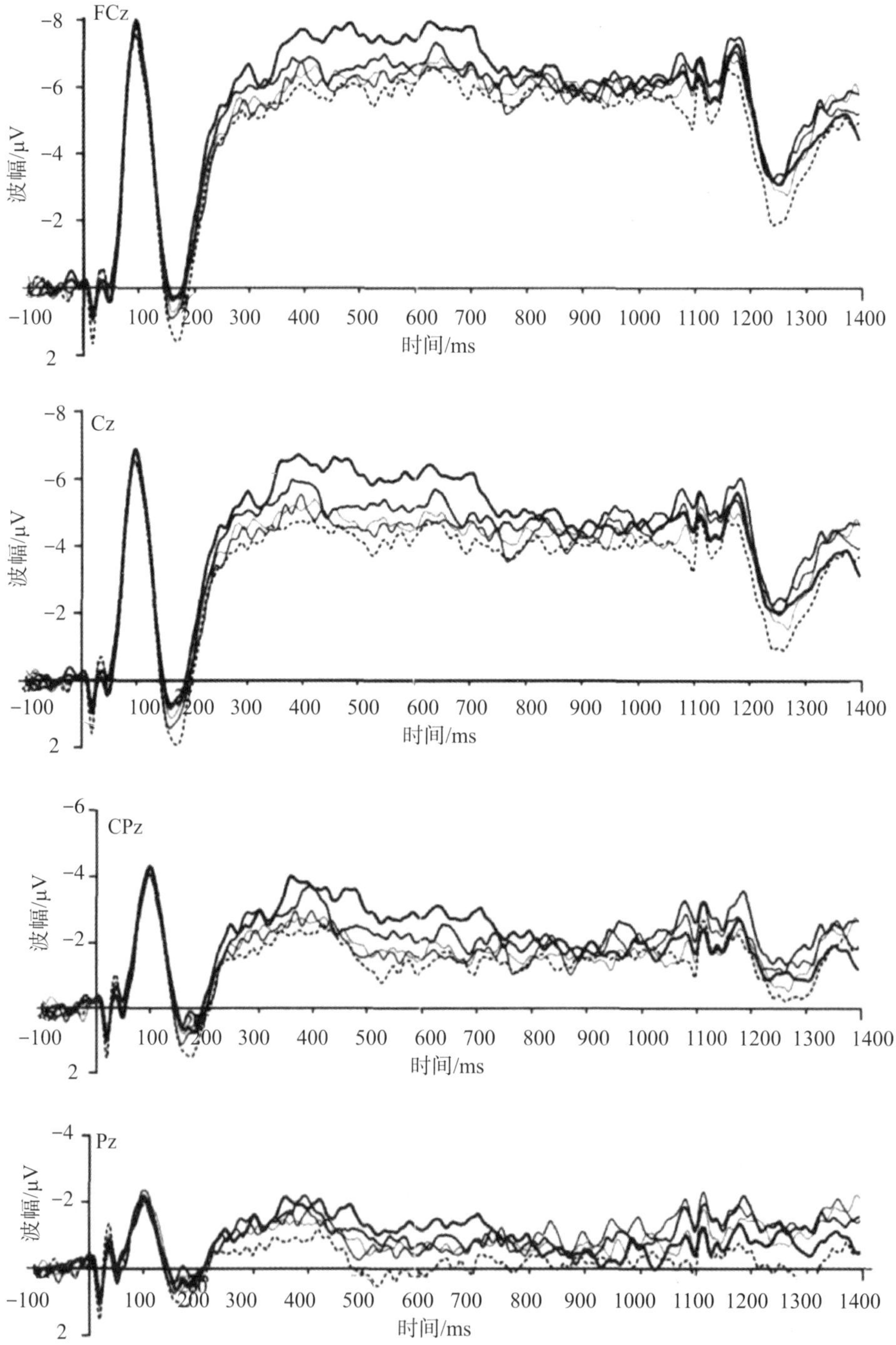


图4 五种注意条件下，时间知觉所诱发的 ERP

对只注意时间减去只注意音调的差异波进行电压地形图分析（见图5）。由图5可知，由 $P2$ 开始出现差异波，其主要位于额叶后部、中央及顶叶区域。并且随时间的推移，具有由额叶向顶叶移动的趋势。

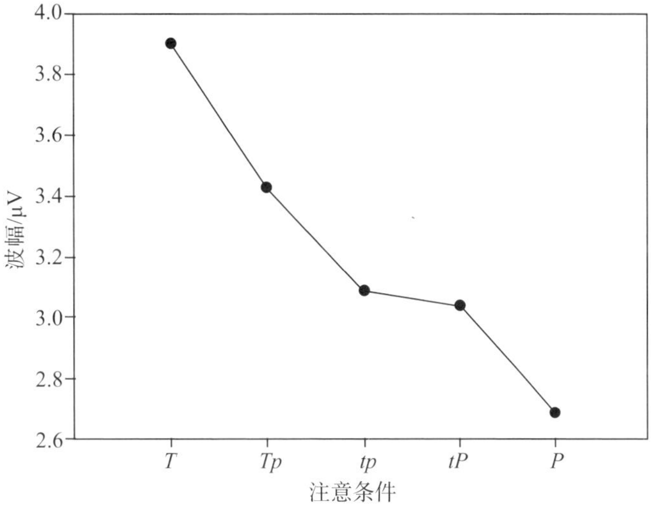


图5　五种注意条件下 CNV 平均波幅

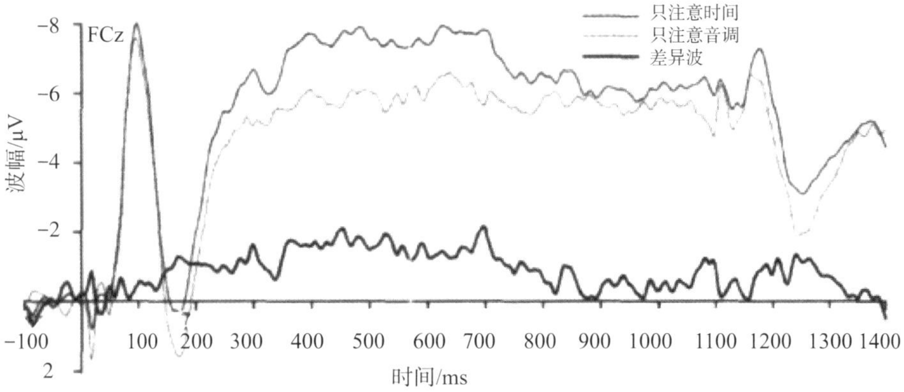


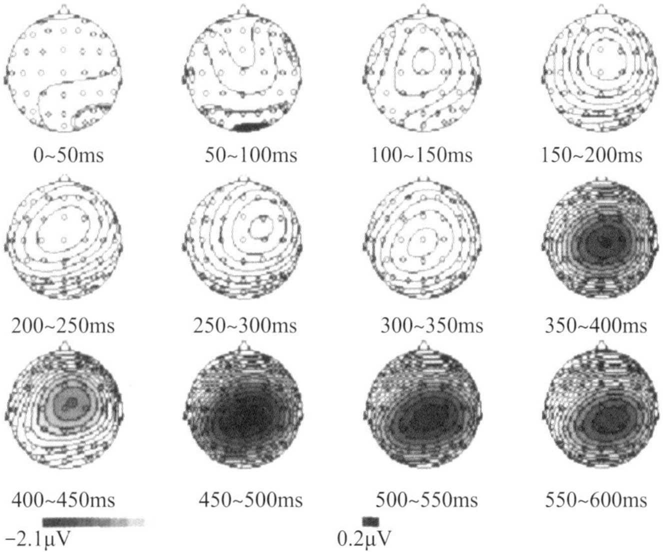


图6　差异波（只注意时间—只注意音调）及其0~600ms内每隔50ms的地形图

表1 五种注意条件下的均值的多重比较结果(Mean Difference)

| 注意条件 | *T* | | *Tp* | | *tp* | | *tp* | |
|---|---|---|---|---|---|---|---|---|
| | *MD* | *p* | *MD* | *p* | *MD* | *p* | *MD* | *p* |
| *Tp* | −0.471 | 0.036* | | | | | | |
| *tp* | −0.808 | 0.010* | −0.336 | 0.245 | | | | |
| *tp* | −0.857 | 0.002** | −0.386 | 0.012* | −0.049 | 0.873 | | |
| *p* | −1.215 | 0.001** | −0.743 | 0.011* | −0.407 | 0.293 | −0.358 | 0.052 |

注:*表示 $p<0.05$;**表示 $p<0.01$

### 3.3 偶极子溯源分析

使用BESA对只注意时间减去只注意音调的差异波进行偶极子溯源分析,首先对300~540ms时段差异波进行主成分分析,发现前三个成分分别能够解释总变异的84.8%、8.0%、1.8%。不限制偶极子的方向和位置,选用三个偶极子进行拟合。偶极子1定位于额上回(BA6,辅助运动区),其Talairach坐标为(18.3,6.9,52.1);偶极子2定位于顶下小叶(BA40),其Talairach坐标为(29.8,-51.2,35.2);偶极子3定位于额中回(BA6,辅助运动区),其Talairach坐标为(-19.9,-10.3,45.1)。该脑模型的残差为11.19%,具体结果见图7。

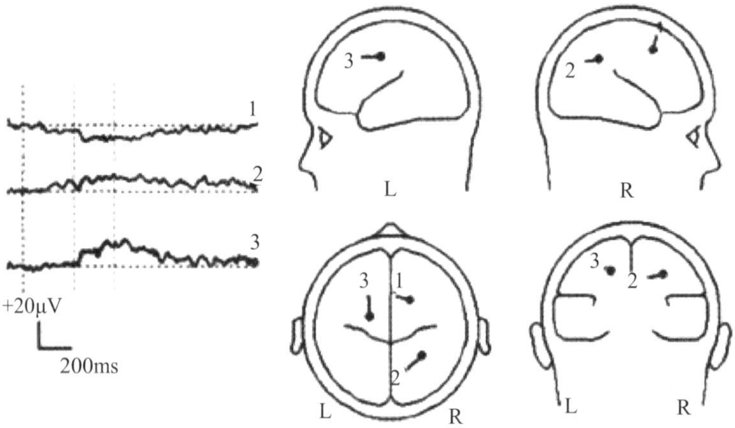


图7 差异波(只注意时间—只注意音调)的偶极子溯源分析

## 4 讨论

### 4.1 听时间知觉注意调节的动态过程

从图4可以看出,*P*1、*N*1在五种注意条件下没有显著差异,ERP数据统计也发现*P*1、

*N*1 五种注意条件下的主效应不显著，这可能是由于*P*1、*N*1 只与听觉加工的早期阶段有关。

*P*2 峰值在五种条件下主效应不显著，但多重比较发现，只注意时间（*T*）条件与只注意音调（*P*）条件之间的差异显著，从图6可见 *T*–*P* 差异波开始出现于*P*2。这表明*P*2阶段存在时间信息加工。其他研究者对时间属性与非时间属性加工特点的研究，也得到同样的结果，如在 Gibbons 等的实验中，要求被试对相同声音刺激进行时间与音调分辨，结果发现两种任务所诱发的*P*2峰值差异显著，表明*P*2阶段存在时间信息加工（Gibbons et al.，2003；Gibbons & Rammsayer，2005）。由时距差异诱发的失匹配负波（mismatch negativity，MMN）是时间信息自动加工的指标。在 Kujala 等的一项对时间 MMN 的研究中，标准时距间隔为 120ms，偏差时距间隔为 20ms，在消极 Oddball 实验模式下诱发的 MMN 恰好位于 190ms 附近，该时间范围对应*P*2 阶段（Kujala，Kallio，Tervaniemi，& Näätänen，2001），从另一个角度证明*P*2 存在时间信息加工。但是在*P*2 阶段注意能否对时间知觉产生调节作用呢？从图4可知，五种注意条件在*P*2阶段发生了一定程度的分离，但主效应不显著，这表明*P*2 阶段注意调节可能还未影响时间知觉。当然也可能实验方法精确性受限所致。在*P*2 阶段注意调节是否影响时间知觉尚需进一步研究。

从图4可见，本研究在*P*2之后时间知觉诱发 CNV，五种注意条件下 CNV 波形发生了明显的分离，数据统计发现，在五种注意条件下，CNV 波幅主效应显著，其波幅随着分配在时间属性上的注意的减少而逐渐降低，同时行为数据发现对时间的注意逐渐减少时，时间任务的反应时逐渐增加，反应错误率上升，这表明 CNV 反映时间知觉的注意调节过程。其他研究者也认为 CNV 与注意有密切的关系。如 Pfeuty 等在听觉通道研究了不同时距诱发的 CNV 波，发现右侧 CNV 的波幅增加，直到时距结束（Pfeuty，Ragot，& Pouthas，2003b），反映了对时间信息持续的注意过程。Pouthas 等（2000）在视觉通道进行相同的任务也得到了类似的结果。表明视听通道时间知觉诱发 CNV 均可以反映对时间的注意过程。本研究中注意调节为自上而下的控制加工，故 CNV 为时间知觉存在控制加工的生理指标。

Lewis 等提出“自动”与“认知控制”计时系统的观点，对该领域的研究具有启发作用（Penelope A Lewis & Miall，2003），但是将“秒”作为两系统分界点的观点，尚需更多的实验证据支持。Lewis 所引用的前人以及自己的实验研究均只涉及两个时距脑区激活情况比较，如 Lewis 等比较了 0.6s 与 3s 时距脑区激活情况，结果发现 0.6s 比 3s 激活程度更高的脑区有前额叶皮质、前运动皮质、岛叶、颞叶和小脑，3s 比 0.6s 激活程度更高的脑区有顶叶和扣带回（Penny A Lewis & Miall，2003）。在实验中不能证明“1s”为两种加工的分界点，也不能证明 0.6s 时时间信息加工为自动加工。其他研究者也提出两种加工分离的不同的时间点。如Rammsayer在神经药理学研究的基础上提出500ms以下不受认知调节的影响(Rammsayer, 1999),但Rammsayer也没有精确的测定控制加工开始出现的时间点。在本研究中,从图4可以看出,约250ms后五种注意条件即出现明显的分离,说明注意对时间知觉产生了调节作用,即时间信息加工中存在控制加工,提示时间知觉中控制加工的存在应该以CNV的出现为指标。控制加工开始出现的具体时间可能与刺激类型、任务等因素有关。在本研究中,控制加工大约在200~300ms出现,而不是以"秒"为分界点。

由以上的分析可知,听时间知觉诱发*P*1、*N*1可能只与听觉加工的早期阶段有关,*P*2阶段存在时间信息加工,但在*P*2阶段注意调节是否影响时间知觉尚需进一步研究,CNV反映时间知觉的注意调节过程,时间知觉中存在控制加工应该以CNV的出现为指标。

### 4.2 听时间知觉的脑定位特点

本研究发现辅助运动区和顶下小叶与时间信息的加工过程有关。溯源分析中有两个偶极子定位于辅助运动区,其他研究者的相关的研究结果也发现辅助运动区与时间知觉有关,如Macar等利用ERP研究了时间产生和时间分辨任务中脑区激活的情况,发现目标时距较长时辅助运动区诱发的CNV波幅较大(Françoise Macar, Vidal, & Casini, 1999)。随后Macar等利用fMRI比较时间产生任务和力产生任务激活脑区的差异,发现时间产生任务中辅助运动区被持续激活(Françoise Macar, Coull, & Vidal, 2006),也表明辅助运动区在时间知觉中起着重要作用。但是辅助运动区在时间知觉中的具体作用也存在一定的争议,Lewis等提出辅助运动区属于"自动计时系统",只具有自动加工功能(Richards, 1973);而Macar等则认为辅助运动区在不同时距中均被激活,既具有自动加工又具有控制加工功能(Françoise Macar et al., 2006)。本研究结果支持Macar的观点,不支持辅助运动区只具有自动加工功能的观点。因此,辅助运动区可能为时间知觉的核心成分。

同时,通过对听觉通道的时间知觉注意调节进行研究,我们发现随着对时间注意的增加,时间分辨任务成绩提高,辅助运动区活动性也提高。而Coull等对视觉通道的时间知觉注意调节进行研究(Coull et al., 2004),得到了与本研究类似的结果,看来辅助运动区在时间知觉中的作用不局限于听觉通道,可能具有跨通道效应。

本研究溯源分析中有一个偶极子定位于顶下小叶附近,表明顶下小叶与时间的注意有关,这也与Coull等对视觉通道的时间知觉注意调节研究结果一致(Coull et al., 2004)。在另一项实验中,Macar等也发现顶下叶为时间信息加工所激活的注意系统的一部分(Francois Macar et al., 2002)。但是顶下小叶与时间的注意可能并不是特异的,即顶下小叶为基本注意系统的一部分。对注意的研究证实了这个观点，如Huang等通过体觉刺激对注意进行研究，发现顶下小叶被激活，认为包括顶下小叶、缘上回、前扣带皮质和背外侧前额叶皮质的顶-额回路为基本的注意控制系统（Huang et al.，2005）。以上分析表明顶下小叶与对时间的注意之间的关系并不具有特异性。

本研究也存在一定的不足。首先，采用拉丁方顺序平衡五种注意条件，而有效被试为17人，并不是完全的拉丁方设计（15人是完整的拉丁方设计），两个被试的顺序误差对总体结果存在一定的影响。其次，采用偶极子源定位具有一定的局限性，用三个偶极子只能大致定位主要的区域，还有其他区域与时间信息加工有关。因此在今后的研究中将对前述提及的问题进行深入研究，进一步明确这些脑区及其在时间信息加工中的作用。

## 5 结论

（1）*P*2阶段存在时间信息加工；

（2）CNV反映时间知觉的注意调节，时间知觉中存在控制加工应该以CNV的出现为指标；

（3）辅助运动区可能为时间知觉的核心成分，具有跨通道效应；

（4）顶下小叶与对时间的注意有关，但并不具有特异性；

（5）本研究不支持Lewis提出的“自动”与“认知控制”计时系统理论中“秒”为两系统分界点以及辅助运动区只属于“自动计时系统”观点。

合作者：陈有国、张志杰、郭秀艳、袁宏、张甜。原文载于《心理学报》，2007年第6期。

# 回溯式时距估计的年龄差异

## 1 前言

在回溯式时距估计实验中，被试实验前并不知道要进行时距估计的任务，而是在实验结束后被要求进行时间判断。对回溯式时距估计的研究结果大多基于记忆的理论假设进行解释，认为估计时距内的非时间信息加工任务越复杂、难度越大、数量越多，估计的时距也就越长。例如Ornstein的存储容量模型(storage size model)认为，时间估计的长短取决于其记忆中存储刺激的数量。Poynter的变化/分割模型(change/segment model)认为时间估计就是记忆经验被分割为片段的过程。这些理论模型都得到许多实证结果的支持(Block & Zakay，1997；Zakay & Block，2004)。

近年来时距估计的年龄差异受到研究者的广泛关注(Block，Zakay，& Hancock，1998，1999；Coelho et al.，2004)。这是因为，一方面，随着年龄的增加，人的生理结构和功能，尤其是脑结构和功能呈弥散性的衰退过程，主要表现为认知功能的减退。另一个方面，时距认知不但与大脑皮层及皮下结构的功能有关，而且注意、记忆等认知功能的改变也会显著影响时距估计。时距估计年龄差异的研究不但能够从一个层面解释人类年老化的过程，而且还能够揭示人类时间认知的本质。

但是，以往时距估计年龄差异的研究大多基于预期式的时距估计(Carrasco，Bernal，& Redolat，2001；Craik & Hay，1999；Espinosa-Fernández，Miró，Cano，& Buela-Casal，2003；Rammsayer，2001)，回溯式的时距估计研究结果较少。因此本研究基于回溯式时距估计的理论模型，实验一操纵记忆中存储的数量，实验二操纵记忆中分割的片段，来初步探讨回溯式时距估计的年龄差异。

## 2 实验1

### 2.1 方法

#### 2.1.1 被试

年轻组为16名西南师范大学在校学生(8男8女)，平均年龄为21.3±1.1岁。年老组为重庆北碚老年大学学员16名(15女1男)，平均年龄62.6±0.9岁。被试的教育年数，年轻组平均为12.6±0.6年，年老组平均为11.2±1.4年。以前从未参加过类似实验。

2.1.2 实验设计

采用2×2×2的被试间设计，其中年龄（年轻组和年老组）和刺激类型（字母、数字）、估计方法（复制法和产生法）所有因素均为被试间因素。

2.1.3 材料呈现

给被试记忆的材料为4或7个数字或字母。刺激样例如下：

3　8　0　2

d　r　y　u

2　6　7　8　4　9　5

f　t　s　u　o　j　h

2.1.4 程序

计算机屏幕呈现记忆任务的指导语，要求被试记住屏幕上所呈现的字母或数字，当被试完全理解后正式进入实验。计算机屏幕显示“记忆测验”1秒后，呈现一个2cm×1cm的黑色长方形1s，随后呈现4或7个数字或字母，呈现完毕后再次呈现一个2cm×1cm的黑色长方形1s。两个黑色长方形之间的间距为9s。当呈现的刺激为4个时，黑色长方形和数字（字母）之间，以及数字（字母）之间的时间间隔均为1s，字母或数字呈现的时间也为1s。呈现的数字（字母）为7个时，黑色长方形和数字（字母）之间，以及字母之间的时间间隔均为600ms，字母或数字呈现的时间也为600ms。

要求被试对两个图形呈现之间的时间间隔进行口头估计或复制，并对所呈现的数字和字母进行回忆。其中一半被试先进行时距估计作业，后进行回忆作业。另一半被试的操作顺序则反之。

## 2.2 结果与分析

2.2.1 记忆作业

两个年龄组在不同数量和性质刺激的回忆作业上的成绩见表1。

**表1 两组被试在回忆作业上的成绩**

| | 年轻组 | | 年老组 | |
|---|---|---|---|---|
| | 数字 | 字母 | 数字 | 字母 |
| 4 | 4.00（0.00） | 4.00（0.00） | 3.75（0.50） | 3.75（0.50） |
| 7 | 7.00（0.00） | 6.75（0.50） | 6.50（0.58） | 6.00（0.82） |

统计结果表明，在刺激数量为4个时，两个年龄组在数字或字母上的回忆成绩均不存在显著的差异，（$F$=0.00，$p>0.05$；$F$=2.00，$p>0.05$）；在刺激数量为7个时，两个年龄组在数字或字母上的回忆成绩均不存在显著的差异，（$F$=0.11，$p>0.05$；$F$=1.00，$p>0.05$）。

2.2.2 时距估计

两个年龄组在两种估计条件下的估计时距的平均值和标准差见表2。

**表2 两个年龄组在两种估计条件下的估计时距的平均值和标准差**

单位：S

| 估计条件 | 年轻组 | 年老组 |
|---|---|---|
| 口头估计法 | 8.25(0.62) | 10.44(1.03) |
| 复制法 | 9.13(0.79) | 7.56(0.90) |

在口头估计法条件下，方差分析的结果表明，年龄[$F(1,8)=64.47$, $p<0.001$]和记忆数量的[$F(1,8)=6.37$, $p<0.05$]的主效应显著，而刺激类型[$F(1,8)=4.26$, $p>0.05$]的主效应不显著。年龄和数量的交互作用不显著[$F(1,8)=1.32$, $p>0.05$]，年龄和刺激类型的交互作用显著[$F((1,8)=11.84$, $p<0.01$]，数量和类型的交互作用不显著[$F(1,8)=0.05$, $p>0.05$]，年龄、数量和类型的交互作用不显著[$F(1,8)=2.58$, $p>0.05$]。该结果表明，在口头估计法条件下，记忆的内容越多，估计的时距也就越长，同时年老组比年轻组具有更长的估计时距。在记忆内容的性质上，年老组在不同刺激类型上的时距估计没有显著差异，而年轻组的时距估计在不同的刺激类型上存在显著差异。

在复制法条件下，方差分析的结果表明，存在显著的年龄主效应[$F(1,8)=14.53$, $p<0.01$]，记忆数量[$F(1,8)=1.88$, $p>0.05$]和刺激类型的主效应不显著[$F(1,8)=4.26$, $p>0.05$]。年龄和数量的交互作用不显著[$F(1,8)=0.58$, $p>0.05$]，年龄和刺激类型的交互作用不显著[$F(1,8)=1.88$, $p>0.05$]，数量和刺激类型的交互作用不显著[$F(1,8)=0.21$, $p>0.05$]，年龄、数量和刺激类型的交互作用不显著[$F(1,8)=0.58$, $p>0.05$]。结果表明：在复制法条件下，只存在显著的年龄主效应，年老组的估计时距显著低于年轻组。

## 3 实验2

### 3.1 方法

3.1.1 被试

年轻组为16名西南师范大学在校学生(8男8女)，平均年龄为20.8±0.9岁。年老组为重庆北碚老年大学学员16名(14女2男)，平均年龄63.2±1.2岁。被试的教育年数，年轻组平均为12.2±0.8年，年老组平均为10.7±1.2年。以前从未参加过类似实验。

3.1.2 实验设计

采用2×2×2的被试间设计，其中年龄(年轻组和年老组)、分割段数(1和4)和估计方法(复制法口头估计法)，所有因素均为被试间因素。

3.1.3 材料呈现

给被试记忆的材料为7个(3个数字和4个字母),其中以数字作为高优先度事件(higher priority event,HPE),将刺激系列分割为1和4段。刺激样例如下:

8 4 7 d h m p

d 8 h 4 m 7 p

3.1.4 程序

程序同实验1。

### 3.2 结果与分析

3.2.1 记忆作业

两个年龄组在不同分割数目下的回忆成绩见表3。

表3 两组被试在不同分割数目下的回忆成绩

单位:S

| 分割数 | 年轻组 | 年老组 |
|---|---|---|
| 1 | 6.75(0.46) | 6.25(0.46) |
| 4 | 6.62(0.52) | 5.50(0.76) |

方差分析的结果表明,年龄的主效应显著[$F(1,28)=16.67, p<0.001$],分割水平的主效应显著[$F(1,28)=4.83, p<0.05$],交互作用不显著[$F(1,28)=2.46, p>0.05$]。结果表明年老组的回忆成绩显著低于年轻组,在分割水平为4的条件下被试的回忆成绩显著低于分割水平为1的条件。

3.2.2 时距估计

两个年龄组在不同分割数目下的估计时距的平均值和标准差见表4。

表4 两组被试估计时距的平均值和标准差

单位:S

| 估计条件 | 年轻组 | | 年老组 | |
|---|---|---|---|---|
| | 1 | 4 | 1 | 4 |
| 口头估计法 | 8.00(0.71) | 9.87(0.48) | 9.62(1.38) | 10.50(0.41) |
| 复制法 | 9.12(0.75) | 10.00(0.41) | 10.50(0.91) | 11.75(1.04) |

在口头估计法条件下,为了控制被试记忆容量对时距估计的影响,把被试的回忆成绩作为协变量,进行了年龄和分割水平的协方差分析。结果表明,年龄主效应不显著[$F(1,11)=4.62, p>0.05$],而分割水平的主效应显著[$F(1,11)=7.54, p<0.05$],两者的交互作用不显著[$F(1,11)=0.51, p>0.05$]。上述结果表明,在口头估计条件下,在记

忆内容相同的情况下，分割水平影响时距估计。

同样在复制法条件下，为了控制被试记忆容量对时距估计的影响，把被试的回忆成绩作为协变量，进行了年龄和分割水平的协方差分析。结果表明，年龄主效应显著[$F(1,11)=19.71, p<0.01$]，分割水平的主效应显著[$F(1,11)=10.70, p<0.05$]，两者的交互作用不显著[$F(1,11)=0.63, p>0.05$]。上述结果表明，在复制条件下，在记忆内容相同的情况下，分割水平和年龄都会对时距估计产生影响。

## 4 总的讨论

本研究以存储容量模型和变化/分割模型为理论基础，从记忆内容的数量和分割段数两个实验考查了时距估计的年龄差异。结果发现存在显著的年龄效应。但是对于时距估计年龄差异的认知机制，在两个实验条件下没能得出一致性的结论。

### 4.1 储存容量效应

实验一的口头估计法的结果支持存储容量模型的假设，即对持续时间的估计取决于记忆中存储时间的数量。同样长的物理时距，记忆中存储的信息越多，对时距的估计也就越长。研究结果还表明存在显著的年龄效应，在同样长的物理时距条件下，记忆中存储同样的数量，年老被试估计的时距要高于年轻被试。在复制法条件下，没有出现存储容量模型所预测的结果，即没有表现出记忆数量的主效应。但存在显著的年龄效应，但表现为年老组比年轻组显著低估目标时距。

Block 等认为年老被试对时间信息表现出较慢的加工速度或更快的遗忘率(Block et al., 1998, 1999)，尤其是在一个时距的开始部分，可能与回溯式时距估计的年龄差异有关。本研究呈现材料的数量(4 和 7)都在被试工作记忆储存和加工的范围内，因此年老被试在工作记忆加工效率上的降低也可能是年老组高估目标时距的原因(Severine Perbal, Droit-Volet, Isingrini, & Pouthas, 2002)。

此外，Zakay 认为不同的时距估计方法基于不同的认知加工机制(Dan Zakay, 1993)，Perbal 等通过对遗忘症患者的研究发现，复制法对时距的低估来自对情节记忆提取的失败(Perbal, Pouthas, & Van der Linden, 2000)。因此，复制法条件下的年龄差异可能与情节记忆信息提取的失败有关。

### 4.2 分割数量效应

实验二以数字作为高优先度事件(HPE)划分了两种水平的分割数(1 和 4)，口头估计法和复制法表现出相同的反应模式，即年老组比年轻组显著高估时距，在分割水平为4的条件下比分割水平为1的条件下显著高估时距。结果支持变化/分割模型。但是在控制了记忆容量的差异后，口头估计法没有表现出年龄差异，但是复制法表现出显著的年龄差异。

Block在回溯式时距估计已有模型的基础上提出背景变化模型（context change model）（Block & Reed，1978），该模型认为被试在编码刺激信息的同时，伴随着加工背景、环境背景、情绪背景和其他时间维度上的背景成分的变化。这些背景变化可能是有意识的或自动的。在进行回溯式时距估计过程中，被试提取和估计各种类型的背景变化作为时距判断的依据。本实验表明：年老被试比年轻被试在两种估计条件下都显著高估时距，可能与年老被试对背景变化编码的多少有关。有关记忆年老化的研究表明年老被试在加工信息时，不能有效抑制无关信息的干扰或难以将背景信息和将要记忆的信息进行整合。这可能导致在回溯式时距估计条件下，年老被试比年轻被试编码更多的背景信息，导致对目标时距的高估。

### 4.3 小结

两个实验的结果可能都反映了两个年龄组在编码和提取背景信息上的差异，其可能认知基础在于年老被试在进行刺激加工时无法抑制与任务无关的信息，从而导致对比年轻组，编码更多的背景信息或者无法提取背景信息，导致在不同实验条件下，结果出现差异。Block和Zakay认为回溯式时距估计的实质是一种情节记忆（Block & Zakay，1997），在回溯式条件下被试可能基于多种认知过程来对时距进行判断。因此回溯式时距估计条件下的年龄差异既可能与年老被试情节记忆的损伤有关，也有可能来自工作记忆中的年龄差异。再有，被试在提取背景信息的策略如可回忆性（recallability）和可提取性（retrievability）上的差异，都有可能导致时距估计的年龄差异。

情节记忆对回溯式时距估计的影响也可以从神经心理学研究结果中得到支持。相关研究表明，前额叶、海马和内侧颞区与情节记忆信息的加工和存储有关。内侧颞区尤其是海马结构损伤的患者在短时距复制上要比目标时距高出5~15秒。回溯式时距估计依赖于对背景信息的编码和提取，而这些背景信息的编码和相关的工作记忆的提取主要体现了前额叶的功能。此外从记忆中提取背景信息的各种策略也与额叶的功能有关。在某种程度上，回溯式时距估计不仅依赖于工作记忆中的时间信息，还需要长时记忆中与之相联系的背景信息。随着年龄的增长，一系列脑结构和功能改变，这些都有可能导致回溯式时距估计的年龄差异。

合作者：张志杰。原文载于《心理科学》，2005年第5期。

# 意向保持间隔对时间性前瞻记忆的影响

## 1 引言

时间性前瞻记忆（time-based prospective memory，tbPM）是指先前形成的意向在一段时间后的某个特定时间执行（Einstein & McDaniel，1990）。在前瞻记忆中，形成一个前瞻意向，即记住要在后来对某一特定线索或某类信息进行反应，就相当于回溯记忆中记住后来要对之前记忆的信息进行测试一样。影响回溯记忆的一个重要因素就是新信息的编码与信息提取之间的延迟时间：延迟时间越长，记忆效果越差（Wixted & Ebbeson，1991）。由于前瞻记忆中包含回溯记忆成分，因此意向形成与执行之间的时间间隔，即意向保持间隔（retention interval），或称延迟间隔（delay），也可能影响前瞻记忆。

一般情况下，意向保持间隔是通过操纵背景任务开始（意向形成）到前瞻目标出现之间的时间来实现。在实验室中短暂延长背景任务中的保持间隔至几分钟或几十分钟，能够使事件性前瞻记忆的成绩变差（Einstein & McDaniel，2000；McBride，Beckner，& Abney，2011）；而当保持间隔延长至几天或几周时，则不再影响事件性前瞻记忆（Nigro & Cicogna，2000）。除了直接操纵背景任务中的保持间隔外，也有研究者通过在背景任务开始之前加入填充任务，并操纵填充任务的长度来改变意向形成与执行之间的间隔。在填充任务开始之前，告知被试前瞻任务，但只在背景任务阶段执行前瞻任务。填充任务的加入会影响事件性前瞻记忆成绩。Martin，Brown 和 Hicks（2011）同时操纵了填充任务的时长和背景任务开始到第一个前瞻线索出现之间的时间间隔，结果发现，背景任务中的保持间隔越长，前瞻记忆表现越差。然而，增加填充任务的时长能够提高前瞻记忆成绩，尽管在数值上没有达到显著水平。Hicks，Marsh 和 Russell（2000）的研究也发现填充任务时间越长，事件性前瞻记忆成绩越好。

上述研究主要针对事件性前瞻记忆，那么延迟间隔对时间性前瞻记忆的影响又如何呢？ Nigro 等人（2002）研究了 7~11 岁儿童，发现长时间隔（10 分钟 ）虽然没有影响事件性前瞻记忆，但降低了时间性前瞻记忆的表现。研究意向保持间隔对前瞻记忆的影响还可以使用专门评估前瞻记忆的意向记忆筛选测试（MIST）。MIST 包含 4 个 2 分钟的测验和 4 个 15 分钟的测验，即有 2 分钟和 15 分钟的延迟间隔，不过这种方法多用于评估临床病人的前瞻记忆（Woods et al.，2008）。Weinborn 等 人（2011）使用 MIST 进行研究发现，兴奋剂使用者在短延迟任务中的表现与对照组相当，但是长延迟任务中的表现明显不如对照组，而这种差异主要表现在时间性前瞻记忆任务上。其他对抑郁病人和艾滋病患者的研究也发现了相似的结果(Li,Weinborn,Loft,& Maybery,2013;Poquette et al.,2013)。

关于意向保持间隔对前瞻记忆的影响,已有研究对事件性前瞻记忆探讨得较为全面,而对时间性前瞻记忆的研究则较少。已有的研究多使用 MIST 量表,对保持间隔的操纵也只是简单地将之区分为长短延迟,不能揭示不同的保持间隔对时间性前瞻记忆及前瞻干扰效应的影响。基于此,我们在实验一中通过严格控制的实验,将背景任务中的意向保持间隔设置为 3 种时长,来考查其对时间性前瞻记忆及背景任务的影响。另外,在填充任务的加入以改变意向保持间隔方面,已有的研究并没有涉及时间性前瞻记忆。Martin 等人(2011)及 Hicks 等人(2000)的研究提示,延长填充任务阶段的时间,能够提高事件性前瞻记忆的成绩。那么这种效应是否存在于时间性前瞻记忆中?实验二在背景任务开始之前加入填充任务,进一步探讨意向保持间隔对时间性前瞻记忆的影响。相比事件性前瞻记忆,时间性前瞻记忆对注意资源的依赖性更高,且前瞻目标具有明确的时间信息(尹杰,黄希庭,2015)。填充任务作为分心任务,不但延长了保持间隔,又占用了认知资源。因此,我们假设,填充任务越长,时间性前瞻记忆成绩越差。

## 2 实验 1

### 2.1 方法

#### 2.1.1 被试

88 名本科生参加本次实验。实验分为四组,每组 22 人。其中控制组 10 男 /12 女,平均年龄 21.00±1.88 岁;2-min 延迟组 10 男 /12 女,平均年龄 21.73±1.35 岁;8-min 延迟组 11 男 /11 女,平均年龄 21.27±1.91 岁;15-min 延迟组 11 男 /11 女,平均年龄 20.77±1.54 岁。所有被试的视力或矫正视力正常,且无色盲色弱。

#### 2.1.2 实验材料

背景任务采用颜色 Stroop 任务。图片有红、绿、黄、蓝四个字,每个字又分别有红、绿、黄、蓝四种颜色,共 16 张。当字义和字的颜色相同时,称为一致条件;当字义与字的颜色不一样时,称为不一致条件。其中一致条件有 4 张图片,不一致条件有 12 张图片。图片底色为黑色,75×70pixels。

#### 2.1.3 实验设计

实验采用单因素被试间设计,共有四个任务组。(1) 控制组:单纯执行 Stroop 任务,任务要求为判断字的颜色。当字的颜色为红、绿、黄、蓝时,分别按“D”、“F”、“J”、“K”键进行反应。大概 7 分钟。(2)2-min 延迟组:做背景任务(持续 7 分钟左右)的同时,每 2

分钟执行前瞻任务（按“A”键）。(3)8-min 延迟组：做背景任务（持续 30 分钟左右）的同时，每 8 分钟按“A”键。(4)15-min 延迟组：执行背景任务（持续 50 分钟左右）的同时，每 15 分钟按“A”键。被试在三个前瞻任务组中均可执行 3 次目标任务，且可以随时通过按空格键查看时钟。

2.1.4 实验程序

实验程序使用E-Prime1.0编制，通过计算机呈现并记录反应数据。每个被试单独进行实验。实验流程如图1所示，首先在屏幕中央呈现注视点“+”300ms，接着呈现刺激图片，最多呈现2500ms，被试按键反应后刺激消失。最后呈现500ms的空屏。被试先练习执行背景任务，当背景任务的正确率达到80%以上时，才开始正式实验。控制组中正式实验的指导语和练习实验的指导语一致。前瞻任务组的指导语与练习时不一样，练习时只呈现Stroop任务指导语，并让被试练习按空格键查看时钟。而正式实验的指导语，则是在Stroop指导语之后再加上前瞻任务的要求。

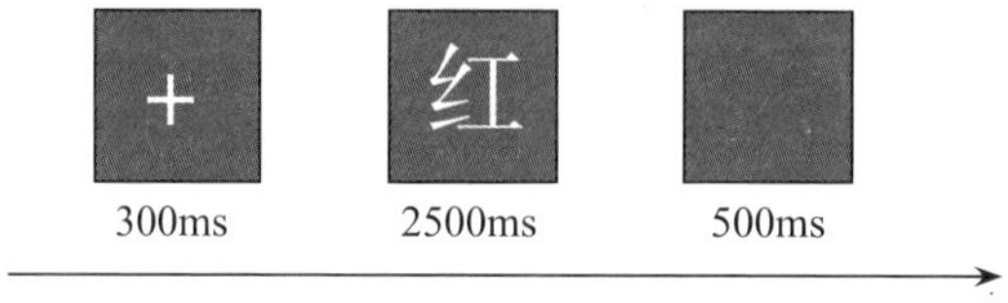


图1 实验流程

## 2.2 结果与分析

为了检验实验过程中是否存在练习效应和疲劳效应，我们对背景任务前半部分和后半部分的反应时进行比较，发现，无论长时的背景任务组还是短时的背景任务组，前后部分的反应时差异均不显著($p>0.05$)。说明不存在练习效应和疲劳效应。

2.2.1 前瞻任务正确率

在目标时间前后10s的时间窗按“A”键计为前瞻任务正确。由于控制组中不包含前瞻任务，因此只对3个实验组进行统计。采用单因素方差分析，结果显示，前瞻任务的延迟间隔主效应显著：$F(2,63)=3.46$，$p=0.037$，$\eta^2=0.099$，统计检验力 $\varphi=0.628$($M_{2\text{-min组}}=0.91$，$SD_{2\text{-min组}}=0.15$；$M_{8\text{-min组}}=0.92$，$SD_{8\text{-min组}}=0.18$；$M_{15\text{-min组}}=0.76$，$SD_{15\text{-min组}}=0.33$)。事后检验表明，如图2所示，被试在2-min 延迟组的时间性前瞻任务成绩显著好于15-min组($p=0.034$)，在8-min 延迟组的成绩也显著好于15-min组($p=0.020$)，2-min组与8-min组之间没有差异。说明较长的延迟时间会降低时间性前瞻记忆的成绩。

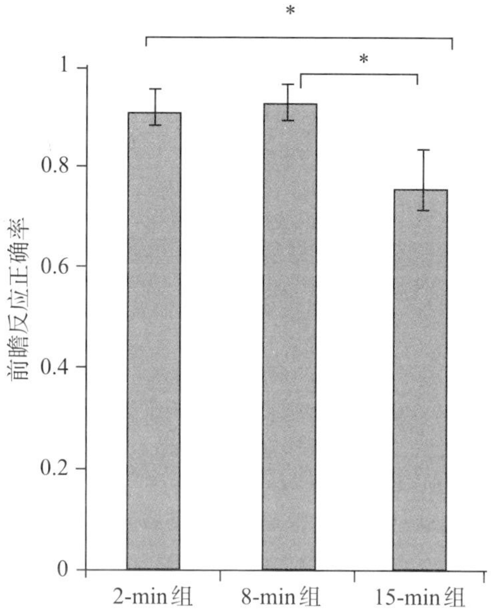


图2 前瞻任务反应的正确率

注：* 表示 $p<0.05$

2.2.2 背景任务正确率

对于背景任务正确率，任务组间的延迟间隔主效应显著：$F(3, 84)=4.34$，$p=0.007$，$\eta^2=0.138$，统计检验力 $\varphi=0.854$（$M_{控制组}=0.97$，$SD_{控制组}=0.02$；$M_{2-min组}=0.96$，$SD_{2-min组}=0.03$；$M_{8-min组}=0.94$，$SD_{8-min组}=0.05$；$M_{15-min组}=0.95$，$SD_{15-min组}=0.03$）。Tukey HSD 事后检验发现，如图3所示，控制组被试的 Stroop 反应正确率显著高于 8-min 组（$p=0.005$）和 15-min 组（$p=0.050$）。其他组之间差异不显著（$ps>0.05$）。

2.2.3 背景任务反应时

对于背景任务反应时，任务组间的延迟间隔主效应显著：$F(3, 84)=3.62$，$p=0.016$，$\eta^2=0.114$，统计检验力 $\varphi=0.777$（$M_{控制组}=818.06$，$SD_{控制组}=100.59$；$M_{2-min组}=883.34$，$SD_{2-min组}=107.72$；$M_{8-min组}=786.77$，$SD_{8-min组}=94.88$；$M_{15-min组}=795.09$，$SD_{15-min组}=125.73$）。Tukey HSD 事后检验发现，如图3所示，被试在 2-min 延迟组的背景任务反应时显著慢于 8-min 延迟组（$p=0.020$）和 15-min 延迟组（$p=0.040$）。其他组之间差异不显著（$ps>0.05$）。

## 2.3 讨论

实验1的结果表明，前瞻目标的延迟时间越长，前瞻记忆成绩越差。说明不同延迟时间对前瞻记忆的影响不同。与以往研究一致（Mackinlay, Kliegel, & Mäntylä, 2009; Mioni & Stablum, 2014），实验中也发现：被试查看时钟次数越多，且在越接近目标时间时查看时钟越频繁,前瞻记忆成绩越好。延迟对前瞻干扰效应的影响同样表现出差异性,这种差异性主要体现在背景任务的反应时上。2-min组的背景任务反应时显著高于其他组,说明短延迟的前瞻任务干扰了被试对背景任务的反应。

单纯只有背景任务时,意向保持间隔越长,前瞻记忆成绩越差。如果在背景任务开始之前插入填充任务,从而导致总的保持间隔发生变化,那么前瞻记忆成绩是否会随着总的保持间隔变长而变差?这种变化对前瞻干扰效应的影响又是怎样的?实验2继续探讨这些问题。

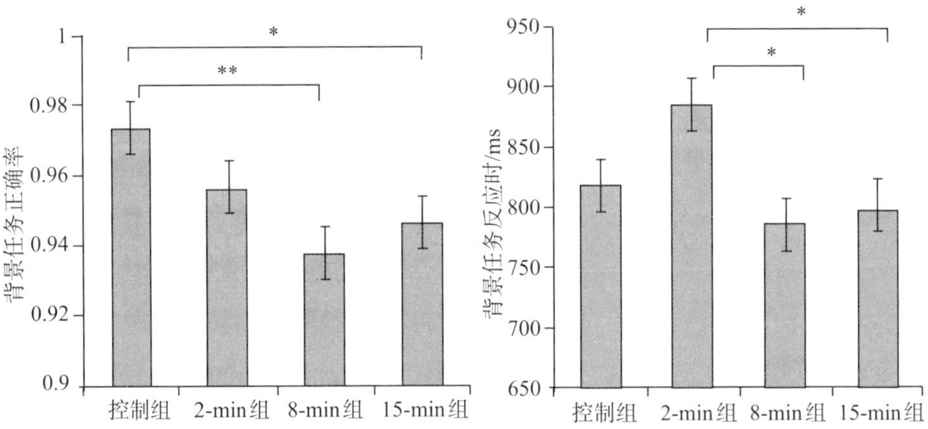


图3 背景任务的正确率和反应时

注:*表示$p<0.05$,**表示$p<0.01$

## 3 实验2

### 3.1 方法

#### 3.1.1 被试

招募某大学学生120人,实验分为四组,每组30人。第一组(2min-2min)7男/23女,平均年龄21.60±1.35岁;第二组(2min-15min)9男/21女,平均年龄21.17±1.12岁;第三组(15min-2min)8男/22女,平均年龄21.37±.85岁;第四组(15min-15min)13男/17女,平均年龄22.00±1.88岁。所有被试的视力或矫正视力正常,且无色盲色弱。

#### 3.1.2 实验材料

实验任务分为两个阶段,第一阶段为填充任务,第二阶段为嵌入前瞻意向的背景任务。填充任务为词语探测任务,词语选自罗跃嘉主编的汉语形容词情绪词库中的中性名词211个,愉悦度评分为4.80~6.33。将词语做成图片,白色字体黑色背景,图片尺寸为145×63pixels。

背景任务同实验1的Stroop任务。

3.1.3 实验设计

实验采用2(填充任务时长:2分钟,15分钟)×2(背景任务延迟:2分钟,15分钟)的被试间设计。实验要求为,先让被试做2分钟/15分钟的填充任务,然后再做背景任务。前瞻意向为执行背景任务的同时,记得每2分钟(背景任务持续约5分钟)/15分钟(背景任务持续约35分钟)执行目标任务。四组任务中被试均可完成两次前瞻反应。

3.1.4 实验程序

实验程序使用E-Prime1.0编制,通过计算机呈现并记录反应数据。每个被试单独进行实验。首先向被试呈现背景Stroop任务的指导语并练习,同时让被试练习按空格键查看时钟。当Stroop任务正确率达到80%时,呈现给被试前瞻任务的指导语,即在做Stroop任务的同时,要记得每2分钟/15分钟按一次A键。接下来呈现给被试填充任务指导语,并告诉他们完成这个任务之后再做Stroop任务。当填充任务做完后,在屏幕上呈现8s的简短指导语,提示被试Stroop颜色判断任务即将开始。词语探测任务中,2分钟和15分钟组包含不同的试验次数。每个试验开始时,先呈现一个1.5s的注视点,接下来依次呈现词语,每个词语呈现1s,连续呈现5、6、7或8个。接下来是问号提示,呈现1s,然后出现探测词,被试需要判断这个词在问号之前有没有呈现过。若呈现过,则按“1”;没有呈现过,则按“2”。使用小键盘反应。Stroop任务的程序与实验1相同。

## 3.2 结果与分析

同样对实验中的练习效应和疲劳效应进行检验,发现,无论长时的背景任务组还是短时的背景任务组,前后两半任务的反应时差异均不显著($p>0.05$)。说明,练习效应和疲劳效应不明显。因此,可以对不同组间的成绩进行比较。

3.2.1 前瞻任务正确率

两因素方差分析发现,背景任务延迟主效应不显著:$F(1,116)=1.14$,$p=0.288$($M_{2min}=0.85$,$SD_{2min}=0.25$;$M_{15min}=0.79$,$SD_{15min}=0.35$)。填充任务延迟主效应不显著:$F(1,116)=0.02$,$p=0.87$,($M_{2min}=0.82$,$SD_{2min}=0.29$;$M_{15min}=0.83$,$SD_{15min}=0.32$)。背景任务与填充任务的交互作用显著:$F(1,116)=5.24$,$p=0.024$,$\eta^2=0.043$,统计检验力$\varphi=0.622$,如图4所示。简单效应分析显示,在填充任务延迟时间为15分钟条件下,背景任务延迟2分钟组的前瞻记忆成绩显著高于延迟15分钟组:$F(1,116)=5.63$,$p=0.019$。在背景任务延迟2分钟条件下,15分钟填充任务组的前瞻记忆成绩高于2分钟填充任务组,差异边缘显著:$F(1,116)=2.98$, $p=0.087$。其他组间差异不显著。

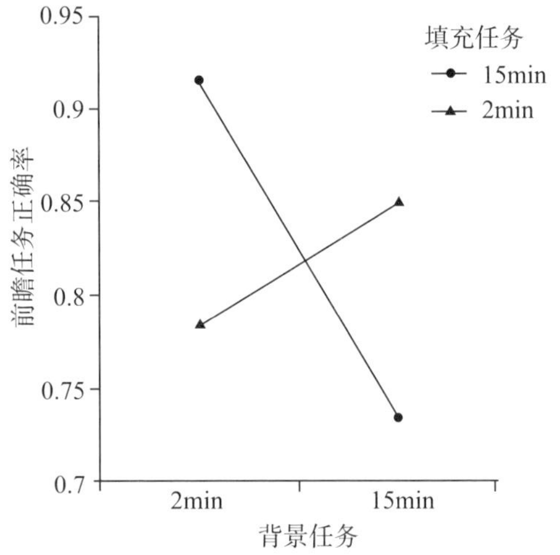


图4 前瞻任务的正确率

3.2.2 背景任务反应时

如图5所示，对于背景任务反应时，背景任务间隔主效应显著：$F(1,116)=4.59$，$p=0.034$，$\eta^2=0.038$，统计检验力$\varphi=0.566$，15分钟背景任务间隔组的反应时（$M_{15min}=790.93$，$SD_{15min}=114.37$）显著低于2分钟背景任务间隔组（$M_{2min}=838.84$，$SD_{2min}=130.20$）。填充任务延迟主效应不显著：$F(1,116)=0.38$，$p=0.540$，（$M_{2min}=808.00$，$SD_{2min}=123.16$；$M_{15min}=821.76$，$SD_{15min}=126.22$）。背景任务与填充任务的交互作用不显著：$F(1,116)=1.76$，$p=0.188$。

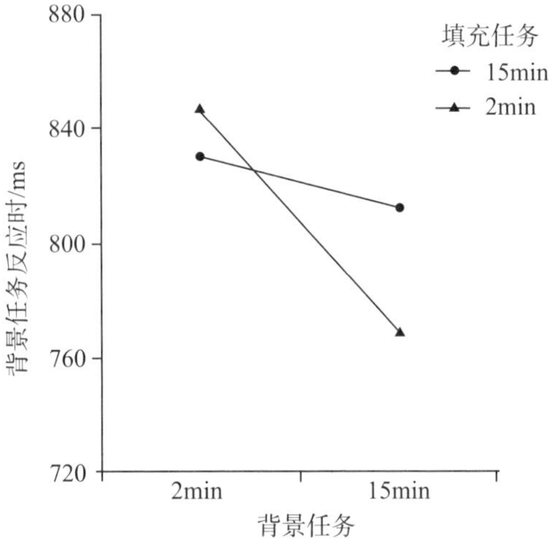


图5 背景任务的反应时

3.2.3 背景任务正确率

分析发现，背景任务延迟主效应不显著：$F(1,116)=0.86$，$p=0.357$，（$M_{2min}=0.95$，$SD_{2min}=0.04$；$M_{15min}=0.94$，$SD_{15min}=0.04$）。填充任务延迟主效应不显著：$F(1,116)=2.16$，$p=0.144$（$M_{2min}=0.95$，$SD_{2min}=0.04$；$M_{15min}=0.94$，$SD_{15min}=0.04$）。填充任务与背景任务的交互作用不显

著：$F(1,116)=1.92$，$p=0.1696$。

### 3.3 讨论

实验2在背景任务开始之前加入了填充任务，不同时长的填充任务和背景任务之间存在相互影响。在2分钟和15分钟填充任务条件下，不同背景任务延迟组的前瞻记忆成绩不同。当填充任务较长时，长的背景任务延迟将导致前瞻记忆成绩变差；而当填充任务较短时，2分钟和15分钟的背景任务延迟组的前瞻记忆成绩没有显著差异。另外，背景任务中前瞻目标延迟为2分钟时，长的填充任务组的前瞻记忆成绩反而高于短的填充任务组。而对于背景任务的反应时，背景任务延迟主效应显著，延迟时间长的反应时低于延迟时间短的。这与实验一相似。对于背景任务的正确率，没有发现组间的差异。

## 4 总讨论

### 4.1 保持间隔对前瞻记忆成绩的影响

实验1仅包含背景任务，前瞻目标嵌入背景任务中。前瞻目标延迟越长，时间压力越小，被试将注意资源过多地集中于背景任务而难以转换到前瞻任务上，从而导致前瞻记忆准确率下降。实验结束后对被试进行访谈发现，前瞻记忆的失败在很大程度上是因为时间监控不准确，并不是因为忘记了前瞻目标。这可以用遗忘的干扰理论（Anderson，2003）来解释。意向保持时间延长，被试分配给背景任务过多的注意资源，从而降低了对前瞻目标的资源分配。另外，本实验中所有被试都是大学生，他们的注意、记忆等认知能力都比较好（Niedźwieńska & Barzykowski，2012），且实验中的保持间隔相对较短，因而不易忘记前瞻目标。而特殊被试，如轻度认知功能障碍者，他们的前瞻记忆失败多半是因为忘记了前瞻记忆任务的内容（王丽娟，张哲，张常锋，李广政，于战宇，2014）。

实验2包含两个阶段的任务：填充阶段和背景任务阶段。被试只在背景任务阶段执行前瞻任务。实验结果与Martin等人（2011）对事件性前瞻记忆的研究相似。前瞻记忆成绩最好的是15min-2min组，其成绩甚至好于2min-2min组。这一结果却并不完全符合干扰理论。似乎填充任务时间延长，反而促进了前瞻记忆。这种效应在Hicks等人（2000）的研究中也有发现，他们仅操纵填充阶段的长度和任务数量，发现时间越长，任务数量越多，前瞻记忆成绩越好。正如Hicks等人指出的一样，长的填充任务使被试有机会对前瞻目标进行反复的自我提醒，从而在后续的背景任务中能够成功执行。而在保持间隔最长的一组（15min-15min）中，被试虽然有机会回忆前瞻意向，但由于背景任务时间较长，导致了遗忘。不过也有研究发现，填充阶段越长，事件性前瞻记忆成绩越差(Meier, Zimmermann, & Perrig, 2006; Scullin & McDaniel, 2010);另一些研究却没有发现不同的填充任务时长对事件性前瞻记忆的影响,但无填充任务组成绩会高于其他延迟组(贺莉,杨治良,郭纬,2005;赵晋全,杨治良,秦金亮,郭力平,2003)。这种差异可能是由实验材料、保持间隔长度等不同引起的。

本研究首次将填充任务引入时间性前瞻记忆中,结果揭示了填充任务和背景任务的时长对保持前瞻意向或许有不同的功能,个体在这两个阶段可能使用不同的策略来保持前瞻意向。

### 4.2 意向保持间隔对前瞻干扰效应的影响

保持前瞻意向会竞争背景任务的认知资源,产生前瞻干扰效应。前瞻干扰效应一般使用背景任务的反应时和正确率来评估(Marsh, Hicks, Cook, Hansen, & Pallos, 2003)。实验1中,三个前瞻任务组之间的背景任务正确率没有显著差异,而2-min组的反应时却高于控制组和其他前瞻任务组。当前瞻目标较近时,时间压力比较大,被试需要经常对前瞻目标进行监控,注意资源被分配到两个任务中,因此可能会影响到反应时。而当前瞻目标较远时,时间压力较小,被试只需在临近时间目标时查看时钟,因而不会或较少地影响背景任务反应时。另外,15-min组的背景任务反应时和8-min组、控制组相当,且正确率与2min组、8min组并无显著差异。这说明15-min组的前瞻记忆成绩最差,并不是由实验程序时间最长,被试疲劳导致的。实验2中虽加入了填充任务,但背景任务的反应时仍表现为前瞻目标延迟越长,反应时越短,与实验1相似。两个实验的结果表明,背景任务中的保持间隔对前瞻干扰效应的影响并没有随着填充任务的加入而发生变化。

## 5 结论

背景任务中前瞻目标的延迟越长,时间性前瞻记忆成绩越差;在背景任务之前加入填充任务,二者会共同对前瞻记忆产生影响。在长的填充任务/短的背景任务延迟条件下,前瞻记忆成绩最好。无论单纯呈现背景任务,还是在背景任务之前加入填充任务,背景任务中意向保持间隔越长,反应时越短;间隔越短,反应时越长。说明这两个阶段对于保持前瞻意向有不同的作用,但是对反应时并没有影响。

合作者:尹杰、袁祥勇。原文载于《心理科学》,2016年第2期。

# 疼痛对时间性前瞻记忆的影响

时间性前瞻记忆是指形成和保持一个意向以在未来的某个时间执行(Einstein,& McDaniel,1996)。研究者认为(Harris & Wilkins,1982),时间性前瞻记忆的执行需要更多自我启动的心理活动资源(例如积极监控),个体不能像事件性前瞻记忆那样,可以使用外部线索。因而,时间性前瞻记忆更依赖于注意资源的分配(尹杰,黄希庭,2015),也更容易受到多种因素的影响(冻素芳,黄希庭,2010)。

疼痛作为一种外在刺激,会分散个体的注意力。根据1986年国际疼痛研究学会(IASP)的定义,疼痛是各种与组织损伤或潜在组织损伤相关的不愉快的主观感受和情感体验。作为身心健康状态的反馈机制,疼痛对于维护身心健康有极为重要的意义。随着生活方式的变迁,目前,疼痛已更高频率地出现在我们生活当中,尤其是慢性疼痛(疼痛时间持续3个月以上)已成为当今社会最为常见的疾病之一。一些欧美国家的研究已发现成年人患慢性疼痛的比率在10%以上(Hardt,Jacobsen,Goldberg,Nickel,Buchwald,2008;Macfarlane et al.,2009)。

疼痛会影响到个体对疼痛刺激的注意。研究发现,处于慢性疼痛的个体会对疼痛刺激有更多的注意偏向(Khatibi,Dehghani,Sharpe,Asmundson,& Pouretemad,2009)。疼痛对个体选择性注意的影响可能源于生物长期进化过程中产生的自我保护本能,疼痛作为一种潜在伤害信号,会吸引个体的注意并促使其产生回避反应(Asmundson,Norton,& Norton,1999;Vlaeyen & Linton,2000)。Buffington,Hanlon和Makeown(2005)使用fMRI研究慢性疼痛病人对疼痛刺激持续性注意的脑区激活情况,发现参与持续性注意的前扣带(anterior cingulate cortex,ACC)区域激活变弱,而健康被试的ACC激活强烈且区域广泛。说明疼痛影响了个体的持续性注意。而持续性注意受到干扰的原因,Legrein等人用注意资源有限理论来解释(Legrain et al.,2009),他们认为感知觉的信号(包括疼痛信号)都是需要注意资源的,由于疼痛对个体有更加重要的意义,因此疼痛会抢占注意资源,干扰其他注意任务。他们的研究表明,虽然疼痛个体对疼痛刺激具有一定的注意偏向,但是不能进行较长时间的持续性注意。

疼痛占用注意资源,会干扰个体的认知加工(Christopher Eccleston,1995),并对个体执行复杂认知任务造成损害(Moore,Keogh,& Eccleston,2012)。Attridge,Noonan,Eccleston和Keogh的研究发现,疼痛个体在N-back任务上的成绩差于非疼痛个体(Attridge,Noonan,Eccleston,& Keogh,2015),且疼痛程度高的个体的表现相比疼痛程度低的个体要更差。他们还研究发现热痛条件下的个体相比无痛条件，在任务转换上的表现更差，且具有更长的反应时（Attridge, Keogh, & Eccleston, 2016）。

疼痛对记忆也会造成损伤。研究发现，纤维肌痛个体的工作记忆差于同龄的非疼痛控制组，且他们的表现与比他们年长20岁的老年人差不多（Park, Glass, Minear, & Crofford, 2001），另外，他们的短时记忆也受损（Leavitt & Katz, 2006）。Kuhajda, Thorn, Klinger和Rubin研究发现，头痛被试的再认记忆成绩差于无痛控制组被试（Kuhajda, Thorn, Klinger, & Rubin, 2002）。Nikendei等人研究发现，疼痛病人对身体词汇、社会心理词汇和中性词汇的自由回忆和再认都比正常人差（Nikendei et al., 2009）。

疼痛对记忆能够产生影响，那么对前瞻记忆是否也会有影响呢？目前的研究比较少，只有一篇文献涉及。Ling, Campbell, Heffernan和Greenough（2007）在他们的研究中使用前瞻记忆问卷来评估个体的前瞻记忆水平，发现慢性疼痛病人相比非疼痛个体，短期前瞻记忆显著受损，这种影响即便在使用了镇痛剂或其他药物之后依然很明显。不过，问卷评估前瞻记忆的方法具有一定的局限性，如过于主观，或被试对过去所做的事情产生遗忘等，并不能准确地反映个体当前的前瞻记忆水平，而使用实验来测量前瞻记忆能够明确地记录个体当前的反应。

本研究打算在实验室中模拟疼痛，并使用N-back任务作为背景任务来研究疼痛对时间性前瞻记忆的影响。实验室研究中，冷压痛任务（cold press test / task, CPT）能最大程度模拟临床疼痛，实验水温一般为1~5℃（Mitchell, MacDonald, & Brodie, 2004），冷痛时间上限为3~4分钟（Piotrowski, 2007）。在CPT任务中，个体将其整个手掌放入冷水中，从而产生一种逐步增加的疼痛感。当被试将手拿出冷水时，疼痛会很快消失，并不会对被试产生不良影响。CPT任务产生的疼痛与临床疼痛最为接近（Mitchell et al., 2004）。很多以往的研究都使用过冷压痛来模拟疼痛，例如Roberts, Klatzkin和Mechlin（2015）对疼痛与社会支持关系的研究，以及Sil等人关于分心与疼痛忍耐力的研究（Sil et al., 2014）。本研究使用冷压痛，实验水温为4℃，被试一只手放入冷水中，另一只手执行实验任务。由于时间性前瞻记忆任务需要耗费较高的认知资源，根据以往疼痛对认知加工影响的研究，我们假设，疼痛条件下被试的时间性前瞻记忆成绩差于非疼痛条件。

## 1 对象与方法

### 1.1 对象

随机选取西南大学48名在校大学生作为研究对象。将研究对象分为两组：1-back任务组和2-back任务组。其中，1-back组24人，女生17人，男生7人，年龄18~25岁，平均年龄(21.54±1.56)岁;2-back组24人,女生20人,男生4人,该组的年龄18~24岁,平均年龄(20.96±1.33)岁。研究对象均为右利手,视力或矫正视力正常,无色盲色弱被试参与实验。实验整个流程均获得了西南大学伦理委员会的批准和监督。每个被试在实验之前均会被告知除实验目的之外的详细实验内容,并签署知情同意书。实验结束后,被试获得适当报酬。

### 1.2 方法

#### 1.2.1 实验材料和仪器

疼痛刺激所采用的实验仪器是冷水循环机产生的冷水疼痛刺激(仪器由北京长流科学仪器有限公司生产)。实验组的水温被准确地控制在4±0.1℃,实验进行时的整个过程中,水槽中的水是一直循环流动的。

实验任务采用N-back任务[26—27],选择26个字母中形状差别较大的20个作为实验刺激。字母颜色为蓝色,字体为Times New Roman,48号字,粗体,位于屏幕中央。

#### 1.2.2 实验设计

实验采用2(疼痛操作:疼痛,非疼痛)×2(任务难度:低难度,高难度)的混合设计。对疼痛的操作为被试内因素,N-back任务的任务难度为被试间因素。低难度组的任务为1-back任务,被试需要记忆蓝色字母,当蓝色字母出现时,将当前字母与前一个字母进行比较。若是相同,按键“1”;若是不同,则按键“2”。前瞻任务为,在背景任务进行的过程中,每30 s按一次“5”键。实验持续2~2.5分钟。高难度组任务为2-back任务,需要被试将当前字母与前面第二个字母进行比较。相同按“1”,不同则按“2”键。前瞻任务的要求与1-back一样。

#### 1.2.3 实验程序

本实验中实验刺激呈现程序由E-prime 1.0编制,在台式计算机上呈现并记录相应的反应数据(如正确率及反应时等)。每个被试在冷痛实验室单独施测。实验开始前,所有被试将左手(非利手)握拳浸没于常温水(20℃)中大概30秒,以平衡手的温度。接下来再将左手放到冷水(4℃)里,主试计时。当感觉到痛的时候,被试向主试报告,主试记录被试在冷水里维持的时间(秒),即疼痛忍耐力。

接下来让被试休息一段时间,直至手的温度恢复。然后向被试呈现背景任务的指导语,并练习背景任务,当背景任务的正确率达到一定程度时(1-back为85%,2-back为60%),结束练习。接下来让被试练习按空格键查看时钟。因在正式实验中,被试需将左手放入水中(冷水,或者常温水)。因此,所有的实验操作只能用右手来完成。

当被试熟悉任务之后,呈现正式实验的指导语,即要求被试在做背景任务的同时,记得每30 s 按一次“5”键。可以随时通过按空格键查看时钟，以帮助自己估算时间。在正式实验开始前，呈现2分钟的分心任务（将一个四位数连续减三进行运算）。分心任务结束后，开始正式实验。在疼痛条件下，正式实验开始的同时，要求被试将左手放到冷水里。右手做实验任务。实验结束之后，将手拿出。被试需要评价他们的手放在水里所感受到的最疼时的疼痛程度（从0~10进行打分，0=“无痛”，10=“剧痛”，从0到10疼痛程度依次递增），然后填写一些问卷，同时让手恢复温度。大概半小时之后，进行控制组的实验（非疼痛条件），要求与实验组类似，只是让被试将左手放到常温水中。实验组和控制组的顺序在被试间平衡。

### 1.3 统计处理

对所得数据采用SPSS统计软件进行处理分析。

## 2 结果

### 2.1 疼痛忍耐力和疼痛程度

对于1-back和2-back两组被试的疼痛忍耐力（即忍耐疼痛的最长时间）和感受到的疼痛程度进行独立样本$t$检验。结果发现，两组被试的疼痛忍耐力差异不显著（$t=1.40$，$P>0.05$）。两组被试的疼痛程度差异也不显著（$t=0.66$，$P>0.05$），见表1。

表1 两组被试在疼痛忍耐力和疼痛程度上的差异（$\bar{x}\pm s$）

| 分组 | 疼痛耐力/s | 疼痛程度 |
|---|---|---|
| 1-back组 | 28.35±15.45 | 6.08±1.82 |
| 2-back组 | 23.10±9.89 | 6.42±1.69 |
| $t$ | 1.40 | 0.66 |

### 2.2 前瞻任务的正确率

在目标时间前后5 s的时间窗内按“5”键计为时间性前瞻任务完成。对于前瞻任务完成的正确率，使用重复测量方差分析，结果显示疼痛操作的主效应显著（$F=8.29$，$P<0.01$，$\eta^2=0.153$），统计检验力为0.805。疼痛条件下的前瞻任务完成的正确率显著低于控制条件（见表2）。任务难度的主效应显著（$F=11.45$，$P<0.001$，$\eta^2=0.199$），统计检验力为0.912。2-back任务下的前瞻反应正确率显著低于1-back任务（见表2）。疼痛操作与任务难度的交互作用不显著（$F=2.16$，$P>0.05$）。

表2 前瞻任务的正确率($\bar{x} \pm s$)

| 分组 | 疼痛条件 | 控制条件 |
| --- | --- | --- |
| 1-back组 | 0.87±0.23 | 0.94±0.15 |
| 2-back组 | 0.61±0.35 | 0.83±0.23 |

### 2.3 背景任务的正确率

重复测量方差分析显示，对于背景任务的正确率，疼痛操作的主效应显著($F=27.17$，$P<0.001$，$\eta^2=0.371$)，统计检验力为0.999。疼痛条件下的背景任务的正确率显著低于控制条件(见表3)。任务难度的主效应显著($F=51.29$，$P<0.001$，$\eta^2=0.527$)，统计检验力为1。1-back任务的正确率显著高于2-back任务(见表3)。疼痛操作与任务难度的交互作用不显著($F=1.32$，$P>0.05$)。

表3 背景任务的正确率($\bar{x} \pm s$)

| 分组 | 疼痛条件 | 控制条件 |
| --- | --- | --- |
| 1-back组 | 0.85±0.09 | 0.90±0.07 |
| 2-back组 | 0.70±0.09 | 0.78±0.08 |

### 2.4 背景任务的反应时

同样使用重复测量方差分析，结果发现，对于背景任务的反应时，疼痛操作的主效应显著($F=8.09$，$P<0.01$，$\eta^2=0.150$)，统计检验力为0.795。疼痛条件下的背景任务的反应时显著长于控制条件。任务难度的主效应显著($F=11.39$，$P<0.01$，$\eta^2=0.198$)，统计检验力为0.910。低难度任务的背景任务反应时小于高难度任务。疼痛操作与任务难度的交互作用不显著($F=0.99$，$P>0.05$)，见表4。

表4 背景任务的反应时($\bar{x} \pm s$)

| 分组 | 疼痛条件/ms | 控制条件/ms |
| --- | --- | --- |
| 1-back组 | 830.84±120.52 | 767.95±106.82 |
| 2-back组 | 951.59±188.44 | 921.29±174.94 |

## 3 讨论

对于1-back组和2-back组被试的疼痛忍耐力和疼痛程度的检验，发现两组差异不显著。说明，本研究的实验结果不是因为个体的疼痛感知力差异造成的。

对前瞻任务完成正确率的检验结果表明，疼痛操作的主效应显著，疼痛条件下被试的时间性前瞻记忆成绩差于非疼痛条件。这与以往关于疼痛对认知影响的研究结果一致(Buffington et al.,2005;Leavitt & Katz,2006)。正如Eccleston和Crombez(1999)认为的那样，疼痛和认知加工任务会相互竞争有限的注意资源。疼痛吸引了被试较多的注意，且随着时间的持续，疼痛感会越来越强。被试很难集中精力于实验任务，对时间的监控不够准确。而时间性前瞻记忆的执行需要被试在做背景任务的过程中不断监控时间，从而在合适的时间点执行前瞻任务，需要较多的自我启动的认知资源。本实验中，被试一边要忍受疼痛，一边又需要做N-back任务并执行前瞻任务，认知资源需要分配到多个任务中，从而导致前瞻任务上的认知资源分配不足，因此时间性前瞻记忆任务的成绩变差。另外，疼痛对背景任务也有影响。疼痛条件下，无论是高难度的2-back任务，还是低难度的1-back任务，相比非疼痛条件下，其正确率都降低，反应时变长。这依然可以用资源有限理论来解释。从本研究的结果来看，疼痛对认知资源的竞争较强，即便是难度较低的任务依然受到了影响。这从实验结束后对被试的访谈中也可以证实。被试报告说在实验过程中会不自觉地感受疼痛的那只手，这样在实验任务中就不能集中注意力。

任务难度对前瞻记忆任务和背景任务都存在影响。这与以往的研究结果类似，即认知负荷较大，认知任务的成绩越差(Khan,Sharma,& Dixit,2008)。本研究结果显示，高难度任务下(即2-back)，被试执行前瞻记忆任务变得困难。被试需要一边记忆字母，一边监控时间，由于记忆字母需要耗费较多心理资源，导致其很容易忘记在合适的时间执行前瞻任务。Meier和Zimmermann(2015)的研究也发现，背景任务负荷影响前瞻记忆成绩，确切地说是影响到前瞻记忆的回溯部分。但是，张晶晶、张茗(2011)的研究却发现，3-back任务下事件性前瞻记忆的成绩优于2-back任务。她们的解释是，可能1-back、2-back与3-back条件下的前瞻记忆存在不同的加工策略。早前，West等人也通过ERP实验证实，嵌入1-back背景任务中的前瞻记忆任务需要注意资源的参与(West,Bowry,& Krompinger,2006)，而嵌入3-back背景任务中的前瞻记忆任务在一定程度上不需要注意资源的参与。另外，任务难度对背景任务本身也存在影响。较大难度的2-back任务的正确率显著低于1-back任务，反应时也更长。这与以往研究结果一致(沈模卫，易宇骥，张峰，2003)，N-back任务通常用来操纵任务的难度水平(或称负荷水平)，因

2-back任务需要较高的认知负荷，而1-back任务的认知负荷较小，所以一般情况下被试在2-back任务中表现较差，在1-back任务中表现较好。

本研究结果表明，疼痛和任务难度对时间性前瞻记忆任务都存在影响。疼痛条件下，被试的时间性前瞻记忆成绩差于非疼痛条件。当背景任务的难度水平较高时，被试的表现也较差。疼痛和任务难度对前瞻干扰效应同样具有影响。疼痛条件下，背景任务的正确率变低，反应时更长。高难度的背景任务的正确率低于低难度任务，反应时也长于低难度任务。

合作者：尹杰、岳童、杨波。原文载于《中国健康心理学杂志》，2018年第5期。

# 孤独症患者的时间认知障碍

孤独症又称自闭症,其特点是退缩、对他人缺乏社会反应性或不感兴趣、严重的交往障碍和言语损伤、兴趣范围狭窄和刻板重复的行为方式。这种患者从婴儿时起就无法形成正常的依恋,此后常伴有学习、语言、颜面认知和痛触觉等认知障碍。新近研究发现,孤独症患者的另一个普遍的伴随障碍是时间认知障碍。英国孤独症研究专家Wing(1997)指出:"大多数人天生就拥有理解日常时间的能力,但孤独症患者却明显缺乏这种理解力。"孤独症患者的时间认知障碍主要表现在时间感障碍、时间记忆障碍、时间行为障碍及自我同一性障碍这几个方面。

## 1 时间认知障碍的表现

### 1.1 时间感障碍

正常儿童在学前晚期已能很好地理解"昨天"、"今天"和"明天",也能辨别"前天"、"后天"和"大后天",随着儿童年龄的增长、生活经验的增多,对时间长短、时间顺序的感知也逐渐加强。研究表明,孤独症儿童的静态空间视觉刺激加工能力优于其言语能力(Lincoln, Allen, & Kilman, 1995)。对于既可以用时间策略又可以用空间策略来完成的作业,孤独症儿童倾向于用空间策略而不是时间策略,这与正常儿童的表现刚好相反(Hermelin & O'Connor, 1975)。

人类没有专门的感受器来感知时间,对时间的感知要依靠记忆、言语、思维和推理,已有的研究表明,孤独症儿童的言语能力明显不如行为能力,语义推理和阅读理解较差(Minshew, Goldstein, & Siegel, 1997),理解形象语言和非文学语言有困难(Happé & Fletcher-Watson, 2005)。如果用以时间为基础的知识系统测验来测试孤独症儿童,他们的表现往往很差。还有证据表明,孤独症患者的时距加工能力较差,他们只能处理非常短的时距,并且只能在极短的时间范围内对未来进行计划和想象,而他们的强迫性重复行为和仪式化程式行为则表明他们在建构未来时间上也有障碍。不同的孤独症患者在重复行为单元的时间长度和复杂性上也存在着差异,可以推论他们的时间信息加工容量有着不同程度的损伤(Boucher, 2001)。

### 1.2 时间记忆障碍

孤独症患者在某些方面具有正常的记忆力，例如，他们通常具有较强的线性顺序加工能力，能对以线性时序为基础的特定事件或信息保持记忆，同时能对成对相继事件及事件的机械记忆间的联系保持相对完好的记忆，他们能对发生过的事件形成语义记忆，并且通常具有相当好的联想和机械记忆能力，在自己特别感兴趣的方面知道得相当多(Boucher, 2001)。然而尽管如此，他们的时间记忆仍存在一定缺陷，尤以涉及"事件发生于何时"的陈述性记忆为甚(Boucher, 2001)。例如，在Boucher等人的自由回忆实验中，要求孤独症儿童对前一学期或前一学年所做之事进行回忆，结果表明其成绩远不如对照组的成绩；在无线索情况下，他们的回忆显得很困难，如果提供相应的线索，则能回想起大部分活动，这表明他们实际上并没有忘记这些活动(Boucher & Lewis, 1989)。在另一些实验中，研究人员则向孤独症儿童提供一些回溯线索，或询问他们是否"认得"(而不是"记得")某个单词或某张图片，以此来探查对事件的记忆(Boucher, 2001)。在大多数这样的实验中，孤独症儿童都表现得很好。这也说明尽管他们不能在自由回忆中把这些信息提取出来，但这些事件本身是被存储下来并能被提取的，这表明问题可能在于他们的记忆中缺少了某些必要的回溯线索，很可能就是缺少了时间线索或事件的时间关联线索(Boucher, 2001)。

另有一些证据表明，孤独症患者有某些情节记忆障碍，他们对低情感卷入事件的记忆优于对高情感卷入事件的记忆，而正常人的情况则与之相反。例如，Russell和Jarrold在源记忆(source memory)测验中发现，孤独症儿童回忆别人的活动比回忆自己亲身参与的活动更为准确，Millward等人的实验也有类似发现。

### 1.3 时间行为障碍

客观世界的各种现象之间本身就有一定的时间顺序，如果个体的时间认知能力有障碍，这种关系就不能在头脑中正确反映；事件的时间顺序决定着现实世界中的因果关系，失去事件的时间信息，就无从识别其因果关系。客观世界总是运动着的，这意味着同一事物能在不同时间处于不同位置或呈现不同形态，人们在不同的地方观察到的是同一个物体随着时间流逝而发生的位置或形态的改变，一旦丧失这种正常的时间感知能力，就无法将其视为同一事物，取而代之的是无数零散的知觉片断，这些都不可避免地妨碍着孤独症患者对客观世界形成正确认知，并可使其出现时间行为障碍。例如，某些有足够言语能力的孤独症患者会不断询问将来可能会发生什么事情，以及这些事情可能会在什么时候发生；他们意识不到已经开始之事终将结束。由于无法理解时间而产生一种迷失于时间海洋的恐惧，为此他们努力制定出一套程序或习惯来作为补偿：他们严格要求每天的所有活动都按同样的顺序进行，并且每件事情都必须精确地发生在预先安排好的那一刻，假如哪一天这一活动顺序发生了变化，或者当预期的时刻出现了意外的变化，他们就会表现出非常强烈的敌对反应，以致出现行为障碍。此外，他们容易对时钟、日历及其他一些计时器具产生过度依赖，这也给他们的生活带来了极大的不便。

### 1.4 自我同一性障碍

按照埃里克森的解说，自我同一性是"一种熟悉自身的感觉"、"一种知道自己将会怎样生活的感觉"(Erikson,1959)，或"在说明被预期的事物时出现的一种内存的自信"(黄希庭, 2002)。孤独症患者由于对自身经历(包括过往经历及当前经历)和经历的延续缺乏基本的感知能力(Wing, 1997)，其主观时间感是混乱的，无法获得正常的时间体验，同时又有时间记忆障碍，因而必然导致自我同一性障碍。临床资料表明，孤独症患者常需采取某些特别的措施，例如将发生之事记录成文，并将所有与发生之事有关的图片、相片以及包含着气味、味道和质地体验的物品保存起来，以便日后能对往事加以回顾，拼凑出有关"我是谁"的感受(Williams, 1996)。

## 2 障碍的可能成因

关于孤独症患者的时间认知障碍的成因，近来也有一些研究。不少研究表明时间认知障碍可能与患者的生理缺陷有关。正常成人所具有的完整的计时系统是从童年早期开始逐渐形成的(Boucher, 2001)，而孤独症患者往往在幼年即表现出某些生理缺陷，例如昼夜生理节律异常(如唾液皮质醇、血液皮质醇、体温及褪黑素等异常)，神经内分泌的生理周期失调，脑电图异常，以及严重的睡眠障碍等(Boucher, 2001)。其中，睡眠障碍因其少见于发育正常的儿童和有智力缺陷的儿童，而被认为是孤独症患者所特有的缺陷(Richdale & Prior, 1995)。此外，脑电图异常尽管在孤独症儿童和其他发育异常的儿童身上都可能出现，但两者的表现形式却不相同(Dawson, et al. 1995)。有研究者推想，正是这些生理缺陷对个体的生物计时器(如生物钟等)产生了影响，使计时系统出现发育障碍，进而造成了时间认知方面的障碍(Boucher, 2001)。

有研究者认为孤独症患者的时间认知障碍的成因主要在于遗传。因为有研究显示，孤独症儿童的特定语言障碍很可能是因时间信息加工的缺陷所致(Leonard, 2014)，而孤独症患者的亲属中又有特别多的人存在语言方面的障碍(Bolton et al., 1994)；孤独症患者通常在出生后30个月之内就会出现不正常的依恋反应，这一现象也支持上述观点。

也有研究者认为环境是主要的影响因素，他们认为特定语言障碍和诵读障碍都可以通过强化训练得到一定程度的改善便是一个例证（Merzenich et al., 1996）。看来，孤独症患者的时间认知障碍很可能是遗传和环境交互作用的结果，患者先是因遗传而产生一定的生理缺陷，而这些缺陷又使他们在适应环境的过程中很难与日常生活节奏保持同步，此种非同步性反过来影响了计时系统的发育（Boucher, 2001；Hobson, 2019）。也有研究者认为，孤独症这个术语实际上是一个总的分类，可能是把许多相似的、但很不同的能力丧失不适当地集合在一起了。在探讨孤独症患者的时间认知障碍的成因时，这也是应当加以考虑的。

综上所述，孤独症患者的时间认知障碍的成因迄今仍在探索之中。

合作者：陈莹。原文载于《中国临床心理学杂志》，2003年第3期。

# A/B型人格对时间性前瞻记忆的影响

## 1 引言

时间性前瞻记忆(time-based prospective memory,TBPM)是指形成和保持一个意向以在未来的某个时间执行(Einstein & McDaniel,1996)。由于在形成意向后到执行意向间的意向保持期内,人们通常不会放下正在进行的工作,时间性前瞻记忆任务(时间目标任务)与当前活动(背景任务)是同时进行的,这不可避免地会与当前任务竞争认知资源并互相影响(Hicks,Marsh,&Cook,2005)。保持前瞻记忆意向对背景任务的反应时和正确率有影响的现象称之为前瞻干扰效应(prospective interference effect)(Marsh,Hicks,Cook,Hansen& Pallos,2003;Smith,2003)。背景任务也会影响前瞻记忆任务(Khan,Sharma,& Dixit,208;Kvavilashvili& Fisher,2007)。良好的时间性前瞻记忆能力应该包括以较小的代价(对背景任务的干扰),准确地记住并按时执行时间目标任务。年龄(Mackinlay,Kliegel,Mäntylä,2009;Mäntylä,Del Missier,& Nilsson,2009;McDonald- Miszczak& Anderson,2008),背景任务的性质(Hicks,etal.,2005;Khan,et al.,2008;Kvavilashvili Fisher,2007;Logie,Maylor,Della Sala,Smith,2004)等影响时间性前瞻记忆的因素都已有较多研究,而关于人格因素对前瞻记忆影响的研究却不多。其中,有研究发现在控制认知能力的情况下人格和生活方式能稳定预测前瞻记忆任务的成败。责任心与时间性前瞻记忆任务的成绩呈正相关(Cutter & Graf,2007)。外倾者报告的前瞻记忆失败少于内倾者(Heffernan & Ling,2001)。

成功完成时间性前瞻记忆依赖自我启动加工与认知控制,依靠对时间流逝的监控来掌握时间信息(Einstein McDaniel,1996;Khan,et al.,2008)。考查时间相关的人格特征与时间性前瞻记忆的关系的研究发现,具有制定并记住行动计划能力的个体的时间管理较好(Francis- Smythe& Robertson,1999);时间紧迫感高的个体倾向于使用有效的时间管理行为作为补偿性的或帮助性的策略以成功地执行 TBPM 任务(Francis- Smythe,2006);也有研究显示时间监控观对时间性前瞻记忆成绩有一定的预测作用(窦刚,翁世华,2009);自我报告的时间管理能力与前瞻记忆和回溯记忆成绩呈显著正相关。尤其是能设定目标和优先级并有组织偏好的被试记忆成绩更好(Macan,Gibson,& Cunningham,2010)。

A 型行为模式首先被描述为一种与冠心病有关的行为模式。A 型行为者有强烈的时间紧迫感,对完成任务有强烈需求,能在最后期限前完成既定任务。而 B 型行为者对任务的时间限制很少考虑，通常拖到最后期限才能完成既定任务（Searleman，1996）。因此A型人格是指个体具有做事效率较高、常有时间紧迫感、急躁、情绪不稳、争强好胜、缺乏耐性等特征，没有发现这些相关特征则被称为B型人格（黄希庭，2002）。A型人格者时间管理倾向总分较B型人格者高，具有较高的时间管理倾向，表现为较高的时间价值感和时间监控观，较高的时间监控能力和较高的时间效能感（狄敏，黄希庭，张永红，2004）。

综上似乎可以推想A型人格者较高的时间管理倾向可能会导致时间性前瞻记忆能力与B型人格者不同。这种差异可能表现在两个方面：执行TBPM任务过程中对时间的监视或对背景任务的干扰和最终的TBPM成绩。Searleman等人（1996）的研究发现，A/B型人格者完成在自然情境下的两类TBPM任务的成绩并不一致。当执行有社会关系特征（1min后提醒主试打个电话）或对被试个人较为重要（送还卡片）的TBPM任务时，A型人格者的成绩都好于B型人格者；但执行既无社会关系特征又无个人重要性的TBPM任务（一周后给自动应答电话留言）时，A/B型人格个体没有表现出差异。那么，在执行TBPM目标任务的过程中，被试监控时间的策略和认知资源消耗上是否有不同呢？是否因为有强烈的时间紧迫感，A型人格者就非常关心时间，在执行TBPM任务过程中就更多、更早地查看时钟，而B型人格者因为对任务的时间限制很少考虑，在执行TBPM目标任务的过程中，就很少关心时间，因而很少查看时钟呢？Searleman等研究的这个任务是在自然情境下进行的，没有考查时钟监视等与时间有关的重要变量，因此没有提供对这些问题的解释。自然情境条件下的研究很难严格控制无关变量和评估被试使用的记忆策略，对时钟监控等重要变量不容易考查，对结果的解释无法触及与计时机制相关的时间性前瞻记忆认知机制。

为排除与时间无关的人格特征的干扰，本研究采取经典的双任务范式，采用既无社会关系特征又无个人重要性的TBPM任务，在实验室条件下比较A/B人格者在执行TBPM任务过程中背景任务的反应时和正确率、TBPM任务的正确率以及时间监控模式。

## 2 方法

### 2.1 被试

采用张伯源等编制的A型行为类型问卷（张伯源，1985）对被试进行分组。问卷包含3部分共60个题项，分别为时间紧迫感（TH）；争强好胜和敌意（CH）；真实校正题（L）。TH+CH得分以27分为界，得分为27者为极端中间型，该分数以下及以上者分别代表B型倾向和A型倾向的人格类型。$L>7$ 分者视为无效问卷。共发放问卷112份，回收有效问卷90份。总分大于27分的共50人,小于27分的共39人,等于27分的1人。通过平衡性别和年龄,在愿意并有时间的参与者中,选取总分大于27并且分数偏高者19名,总分小于27并且分数偏低者19名,组成A/B两组参与本实验。其中,A组(35.68±5.37)与B组(14.89±247)的问卷得分差异显著($t(18)=16.8$,$p<0.001$)。

### 2.2 材料和实验任务

实验材料是图片,每张图片由一个等边三角形和一个不规则多边形组成。等边三角形朝向包括上、下、左、右,多边形包括不规则的四、五、六、七边形,三角形或位于多边形的左边,或位于多边形的右边。三角形的朝向,多边形的边数,三角形与多边形的位置关系等都是随机组合的,每种组合25张图片,共有800张背景任务图片。被试需要完成的背景任务是判断多边形位于三角形的左边还是右边。在执行背景任务的同时,时间性前瞻记忆任务是要求被试记住在目标时间(每2分钟)执行目标任务(按"A"键),并随时可以通过按空格键监视时间。

### 2.3 实验设计

采用单因素2水平(A/B型行为模式)的被试间实验设计。因变量为TBPM任务正确率,背景任务反应时和正确率,以及在完成TBPM任务过程中查看时钟的次数、准确性及其在各时间阶段的分布情况。

### 2.4 实验步骤

用E-Prime软件实现。被试与显示器(17英寸彩色显示器,刷新频率75Hz)之间距离约60cm,要求被试在实验中一直注视着屏幕中央。被试先了解指导语,然后练习,当背景任务准确率达90%以上时练习结束,完成3分钟干扰任务后,再进行正式实验。干扰任务是让被试做口头减3运算。在整个实验过程中,图片均随机呈现。实验流程:首先在屏幕中央呈现注视点"+"250ms,然后将刺激图片呈现在屏幕中央(最长3000ms),直到被试按键反应后刺激消失,本试次结束。在执行背景任务的过程中,随时可以通过按空格键查看时钟。时钟(如01:20表示从开始或者上次按A键到现在已经过去了1分钟20秒)在屏幕中央呈现250ms后自动消失。正式实验包括260个试次,持续时间在4~5分钟之间,依被试的反应时而有所变化。

## 3 统计分析

3.1 计算背景任务反应时在两个标准差范围内试次的相应数据的平均值，得到背景任务反应时和正确率（见表1）。对A/B两组被试的背景任务反应时和正确率分别进行t检验。发现背景任务反应时显示出显著的人格差异[$t(17)=-3.13$，$p<0.001$]，而正确率没有显示出人格差异。

3.2 规定正确完成TBPM任务的时间窗为20s，即在目标时间（120s）前后10s的时间范围内（第110~130s之间）按“A”键都计为时间前瞻任务正确完成，在这个时间窗内没有按“A”键以及超出这个时间窗再做出反应都视为TBPM任务完成得不正确。对两组被试的时间性前瞻任务（PM）完成的正确率（见表1右）进行$t$检验，发现没有人格差异。

表1 反应时和正确率$M(\pm STD)$

| 实验组 | 背景任务 | | *PM*任务 |
|---|---|---|---|
| | 正确率 | 反应时/s | 正确率 |
| A | 485.87(±51.74) | 0.97(±0.01) | 0.97(±0.02) |
| B | 531.10(±30.20) | 0.84(±0.26) | 0.82(±0.27) |

3.3 以30s为步长，把120s的目标时段分为0~30s，31~60s，61~90s，91~120s共4个时段（依次记为1~4时段），统计A/B组被试在各个时段内查看时钟的次数，汇入表2。对A/B组各个时段内查看时钟的次数分别进行重复测量方差分析，发现：A组的时段主效应显著[$F(3,16)=18.01$，$p<0.001$]。对各时段查看时钟次数的多重比较发现：除第1和第2两个时间段之间没有差异外，第3时段显著大于1和2时段（$p<0.05$），第4时段显著大于第1，2，3时段（$p<0.001$）。B组没有时段主效应（见图1）。对A/B组各时段查看时钟的次数进行配对$t$检验，发现0~30s阶段[$t(17)=-2.29$，$p<0.05$]和31~60时段[$t(17)=-3.78$，$p<0.01$]差异显著。

表2 查看时钟次数和准确率$M(\pm STD)$

| 实验组 | 查看时钟次数 | | | | | 查看时钟准确率 |
|---|---|---|---|---|---|---|
| | 总平均 | 0~30s | 31~60s | 61~90s | 91~120s | |
| A | 6.61(±0.51) | 0.90(±0.20) | 0.95(±0.20) | 1.58(±0.18) | 2.84(±0.26) | 39.98(±7.32) |
| B | 9.79(±1.31) | 2.0(±0.45) | 1.94(±0.26) | 1.88(±0.46) | 2.88(±0.77) | 56.17(±8.59) |

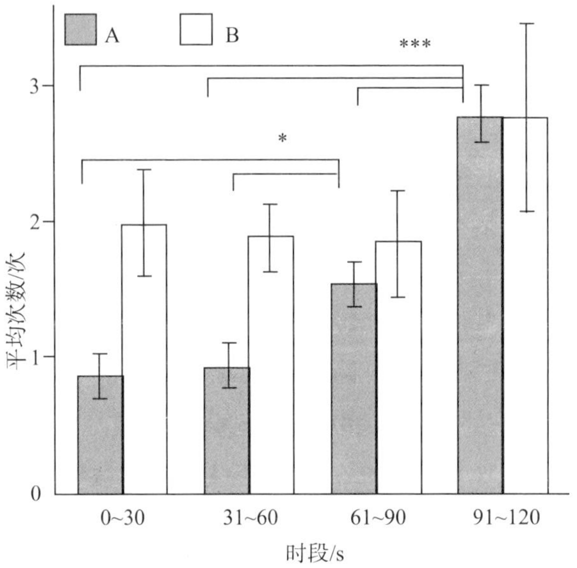


图1 A/B组各个时段内查看时钟的次数的重复测量方差分析结果

注：*表示$p<0.05$；***表示$p<0.001$

3.4 查看时钟的总次数是指在每2分钟的目标时间间隔内查看时钟的次数。统计查看时钟的总次数，计算两组被试查看时钟的平均次数（见表2），其配对$t$检验结果显示A/B两组差异显著[$t(17)=-2.17, p<0.05$]，B组被试查看时钟平均次数为9.79次，大于A组被试6.61次（见图2左）。

3.5 查看时钟的准确性指查看时钟的时刻与目标时刻的时间差，时间差越小，查看时钟的准确性越高。统计A/B两组被试查看时钟的准确性（见表2），其配对$t$检验结果显示A/B两组差异非常显著[$t(128)=-3.55, p<0.001$]，A组被试查看时钟时刻与目标时刻时间距离的平均值（39.98±7.32）小于B组被试（56.17±8.59）（见图2右）。

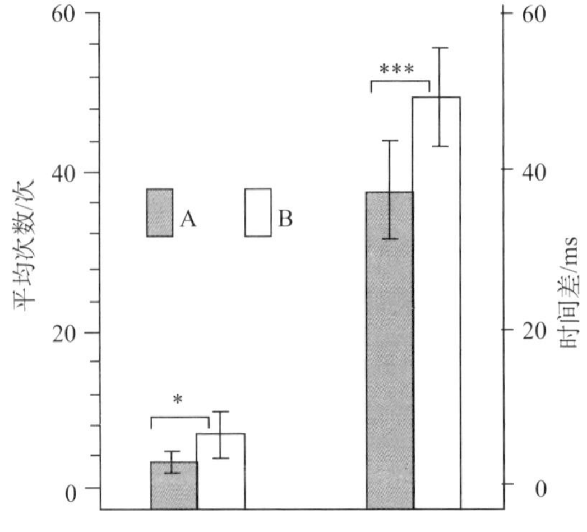


图2 A/B组被试查看时钟的平均数及准确性

# 4 讨论

A/B两组被试的背景任务反应时显示出人格差异，A型人格者背景任务反应时更短。说明A型人格者执行TBPM目标任务对背景任务造成的前瞻干扰（Smith，2003）较B型人格者小。而A/B两组被试的TBPM任务成绩没有差异。Searleman（1996）的研究结果与之一致，但与时间监控观（窦刚，翁世华，2009）和时间管理能力对前瞻记忆成绩影响的研究结果不一致（Macan，et al.，2010）。可能有两方面的原因，一方面由于背景任务与前瞻记忆任务之间互相争夺认知资源，两者会互相影响（Hicks，et al，2005），认知负荷高的背景任务会使TBPM任务成绩下降（Khan，Sharma，& Dixit，2008）。从任务难度角度看，本实验中背景任务的正确率高达97%，说明背景任务很容易，使与之同时进行的时间性前瞻任务可用的认知资源较为充裕，加之在较短时延间隔的情况下可以随时查看时钟来保持对时间的监视，被试估计时间的压力小（Labelle，Graf，Grondin & Gagne-Roy，2008）。另一方面，本研究的TBPM任务是每过2分钟按键一次，是否按键不涉及与主试的关系也不会导致对被试个人任务的评价，不利于争强好胜的A型行为者高度卷入前瞻目标任务。总之，人格作为中间变量，背景任务的难度和性质可能会影响到被试对背景任务和前瞻任务重要性的权衡，进而影响卷入程度和动机等因素，从而对TBPM成绩产生影响。

对包括时钟总次数，各时段查看时钟的平均次数以及时钟查看准确性在内的时间监控模式进行考查，发现1分钟前，B组被试更多地查看时钟，1分钟后，越接近目标时间点，A组被试查看时钟的次数越多，即A组被试查看时钟的次数随着目标时间的接近而增加，而B组被试没有表现出这个特点。因此，虽然B型人格者查看时钟的总次数更多，但是其分布没有明显规律；而A型人格者查看时钟的总次数较少，其次数分布呈现J形上升的形态，且准确性也更高。表面看来，A/B型人格时间监控模式的这种差别似乎与人格特点不符。根据完成TBPM任务过程中时间管理倾向高分组查看时钟的总次数少于低分组的发现（窦刚，翁世华，2009），可以认为在执行TBPM任务过程中，时间管理倾向高者意味着查看时钟的效率高，与本研究中A型人格者少次而准确地查看时钟的结果一致。时间效能感较低的B型人格者由于对自己的时间管理能力没有信心，只有频繁查看时间，又由于时间管理能力较差，计划性不强，虽然看时钟的总次数较多，但看时钟的时点分布没有明显的规律，呈现出随意性的特点，导致对背景任务的干扰也较大。因此，B型人格者在完成TBPM任务的过程中显示出低效的时间监控模式。A型人格者的时间效能感和时间管理能力较高，对自己的时间管理能力有信心，加之制定了明确的查看时钟的策略，较少查看时钟。这些时间管理行为释放了更多的认知资源，减轻了前瞻记忆任务的负担(Francis-Smythe,2006),使TBPM任务对背景任务的干扰更小。这与A型人格者具有较高的时间管理倾向、较高的时间监控能力,善于利用时间的结论一致(狄敏,黄希庭,张永红,2004;窦刚,翁世华,2009),与时间紧迫感高的个体倾向于使用有效的时间管理行为执行TBPM任务(Francis-Smythe,2006)也一致,因此符合A/B型行为者的人格特点。

## 5 结论

A型人格者具有力求以高效和策略的时间监控模式完成TBPM任务的行为倾向。今后的研究将进一步操纵时间监控模式,深入研究作为中间意思的A/B型人格在TBPM中所扮演的角色。

合作者:袁宏。原文载于《心理科学》,2011年第4期。

# The Role of Emotion Regulation in Reducing Emotional Distortions of Duration Perception

## 1 Introduction

Duration perception refers to one's perception of the interval between two successive events or the duration of an event (Fraisse, 1984). The perception of duration is essential for both survival and the completion of everyday activities (Zhang et al., 2014). It can be distorted through numerous factors, such as age, mental status, and sensory channel. Among these factors, emotion might be one of the strongest and most salient (Lake, 2016). Numerous studies have shown that emotions are associated with distortions of duration perception (Gan et al., 2009; Droit-Volet et al., 2010; Gil and Droit-Volet, 2011; Droit-Volet, 2012). The temporal distortion is believed to reflect that duration perception is modulated by changes in the environment (Lake et al., 2016), allowing people to adaptively respond to stimuli in their environment (e.g., Harrington et al., 2011; Lewis and Meck, 2012; Matthews and Meck, 2014). Nevertheless, in some situations, people might desire a reduction of this emotional distortion of duration perception. For example, on the football field, when the goalkeeper sees an aggressive striker, a distorted duration perception might interfere with when they decide to catch the ball; while driving, a distorted duration perception would interfere with driver's decision on when to stop upon seeing a hazard in their path. Therefore, it might be necessary to explore the ways of reducing emotional distortions of duration perception.

The psychological mechanism of the emotional distortion of duration perception is typically explained using the pacemaker - accumulator (PA) model (Gibbon et al., 1984). The PA model consists of three sequential stages: clock, memory, and decision-making. During the clock stage, a pacemaker emits pulses through a switch, and these pulses are then collected by an accumulator. The number of collected pulses represents the duration. In the memory stage, the duration (represented by the clock stage) is stored in working memory, and an appropriate reference memory for that duration is retrieved from long-term memory. Finally, in the decision-making stage, the duration being timed is compared to the reference memory to determine if the duration is shorter, longer, or equal. Although variations in each part of this model might distort duration perception, researchers have attached particular importance to the impulse rate and switch, which are two of the most salient mechanisms in the PA model (Lake et al., 2016; Wang et al., 2016). An accelerating impulse rate is in general associated with increasing arousal. More specifically, an accelerating impulse rate would lead to a greater number of pulses collected by the accumulator, resulting in an overestimated duration perception (Droit-Voletet al., 2013; Schwarz et al., 2013; Volkinburg and Balsam, 2014; Yoo and Lee, 2015). However, recent studies have shown that the relation between impulse rate and arousal is not as direct as previously thought (Burle and Casini, 2001), as itis moderated by the emotional state of the individual (Mellaet al., 2011), stimulus content (Gil and Droit-Volet, 2012), and the duration of stimulus presentation (Fayolle et al., 2015).On the other hand, the switch is thought to reflect attention allocation, which in this context is defined as the allocation of processing resources to timing versus other processes (Zakay and Block, 1996; Ferrara et al., 1997; Lejeune, 1998; Mellaet al., 2011). The switch regulates the flow of pulses into the accumulator based on an open and closed state, and the allocation of time-relevant attention determines the perceived duration (Zakay, 2005; Brosch et al., 2013; Séguin, 2013; Block and Gruber, 2014). When less attention is allocated to timing, the switch closes at a less frequent rate, meaning that fewer pulses are allowed to pass into the accumulator. In contrast, when more attention is allocated to timing, the switch closes more frequently, meaning that more pulses are allowed to pass-through.

According to numerous studies, the duration of emotional stimuli tends to be perceived as longer than that of neutral stimuli. Particularly, duration has been found to be overestimated for emotional faces (Gil and Droit-Volet, 2011; Yoo and Lee, 2015; Ishikawa and Okubo, 2016), emotional scene images (Angrilli et al., 1997), emotional sounds (Noulhiane et al., 2007; Zhang et al., 2012), and emotional films (Droit-Volet et al., 2011).Previous studies have proposed that emotions influence arousal, which speeds up the internal clock (Volkinburg and Balsam, 2014; Yoo and Lee, 2015). Some studies have also suggested that attention bias to emotional stimuli makes the switch close earlier compared with neutral stimuli (Lui et al., 2011; Smith et al., 2011).Consequently, both arousal and attention have been suggested as mechanisms for the emotional distortion of duration perception (Droit- Volet, 2013b; Lake et al., 2016).

There is some evidence that emotional distortions in duration perception can be modified.

Effron et al. (2006) found that participants who held a pen in their mouths in order to suppress their expressions no longer overestimated the presentation duration of emotional faces relative to neutral faces. Mella et al. (2011) used prior instructions to manipulate participants to attend to time, emotion, or both, and found that participants overestimated the duration of highly negative stimuli when they attended to emotion compared to when they attended to time or divided their attention between time and emotion. Droit-Volet et al. (2015) found the awareness of emotion related distortions in duration perception modify the emotional distortion: when the participants were told either that the perception of emotional stimuli produces an overestimation of duration (true) or that it produces an underestimation (false), the effects of emotional stimuli on duration perception were amplified or reduced, respectively. Taken together, this evidence suggests that people can regulate the emotional distortion of duration perception.

There is much literature on emotion regulation showing that emotion can be influenced in an adaptive way (Gross, 1998, 2007, 2014). The process model of emotion regulation, proposed by Gross (1998), provides five major emotion regulation strategies that may be used during the emotion production process: situation selection, situation modification, attention allocation, cognitive reappraisal, and expression suppression. Arguably, the most common and effective of these strategies are the latter two: reappraisal and suppression (Cheng et al., 2009; Cai et al., 2016; Chen et al., 2017a). For this reason, reappraisal and suppression were selected as emotion regulation strategies for use in the present study. Reappraisal is an antecedent focused strategy that occurs at the early stage of emotion production, whereby emotions are regulated by changing one's understanding of the emotional events. In contrast, suppression is a response-focused strategy that occurs at the late stage of emotion production and involves the regulation of emotion through suppressing its expression. There is empirical evidence that both reappraisal and suppression decrease emotional arousal and modulate emotional attention bias, and can even change brain activity related to emotional processing (Eippert et al., 2007; Goldin et al., 2008; Driscoll et al., 2009; Flynn et al., 2010; Cai et al., 2016; Chen et al., 2017a). Accordingly, they are potential strategies for reducing emotional distortions of duration perception. The present study hypothesizes that reappraisal and suppression are effective for reducing emotional distortions of duration perception.

Reappraisal and suppression are both costly strategies in terms of cognitive resources (Polivy, 1998; Gross and John, 2003; Bonanno et al., 2004; Mauss et al., 2006), and might therefore lead to deficits in attention. Using a dual-task paradigm, hen et al. (2007) found the less attention allocated to a time-irrelevant task, the lower the perceived duration of that task. This suggests that the use of these emotion regulation strategies might cause people to underestimate the perceived duration of a task or event. However, the costs of reappraisal and suppression are different, with suppression being regarded as costlier than reappraisal (e.g., Richards and Gross, 2000; Goldin et al., 2008). A similar phenomenon was observed with East-Asian participants, who are believed to be particularly good at using suppression to regulate emotion (Yuan et al., 2014).This suggests that suppression might result in less attention being given to time-relevant tasks compared to reappraisal. Therefore, the present study hypothesizes that the perceived duration of stimulus presentation would be shorter when suppression is usedas an emotion regulation strategy than when reappraisal is used.

## 2 Materials and Methods

Considering that the perceived duration of negative stimuli tends to be overestimated compared to positive stimuli (Gan et al., 2009; Lake et al., 2016), and most studies of emotion regulation focused on reducing negative emotions (e.g. Aldao et al., 2015; Sheppes et al., 2015; Yoon et al., 2015), negative and neutral pictures were selected as stimuli in this study. To avoid any potential interaction between reappraisal and suppression, each participant was allocated to only one of these experimentalconditions. Thus, the experiment adopted a mixed 3 × 2 design consisting of the between-subject factor of group (non regulation, reappraisal, suppression) and the within-subject factor of picture type (neutral, negative).

### 2.1 Participants

We determined the sample size according to an a priori power analysis and by referencing previous studies. To detect a large emotion regulation effect (Cohen's $d$=0.8) with a power of 0.8 at an alpha of 0.05, the power analysis indicated that a sample size of 26 participants per group was appropriate. This sample size was also generally consistent with previous studies on the emotional distortion of duration perception and emotion regulation. Thus, 78 healthy participants (39 females; age range=21 – 26 years) were recruited from Southwest University in China as paid participants. Participants were randomly assigned to one of three groups: nonregulation (12 female and 14 male), reappraisal (13 female and 13 male), and suppression (14 female and 12 male). All participants were right-handed and had normal or corrected-to-normal vision. They gave their written informed consent prior to the experiment. The experimental protocol was approved by the local ethics committee of Southwest University.

To avoid the potential influence of anxiety, depression, andneuroticism on duration perception, all participants were tested by Spiel Berger State-Trait Anxiety Inventory (Spielberger, 1970), Beck Depression Inventory (Beck et al., 1996), and NEO Five Factor Inventory (Costa and McCrae, 1992). The results showed that all participants scored low in anxiety, depression, and neuroticism. Furthermore, the three groups did not show a significant difference in state anxiety, $F(2, 75)=0.34$, $p>0.05$; trait anxiety, $F(2, 75)=0.01$, $p>0.05$; depression, $F(2, 75)=1.37$, $p>0.05$; or neuroticism, $F(2, 75)=2.47$, $p>0.05$. To avoid the potential influence of emotion regulation ability, all participants completed the Emotion Regulation Questionnaire (ERQ; Grossand John, 2003). The results showed that the three groups did not significantly differ in reappraisal score, $F(2, 75)=0.83$, $p>0.05$, or suppression score, $F(2, 75)=0.70$, $p>0.05$, see Table 1. Taken together, the results of these tests show that the three groups were sufficiently homogenous.

### 2.2 Stimuli

The stimuli used for the representation of duration were brown rectangle image, 16 neutral pictures and 16 negative pictures (size: 433 × 315 pixels). All pictures were selected from the Chinese Affective Picture System (CAPS). Negative pictures depicted scenes featuring frightening animals, dilapidated buildings, and disaster areas, while neutral pictures depicted scenes of neutral animals, buildings, and human activities. Each picture was assessed in a previous survey in terms of itsvalence and arousal on a nine-point scale in a large sample of Chinese participants (Lu et al., 2005). An independent simplest-test performed on the average scores showed that the two categories of negative pictures differed significantly from neutral pictures in valence, $t(30)=-21.24$, $p<0.05$ (mean±standard deviation: negative=2.74±0.32, neutral=5.26±0.35), and arousal, $t(30)=20.00$, $p<0.05$ (negative=5.78±0.48, neutral=3.32±0.08).

### 2.3 Procedures

The experiment was run and participants' responses recorded using E-Prime 1.1 (Psychological Software Tools, Pittsburgh, PA, United States) on a PC. The stimuli were presented using a 17" LCD monitor (1024 × 768 pixels, 60-Hz) and the participants made their responses using the computer's keyboard. The participants were seated in a quiet room approximately 60 cm from the pictures, with horizontal and vertical visual angles of below 16°.

The experiment consisted of two parts: emotion regulation and duration perception. In the emotion regulation part, participants in each group were provided with one of three sets of instructions in writing (nonregulation, reappraisal, or suppression), which they silently deliberated on for1min. The nonregulation instruction asked participants to passively perceive the emotions arising in response to the pictures. The reappraisal instruction asked participants to intentionally reappraise that the pictures had been created by a computer program and did not depict true events. Finally, the suppression instruction asked participants to intentionally suppress their expressions when a picture appeared on the screen.

TABLE1 Mean scores (standard deviation) of anxiety, depression, neuroticism, and emotion regulation ability for nonregulation, suppression, and reappraisal groups.

| | Nonregulation | Suppression | Reappraisal |
|---|---|---|---|
| State anxiety | 34.15(6.70) | 32.85(7.46) | 34.50(8.54) |
| Trait anxiety | 38.92(7.33) | 39.00(8.06) | 39.00(8.89) |
| Depression | 7.73(7.22) | 6.88(4.99) | 9.92(7.95) |
| Neuroticism | 23.88(7.40) | 19.50(6.56) | 21.19(7.54) |
| Reappraisal | 30.62(4.87) | 31.31(5.45) | 31.42(5.12) |
| Suppression | 18.65(4.75) | 19.31(4.20) | 20.12(4.41) |

In the duration perception part, the temporal bisection task, which has been used widely in previous studies, was adopted. The procedure was similar to that described in earlier research (Droit-Volet et al., 2004; Tipples, 2008). The participants were initially trained to differentiate "short" (400 ms) from "long" (1600 ms) stimulus durations. On the first 10 trials, the image of a brown rectangle appeared for a short or a long duration in a random sequence along with a corresponding Chinese character for "short" or "long" marked underneath it. The participants were asked to remember and be ready to differentiate between "short" and "long" durations. Following the training, a test was conducted to confirm that the training had been effective. In the test, the participants were asked to indicate whether the stimulus appeared for either a short or a long stimulus duration by pressing one of two labeled keys ("j" and "f") on the keyboard. The response mapping (e.g., "j" and "f" for the short and long duration images, respectively) was counterbalanced across the participants. To avoid any potential encouragement- or frustration- induced emotion, no feedback was provided during the test. If a participant's accuracy did not reach 100%, he/she was trained again. Participants were given a 2-min break between the post-training test and the main test. During the main test, negative and neutral pictures were randomly presented for seven durations (400ms, 600ms, 800ms, 1000ms, 1200ms, 1400ms, and 1600ms), see Figure 1.

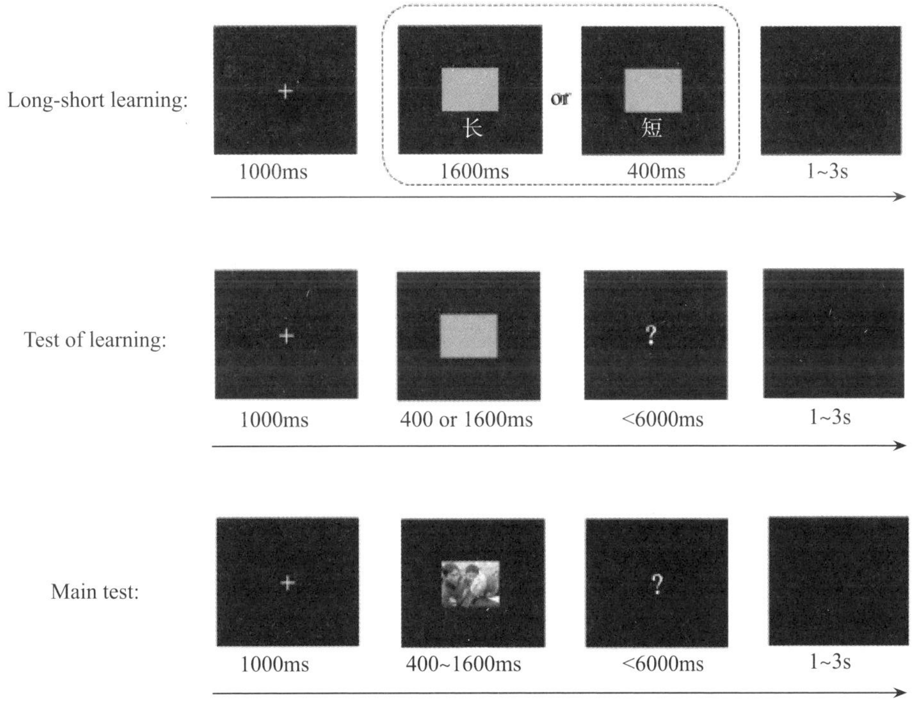


Figure1 Schematic illustration of the temporal bisection task.

Each picture was presented for each duration. Accordingly, 224 trials were conducted. The participants were asked to look at each picture and indicate whether it had appeared for a duration that was closer to either the short or the long duration previously learned. To avoid the possible effects of fatigue on the results, three 1-min breaks were given following trials 56, 112, and 168. Each break was followed by the emotion regulation instruction and a long - short training to consolidate the effectiveness of training. No more tests were conducted to confirm training effect. At the end of the temporal bisection task, the participants were asked to respond to a question - "Did you follow the instructions given to you for judging the duration?" (given here in English, but actually presented in Chinese; the same was true with the next question) on seven-point scale (from 1="not at all" to 7="completely").They were also required to answer the question "How much effort did you exert to regulate (or suppress or reappraise) the emotions arising in you in response to the picture?" on a seven-point scale (from 1="not at all" to 7="completely").The words "regulate," "suppress," or "reappraise" were presented for the non-regulation, suppression, and reappraisal groups, respectively.

## 2.4 Statistics

The temporal bisection task was analyzed by computing the proportion of long duration responses for each stimulus duration. If the stimulus duration was represented as "t," the proportion of long duration responses was designated as $P(\text{long} \mid t)$. A plot of the proportions formed a psychometric function that was described as a Gaussian cumulative distribution function ($S$) curve. The start of the resulting S curve was at approximately zero, representing the shortest durations, and its end wasat approximately 1, representing the longest durations. The resulting curves were fitted with a cumulative Gaussian function, with the mean ($\mu$) corresponding to the "Point of Subject Equality" (PSE) and the SD ($\sigma$) corresponding to the temporal sensitivity. The PSE was the duration that yielded no difference between long and short responses, that is, $P(\text{long} \mid t=\mu)=0.5$ (Kroger costa et al., 2013; Liu et al., 2015). The generalization gradients related to the proportion of "long" responses to stimulus duration were fitted via cumulative Gaussian functions with the following equation: $y=0.5\times\{1+\text{erf}\,[(x-\mu)/(\sigma\times\sqrt{2})]\}$ (1).where y is the proportion of "long" responses, x is the objective duration, and erf is the error function or Gauss error function. The proportion of "long" responses was plotted as a function of stimulus duration for the three groups. The lines were the best-fit cumulative Gaussian, see Figure 2.

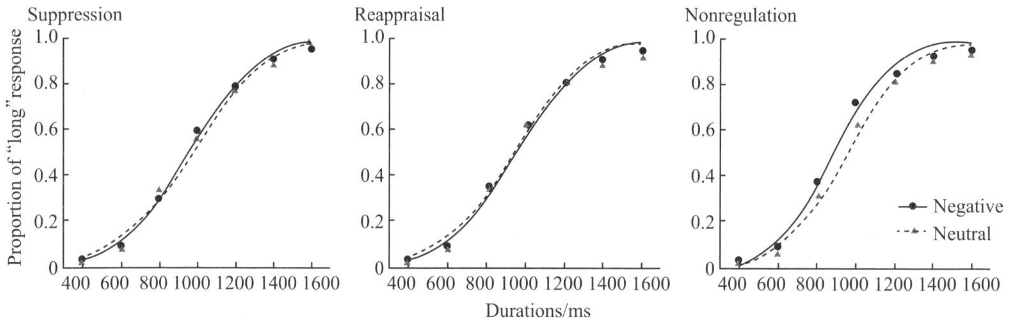


Figure2 Proportion of "long" response plotted as a function of stimulus duration for suppression, reappraisal, and nonregulation groups.

Statistical analysis was performed using SPSS Statistics 20.0 (Armonk, NY, United States). The significance level was set at 0.05. Repeated-measures ANOVAs were performed on the PSE measurements with group (nonregulation, reappraisal, and suppression) and picture type (neutral, negative) as factors. *post hoc* testing of the significant main effects was conducted using the LSD method. Significant interactions were analyzed using simple effects models. Partial $\eta$-squared ($\eta_p^2$) was reported as a measure of effect size for the ANOVAs, with 0.05, 0.10, and 0.20 indicating a small, medium, and large effect, respectively.

# 3 Results

## 3.1 Manipulation Check

The first manipulation check aimed to confirm the effect of emotional distortion, which served as the baseline in the analyses on emotion regulation. The data of nonregulation group were used for this analysis. According to a paired samples t-test, the PSE of the negative pictures (897.95±127.69 ms) was significantly different from that of the neutral pictures (955.11±142.64 ms), $t(25)=-3.53$, $p<0.05$, indicating that the manipulation of emotion was effective.

The second manipulation check aimed to determine whether each participant followed the instructions of the temporal bisection task. Using the self-report scores in response to the question, "Did you follow the instructions given to you for judging the duration?" A one-way ANOVA with group as a between-subject variable showed a significant main effect of group, $F(2, 75)=4.75$, $p<0.01$, $\eta_p^2=0.11$ (nonregulation group$p$=6.23±0.65, suppression group$p$=5.69±1.05, reappraisal group$p$=6.35±0.69). The *post hoc* analysis revealed that the mean score of the suppression group was smaller than those of the nonregulation and reappraisal groups, ps<0.05. There was no difference between the nonregulation and reappraisal groups, $p=0.61$. In addition, three one-sample t-tests were conducted. These revealed that the mean scores for each group were significantly higher than the midpoint of threating scale (*i.e.*, 4), $ts(25)=17.46-8.22$, $ps<0.05$, suggesting that participants followed the instructions of the temporal bisection task, but the scores of the suppression group were not as good as those of the nonregulation and reappraisal groups.

The third manipulation check aimed to determine whether participants followed the emotion regulation instruction. Using participants' self-report scores in response to the question, "How much effort did you exert to regulate (or suppress, or reappraise) the emotions arising in you in response to the picture?" A one-way ANOVA with group as a between-subject variable showed a significant main effect of group, $F(2, 75)=11.58$, $p<0.05$, $\eta_p^2=0.24$ (nonregulation group=3.46±2.12, suppression group=5.15±1.32, and reappraisal group=5.50±1.33).The post hoc analysis revealed that the mean score of the nonregulation group was smaller than those of the reappraisal and suppression groups, $ps<0.05$. There was no difference between the reappraisal and suppression groups, $p=0.45$.In addition, three one-sample t-tests were performed to test whether the mean score for each group differed from the midpoint of the rating scale (*i.e.*, 4). The results indicated that the mean score for the nonregulation group was not significantly different from the midpoint of the rating scale, $t(25)=-1.29$, $p>0.05$. In contrast, the mean rating score for the suppression group was significantly higher than the midpoint, $t(25)=4.47$, $p<0.05$, and the mean rating score for the reappraisal group was significantly higher than the midpoint, $t(25)=5.73$, $p<0.05$. These results suggested that participants followed the emotion regulation instructions that they were given.

### 3.2 Effect of Emotion Regulation on Duration Perception

A repeated-measures ANOVA of PSE with group (nonregulation, reappraisal, suppression) as a between-subject factor and picture type (neutral, negative) as a within-subject factor showed anon-significant main effect of group, $F(2, 75)=0.69$, $p=0.50$, a significant main effect of picture type, $F(2, 75)=6.72$, $p<0.05$, $\eta_p^2=0.08$, and a significant interaction between group and picture type, $F(2, 75)=3.31$, $p<0.05$, $\eta_p^2=0.08$. A simple effect analysis showed that in the nonregulation group, the PSE of negative pictures (897.95±127.69 ms) was shorter than was that of neutral pictures (955.11±142.64 ms), $p<0.05$. In the reappraisal group, there was no difference in PSE between negative pictures (929.55±134.07 ms) and neutral pictures (945.46±119.47 ms), $p=0.33$. Finally, in the suppression group, there was also no difference in PSE between negative pictures(965.43±118.45 ms) and neutral pictures (965.32±130.06 ms), $p=0.99$. Thus, the emotional distortion was observed only in the nonregulation group, see Figure 3. Another simple effect analysis showed there wasn't significant group effect for neutral pictures($p>0.05$). The group effect was only marginally significant between nonregulation group and suppression group ($p=0.06$), but the group effect between nonregulation group and reappraisal group wasn't significant ($p>0.05$).

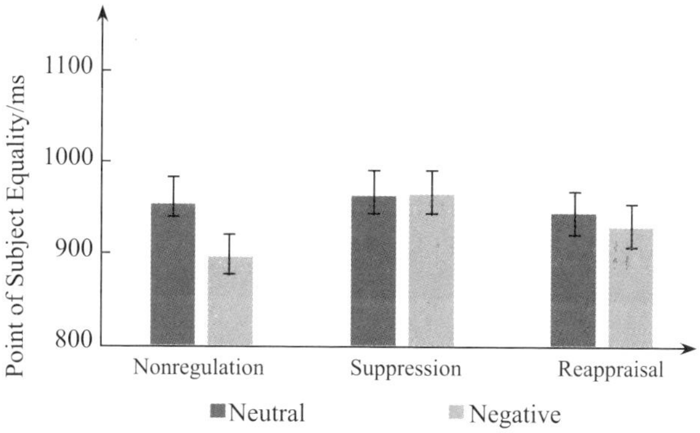


Figure3 Mean point of subjective equality for neutral pictures and negative pictures in each group. The error bar represents standard error.

To avoid the potential influence of different baselines, we used the PSE of neutral pictures and PSE of negative pictures to count the emotional overestimation of each participant (PSE neutral - PSE negative=PSE over estimated). A one-way ANOVA which used group (nonregulation, reappraisal, suppression) as between subject variable showed the effect of group was significant, $F(2, 75)=3.31$, $p<0.05$, $\eta_p^2=0.08$. The post hoc analysis identified the group effect was significant between nonregulation group and suppression group ($p=0.02$). A marginally significant group effect was observed between nonregulation group and reappraisal group ($p=0.07$). There was no significant difference between suppression group and reappraisal group ($p=0.49$).

The results suggested that reappraisal and suppression, which are two typical emotion regulation strategies, can effectively reduce the emotional distortion of duration perception.

## 4 Discussion

The present study employed negative and neutral pictures to examine whether emotion regulation can reduce the emotional distortion of duration perception. More precisely, 78healthy participants were randomly assigned to nonregulation, reappraisal, and suppression groups, wherein they were told to passively perceive, reappraise, or suppress the stimulus-induced emotions, respectively. Subsequently, they completed a temporal bisection task, which was used to investigate the duration perception of each group (with durations ranging from 400 to1600 ms).

First, in the nonregulation group, we observed that negative pictures distorted duration perception when compared with neutral stimuli. This confirms that emotion distorts duration perception. This finding is consistent with those of previous studies, which reported that people tended to overestimate the duration of emotional stimuli, especially negative ones, compared with neutral stimuli (Angrilli et al., 1997; Tipples, 2008; Ganet al., 2009; Volkinburg and Balsam, 2014). Negative stimuli typically lead to increased arousal and attention bias (Yiend, 2010; Hoffman et al., 2013). According to the PA model, both arousal and attention might serve as mechanisms of emotional distortions of duration perception. For the arousal mechanism, high arousal is related to a faster pacemaker (Lui et al., 2011; Smith et al., 2011; Volkinburg and Balsam, 2014; Yoo and Lee, 2015), which causes more pulses to enter the accumulator. Asfor the attention mechanism, emotional stimuli usually lead to faster detections compared with their neutral counterparts (Hur et al., 2015; Ziaei and Fischer, 2016). This faster detection causes the switch to close earlier (Droit-Volet, 2013a), which causes more pulses to enter the accumulator and consequently, a longer perceived duration. Angrilli et al. (1997) suggested that an arousal mechanism is most influential in the duration perception of high-arousal events. Several studies indicated that at least at quite short durations (*i.e.*, <2s), the arousal effect plays an important role in the distortion of duration (Angrilli et al., 1997; Droit-Volet et al., 2004; Effron et al., 2006). In the present study, negative and neutral pictures were used as stimuli, and the negative pictures had lower valence and higher arousal than did the neutral pictures. These pictures were presented in range from 400 to 1600 ms. It is therefore reasonable to expect that both the arousal and attention mechanisms made contributions but arousal mechanism contributed more to the emotional distortion of duration perception observed in the nonregulation group.

More interestingly, the results for the reappraisal and suppression groups indicated that emotion regulation modified the emotional distortion of duration perception. When the participants were told to treat the pictures as computer-generated (i.e., the reappraisal group) or to intentionally suppress their own expression of emotion in response to the pictures (i.e., suppression group), we observed no significant differences in the perceived duration between neutral pictures and negative pictures. These results indicated that both reappraisal and suppression can successfully reduce emotional distortions of duration perception. Several previous studies have investigated how to modify the emotional distortion of duration perception (i.e., Effron et al., 2006; Mella et al., 2011; Droit-Volet et al., 2015). As noted in the section "Introduction," Effron et al. (2006) used a passive, suppression-related method, asking participants to hold a pen in their mouths to suppress their expressions. They found that the perceived duration of emotional faces was no longer than that of neutral faces. Compared with Effron et al. (2006), the suppression method used in the present study does not require any equipment, only prior instruction. This makes it more cognitive and arguably more suitable for use in everyday life (as it is rather inconvenient to hold something in the mouth). In the studies by Droit–Volet et al. (2015) and Mella et al. (2011), different cognitive methods were used to modify the emotional distortion of duration perception. DroitVolet et al. (2015) used declarative knowledge and found that the overestimation of duration perception was reduced when participants were told that emotional stimuli would have a shortening effect. Mella et al. (2011) used prior instructions – that is, participants were instructed to attend to time, emotion, or both during timing tasks – and found that overestimation of duration perception occurred only when participants attended to emotion. Although Mella et al. (2011), Droit–Volet et al. (2015), and the present study all employed cognitive methods to modify emotional distortion of duration perception, there were some differences between these studies. Droit–Volet et al.'s (2015) method involved directly informing participants of how duration perception is affected by emotion, which suggests that the method modulated duration perception rather than emotion. In contrast, Mella et al.'s (2011) method of instructing participants to attend to or ignore emotion seemed more focused on directing selective attention toward versus away from emotion. In the present study, the emotional distortion of duration perception was modulated by regulating the effect of the emotional stimuli via reappraisal and suppression – in other words, our methods focused on reducing the effects of emotion. In summary, we believe reappraisal and suppression are two new effective methods of modifying emotional distortions of duration perception.

Unexpectedly, we did not observe an underestimated duration perception in the suppression group when compared to the reappraisal group, although the self–report scores of "Did you follow the instructions given to you for judging the duration? "reflected that the suppression group did not perform as well as the reappraisal group. We believe that this difference of self–report scores between suppression and reappraisal groups reflected that suppression is costlier than reappraisal, which has been proved before (e.g., Richards and Gross, 2000; Goldin et al., 2008; Yuan et al., 2014). In other words, suppression made it difficult for participants to follow the instruction to judge the duration. Notwithstanding, in the temporal bisection task, both reappraisal and suppression were successful in reducing the emotional distortion of duration perception, such that the duration perception of the negative and neutral stimuli did not differ. Previous studies have found that individual differences in reappraisal and suppression abilities can affect emotion regulation performance (Hofmann et al., 2009; Yuan et al., 2014). The effort it takes to engage in a particular emotion regulation strategy can also influence such performance (Cai et al., 2016). However, in the present study, participants were randomly assigned to non-regulation, reappraisal, and suppression groups. Furthermore, the self-reported effort to regulate emotion did not differ between the reappraisal group and suppression group. Therefore, the potential influences of emotion regulation ability and effort have been minimized. Consequently, the notion that reappraisal has the same effect as suppression on the emotional distortion of duration perception is credible.

Having clarified the effect of emotion regulation on emotional duration perception, it is now important to consider its underlying mechanisms. According to the PA model, either reducing arousal or decreasing attention bias to emotional events might reduce the emotional distortion of duration perception. Regarding the arousal mechanism, there is evidence from behavioral responses, physiological reactions, and neural activity supporting that both reappraisal and suppression can reduce the arousal of emotional stimuli (Butler et al., 2007; Meyer et al., 2012; Füstös et al., 2013; Ruth et al., 2014; Yuan et al., 2014). This suggests that reduced arousal is a possible mechanism of the observed reduction in the emotional distortion of duration perception. As for attention, studies have shown that both reappraisal and suppression can decrease the attentional bias induced by emotional stimuli (Adam et al., 2014; Vogt and De Houwer, 2014). Accordingly, decreased attention bias could be a mechanism of the results as well. As noted in the second paragraph of discussion, we inferred that the arousal played a dominating role in the emotional distortion of duration perception. It is therefore reasonable to presume that both reduced arousal and decreased attention bias mechanisms are active, but reduced arousal mechanisms are more prominent in the present study. However, this requires further verification.

Several other issues should be clarified. First, in the present study, we only employed Chinese participants. Recent studies have indicated that the efficacy of suppression in dampening negative emotions is culture-specific: People who grew up in East Asian cultures tended to show better suppression performance than did those who grew up in Western countries (Butler-et al., 2007; Murata et al., 2013). It has been reported that suppression in Chinese produced beneficial emotion regulation effects in both behavioral and physiological levels (Yuan et al., 2014). Therefore, for Western people, suppression might beat less effective strategy for reducing the emotional distortion of duration perception; further studies should aim to verify this. Second, we used pictures as emotional stimuli. The overestimation of perceived duration has also been found fore motional expressions (Gil and Droit-Volet, 2011; Yoo andLee, 2015; Ishikawa and Okubo, 2016), sounds (Noulhiane et al., 2007; Zhang et al., 2012), and films (Droit-Volet et al., 2011). However, the effect of duration perception is likely to be different across these stimuli. Thus, the effect of emotion regulation on duration perception should be tested with different types of stimuli. Third, we used instructions to have participants regulate emotion, which is a conscious method of manipulating emotion regulation. However, having participants consciously engage in emotion regulation might lead to cognitive costs (Mauss et al., 2007). Recent studies have indicated that unconscious priming of emotion regulation strategies facilitates realization of regulatory goals without accruing additional costs (e.g., Ding et al., 2015; Chen et al., 2017b). In this regard, future studies should use methods that facilitate more automatic emotion regulation, such as the sentence unscrambling paradigm (Yuan et al., 2015).This might amplify the effect of emotion regulation on the emotional distortion of duration perception by reducing its cognitive costs. Finally, according to the process model of emotion regulation (Gross, 1998), situation selection, situation modification, and attention allocation all have much earlier effects on emotion than do reappraisal and suppression. This is especially true of attention allocation, which has been reported to regulate negative emotion more rapidly than reappraisal (Paul et al., 2013) and protect individuals from developing depressive symptoms during frustrating situations (Li and Yuan, 2018). It can also maintain positive affect and well-being during negative stimulation (Yuan et al., 2012; Meng et al., 2015). As noted above, Mella et al. (2011) successfully used attention allocation to modify emotional distortion of duration perception. Thus, future studies might utilize distraction as a method of optimizing the regulatory effects on emotional distortion.

The findings of present study may have implications for clinical individuals with aberrant distortion of duration perception. For example, recent studies have demonstrated that emotional stimuli result in a larger temporal distortion for anxious individuals (e.g., Bar-Haim et al., 2010; Jusyte et al., 2015; Yoo and Lee, 2015). In line with the findings on healthy individuals, Bar-Haim et al. (2010) suggested that the enhanced arousal in anxious individuals plays a dominant role for aberrant distortion of duration perception in short durations (i.e., <2 s). Therefore, the findings of the present study imply that reappraisal and suppression may be effective methods to reduce aberrant temporal distortion in anxious individuals, and even other clinical individuals who suffer similar aberrant temporal distortion.

In summary, in the present study, Chinese undergraduates were instructed to passively perceive, suppress, and reappraise emotions arising in response to pictures presented for different durations. When passively perceiving the pictures, participants overestimated the duration of negative pictures compared to neutral pictures. However, when either reappraisal or suppression were employed, this overestimation was no longer observed. Therefore, reappraisal and suppression appear to be effective emotion regulation strategies for reducing emotional distortion of duration perception.

合作者:田宇、刘培朵。原文载于*Frontiers in Psychology*,2018年第9期。

# 专题三 时间认知实验的因变量

无论在哪个领域，我们思考和行动时都会考虑事情的因果关系，我们探究时间认知也不例外。

# 引 言

时间认知实验这一术语表明,我们要操纵一些变量,控制其他无关变量,来探究所操纵的自变量对时间认知的影响。在我们以往的实验研究中,通过物理方式操纵变量,通过选择操纵变量,或者既通过物理方式,又通过选择来操纵变量,其目的都是观测这种种因素对因变量(即时间认知的某些成分)产生什么样的影响。因变量(dependent variable)也称为依从变量,是指在实验中由研究者操纵自变量而引起的被试的某种特定反应。换言之,在实验中,由研究者操纵并能影响其他因素发生变化的称为自变量;其值依赖于其他因素,但它本身不能影响其他因素的,称为因变量。

因变量的种类很多,就对因变量的测量来看,大致可分为客观指标的因变量和主观指标的因变量。因变量的客观指标包括行为指标如反应时、反应速度、持续时间、反应转换、反应正误率、反应难度等,还包括生理指标如计算机断层扫描(CT)、脑电图(EEG)、事件相关电位(ERP)、功能磁共振成像(fMRI)、局部脑血流量(rCBF)等。因变量的主观指标主要是指对被试的口语记录。它记录了被试对实验时做出反应自己心理活动的描述,也可以记录实验后被试对于主试提出的问题所给出的答案。在时间认知实验中,口语记录是很重要的参考资料,不可忽视。因为它有助于我们理解被试给出的客观指标所蕴含的心理成分。

在人类时间认知的实验中,研究者通常采用指导语(instruction)对因变量加以控制。所谓指导语,就是在实验开始前主试根据实验假设向被试交代任务时所做的说明。例如,如果不被预期的新异刺激出现在重要的标准刺激序列中时,相比标准刺激它的呈现时间往往会被高估,这种现象被称为时间知觉中的新异刺激效应。依据这个假设,我们设计了视觉新异刺激时距的高估是否会受拓扑性质影响的实验,要求被试比较不同条件下新异刺激呈现的时间与标准刺激呈现的时间。其指导语为:"欢迎参加本次试验,这是一个研究时间知觉精确性的实验。请将你的左手食指放在"F"键上,右手食指放在"J"键上。实验过程中,首先屏幕上会相继呈现一系列单孔或双孔正方形(标准刺激),之后会呈现一次单孔或者双孔的圆形(新异刺激)。请你比较圆形(新异刺激)和正方形(标准刺激)呈现时间的长短。如果你觉得圆形呈现的时间更长请按"F"键,如果你觉得正方形呈现时间更长请按"J"键"。结果发现,当标准刺激与新异刺激表现出拓扑性质的差异时,被试更倾向于高估新异刺激的呈现时间,拓扑性质的变化能够导致更大程度的新异刺激效应。

在设计指导语时,要注意指导语的内容要明确,切忌模棱两可;要通俗易懂,切忌使用专业术语;要完整统一,切忌向被试交代的任务不完整不统一。为了防止被试对指导语产生误解,可以要求被试用自己的话复述他将要做什么和怎么做,使被试都能按指导语的要求进行反应。需要指出的是,在时间认知实验中,主试与被试都是具有主观能动性的人。在实验中主试可能以某种方式(如手势、表情、语气等)有意无意地影响被试,使他们的反应符合主试的期望,从而导致实验结果出现偏差,此种现象称为实验者效应(experimenter effect)。同样,参加实验的被试的生理、心理状态,如觉得自己受到重视、有积极的参与感,或以自己的生活经验来理解指导语,这些也会影响他们完成任务的质量和数量,这种现象称为霍桑效应(Hawthorne effect)。要注意,被试的反应也会影响主试的行为,在实验中这种交互作用可能在不知不觉中进行着,从而影响着因变量的性质。

因此,我们必须清醒地认识到,即使发现两个或两个以上的变量之间存在关系,也并不能保证这种关系是因果关系,即一个变量发生变化导致另一个变量也发生变化。因为"原因"有多种含义。例如,人们习惯于区分变量发生的必要条件和充分条件。一个变量发生变化的必要条件(necessary condition)是指,在缺了它的情况下,该变量的变化便不能发生。一个变量发生变化的充分条件(sufficient condition)是指,在它出现的情况下,该变量便能够发生变化。因此,如果我们说,这个推理既从原因到结果,又从结果到原因,那"原因"这个词肯定是在充要条件下被使用的。

# 非语言情境中时间加工与空间距离加工的关系

## 1 引言

时间和空间是物质存在的基本属性,也是心理存在的基本形式。任何静止或运动的物质都占据一定的空间和时间。时间是单维的、抽象的,看不见摸不着,总是永不停息地向前流逝,而空间是多维的、具体的,人们不仅能看到物体的空间位置,也能感知物体运动的方向和距离。语言学的研究表明,时间具有空间隐喻的特点。人们通常借助空间概念来表达时间概念,例如距离下车时间还有两站路、三月在四月的前面。而空间概念本身大部分可以用空间词汇来表达,很少借助时间概念(Boroditsky,2000)。吴念阳,徐凝婷,张琰(2007)进一步发现,垂直和水平的空间图式都能促进有关时间问题的判断,时间表征具有空间方向性。以上及其他研究都表明,语言任务中,时间加工和空间加工存在不对称的关系,空间加工影响时间加工,而时间加工对空间加工的影响非常小。

时空关系的不对称是否仅发生在语言层面?在思维领域它们之间的关系如何?在非语言情境中,刺激运行的距离影响时距的估计和再现(黄希庭,杨宗义,刘中华,1980)。当一段线段的长度不断增加,或者线段静止呈现但长度不同时,空间长度(即距离)加工影响时间加工,而时间加工对长度加工的影响不明显(Casasanto & Boroditsky,2008),时间加工和空间距离加工存在不对称的干扰。

已有的研究认为,时间加工和空间距离加工的关系主要有两种,一种是量值理论(A Theory of Magnitude,ATOM),即时间和空间具有同一量值系统,因此时间加工和空间距离加工在心理上存在共同的表征机制。另一种是隐喻理论(metaphor theory),即空间距离加工影响时间加工,而时间加工不影响空间距离的加工。

## 2 时间加工和空间距离加工存在共同表征

空间包含距离、大小、体积、方向等方面,其中空间距离的加工和时间加工的关系受到研究者们关注。空间距离有两种形式,一种是相继呈现的离散刺激形成的空距离(blank distance),即点与点之间形成的距离;另一种是连续刺激形成的实距离(full distance),例如火车运行的距离、线段的长度。与之相应,时间也可以以空时距和实时距两种形式呈现。只有起止刺激,以间隔方式呈现的时间称为空时距(blank duration);刺激延续一段时间,以持续方式呈现的时间称为实时距(full duration)。空距离—空时距和实距离—实时距两种形式的加工不尽相同,但都跟距离有关,有助于深入探讨时间加工和空间加工的关系。

时间加工影响空间距离判断,空间距离加工干扰时间加工,时空加工的相互影响表明两者可能存在共同表征。

### 2.1 空距离—空时距

研究者很早就发现,人们在完成时间和空间任务时,存在Tau效应和Kappa效应。当在水平方向呈现三个闪光刺激,形成2种距离或2种时距,距离固定时,刺激之间的时间间隔越长,人们判断其空间距离越大,产生Tau效应(Benussi,1913);反之,刺激之间的时间固定,刺激间的空间距离越大,估计的时距也越长,出现Kappa效应(Cohen,Hansel,&Sylvester,1953)。后来研究者发现Kappa效应和Tau效应具有广泛性。Sarrazin,Giraudo,Pailhous和Bootsma(2004)在实验中呈现自左向右水平排列的8个圆点,每个圆点直径为0.4cm,呈现26ms,总时间为3s,总长度为26.1cm,控制8个圆点形成的7个空距离或空时距,组成4种实验条件,即空距离—空时距固定、空距离—空时距按对应比例变化、空距离固定—空时距变化、空距离变化—空时距固定,要求被试复制(即再现)总距离或者时距,发现空时距影响距离复制,出现Tau效应;空距离干扰时距复制,出现Kappa效应。Kappa效应和Tau效应表明时间加工和空间距离加工之间存在相互干扰。

Kappa效应也存在于触觉和听觉通道(Suto,1955;Jones&Huang,1982)。Sarrazin,Giraudo和Pittenger(2007)用与视觉类似的方法(Sarrazinetal.,2004)在听觉中也发现Kappa效应和Tau效应。Grondin和Plourde(2007)用四个声音形成三个空时距,前三个声音用同一声音源(喇叭)呈现,变化最后一个喇叭源与前三个声音源的距离,在每个试验中,前两个时距为标准时距,最后一个为比较时距,要求被试判断最后一个时距比标准时距长还是短。发现实验前被试知道第四个声音的位置时,辨别准确;不确定声音源的位置时,声音源之间的空间距离越大,判断最后一个时距更长。声音源的距离影响时间判断,究其原因,是声音源的距离影响被试对声音传导时间的感知,进而影响时间判断;还是空间和时间在心理上具有共同表征机制,被试在心理上自动地联结时间和空间,仍没有比较性的研究。

### 2.2 实距离—实时距

Gallistel 和 Gelman(2000)指出,连续变量具有同一心理表征,空间距离和时间都是连续变量,因此可能存在共同表征。根据量值理论,时间和空间具有共同的度量标准;时间加工和空间加工彼此之间存在相互的启动或干扰;时间的变化影响空间加工,空间的变化影响时间加工(Walsh,2003)。Droit-Volet,Clement 和 Fayol(2008)采用被试间设计,每组被试各自完成时间、数目或长度任务,使用两分法,即首先辨别两个标准刺激 4s/10s、4 个/10 个或者 4cm/10cm,然后呈现比较刺激,被试的任务是判断比较刺激与哪个标准刺激相似,发现当刺激相继呈现(即刺激一个一个地出现,刺激的总和为 4s、4 个或 4cm)时,被试在时间任务和长度任务中的操作成绩相似。重复刺激对长度加工和时间加工的影响一致(Droit-Volet,2010)。Srinivasan 和 Carey(2010)也指出,时间加工和空间距离加工除了在结构上匹配,更可能存在功能上的重叠。同时呈现线段和声音,线段长度和声音呈现的时间分为一致和不一致,或者线段长度和声音的音高分为一致和不一致,被试判断是否知觉到刺激是配对的,用 1~5 的数字进行评定,结果长度和时间一致时,被试的评定成绩更准确,而长度与音高的匹配对反应没有影响,并且当长度和时间一致时,9 个月的婴儿对刺激的注视时间更长,他们能把物体的大小、数量和时间联系在一起(Srinivasan & Carey,2010;Lourenco & Longo,2010)。

在动物的研究中,被试同时加工时间和空间信息时,时间加工和空间距离判断存在相互影响。Merritt,Casasanto 和 Brannon(2010)要求猴子同时注意线段呈现的时间和长度,根据反应信号的不同,做出时间判断或长度判断,结果发现,两分任务中,长度短和长分别引起时间判断中主观平分点的右移和左移;时间短和长分别导致长度判断中主观平分点的右移和左移,这表明长度短或长时,被试倾向判断时间短或长;时间短或长时,被试倾向于知觉长度为短或长。时间加工和空间距离加工存在对称的干扰。

### 2.3 共同表征的原因

在空距离—空时距的研究中,Kappa 效应和 Tau 效应可以用匀速假设(constant velocity hypothesis,Jones & Huang,1982)来解释,这一假设认为被试在对几个离散刺激的间隔进行辨别时,虽然表面上刺激没有运动,但是被试能直观或隐隐地感知刺激以固定的速度移动,刺激好像是从一个位置移动到另一位置。当某一维度固定,另一维度变化时,速度发生变化,出现 Kappa 效应或 Tau 效应,因此速度影响了时间加工或空间距离加工。但是当时间固定,距离变化,复制距离;或者距离固定,时间变化,复制时间时,在这两种任务中速度也发生了变化,Tau 和 Kappa 效应却消失(Sarrazin et al.,2004)。此时匀速假设不能解释这一现象。而且匀速假设也不能解释实距离—实时距中时间加工和空间距离加工的对称干扰，因此时空加工的对称干扰还与其他因素有关。

2.3.1 注意

时间加工和空间距离加工的关系可以从注意角度来解释。时距信息加工包括时间知觉和时间估计（时间记忆），时间知觉是对时间的直接反应，大约在几秒钟以内。人们对短时距的知觉容易受到注意资源的影响，注意的有效监控能保证时间判断的准确性，降低其变异性。一方面，在双任务中，注意资源分配给时间任务和空间任务，当两项任务在难度上相似，需要的注意资源类似，时间加工和距离加工出现对称的干扰。另一方面，单独加工短时距时，刺激的物理特征也会占有被试的注意资源。空间因素会影响时间的加工，刺激之间的距离越远，估计的时间越短（Guay & Grondin，2001；Roy & Grondin，2005），因为空间距离的增加导致注意的分散，使得分配给时间任务的注意资源减少，导致对时间的低估。因此时间加工和空间距离的加工都受到注意的影响。

2.3.2 记忆

记忆影响时间加工，时间记忆主要是把当前时间的认知与长时记忆中已有的体验加以比较，受到个体的警觉水平、外界刺激和工作记忆资源的影响，人们在时间的记忆上存在着偏差。记忆对时间加工的影响主要体现在回溯式任务中，即被试在实验前不知道要进行时间估计，刺激呈现后才被要求对刺激呈现的时间进行估计。这样，被试不能积极加工时间，需要从短时记忆中提取刺激的非时间信息，因此对刺激空间因素的编码直接影响到时间的估计。在空距离—空时距中，被试依靠两点之间的距离判断时间；在实距离—实时距中，时间加工和空间距离加工存在对称的干扰，主要发生在婴幼儿身上，因为婴幼儿的工作记忆资源有限，更倾向于借助空间距离估计时间。随着年龄的增长，注意资源增加，记忆容量增大，人们对时间的判断更准确，空间距离对时间加工的影响减小。时间加工和空间距离判断之间出现不对称的干扰。

## 3 时间加工和空间距离加工的不对称干扰

### 3.1 时空影响的不对称

人们在加工时间时很容易受到刺激运行的距离或刺激长度的干扰，但时间本身不是很好的干扰源，不容易干扰其他任务。Casasanto 和 Boroditsky（2008）发现时间加工和空间距离加工之间存在不对称的干扰，实验中操作刺激呈现的时间和空间，时距为 1000~5000ms，距离为 200~800pixels，9 种时距和 9 种距离共组成 81 种条件，每次试验中线段自左向右逐渐“增长”，刺激呈现后，要求被试再现刺激的时距或距离。发现不管被试同时加工时间和空间；还是选择性地只完成一种任务；抑或一个圆点从左向右移动，距离不断增加;以及线段静止呈现,但长度不同,4种实验条件下线段的距离越长,复制的时距越长,但是时间不影响距离的复制。时间加工和空间距离判断的不对称干扰也存在于儿童群体中,儿童在判断一对沿平行线移动的卡通蜗牛哪个运行的距离更长时,蜗牛运行的距离干扰时间知觉,而蜗牛运行的时间不影响距离判断(Casasanto, Fotakopoulou, Boroditsky, 2010)。距离加工对时间判断的影响与方向无关,无论线段水平呈现还是垂直呈现,都是线段的长度影响时间加工,而在空间方向上没有差异(何艳,2009)。时间加工和空间距离加工之间存在不对称的干扰,但并不表明时空加工的影响就是单向的,因为时间加工也干扰空间距离加工,只是被试在加工时间和空间信息时,受到其他因素的影响,使得这种干扰变得不显著,因而出现时空加工的不对称干扰。

### 3.2 时空影响不对称的原因

#### 3.2.1 隐喻理论

根据隐喻理论(metaphor theory),时间具有空间隐喻的特点,人们更多地借助空间语言来谈论、表达和思考时间,例如英语的使用者,通常用假期长或短表达时间,而很少借助时间表征来表达空间(Lakoff & Johnson, 1999)。语言塑造思维,当人们通过空间来思考时间时,语言中时空关系的不对称扩展到基本的感知觉领域,使得时间加工和空间距离加工存在差异(Casasanto & Boroditsky, 2008)。时空关系的不对称存在文化及种群差异也表明语言起着重要作用。在使用语言描述同一事件的时间时,英语的使用者通常用距离词(distance words),比如说一个会议很长(long meeting),希腊语的使用者一般用数量词(a mount word),比如说一个会议很大(much meeting)。当英语和希腊语的使用者分别注视线段的不断增长和容器中液体的增加,然后复制这段时间,发现时间估计分别受到距离和数量的干扰(Casasanto, 2008)。动物不能使用语言,思维不受到语言的影响,时间加工和空间距离加工存在对称的干扰(Merritt, Casasanto, Brannon, 2010)。这说明不同文化背景下,语言的习得和使用影响了时空关系,但并不表明时空加工关系的不对称是由语言造成的。

#### 3.2.2 感知运动经验

时间加工和空间距离加工的不对称干扰还与感知运动经验有关。日常生活中,人们经常看到物体运行的距离越远,经历的时间越长,例如在列车行驶、行走等活动中,速度恒定的情况下,空间距离和时间的长度是成正比的。6岁以前的儿童在判断小汽车运行的时间或距离时,两种任务的成绩类似,随着年龄增长,感知运动经验增加,人们更容易判断距离,时间估计容易受到距离的干扰(Matsuda, 1996)。人们还经常通过日历认识时间,认识时间的这种经验能够影响被试对时间的判断。当日历上的月份以水平或垂直方向呈现(为启动刺激),再在水平或垂直方向上呈现长度不等的线段,要求被试复制时间,结果启动刺激与线段呈现的方向一致时,对时间任务的影响更大(何艳,2009)。感知运动经验对时空关系的影响可能与心理隐喻(mental metaphors)有关,心理隐喻指的是人们倾向于把抽象的东西具体化,例如用右手宣誓;右利手的人把空间的右侧和好的事物相连、左侧和坏事相连(Casasanto,2009;Casasanto & Jasmin,2010)。感知运动经验的增加,使得人们心理上把抽象的时间和具体的空间联系起来,更多地借助空间信息表征时间。

3.2.3 信息的显著性

信息的显著性指某种任务的信息能吸引被试更多的注意,显著的信息容易干扰不显著的信息。时间加工和空间距离加工出现不对称的干扰与信息的显著性有关。虽然Casasanto 和 Boroditsky(2008)用视听两个通道呈现时间,使时间信息更显著,但是时间没有特定的感受器,而线段的长度可以用视觉观察,因此仍没有完全消除两者在知觉显著性上的差异。为了减小时间和空间信息在显著性上的差异,Bottini 和 Casasanto(2010)使用表示长度(香烟、铅笔、直尺等)或时间的词语(眨眼、早餐、一月等),这些词语具有长度或时间的涵义。发现被试在复制时间或长度时,内隐的长度影响时间复制,内隐的时间不影响长度复制。但实验中词语的选择并不很恰当,注射、早餐等行为不一定使被试联想到时间的长短,因此时间和空间距离信息在显著性上仍未完全平衡,当然完全平衡也难以实现,故研究者需要通过控制难度尽量减少两者在显著性上的差异。

## 4 时间加工和空间加工的脑机制

行为结果表明,时间加工和空间距离加工具有共同的表征机制,但是两者存在不对称的干扰,说明两种加工也存在一些差异。在脑机制的研究中,已有研究主要探讨了空间位置、空间距离的加工与时间加工的关系,运动行为中空间位置和空间距离是密不可分的,而且这两种加工与时间加工所运用的大脑皮质是一样的,因此文章综合了这些研究,探讨时间加工和空间加工在神经机制上的关联。

### 4.1 时间加工和空间加工的共同脑区

神经心理学以及神经成像的研究表明,时间加工和空间加工都激活了右顶叶皮质、侧顶内沟区、左顶叶皮质、小脑、前额等大脑皮质。

4.1.1 脑损伤研究

在单侧忽视(unilateral neglect)患者的研究中,最早发现时间加工和空间加工在神经机制上存在连接。单侧忽视是指一侧半球主要是右半球顶叶皮质受损引起的功能障碍,患者不仅不能知觉对侧空间的刺激,在行为上也表现出对侧空间根本不存在。Basso,Nichelli,Frassinetti 和 diPellegrino(1996)发现,右顶叶皮质损伤造成的左侧空间忽视影响了时间加工,患者高估左视野的时距,低估右视野的时距;对左侧短时距,右侧长时距判断更不准确。Danckert,Ferber,Pun 等(2007)发现,相比正常人和右脑损伤但无空间忽视的患者,在估计秒以上的时距时,左侧空间忽视的患者低估最严重。

单侧忽视影响了注意定向,延长了注意盲的时间,不仅影响了空间定向,也影响时间知觉(Becchio & Bertone,2006)。注意盲指连续呈现两个视觉刺激,当两个刺激间隔低于400ms,被试不能辨别第二个刺激。研究发现无论两个刺激在同一位置(Husain,Shapiro,Martin,Kennard,1997),还是不同位置(Hillstrom,Husain,Shapiro,& Rorden,2004),刺激出现在忽视的空间视野时,刺激的间隔时间增加,患者才能准确辨别刺激。时序任务中,单侧忽视的患者倾向于判断右侧刺激先出现,当左侧刺激早于右侧刺激 200ms 以上时,才会判断左右视野的刺激同时出现(Rorden,Mattingley,Karnath,&Driver,1997)。

半球损伤引起空间忽视,也造成时间任务的下降,这种影响可能不只出现在时间加工和空间加工中,因为右半球顶叶皮质损伤引起的功能障碍是由注意定向、探索性运动行为和空间工作记忆缺陷等功能缺损共同所致,空间忽视造成了一般认知功能的损伤,因而影响了时间加工和空间加工。

4.1.2 眼跳研究

顶叶后皮质特别是侧顶内沟区(lateral intraparietal area,LIP)与视觉的快速扫描和注意有关,它也参与时间加工。Leon 和 Shadlen(2003)要求猕猴判断比较时距比参照时距长还是短,用眼跳(saccades)来反应,发现侧顶内沟区的活动增加。侧顶内沟区负责局部空间的时间加工(Johnston,Arnold,&Nishida,2006;Burr,Tozzi,&Morrone,2007)。Morrone,Ross 和 Burr(2005)在实验中,要求被试做出水平方向的眼跳,判断比较时距比标准时距长还是短。发现在眼跳开始阶段及眼跳过程中,被试对时间的低估最明显。原因可能是眼跳改变计时神经的接受区域,影响了 LIP 对时间的编码。Burr 等(2007)也指出,视觉计时的接受区域是以客观世界的坐标而不是视网膜的坐标确定的。眼跳造成的时间和空间的压缩是由于接受区域的快速转移,即每次眼跳,视网膜像发生变化,视觉表征需要更新以维持它的稳定性(Burr,Ross,Binda,&Morrone,2010)。

4.1.3 脑成像的研究

右顶叶在时间知觉上起重要作用(Bueti,Bahrami,&Walsh,2008),顶叶也参与空间加工,顶叶后皮质和顶叶上皮质分别与空间任务中的肢体运动和注意转移有关(Maguire,1997)。时间加工和空间加工可能在右顶叶皮质上存在连接(Walsh,2003;Oliveri,

Koch, & Caltagirone, 2009)。Coull和Nobre(1998)发现被试同时注意刺激的时间和空间时,右顶叶皮质的活动增加。Nose, Inoue, Tsutsui等(2001)要求被试比较三个离散刺激形成的两个空距离或空时距是否相同,结果时间判断和空间判断激活了右顶叶下皮质和前额。rTMS(repetitive transcranial magnetic stimulation)刺激健康被试的右顶叶皮质,被试低估线段的一半时距或长度,平分点右移(Oliveri, Koch, Salerno, et al., 2009)。这些研究表明时间加工和空间加工在右顶叶皮质上存在连接,前额的活动与任务的具体要求有关。

人们除了单独对时间或空间信息进行知觉判断外,日常生活中更多的是整合时间和空间信息对事物进行判断、预期并且做出动作反应,例如刹车、传球、投掷或跳水等,都需要整合时空信息。运动行为中的时空整合过程更复杂,但不同活动在整合时空信息时激活了相同的一些大脑皮质。在Assmus, Marshall, Noth, Zilles和Fink(2005)的实验中,两个小球在正方形的两个边缘外沿着直线向内运动,固定运行的总时间,变化小球的大小和运行的速度,被试判断两球是否相撞以及两球大小是否相同,发现碰撞任务中,左顶叶下皮质活动增加。左顶叶下皮质的激活与运动任务的难度、肢体和复杂行为的知觉有关,对运动的形成和控制起关键作用,其损伤导致患者难以整合时空信息做出肢体运动(Buxbaum, Sirigu, Schwartz, Klatzky, 2003)。

小脑负责毫秒内计时,预测物体的运动或做出行为。O'Reilly, Mesulam和Nobre(2008)发现被试在根据方向(空间信息)或速度(时空信息)推测物体运动的轨迹时,判断速度时,小脑后部活动增加;完成空间任务和时空任务时,额—顶区和小脑都参与加工。因此,在整合时空信息做出碰撞判断时,心理加工涉及注意和预期,这些活动激活了左顶叶皮质和小脑。

脑机制的研究表明,时间加工和空间加工激活了共同的大脑皮质,表明两者可能存在共同的心理表征。

### 4.2 时间加工和空间加工在脑机制上的差异

虽然大部分研究表明时间加工和空间加工激活了共同的脑机制,但在神经机制上也存在部分差异。Coull和Nobre(1998)发现时间加工和空间加工分别激活了左顶叶后皮质和右顶叶后皮质。在时间进程上,注意空间位置激活了早期的N1成分,反映了早期的知觉加工;而注意时间信息激活了P300和CNV(contingent negative variation),表明注意时间影响了晚期的决策和反应(Griffin, Miniussi, Nobre, 2002)。Cappelletti, Freeman和Cipolotti(2009)也发现右顶下皮质的损伤不影响线段比较,但造成时间任务中操作成绩的下降。

顶叶的活动与知觉判断有关,而与注意和工作记忆有关的额—顶区及监控行为的小脑,它们的活动随实验任务的不同而有差异。Beudel, Renken, Leenders 和 deJong(2009)要求被试完成四种判断任务,即一个运动的小球能否碰到屏幕底部的左侧或右侧(空间位置任务)、能否在3秒内到达屏幕边缘(时间任务)、小球是否消失在屏幕左侧或右侧(停止任务)以及运动速度的快慢(速度任务),发现空间任务中顶叶活动显著,而左小脑—右前额和前辅助运动区在时间任务中的活动增加。时间加工和空间加工分别激活了不同的大脑皮质。

总结时间加工和空间加工的神经机制,我们认为,两种加工都激活了顶叶的活动,活动的具体脑区与实验任务及难度有关,顶叶的激活一方面与它的功能有关,顶叶负责知觉、知觉—运动转换等活动,另一方面表明时间加工和空间加工具有共同的表征机制。

## 5 小结与问题

来自空距离—空时距和实距离—实时距的研究都表明时间加工和空间距离加工具有共同的表征机制,但思维也会影响人们的认知,根据语言中时间的空间隐喻,时间加工和空间距离加工之间也存在不对称的干扰。从时间加工和空间加工涉及的神经机制上看,由于实验材料、任务、研究方法的不同,两种加工在脑机制上有部分差异,但也存在共同的大脑皮质。已有研究仍存在一些未解决的问题,需要进一步研究。

首先,人们对时间的认知具有分段性,不同时间段内,认知加工机制是不一样的,个体对时间的认知还受到事件的数量和结构、通道性质和特点、时序和时点的性质、注意资源、编码方式、分段和提取策略、实验指标以及个体的时间信念、情绪、疾病等多种因素的影响(黄希庭,李伯约,张志杰,2003)。很短时间内,时间加工需要很少的心理资源,不受注意和记忆的影响,但在长时间内,时间加工受到注意、加工策略、个体差异等因素的影响。因此空间距离加工对时间加工的影响也是有条件的,投入的心理资源不同,两者的关系也会有差异,未来需要进一步探讨不同的时间段内,时间加工和空间距离加工的关系。

其次,无论是时间加工还是空间距离加工,其内部的心理加工机制都很复杂。在知觉领域,人们对刺激进行浅加工,人们容易把时间和空间信息混淆在一起,在思维领域中,人们能深入思考刺激的各种特征,被试的经验、文化、语言的使用等都会影响时间加工和空间距离加工的关系。因此在探讨时间加工和空间距离加工的关系时,需要考虑各种因素,结合不同的实验条件,研究两者的心理机制。

最后,在时间加工和空间距离加工的脑机制研究中,虽然脑损伤和神经成像的研究表明两者激活共同的大脑皮质,但是空间还包含方向、面积、体积等方面,已有研究中使用的空间因素、实验条件、实验方法不同,得出的结论也不尽一致。因此未来有必要结合ERP、FMRI等技术,探讨空间某一方面的加工与时间加工的关系,然后综合各种结果,探索时间加工和空间加工在脑机制上的关联。

合作者:毕翠华。原文载于《心理科学进展》,2011年第3期。

# 重复启动对时序知觉和时距知觉的影响

## 1 引言

时间与我们的日常生活密切相关，人们往往需要基于事件或环境的时间特征（先后次序或时间长度）来调整自己的行为。时间加工能力是决策、记忆和言语等高级认知过程的基础（Schirmer，2004）。人类自身没有特定的时间感知器官，也没有发现存在时间认知障碍的特定的被试群（杨珍，黄希庭，2005），但是大脑却能够加工时间信息，知觉到时间的顺序或长短。离开具体的物理刺激，“时间”不能激发感受器或细胞膜的变化。实际上，对时间的知觉是对事件和运动的知觉，时间信息加工不能脱离非时间信息（Hanke，2000）。事件的数量与结构、通道性质和特点、注意资源、编码方式以及个体的时间信念、情绪、疾病等因素都对个体的时间经验产生重要影响（黄希庭，李伯约，张志杰，2003）；最近研究还发现，刺激性质、任务特点、情绪等对时间认知也具有显著作用（Jia，Shi，Zang，& Müller，2013；Kroger-Costa，Machado，& Santos，2013；Matthews & Meck，2014）。

人类的时间经验主要包括时序和时距（Fraisse，1984；Wittmann，1999）。时序是指时间的序列特征，时距是指事件之间或事件持续的时间长度。目前，研究者已经提出了时序知觉的一般阈限模型、双阶段模型、特定特征模型（陈有国，尹天子，黄希庭，张锋，2011）以及时距知觉的内部时钟模型（Treisman，1963）、注意闸门模型（Zakay & Block，1997）等理论模型。为了系统地探讨时间认知，研究者还提出了将时序知觉和时距知觉结合在一起进行考虑的时间认知分段综合模型（黄希庭，李伯约，张志杰，2003），该模型广泛应用于时间知觉的各个领域，深化了对人类时间认知的机理机制的理解（陈有国等，2011）。时间认知分段综合模型认为，时序和时距是同一时间经历的不可分割的两个属性，单独对其中一个属性进行探讨的同时却忽略了个体时间经历过程的完整性。因此，在同一时间历程中同时考查时序知觉和时距知觉有助于综合探讨时间认知的机制。

重复启动效应是指先前出现的启动刺激会影响随后对该刺激的加工过程的现象。已有研究表明，重复启动对时序知觉和时距估计都有显著影响。如，在时序判断任务中，在两个英文单词同时呈现的条件下，被试做出“被启动的单词先出现”判断的比率是0.75，显著高于随机水平（Burnham，Neely，O’Connor，2006）；在时距估计任务中，与未启动的刺激相比，重复启动的刺激的时长被高估了（Ono & Kawahara，2005；Witherspoon & Allan，1985），不过也有研究发现重复启动的刺激的时长被低估了（Matthews, 2011）。但是，现有的研究主要考查了启动对时间的时序属性或时距属性的影响，并没有考查在同一时间历程中，启动对时序和时距的作用。因此，本研究从个体时间经验过程的完整性的角度，探索在同一时间历程中，重复启动对时序知觉和时距知觉的影响。

最近，张锋、黄希庭和郭秀艳（2008）研究发现，时序知觉的重复启动效应存在反转现象。在时序判断任务中，首先在屏幕中央出现一个启动刺激（无启动条件则没有启动刺激），然后在屏幕的上方和下方，间隔极短时间或同时出现两个不同的靶刺激，要求被试判断这两个靶刺激出现的时间顺序。结果表明，时序知觉的重复启动效应在两个靶刺激出现顺序不同时的表现是不同的：在未被启动的靶刺激先出现时存在正向的启动效应，而在被启动的靶刺激先出现时则产生启动效应的反转（负向的启动效应）。这意味着时序知觉的重复启动效应的作用机制包括知觉增强过程和反应抑制过程，这可以通过双加工表征匹配调节假说进行理论解释（张锋，黄希庭，郭秀艳，2009）。但是，张锋等（2008，2009）仅仅是考查重复启动对时间的顺序属性的影响，并未同时考查重复启动对时距属性的作用。按照时间认知分段综合模型（黄希庭等，2003）的理论构想，个体对时间的认知总是将时序和时距以及影响时间认知的诸因素综合起来加以考虑来认知时间的。因此，如果时序知觉存在重复启动效应，则重复启动也会对时距知觉产生影响。另外，已有研究发现人类可以精确地复制短的时距（68ms）（Lewis &Miall，2009），还有启动实验对30ms和50ms的短时距进行了时间判断的研究（Witherspoon & Allan，1985）。因此，本研究将在张锋等（2008）的研究基础上，把时序判断和时距估计两种实验任务结合起来，对间隔0~112ms的两个刺激的出现时序和间隔时距进行时间判断，探讨重复启动对时间知觉的综合作用。根据时间认知的分段综合模型（黄希庭等，2003）和已有的研究结果（张锋等，2008；Ono & Kawahara，2005），本研究假设，重复启动在同一时间历程中对时序知觉和时距知觉具有显著作用，具体来说，在时序知觉任务中，被试在未启动的靶刺激先出现的条件下，把启动的靶刺激判断为先出现，但在启动的靶刺激先出现的条件下出现启动效应的反转；在时距估计任务中，被试把重复启动条件下的两个靶刺激之间的时距判断为长于未启动条件下的时距。

## 2 方法

### 2.1 被试

选取18名本科生被试（6名男生，12名女生，平均年龄21岁，年龄范围为19~23

岁)。所有被试的视力或矫正视力正常,实验前阅读并签署知情同意书,实验后获得适量报酬。由于1名被试的时序判断频率基本处于随机水平,因而分析时剔除了该被试的数据。

### 2.2 实验材料

靶图形分别为一个正方形和一个菱形(见图1),两个图形的边长都是4cm,两个图形之间的距离是9cm。重复启动图形的边长是靶图形的一半(2cm)。

### 2.3 实验设计

2(启动:有启动、无启动)×9(SOA:±112ms、±84ms、±56ms、±28ms和0ms)的被试内设计。SOA(stimulus-onset asynchrony)是指两个靶图形出现时间之间的间隔,正值是指被启动的靶图形先呈现、未启动的靶图形后出现,负值则指未启动的靶图形先呈现、被启动的靶图形后出现,零值表示两个靶图形同时呈现。

### 2.4 程序

采用E-Prime软件编制实验程序。在安静的独立实验房间内进行实验,每个被试距离显示器(17英寸显示器,垂直刷新频率75Hz)约60cm。

首先,在屏幕中央呈现注视点"+"500ms,接着呈现启动图形14ms(无启动条件下则为空屏14ms),间隔70ms后在注视点的上方和下方分别呈现两个靶图形(SOA为±112ms、±84ms、±56ms、±28ms和0ms),两个靶图形的呈现时间均为28ms。两个靶图形消失后,被试尽快准确地判断哪个靶图形是先出现的(时序判断任务),然后对两个靶图形之间的时间长短进行时间复制(时距估计任务)。方形先出现、菱形后出现时,在小键盘上先按"1"后按"2"键,而且"1"和"2"键之间的时间间隔等于两个靶图形之间的时间间隔;菱形先出现、方形后出现时,先按"2"后按"1"键,而且"2"和"1"键之间的时间间隔等于两个靶图形之间的时间间隔。反应键在不同被试之间进行了平衡安排。每名被试在正式实验中完成72个条件(2启动×9SOA×2靶图形的类别×2靶图形的位置),重复10次,共720次试验。被试先进行练习,熟悉操作后进行正式实验。实验时间大约50分钟。

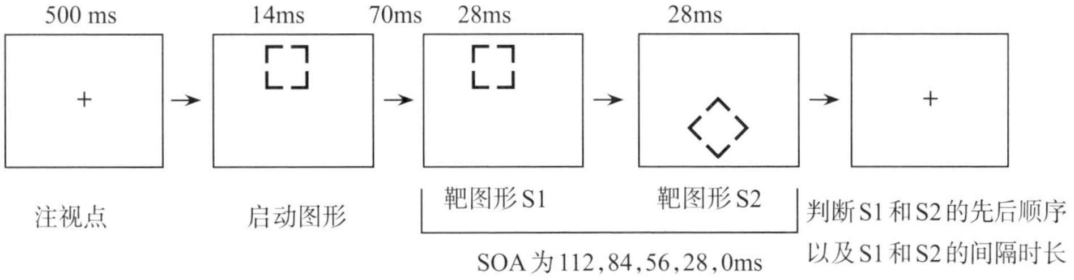


图 1 启动条件下的试次流程

## 3 结果

### 3.1 时序判断结果

把每个被试的时序判断结果转换为做出“被启动的靶图形先出现”判断的频率(见图 2)。从图 2 可以看出,重复启动对时序知觉的影响在 SOA 为负值和正值时是不同的,因此本研究将分别进行重复测量方差分析。

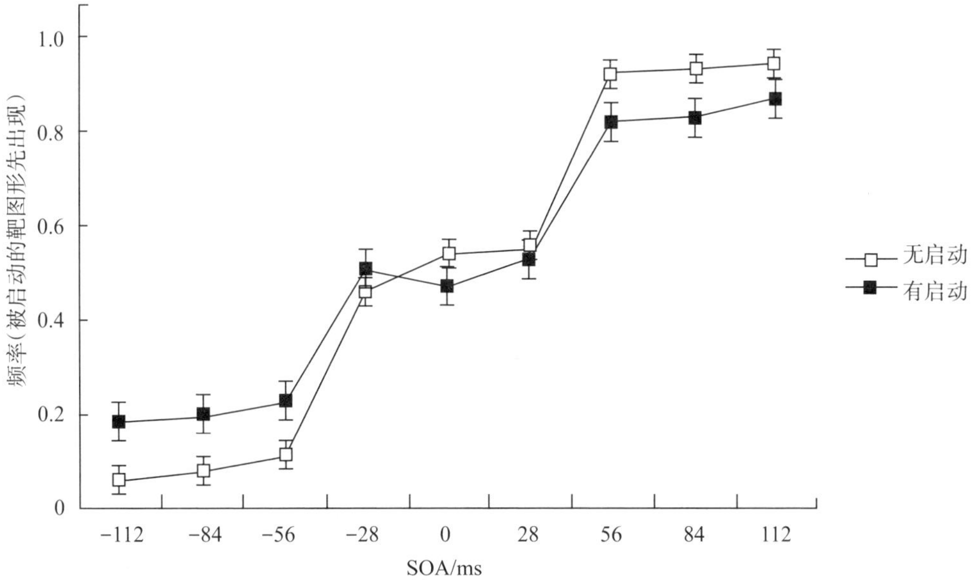


图 2 不同 SOA 条件下被启动的靶图形先出现的判断频率

在 SOA 为负时,启动的主效应显著,$F(1, 16)=9.56$,$p=0.007$,$\eta^2=0.37$,$1-\beta=0.83$。SOA 的主效应显著,$F(3, 48)=150.56$,$p<0.001$,$\eta^2=0.90$,$1-\beta=1.00$;多重比较的检验结果表明,除-112ms 和-84ms 之间没有显著差异外,其他 SOA 之间均有显著差异($p<0.01$)。启动和 SOA 的交互作用显著,$F(3, 48)=4.92$,$p=0.005$,$\eta^2=0.24$,$1-\beta=0.89$;简单效应分析的结果显示,除-28ms 外,其他 SOA 均存在显著的启动效应($p<0.05$)。

在SOA为正时，启动的主效应显著，$F(1,16)=5.61$，$p=0.031$，$\eta^2=0.26$，$1-\beta=0.60$；SOA的主效应显著，$F(3,48)=203.48$，$p<0.001$，$\eta^2=0.93$，$1-\beta=1.00$；多重比较的检验结果表明，除112ms与84ms、56ms与84ms之间没有显著差异外，其他SOA之间均有显著差异($p<0.05$)；启动和SOA的交互作用不显著，$F(3,48)=2.08$，$p=0.115$。

在SOA为零时，启动的主效应不显著，$F(1,16)=4.36$，$p=0.053$。

这些结果说明，时序判断存在显著的重复启动效应及其反转现象，这与已有的研究结果(张锋等，2008，2009)是一致的。

### 3.2 时距估计结果

采用时间复制法进行的时距估计结果见图3。重复测量方差分析的结果发现，启动的主效应显著，$F(1,16)=10.31$，$p=0.005$，$\eta^2=0.39$，$1-\beta=0.85$，启动条件下的两个靶刺激之间的时距估计长度($M$=150.39，$SD$=10.45)长于无启动条件下的时距估计长度($M$=146.49，$SD$=10.07)。SOA的主效应显著，$F(8,128)=13.29$，$p<0.001$，$\eta^2=0.45$，$1-\beta=0.99$。多重比较检验的结果表明，在±112ms、±84ms和±56ms条件下的时距估计长度都显著长于±28ms和0ms时的时间估计长度($p<0.001$)；启动和SOA之间的交互作用不显著，$F(8,128)=1.77$，$p=0.089$。

由于不同时距估计长度会受到SOA长短的影响，因而又采用比率分数(估计时距/实际时距)进行了分析(实际时距为零除外)。重复测量方差分析结果表明，启动的主效应显著，$F(1,16)=8.18$，$p=0.011$，$\eta^2=0.34$，$1-\beta=0.77$，启动条件下的时距估计比率($M$=2.76，$SD$=0.20)显著高于无启动条件($M$=2.64，$SD$=0.19)。SOA的主效应显著，$F(7,112)=132.99$，$p<0.001$，$\eta^2=0.89$，$1-\beta=1.00$。多重比较检验的结果表明，±84ms时的时距估计比率显著高于±112ms时的比率，±56ms时的时距估计比率显著高于±84ms、±112ms时的比率，±28ms时的时距估计比率显著高于±56ms、±84ms、±112ms时的比率($p<0.001$)；启动和SOA之间的交互作用显著，$F(7,112)=3.47$，$p=0.002$，$\eta^2=0.18$，$1-\beta=0.98$，简单效应分析结果显示，在−112ms、28ms时的启动效应显著($p<0.05$)，在启动和无启动条件下，除了在112ms与−112ms，84ms与−84ms，56ms与−56ms，28ms与−28ms之间外，在其他SOA之间也存在显著差异($p<0.001$)。

这些结果说明，时距估计具有显著的重复启动效应，也就是说，启动条件下的时间估计长度高于无启动条件，这与先前的研究结果(Ono &Kawahara，2005；Witherspoon &Allan，1985)相同。

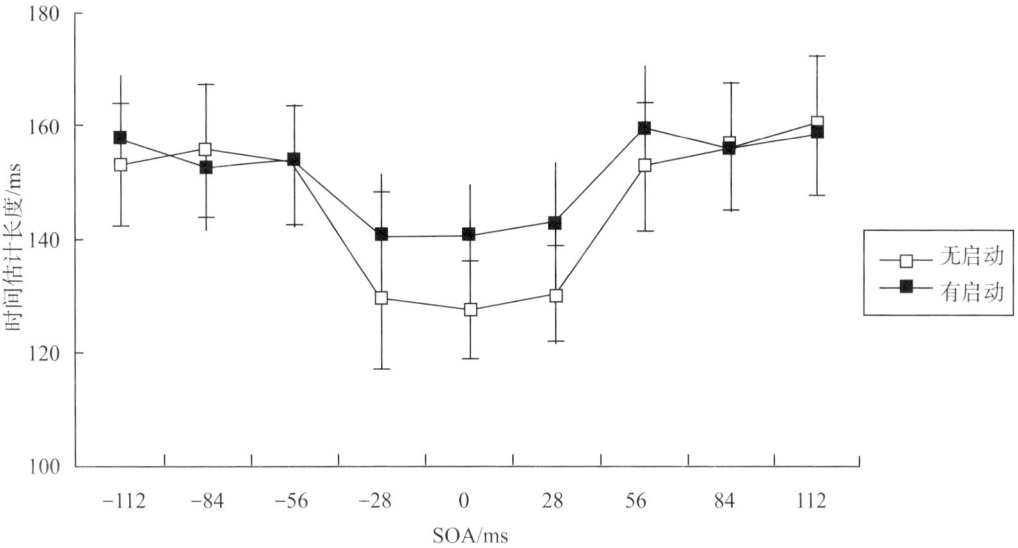


图3 在不同SOA条件下的时距估计长度

## 4 讨论

### 4.1 重复启动对时序知觉的影响

本研究结果表明,重复启动对时序知觉具有显著影响。在时序判断任务中,重复启动效应随着两个靶刺激的出现顺序的不同而表现出不同的特点,具体来说,在未启动的靶刺激先出现、启动的靶刺激后出现(SOA为负值)时,被试倾向于把启动的靶刺激判断为先出现(正启动);在启动的靶刺激先出现、未启动的靶刺激后出现(SOA为正值)时,被试倾向于把未启动的靶刺激判断为先出现(负启动)。这与张锋等(2008)的实验结果是一致的,说明时序知觉的重复启动效应及其反转现象是比较稳定的。

双加工表征匹配调节假说认为,启动图形的加工包含了表征激活和反应抑制两个过程,而这个双加工过程对时序知觉的影响是通过表征匹配进行调节的(张锋等,2009)。在实验中,被试虽然感知到启动刺激,但指导语要求被试忽略它而只对靶刺激进行时序判断,因而会产生与时序判断任务无关的启动刺激的反应抑制。当启动的靶刺激先出现时,因其与启动刺激相同,反应抑制加工过程将持续,并抑制对该靶刺激的知觉加工,从而把被启动的靶刺激判断为后出现,产生了重复启动效应的反转;当未启动的靶刺激先出现时,因其与启动刺激不同,启动刺激的反应抑制加工过程将减弱(甚至消失),但其表征激活过程能引发后出现的靶刺激(启动的靶刺激)表征的预激活,从而将启动的靶刺激知觉为先出现,即引发了重复启动效应。

在时序判断任务中,在两个靶刺激同时出现时没有出现显著的重复启动效应。按照张锋等(2009)提出的双加工表征匹配调节假说,在SOA为零即两个靶刺激同时呈现时,启动刺激产生的双加工过程存在启动刺激与先出现的靶刺激相同或不同两种情形,其影响主要取决于被试首先觉察哪个靶刺激,因而在总体上并没有出现显著的启动效应。

### 4.2 重复启动对时距知觉的影响

本研究结果表明,重复启动对时距知觉具有显著影响。在时间复制任务中,对时距开始和结束进行按键反应的方法是最精确的(Mioni, Stablum, McClintock, & Grondin, 2014)。本研究采用这种时间复制方法对两个靶刺激之间的时间长度进行了时距估计,结果表明,重复启动条件下的两个靶刺激之间的时距长度被判断为长于无启动条件下的时距长度,这与先前的研究结论(Ono & Kawahara, 2005; Witherspoon & Allan, 1985)是相同的。

Theeuwes 和 VanderBurg(2013)研究发现,启动的刺激能够自动捕获个体的注意资源。根据Zakay和Block(1997)的注意闸门模型(attentional-gate model),启动刺激在启动条件下引发了被试的注意,分配到计时器上的注意资源就减少了,使较少的时间单元(time units)被加工,因而时距长度被低估。但是,在本实验中,与无启动条件相比,启动条件下的时距估计长度被高估了。这说明,启动对时距估计的影响并不依赖于注意的调节。其中的原因可能是本研究中的时距属于秒以下范围的短时距。Lewis 和 Miall(2003)的脑成像研究结果表明,短时距的主要加工方式是自动加工,不受注意因素的影响。

日常生活中,到国外旅游的人觉得当地人说话比家乡人更快。对外国语言的知觉流畅性(perceptual fluency)不足导致人们感觉这些话语飞快,而对本国语言的知觉流畅性较好就会感到其持续时间比实际的时距要长,这实际上是一种错误归因(Witherspoon & Allan, 1985)。按照该理论解释,重复启动的刺激增加了对随后的时距估计的知觉流畅性,个体因而将之错误归因于较长的时距。不过,最近的研究表明,与新异的刺激相比,重复刺激的主观时距被低估了(Matthews, 2011),这是重复抑制(repetition suppression)导致的结果(Pariyadath & Eagleman, 2012)。这些不一致的结论可能是不同的实验材料或实验范式造成的,未来研究可对此进行探讨。

### 4.3 重复启动对时序知觉和时距知觉的影响

重复启动不仅影响时序知觉(张锋等, 2008, 2009; Burnham et al., 2006),而且影响时距知觉(Ono & Kawahara,2005;Witherspoon & Allan,1985),但是,目前尚未有研究从同一时间历程的角度对时序和时距这两个不可分割的时间属性进行综合探讨。本研究采用时序判断任务和时间复制任务对此进行了初步探索。研究结果表明,在同一时间历程中,时序和时距知觉中都存在显著的重复启动效应,这证实了本研究的假设。

重复启动对时序知觉和时距知觉的影响及其内在联系,对于在时间认知综合模型的理论框架下,探讨时间知觉的重复启动效应机制是非常重要的。按照双加工表征匹配调节假说(张锋等,2009),启动刺激的出现引发了对启动图形的表征激活加工和反应抑制加工,在启动刺激与接下来出现的第一个靶刺激不匹配或匹配时分别出现了重复启动效应及其反转。但是,无论是不匹配条件还是匹配条件,启动条件下的时距估计长度或时距估计比率分数均显著大于无启动条件下的长度或比率。如果注意闸门机制(Zakay & Block,1997)起作用的话,则用于时距估计任务的注意资源由于启动刺激的干扰将减少,使启动条件下的时距估计长度小于无启动条件下的长度。如果激活扩散(spreading activation)机制起作用的话,启动刺激的激活扩散导致启动的靶刺激的表征预激活(Stolz,1999),这将在启动的靶刺激先出现、未启动的靶刺激后出现(匹配)条件下出现时距高估、而在未启动的靶刺激先出现、启动的靶刺激后出现(不匹配)条件下出现时距低估的现象。但是,在本实验中,与无启动条件相比,启动条件下的时距估计长度被高估了,这与注意闸门模型和激活扩散理论的预测结果不符。

Treisman(1963)提出的内部时钟模型认为,人脑存在一个起搏器或振荡器,其发出的脉冲被计数器进行累加而产生时间信息,凡是对生物钟频率产生影响的机体变量都会影响时间知觉。这个内部时钟的速度通过唤醒或情绪等改变,影响起搏器脉冲的积累数量,导致事件时距表征的变化(Allman,Teki,Griffiths,& Meck,2014)。在本实验中的启动条件下,被试要对随后出现的两个靶刺激做出时序判断,这需要排除启动刺激的干扰(反应抑制过程),因而提高了生理唤醒水平,加快了生物钟的运行频率,从而将启动条件下的时距长度知觉为长于无启动条件下的时距长度。因此,启动刺激在时序知觉和时距知觉中均能引发表征激活和反应抑制过程,但是,这个双加工过程在时序知觉中是基于表征匹配机制、在时距知觉中则是基于唤醒机制起作用的。这表明,在同一时间历程中,时序知觉和时距知觉既受到重复启动的影响又彼此相互联系,这也为时间认知分段综合模型(黄希庭等,2003)提供了支持证据。

## 5 结论

在本实验条件下，可以得出如下结论：在同一时间历程中，重复启动对时序知觉和时距知觉均具有显著效应，启动刺激所引发的表征激活和反应抑制双加工过程在时序知觉中是基于表征匹配机制、在时距知觉中则是基于唤醒机制起作用的，这为时间认知分段综合模型的理论构想提供了支持证据。

合作者：张锋、赵国祥。原文载于《心理科学》，2015年第6期。

# 反应选项对时序知觉重复启动效应的影响

## 1 前言

时间信息加工在人类认知功能的许多方面起着重要作用(Fraisse,1984;Pöppel,1994),时间顺序是时间经验的一个基本内容(Pöppel,1997),时序加工是高级认知能力的基础(Wittmann,Burtscher,Fries,& von Steinbüchel,2004)。研究表明,影响时序知觉的因素有刺激强度与启动(Smith,1933;张锋,凤四海,黄希庭,2007)、年龄(Craig,Rhodes,Busey,Kewley-Port,& Humes,2010)、任务条件(van Eijk,Kohlrausch,Juola,& van de Par,2008)和认知因素(Jaskowski,1996;Neumann & Niepel,2004;Spence,Shore,& Klein,2001)等。最近研究发现,无论是采用语词材料(Burnham,Neely,& O'Connor,2006)还是采用图形材料(张锋,黄希庭,郭秀艳,2008,2009),重复启动对时序知觉都存在显著作用。

时序知觉重复启动效应是指在时序判断任务中,被试把重复启动的靶刺激知觉为早于未被重复启动的靶刺激出现。实验研究中一般采用时序判断任务,具体来说,就是两个不同的靶刺激分别随机呈现在屏幕中央注视点的上或下(左或右)的位置,这一对靶刺激是同时或间隔极短时间出现的,有启动条件下,在两个靶刺激出现之前在注视点位置上出现一个重复启动刺激,要求被试对这两个靶刺激出现的时间顺序做出判断。这类研究一般不采用时序判断反应时作为分析指标,这是因为在判断两个靶刺激哪个先出现时,被试需要等到第二个靶刺激出现之后才能做出判断,但是被试的时序知觉判断过程实际上在第一个靶刺激出现后就完成了,因而实验中记录到的反应时指标不能反映真实的时序知觉判断过程。Burnham 等人(2006)在正式实验中采用200对英文单词,把每对词中的一个单词作为启动单词,要求被试判断两个英文单词的时序。实验结果出现了显著的重复启动效应,同时也表明重复启动效应的机制涉及知觉加工过程和决策过程。张锋等人(2008,2009)采用图形材料进一步发现,重复启动不仅对时序知觉的影响涉及知觉加工和决策水平两个方面,而且其对时序知觉的影响在两个靶刺激出现顺序不同时存在差异,即在未启动的靶刺激先出现时出现重复启动效应,而在被启动的靶刺激先出现时产生重复启动效应的反转(负向的重复启动效应)。先前的理论模型(Bachmann,1999;Pashler,1998;Scharlau & Neumann,2003a,2003b)不能全面解释目前的实验结果,张锋等人进一步发展出了新的理论——双加工表征匹配调节假说。

反应选项(response options)是指在时序判断任务中被试可以有哪些判断反应类

型。在实验心理学的早期历史中，对应该采用多少以及哪些判断类型的问题曾引发过激烈争论（杨治良，1998）。在时序知觉研究中，时序判断一般采用两项迫选判断法，即判断两个刺激出现的先后顺序。但是也有研究者支持采用包括“同时出现”选项的三项时序判断的方法（Jaskowski，1993；Ulrich，1987）。Jaskowski认为，两项时序判断法容易产生反应偏向。两个刺激之间的SOA（stimulus onset asynchrony）越短，时序知觉的判断就越困难。如果采用两项迫选法进行时序判断，被试在没有获得时序信息但又必须做出时序判别的情况下，会利用其他的线索进行时序判断，把具有某些突出特征的靶刺激（如受到重复启动的刺激）判断为先出现的，从而产生反应偏差，导致虚假的效应。研究表明，具有突出特征的刺激容易成为被试的判断标准。如，Frey（1990）在实验中要求被试比较显示屏两边的圆圈数目哪边更多时，受到注意的一边就具有优势，即被试倾向于把受到注意的一边的圆圈数判断为更多；当要求被试判断哪边的圆圈数目更少时则倾向于把受到注意的一边的圆圈数判断为更少，这与被试的判断标准有关。Frey因此认为，注意某个位置或者某个刺激会增加其信号的突出性，被试会把突出的信号作为预定的判断类型而产生反应偏向。Jaskowski（1993）在实验中，首先要求被试尽快对一个注意的位置上的刺激进行反应（这个任务的目的是确保被试进行有效的注意分配），然后采用两项反应或三项反应进行时序判断。结果发现，使用两项判断反应时存在显著的注意效应，在使用三项判断反应时则该效应消失了。

张锋等人（2008，2009）在实验中所采用的时序判断任务是一种两项迫选时序判断任务，即要求被试判断哪个靶刺激“先出现”或哪个靶刺激“后出现”，而没有“两个靶刺激同时出现”的中间选项。根据反应偏向理论（Pashler，1998），这种时序判断方法所获得的实验结果可能是虚假的，是一种基于反应选项所造成的反应偏向所致。这是因为，在两项迫选时序判断任务中由于两个靶刺激出现的时间间隔极短，个体实际上很难辨别出时序，就会把具有某种突出特征（如被重复启动）的靶刺激作为时序判断的标准，从而产生虚假的重复启动效应。基于上述理论和有关争议，时序知觉重复启动效应很可能是由于两项反应选项产生的反应偏向所导致的，并不是真正的重复启动效应。因此，本研究的目的是采用三项时序判断方法，考查反应选项对时序知觉重复启动效应的影响，澄清重复启动效应是否是由反应选项导致的虚假效应。

一方面，如果采用三项时序判断方法时仍存在重复启动效应，则说明该效应不是反应偏向导致的，而是真正的启动效应。实验一使用三项反应选项，即在判断方形先出现和判断菱形先出现的两个反应选项的基础上，增加了两个靶图形“同时出现”的反应选项，并对此进行了探讨。另一方面，根据反应选项导致的反应偏向的理论前提，被试在时序判断任务中不能或仅仅部分能辨别出时序时才会依靠其他线索进行时序判断（Jaskowski,1993)。实验二在实验一的基础上对被试是否采用"同时出现"的反应选项加以限制,即在有限制条件下要求被试"只有非常确定两个靶图形是同时出现"时做出"同时出现"判断;在无限制条件下要求被试"不确定两个靶图形的出现顺序和感到是同时出现"时做出"同时出现"判断。也就是说,被试对"两个靶图形是否同时出现"感到没有把握时也可以判断为"同时出现"。如果"同时出现"的判断频率在这两种要求条件之间没有显著差异,则表明被试在时序判断中能够识别出两个靶图形的时序,对时序判断是有把握的,不支持反应选项导致的反应偏向的理论前提,进一步说明重复启动效应不是反应选项导致的虚假效应。实验二对此进行了检验。

## 2 实验一 三项时序判断法对时序知觉重复启动效应的影响

### 2.1 目的

采用三项时序判断方法,考查重复启动对时序知觉的影响。

### 2.2 方法

#### 2.2.1 被试

20名大学本科生自愿作为被试(9名男生,11名女生,年龄范围是19~23岁,平均年龄21岁),所有被试的视力或矫正视力正常,实验后均获得适量报酬。

#### 2.2.2 材料

采用张锋等人(2008,2009)在实验中使用的一对图形材料:正方形和正菱形。两个靶图形的边长是4cm(视角为3.8°),靶图形之间的距离是9cm。启动图形与靶图形的形状相同,边长是2cm。

#### 2.2.3 设计

2×9的被试内设计,自变量为:(1)启动,分有启动和无启动两个水平;(2)SOA,即第一个靶图形出现(onset)和第二个靶图形出现之间的时间间隔,有±112ms、±84ms、±56ms、±28ms和0ms九个水平。正值表示被启动的靶图形先出现,负值表示未被启动的靶图形先出现,0ms表示被启动的靶图形和未被启动的靶图形同时出现。

#### 2.2.4 程序

实验程序采用E-Prime软件编制。每个被试在单个实验房间内进行实验,与显示器(17英寸彩色显示器,垂直频率75Hz)之间的距离为60cm。实验中要求被试一直注视着中央注视点位置。首先在屏幕中央呈现注视点"+"500ms,然后在有启动条件下在注视点位置上呈现启动图形(无启动条件下则为空白图形)14ms,间隔70ms后,在注视点的上方或下方分别呈现两个靶图形(SOA分别是±112ms、±84ms、±56ms、±28ms和0ms),靶图形的呈现时间均为28ms。要求被试尽快准确地判断两个靶图形的出现顺序，方形先出现按“1”键，菱形先出现按“2”键，方形和菱形同时出现按“E”键；或者方形先出现按“2”键，菱形先出现按“1”键，方形和菱形同时出现按“E”键。每名被试在正式实验中要完成72个条件（2启动×9SOA×2靶图形×2靶图形出现的空间位置），重复10次，共720次试验，所有变量条件均随机呈现。实验前先进行72次练习。做完90次试验休息片刻，实验共需时约45min。

### 2.3 结果与分析

2.3.1 “哪个靶图形先出现”判断的结果与分析

统计时把被试的反应转换为在各种条件下做出“被启动的靶图形先出现”判断的频率，结果见图1。

对将被启动的靶图形判断为先出现的判断频率进行重复测量方差分析。结果表明，启动具有显著的主效应，$F(1,19)=49.40$，$p<0.001$；SOA具有显著的主效应，$F(8,152)=237.14$，$p<0.001$，多重比较检验结果表明，除了−112ms和−56ms之间、−112ms和−28ms之间、−112ms和0ms之间、−84ms和−56ms之间、−56ms和−28ms之间、−56ms和0ms之间、−28ms和0ms之间、28ms和56ms之间之外，其他SOA水平之间都存在显著差异（$ps<0.05$）；启动和SOA的交互作用显著，$F(8,152)=26.48$，$p<0.001$。简单效应检验结果表明，除了56ms之外，SOA在其他水平上均存在显著的启动效应（$ps<0.05$）。这说明，使用三项时序判断方法并没有消除时序知觉的重复启动效应，重复启动对时序知觉的影响在三项时序判断任务中是稳定可靠的，不是反应选项导致的反应偏向引发的。

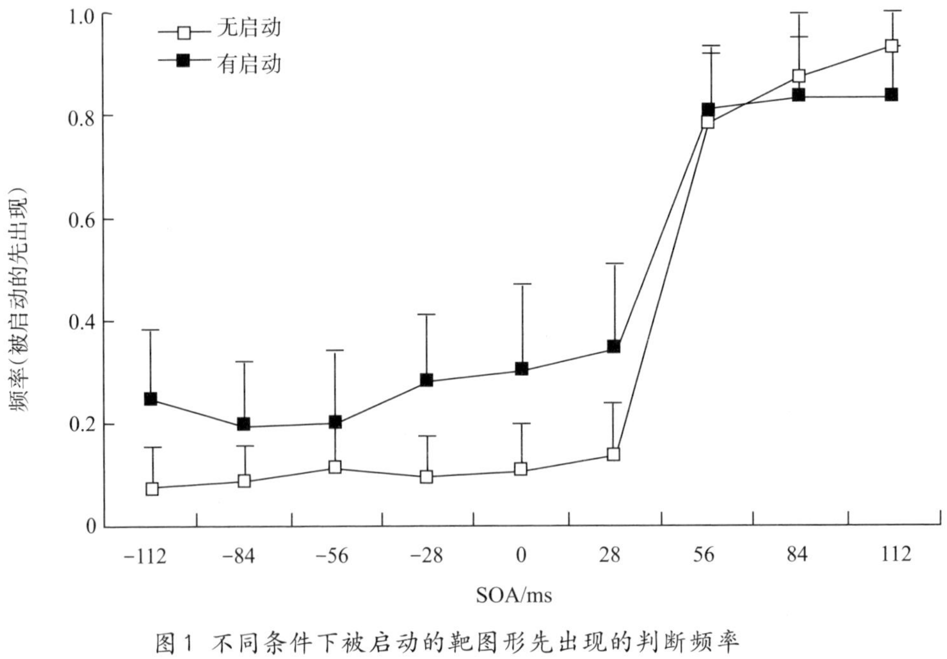


图1 不同条件下被启动的靶图形先出现的判断频率

从图1可看出，重复启动效应在SOA为84ms和112ms时仍存在反转现象。在这两种水平上的重复测量方差分析结果显示，启动具有显著的主效应，$F(1,19)=29.51$，$p<0.001$；SOA具有显著的主效应，$F(1,19)=7.24$，$p=0.014$；启动和SOA的交互作用显著，$F(1,19)=7.42$，$p=0.013$。简单效应检验结果表明，在两个SOA水平上均存在显著的启动效应（$ps<0.05$）。这表明，重复启动效应的反转在三项时序判断任务中也是稳定的。

2.3.2“两个靶图形同时出现”判断的结果与分析

被试在各种条件下做出“同时出现”的判断频率的结果见图2。

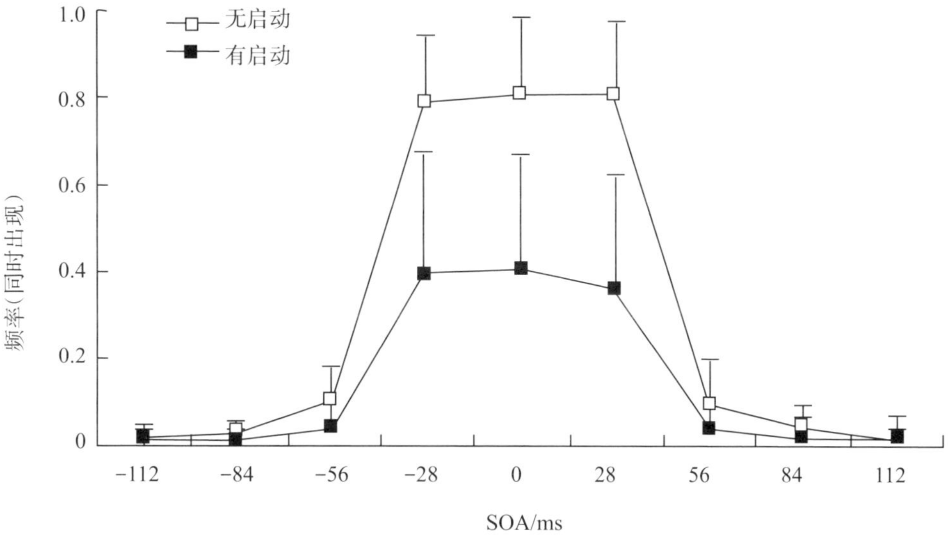


图2 不同条件下靶图形同时出现的判断频率

首先将“同时出现”判断频率的数据进行反正弦转换（Scharlau，2004），然后再进行二因素（启动、SOA）的重复测量方差分析。结果显示，启动具有显著的主效应，$F(1,19)=139.17$，$p<0.001$；SOA具有显著的主效应，$F(8,152)=135.05$，$p<0.001$，多重比较检验结果表明，除了−112ms和−84ms之间、−112ms和112ms之间、−84ms和84ms之间、−84ms和112ms之间、−56ms和56ms之间、−28ms和0ms之间、−28ms和28ms之间、0ms和28ms之间、84ms和112ms之间之外，其他SOA水平之间都存在显著差异（$ps<0.05$）；启动和SOA的交互作用显著，$F(8,152)=88.03$，$p<0.001$。简单效应检验结果表明，除了−112ms，84ms，112ms之外，在SOA其他水平上都存在显著的启动效应（$ps<0.01$）。

这说明，重复启动对时序知觉的“同时出现”判断频率也存在显著影响，被试在有启动条件下较少做出两个靶图形“同时出现”的时序判断。

## 3 实验二 “同时出现”选项对时序知觉重复启动效应的影响

### 3.1 目的

对“同时出现”选项的使用加以控制，采用有限制使用和无限制使用“同时出现”判断的实验方法，考查重复启动对时序知觉的作用。

### 3.2 方法

#### 3.2.1 被试

14名大学本科生自愿作为被试(8名男生，6名女生，年龄范围是19~22岁，平均年龄20岁)，所有被试的视力或矫正视力正常，实验后均获得适量报酬。

#### 3.2.2 材料

同实验一。

#### 3.2.3 设计

2×2×9的被试内设计，自变量为：(1)启动，分有启动和无启动两个水平；(2)指导语，包括有限制性和无限制性指导语。在有限制性指导语任务中，要求被试“只有非常确定两个图形是同时出现”时做出“同时出现”判断；在无限制性指导语任务中，要求被试“不确定两个图形的出现顺序和感到是同时出现”时做出“同时出现”判断。(3)SOA，分别为±112ms，±84ms，±56ms，±28ms和0ms。

#### 3.2.4 程序

实验分为有限制性指导语和无限制性指导语两个阶段，要求被试尽快准确地判断两个靶图形的时序，方形先出现按“1”键、菱形先出现按“2”键(或者“1”和“2”键的分配与之相反)，方形和菱形同时出现时按“E”键。在有限制性指导语任务中，要求被试“只有非常确定方形和菱形是同时出现”时才按“E”键；在无限制性指导语任务中，要求被试“不确定两个图形的出现顺序和感到是同时出现”时按“E”键。两种指导语任务的实验顺序是随机的，中间休息5min。在正式实验之前，两个实验阶段均有72次练习试验。每名被试在正式实验中要完成144个条件(2启动×2指导语×9SOA×2靶图形×2靶图形出现的空间位置)，重复5次，共720次试验。实验共需时约50min。其他同实验一。

### 3.3 结果与分析

#### 3.3.1 “哪个靶图形先出现”判断的结果与分析

数据处理同实验一，结果见图3。

对将被启动的靶图形判断为先出现的判断频率进行重复测量方差分析。结果表明，指导语的主效应($p$=0.937)及其与其他因素的交互作用($ps$>0.05)都不显著；启动具有显著的主效应，$F(1, 13)$=50.69，$p$<0.001；SOA具有显著的主效应，$F(8, 104)$=106.54，$p$<0.001，多重比较检验结果表明，除了-112ms和-84ms之间、-56ms和0ms之间、-28ms和0ms之间、-28ms和28ms之间、84ms和112ms之间外，其他SOA水平之间都存在显著差异($ps$<0.05)；启动和SOA的交互作用显著，$F(8, 104)$=17.46，$p$<0.001。简单效应检验结果表明，除了112ms之外，SOA在其他水平上均存在显著的启动效应($ps$<0.05)。这说明，“同时出现”判断的使用限制性对时序知觉的重复启动效应没有显著影响，无论是有限制性使用“同时出现”判断，还是无限制性使用“同时出现”，时序知觉都存在显著的重复启动效应。这表明时序知觉判断在采用三项反应选项时仍具有显著的重复启动效应，这与实验一的结果相同。

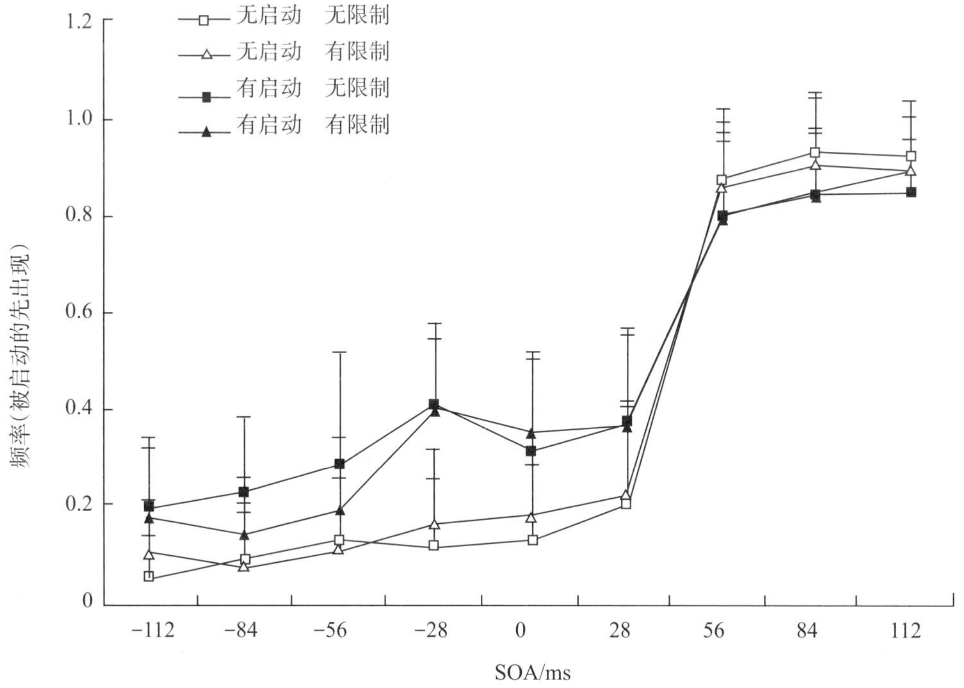


图3 不同条件下被启动的靶图形先出现的判断频率

从图3中可发现，时序知觉的重复启动效应在SOA为56ms、84ms、112ms时仍存在反转现象。在这三种水平上的重复测量方差分析结果显示，启动具有显著的主效应，$F(1, 13)$=10.65，$p$=0.006；指导语的主效应不显著，$F(1, 13)$=0.01，$p$=0.925；SOA具有显著的主效应，$F(2, 26)$=6.40，$p$=0.013，多重比较检验结果表明，SOA在56ms和84ms之间、56ms和112ms之间都存在着显著差异($ps$<0.05)，84ms和112ms之间的差异不显著($p$=0.646)；所有的交互作用都不显著($ps$>0.05)。这表明，“同时出现”判断的使用限制性对重复启动效应的反转没有显著影响，验证了重复启动效应存在稳定可靠的反转现象，这与实验一的结果是一致的。

3.3.2“两个靶图形同时出现”判断的结果与分析

被试在各种条件下做出“同时出现”的判断频率的结果见图4。

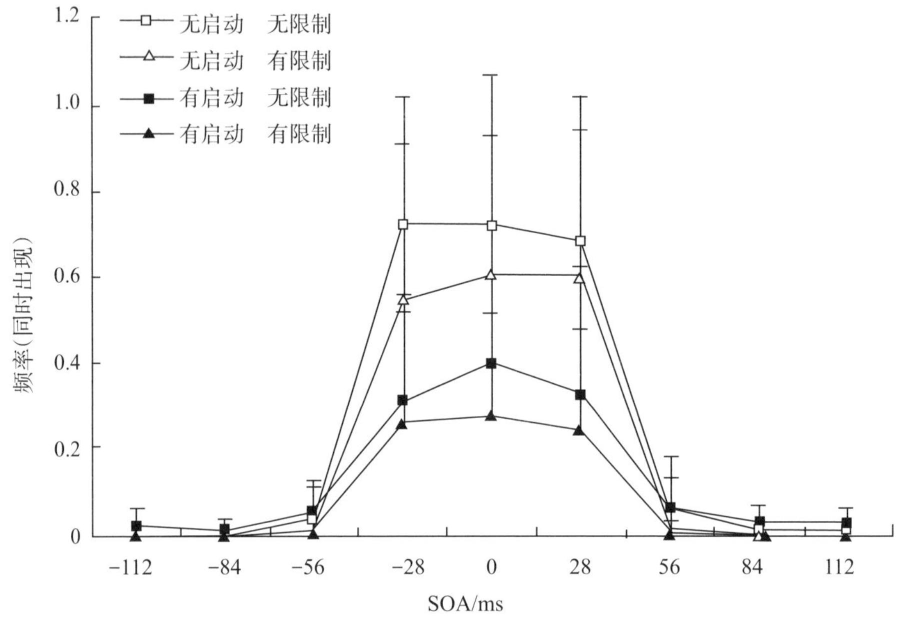


图4 不同条件下靶图形同时出现的判断频率

将“同时出现”判断频率的数据进行反正弦转换，然后进行三因素(启动、指导语、SOA)的重复测量方差分析。结果显示，指导语的主效应($p$=0.076)及其与其他因素的交互作用(ps>0.05)都不显著；启动具有显著的主效应，$F(1,13)=44.03$，$p<0.001$；SOA具有显著的主效应，$F(8,104)=36.96$，$p<0.001$。多重比较检验结果表明，除了-112ms和-84ms之间、-112ms和84ms之间、-112ms和112ms之间、-84ms和84ms之间、-84ms和112ms之间、-56ms和56ms之间、-56ms和84ms之间、-28ms和0ms之间、-28ms和28ms之间、0ms和28ms之间、84ms和112ms之间之外，其他SOA水平之间都存在显著差异($ps$<0.05)；启动和SOA的交互作用显著，$F(8,104)=34.78$，$p<0.001$。简单效应检验结果表明，SOA为-28ms，0ms，28ms时($ps$<0.01)和-112ms时($p$=0.048)存在显著的启动效应，在SOA为-84ms时启动效应达到边缘显著水平($p$=0.055)；其他交互作用都不显著($ps$>0.05)。可以看出，被试在无限制性指导语条件下的“同时出现”判断频率尽管高于有限制性指导语条件下的“同时出现”判断频率，但并不存在显著的指导语效应。这说明被试在时序判断时能够感知到两个靶刺激的出现时序，不支持反应选项偏向的理论前提。

# 4 讨论

## 4.1 反应选项对时序知觉重复启动效应的影响

Burnham 等人(2006)和张锋等人(2008,2009)采用两项迫选时序判断方法在时序知觉实验中都发现了显著的重复启动效应。这些研究尽管实验材料不同,但是均一致说明了时序知觉重复启动效应的机制涉及知觉加工过程和决策过程。张锋等人还在研究中发现了重复启动效应的反转现象,并提出了新的理论解释——双加工表征匹配调节假说。这些结果都极大深化了时序知觉重复启动效应的研究。然而,理论和实验研究表明,反应选项可能对时序知觉重复启动效应产生影响。Jaskowski(1993)的实验结果显示,注意效应在采用两项判断反应选项时存在,但在采用三项判断反应选项时却消失了。Frey(1990)在实验中证明了被试会把事件的突出特征作为判断依据。考虑到张锋等人在实验中采用的是两项时序判断任务,因此实验中所存在的重复启动效应可能是由反应选项导致的虚假效应,并不存在真正的重复启动效应,本研究采用三项时序判断任务,通过两个系列实验分别探讨了三项时序判断任务中的重复启动效应和反应选项偏向的理论前提,以检验重复启动效应是否是由于反应选项偏向所引发的。

实验一采用三项时序判断的方法检验了重复启动对时序知觉的影响,判断选项包括"方形先出现"、"菱形先出现"和"方形和菱形同时出现",这样就消除了被试没有中间选项所造成的反应偏向的影响。为了与两项时序判断法的结果进行比较,实验材料和SOA 水平设定等均与张锋等人(2008,2009)研究中的相同。结果发现,在采用三项时序判断方法的实验任务中仍然出现了显著的重复启动效应,而且也存在重复启动效应的反转现象。这与张锋等人的研究结果是一致的,说明时序知觉重复启动效应不是反应选项产生的反应偏向引发的,而是真正的启动效应。

实验二在实验一的基础上采用三项时序判断方法进一步检验了反应偏向的理论前提——被试不能或较难获得时序信息。依据反应偏向理论(Pashler,1998),被试之所以出现反应偏向是由于在试验中方形和菱形出现的时间间隔过短以至于不能识别它们之间的时序。为了对此进行检验,实验二对"两个靶刺激同时出现"的判断选项采用两种不同的指导语:在有限制性指导语中要求被试"只有非常确定两个图形是同时出现"时才能做出"同时出现"的时序判断;在无限制性指导语中要求被试"不确定两个图形的出现顺序和感到是同时出现"时都做出"同时出现"的时序判断。如果被试在这两种指导语条件下所做出的"方形和菱形同时出现"的判断频率在统计上不存在显著差异,那么就可以说明,被试在方形和菱形出现的时间间隔较短时仍然可以识别它们之间的时序。实验二的结果表明,被试在两种指导语条件下所做出的"同时出现"的判断频率不存在显著差异，也就是说，被试在“有把握才判断为同时出现的”和“无把握也可判断为同时出现的”之间的时序判断结果没有显著的不同。这说明，被试在进行时序判断时是基于实际的时序信息而进行的，这与反应偏向观点的理论前提相矛盾，进一步支持了重复启动效应不是基于反应选项产生的反应偏向而引发的虚假效应的实验假设。

### 4.2 重复启动对同时性时序知觉的影响

时序知觉是指个体对直接作用于感觉器官的客观事件的顺序性的知觉。时序知觉是时间知觉的重要组成部分，在感觉与运动加工、言语理解和因果推理中起着重要作用。时序知觉主要包括序列性和同时性两种知觉，序列性是指个体在时序知觉中的“先后顺序”的经验，同时性是指个体在时序知觉中的“同时与非同时”的经验。已有的研究结果（Vatakis，Navarra，Soto-Faraco，Spence，2008）也表明，时序知觉涉及两个不同的时序加工过程与机制，即“同时性知觉”和“系列性知觉”。

Burnham 等人（2006）和张锋等人（2008，2009）在实验中所考查的是序列性时序知觉，没有涉及同时性时序知觉。因为研究中采用的实验任务是判断“先后顺序”，没有两个靶刺激“同时出现”的判断选项。上述实验结果中出现的重复启动效应实际上显示了重复启动对序列性时序知觉的显著影响。本研究的两个系列实验均采用三项时序判断任务，这既考查了序列性时序知觉判断又探讨了同时性时序知觉判断。结果发现，与先前研究一样，重复启动对序列性时序知觉存在显著作用。但是，与先前研究所不同的是，同时性时序知觉中也存在显著的重复启动效应。这表明，重复启动不仅对“系列性时序知觉”具有显著作用，而且对“同时性时序知觉”也具有显著作用。

对序列性和同时性时序知觉的研究结果表明，同时性时序判断和异步性时序判断所存在的反应偏向也是不同的（Schneider & Bavelier，2003；Vatakis & Spence，2007）。未来研究有必要就重复启动对同时性时序知觉的影响及其机制进行深入探讨。

## 5 结论

本研究通过两个实验证实了时序知觉的重复启动效应不是由于反应选项导致的反应偏向所致，而是真正的启动效应。研究还发现，重复启动不仅对“系列性时序知觉”具有显著影响，而且对“同时性时序知觉”也存在显著作用。

合作者：张锋。原文载于《心理学报》，2010年第11期。

# 时空隐喻研究的新问题:时间表征的左右方向性

## 1 引言

在语言材料中,时间概念往往借助隐喻加以表征(陈燕,黄希庭,2006)。也就是说,个体总是借用较为具体的概念来表征时间概念,例如把时间比作金钱或河流。在众多类型的时间隐喻中,空间隐喻(spatial metaphor)的使用频率最高,也就是说,空间概念最常被用来描述时间(Radden,2003;周榕,黄希庭,2000)。例如,在汉语中,人们会说“星期三在星期五前面”或者“星期五在星期三后面”。在这里,“前面”和“后面”都是空间概念,但却被用来形容时间。这种用空间概念来描述时间的现象广泛地存在于汉语中(Boroditsky,2001;Chen,2007)、英语(Gentner & Imai,1992;McGlone & Harding,1998)、希腊语(Casasanto et al.,2004)、西班牙语(Santiago,Lupiáñez,Pérez,& Funes,2007)以及其他语言中(Alverson,1994,see from Casasanto,2008;Radden,2003)。

空间概念并不是杂乱无章的。在个体的视野中,有三条基本的空间轴线:前后轴线,上下轴线和左右轴线。人们总是用“前后”“上下”和“左右”这三个词来分别描述由这三条轴线所构成的方向。如前所述,空间概念或词语常被用来描述时间,那么“前后”“上下”和“左右”这三个词是否也常被用来描述时间呢? 研究发现,三条轴线和时间之间的关系不尽相同。

在汉语和英语中,前后轴线常被用来表征时间顺序(Boroditsky,2001;Boroditsky,Fuhrman,Mc Cormick,2011;吴念阳,徐凝婷,张琰,2007)。前后方向和时间顺序的关系与时间运动图式有关(Boroditsky,2000;Gentner,Imai,Boroditsky,2002;陈燕,黄希庭,2006)。在表征时间的运动时,存在两种隐喻:自我运动隐喻(ego-moving metaphor)和时间运动隐喻(time-moving metaphor)。在自我运动隐喻中,个体面对未来并且被表征为运动者,而时间被表征为处于静止状态,个体沿着时间轴从过去向未来移动。在这种表征图式中,“前”和较晚或者未来的时间相联系,而“后”和较早或者过去的时间相联系,例如“前途”和“把烦恼抛在脑后”。在时间运动隐喻中,个体同样面对未来但是被表征为处于静止状态,而时间被表征为运动者,时间沿着时间轴从未来向过去移动。在这种表征图式中,“前”和较早或者过去的时间相联系,而“后”和较晚或者未来的时间相联系,例如“前天”“后天”(Boroditsky,2000;陈燕,黄希庭,2006)。

在汉语中,除前后轴线外,上下轴线也会被用来表征时间顺序(Boroditsky,2001;陈燕,黄希庭,2006;蓝纯,1999)。其中,“上”和较早或者过去的时间相联系,而“下”和较晚或者未来的时间相联系,例如“上个月”和“下个月”。汉语中的上下轴线和时间顺序的联系可能与太阳升落有关:早晨太阳上升,傍晚太阳下落,长此以往,“上”“下”就分别与较早和较晚的时间产生了联系(蓝纯,1999)。

然而,在语料中却从未发现用左右轴线来表征时间顺序的例子(Radden,2003;Santiago et al.,2007)。Radden(2003)甚至认为,左右轴线“无法为理解时间提供任何合理的空间基础”。尽管如此,至少在心理层面上,时间表征可能具有左右方向性。例如,日常生活经验表明,个体能够在头脑中按照从左至右的顺序表征先后发生的不同时间事件,而各种计时工具则很好地体现了头脑中的这种表征方向性,例如从左至右展开的工作流程图和日历等(Santiago et al.,2007)。

如果左右轴线确实会被用来表征时间,那么我们对于时间表征的认识将得到进一步深化:对时间的空间表征并不局限于由前后轴线和上下轴线所构成的二维平面上,个体甚至可以在三维空间内对时间进行表征。

除此之外,对于时间表征的左右方向性的研究还有重要的理论意义。当前解释时空表征联系的主流理论是隐喻构念观(metaphorical structuring theory)(陈燕,黄希庭,2006)。该观点认为,个体在发展早期会首先形成对空间和时间的初步表征,并注意到两者之间的关联。因为空间更为具体形象,而时间太过模糊抽象,所以为了将时间概念明确化,个体会把用于组织空间信息的图式投射到时间领域,用空间图式来组织时间信息。在这个过程中,语言起到了重要的引导和促进作用。

由于语言中,空间词常被用来表征时间,所以在语言的引导下,个体会有意识地在心理层面建立起语言中所反映的时空关系(Casasanto,2008;Murphy,1996)。例如,由于“前天”“后天”这些词语的频繁使用,个体会在心理上把时间投射到前后轴线上,把较早的时间表征为位于前方,而把较晚的时间表征为位于后方。由于语言中尚未发现用左右方向来表征时间的现象,按照隐喻构念观的解释,对时间信息的表征应该不具备左右方向性。如果时间表征确实具有左右方向性,那将是对隐喻构念观的一大挑战。因此,关于时间表征的左右方向性的研究成为近年来时间隐喻研究的热点问题。本文从研究方法、研究发现、理论解释三方面回顾了近年来的研究进展,并且对将来的研究方向进行了展望。

## 2 研究方法

从传统上看,对时空隐喻的研究主要集中在前后轴线和上下轴线的时间表征上,研究兴趣主要在于探讨语言中的时空联系是否具有心理真实性。虽然时间和空间在语言材料中存在联系，但这并不代表两者在心理层面上也具有关联。换言之，这种语言材料中的时空联系未必具有心理真实性。已有研究表明，个体可以直接对隐喻进行理解，而不一定在心理层面上调用隐喻所包含的图式(Glucksberg, Brown & McGlone, 1993; Keysar & Bly, 1995)。这就是说，个体在理解和使用诸如“上个月”“下个月”这样的词语时，有可能直接提取了相关的时间信息，而不会像词语所表示的那样在头脑中把较早的月份表征为位于上方，而把较晚的月份表征为位于下方。为了检验时间的空间隐喻的心理真实性，研究者们进行了一系列研究，这些研究一般采用启动范式(Boroditsky, 2001; Casasanto & Boroditsky, 2003; Chen, 2007; January & Kak, 2007; Matlock, Ramscar, & Boroditsky, 2005; 吴念阳等, 2007)。

启动范式就是在研究中先向被试呈现作为启动刺激的空间图片，要求被试对空间图片中不同物体的位置关系进行判断；然后向被试呈现时间问题，要求被试回答。一系列采用启动范式的研究表明，对空间图片的加工会显著影响对时间问题的加工(Boroditsky, 2001; Matlock et al., 2005; 吴念阳等, 2007)。例如，在 Boroditsky(2001)的研究中，研究者向以汉语为母语的被试呈现空间图片，图片中包含两个物体，它们在水平或者垂直方向上作同向运动。在被试对两个物体的前后关系或者上下关系进行判断后，研究者向被试呈现时间问题，例如“星期二早于星期三”，然后要求被试判断正误。结果发现，无论被试判断两个物体的前后关系还是上下关系，对空间图片的加工都会显著影响对时间问题的加工。

该范式的基本逻辑是：在对空间信息和时间信息进行加工时，个体需要在心理层面上分别调用空间图式和时间图式，如果时间的空间隐喻具有心理真实性，那么两种图式之间应该存在联系；如果两种图式之间存在联系，那么对空间信息的加工就会影响对时间信息的加工。换言之，通过考查空间加工对时间加工的影响，可以判断空间图式和时间图式之间是否存在联系，进而判断空间隐喻的心理真实性。

从研究思路上看，对左右轴线的时间表征的研究也遵循了相同的逻辑：通过考查时间表征和左右方向表征的相互影响，来判断时间表征是否具有左右方向性。尽管如此，在具体的研究形式上，研究者却采用了不同的方法来研究左右轴线的时间表征，概括来说，主要有排序法、判断法、比较法和线索范式四种方法。

### 2.1 排序法

排序法就是在研究中向被试呈现若干时间事件(temporal event)，每个事件都有一个标记，要求被试在二维(Tversky, Kugelmass, & Winter, 1991)或三维(Fuhrman & Boroditsky, 2010)空间内对这些时间事件的标记进行排序。所谓时间事件，是指在日常生活中按照一定的顺序经常性地重复出现的事件，如四季、一年中的月份、一日三餐等。排序法是最早被用于研究时间表征的左右方向性的方法。

例如，在Tversky等人(1991)的研究中，研究者向以英语为母语的儿童呈现写有“早餐”“午餐”“晚餐”的贴纸，要求他们进行排序。结果发现，被试都是按照从左至右的顺序来排列上述三种贴纸的。研究者认为，这一结果表明英语被试对时间事件的表征是从左至右展开的。

排序法的优点在于能够直接呈现时间表征的空间顺序，一目了然。但是，这种方法也有较大的问题。首先，操作程序具有很强的空间提示性。在排序法中，研究者明确要求被试以空间方式呈现时间事件，这就使得被试必须将时间信息空间化，而在自然情境中，被试有可能根本不会用空间方式来表征时间信息(Fuhrman & Boroditsky, 2010)。其次，研究范围有限。由于排序法要求被试对时间信息进行排序，所以时间信息本身必须具备顺序性。因此，在排序法中所用到的时间信息大多是具有固定顺序的时间序列。而事实上，除了时间序列之外，时间信息还有很多其他类型，例如时点和时距。为了克服这一缺陷，研究者引入了判断法。

### 2.2 判断法

判断法就是在研究中向被试呈现若干时间信息(这些信息被人为地分为两类——与过去有关和与未来有关)，要求被试判断该信息的类别。所呈现的信息本身或者对信息的反应往往附加了无关的空间信息，例如信息呈现在屏幕的左侧或右侧(Santiago et al., 2007; Torralbo, Santiago, & Lupiáñez, 2006)，或者用左手或右手对信息做出判断(Santiago et al., 2007; Torralbo et al., 2006; Vallesi, Binns, & Shallice, 2008)。

例如，在Santiago等人(2007)的研究中，研究者向被试呈现若干时间词，时间词出现在屏幕的左侧或者右侧。被试的任务是判断所呈现的时间词与过去有关还是与将来有关。结果发现，当与过去有关的词呈现在屏幕左侧，而与将来有关的词呈现在屏幕右侧时，被试的反应更快。研究者据此推断，被试把与过去有关的时间信息表征为在左侧，而把与未来有关的时间信息表征为在右侧。

和排序法相比，判断法的优点在于扩展了研究范围，使得对时点和时距的研究成为可能。但是和排序法一样，这种方法具有很强的空间提示，很容易让被试把左右方向和时间类别联系起来。另外，在判断法中，时间信息会被研究者人为地分为两类，但是在真实情境中，被试可能不会对时间信息进行这样的分类，因此对不同时间信息的加工也就不会产生二分法式的差异。换言之，判断法所得到的实验结果有可能是研究者的主观分类造成的。为了避免这种影响，研究者又提出了比较法。

比较法可以看作判断法的变体，两者的区别在于：在比较法中，研究者不会把时间信息分为两类，而是先后向被试呈现两个时间信息，要求被试对两者进行比较。例如，先呈现“星期二”，然后呈现“星期三”，要求被试判断“星期三”和“星期二”相比较早还是较晚（Gevers，Reynvoet & Fias，2004）。

### 2.3 线索范式

线索范式就是在研究中先向被试呈现时间信息（时间信息同样被分为两类），要求被试判断其类别；然后向被试呈现空间信息，要求被试对空间信息进行加工（Ouellet，Santiago，Funes，& Lupianez，2010；Weger & Pratt，2008）。

Weger等人于2008年首次采用该范式进行研究。在研究中，他们先向被试呈现时间词，要求被试判断其类别；然后在屏幕的左侧或右侧呈现目标刺激，被试需要按左右键进行相应反应。结果发现，在对与过去有关的词进行判断后，被试对屏幕左侧的刺激反应更快；而在对与将来有关的词进行判断后，被试对屏幕右侧的刺激反应更快。Weger等人认为，这是由于对时间词的加工转移了被试的注意力。

线索范式与判断法非常相似，但两者关注的焦点不同：在线索范式中，研究者关心的是对时间信息的加工是否会影响对空间信息的加工；在判断法中，研究者关心的是无关的空间信息是否会影响对时间信息的加工。

## 3 研究进展

近年来的研究表明，时间表征确实具有左右方向性，个体对于时间顺序的表征一般是按照从左至右的方向展开的，较早的时间被表征为位于左侧，较晚的时间被表征为位于右侧。这种现象广泛地存在于各种类型的时间信息中。

### 3.1 对时序信息的表征

对时序信息的表征具有左右方向性，这一点主要是通过对事件顺序的表征的研究得到证实的。早期的研究主要关注时间事件。Tversky等人（1991）最早用排序法证明了时间事件的表征具有左右方向性。之后，Gevers等人（2003，2004）用比较法证明了对一年中的月份和一周中的七天的表征同样具有左右方向性。例如，在Gevers等人（2003）的研究中，研究者先后呈现两个不同的月份，要求被试判断后呈现的那个月份在时间上是早于还是晚于先呈现的那个月份。结果发现，当被试的判断为“早于”时，按左键反应快于按右键反应；当被试的判断为“晚于”时，按右键反应快于按左键反应。

然而，时间事件具有特殊性：它们经常按照相同的顺序重复出现，因此对于被试来说，时间事件的顺序已经内化，在被试看来，由时间事件所组成的时间序列本身可能已经没有时间属性，而只有顺序性，和数字序列没有区别（Santiago，Román，Ouellet，2010）。已有研究证明，数字序列的表征也具有左右方向性（Dehaene，Bossini，Giraux，1993）。所以，对由时间事件所组成的时间序列的表征具有左右方向性，其本质可能和对数字序列的左右表征相同，并不能反映时间表征本身的性质。

为此，Santiago等人（2010）用比较法研究了对非时间事件（即一般事件）的表征是否也具有左右方向性。研究者先让被试看一段视频，然后把视频均分为11段。在接下来的实验中，始终先呈现第6段视频，然后随机呈现另外10段中的某一段视频，要求被试判断后呈现的视频在逻辑上早于还是晚于第6段视频。实验结果和Gevers等人的一致：当被试做出“早于”判断时，按左键反应更快；而当被试做出“晚于”判断时，按右键反应更快。

对时间事件和非时间事件的表征的研究有力地证明了个体对时序信息表征的左右方向性。但是，两种表征的内在机制尚不明了。时间事件和非时间事件具有不同的特征，对它们的表征可能存在不同的机制：时间事件之间不具有逻辑性，被试只是因为它们总是按照相同的顺序重复出现而机械性地记忆了它们的顺序，因此对时间事件的比较可能更多地发生在记忆阶段；非时间事件之间具有逻辑性，它们是按照一定的逻辑顺序在时间上展开的，因此被试对非时间事件的比较可能包含推理和决策的成分。

### 3.2 对时点信息的表征

个体对时序信息的表征具有左右方向性，对时点信息的表征同样具有左右方向性。所谓时点，就是指某一个具体的、单一的时间事件，例如“昨天”“三月份”等。个体对于时间词和时间句子的表征很好地证明了时点表征的左右方向性。Santiago等人（2007）最早用判断法证明了对时间词的表征具有左右方向性。之后的研究表明，个体对时间句子的表征同样具有左右方向性（Ulrich & Maienborn，2010）。在Ulrich和Maienborn（2010）的研究中，研究者在屏幕中央向被试呈现指向过去或指向未来的句子，这些句子描述了发生在某一时间的某个事件，被试需要按左右键判断其发生的时间。结果表明，对于指向过去的句子，被试按左键反应更快；而对于指向未来的句子，按右键反应更快。

时点信息包含众多维度，例如时点事件的类型、时点的距离、对时点事件的了解程度等（王亚林，黄希庭，1998）。但是在过去的关于时点表征的左右方向性的研究中，研究者并未对时点维度进行系统的操纵。例如在Santiago等人（2007）的研究中，所用到的时间词既包括“过去”“未来”这样较远的、模糊的时点，又包括“昨天”“明天”这样的较近的、明确的时点，而研究者并未对两类时点进行区分。在时点的不同维度上进行系统的操纵，有助于我们了解时点表征的左右方向性的维度特点，从而更加全面和深入地认识这一现象。

### 3.3 对时距信息的表征

个体对时距信息的表征同样具有左右方向性。在Vallesi等人（2008）的研究中，研究者先向被试呈现一个注视点，呈现时间为1秒或3秒。被试的任务是判断呈现时间的长短，并按左右键反应。结果发现，当被试判断为短时距时，按左键反应较快；而当被试判断为长时距时，按右键反应较快。

虽然对于时距信息的表征同样具有左右方向性，但是其内部机制可能有别于时序和时点表征。研究表明，时距信息加工和量值信息加工之间存在联系，两类加工所对应的大脑皮层也有重合（Walsh，2003）。因此，在对时距信息进行加工时，有可能对其进行了类似量值信息的编码，例如把1秒标记为"小"或"短"，而把3秒标记为"大"或"长"。也就是说，在对时距信息进行反应时，实际上是对时距的标记也就是量值信息进行反应。

已有研究表明，个体对量值信息的表征同样具有左右方向性，较小的量值被表征为位于左侧，而较大的量值被表征为位于右侧（Dehaene et al.，1993）。因此，个体对时距的表征之所以具有左右方向性，有可能是因为时距信息被首先转化为量值信息，然后对量值信息进行表征，而对量值信息的表征又具有左右方向性。对时序和时点的表征则可能不需要这个转换过程。

总结上述三方面的研究发现，可以认为，虽然在语言中没有用左右方向表征时间的例子，但是在心理层面上，时间表征很可能确实具有左右方向性。由此看来，时间表征在心理层面上是非常多样的，个体不仅会在二维平面上用前后和上下两条轴线来表征时间，而且会用左右轴线表征时间。换言之，个体对于时间的空间表征很可能是立体式的。

## 4 理论解释

目前，隐喻构念观是解释时空表征联系的主流观点，它得到了许多实证研究的支持（Boroditsky，2000；Casasanto & Boroditsky，2003，2008；陈燕，黄希庭，2006）。虽然该理论也承认非语言的感知运动经验是时空表征联系的基础，但是它更强调语言的作用，认为语言是联系时空表征的关键，在语言的作用下，人们甚至会忽视时间和空间在某些感觉经验上的联系（Casasanto et al.，2004）。按照隐喻构念观的解释，由于在语言中尚未发现用左右关系来表征时间的情况，所以时间表征应该不具备左右方向性。但是一系列研究表明，时间表征很可能具有左右方向性。因此，必须用其他理论来进行解释。目前，研究者普遍采用具身理论（embodiment theory）来解释这一现象。

具身理论认为，个体的认知源于身体活动。在身体活动的过程中，个体会获得各种各样的感知运动经验，随着这些感知运动经验的积累，个体会以自己的身体为中心建立起最初的抽象概念，如前后、上下、左右、远近等；然后以这些最初的抽象概念为基础，通过和外部世界的不断互动，建立起更高级的抽象概念（叶浩生，2010）。

就时间表征的左右方向性而言，一般认为这种表征方式的形成很可能与阅读和书写习惯有关（Ouellet et al.，2010；Santiago et al.，2007；Torralbo et al.，2006）。由于在大多数文化中，文字都是从左至右展开的，因此个体总是以从左至右的顺序进行阅读和书写。长此以往，这种从左至右的感知运动经验便和时间概念产生联系：左侧的运动和信息与较早的时间有关，右侧的运动和信息与较晚的时间有关。于是，在对时间序列进行表征时，不同的时间点仿佛在头脑中从左至右展开；而在对较早和较晚的时间点进行表征时，往往把前者表征为位于左侧，而把后者表征为位于右侧。

目前，对这一理论解释的实证检验主要是通过跨文化研究展开的。例如在Fuhrman和Boroditsky（2010）的研究中，研究者要求以英语为母语的被试和以希伯来语为母语的被试对时间事件进行排序。英语的阅读和书写方向为从左至右，而希伯来语的阅读和书写习惯为从右至左。结果发现，英语被试按从左至右的顺序排列时间事件，而希伯来语被试则按从右至左的顺序排列时间事件。

在Ouellet等人（2010）的研究中，研究者用听觉方式向以西班牙语（阅读和书写习惯为从左至右）为母语的被试和以希伯来语为母语的被试呈现与过去或未来有关的时间词，要求被试按左右键反应。结果发现，西班牙语被试在对与过去有关的词进行反应时，左键反应较快；而在对与未来有关的词进行反应时，右键反应较快。但是，希伯来语被试对两类词的判断在左右键上却没有显著差异。研究者认为，这是因为在日常生活中，希伯来语被试既使用希伯来语又使用英语。

虽然这些研究在一定程度上证明了具身理论的观点，但是要真正揭示时间表征的左右方向性的形成机制，还需要大量的实证研究。

## 5 研究展望

纵观各种研究方法，可以发现，虽然从形式上来看，启动范式和排序法、判断法、比较法以及线索范式存在很大差异，但是它们的基本逻辑是相同的：都是通过空间加工和时间加工的相互影响来推断时空表征联系的心理真实性。排序法考查的是时间序列对空间组织的影响，判断法考查的是无关空间信息对时间加工的影响，比较法和线索范式考查的是时间加工对空间加工的影响。正因为这些方法具有相同的逻辑，近几年来越来越多的研究者开始采用研究左右轴线的方法来研究前后轴线和上下轴线（Boroditsky et al.，2011；abstract from Fuhrman et al.，2011；Miles，Tan，Noble，Lumsden，Macrae，2011）。

不同方法的侧重点、适用范围和敏感性各有不同。Fuhrman和Boroditsky（2010）以及Ouellet等人（2010）关于阅读书写习惯和时间表征的左右方向性的跨文化研究很好地说明了这一点：前者使用排序法，两组被试的时间表征的左右方向性都显著；后者使用判断法，只有西班牙语被试的左右方向性显著。如果能够对前后、上下、左右三条轴线所使用的研究方法进行系统的归纳和分类，进而用某一两种研究范式对三条轴线的时间表征进行研究，则很可能有助于揭示三条轴线表征时间机制的特点。例如，可以用统一的方法同时考查影响被试选择轴线的外部因素，并且以此为基础，进一步探索其内部加工机制。

目前解释空间轴线和时间表征之间关系的理论主要有隐喻构念观和具身理论。隐喻构念观强调语言的作用，认为语言引导个体关注时间和空间在某方面的联系，进而使个体在心理表征上将两者联系起来；具身理论强调个体自身的感知运动经验，认为感知运动经验本身足以使个体在心理上建立起时间和空间的联系。其实，两种理论并不存在根本的矛盾，它们是可以整合的：在心理发展的早期，个体凭借感知运动经验将时间表征和空间表征联系起来，感知运动经验是这一时期构建时空联系的唯一桥梁；在掌握语言后，语言引导并促使个体关注时间和空间在某一方面的联系，心理上的时空表征联系逐渐和语料中的时空联系趋于一致，但是感知运动经验在这一时期仍然发挥着重要的作用，语言和感知运动经验共同影响着时空表征联系的形成与发展。如果能够同时考查并比较感知运动经验和语言在不同发展时期的作用，那将有助于把两者整合到统一的理论框架下，在理论构建上更进一步。

过去关于空间轴线和时间表征联系的研究都集中在行为层面，很少探讨这种联系的神经机制。虽然对时空表征联系的研究早已深入到神经机制层面，不同研究都证明了时空表征在大脑皮层上的联系，但是神经机制层面的研究却从未专门探讨空间轴线和时间表征的关系（Walsh，2003；毕翠华，黄希庭，2011）。如果能够突破行为层面的研究，用神经科学的方法揭示空间轴线和时间表征在大脑皮层上的联系，那将进一步深化我们对这一现象的认识。

合作者：金泓。原文载于《心理科学进展》，2012年第9期。

# 时序知觉的启动效应

时间知觉包括对刺激呈现时间长度的时距知觉和对连续刺激的时序知觉。时序知觉既不同于对刺激顺序的记忆重构也不同于对刺激客观呈现顺序的报告。实际上,时序知觉研究的重要内容之一就是确定哪些因素影响对刺激客观呈现顺序的主观知觉及其如何影响时序知觉。

研究发现,在时序判断任务中被试会把启动的靶刺激知觉为早于未启动的靶刺激出现,这种现象称为时序知觉的启动效应(Burnham, Neely, O'Connor, 2006; Scharlau & Neumann, 2003a; Stolz, 1999)。由于启动刺激的呈现缩短了被启动的靶刺激的知觉潜伏期,也有研究者称之为知觉潜伏期启动效应(Scharlau & Neumann, 2003b)。如,实验显示,在两个靶单词同时呈现条件下,被试做出"被启动的靶单词先出现"判断的比率是0.75,这显著高于随机水平(Scharlau, 2002)。还有实验表明,主观同时点在有启动和无启动条件下的差值为33ms($p<0.01$),$d$值为5.83(Scharlau & Neumann, 2003a)。这说明时序知觉的启动效应是显著而稳健的。

文章拟从理论解释和影响因素等方面对时序知觉启动效应的有关研究进行梳理,以期对未来的研究有所帮助。

## 1 理论解释

异步更新模型(asynchronous updating model, AUM)、知觉修正模型(perceptual re-touch model, PRM)和反应偏向理论(response bias account)是目前较有影响的理论解释。前两者又可称为双加工模型,因为它们都假设视觉系统刺激的加工分为两个不同的过程,并认为启动效应是由这两个加工过程的时间异步性引发的。

### 1.1 异步更新模型

AUM假设两个异步的加工过程是前注意空间映射的特征编码和注意的定向(Scharlau & Neumann, 2003b),实际上是指空间映射和内部模型两种水平。内部模型是指对视觉环境的连贯描述,即客体、情景和事件。内部模型的内容是能意识到的,注意分配调节着刺激向内部模型的转换。不过这两个过程的更新速度不同。特征编码发生在前注意和前意识水平,其更新是迅速而非选择性的。内部模型的更新是缓慢而具有选择性的。所谓“更新”,是指一种重写加工(over writing process),即较早的信息为后来的与之具有共同位置和某些关键视觉特征的信息(如相似的轮廓)所替代。

AUM把启动效应归因于注意的选择机制,所以又可称为注意模型。具体来说,启动刺激的出现引发了前注意的空间映射加工和指向该位置的注意转移,而在启动刺激的注意定向加工期间,被启动的靶刺激的前注意水平的特征编码会在启动刺激转向内部模型之前在空间映射水平上重写或替代启动刺激。而且,被启动的靶刺激的注意定向加工早于未启动的靶刺激(因为后者需依赖自身所引发的注意定向),由于受到注意的刺激会得到优先加工,这就导致对前者的易化加工,将其知觉为先出现。

根据该模型,启动效应取决于注意定向的引发、执行和完成的时间进程。因此,启动效应大小的时间进程依赖于启动SOA,即启动刺激和被启动的靶刺激之间的SOA。当启动SOA位于启动刺激所引发的注意定向过程完成期间内,被启动的靶刺激会得到易化加工,此时的启动效应会逐步上升并达到高峰。但当启动SOA超过了注意转换的持续期时,易化作用不能发生甚至会因为在注意加工后出现的返回抑制(inhibition of return,IOR)效应而导致启动效应下降。这些在研究中都得到了支持(Scharlau,Ansorge,Horstmann,2006;Scharlau & Neumann,2003b)。但由于具体实验条件的不同,启动效应的时间进程有所差异。如实验发现启动效应在启动SOA为80ms时最大,之后才开始下降(Scharlau & Neumann,2003b)。还有实验发现启动效应最大值在启动SOA为96ms处(Hikosaka,Miyauchi,Shimojo,1993)。最近研究表明,启动效应的最大值不是一个单点而是一个较宽的区间(启动SOA为136~272ms),之后才下降(Scharlau & Neumann,2003b)。这与有关注意机制的研究结果(Hikosaka et al.,1993)是一致的。

### 1.2 知觉修正模型

PRM假设的两个异步的加工过程是在视皮层的基本特征的特异编码加工和在非特异通路(丘脑核)的对这些编码的非特异激活加工,这是两个并行的传入加工,是一个交互的过程(Bachmann,1999)。特异的加工提供了经验的内容包括特征编码、联合编码(encoding of conjunctions),客体表征、感觉道间编码。特异的加工是快速的,表征建立很快但衰退也很快。但一个刺激只有经过非特异的激活才能被意识到。特异编码程度越强,则其被提升为有意识表征的可能性就越大。因而非特异的加工起到了调节作用,这种作用把经验内容提升为有意识经验(Bakhman,1994)。这种调节就称为知觉修正或知觉提升(perceptual upgrading)。但非特异的加工是缓慢的,且慢于特异加工约50~80ms。

该模型认为,启动效应是由于启动刺激引发的非特异的激活使被启动的靶刺激能很快建构其有意识的表征而产生的,即启动加快了被启动的靶刺激的加工速度。具体来说,启动刺激引发了特异加工和非特异激活的加工,但由于非特异加工慢于特异加工,所以当启动刺激的非特异激活到达皮层时,启动和被启动的靶刺激的特异编码的强度是不同的。此时启动刺激的特异编码已经衰退,被启动的靶刺激的特异编码则是强的,因而后者的特异编码就容易被非特异激活加工而被知觉到。但未启动的靶刺激却必须"等待"其自身引发的缓慢的非特异激活才能被提升到意识水平。所以被试对被启动的靶刺激的知觉会早于对未启动的靶刺激的知觉。

根据该模型,启动SOA决定着启动刺激和被启动的靶刺激的特异编码强度,因此启动效应的时间进程也取决于启动SOA,即启动效应随着启动SOA的增加(到非特异激活的滞后时间,即50~80ms为止)而增加。而且,非特异的激活一旦开始进行就会持续。因而启动效应在50~80ms时到达顶点,并在更长的SOA中保持这个水平。最近研究表明,非特异调节在50~150ms后是最强的,但随后可能下降(Bachmann & Sikka,2005)。

与AUM相比,PRM虽也假设两个加工过程的存在,但这两个加工过程的概念及时间异步的设定则有所不同。而且,PRM中的特异加工构成了更多的传入加工,特别是包括了感觉道间编码和客体表征。此外,针对已有研究中观察到的启动效应量均小于启动SOA的结果(Scharlau et al.,2006;Scharlau & Neumann,2003b),PRM也能做出更好的解释。根据该模型,知觉修正不是在非特异激活一到达皮层就立即开始的,这是因为特异皮层神经细胞需要大量的突触前冲动的累积,以便能够开始知觉修正加工。所以,易化作用不是在非特异冲动一来就发生的,因而启动效应量就会小于启动SOA。但该模型却不能解释启动SOA更长时的启动效应(Scharlau et al.,2006)。

### 1.3 反应偏向理论

反应偏向理论认为,启动效应是启动通过影响被试的决策(判断标准)而产生的。由于两个靶刺激之间的时间间隔很短,被试是很难知觉到时序的,因此在要求判别哪个靶刺激先出现时,被试实际上并没有把被启动的靶刺激知觉为先出现,而是把被启动的靶刺激作为时序的判别标准(Pashler,1999)。因此,这种启动效应实际上是决策水平上的反应偏向,可称为判据效应(criterion effect)。

实验发现,当要求被试使用三项判断(如"被启动的靶刺激先出现""未启动的靶刺激先出现"、"两者同时出现")时,启动效应消失了(Jaśkowski,1993)。这说明,在使用两项判断的迫选式回答时,被试没有获得明确的时序信息,但又必须做出决策,所以就把被启动的靶刺激作为判断标准。还有实验发现,当指导语要求"判断哪个靶刺激先出现"时,被试倾向于判断被启动的靶刺激为先出现;当指导语要求"判断哪个靶刺激后出现"时,被试则倾向于把被启动的靶刺激判断为后出现(Burnham et al.,2006)。这说明被试的确会把被启动的靶刺激当作时序判断的依据。这可能是由于相对于未启动的靶刺激而言，被启动的靶刺激是一种被注意的或突出的刺激，而实验表明被试会把被注意的刺激作为判断标准，从而产生反应偏向。如当要求比较显示屏两边哪边的圆圈数更多时，被试倾向于把注意的一边判断为更多；当要求判断哪边的圆圈数更少时，被试倾向于把注意的一边判断为更少（Frey，1990）。

总之，反应偏向理论着眼于从时序知觉的决策阶段的加工层面来解释启动效应并获得了一定的实验证据，但也有实验不支持反应偏向的解释（Frey，1990；Scharlau，2004）。

## 2 影响因素

时序知觉启动效应的影响因素主要有两方面：时间特性和刺激属性。

### 2.1 时间特性

启动 SOA 是影响启动效应的重要因素（Scharlau et al.，2006；Scharlau & Neumann，2003b）。不论是 AUM 还是 PRM 都强调启动效应的产生主要取决于启动 SOA。最近有系列实验系统考查了启动效应随启动 SOA 变化的时间进程（Scharlau et al.，2006）。结果表明，启动效应随启动 SOA 的增加（直到 128ms）而线性增加，在 136 和 272ms 之间没有显著差异，超过 272ms 则开始单调降低，但直到约 1000ms 时仍存在一定的启动效应。靶刺激 SOA 也影响启动效应。

靶刺激 SOA 是指两个靶刺激出现时间的异步程度。研究表明，启动效应在靶刺激 SOA 较小时较大，而随着靶刺激 SOA 逐渐增大时，启动效应则逐渐下降（Burnham et al.，2006）。这是因为时序信息在靶刺激 SOA 较小时是模糊的，此时的启动效应就较大；随着靶刺激 SOA 的增大，时序信息逐渐清晰，所以启动效应会下降直至消失。

### 2.2 刺激属性

启动刺激的呈现时长影响启动效应。在实验中，主观同时点在启动刺激的呈现时长为 16ms 和 48ms 时分别是 54ms 和 56ms，虽差异较小，但达到了 0.05 的显著水平，并与其他因素（如启动 SOA）不存在显著的交互作用（Scharlau & Neumann，2003b）。这可能反映了注意较易聚焦于一个含有刺激而非空白的位置，也可能是能量累积所致。不过启动刺激的掩蔽强度、注意程度对启动效应没有显著影响（Scharlau，2002；Scharlau & Neumann，2003a）。

靶刺激的类别也影响启动效应,也就是说对不同的靶刺激进行时序判断时,其启动效应量之间存在差异。研究发现,被试做“被启动的靶刺激先出现”判断时的启动效应量显著大于做“未启动的靶刺激先出现”判断时的启动效应量。如,在启动SOA分别为34ms,68ms,102ms和136ms时,做“被启动的靶刺激先出现”判断的启动效应量依次是23ms,48ms,82ms和104ms,而做“未启动的靶刺激先出现”判断的启动效应量则分别为16ms,40ms,66ms和86ms(Scharlau et al.,2006)。这也表明,启动效应的大小取决于因变量的具体指标。然而靶刺激的呈现时长、靶刺激的撤除等因素则对启动效应没有显著影响(Scharlau & Neumann,2003b)。

## 3 问题与展望

### 3.1 关于启动效应的理论解释

对这种启动效应的机制的解释,目前的几种理论仍存在一些不足。知觉修正模型在解释启动效应量小于启动SOA上具有独特优势,但该模型却仅局限于探讨自上而下地加工。异步更新模型所假设的双加工过程获得了神经科学研究的支持(Hopf et al.,2000;Vidyasagar,1998),但对其中具体的注意机制仍不是很清楚,如,注意捕获假设(attentional capture hypothesis)、直接参数限定(direct parameter specification)理论等,该理论的相容性还略显不足。而反应偏向理论注意到了启动在知觉决策阶段的作用,但支持证据相对较少,这说明反应偏向的效应是有限的。最近研究发现,启动效应是由增强的知觉加工和决策阶段的反应偏向共同导致的(Burnham et al.,2006)。总之,以上任何一种理论都不能完全解释所有的实验数据。未来需要进一步在实证研究中完善和发展已有的理论或建构一个全新的综合模型。

根据时间认知分段综合模型(黄希庭,李伯约,张志杰,2003),时序和时距是同一时间经历的不可分割的两个属性,单独对某一属性进行研究虽然有利于探讨该属性的特点,但必然会忽略时间历程的完整性。今后的研究中,可以尝试综合运用时序判断任务和时距加工任务来系统考查启动效应,逐步形成更高预测效度的理论,以丰富和完善时间认知分段综合模型。

### 3.2 实验方法和材料

在实验方法上,时序知觉启动效应研究一般采用时序判断任务。然而,很多研究是把启动刺激呈现在靶刺激的出现位置上的,此时,启动刺激会影响到注意资源的选择和定向,起到一种空间提示的作用,引发对该位置靶刺激的易化加工。由于这些研究中的启动刺激和被启动的靶刺激的图形形状是相同的,所获得的启动效应可能包括启动刺激本身所引发的重复启动效应和启动刺激位置所引发的空间位置启动效应。如已有研究表明,启动效应独立于启动刺激和被启动的靶刺激之间的异同性(Scharlau, 2002; Scharlau & Neumann, 2003a),这说明该实验方法所产生的启动效应是一种位置启动效应。虽有实验把启动刺激呈现在注视点位置,以此来消除启动刺激的空间提示作用,因为此时的启动刺激不能预测将出现的靶刺激的出现位置(Burnham et al., 2006),但该实验方法所获得的启动效应实际上是一种重复启动效应。因此,未来研究仍需在实验方法上对启动效应的变异源进行仔细控制和分析。而且重复启动效应的研究目前仅限于英文材料,未来也应进一步拓宽实验材料的范围。

### 3.3 反应指标

为了估量和分析启动效应,反应指标的选取也不容忽视。有研究发现因变量的具体指标对启动效应的估量具有显著影响(Scharlau et al., 2006),有些指标无法准确地计量启动效应。未来研究需考虑选取综合而可靠的因变量指标,以客观、全面、有效地考查时序知觉中的启动效应。

合作者:张锋、凤四海。原文载于《心理科学》,2007年第30卷第6期。

# 时距估计干扰效应的研究与思考

时距估计干扰效应的研究为我们揭示人类是如何认知时间的提供了一种有效的手段。近年来该领域的研究相当活跃,本文拟从不同类型作业下的干扰效应和相关的理论解释两个方面对有关的研究进行回顾,并指出时距干扰效应的研究应以分段/综合模型为基础进行思考。

## 1 时距估计干扰效应的研究

### 1.1 不同类型作业的干扰效应

时距估计的信息加工理论认为,人的时间知觉基于两种加工机制:时间信息的加工机制和非时间信息的加工机制。时间和非时间双重作业(dual task procedure)的实验范式正是为了探讨时间信息和非时间信息加工之间的干扰效应而设计的,即让被试进行时距估计作业的同时,要求其完成一项具有干扰性的作业。通过比较双重作业条件下的时距估计与控制条件下的时距估计来确定干扰作业对时间估计的影响。在此研究基础之上又衍生出许多新的研究变式(Brown, Stubbs, West, 1992; Casini, Macar, & Grondin, 1992)。

在时距估计干扰效应的研究中,研究者采用了多种类型的干扰作业,干扰作业所涉及的认知过程包括了运动技能、知觉辨别、视觉和言语加工以及记忆搜索和反应决策等。

知觉作业能够对时距估计形成干扰效应。研究表明知觉——运动协调的作业(如镜画作业、机械问题解决等)、知觉判断作业(如重量辨别、响度辨别、明度辨别和触觉判断等)、视觉或空间知觉作业(如迷津学习、心理旋转、镜像阅读等)都会对时距估计产生干扰效应,使知觉的时距变短。但Fortin等在以视觉搜索作业作为干扰任务的研究中,要求被试在进行时距估计的同时判断干扰刺激中目标刺激是否出现,结果造成被试对时距的知觉变短,并且估计的时距有较大的差异(Fortin, Rousseau, Bourque, Kirouac, 1993)。然而进一步研究表明,通过增加干扰刺激的数目来增加难度的作业并不会导致时距估计的进一步减小。

以言语作业作为干扰任务的研究产生了较为一致的反应模式。Zakay, Sawyer等的研究表明Stroop作业能够导致个体对时距的知觉变短(Sawyer, Meyers, Huser, 1994; Zakay,1993)。其他的基于言语加工的作业,包括校对、节律模式判断、类比问题、口头复述和变位词问题等的研究也都产生了相似的结果。有些研究者还比较了不同难易水平的干扰作业下时距估计的差异,例如Block等通过研究表明,随着干扰作业的难度的不断增加,被试所知觉到的时距也就越短。Zakay等在一项研究中,采用了三种以上难度水平的作业,结果证实了随着作业难度的增加,知觉的时距也变短(Zakay, Nitzan, & Glicksohn, 1983)。McClain在一项研究中,要求被试对词的结构特点(浅加工)和语义特点(深加工)进行反应,虽然研究发现加工深度与知觉时距变短相联系,但其他的研究者的研究结果表明这种干扰效应并不是一种普遍存在的现象(Sawyer et al., 1994),因此刺激的加工深度可能不会对时距估计产生影响。

以上研究所选用的干扰任务需要认知努力、短时记忆和心理操作等信息加工过程的参与。此外有些研究还选用了特定的认知作业来探讨时距估计中的干扰效应。Zakay等探讨了反应的不确定性对时间知觉的影响(Zakay, 1992)。实验中要求被试对卡片进行分类,分类的标准是一类(信息量是0bit)、两类(基于不同的颜色,信息量是1bit)或四类(基于不同的大小,信息量是2bit),结果表明反应的不确定性越大(信息量越大),所知觉到的时距也就越短。Hick及其同事研究发现,时距低估的程度与反应不确定性的增加呈线性关系。再有就是把心算作业作为干扰任务来研究其对时距估计的影响。许多研究比较了在控制条件下和在心算条件下的时距估计,结果表明这种作业明显地造成了对时距的低估。并且算术条件下的时距判断比控制条件下的时距判断更不准确。

在时距估计中,非时间加工作业对时距估计的干扰效应已得到广泛的证实。但是研究者往往强调的是时距估计的准确性,而非时间加工作业只是被作为一种对时间信息加工进行干扰的手段或方法。那么在同时进行的时距估计和非时间加工作业过程中,时距估计会不会也对非时间加工作业产生干扰作用呢?即是否存在时间信息加工和非时间信息加工的双向干扰效应(bidirectional interference effect)?双向干扰效应的逻辑假设是如果两种作业的加工需要同一种认知资源,同时进行两种作业的操作就会形成双向干扰效应。如果两种作业的加工占用不同的认知资源,那么同时进行的两种作业就不会造成或仅造成小的干扰效应。采用注意分配程序的研究表明,在时间估计和非时间加工作业(如响度判断、明度判断、词语分类等)之间存在此涨彼消(trade off)的关系。因此Grondin和Macar认为,干扰的双向模式表明时间加工和非时间加工占用共同的加工资源。

但是有些研究结果却表现出了不同的反应模式。Thoms和Cantor(1975)在研究中,用速视器给被试呈现一个圆形,要求被试分别进行时间估计或大小判断的单作业,以及同时进行时间估计和大小判断的双作业。结果表明:在时间估计的单作业和双作业条件下,时间估计没有差异。而大小判断的作业成绩却由单作业到双作业逐渐变低。在随后的研究中,研究者采用字母探测作业作为干扰任务,却出现了不同的结果,即时间估计的准确性从单作业到双作业逐渐降低,而字母探测作业的成绩在两种条件下没有显著的变化。Macar采用注意分配程序的研究发现,非时间加工作业干扰了时距知觉作业,但时距估计并不对非时间加工作业起作用。

Brown在最近的一项研究中,以旋转追踪、视觉搜索和心算作为非时间信息加工作业,来探讨时距估计和非时间信息加工之间的双向干扰模式(Brown,1997)。实验中要求每个被试进行单作业任务(时距估计作业、非时间加工作业)和双作业任务(时间加工作业和非时间加工作业)的操作。结果表明所有的非时间加工作业都对时距估计过程产生了干扰,但是时距估计并没有影响旋转追踪和视觉搜索作业,但对心算作业产生了干扰。这表明时间信息加工和非时间信息加工之间的相互干扰并不是完全等同的,而是一种非对称性的干扰(asymmetrical interference)。

### 1.2 干扰效应的理论解释

对于非时间加工作业对时距估计所造成的干扰效应,大多数研究者把资源有限作为理论解释的出发点,认为在人的信息加工系统中存在一个容量有限的认知资源,并且这种认知资源同时为多种认知操作所共享。具体的理论观点主要包括时距估计的注意模型、多重资源模型和工作记忆模型。

注意分配理论(attentional location model)认为,在双作业情景中,非时间加工作业与时间加工作业共同争夺注意资源。分配的注意资源越多,知觉到的时间就越长。反之知觉的时距变短。而且时距估计还表现出更大的变异性。该理论能够对时间信息加工和非时间信息加工的双向干扰现象进行解释,但对干扰的非对称性却不能做出说明。

多重资源理论(multiple resource theory)认为人的信息加工系统存在多种特定的加工资源:加工阶段(知觉/中枢资源和基于反应的资源)和加工编码(空间和言语资源)。在双作业加工中,两个作业中只要共同占用一个或两个维度以上的资源就有可能产生干扰。按照这种观点,当两种作业同时占用同一个特定的加工资源时,产生的干扰效应最大。而当两种加工作业占用不同的加工资源时,产生的干扰最小或不产生干扰。然而许多作业需要不同资源的同时参与,因此两种作业所要求的加工资源只是部分重叠,导致适当程度的干扰。Brown认为时间信息加工主要依赖知觉/中枢加工,在编码阶段主要是依赖言语资源。如果时间信息加工和非时间信息加工共同争夺同一加工资源,即知觉/中枢加工和言语加工,那么就会导致双向干扰的产生。然而该理论却不能对双向干扰中的非对称模式进行解释。

工作记忆模型(working memory model)与多重资源理论具有许多相似之处,例如有限的加工资源和特定的加工结构。工作记忆系统由中枢执行系统、语音回路和视觉空间系统三个部分组成。其中,语音回路负责言语信息的加工和储存,视觉空间系统负责视觉和空间信息的加工和储存。中枢执行系统是一个注意控制系统,负责一般加工资源在语音回路和视觉空间系统之间的分配等。在时间估计的双作业条件下,对流逝时间的注意以及时间加工作业和非时间加工作业之间注意的分配等都与中枢执行系统的功能有关。因此,Morris认为时间信息的加工是基于中枢执行系统。而且中枢执行系统可以分成几个独立的子系统,预期式时间加工可能受其中某个子系统的控制。当被试在时间估计中采用计数的估计策略时,执行时间判断的子系统还可能依赖于语音回路的加工过程。该理论对双作业中干扰效应的解释类似于多重资源理论。由于时间信息加工主要基于中枢执行系统,因此该模型能够对干扰效应的非对称模式进行较好的解释。

## 2 对时距估计干扰效应研究的几点思考

### 2.1 时距加工的特点

对时距估计干扰效应的研究是为了从时间加工任务和非时间加工任务的干扰现象中,推理出时间估计所需要的认知资源以及所涉及的认知过程。从以上有关时间作业和非时间作业加工的干扰模式中,尤其是时间作业和非时间作业加工的双向干扰及其干扰的非对称性中,可以看出短时距信息加工的一些特点。

时间估计可能受一般加工资源的控制,从而可能与多种认知作业使用同一资源。但是这并不意味着仅仅使用一般资源。时间估计中由于采用不同的加工策略,也可能使用言语、视觉和运动作业所依赖的特定的加工资源,而这些策略都受时间加工机制的支配。

时间估计对认知加工作业非常敏感。这表现为时间作业和非时间作业加工干扰效应的非对称模式。许多研究表明,大部分的非时间作业可以干扰时间估计,而时间估计只对部分非时间作业具有干扰作用。并且还有研究表明加工负荷轻微变化就会显著地影响时间作业的加工。事实上,时间知觉还可以作为评价不同意识水平状态下认知功能的一个可靠指标(Block,1975),并且时间估计的变化也是各种心理病理条件下的一种典型症状(Kuhs,Hermann,Kammer,& Tölle,1991)。当时间作业干扰非时间作业的加工时,表明非时间作业与时间作业共同使用同一执行资源。

时间加工作业和非时间加工作业间的双向干扰表明两种作业基于同一加工资源或

机制,而干扰的非对称性表明两种作业对同一资源的要求并不相同。这种干扰模式可以使研究者对时间加工作业和非时间加工作业所需要的资源进行准确的测量。

### 2.2 未来的研究方向

时距估计的干扰效应的研究只是从加工资源这个认知侧面分析了影响时距估计的因素,但是人类对时距信息的加工是受多种因素影响的。Block 曾提出时距估计研究的背景主义框架,强调影响时距判断因素有四种:(1)时间估计任务中的时间行为类型和时间维度(例如顺序判断还是时距判断);(2)外部或内部事件的性质(数量、内容、复杂度、难度、通道和结构);(3)被试的特征;(4)时距估计过程中参与的活动(例如非时间信息加工负荷等)。并且所有这些因素都不是孤立地起作用。我们的研究也表明,活动的性质和量、刺激物的面积大小会对短时距知觉产生影响(黄希庭, 2000),而且不同感觉通道的事件信息输入、不同的加工和提取机制也会对时距估计产生影响。

人格特征也是影响时距估计的重要因素。Friedman 和 Rosenman 通过临床观察发现,易患冠心病者的A型人格与B型人格在时间知觉上有很大的差异。梅传强、黄希庭的研究表明,A型人格者对于较长目标时距(40秒和60秒)的知觉,无论是在即时再现、剥夺使用内部时间标尺再现还是在口头言语估计条件下,都显著地短于B型人格者;对于短时距(3秒和16秒)的知觉,在剥夺使用内部时间标尺再现和口头言语估计的条件下,A型人格者均显著短于B型人格者。对5至8岁儿童时间知觉的研究(Casini et al., 1992)发现,有的儿童不论对哪一种时距(3秒、5秒、15秒、30秒)的再现绝大多数均作提前反应;而另一些儿童恰好相反,不论对哪种时距大多数均作错后反应。这些个别差异表明在时距估计上可能存在气质上的差异。情绪状态也是影响时距估计的一个重要因素。Angrilli 等在一项研究中探讨了情绪变量对时距估计的影响。他们选用了具有不同情绪状态(积极、中性和消极)和不同唤醒水平(高、低)的幻灯片作为刺激,让被试判断幻灯片的呈现时距。结果表明:在低唤醒水平下,对消极幻灯片的时距估计显著短于对积极幻灯片的时距估计;而在高唤醒水平条件下,对消极幻灯片的时距估计显著高于对积极幻灯片的时距估计。因此考虑不同时距、估计方法、估计策略以及被试的情绪状态、人格特征等对时间估计的影响,综合多因素来探讨时间估计中的干扰效应,是未来研究的一个方向。

人类对时距的估计涉及的范围很大,包括毫秒、秒、小时、日、月、年乃至更长时间。对于长度如此不同的时间进行记忆并做出估计,人们不可能采用完全相同的加工机制。Huttenlocher的研究也表明人们在回忆一个月之内的时间与回忆一天内的时间所使用的策略是不同的。我们在过去时间和未来时间的心理结构研究中发现,心理时间不但具有分段性，而且在结构上具有对称性，即有以秒和分为单位的“较近的过去”和“较近的未来”，以小时、日和月为单位的“近的过去”和“近的未来”，以年为单位的“远的过去”和“远的未来”。因此时间的记忆是分阶段加工的，不同的时距所涉及的加工机制也可能是不同的。

由此可以看出，人类对时距的估计不但具有分段性，而且还受多种因素的影响，在此基础上我们提出了时间认知的分段综合模型。时间认知的分段综合模型是指人类对时间的认知具有分段性，不同时距具有不同的表征，个体无论对哪一种时距的认知均受多种因素，例如事件的数量与结构、通道性质和特点、时序和时点的性质、注意资源、编码方式、分段和提取策略、实验指标，以及个体的时间观念、情绪、疾病的影响。只有综合上述诸种因素才能对时间认知做出科学的解释。近来研究技术和手段的发展特别是事件相关电位（event-related potential, ERP）、正电子发射断层成像（positron emission tomography, PET）和功能磁共振成像（functional magnetic resonance imaging, fMRI）技术在时间认知领域中的应用，为下一步的研究提供了条件。我们可以把时间知觉的行为研究和神经心理研究结合起来（Pouthas, Garnero, Ferrandez, Renault, 2000），探讨时距估计过程中被激活的皮层区域及其相应的变化，从而推理出时间估计过程中认知活动及其特定研究范式下反应模式的脑机制，促进人们对时间信息加工实质和过程的理解。

合作者：张志杰。原文载于《西南师范大学学报（人文社会科学版）》，2001年第4期。

# 客体工作记忆的保持对时距知觉的影响

## 1 引言

人们对时间的加工经常受到非时间信息的干扰,很多研究者都从注意的角度来解释预期式任务中计时成绩的下降。注意闸门模型(Attentional Gate Model)整合了内部时钟模型和注意模型,指出人们对时间的认知受到闸门开放程度的影响,分配给时间任务的注意资源越多,闸门开放的越频繁,开放的程度越宽广,则越多的脉冲进入累加器(Zakay & Block,1997)。时间加工和注意的关系已经得到了大量研究的证明(Grondin,2010;Thomas & Weaver,1975)。最近扩展的资源分配模型任务进一步指出时间信息与非时间信息加工除了共享一般的注意资源,还共享工作记忆资源以及监控和分配这些资源的系统(Buhusi & Meck,2009)。近20年来研究者开始将研究视角转移到工作记忆和时间加工的关系上。

Fortin实验室的研究者进行的一系列研究发现,涉及工作记忆的非时间任务也干扰时间加工。例如,Fortin,Rousseau,Bourque和Kirouac(1993)采用记忆搜索和时间估计的双任务范式,首先以1个每秒的速度呈现0~9个阿拉伯数字,刺激的数量为1~6个(短时记忆任务),要求被试记住每个数字,然后产生2秒的时间,在计时开始500ms后,出现1个探测数字,如果探测数字在记忆里集中出现过,就在2秒时间结束时按右键,如果探测数字没有出现过,就按左键。结果发现,随着记忆信息数量的增加,产生的时间越长;而涉及少量短时记忆的视觉搜索任务对时间加工的影响较小,而仅涉及一般注意资源的视觉搜索对产生的时间无影响。后来研究者进一步发现,当记忆刺激消失后,被试先完成时间估计任务,最后再进行记忆探测任务时,产生的时间不受记忆负荷的影响(Fortin & Breton,1995)。这说明短时记忆对时间加工的影响发生在主动性加工阶段(即提取阶段,指产生时间的过程中完成记忆搜索任务)而不是保持阶段(指时间产生过程中仅保持记忆项目,时间任务完成后再完成记忆搜索任务),这一观点得到了后续研究的证明(Fortin, 1999; Fortin, Champagne, & Poirier, 2007; Fortin & Rousseau, 1998; Fortin, Schweickert,Gaudreault,et al.,2010)。记忆信息的保持和提取过程对时间估计的影响不同,原因可能是记忆任务占有的资源不同:存储信息需要的心理资源较少,而提取信息需要被试积极地回忆并根据探测项目是否呈现过,在目标时间结束后作相应的按键反应,记忆加工占有更多的心理资源。后者减少了用于时间的心理资源,导致产生的时间变长。

但当记忆材料为音高、时距(Field & Groeger,2004),或者抽象的几何图形(Bi,Yuan,& Huang,2013)时,记忆信息的保持也干扰时间估计。这说明信息的保持与时间估计的关系与记忆刺激的类型以及由此涉及的加工过程等因素有关(毕翠华,黄希庭,2012)。除此之外,记忆信息的短暂保持对时间加工的影响还受到时间范围的影响。研究者采用时间复制法,发现在短时记忆加工阶段,1~3秒的时间复制成绩不随记忆负荷的大小而变化,4~6秒的时距估计随着记忆负荷增大而缩短,表明短时记忆对时距加工的影响具有选择性(尹华站,黄希庭,李丹等,2012;尹华站,李丹,黄希庭,2011)。用产生法或复制法能够考查双任务中的计时成绩,需要被试手动参与,如果将这两种方法用于毫秒范围内的计时,被试容易把知觉和反应混淆起来,难以判断计时成绩是真正的时间知觉还是手动反应造成的,因此短时间内的时间加工更宜采用比较法。Rammsayer和Ulrich(2005)以字母为记忆材料,采用记忆搜索和时间比较的双任务范式,发现记忆负荷对1秒内的时间判断无影响,这与2秒以上的时间估计的结果一致。而Rammsayer和Ulrich(2011)发现单词的保持对时间判断的准确性无影响,但相比单任务条件,保持过程延长了反应时间。

已有研究存在以下不足:首先,在记忆任务的方法上,秒以上的研究采用的是短时记忆范式(Fortin et al.,1993,1995,1999);而秒内的研究中,被试在所有时间任务完成之后再回忆信息,这类研究涉及长时记忆的参与(Rammsayer & Ulrich,2005)。已有研究在探讨工作记忆(working memory)在计时中的作用时,并没有采用典型的工作记忆的方法。本研究采用工作记忆中常用的延迟匹配范式,该范式包括三个阶段:(1)记忆阶段,向被试呈现1个或多个视觉刺激(记忆项),并要求被试记住;(2)保持阶段,记忆项消失后,被试通过复述保持记忆项中的信息;(3)检测阶段,向被试呈现1个或多个视觉刺激(检测项),要求被试判断其与记忆项"相同"还是"不同"。其次,已有研究采用字母或词语为记忆信息,发现言语信息的保持不影响秒内或秒以上的时间加工。不同的记忆类型具有不同的存储和复述机制,言语刺激保持在语音环中,客体刺激保持在视空间模板中(Baddeley,2012)。抽象的、不规则的图形难以用言语来编码和存储,其对时间估计的影响具有独特性(Bi et al.,2013),而关于客体信息的保持能否影响短时间内的时间知觉,至今仍无相关研究。

本研究操作了记忆信息的编码水平,工作记忆中信息加工包括两个基本阶段:(1)信息从知觉表征向记忆表征的转化;(2)转化后信息的保持。记忆项目消失到计时开始之间的时间间隔(ISI,inter stimulus interval)不同,记忆项目的加工水平也可能不同。ISI短,工作记忆内容仍处于知觉到记忆表征的转化阶段,ISI长,信息进入了保持阶段。在工作记忆和视觉搜索的研究中,ISI从188ms到1506ms不等(Downing,2000;Soto,Humphreys, & Heinke, 2006)。参考工作记忆和知觉加工的研究,实验1操作记忆负荷(低负荷和高负荷)和ISI(选取200ms和1500ms),假设记忆材料消失后,记忆负荷起作用,那么ISI越短,记忆负荷对时间知觉的影响越大;随着ISI延长,记忆负荷的作用降低。实验2仅要求被试完成时间判断任务,以区分记忆任务和知觉启动影响时间知觉的异同。

## 2 实验1

### 2.1 方法

#### 2.1.1 被试

在校大学生22名(男生10名,女生12名),年龄在18~23岁,平均年龄20.8岁,视力或矫正视力正常,右利手,无色盲或色弱。实验后给予适量报酬。

#### 2.1.2 仪器和材料

运用E-Prime心理实验软件编写程序,呈现刺激的仪器为17英寸显示器,电脑屏幕的分辨率为1024×768pixels,刷新频率为85Hz。被试距离电脑屏幕57cm,屏幕背景为黑色。研究表明,人类客体工作记忆的广度为3~4个(Vogel, Woodman, & Luck, 2001)。因此本研究中低负荷为2个图形,高负荷为4个图形,它们呈现在一个二维矩阵中(水平和垂直视角各为8°)。低负荷条件下,2个图形出现在二维矩阵中的左中和右中位置;高负荷条件下,4个图形分别呈现在二维矩阵中的左上、右上、左下和右下位置。记忆刺激为6个不规则图形,从已有研究(Attneave & Arnoult, 1956)中选取。选择标准:难以用言语命名、联想度低。图形的大小约为2.1°×2.8°,用PhotoShop制作。每个图形包括六种颜色:红色、绿色、青色、蓝色、紫色、黄色。记忆刺激和探测刺激从36种图形组合(6×6)中选取,剔除两个或者四个图形完全相同的组合。时间任务的图形为白色正方形,大小为3.5cm×3.5cm。

探测刺激与记忆刺激相同和不同的比例各占50%。不同条件下,探测刺激的形状变化、颜色变化、形状和颜色都变化的比例各占1/3。刺激变化所在的位置(二维矩阵中的左、右、上、下)进行了充分平衡。

### 2.2 实验设计与程序

时间任务采用两分法(time bisection task),大部分研究采用200ms/800ms或400ms/1600ms为标准时距,前者用于考查刺激导致的唤醒水平,后者考查各种因素对时间知觉的影响,因此本研究以400ms和1600ms为标准时距。采用2(记忆负荷:2个、4个图形)×2(ISI:200ms,1500ms)×7(时距:400ms,600ms,800ms,1000ms,1200ms,1400ms,1600ms)

的被试内设计。ISI指记忆项目消失到时间任务开始之间的时间间隔。

练习实验包括2个阶段。首先呈现400ms或1600ms的白色正方形,各呈现6次,让被试学习“短”和“长”的标准时间。然后进入第二个练习阶段,此阶段的任务与正式实验相同:首先呈现2个或4个图形,要求被试尽快记住它们。然后出现白色正方形,被试记住它呈现的时间,出现“?”时,判断其与短的标准时距接近就按“1”键,与长的标准时距接近就按“3”键。最后完成记忆探测任务,如果探测刺激与记忆的图形完全相同,就按“z”键,如果稍有不同,就按“c键”。每个反应之后都给予“正确”或“错误”的反馈。左手的中指和食指分别放在z、c键上,右手的食指和中指分别放在小键盘的“1”、“3”键上。按键反应在被试间平衡。实验开始前告知被试在准确判断的前提下,尽快地做出反应。

练习任务的正确率达到80%以上方可进入正式实验。正式实验中,4种实验处理在每种时距下各重复10次,共280个trials,分成4个blocks,每个block之前都要求被试重新熟悉“长”、“短”的标准时距,各呈现4次。每个block之间被试自行休息1~2分钟,整个实验需40分钟左右。以低负荷条件为例,实验流程见图1。

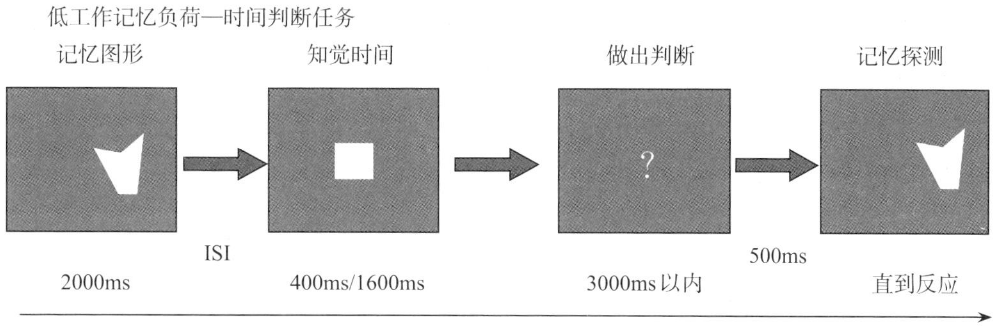


图1 实验1的流程(以低负荷条件为例)

## 2.3 结果与分析

### 2.3.1 记忆任务的正确率

对正确率进行记忆负荷和ISI两因素重复测量方差分析,结果表明,记忆负荷的主效应显著,$F(1,21)=21.05$,$p<0.001$,$\eta_p^2=0.51$,低负荷和高负荷条件下再认的正确率分别为0.77±.01 vs 0.70±0.01;ISI的主效应不显著,$F(1,21)<1$,$p>0.1$;ISI和记忆负荷的交互作用不显著($Fs<1$)。记忆任务中,负荷越大,正确率越低,表明高记忆负荷的难度更大,记忆负荷的操作是有效的。

### 2.3.2 时间判断的主观相等点

与已有的数据选择标准一致,本研究只分析记忆任务中反应正确的trials。因为正确的反应能够保证被试有效地保持记忆信息。反应时数据中剔除3个标准差以外的极端数据。

使用Sigmaplot 10.0和SPSS 20.0分析数据。以时距为横坐标，以被试反应为"长"的比率为纵坐标，得到不同负荷和不同ISI条件下的梯度曲线(图2)。由图可知，随着时距的不断增加，被试判断为"长"的比例不断增大。

主观相等点(point of subjective simultaneity，PSS)反映了知觉时间的准确性。用Sigmaplot10.0分别将每名被试的数据拟合成一条Sigmoid曲线，Sigmoid曲线中50%的点所对应的时距即为该被试的主观相等点。计算每个被试的PSS，然后以每个被试在每种条件下的PSS作为分析的数据。两因素重复测量方差分析的结果表明，记忆负荷的主效应不显著，$F(1, 21)=2.85, p>0.05$。ISI的主效应显著，$F(1, 21)=20.60, p<0.0001, \eta_p^2=0.50$，短ISI和长ISI中的主观相等点分别为982ms±32.86和891.07ms±29.85；两者的交互作用不显著，$Fs<1$。

2.3.3 时间判断的反应时

记忆负荷的主效应不显著，$Fs<1$；ISI的主效应显著，$F(1, 21)=4.92, p<0.05, \eta_p^2=0.20$，短ISI的反应时比长ISI的反应时更长。记忆负荷和ISI的交互作用显著，$F(1, 21)=3.75, p<0.05, \eta_p^2=0.16$。简单效应分析表明，ISI短时，低负荷的反应时显著小于高负荷的反应时(549.41ms±20.32vs579.76ms±21.10)，ISI长时，高低负荷之间的差异不显著(539.99ms±17.50 vs 532.97ms±20.46)。图3为记忆负荷和ISI的交互作用。

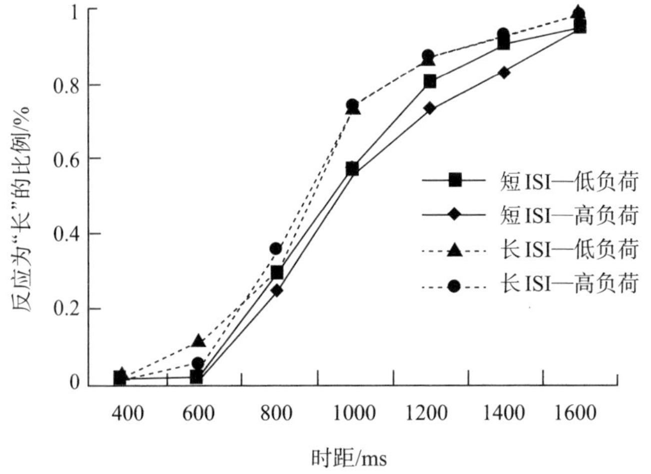


图2 时间两分法梯度曲线

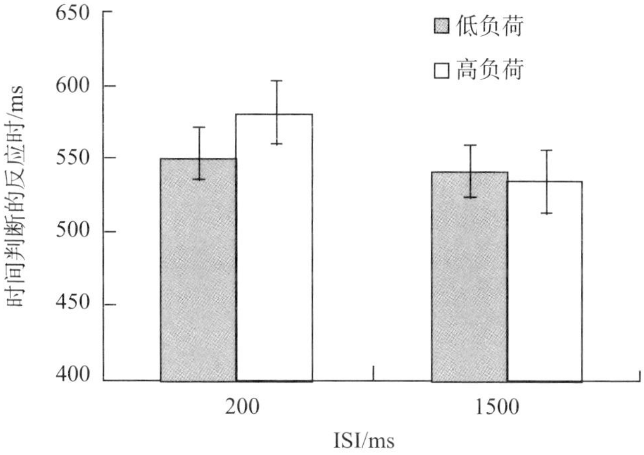


图3　记忆负荷和ISI在反应时上的交互作用

本实验发现记忆负荷没有影响知觉到的时间，但却和ISI相互作用，影响了时间任务的反应时间。记忆任务对时间知觉的影响是否是由知觉启动造成的？实验2为了排除知觉启动的影响，仅要求被试完成时间判断任务，不要求被试记忆图形，并增加了一个更短的ISI，继续探讨保持时间对时间加工的影响。

## 3 实验2

### 3.1 被试

在校大学生22名（男生9名，女生13名），年龄在18~24岁，平均年龄21.5岁，视力或矫正视力正常，右利手，无色盲或色弱。

### 3.2 研究方法和程序

实验采用2（知觉负荷：2个、4个图形）× 3（ISI：50ms，200ms，1500ms）×7（时距：400ms，600ms，800ms，1000ms，1200ms，1400ms，1600ms）的被试内设计。

练习阶段让被试熟悉“短”和“长”的标准时间。正式实验中，6种实验处理在每个时距下各重复8次，共336个trials（3×2×7×8），分为4个blocks。每个block之前都要求被试重新熟悉“长”、“短”的标准时间，各呈现4次。实验处理水平的组合在被试内完全平衡，随机呈现。其他部分与实验1完全相同。

### 3.3 结果与分析

#### 3.3.1 主观相等点

计算每个被试在每种条件下的主观相等点，对高低负荷、不同ISI的主观相等点进行两因素重复测量方差分析。结果表明，知觉负荷的主效应不显著，$F(1,21)<1$，$p>0.05$；ISI的主效应不显著，$F(2,42)=0.98$，$p>0.05$；知觉负荷和ISI的交互作用显著，$F(2,42)=5.22$，$p=0.009$，$\eta_p^2=0.20$，见图4。简单效应分析表明，当ISI为50ms时，低负荷的主观相等点大于高负荷的主观相等点，$F(2,42)=4.77$，$p<0.05$，$\eta_p^2=0.19$；当ISI为1500ms时，低负荷的主观相等点小于高负荷的主观相等点，$F(2,42)=5.64$，$p<0.05$，$\eta_p^2=0.21$；而当ISI为200ms时，两者无差异。

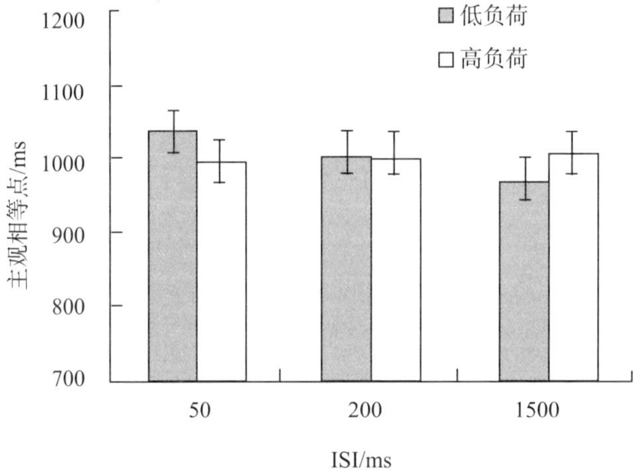


图4 知觉负荷和ISI在主观相等点上的交互作用

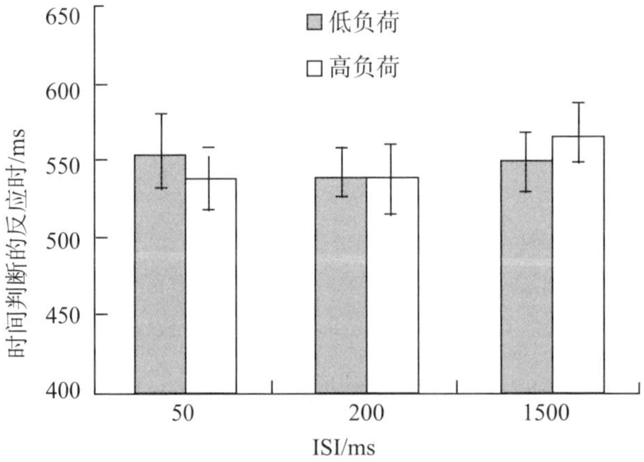


图5 知觉负荷和ISI在反应时上的交互作用

3.3.2 反应时间

方差分析发现，知觉负荷的主效应不显著，$F(1,21)<1$，$p>0.05$；ISI的主效应不显著，$F(2,42)=2.95$，$p>0.05$；知觉负荷和ISI的交互作用显著，$F(2,42)=4.36$，$p<0.05$，$\eta_p^2=0.18$，见图5。简单效应分析表明，当ISI为50ms时，低负荷的反应时大于高负荷的反应时，$F(2,42)=4.78$，$p<0.05$，$\eta_p^2=0.18$；当ISI为1500ms时，低负荷的反应时小于高负荷

的反应时，$F(2,42)=5.51$，$p<0.05$，$\eta_p^2=0.21$；而当ISI为200ms时，两者无差异。

实验2的结果表明，当无记忆任务时，时间知觉受到知觉负荷和ISI共同作用的影响。ISI极短时，低的知觉负荷导致时间知觉的缩短，高的知觉负荷造成时间知觉的增长，分别表现为主观相等点的右移和左移；前者的反应时更长，后者的反应时更短。而当ISI极长时，出现相反的结果：低的知觉负荷导致时间知觉的增长，高的知觉负荷造成时间知觉的缩短，前者的反应时更短，后者的反应时更长。

## 4 讨论

实验1操作记忆负荷和记忆项与时间任务之间的时间间隔，发现在知觉到的时间和反应时间上，记忆负荷都无显著的影响，但是记忆信息的保持时间对时间知觉具有更大的影响，ISI越短，知觉到的时间越短，反应时越长；ISI越长，知觉到的时间越长，反应时越短。实验2增加了更短的ISI，发现在极短的ISI条件下，知觉负荷低，估计的时间短，知觉负荷高，估计的时间长；但当ISI极长时，知觉负荷对时间知觉的影响发生逆转，即知觉负荷低，估计的时间长。

本研究采用抽象的几何图形作为记忆材料，发现记忆负荷在保持阶段不影响短时间内的时间知觉，这与已有研究采用字母或词语作为记忆材料的结果一致（Rammsayer &Ulrich，2005，2011）。这表明，不管保持的记忆信息为言语材料还是难以用言语命名的视觉客体，短时间内的时间知觉都不受到保持过程的影响。但在估计2秒以上的时间时，研究却发现视觉客体的保持显著影响估计的时间（Bi et al.，2013）。不同研究所导致的差异可能与实验方法和时间范围有关。一方面，先前研究采用的是短时记忆任务，刺激一个一个序列呈现，此时被试需要不断地编码和累加刺激，并在估计的时间过程中进行复述，而本研究采用延迟匹配范式，被试有足够的时间（2000ms）记住刺激，因此时间判断不受记忆过程的干扰。另一方面，时间加工具有分段性和综合性，时间加工容易受到编码方式、分段和提取策略、记忆过程、信息类型、时距范围等多种因素的影响（黄希庭，2006；Rammsayer & Ulrich，2011）。已有研究采用产生法、复制法或S1—S2比较法，而本研究采用时间两分法，方法的差异也是计时成绩出现差异的原因（Grondin，2012）。

本研究更重要的发现是保持时间显著地影响时间知觉。实验1发现ISI越短，知觉到的时间越短，反应时越长，原因可能与切换效应有关（Koch，2005）。记忆刺激消失后，被试的注意未来得及从记忆任务转换到时间任务，使得计时开始后，用于加工时间信息的资源减少，知觉到的时间变短。两个任务之前的ISI越短，执行控制资源越不足，切换损失越大。而随着ISI的增加，记忆的信息得到了较好的保持，此时被试能够将更多的心理资源用于完成时间任务，知觉到的时间变长。结合实验2，本研究发现，保持时间对时间知觉的影响不是由知觉启动造成的，因为当无记忆任务时，在短的ISI条件下，刺激的数量越多，知觉到的时间越长，数量与时间知觉出现的越多、越长的自动化联结，符合量值理论（Javadi & Aichelburg，2012；Xuan，Zhang，He，&Chen，2007），这与实验1的结果相反。只有当ISI极长时，刺激数量越多，知觉负荷越大，被试知觉到的时间变短，反应时也相应增加。这说明当无记忆任务时，时间知觉首先受到刺激数量的直接影响，随着刺激与时间任务之间的时间间隔增加，刺激数量产生知觉负荷，知觉负荷低（刺激数量少），非时间任务占有的加工资源少，被试将更多的注意资源用于加工时间信息，知觉到的时间长；反之，知觉到的时间短。综合两个实验，作者认为，客体工作记忆信息保持与时间知觉的关系受到工作记忆执行功能的协调，当有记忆任务时，记忆任务保持时间短，执行功能资源不足，任务切换困难，降低了知觉到的时间，并且，人们对低难度的记忆任务反应更快。而当无记忆任务时，时间知觉主要受到刺激属性的影响，刺激的数量与其产生的知觉负荷在不同的时间阶段影响知觉到的时间。

## 5 结论

客体工作记忆信息的负荷和保持时间共同影响时间知觉，在短ISI条件下，低负荷的反应时间低于高负荷；客体工作记忆信息的保持时间ISI越短，知觉到的时间越短，反应时越长，说明ISI短，任务切换困难，执行功能不足，信息保持影响了时间判断。客体工作记忆信息的保持对时间知觉的影响不是由知觉启动造成的。

合作者：毕翠华。原文载于《心理科学》，2015年第1期。

# 时间与幸福的关系:基于跟金钱与幸福关系的比较

幸福是人类的至上目标。幸福是建立在人生意义之上的一种快乐的心理状态,源自个人的生存、发展需要达到某种程度的满足(黄希庭,李继波,刘杰,2012)。因为不确定性和难以量化等问题,幸福一直都不在科学的主流研究领域之内。20世纪60年代开始的生活质量运动以及后来积极心理学的产生与发展,极大地推动了对幸福的科学研究,幸福问题逐渐成了社会科学研究的热点。20世纪70年代,经济学家伊斯特林(Richard A. Easterlin)提出“财富悖论”,即当收入增长到一定程度,国民的幸福感将不再随着收入增长而增长。研究者开始集中探讨金钱与幸福的关系,到目前为止获得了一些较为一致的结论(Dunn, Aknin, Norton, 2008; Kahneman & Deaton, 2010; Kahneman, Krueger, Schkade, Schwarz, Stone, 2006; Vohs, Mead, Goode, 2006)。而同样作为重要资源的时间,它与幸福的关系却鲜有人关注。直到最近,才有研究者开始探讨时间与幸福之间的关系问题(DeVoe & House, 2012; Kasser & Sheldon, 2009; Mogilner, 2010)。

时间是物质存在的基本形式之一,时间与金钱在概念上有许多相似之处。比如,对于时间和金钱,个体都可以“节省”、“花费”、“浪费”或“有效利用”。而且,时间和金钱都是有限资源,我们每天只有24小时,每年也只有365天。富兰克林甚至说:“时间就是金钱。”虽然时间与金钱具有许多相似性,但两者之间也存在很多差异。比如,时间没有金钱所具有的可替代性,时间一去不复返,个体无法弥补丢失的时间;时间比金钱更具模糊性、不确定性,人们较难计量所花费的时间(Okada & Hoch, 2004);时间具有无存储性,金钱可以储存,有银行可以存放,而时间却一刻不停地流逝,无法存储(黄希庭,2006);包含时间的沉没成本比包含金钱的沉没成本更容易被忽略(Soman, 2001)。另外,高道德认同者更倾向于捐赠时间而不是金钱(Reed, Aquino, & Levy, 2007)。也许,将时间与金钱两者结合起来,可能会对幸福有更好的理解。举例来说,探索国民时间使用情况的研究表明,随着美国人收入的增长,他们工作的时间也增长了,幸福水平没有变化;相反,欧洲人收入增长了,他们减少了工作时间,他们的幸福水平却提高了(Layard, 2011)。

与金钱相比,个体拥有时间的多寡与幸福的关系如何?时间花费方式与幸福的关系怎样?与金钱启动相比,启动时间概念对个体的幸福会产生怎样的影响?用金钱来衡量时间,将会对个体的幸福产生什么影响?本文将对这些问题以及背后的心理机制进行逐一阐述。

## 1 时间充裕与幸福的关系

生活中,当人们被问到“什么能有效提高你的幸福感”时,大多数人都会回答“金钱”。的确,在低收入水平下,收入的增加会促进个体幸福水平的显著提升,但是,当收入达到能够满足人们基本生活需要的水平之后,因为受到社会比较、适应和欲望等心理因素的影响,金钱与幸福的关系就变得微弱,甚至不存在相关性(李静,郭永玉,2010)。人们常说,“一寸光阴一寸金,寸金难买寸光阴”。随着经济的发展、生活节奏的加快,人们觉得时间越来越稀缺。从某种意义上来说,时间比金钱重要。既然物质富裕并不如人们想象的那样能够有效地提高个体的幸福水平,那么,时间上的富裕能否有效提高个体的幸福感?它与幸福感的关系如何?时间是否像金钱那样,存在一个点,在这个点之下时间充裕与幸福感呈强相关,在这个点之上呈弱相关甚至不相关?

### 1.1 时间充裕和时间紧缺

时间作为一种资源,它对每个人都是公平的,每个人每天都有24小时。但有些人觉得有充裕的时间做事情,生活从容,而另一些人却总觉得时间不够用,时间压力很大。这里分为两个极端——时间充裕(time affluence)和时间紧缺(time poverty)。时间充裕是指有充足的时间做事情,生活节奏从容不慌忙。时间紧缺,也称时间压力(time press),则指没有充足的时间做事情,生活节奏忙乱,常常指过度工作而没有休闲时间。在研究中,时间充裕和时间紧缺常采用量表的方式测量,比如“我的生活很匆忙”、“我有许多业余时间”、“在任何地点,我都在竞争”、“我能够过悠闲的生活”、“我有充足的时间去做对我来说重要的事情”、“我感觉到事情很忙乱”等(Kasser & Sheldon, 2009; Mogilner, Chance, Norton, 2012)。

### 1.2 时间充裕与幸福的关系

Kasser和Sheldon研究了时间与幸福感的关系(Kasser & Sheldon, 2009)。他们发现,在控制了物质这一变量之后,时间充裕与主观幸福感呈正相关,时间紧缺则会损害个体的幸福感。时间充裕并不像物质富裕那样,存在一个点,在这个点之下时间充裕与幸福感呈强相关,在这个点之上呈弱相关甚至不相关(De Graaf, 2003)。另外,时间充裕还与上下班过程中的积极情绪呈正相关(LaJeunesse & Rodríguez, 2012)。

### 1.3 时间充裕对幸福的影响机制

时间充裕、时间紧缺通过正念(mindfulness)和心理需要满足这两个变量对个体幸福感产生影响。一方面,时间充裕的个体更容易沉浸在此刻,报告较高的正念状态(Brown & Ryan,2003)。另一方面,时间充裕的个体能体验到更多的胜任感和亲密感,这些体验有助于满足个体的心理需要(Kasser & Sheldon,2009)。正念状态和个体心理需要的满足都有助于提高个体的幸福感(Brown & Ryan,2003;Ryan & Deci,2001)。而时间紧缺则会导致个体的认知负担和压力感,它们会妨碍个体沉浸在此刻,同时心理需要较少得到满足,进而影响到个体的幸福。

时间充裕、时间紧缺也影响个体花在促进幸福的活动中的时间。"今日美国系列"关于时间压力的调查中,发现近一半的被调查者报告他们比上一年更加忙碌,没有时间娱乐、进行自己的业余爱好,超过40%的人说他们为了工作不得不牺牲与朋友、家人在一起的时间(Zimbardo & Boyd,2008)。时间紧缺也是周期性体育锻炼的很大障碍(Spinney & Millward,2010)。时间充裕的个体则花更多时间追求个人成长、与他人的关系,参与社会活动,这些活动都有利于个体幸福感的提升(Kasser & Sheldon,2009)。

## 2 最大化幸福的时间花费方式

金钱之所以没有大幅度提高个体的幸福感,一些研究者认为原因在于人们没有按照最大化幸福的方式花费金钱,并提出最大化幸福方式花费金钱的原则(Dunn,Gilbert,Wilson,2011)。举例来说,为自己花钱对促进幸福并不见得有效。Dunn等人发现,将钱花在他人身上比花在自己身上能给个体带来更大的幸福(Dunn et al.,2008)。VanBoven和Gilovich发现,与将金钱花在正面的物质消费上相比,将金钱投入到正面的体验(比如度假、看一场音乐会)上会给个体带来更大的幸福(Van Boven & Gilovich,2003)。那么,与花费金钱的方式相比,可以最大化个体幸福的时间花费方式又有哪些?

### 2.1 花费时间与合适的人在一起

社会娱乐活动比单独活动带给个体更多的幸福,而且,经常参与社会活动的个体能体验到更多的幸福感(Lloyd & Auld,2002)。除了是否与他人在一起影响个体的幸福感外,与谁在一起也影响个体的幸福感。Kahneman等对909名被试的调查表明,与合适的人在一起与高幸福感有关,这里的合适的人是指朋友、亲戚和家人,与老板和同事在一起则往往与低幸福感有关(Kahneman,Krueger,Schkade,Schwarz,& Stone,2004)。原因可能是朋友、亲戚和家人与个体是合作、亲密的关系,个体更放松,真实的表现更多。而与老板和同事则是服从、竞争的关系,个体更警惕,虚假的表现更多,而这些都有损于个体的幸福感(Dunn et al.,2011)。

### 2.2 花费时间做合适的事情

对人们一天中行为与情绪的调查表明，社会交往活动（比如与朋友、家人出去玩）是一天中最快乐的时光，而工作和上下班则是最不快乐的（Csikszentmihalyi & Hunter，2003；Kahneman et al.，2004）。但是，对一些人来说，花费时间与母亲待在一起让他更焦虑、更有挫折感；对另一些人来说，职业生活是充实的，一个小时的工作和一个小时的社交一样让人快乐（Mogilner，Kamvar，& Aaker，2011）。

因此，Aaker等认为，对个体而言，为了以最大化幸福的方式花费时间，他们应该考虑下面的问题：我现在是怎样花费我的时间的？我所花费时间的价值随时间提升的机会是什么？（Dunn et al.，2011）换句话说，就是现在参与的活动在多大程度上能持久地给我带来快乐？另外，考虑下一个时间段的价值可能增加个体参与幸福活动（比如亲社会行为）的机会。举例来说，我们都知道利他行为有助于提升个体的幸福感（Borgonovi，2008），但因为这个观念在人们的日常生活中并不凸显，所以人们往往较少主动为他人提供帮助（Liu & Aaker，2008）。

### 2.3 拓展个体的时间

与金钱不同，时间本质上是稀缺的。每天，没有人可以得到超过24小时的时间。时间的稀缺性和它的价值的关系是双向的：时间越稀缺，它的价值越高；价值越高，个体感觉时间越稀缺；时间越不够用，生活越匆忙，感觉到的幸福就越少（Dunn et al.，2011）。那么，该如何使得个体觉得时间不太稀缺，生活不太匆忙？为了拓展个体的时间，研究者提出了三种花费时间的方式。第一，专注此时此地，即活在当下。专注此时此地减缓了个体对时间流逝的感知，感到较少的匆忙（Killingsworth & Gilbert，2010）。第二，深呼吸。在一个研究中，被试在五分钟的深呼吸后，不仅感觉有更多的时间去做事情，而且感觉到他们的一天更长了（Dunn et al.，2011）。第三，花费时间帮助他人。虽然时间压力感使个体更少地帮助他人，但是，花费时间帮助他人会使个体有更高的时间充裕感。

除了以上最大化幸福花费时间的方式，还有其他有助于提高个体幸福的时间花费方式，比如参加体育锻炼。研究表明，每周至少锻炼3次，每次进行至少30分钟的有氧运动，有利于提高个体的幸福水平（Ben-Shahar，2007）。正如我们常常在运动场看到的，“每天锻炼一小时，幸福生活一辈子”。

## 3 时间启动与幸福的关系

时间和金钱对幸福的影响不仅仅局限于它们作为一种资源。越来越多的证据表明,与时间、金钱概念有关的心理定式(mindsets)对个体的幸福感具有重要的影响。知识和概念以关联网络的形式组织,这已得到人们的公认(Anderson & Bower,2014)。因而,内在或外在刺激激活一个概念,同时也会激活在相同关联网络中的其他相一致的概念(Dijksterhuis & Bargh,2001)。这就意味着,当人们说时间和金钱概念激活不同的心理定式,也就是说它们激活了与之相关的不同的关联网络,关联网络的激活会影响个体的认知和行为。比如,激活与老年人有关的关联网络会使被试走得更慢(Bargh,Chen,& Burrows,1996)。那么,时间和金钱启动激活怎样的关联网络?它们又是怎样影响个体的幸福感的呢?

金钱启动像一把双刃剑,它既可以减轻个体的痛苦(Zhou,Vohs,& Baumeister,2009),也可以削弱个体的幸福感(Mogilner,2010)。一方面,金钱启动通过增强了个体的力量(strength)、效能(efficacy)和信心(confidence),进而减轻遭到社会拒绝的痛苦(Zhou et al.,2009);另一方面,金钱启动通过减少参与有助于幸福的活动的时间(Mogilner,2010)、减少利他行为(Vohs et al.,2006;Vohs,Mead,& Goode,2008)和降低享受能力(Quoidbach,Dunn,Petrides,& Mikolajczak,2010)等削弱个体的幸福感。

与金钱启动不同,时间启动则有利于提高个体的幸福感(Liu & Aaker,2008;Mogilner,2010)。比如,在Mogilner的研究中,三组被试完成不同条件的混词组句任务(Mogilner,2010)。与金钱启动和控制条件相比,时间启动条件下的被试倾向于花费较多时间参与社交活动,较少的时间工作,并且报告较高的幸福感。

### 3.1 时间启动操作方法

与金钱启动的操作方法(谢天,周静,俞国良,2012)相比,时间启动的操作方法较少,主要有以下两种。(1)混词组句任务(scrambled-words task)。在该任务中,给被试呈现许多组单词,每组有4个打乱顺序的单词,要求被试用其中的3个单词组成一个有意义的句子,3分钟内组成尽量多的句子。控制条件:每组单词全是中性词。例如,从"sheets,the,change,socks"中选择3个单词组成一个有意义的短句。金钱启动条件:每组单词与金钱相关。比如,"sheets,the,change,price"。时间启动条件:每组单词与时间有关。比如,"sheets,the,change,clock"(Mogilner,2010)。(2)时间捐献提问。时间条件:先问被试"你愿意花多少时间为美国肺癌基金会服务"。金钱条件:先问被试"你愿意捐多少钱给美国肺癌基金会"(Liu & Aaker,2008)。

### 3.2 时间启动对幸福感的影响机制

与金钱启动相比,时间启动又是如何影响个体的幸福感的呢?

时间启动促进社会联系,社会联系是个体幸福感的关键因素(Ryan & Deci,2001),所以,时间启动通过增进社会联系进而促进了个体幸福感的提高。Mogilner的研究证明,激活时间心理定式后,个体倾向于花费较多的时间与朋友、家人在一起,而花费较少的时间在工作上(Mogilner,2010)。这些活动与幸福感有密切的关系(Kahneman et al.,2004)。具体而言,在完成与时间相关的混词组句任务后,无论是分配时间的意愿还是具体的时间分配,个体都倾向于花较多的时间参与社会交往,花较少的时间工作。

时间启动通过促使个体做出更多的利他行为而提高幸福感水平(Liu & Aaker,2008)。在Liu和Aaker的研究中,回答与志愿服务时间有关的问题的被试,比控制条件和金钱提问条件下的被试捐赠更多的金钱,也贡献更多的义务服务时间。因为利他行为有助于幸福感的提高(Harbaugh,Mayr,& Burghart,2007;Lyubomirsky,2008),这样,时间启动就通过促进个体的利他行为而提升了幸福感。

另外,时间与自我有紧密的关系,时间承载更多的个人意义(比如个体的经验、身份、情绪)(Mogilner & Aaker,2009)。时间不仅是珍贵的(因为它一去不复返),而且花费时间的方式构成个体的人生和自我(Carter & Gilovich,2012)。比如在慈善活动中,个体认为怎样花费时间更能反映他们的身份。当被激发起道德感时,个体更愿意花时间参与慈善活动而不是捐赠金钱给慈善组织(Reed et al.,2007),个人意义有利于促进个体的幸福感(Cacioppo et al.,2008)。简言之,时间承载更多的个人意义,时间启动使得个体追求更有意义的目标,进而提高了个体的幸福感。

## 4 时间定价对幸福的影响

除了时间、金钱各自与幸福的关系的研究外,学者对时间定价的心理效应越来越感兴趣,这是由于社会上用金钱来衡量时间的做法的流行,比如计时工资、快递服务等。所谓时间定价(putting a price on time)就是用金钱来衡量时间。虽然时间的价值是模糊的(Okada & Hoch,2004),但是以小时工资的形式将金钱价值赋予时间,使得人们更容易把时间看作金钱(Soman,2001)。Evans和Barley认为,当个体使用经济价值作为衡量时间的唯一标准,他们常常贬低其他难以用经济价值衡量的活动(Evans,Kunda,Barley,2004)。而且,这些被调查者强烈地意识到,那些没有获得金钱报酬的时间白白浪费了。

用金钱来衡量时间不利于个体幸福感的提高(DeVoe & House,2012;DeVoe & Pfeffer,2007b,2007a,2009,2011)。在DeVoe和Pfeffer(2011)的研究中,被试报告自己每年

的工作周数，每周的工作小时数以及年收入，然后被试计算每小时的薪酬。经过这样操纵后，被试就难以从可以带来快乐的事情（比如听音乐、上网冲浪）中获得快乐，并且报告出较低的幸福感。

使用经济价值来衡量时间会导致个体幸福感下降可能有以下几个原因：

第一，提示人们用金钱来衡量时间会促使人们放弃更多的休闲时间而用于工作（DeVoe & Pfeffer，2007b）。比如，以计时来获得报酬的职员花更多的时间在有报酬的工作中。计时工资导致个体像计算金钱那样计算时间，也使个体在时间与金钱的交易中将所花费时间的经济回报看得更重。已有研究表明，过多的工作而没有休闲会导致个体的幸福感下降（Kahneman et al.，2004）。因此，用金钱来衡量时间导致个体幸福感下降。

第二，用金钱来衡量时间会削弱个体的利他行为意愿（DeVoe & Pfeffer，2007a，2009）。比如，以小时计酬的被试更不愿意参与义务工作，花更少时间在义务服务中；而且，那些不以小时计酬的被试，当他们计算完自己的小时工资后，他们削弱了参与义务服务的愿望。

再者，给时间定价会引起个体的急躁情绪，影响快乐体验。De Voe 和 House 认为，这些活动通过阻碍达到最大化时间的经济价值的目标而使个体产生不耐烦，进而影响快乐体验（DeVoe & House，2012）。人们无法从具有潜在快乐的事情中体验快乐进而提高幸福感，反而认为这些事情是无法忍受的。因为考虑个人的计时工资会导致个体对时间做狭窄的经济评价，所以，当时间的经济价值没有最大化时，个体会产生时间浪费了的急躁情绪。不幸的是，这种急躁情绪会使个体忽视那些没有经济价值的事情，而这些事情才是幸福的资源。

## 5 小结与展望

时间、金钱是人们日常生活中最熟悉的概念，也是最重要的资源，它们对个体的幸福至关重要。自“伊斯特林悖论”提出后，对金钱和幸福关系的实证研究已开展了将近半个世纪，并形成一定的共识，而对时间与幸福之间关系的研究才刚刚起步。时间与幸福感的关系研究虽然已经取得了一些成绩，但依然存在许多问题。

在时间充裕与幸福的关系研究中，Kasser 和 Sheldon（2009）认为时间充裕与幸福呈正相关，时间紧缺与幸福呈负相关。事实上可能并不是这样简单，需要进一步深入地分析。首先，一定程度的时间紧缺可能有助于个体保持较好的精神状态，在该条件下，个体面临的任务具有挑战性，易使个体获得沉浸式体验，沉浸式体验有利于个体幸福感的提高（任俊，施静，马甜语，2009）。其次，研究对象需要细分。时间紧缺的人主要有两种：一种是贫穷者，他们为了维持生计需要花费很多时间；另一种是富裕者，他们是追逐名利者或理想追求者，他们花费很多时间去满足基本需要之上的需要。对于这两种人，时间充裕与幸福的关系又是怎样的？这些问题，都需要进一步地研究探讨。

时间花费方式与幸福的关系研究缺乏跟金钱花费方式与幸福关系的比较。Dunn，Aknin等人发表在*Science*上的一篇文章指出，为他人花费金钱有利于个体幸福感的提高，但并没有探讨为他人花费时间（工夫）与幸福之间的关系（Dunn et al.，2008）。因为时间承载更多的个人意义（Mogilner & Aaker，2009），个体花费时间的方式构成了他们的人生和自我（Carter & Gilovich，2012）。那么，为他人花费时间和为他人花费金钱带给个体的幸福是否有差异？比如，朋友过生日，一种方式是花钱给他买份礼物，另一种方式是花时间给他做份礼物，哪个带给朋友的快乐多？哪个带给自己的快乐多？这方面的研究还很缺乏。

仅仅提到金钱，就会影响个体与幸福有关的行为，仅仅提到时间，是否也有这样的效果？的确，研究者已经证明，时间启动使得个体更关注社会关系、做出更多利他行为，进而提高个体的幸福感（Liu & Aaker，2008；Mogilner & Aaker，2009）。但是，时间启动为什么促进个体做出有利于提高幸福的行为，研究者并没有给出合理的解释。如果金钱启动使得个体的信息加工采用利益最大化的思维模式（Zhong，2011；谢天，等，2012），那么时间启动是否激活个体的情绪意义系统，使得个体的信息加工采用感受思维模式，进而影响到个体的幸福感？进一步解决这些问题将是我们未来努力的方向。

合作者：李继波。原文载于《西南大学学报（社会科学版）》，2013年第1期。

# 中国大学生幸福评价的时间轨迹

## 1 前言

幸福感是建立在人生意义上的一种快乐的心理状态，是指个体的生存、发展需要达到某种程度的满足（黄希庭，李继波，刘杰，2012）。现有研究焦点大多集中于个体当前的幸福感。不过，幸福不仅仅是指向现在的，也是从过去发展过来，并延伸到未来的。个体当前的幸福感是在过去与周围环境的互动中积累起来的，并且当前的情绪、动机等也会受到预期幸福感的影响。未来的目标或梦想等都会影响到当前的幸福感。也就是说，幸福感不仅包括现在的主观感受，还包括对过去和将来生活的评价（Diener，Suh，Lucas，&Smith，1999）。因此，要理解当前的幸福感，对幸福感有全面的认识，还需要了解过去和将来的幸福，了解人们对于过去幸福和将来幸福的看法和观点等。只有将时间与幸福感结合起来进行研究，才能更加完整地理解幸福的本质。

西方人研究（Busseri，Choma，&Sadava，2009；Staudinger，Bluck，&Herzberg，2003）发现，当人们被问及如何评价他们的过去、现在和将来的幸福时，通常会出现"对过去幸福的评价低于对现在幸福的评价，对现在幸福的评价低于对将来幸福的评价"这样的轨迹。对不同年龄段个体的幸福评价的时间轨迹的研究发现，年轻人的幸福评价都呈现过去的幸福＜现在的幸福＜将来的幸福这样的轨迹；中年人对幸福的评价呈现出过去的幸福＜现在的幸福=将来的幸福轨迹；老年人对幸福的评价却呈现出不同的轨迹，即，过去的幸福＞现在的幸福＞将来的幸福（Busseri，2013）。对于幸福评价的时间轨迹所表现出的年龄差异，可以用毕生发展理论来解释。个体在生活满意度、幸福、心理幸福感和人格评定上是存在年龄差异的。例如，典型的幸福评价时间轨迹的斜率会随着年龄的增长而降低，所以在过了70岁之后，未来比现在和过去具有较少的积极性（Okun，Dittburner，&Huff，2006；Staudinger et al.，2003）。

逐渐上升的幸福评价的时间轨迹具有潜在的积极意义。Ross和Newby-Clark提出，"当人们在未来旅行时，他们觉得这是一段幸福和自我改善的时光"（Ross&Newby-Clark，1998）。对自我提升的研究发现，对未来的积极预期与更加积极的心理健康水平、身体健康状态和人际功能有关（Taylor&Brown，1988）。研究表明，那些仍然植根于现实的乐观主义和自我提升的期望，通过有效地应对、努力实现目标等，会对健康和幸福产生积极的影响（Davidson &Prkachin，1997；Oettingen，Pak，&Schnetter，2001）。对将来结果的乐观的预期会帮助人们感觉现在的生活很好（MacLeod &Conway，2005）。

以上这些成果都是在西方文化背景下取得的。在东方文化背景下，大学生又是如何评价自己的幸福水平的呢？我国传统文化比较重视幸福的未来取向。“福”是甲骨文中的会意字，其字形像人用双手将酒樽里的酒洒在祭台上，说明“福”与祭祀、求福有关。这充分说明了人们对于未来的美好愿望和祈求，表明了中国人的幸福感具有强烈的未来取向，也说明了未来取向在中国人传统幸福观中的重要性（高良，郑雪，严标宾，2010）。如此，可能中国人对未来幸福的评价与西方人一样，也是积极向上的。然而，东西方在对过去自我的评价上存在差异。例如，Ross，Heine，Wilson和Sugimori研究了日本人和加拿大人的时间自我评价的差异。结果发现，加拿大人通常过高地描述现在的自己，过低地评价过去的自我，而日本人对现在和过去的自己的评价都很公正，不自我贬低也不自我高估（Ross，Heine，Wilson，&Sugimori，2005）。在中国文化背景下展开的研究发现，人们普遍积极地看待自己的将来，但在对过去自我和现在自我的评价上不存在显著差异（陈莹，2008）。与过去自我和现在自我相比，被试用更多的积极词和更少的消极词对将来的自我进行评价，而过去自我评价和现在自我评价之间不存在显著差异（罗扬眉，2011）。在反应时和电生理神经机制水平上均没有发现过去和现在自我评价存在显著差异。在行为水平上，过去自我评价和现在自我评价在反应时和对人格形容词的选择上均不存在差异，但是都与将来条件下有差异；在电生理水平上，与正性词相比，负性的过去自我评价和负性现在自我评价均在650~800ms的LPC上产生负性偏向，但将来条件下没有出现这种负性偏向（Luo，Huang，Chen，Jackson，&Wei，2010）。

个体对自己过去、现在和将来的态度会影响个人的心理健康和幸福感。Kim等人认为，与西方人相比，东方人对过去更加地重视（Kim et al.，2012）。他们检验了个体积极看待现在自我和过去自我是如何作用于主观幸福感的。结果表明，在积极看待现在自我时，欧裔和亚裔美国人都表现出较高水平的幸福感。然而，在积极看待过去自我时，只有亚裔美国人表现出了较高水平的幸福感。具体而言，当诱导被试积极（相对于消极）思考现在的自我时，欧裔和亚裔被试更喜欢现在的生活。当诱导被试积极（相对于消极）看待过去自我时，只有亚裔美国人表现出更喜欢现在的生活。这几项研究对于研究中国人的幸福评价的时间轨迹有一定的借鉴作用。

综上所述，对于自己的过去比较重视，对未来充满期望的中国人会如何看待自己的幸福呢?如果幸福评价的时间轨迹具有普适性，那么中国大学生的幸福评价时间轨迹也应该是过去的幸福＜现在的幸福＜将来的幸福，体现出一种发展的趋势。如果按照时间自我研究的结果来推论，那么中国大学生对幸福评价的时间轨迹与西方人是不同的。也就是说，中国大学生会表现出过去的幸福与现在的幸福没有区别，而将来的幸福高于现在和过去的幸福的趋势。因此，研究中国大学生的幸福评价的时间轨迹是怎样的，对于探讨幸福评价的时间轨迹是否具有普适性，拓展对中国人的幸福的研究是非常有必要的。此外，对于幸福以及幸福评价的时间轨迹的研究，所采用的方法大多是自陈式问卷调查。如果幸福可以像人格研究那样采用形容词的方法来研究，也是一种新的尝试。

## 2 研究1

### 2.1 研究目的

通过时间维度的生活满意度量表的测量来探索中国大学生的幸福评价的时间轨迹。

### 2.2 方法

向西南大学学生发放问卷200份，回收176份，回收率88%；有效问卷130份，有效率73.86%。其中男性59名，占45.38%；女性71名。平均年龄为20.4±0.72岁。

### 2.3 测量工具

时间维度的生活满意度量表（Temporal Satisfaction With Life Scale）用来测量过去、现在和将来的生活满意度，此量表共有15个题目（Pavot，2014；Pavot，Diener，Suh，1998）。7点评分，1表示完全不同意，7表示完全同意。这一量表包含三个子维度，分别为过去生活满意度、现在生活满意度和将来生活满意度，每个子维度包含5个题目。每个子维度的总分作为过去、现在和将来生活满意度的分数（总体量表和三个子维度的α系数分别为0.76，0.64，0.77，0.51）。

### 2.4 结果

对过去、现在和将来幸福评价进行重复测量方差分析，结果发现：时间主效应显著，$F(2, 256)=88.129$，$p<0.001$。事后多重比较LSD结果显示，对过去幸福的评价（$M=17.66$）与现在的幸福的评价（$M=18.07$）差异不显著（$p=0.415$），对过去幸福的评价（$M=17.66$）显著低于对将来幸福的评价（$M=23.62$）（$p<0.001$），对现在幸福的评价（$M=18.07$）也显著低于对将来幸福的评价（$M=23.62$）（$p<0.001$）（图1）。

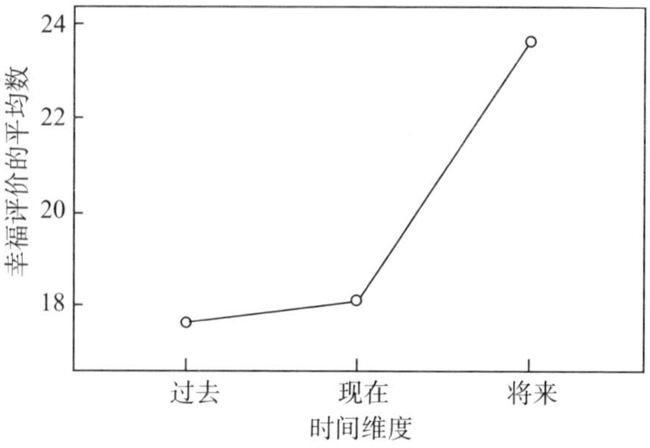


图1 幸福评价的时间轨迹

### 2.5 讨论

研究1的结果表明，中国大学生对过去幸福的评价与对现在幸福的评价没有显著差异，但均都显著低于对将来幸福的评价。这一结果与西方大学生的幸福评价时间轨迹不同，未出现过去幸福评价＜现在幸福评价＜将来幸福评价的趋势。对未来的幸福，东西方大学生都给出了较高的评价。这可能是因为未来是没有发生的，人们可以摆脱现实的束缚。而在对过去和现在的幸福评价上，东西方大学生存在着不同的轨迹。西方大学生似乎是通过贬低过去的幸福，来提升现在的幸福感，以体现出一种成长的迹象的。而中国大学生并不认为过去的幸福低于现在的幸福，如同中国大学生对时间自我的评价一样，似乎人们也不会通过贬低过去来提升现在的幸福感。有研究认为，中国人不是直接认为自己有某种积极特质的，而是通过间接地拒绝消极特质来做出积极的自我评价（Kim，Chiu，Peng，Cai，Tov，2010）。那么对于幸福感的评价来说，是否也存在这样的假设，即中国大学生并不认为自己的幸福水平是随着时间逐渐提高的，而是通过逐渐下降的不幸福轨迹来显示出自己的幸福。因此，我们就有必要探讨中国大学生的不幸福评价的轨迹。

主观幸福感不仅包括对个体生活的满意程度的整体评价，还包括积极与消极情感（Diener，2009）。虽然大多数研究都认为对生活满意度的评价与积极情感呈现正相关，与消极情感呈现负相关，但还是应该将这三种成分放到一起来考虑，才能全面了解幸福感的本质（Diener，2000）。以往对幸福评价的时间轨迹的研究大多来自对生活满意度的测量，仅有Busseri，Choma和Sadava以大学生为被试探讨了个体对自己过去的、现在的和将来的生活满意度、积极情绪和消极情绪的主观时间轨迹（2012）。因此，我们有必要将幸福感的这三种成分整合起来进行研究，其结果可能更具有代表性。故研究2采用描述幸福/不幸福的形容词，包括对生活满意度的主观评价，积极情绪、消极情绪的形容词来进一步探讨中国大学生的幸福评价的时间轨迹。

## 3 研究2

### 3.1 研究目的

通过幸福形容词评定来探索中国大学生的幸福评价的时间轨迹。

### 3.2 方法

招募45名西南大学学生，每人给予10元被试费。其中，男生16名，女生29名，平均年龄为21.42±1.36岁。实验采用2(形容词：幸福，不幸福)× 3(时间：过去，现在，将来)的被试内设计，因变量为对幸福词和不幸福词的评价。

#### 3.2.1 实验材料

从最新版的《现代汉语词典》里找出描述幸福的形容词96个，不幸福的形容词93个。请256名西南大学学生按照该形容词与幸福/不幸福的相关度、意义度和熟悉度三个方面进行5点评分。其选词标准为：在相关度、意义度和熟悉度方面的得分均大于3。最终选取描述幸福的形容词30个，描述不幸福的形容词30个。描述幸福的形容词为：欢乐的、开心的、快乐的、高兴的、愉快的、喜悦的、满足的、满意的、快活的、舒坦的、喜庆的、安享的、稳定的、畅快的、顺意的、安乐的、称心的、如意的、美满的、和睦的、自在的、健康的、安全的、安定的、温馨的、幸福的、舒心的、积极的、和气的、如愿的。描述不幸福的形容词为：愁苦的、凄苦的、落魄的、暗淡的、无趣的、悲剧的、苦涩的、不幸的、恐惧的、寂寞的、饥寒的、苦闷的、操劳的、贫穷的、闹心的、绝望的、悲惨的、忧愁的、烦恼的、担忧的、落后的、糟糕的、悲观的、苦恼的、悲伤的、昏暗的、哀伤的、渺茫的、困窘的、孤单的。

独立样本$t$检验表明，幸福词与不幸福词在相关度[$M$幸福词=4.16，$SD$=0.36；$M$不幸福词=4.01，$SD$=0.35；$t(58)=1.642$，$p$=0.106]、意义度[$M$幸福词=4.32，$SD$=0.21；$M$不幸福词=4.34，$SD$=0.16；$t(58)=-0.547$，$p$=0.0587]和熟悉度[$M$幸福词=4.33，$SD$=0.23；$M$不幸福词=4.41，$SD$=0.18；$t(58)=-1.580$，$p$=0.119]上都不存在显著差异。

本结果表明，所选的30个幸福词和30个不幸福词对被试而言是熟悉的、知晓意义的，并且与幸福与不幸福是相关的。幸福词和不幸福词在相关度、熟悉度和意义度上都无显著差异，可以作为正式实验的刺激用词。

#### 3.2.2 实验程序

根据实验设计，分成6种条件，即过去幸福，现在幸福，将来幸福，过去不幸福，现在不幸福，将来不幸福。每个条件下的幸福/不幸福形容词都是一样的，每个条件下的30个幸福/不幸福形容词呈现一次，共有180个trials。6个blocks，每个block下有30个trials，每个block之间休息一次。每个条件出现的顺序和每个block出现的顺序是随机的。每个trial之间的间隔也是随机的，为1000~1500ms。

先呈现一个在750~1000ms之间的随机的注视点，在注视点之后呈现250ms的时间维度的提示词，如“五年前我的生活是”，然后随机呈现400~800ms的空屏，之后呈现3000ms的幸福形容词，让被试判断这个词跟时间维度上自己的幸福是否相符，并在数字键盘上既快又准确地做出按键反应，1表示“不符合”，2表示“不确定”，3表示“符合”。

这里用五年前来代表过去，五年后代表将来。大二、大三本科生五年前刚好在读高中，五年后大都参加了工作，所以可能在幸福的评价上会有一些变化。

### 3.3 结果与分析

重复测量方差分析表明，时间主效应显著，$F(2,86)=7.267$，$p<0.001$，$\eta_p^2=0.145$；幸福评价主效应显著，$F(1,43)=166.301$，$p<0.001$，$\eta_p^2=0.795$；时间与幸福评价的交互作用显著，$F(2,86)=11.009$，$p<0.001$，$\eta_p^2=0.204$。

进一步对时间与幸福评价的交互作用做简单效应分析发现，在对幸福的评价上，将来幸福（$M=2.70$）显著高于现在幸福（$M=2.37$）（$p<0.001$），将来幸福（$M=2.70$）显著高于过去幸福（$M=2.38$）（$p<0.001$），现在幸福（$M=2.37$）与过去幸福（$M=2.38$）无显著差异（$p=0.929$）。与研究1的结果一致。

在对不幸福的评价上，将来不幸福（$M=1.25$）显著低于过去不幸福（$M=1.53$，$p<0.001$）；将来不幸福（$M=1.25$）显著低于现在不幸福（$M=1.42$，$p=0.024$）。现在不幸福（$M=1.42$）与过去不幸福（$M=1.53$）差异不显著（$p=0.119$）。即在对不幸福的评价上，与幸福评价正好相反，呈现出过去=现在>将来的趋势（图2）。

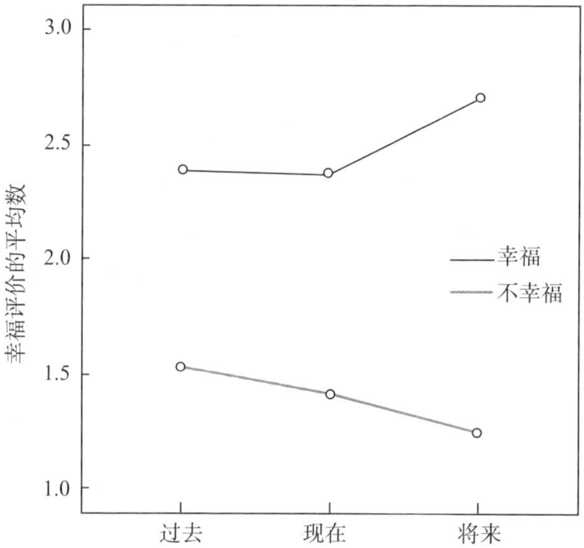


图2 大学生幸福评价与时间交互作用的效应

### 3.4 讨论

研究2“幸福评价的时间轨迹”与研究1的结果一致，也出现了过去幸福=现在幸福＜将来幸福这样的轨迹。也就是说，在全面考虑了生活满意度和积极情绪、消极情绪后，中国大学生的幸福评价的时间轨迹与西方大学生在时间维度上的幸福评价轨迹仍然是不同的，依然没有出现过去幸福评价＜现在幸福评价＜将来幸福评价这样的轨迹。造成这一结果的原因可能是由于中国大学生并不会像西方大学生一样，通过贬低过去的幸福感来提升当前的幸福感，而是通过对不幸福评价的时间轨迹来让自己感觉良好。实验结果支持这一假设。中国大学生在对幸福的评价上不存在逐步上升的时间轨迹，在对不幸福的评价上体现出与幸福评价不同的轨迹，即过去不幸福评价=现在不幸福评价＜将来不幸福评价，呈现出先平缓、后下降的趋势。因为在对不幸福的感觉上，中国大学生觉得现在和过去的不幸福程度是相似的，将来的不幸福程度远低于现在和过去的不幸福程度。这一结果与Kim等人（2010）的研究结果——中国人不是直接认为自己有某种积极特质的，而是通过间接地拒绝消极特质来做出积极的自我评价相类似，中国大学生对幸福的时间维度的评价可能也是通过拒绝不幸福评价来实现的。具体而言，中国大学生认为自己将来的不幸福水平会显著低于现在和过去，而在现在和过去的不幸福感上，则没有出现显著差异。正因为有这样的一种感受，因此，才会觉得现在的幸福与过去的幸福相类似，而将来会比现在和过去幸福得多。

## 4 讨论

研究1和研究2的结果都表明，中国大学生的幸福评价的时间轨迹与西方大学生不同，表现为对过去幸福的评价与对现在幸福的评价相当，均低于对将来幸福的评价。无论是时间维度的生活满意度评价，还是包含生活满意度评价、积极情绪、消极情绪的幸福形容词的评价，都体现了这一趋势。

人们对未来的幸福预期总是高于现在，并且会高估他们对未来生活的满意度水平（Busseri et al.，2009）。同时，人们相信他们比周围的人更可能经历积极的生活事件，比如积累财富或是有一个聪明可爱的孩子；较少地经历消极事件（Helweg－Larsen &Shepperd，2001）。人们期望在令人满意的特质方面得到长期的发展，而在不想要的品质方面得到长期的下降（Sedikides &Hepper，2009）。因此，对于将来幸福的积极评价是我们可以预见的。两个研究的结果也表明，中国大学生对未来幸福的评价是远远高于现在和过去的。

在对过去和现在幸福的评价上，东西方大学生的结果是不一致的。西方大学生被试呈现出幸福评价随着时间逐渐上升的趋势(Busseri et al.,2012)。这可能是因为人们倾向于用改善的观点来看待自己的生活,认为自己的生活会变得越来越好。Choma,Busseri和Sadava发现,人们对自己的幸福的评价会产生向上的时间轨迹,对于他人的幸福的评价也存在这样的轨迹(Choma,Busseri,Sadava,2014)。这说明在西方人的眼中,普遍存在人的生活会越来越好的观点。中国大学生或者是中国的年轻人的研究结果并未出现这种越来越好的趋势。这一结果可能是东西方文化的不同导致的。Kim等人的研究就表明,在积极看待现在自我时,欧裔和亚裔美国人都表现出较高水平的幸福感。在积极看待过去自我时,只有亚裔美国人表现出了较高水平的幸福感。也就是说中西方对于过去的看法是不同的(Kim et al.,2012)。中国人不仅不会贬低过去的自我(罗扬眉,2011),而且也不会贬低过去的幸福。

原因之一,可能与中国人不是直接认为自己有某种积极特质,而是通过间接地拒绝消极特质来做出积极的自我评价(Kim et al.,2010)一样,中国大学生也并不是通过认为自己的幸福水平是随着时间逐渐提高来维持自己较高水平的幸福感,而是通过逐渐下降的不幸福轨迹来揭示自己的幸福。研究2中不幸福评价的时间轨迹支持这一推论。

原因之二,可能是中国文化中的谦虚品质在起作用。在中国文化背景下,人们也具有自我增强的动机,但是由于进行的外显的自我参照判断,人们的反应受到了社会文化尤其是谦虚品质的影响。因为谦虚的文化规范对人们的自我评价有重要的影响(胡金生,黄希庭,2006,2009;赵志裕,邹智敏,林升栋,2010),导致人们不会过分地贬低过去自我来提高现在的自我,因此,过去自我评价和现在自我评价没有显著差异。中国人在公开情境下更容易做出谦虚的自我评价,但在私密的情境下却会做出积极的自我评价,而西方在公开和私密的情境下都会做出积极的自我评价(Kim et al.,2010)。Cai,Brown,Deng和Oakes(2007)的研究结果也表明,东亚人的自我评价低于西方人是受到了谦虚文化的影响。那么对幸福评价的时间轨迹未出现逐步上升的趋势,可能也是由于谦虚的影响,因此,下一步应该验证谦虚是否会影响中国大学生的幸福评价轨迹。

原因之三,可能是测量方法造成的。对中国人时间自我的研究发现,内隐和外显测量的结果截然不同。在外显任务中,研究者发现,被试在对过去自我和现在自我进行评价时,在人格形容词的选择和反应时上并没有差异,即过去时间自我态度和现在时间自我态度没有差异。但是内隐任务得来的结果证实了时间自我评价理论。即,在Go/No-go联想任务(Go/No-go Association Task,GNAT)中,当现在自我与积极词联结在一起时,被试的辨别力指数显著高于现在自我与消极词联结在一起时的辨别力指数,即被试有积极的内隐现在自我态度。不过被试的过去自我与消极词联结的辨别力指数要显著高于过去自我与积极词联结的辨别力指数,即被试有负性的过去自我态度(罗扬眉,

2011)。对自尊的研究也发现,尽管东亚人在总的外显自尊上的得分比西方人要低,似乎东亚人都认为自己不好,但是在内隐层面上的自我评价却是积极的(Takata,2003;Yamaguchi et al.,2007)。可见,不同的测量方法,也会导致不同的结果。如果采用内隐的方法来测量中国大学生的幸福评价时间轨迹,结果可能会与外显的测量有所不同。这也是未来需要检验的一个方面。

与以往对幸福评价的时间轨迹的研究不同,本研究不仅采用了时间维度的生活满意度量表,还创造性地使用了幸福形容词作为实验材料,用对幸福形容词进行评定的方法来研究幸福评价的时间轨迹,其结果再次证明了中国大学生的幸福评价轨迹是不同于西方的。今后可以将此种方法应用到对幸福的其他研究上。

本研究的一个主要局限是研究2中的被试人数,女性显著多于男性,这样就不能考查在幸福评价的时间轨迹上是否存在性别差异。男女在很多方面存在差异,比如思维方式、情感表达等,在进行包含认知和情感的幸福评价时,男女之间可能存在差异。比如,对于过去的不幸,男性可能更多地解释为一种成长的机会,与女性相比可能评价更加积极一些。因此,这是在今后的研究中需要注意的一个问题。此外,在研究1中,时间维度的生活满意度量表中将来生活满意度这一子维度的Cronbach α系数仅为"0.51",这说明此量表有一定的适用性,但还需要进一步的论证。

## 5 结论

本研究获得如下主要结论:

(1)中国大学生的幸福评价时间轨迹呈现过去幸福评价与现在幸福评价无显著差异,均显著低于将来幸福评价这一趋势,即过去幸福=现在幸福<将来幸福。无论是问卷测量还是形容词评定,均得到这一结果;

(2)中国大学生对不幸福的评价的时间轨迹呈现出过去不幸福评价与现在不幸福评价无显著差异,均显著高于将来不幸福评价这一趋势,即过去不幸福=现在不幸福>将来不幸福。

合作者:刘杰。原文载于《心理发展与教育》, 2015年第3期。

# Working Memory Modulates the Association between Time and Number Representation

## 1 Introduction

Perceived durations can be affected by numeric magnitude, size, luminance (Xuan, Zhang, He, & Chen, 2007), length (Casasanto & Boroditsky, 2008), weight (Lu, Hodges, Zhang, &Zhang, 2009), intensity (Matthews, Stewart, & Wearden, 2011), and spatial position of stimuli (Vallesi, Binns, & Shallice, 2008; Vicario et al., 2008). Stimuli with larger magnitudes in all ofthese dimensions are judged to have been presented for longer durations, indicating that time is not independent of the magnitude of these dimensions. Walsh (2003) has proposed a theory of magnitude (ATOM) to summarize the relationship between time and other dimensions, proposing the existence of commonalities between time, space, number, size, and other magnitudes. According to the theory, different magnitudes are represented as 'how many', 'how much', 'how long', or 'how far' by sharing a common metric and cortical regions. Therefore, these magnitudes have interference or association with each other. The shared neural activation appears to occur mainly in the parietal cortex (Bueti & Walsh, 2009).

A considerable body of evidence has accumulated showing that time and number information has comparable psychophysical processes in both animals (Meck & Church, 1983; Roberts & Mitchell, 1994; Roitman, Brannon, Andrews, & Platt, 2007) and humans (Dormal, Seron, & Pesenti, 2006; Droit-Volet, Clément, & Fayol, 2008; Javadi & Aichelburg, 2012). When participants were asked to judge whether a test digit (1, 5, or 9) had been presented for a longer or shorter duration than a reference digit (5), small digits caused underestimations of duration, whereas larger digits caused overestimations of duration (Oliveri et al., 2008).

A question, however, is whether the time - number link is robust, or could be modified by working memory (WM) or top-down attentional demands. Recently, research has started to be more concerned about the determinants of WM on the Spatial Numerical Association of Response Codes (SNARC) effect (small numbers are preferentially responded to with the left hand and large numbers with the right hand). For instance, van Dijck and Fias (2011) showed that numbers were responded to faster and more accurately according to their position in the

WM, while number magnitude was not systematically associated with left or right response. The finding indicated that the relationship between numerical magnitude and spatial position can be modified by the involvement of WM. Since WM processing could modulate the relation between numerical magnitude and space, can it modify the mental association between numerical magnitude and time? Motivated by the above study, here we explore for the first time the modulation of WM on number - time association. To our knowledge, the issue has not yet been explored, and should provide new insights into the relationship between time and number.

In the present study we use a dual task paradigm combining comparative duration judgment and a WM task, similar to a prior study (Pan & Luo, 2012). Specifically, subjects were required to memorize a digit and then conduct a time comparison task while maintaining the WM digit; at the end of each trial they judged whether a test digit was the same as or different from the memorized digit. If WM processing can alter the impact of numerical magnitude on time judgments, the congruency between time and number would vanish. Otherwise, if WM processing had no effect, judged time should be influenced by numerical magnitude irrelevant of the WM content.

# 2 Experiment 1

## 2.1 Method

### 2.1.1 Participants

Participants were twenty-three university students (thirteen female, ten male), aged 18 - 25 years. All participants were right handed, and had normal or corrected-to normal vision. They provided written informed consent before taking part in the experiments according to institutional guidelines of Southwest University, and received financial rewards after experiment. Ethical approval for all experiments was granted by the ethics committee of the Southwest University.

### 2.1.2 Stimuli and design

The stimuli were presented on a 17" CRT monitor with a resolution of 1024 × 768 pixels and an 85 Hz refresh rate. White digits (1, 2, 8, and 9; size: 0.3 deg × 1.2 deg)were presented in the center of the screen on a black background at a viewing distance of57 cm. The paired durations of the digits were 500/600 ms and 600/700 ms (all differences in length of presentation were 100 ms). The small number category contained digits1and 2, and the large number category contained digits8and 9. The shorter/longer duration combined with the small/large (categorical) digits generated two categories of experimental condition: congruent and incongruent. The congruent condition was defined as a smaller digit being presented for a shorter duration or a larger digit being presented for a longer duration. The incongruent condition was defined as a smaller digit being presented for a longer duration or a larger digit being presented for a shorter duration.

We used a dual-task paradigm consisting of a time judgment and a WM task. There were two different conditions determined by the validity of WM content for the time duration task. In the memory-matching condition one of the two digits was the same as the WM digit. In the memory-mismatching condition neither of them was identical to the WM digit. The two conditions occurred with the same probability and were selected randomly within each trial.

2.1.3 Procedure

Each trial began with the presentation of a central fixation cross (size: 0.6 deg × 0.6 deg) for 800 ms, followed by a digit displayed for 1000 ms. After a 500 ms blank interval, the time judgment task was initiated, in which two different digits were presented in succession with a 400 ms blank interval between them. When a question mark appeared, participants had to judge which of the two sequential digits was presented for a longer or shorter duration by pressing "1" or "3" on a numeric keypad with the right index or middle finger, respectively. A 500 ms interval later, participants had to indicate whether a test digit was the same as the digit stored within WM or not.

In 50% of trials the memory-matching digit appeared earlier or was presented for a shorter duration; in the remaining 50% of trials it appeared later or was presented for a longer duration. To eliminate response bias, half of the participants were required to judge which of the two digits was presented for a longer duration, and the other half were asked to judge which one had a shorter duration. In 50% of trials the memory test digit was the same as the original memory digit, and in the other 50% of trials they were different.

Before initiating the formal experiment (figure 1), participants completed some practice trials. Each participant needed to accomplish 256 formal trials, which were divided into 4 blocks.

## 2.2 Results and discussion

2.2.1 Memory accuracy

A 2×2 repeated-measures analysis of variance (ANOVA) was conducted with memory validity (memory matching vs memory mismatching) and test pattern (same vs different) as factors and accuracy as the dependent variable. Accuracy did not vary between memory-matching and memory- mismatching trials (91.9% ± 0.01vs 92.7% ± 0.01) , $F(1, 22)=0.46$, $p>0.05$. There was no difference depending on whether the test digit was the same as or different from the memorized digit, $F(1, 22)=1.95$, $p>0.05$.This result demonstrated that memory performance was not affected by the preceding timing task or the test item.

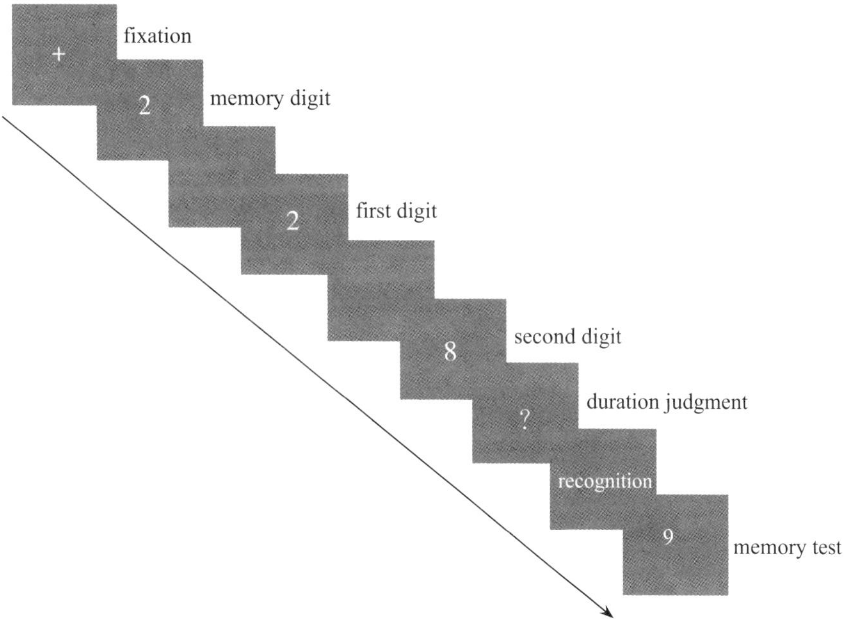


Figure 1. An example trial sequence for the memory-matching condition A to-be-remembered digit was displayed, followed by two digits, with one matching the to-be-remembered digit. In the absence of the second digit, participants indicated which of the two digits was presented for a longer duration. At the end of each trial a test digit was presented; at this point participants were asked to judge whether this digit was the same as the to-be-remembered digit or not.

2.2.2 Duration judgment accuracy

We analyzed only those trials for which memory test responses were correct because only among correct trials could we assure that participants memorized and maintained a digit during the time judgment task. This selection accorded with previous criteria. The reaction time (RT) data were not analyzed since we did not limit the response times.

A 2 × 2 repeated- measures ANOVA was implemented with memory validity (memory matching vs memory mismatching) and congruency (congruent vs incongruent) as factors. Accuracy rates were significantly lower for the memory-matching trials (62%±0.02) than for the memory-mismatching trials (65%±0.02), $F(1,22)=4.85$, $p<0.05$. The main effect of congruency did not reach significance ($Fs<1$), suggesting that the magnitudes of the number had no effect on perceived duration. Most importantly, the interaction of memory validity and congruency was significant, $F(1, 22)=4.20$, $p<0.05$, as shown in figure 2. That is, when the digit in the time judgment task matched the digit stored within WM, the accuracy of temporal judgment did not differ between the congruent and incongruent conditions (62%±0.02 vs 63%±0.03), $F(1, 22)<1$. However, in the memory-mismatching condition there was a significant difference between congruent and incongruent conditions (67%±0.02 vs 62%±0.03), $F(1, 22)=4.55$, $p<0.05$; with that duration, judgment accuracy was much greater when a small number was presented for a shorter time and a large number was presented for a longer time.

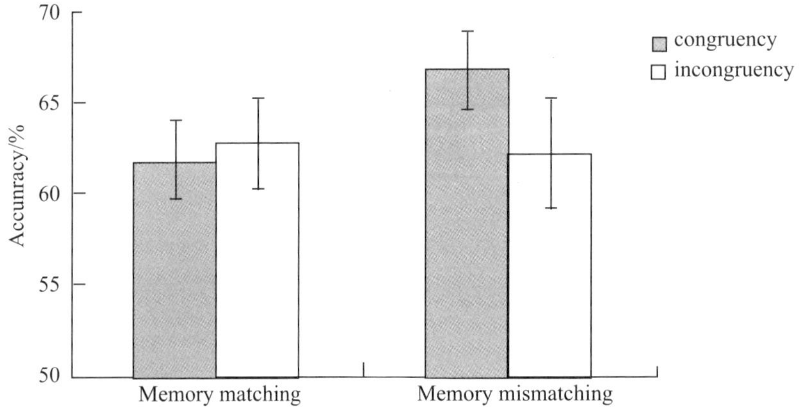


Figure 2. The interaction between memory-matching and number - time congruency on accuracy.Subjects tended to judge large digits to last longer or to judge small digits to last for a shorter time under the memory-mismatching condition, which was not observed in the memory-matching condition. Bars denote the standard error of the mean.

The results show that WM processing removed the main effect of numerical magnitude on perceived duration. More importantly, the impact of number on time judgment depended on the validity of the cue (WM content): when one of the two digits was the same as the WM item, time judgment accuracy was not affected by numerical magnitude. Nevertheless, when both of them were different from the WM digit, a small number resulted in underestimation of duration and a large number resulted in overestimation of duration. The reason might be attributed to a shift of visual attention driven by WM content. Accumulated evidence states that actively maintaining an object or a feature of a stimulus in WM can draw our attention toward that matching content in the visual field (Downing, 2000; Soto, Heinke, & Humphreys, 2005; Soto, Hodsoll, & Rotshtein., 2008; Soto, Humphreys, & Heinke, 2006). In this study the digit matching the item stored within WM would capture more visual attention; hence, the impact of perceptual number on perceived duration vanished. However, when both the two digits were distinct from the WM item, participants did not need to shift their attention toward any specific digit. Consequently, retention of WM content had no influence on the internal time - number association.

Was the shift of visual attention elicited only by WM item, or was it the reflection of mere stimulus repetition? Previous studies have manifested that selective attention can be elicited by repetition priming from stimuli of which we are not aware. For instance, even though a stimulus is not consciously detected on an earlier trial, search for a given target is as well facilitated if the target is repeated (Kristjánsson, Vuilleumier, Malhotra, Husain, & Driver, 2005; Kristjánsson, Vuilleumier, Schwartz, Macaloso, & Driver, 2007). In order to compare the role of WM and repetition priming on the time - number link, we carried out experiment 2, in which observers were exposed with only the first digit (repetition priming condition) but did not need to memorize it, and then performed a time judgment task.

## 3 Experiment 2

### 3.1 Method

#### 3.1.1 Participants

A new sample of twenty volunteers (eight male and twelve female, ranging in age from 18 to 22 years) were recruited for the second experiment. All participantshad normal or corrected-to-normal vision.

#### 3.1.2 Procedures

A digit was initially presented in the center of the screen, but there was no requirement to memorize it. There was no memory test at the end of each trial. Other procedures were identical to experiment 1.

### 3.2 Results and discussion

Average accuracy was subjected to A2×2repeated-measures ANOVA with repetition validity (perception matching vs perception mismatching) and congruency (congruent vs incongruent) as within-subject variables. The accuracy rates were similar for the perception-matching (65%±0.02) and perception-mismatching conditions (66%±0.02), $F(1, 19)=2.80$, $p>0.05$. There was greater accuracy for congruent trials than for incongruent trials, $F(1, 19)=14.46$, $p=0.001$. However, the interaction between priming validity and congruency did not reach significance, $F(1, 19)=0.6, p>0.1$.

Unlike the outcome observed in experiment 1, numerical magnitude generated a significant interfering effect on time judgment regardless of repetition validity. The accuracy of the congruent condition was much greater than for the incongruent condition, implying that a small number led to a shorter duration and a large number led to a longer duration. This demonstrates that priming a digit presentation without WM demands has no impact on the association between time and number, implying that the effect of memory based on the time - number link is not ascribed to stimuli repetition.

## 4 Experiment 3

Although most studies show that large digits are judged to last longer, it has not been established whether these congruency effects reflect genuine perceptual changes of duration or biasing categorical judgments. In a comparative judgment task perception processing is frequently confused with response bias. Isolating perception bias from decisional biases done, in principle, probably by substituting the 'comparison judgment' for an 'equality judgment', in which the "response options are not bound to individual targets" (Schneider& Komlos, 2008, page 8). One recent study employing this paradigm ('Are the digits the same or different duration?') did not observe size - duration interference, demonstrating that the magnitude of the irrelevant dimension could be attributed to response error rather than to distortion of the subjective passage of time (Yates, Loetscher, & Nicholls, 2012).

To test that the interfering WM effect directly depended on decisional bias or reflected a genuine change in perceived duration, we used an equality time judgment task in experiment 3, in which subjects judged whether the duration of two digits was equal.

### 4.1 Method

#### 4.1.1 Participants

A new sample of eighteen volunteers (eleven females, seven males, ranging in age from 18 to 22 years) took part in this experiment. All participants were right handed and had normal or corrected-to-normal vision.

#### 4.1.2 Stimuli and procedures

Experiment 3 was identical to experiment 1, except for the following changes. First, during delay periods subjects were asked to judge whether the two consecutively presented digits were presented for an equal duration or not. Second, the digit pairs could be presented in one of seven digit - duration pairings (ie duration of small/large digits was either 550/850, 600/800, 650/750, 700/700, 750/650, 800/600, 850/550 ms, respectively). The summed duration of all digit pairs was 1400 ms. There were 14 unique stimuli configurations: 7digit - duration pairings × 2memory validity (memory matching vs memory mismatching), with each containing twenty individual trials, constituting a total of 280 trials.

### 4.2 Results and discussion

For each participant the proportion of trials for which the durations of the two digits were judged as equal was plotted as a function of the duration difference between the large and small digits, as shown in figure 3. Normal distribution functions were fitted to the data for each subject. The $R^2$ values ranged from 0.70 to 0.98, with a mean of 0.89. The PSE was derived as the point at which the proportion of 'same' response was at its maximum.

The PSE values were 3.89 ms and 5.17 ms, for memory-matching and memory mismatching conditions, respectively. A one-sample t-test demonstrated that both PSE values were not significantly shifted from 0 ms ($p>0.05$). A paired-sample t-test implemented on the PSE values revealed no significant difference, $t(17)=-0.32$, $p>0.05$. Data across duration presentation order, digit presentation order, as well as response key did not reach significant effects.

This finding shows that the modulation of WM on time - number link disappeared when using equality duration judgment, illustrating that the WM-based interfering effect could be attributed to decision bias, which leaves perceived duration unaffected.

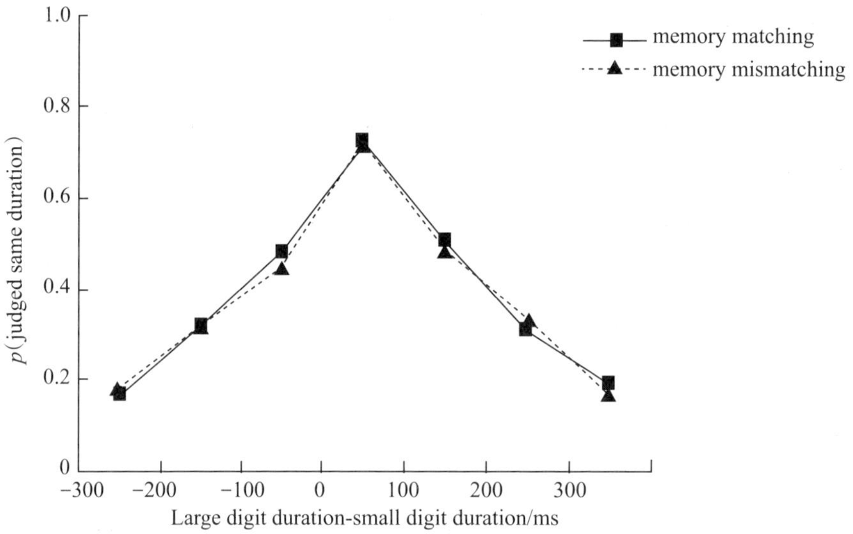


Figure 3. The averaged responses in which the digits were judged as equal in duration as a function of the duration difference between the two digits in experiment 3. A negative duration difference indicates that a large digit was presented for a shorter duration, whereas a positive duration difference indicates that a large digit was presented for a longer duration. Participants' PSE values were not significantly shifted from 0 ms, and had no difference between memory-matching and memory-mismatching conditions.

## 5 Experiment 4

In experiment1the interfering WM effect was found only when the digit to be held in WM was identical to one of the two digits presented for the comparative duration judgment, the VM-based interfering effect might have different origins. One possibility is that, when participants had to encode and memorize a digit, its duration was implicitly processed so that when the WM digit matched one of the two digits appearing for duration judgment, its duration might be confounded with the memory-matching one, causing the collapse of the time - number congruency effect. However, this congruency effect was maintained in the control experiment 2and memory-mismatching condition of experiment 1, illustrating that the VM-based interfering effect was not due to processing the duration of the WM digit. Another possibility is that the WM load required by the double task in experiment1seemed very low, as it merely maintained a single-digit item within a fixed 1000 ms. To verify whether the shorter versus longer duration of the WM digit (WM load) affected duration judgment, we varied the duration of the WM digit in experiment 4 (comparative judgment) and experiment 5 (equality judgment).

### 5.1 Method

A new sample of twenty volunteers (twelve females, eight males, ranging in age from 18 to 24 years) participated in this experiment. Experiment4was identical to experiment 1, except that we manipulated the duration of the WM digit from a shorter time (500 ms) to a longer time (1000 ms).

### 5.2 Results

A 2×2×2 repeated-measures ANOVA was conducted with memory validity, congruency, and duration as factors. Accuracy rates were significantly lower for the memory-matching trials (63%±0.02) than for the memory-mismatching trials (67%±0.02), $F(1, 19)=15.03$, $p<0.01$. The main effects of congruency and duration did not reach significance ($Fs<1$). Interestingly, the triple interaction was significant, $F(1, 19)=5.24$, $p<0.05$. That is, when the duration of the WM digit was shorter, whether or not one of the two digits matched the WM digit, the accuracy of temporal judgment did not differ for the congruent and incongruent conditions. However, when the duration of the WM digit was longer, in the memory-mismatching condition, judged duration was more accurate when a small number was presented for a shorter duration or a large number was presented for longer than the reverse (72%±0.03 vs 63%±0.03), $F(1, 19)=12.35$, $p<0.01$. This result suggests that the WM-based interfering effect depended on WM load, which occurred only when the WM digit was presented for enough time to be encoded and stored.

## 6 Experiment 5

### 6.1 Method

A new sample of seventeen volunteers (ten female, seven male, ranging in age from 18 to 22 years) participated in this experiment. Experiment5was identical to experiment 3, except that we manipulated the duration of the WM digit from a shorter time (500 ms) to a longer time (1000 ms).

### 6.2 Results

Normal distribution functions were fitted to the data for each subject. The $R^2$ values ranged from 0.65 to 0.99, with a mean of 0.91. The PSE was derived as the point at which the proportion of ‘same’ response was at its maximum.

A 2×2 repeated-measures ANOVA was conducted with memory validity (memory matching vs memory mismatching) and duration of WM digit (500 vs 1000 ms) as factors. The results revealed neither main effects nor interactions ($Fs<1$). A one-sample t-test demonstrated that both PSE values were not significantly shifted from 0 ms ($p>0.05$). Data across duration presentation order, digit presentation order, as well as response key did not reach significant effects.

The present results confirmed those of experiment 3, suggesting that the modulation of WM on the time - number link was independent of perceptual effect but reflected decision bias. In addition, this effect was irrelevant of WM load.

## 7 General discussion

The aim of this work was to examine the role of WM in the relationship between numerical magnitude and time. To our knowledge, this is the first study to investigate the interaction between time and number from the perspective of WM.

Recent studies report that Arabic digits could bias duration perception, and that duration tends to be underestimated for smaller numbers but overestimated for larger numbers (Oliveriet al., 2008; Vicario et al., 2008; Xuan et al., 2007). Our outcome partially confirmed the mental association between time and number. In particular, as shown in the stimuli repetition task (experiment 2) and in the memory-mismatching condition of experiment 1, the accuracy of duration judgment was much greater when small magnitudes (1 - 2) were associated with short durations and large magnitudes (8 - 9) were associated with long durations. The finding supports the idea that time and number are not independent in mental representation.

However, we found that the time - number association was significantly modulated by WM processing. Specifically, when observes had to hold an item in WM, WM content dissolved the internal association of time and number, making the impact of perceptual number on perceived duration occur only in the memory-mismatching condition. In contrast, we did not observe this effect on the stimulus repetition condition. The disparate effect might be ascribed to the validity of the cue for the time judgment task. As we discussed in experiment 1, the content of WM can automatically draw our attention toward that matching item, even though the content is irrelevant with the given task (Downing, 2000; Soto et al., 2005, 2006, 2008). In the memory-matching condition participants may automatically shift their attention toward the memory-matching digit in order to better complete the subsequent memory test. In the current study the accuracy of the duration judgment task was much worse for the memory-matching than for the memory-mismatching condition, probably reflecting more attention toward the memory-matching digit, decreasing the attention allocated to the temporal feature of the stimulus. According to the limited attentional resources model, temporal and nontemporal properties of stimuli compete for common resources (Thomas& Weaver, 1975). Perceived time is proportional to the amount of attention to temporal information. When the subjects were asked to devote different proportions of attention into temporal and nontemporal properties, the less they focused on the passage of time, the shorter they perceived the duration to be (Coull, Vidal, Nazarian, & Macar, 2004; Macar, Grondin, & Casini, 1994). In this study processing the memorized digit shifted attention away from the temporal aspect of that digit, and decreased the availability of attentional resources for perceiving time information, thus generating poor accuracy of time judgment for the memory-matching trials. In the memory-mismatching condition the stimuli during the time judgment were different from the memorized item; thus, participants did not need to shift their attention toward any specific digit during timing.

The interfering WM effect might arise at the level of decision making rather than perception. Using equality duration judgment, experiment 3 neither revealed the modulation of WM on the time - number link nor supported the claim that larger digits were perceived as longer. This outcome accords with previous research (Yates et al., 2012), which revealed two apparently contradictory influences of stimulus size on perceived duration when using comparative and equality duration judgments. From this, we might conclude that the WM-based interfering effect on the time - number association is prone to some form of decisional bias. Valsecchi, Vescovi, and Turatto (2010) reported an effect of attention on apparent speed with a comparative but not with an equality judgment, suggesting that attention may affect only response bias but not the appearance of the attended stimulus. Two different brain regions take charge of shared representations of numerosity and time: the right inferior frontal gyrus is involved with the congruency effect between numerosity and time for the categorical decision; however, the right intraparietal cortex is the locus of their interaction for perceived duration (Hayashi et al., 2013). These studies reflect the separation of decision and perception processing. The different results from the equality judgments and comparative judgments point to the fact that the task set and instructions have a crucial influence on the interactive coding between time duration and number magnitudes.

Besides the experimental task, we found that the interfering WM effect was observed only if the VM load was lower. This phenomenon echoes the notion that effects of WM on visual search decreased as the WM load increased (Chirimuuta, Tsvetanov, Humphreys, 2012). The outcome might be caused by reducing top-down activation from WM. When the WM load was higher (the duration of WM digit was shorter), items could not be well encoded, memorized, and consolidated into WM; at this point activated attention based on WM content was reduced. Therefore, the impact of numerical magnitude on time perception was irrelevant of WM content. Nevertheless, when the WM load became lower, there was enough time and mental resources to memorize and consolidate the WM digit. In this case the WM content could influence subsequent time judgment.

## 8 Conclusion

In conclusion, our study provides behavioral evidence showing that time and numbers have automatic association in mental representation. What is more, this association can be modulated by WM, depending on the validity of WM content for a time judgment task. The WM-based interfering effect on time - number link is related to decisional bias and WM load. The findings enrich and expand the theory of ATOM, revealing that the relation between time, number, and space is flexible. Given the fact that our work shows that the link between time and number is far more complex than we originally thought, a large body of work is needed to explore this association. For instance, further studies should consider the role of WM on time judgment in different time ranges.

合作者:毕翠华、刘培朵、袁祥勇。原文载于*Perception*, 2014年第5期。

# The Recalibration Patterns of Perceptual Synchrony and Multisensory Integration after Exposure to Asynchronous Speech

## 1 Introduction

Physical synchrony of multisensory stimuli is not essential for perceptual synchrony. Although it is quite easy to determine the temporal order of two sparse stimuli, it becomes impossible to discriminate asynchrony from synchrony within a window of tensor hundreds of milliseconds (Spence & Squire, 2003; Vroomen & Keetels, 2010). Synchrony - asynchrony discrimination declines for high-speed multisensory stimuli stream (Fujisaki & Nishida, 2005, 2009), complex stimuli such as speech and music (Vatakis & Spence, 2006), spatially overlapping versus apart stimuli (Spence, Baddeley, Zampini, James, & Shore, 2003; Zampini, Guest, Shore, & Spence, 2005), and congruent versus incongruent speech (Vatakis & Spence, 2007) (see review (Vroomen & Keetels, 2010)). These findings reveal timing variability but all these tasks explicitly required participants to intentionally determine the temporal order of events (Martin, Giersch, Huron, & van Wassenhove, 2013; Van Wassenhove, 2009).

In contrast, temporal characteristics can be accessed without intention and awareness in multisensory integration (Van Wassenhove, 2009). According to the temporal principle, only synchronous or near synchronous (e.g., ~200 ms) stimulus pairs have the potential to induce maximal multisensory integration (Meredith, Nemitz, & Stein, 1987). This principle is demonstrated in many multisensory effects. For instance, visual detection or search is mostly enhanced by concurrent auditory stimuli (Bolognini, Frassinetti, Serino, & Làdavas, 2005; Van der Burg, Olivers, Bronkhorst, & Theeuwes, 2008), two balls moving across each other are more likely to be perceived as bounce off than stream through when accompanied by a simultaneous sound (Sekuler, Sekuler, & Lau, 1997), and incongruent visual and auditory speech stimuli induce a maximal McGurk effect when audiovisual components are nearly synchronous (McGurk & MacDonald, 1976; Munhall, Gribble, Sacco, & Ward, 1996).

Clearly, both perceptual synchrony and multisensory integration vary as a function of stimulus onset asynchrony (SOA), with larger SOA reducing the perception of both simultaneity and multisensory integration. This similarity inspired researchers to focus on the issue whether synchrony and multisensory integration underlie a common mechanism using the size of temporal window as an index. Some found that for incongruent speech (auditory /ba/and visual /ga/, or auditory /pa/ and visual /ka/), the temporal windows for simultaneity and the McGurk illusion (perceived /da/ or/ta/) were similar (~200 ms) and both responses were more robust for audio lag (Van der Burg et al., 2008). More recently, however, researchers have come to the opposite conclusion that the temporal mismatch between speech syllables can be detected even when McGurk illusion is experienced(Soto-Faraco & Alsius, 2007, 2009). And dissociation between perceptual synchrony and multisensory integration was observed in the case of PH who had apparently separate perceived point of simultaneity (PSS) and maximal McGurk illusion (Freeman et al., 2013), and in schizophrenias who were more tolerant to explicit asynchrony but less tolerant to asynchronous speech integration (Martin et al., 2013).

The separate temporal windows for perceptual synchrony and multisensory integration suggest dissociation between them. However, both kinds of timing are plastic and adaptive. Exposure to asynchronous multisensory stimulus pairs recalibrates both perceptual simultaneity and multisensory integration, as indicated by shifts of PSS or maximal multisensory integration in the direction of the temporal lag(Asakawa, Tanaka, & Imai, 2012; Fujisaki, Shimojo, Kashino, & Nishida, 2004; Roseboom & Arnold, 2011; Vatakis, Navarra, Soto-Faraco, & Spence, 2008; Jean Vroomen, Keetels, De Gelder, & Bertelson, 2004). However, with the goal of examining whether recalibrations have perceptual or strategic origins, relevant studies merely tested stream/bounce illusion and McGurk effect as implicit measurements of temporal recalibration (Asakawa et al., 2012; Fujisaki et al., 2004), so that made little effort to concurrently compare and elucidate these recalibration patterns of perceptual synchrony and multisensory integration. And it is unknown whether the recalibration aftereffects of these two processes differ in magnitude and whether they correlate with each other.

To this end, the present research used incongruent speech syllables (visual /ga/ and auditory /ba/) as in the studies mentioned above, and compared simultaneity judgments (SJ) and speech identification (McGurk) task performance in a baseline condition and after exposure to asynchronous audition leading in the same group of observers.

# 2 Materials and methods

## 2.1 Participants

The first author and 13 naive Chinese participants took part in the experiment. One participant quit the study, leaving a total of 13 participants (5 males, mean ages=22.4 years, *SD*=1.98 years) who completed the experiment. All participants provided informed consent. One naive participant (HX) never distinguished fusion (/da/) and veridical (/ba/) responses at baseline, so only her simultaneity responses were included in the analyses.

## 2.2 Apparatus and stimuli

Visual speech was presented on an LCD monitor with a refresh rate of 60 Hz, and auditory speech was presented through headphones set to a comfortable volume. Participants sat approximately80 cm from the monitor, and were required to keep their eyes on fixation (at the location of speaker's lips) and their heads still.

Visual and auditory syllables were /ga/ and /ba/, respectively, and the perceived syllable ought to be /da/ or /ða/ (Green & Gerdman, 1995; Van Wassenhove, Grant, & Poeppel, 2007). The video clips (sample rate: 29.97 frames/s) of /ba/ and /ga/ uttered by a female speaker were recorded and then edited in U lead Video Studio 10 (Corel Corporation). Only facial areas of video clips were retained in an oval with height=~ 6.4° and width=~ 3.6°, while the other areas were masked in dark gray (0.96 cd/$m^2$). We temporally aligned the auditory /ba/ track with the original auditory /ga/ track, and then desynchronized visual /ga/ and auditory /ba/ tracks to 9SOAs (−533 ms, −400 ms, −267 ms, −133 ms, 0 ms, 133 ms, 267 ms, 400 ms, 533 ms, negative SOAs indicate audition lead). All video clips (720×480 pixels) were 1934 ms in duration. A sample video can be found in Supplemental materials.

## 2.3 Procedures

A pilot study was conducted with the same group of participants to assess the SOA for minimal veridical /ba/ response. Visual and auditory speech with varying SOA between lip movements and articulation were presented randomly, and for each presentation participants were required to judge which syllable they heard: /ba/, /da/, /ða/, or other. Syllable that could not be classified as /ba/, /da/or /ða/ was input using the keyboard. Participants made fewest /ba/responses ($M_{min}$=0.29, $SD_{min}$=0.23) when the SOA was 133 ms, and fewer /ba/ responses for SOAs where audition lagged versus led.

According to the pilot results showing that the McGurk effect was more robust when speakers moved their lips first, audition leading (A leading) adaptation was chosen to be contrasted with a base line condition in the formal study to maximize the recalibration aftereffect. Each participant completed four McGurk sessions and two SJ sessions with one session a day. To avoid boredom and interference between tasks, the test order was fixed for each participant as follows: two initial McGurk sessions, two SJ sessions, and then the last two McGurk sessions. There was at least one day's rest between sessions. Each session lasted approximately 45 min and the whole experiment spanned at least 11 days.

Each McGurk session consisted of one baseline block and two A leading blocks. There were 90 trials in each baseline block (10 trials for each of the 9 SOAs). At the start of each trial, test speech pairs were presented in 600~1200 ms after the fixation flashed as a cue. Participants were required to judge which syllable they heard without a time limit. There were four choices (/ba/, /da/, /ða/, and other) as well, but unlike the pilot study, participants were relieved from inputting "other" syllable in order to save time. All they need to do was to press the designated key to indicate their response. Inquiry after McGurk sessions revealed that each participant's other response corresponded to those reported in the pilot study, e.g., some participants consistently heard /a/ (see Section 3).The interval between response and the next trial was 650~1050 ms. Each A leading block consisted of 45 trials in which 3~5 asynchrony adapted speeches with auditory /ba/ leading visual /ga/ 267 ms, was followed by1test speech with varying SOA. In other words, we only included top-up adaptation. The successive adapted asynchronous speech videos were separated by 400~800 ms. Participants were merely instructed to attend to the adapted speech pairs (the mouth area of the speaker) when no judgments were required. Each test SOA was repeated five times in each A leading block, and thus there were 10 repetitions in every session, comparable to the baseline block.

Each SJ session also consisted of one baseline block and two A leading blocks. All procedures were identical to McGurk sessions except that participants judged whether the visual and auditory speech were simultaneous.

## 3 Results

Before formal analysis, we had to align performance in the McGurk effect task (four-alternative forced choice) with that in the SJ task (two-alternative forced choice). Results collapsed 9 SOAs and 2 conditions, showing that 12 participants heard /ba/ ($M$=0.51) and /da/ ($M$=0.30), while 9 participants heard /ða/ ($M$=0.08) or made another response /a/ ($M$=0.18). For all heard syllables, repeated measure analysis of variance (ANOVA) revealed significant effect of SOA on response proportions ($Fs$>3.33, $ps$<0.003), as illustrated in Fig. 1(a) and (b). Because real McGurk fusion has been shown to vary as a function of the SOAs between auditory and visual speech (Munhall et al., 1996; Soto-Faraco & Alsius, 2007, 2009), our results suggested that /da/, /ða/, and /a/ (probably due to Chinese pronunciation) were all fusion responses with /da/ being the most typical. Therefore, the sum ofthese three fusion responses was used as an indicator of McGurk effect, so that they could be easily contrasted with the simultaneity responses. In other words, non- /ba/ responses were treated as an indicator of the McGurk effect (Munhall et al., 1996).

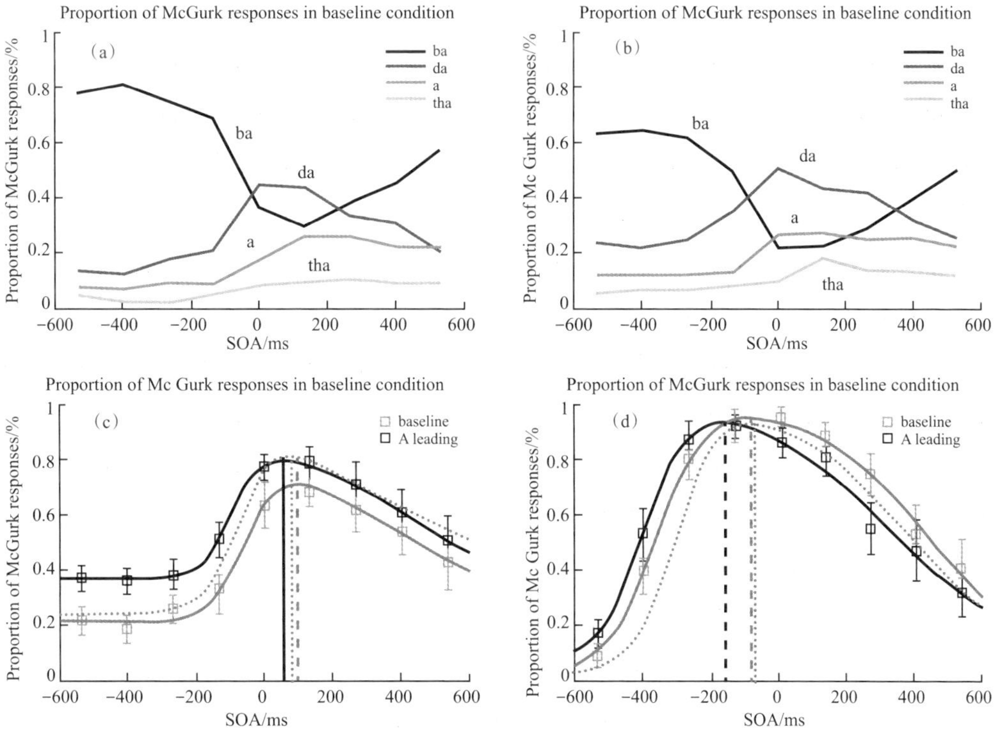


Fig. 1. Average proportion of responses and fit psychometric curves. (a) Average proportion of McGurk responses in the baseline condition. (b) Average proportion of McGurk responses in the A leading condition. (c) Fusion responses and fit ADS curves in the baseline and A leading conditions. (d) Simultaneity responses and fit ADS curves in the baseline and A leading conditions. Error bars represent the standard errors. These dashed lines in (c) and (d) show the Peak SJ and Peak McG in separate conditions. The dotted curves in (c) and (d) are the fit ADSs in the

adapted synchrony condition [correspond to Supplemental Fig. 1(a) and (b) solid curves] and the dotted lines represent the corresponding Peak SJ and Peak McG, respectively.

The primary aim of this study was to test whether the recalibration aftereffects of perceptual synchrony and McGurk fusion both shift toward the adapted temporal lag and whether they differ and correlate with each other. To this end, the peak simultaneity/fusion response shifts were calculated individually. Each participant's simultaneity response was fit using truncated Gaussian functions(Fujisaki et al., 2004; Roseboom & Arnold, 2011). The individual PSS ( $\triangle Peak_{SJ}$) was calculated in the baseline(58.14 ms, averaged $R^2$ equals 0.85) and A leading (−11.70 ms, averaged $R^2$ also equals 0.85) conditions. There was significant PSS shifts toward the adapted temporal polarity, $t(12)=9.21$, $SEM=7.58$ ms, $p<0.001$. Given the fusion responses never reaching null when SOA is large enough, as seen in Fig. 1(c) (also see the fusion rates of control trials in Ref.(Soto-Faraco & Alsius, 2007)) and large individual differences, it is not appropriate to fit each participant's data to a certain function. Moreover, the attempt of data fitting using a truncated Gaussian function did not produce satisfying $R^2$s (some data<0.5). Ultimately, the peaks of fusion responses ( $\triangle Peak_{McG}$) were calculated as distribution centroids using the weighed mean method (Fujisaki et al., 2004). A t test comparing the A leading condition (48.95 ms) and baseline(98.17 ms) also showed significant peak shifts, $t(11)=3.97$, $SEM=$ 12.38 ms, $p=0.002$. Although the magnitude of shifts, i.e., $\triangle Peak_{SJ}$(69.84 ms, baseline PSS minus A leading PSS) was numerically larger than $\triangle Peak_{McG}$(49.22 ms, baseline $\triangle Peak_{McG}$ minus A leading PSS), the difference was not significant, $F(1, 11)=1.795$, $p=0.207$. Interestingly, the correlation between Peak McG and $\triangle Peak_{SJ}$ did not reach significance, $r=0.379$, $p=0.224$, which was confirmed even though we used weighed mean method to calculate both the $\triangle Peak_{SJ}$ and $\triangle Peak_{McG}$ ($r=-0.059$, $p=0.855$). Thus it is implied that recalibration of perceptual synchrony and multisensory integration are possibly independent.

To illustrate the recalibration aftereffects, the group average response proportions were fit using asymmetric double sigmoid functions (ADS, following (Freeman et al., 2013; Van Wassenhove et al., 2007)). Because individual differences were minimized by averaging across groups, proportion responses could be fit by ADS, which had adjusted height, width, and asymmetry, as seen in Fig. 1(c) and (d). Again, exposure to asynchrony shifted both fusion and simultaneity peak responses toward the temporal lag, with similar shifts for the left and right boundaries. We noticed that the group averaged $\triangle Peak_{SJ}$ (baseline: −85.1 ms and A leading: −160.9 ms) was numerically more negative than the individual averaged PSS. This might be due to the use of different fitting functions: assuming symmetric boundaries, PSSs calculated from truncated Gaussians were more likely to indicate auditory lagging than those from ADS. However, the recalibration after effects indicated by $\triangle Peak_{SJ}$, which was calculated from each function(69.84 ms versus 75.80 ms) almost matched.

Interestingly, in addition to the leftwards peak shifts, as manifested in Fig. 1(c) and (d), the fusion responses appeared to increase when comparing the A leading with baseline condition but more at the direction of the adapted temporal lag. Paired-sample t tests revealed that the most significant fusion increase appeared at the leftmost SOA ($ts>2$), and p values almost linearly increased from 0.002 to 0.048 when SOA shifted from −533 ms to 267 ms(*Cohen' sd*: 1.17 - 0.64), while fusion failed to increase significantly at two rightmost SOAs (although marginally significant, $p$=0.074and 0.098, *Cohen' sd*=0.57 and 0.52, respectively).

Instead of the baseline condition, in the supplemental results we tried another contrast condition (i.e., the adapted synchrony condition, which was fortunately conducted before formal experiment sessions) to test whether the above results were stable. These two contrast conditions were almost identical except that participants had to respond to every speech pair presented in the baseline condition but only to the test speech pair after 3~5 adapted speech pairs which were physically simultaneous in the adapted synchrony condition. Both these contrast conditions have been used in other studies(Asakawa et al., 2012; Fujisaki et al., 2004; Roseboom & Arnold, 2011). Our supplemental results successfully replicated the main results above that the simultaneity and fusion peak responses independently shifted toward the adapted temporal lag and more salient increase of fusion response appeared at the direction of the adapted temporal lag (Fig. 1(c) and (d) and Supplemental Fig. 1(a) and (b)). But notice that the differences between the baseline and adapted synchrony conditions also caused some inconsistency when they were compared with the A leading condition, which was discussed in the supplemental results.

## 4 Discussion

Recalibration of perceptual simultaneity has been demonstrated in several studies (Fujisaki et al., 2004; Roseboom & Arnold, 2011; Vatakis et al., 2008; Jean Vroomen et al., 2004), but evidence for recalibration of multisensory integration was rare(Asakawa et al., 2012; Fujisaki et al., 2004) and no study has elucidated the characteristics of these two recalibration patterns. The present study obviously showed that after exposure to asynchrony, the peak responses of perceptual synchrony and multisensory integration consistently shifted toward adapted temporal lag. At the first glance, these similar recalibration aftereffects suggest a common mechanism which uniformly modulates the responses post exposure to asynchrony, but there are some arguments against this assumption.

First, several behavioral studies have revealed a separation between perceptual synchrony and multisensory integration in normal participants (Soto-Faraco & Alsius, 2007, 2009) and patients (Freeman et al., 2013; Martin et al., 2013). And we also observed unmatched temporal windows in the present study: the temporal window was narrower for McGurk effect than SJ task, implying that participants could resolve temporal order implicitly without awareness (Fig. 1(c) and (d)). More importantly, these recalibration aftereffects of perceptual synchrony and multisensory integration did not significantly correlate with each other. The lack of correlation further supports the dissociation between these two processes. Taken together, it is plausible to assume that the recalibrations of perceptual synchrony and multisensory integration are performed by separate mechanisms, which probably follow the same principle when their temporal relationships need adjustment.

Although there is apparent dissociation between perceptual synchrony and multisensory temporal integration, their neural networks always overlap with each other. For discrimination between synchrony and asynchrony, neuroimaging studies have revealed that audiovisual synchrony - asynchrony detection primarily activates the insular, the superior colliculus (SC), the superior temporal sulcus (STS), the inferior parietal, temporal parietal conjunction (TPJ), and the prefrontal areas (Adhikari, Goshorn, Lamichhane, & Dhamala, 2013)(Bushara, Grafman, & Hallett, 2001; Dhamala, Assisi, Jirsa, Steinberg, & Kelso, 2007; Tömme Noesselt, Bergmann, Münte, Heinze, & Spence, 2012).Relevant and neighbor regions are ubiquitously activated in multisensory temporal integration, where synchronous versus asynchronous audiovisual stimuli were either passively observed (Calvert, Hansen, Iversen, & Brammer, 2001; Meredith et al., 1987), or task irrelevant (Fujisaki & Nishida, 2005; Toemme Noesselt et al., 2007). However, studies have found apparent dissociation when scrutinizing neural hubs for extracting temporal relationship independent of fusion or fusion independent of stimulus temporal correspondence.

Miller and D'Esposito (Miller & D'esposito, 2005) reported that regions consistently involved in perceptual fusion per se included Heschl's gyrus, STS, middle intraparietal sulcus, and inferior frontal gyrus, while abroad network of other areas, including the SC, anterior insula, and anterior intraparietal sulcus, were more involved with evaluating temporal correspondence regardless of fusion. Even in STS, separate sub-regions were proved to be relevant to synchrony and fusion, respectively (Stevenson, VanDerKlok, Pisoni, & James, 2011). Therefore, although temporal coincidence and fusion appear to be coded in similar neural network, they recruit different hubs. Accordingly, the reasonable implication of the present results is that recalibrations of perceptual synchrony and multisensory integration occur in different sub-regions of temporal networks but relying on common principles.

In addition, the present study have found that McGurk recalibration pattern was uniquely characterized by increased fusion responses at the direction of the adapted temporal lag, which was also observed in Ref. (Asakawa et al., 2012). This result could not be fully explained by fusion shifts because the unmatched responses at the direction of temporal lag between the baseline/adapted synchrony and the A leading conditions could not be eliminated by mere shifts. This is not the case when considering the perceptual synchrony. Therefore, the recalibration pattern of multisensory integration is somewhat different from that of perceptual synchrony, suggesting that the temporal correspondence should have the potential to communicate with fusion so that the fusion increase appears asymmetric post exposure to the temporal lag, despite that the neural hubs of fusion differ from those of temporal correspondence (Miller & D'esposito, 2005; Stevenson et al., 2011).

In conclusion, the present research revealed that after exposure to asynchronous McGurk speech, both syllable fusion and perceptual synchrony independently shifted toward the adapted temporal lag, with the fusion responses increasing greatly at the direction of the adapted temporal lag as well. Therefore, despite the dissociation between perceptual synchrony and multisensory integration, their recalibration patterns have both similarities and differences.

合作者:袁祥勇、毕翠华、尹华站、李宝林。原文载于*Neuroscience Letters*, 2014年第569卷。

# 专题四　时间认知分段综合模型研究

时间认知是一种什么性质的认知活动？它具有哪些基本特性？这是我们经常思考的问题。最终,我们认为,人类对时间的认知具有分段性和综合性。

# 引 言

经过多年的探索研究，我们对时间认知的性质有了较深入的认识。在1997年至2003年间，我们的学术团队提出了时间认知分段综合模型(range-synthetic model of time cognition)。模型是一种微理论，或一种有限度的解释。我们力图以执简驭繁的方式，阐述数据中或时间认知行为中所观察到的关系模式，即用两个特性——分段性和综合性来概括时间认知的性质。

人类对时间的认知具有分段性。时间：从瞬间到永恒，从无限的过去，经过现在，到无限的未来；它不仅仅是真实的，而且还是我们生活的主角。就像吃饭一样，我们只能一口一口地吃，不可能一口将一碗饭吞下去。对于时间，我们也只能分段地加以认知、加以规划，而不可能认知和规划无限的时间。时间认知的分段性在人生中随处可见：我们把记忆区分为感觉记忆、短时记忆和长时记忆；在自传体记忆中有着不同的时间结构；在未来时间或过去时间的划分上，较近的未来(或过去)常用的计时单位是秒和分，近的未来(或过去)常用的计时单位是小时、日、月，远的未来(或过去)常用计时单位是年、世纪等。

人类对时间的认知具有综合性。人类虽然没有专门的时间感受器，但时间总是与事件联系在一起的，因而对时间的认知便依赖于许多因素。它依赖于事件的数量与结构、通道特点、时序和时点的性质、注意资源、编码方式、分段和提取策略、实验指标，以及个体的时间信念、情绪、疾病等因素。人类的时间认知是多种因素综合的结果。

人类时间认知的分段性和综合性是紧密联系的，也是交互作用的，可以用其来描述、解释和预测诸多复杂的时间认知事实。

时间认知分段综合模型可以解释何嘉梅等人(2010)所发现的时间贴现(折扣)的分段现象。何嘉梅等人用三个实验和一个问卷调查结果发现，被试的时间贴现具有明显的分段性：从现在到未来2周内规避损失，偏好风险，愿意短期等待；从未来2周起到未来10年采取非补偿性策略，需求与风险并重，愿意长期等待；从未来10年到未来50年内规避风险，聊胜于无，不愿等待。该模型也能解释尹华站等人(2017)以视听刺激考查个体在不同任务负载条件下的差别阈限。尹华站等人发现，个体对100ms的加工不受任务负载影响，而1s的加工受任务负载的影响，任务负载越大，75%差别阈限越大。这表明1s范围内的视、听时距认知均具有分段性。该模型也能解释于晓琳等(2018)对“现在”有多长的研究结果。该研究用脑电图技术，以theta波和alpha波为指标，考查在工作记忆的保持阶段，1~4s时距知觉的分段性，结果发现，在2s、3s和4s时距条件下的alpha波波幅显著低于1s条件，说明人们在空时距条件下对“现在”的感知约为1s。

时间认知分段综合模型可以预测和指导新的研究方向。该模型强调时间认知受到多种因素的影响，其中时间信念会影响时间认知。在该模型的指导下目前我们的学术团队正在探索中国人偏爱的价值观对时序知觉的影响；还有另一项研究在探讨审美情趣对时间估计的影响。可以想见，这两项研究会在时间认知的分段性与综合性的交互作用上取得预期的结果。这些研究也将进一步发展时间认知分段综合模型。

# 未来时间的心理结构

## 1 引言

把时间观念置于重要位置,这是现代文明的一个重要特征。在现代科学中,时间已成为许多学科共同研究的一个课题。在心理学中,对时间的研究可以追溯至19世纪20年代对人差方程式的测量。但是,在20世纪60年代以前心理学家对人类经验中的时间现象的研究,仅限于经典的时间心理学问题,如对时距的知觉、估计、复制以及无差别点经验等。1970年以来,由于Block和Michon卓有成效的研究(Block,1974;Michon,1975),时间心理学领域中出现了大量的崭新的实验心理学研究文献。这些研究虽然仍试图回答许多经典性的问题,但侧重点却发生了根本性的变化。时间不再被简单地看作一种从输入到输出的同一的、不变的参数,而是被看成需要进行加工的重要信息。当前用信息加工观点对时间认知的研究,主要集中在对现在时间和过去时间的研究上(Fraisse,1984;W. J. Friedman,1993;Jackson,1990;Poynter,1989),而对未来时间的实证研究则相当少见(Trommsdorff,1987)。

物理时间是一元的,从无限的过去经现在向无限的未来延续。从时距长短来看,距今500年前与500年后在物理时间上是相等的。但心理时间的延续性却不等同于物理时间的延续性,尽管在一定的时间范围内两者可能是等质的,但超过一定范围便看出其间的异质性。"一日三秋","度日如年","浮生若梦","十年弹指一挥间"等谚语便说明了它们之间的异质性。过去时间的一部分我们曾经历过,未来时间是我们没有经历过的。人类对未来时间的认知结构具有哪些特点呢?本研究拟以日常生活中表示未来时间的修饰词为工具,对未来时间的心理结构进行初步的探讨。

## 2 研究方法

### 2.1 时间修饰词的收集

从《现代汉语词典》(中国社会科学院语言研究所词典编辑室编,商务印书馆,1983)和《词林》(张聿忠主编,工人出版社,1986)中选取表示未来时间的修饰词。选词的标准是:(1)所选的修饰词是日常生活中广泛使用的,而不是某些专业领域中使用的词(如佛教中的"永劫")或方言(如"拔白"、"傍晌"等)和口语(如"下半晌"、"来年"等);(2)所选的修饰词是不定时间词,而不是固定时间词(如"明天"、"即日"、"整年"等)。根据这两条标准,最后通过三位专家的评定,共选出39个修饰词,见表1的A栏。

### 2.2 问卷

为了消除顺序效应,39个未来时间修饰词随机地排列成两张问卷表。问卷包含下列两项内容:(1)未来时间长度赋值:要求被试用秒、分、小时、日、星期、月、年7个时间单位对39个未来时间修饰词进行赋值。即要求他们根据自己的感觉判断哪些时间修饰词应该与哪种时间单位相对应,并用这种时间单位为每个时间修饰词写出一定的数值。(2)未来时间模糊统计方法赋值:向被试呈现从0到100的直线数轴,要求他们参考数轴,根据每个未来时间修饰词的时间属性,从0到100中挑选出一个适当的数值范围或数来表明其意义。赋值的规则是:①该词表示的时间越指向未来,选取越大的数字;反之,越指向现在,选取越小的数字。②该词的时间词义越含混,给出的数值范围应越宽;反之,该词的时间词义是明确的、毫不含混的,就可以用[0,100]中的一个数来表示。(3)选择出来的数值范围或数必须限于给定的区间[0,100]。

### 2.3 被试

重庆大学、西南政法学院、西南师范大学的二、三年级学生共220人,其中男生131人,女生89人。

### 2.4 实施程序

集体分发问卷。主试讲解指导语后,让被试按照规定的要求,将答案填入空格内。被试完成整个问卷约40分钟。在做问卷前,告知被试完成此项工作后将给予适当的报酬,希望被试认真地加以完成。

## 3 结果与分析

### 3.1 时间长度赋值的结果和分析

220名被试用秒、分、小时、日、星期、月、年7个时间单位对未来时间修饰词所表示的时间长度进行赋值,所使用的时间单位、频数和众数列入表1的A栏。从表1的A栏可以看出:①虽然被试在对修饰词进行赋值时,所采用的时间单位不完全相同,但总的趋势是,在日常所用的未来时间修饰词中表征时间长度的单位是相当一致的。从众数值来看，39个时间修饰词中以年为单位计时的词最多（13个），其次是日（9个），再其次是秒（5个）、分（5个）、小时（4个）和月（3个），只有极少数被试是以星期为单位来对某些修饰词进行赋值的。②虽然被试在使用某种时间单位计量未来时间上存在个体差异，但在心理计时上，他们在用秒、分、时、日、月、年6种时间单位所表示的时间长度却都具有相对独立的范围。

表1 未来时间修饰词赋值的时间单位、频数、众数（A）以及量表值和模糊度（B）

| 编号 | 修饰词 | A 单位 | A 频数 | A 众数 | B $X_k$ | B $d_E(\underset{\sim}{A})$ |
|---|---|---|---|---|---|---|
| 1 | 瞬间 | s | 216 | 1 s | 0.03 | 0.132 |
| 2 | 刹那 | s | 200 | 1 s | 0.03 | 0.104 |
| 3 | 寸阴 | s | 139 | 1 s | 0.05 | 0.164 |
| | | min | 60 | | | |
| 4 | 立即 | s | 108 | 1 s | 0.01 | 0.163 |
| | | min | 102 | | | |
| 5 | 立刻 | s | 138 | 1s | 0.02 | 0.203 |
| | | min | 65 | | | |
| 6 | 马上 | s | 35 | 1 min | 0.07 | 0.230 |
| | | min | 151 | | | |
| 7 | 及时 | s | 38 | 1 min | 0.12 | 0.281 |
| | | min | 116 | | | |
| | | h | 36 | | | |
| 8 | 随后 | s | 56 | 5 min | 0.15 | 0.395 |
| | | min | 90 | | | |
| | | h | 38 | | | |

| 编号 | 修饰词 | A 单位 | A 频数 | A 众数 | B $X_k$ | B $d_E(\underset{\sim}{A})$ |
|---|---|---|---|---|---|---|
| 20 | 他日 | d | 100 | 1 d | 0.31 | 0.252 |
| | | mo | 37 | | | |
| | | yr | 71 | | | |
| 21 | 异日 | d | 156 | 1 d | 0.35 | 0.221 |
| | | yr | 32 | | | |
| 22 | 最近 | d | 146 | 3 d | 0.32 | 0.398 |
| | | wk | 40 | | | |
| 23 | 近来 | d | 123 | 3 d | 0.38 | 0.375 |
| | | wk | 49 | | | |
| | | mo | 38 | | | |
| 24 | 迟早 | d | 52 | 1 mo | 0.41 | 0.481 |
| | | mo | 82 | | | |
| | | yr | 50 | | | |
| 25 | 短期 | d | 58 | 1 mo | 0.40 | 0.251 |
| | | wk | 40 | | | |
| | | mo | 100 | | | |
| 26 | 近期 | d | 49 | 1 mo | 0.33 | 0.294 |
| | | wk | 48 | | | |
| | | mo | 101 | | | |

续表

| 编号 | 修饰词 | A | | | B | |
|---|---|---|---|---|---|---|
| | | 单位 | 频数 | 众数 | $X_k$ | $d_E(\underset{\sim}{A})$ |
| 9 | 一会儿 | min | 172 | 5 min | 0.06 | 0.242 |
| | | h | 31 | | | |
| 10 | 在即 | s | 61 | 10 min | 0.08 | 0.310 |
| | | min | 94 | | | |
| | | d | 37 | | | |
| 11 | 不久 | min | 35 | 1 h | 0.33 | 0.416 |
| | | h | 65 | | | |
| | | d | 46 | | | |
| 12 | 傍晚 | h | 211 | 2 h | 0.27 | 0.270 |
| 13 | 晚间 | h | 200 | 3 h | 0.26 | 0.235 |
| 14 | 晚上 | h | 214 | 12 h | 0.28 | 0.210 |
| 15 | 尔后 | min | 47 | 1 d | 0.34 | 0.309 |
| | | h | 43 | | | |
| | | d | 61 | | | |
| 16 | 即将 | min | 32 | 1 d | 0.35 | 0.320 |
| | | h | 36 | | | |
| | | d | 80 | | | |
| 17 | 旦夕 | min | 36 | 1 d | 0.34 | 0.496 |
| | | h | 74 | | | |
| | | d | 111 | | | |
| 18 | 即日 | h | 46 | 1 d | 0.30 | 0.122 |
| | | d | 169 | | | |
| 19 | 日后 | d | 83 | 1 d | 0.42 | 0.306 |
| | | mo | 40 | | | |
| | | yr | 79 | | | |

| 编号 | 修饰词 | A | | | B | |
|---|---|---|---|---|---|---|
| | | 单位 | 频数 | 众数 | $X_k$ | $d_E(\underset{\sim}{A})$ |
| 27 | 往后 | d | 40 | 1 yr | 0.54 | 0.452 |
| | | mo | 56 | | | |
| | | yr | 115 | | | |
| 28 | 后来 | d | 60 | 1 yr | 0.55 | 0.570 |
| | | mo | 42 | | | |
| | | yr | 90 | | | |
| 29 | 以后 | d | 46 | 10 yr | 0.59 | 0.340 |
| | | mo | 54 | | | |
| | | yr | 94 | | | |
| 30 | 今后 | d | 34 | 10 yr | 0.63 | 0.582 |
| | | mo | 31 | | | |
| | | yr | 129 | | | |
| 31 | 未来 | d | 31 | 10 yr | 0.72 | 0.590 |
| | | mo | 37 | | | |
| | | yr | 149 | | | |
| 32 | 将来 | d | 32 | 10 yr | 0.75 | 0.483 |
| | | mo | 35 | | | |
| | | yr | 150 | | | |
| 33 | 常年 | yr | 185 | 10 yr | 0.74 | 0.220 |
| 34 | 长期 | yr | 182 | 10 yr | 0.77 | 0.438 |
| 35 | 晚世 | yr | 212 | 20 yr | 0.78 | 0.453 |
| 36 | 永世 | yr | 211 | 100 yr | 0.83 | 0.310 |
| 37 | 永远 | yr | 214 | 100 yr | 0.86 | 0.630 |
| 38 | 恒久 | yr | 216 | 100 yr | 0.96 | 0.511 |
| 39 | 千秋万代 | yr | 220 | 1000 yr | 0.99 | 0.420 |

### 3.2 模糊统计试验赋值的结果和分析

根据模糊统计试验的赋值结果，用计算机统计程序，算出各修饰词隶属度最大值所对应的分点 Xk 和模糊集合$\underset{\sim}{A}$的欧几里德模糊度 $d_E(\underset{\sim}{A})$，其结果列入表 1 的 B 栏。从表 1 的 B 栏可以看出：①时间单位量表值，即由众数所对应的 Xk 值，由短的时间单位到长的时间单位，其基本上是由小到大按顺序排列的。②从直观上看，各时间单位的量表值之间的距离是不等的；与其他时间单位量表值的间距相比较，秒与分之间的间距、日与月之间的间距，都很接近。这表明，在日常用语中，秒与分、日与月是不加区别地使用的，即它们之间的心理距离较近。③从 $d_E(\underset{\sim}{A})$值来看，距现在越近的修饰词，其模糊度较小；距现在越远的修饰词，其模糊度越大。

## 4 讨论

### 4.1 时间修饰词与时间单位的对应关系

本研究要求被试以秒、分、小时、日、星期、月和年 7 种时间单位对 39 个时间修饰词进行赋值，在所得结果中我们没有把赋值的时间单位按物理时间进行换算，而是统计被试用某种时间单位对修饰词进行赋值的频数和众数。这样做的理由是：①心理时间与物理时间并不是等同的。如果将心理时间与物理时间等值加以计算，一味追求同一单位时间量的严密性，就会丧失用某种时间单位进行赋值的心理意义。这显然是不足取的。②已有的研究表明，日常生活中的时间修饰词都是模糊概念（黄希庭，孙承惠，1991）。日常生活中人们的心理时间多数情况下不是严格数量化的时间。例如，假定以秒为单位，1 分钟是 60 秒，1 小时是 3600 秒，1 年是 3153.6 万秒，日常生活中人们使用的时间修饰词以某种时间单位来衡量时显然不是这样来计算的。③时间修饰词虽然是模糊的，但它们所表示的时间却都有一定的范围。例如，说“一会儿”，大约不会超过几个小时，说“永世”也不会指一年半载。这说明时间修饰词与一定的时间单位有对应关系，并且有大致的范围。从表 1 的 A 栏可以看出，时间修饰词与时间单位的对应关系有些比较明确，有些则较模糊。其中比较明确的有：秒与“瞬间”、“刹那”，分与“一会儿”、“马上”，小时与“不久”、“傍晚”，日与“异日”、“旦夕”，月与“短期”、“近期”，年与“往后”、“后来”、“今后”等。为了检验这一结论，我们在大学一年级学生（42 人）中进行了未来时间长度赋值的重测。结果表明，两次测试得到的未来时间修饰词赋值的时间单位的频率，除了“及时”、“随后”、“即将”、“迟早”、“近期”5 个词的赋值单位有一些差异外，其余 34 个时间修饰词的赋值单位十分接近。再一次证明，时间修饰词与一定的时间单位有对应关系。人们在使用某个时间修饰词时，总是自觉或不自觉地以某种时间单位来衡量。

### 4.2 未来时间的分段问题

人类对于物理时间的利用是以自己确定的时间单位，根据不同的用途而加以分段的（G.J.威特罗，1982）。人们对于未来时间的思考和筹划也是以自己所确定的时间单位来加以分段的。这明显地表现为39个时间修饰词在心理量表值上距离的不同。从表1的B栏的量表值可以看出，以秒和分为单位衡量的10个时间修饰词在心理量表值上是十分接近的，这种未来时间可以称为“较近的未来”。以秒和分为单位的“较近的未来”在心理量表值上十分接近，很明显地反映在人们的日常生活语言中。例如，成语“分秒必争”、“争分夺秒”、“五分钟热度”等都表明，秒和分表达的是较近的未来时间，在心理距离上十分接近。从表1的B栏还可以看出，以小时、日和月为单位计时的16个时间修饰词的心理量表值相当接近，这种未来时间可以称为“近的未来”。日和月两种时间单位在心理量表值上的接近，有许多成语可为佐证。例如，“日积月累”、“日就月将”、“日新月异”、“日削月朘”、“日月如梭”等，都表明在日常用语中，日和月在心理距离上是很接近的。至于“小时”与“日”、“月”这两个时间单位在心理距离上的接近，这在我国的成语中尚未找到解释。关于这个问题，我们将留待以后继续研究。以年为单位表达的未来时间修饰词在心理量表值上也相当接近。这种未来时间属于“远的未来”。许多日常用语，如“十年树木，百年树人”、“百年大计”、“百年不遇”、“千载难逢”、“亿万斯年”等，都是以“年”为单位表达“远的未来”。人类的心理活动主要是用言语来表达的。根据本研究结果所测得的心理量表值的不同，把人们未来的心理时间划分为三个时间段，即以秒和分为计时单位的“较近的未来”，以小时、日和月为计时单位的“近的未来”，以及以年为计时单位的“远的未来”，看来是有根据的，可信的。

### 4.3 未来心理时间的模型

从表1的B栏大致可以看出，离现在越近的时间修饰词，其词义模糊度[$dE(\underset{\sim}{A})$]越小，而离现在越远的时间修饰词，其词义模糊度则越大。已有的研究表明，词义的模糊度与评量的把握度呈负相关（黄希庭，孙承惠，1991）；也就是说，离现在越近的时间修饰词，评量的把握度越大；离现在越远的时间修饰词，评量的把握度越小。

以上分析的是大多数被试对未来时间修饰词赋值结果的一般趋向，但被试间也有相当大的个体差异。人们的未来时间是受许多因素制约的。Fraisse（1981）指出，未来的表征依赖于过去，一个人的过去越丰富，在他面前展现的未来也越广阔。Nuttin认为，我们的时间透视取决于许多心理社会因素，其中年龄、文化、成败经验具有决定性作用。Friedman（1990）的研究指出，文化、人格和心理疾病等因素对未来时间透视有深刻的影响。此外，我们的研究表明，未来时间展望与人们的人生观、价值观有密切的联系（黄希庭,张进辅,李红,1994)。这些因素都可能导致人们的未来心理时间的个体差异和团体差异,并在赋值中表现出来。

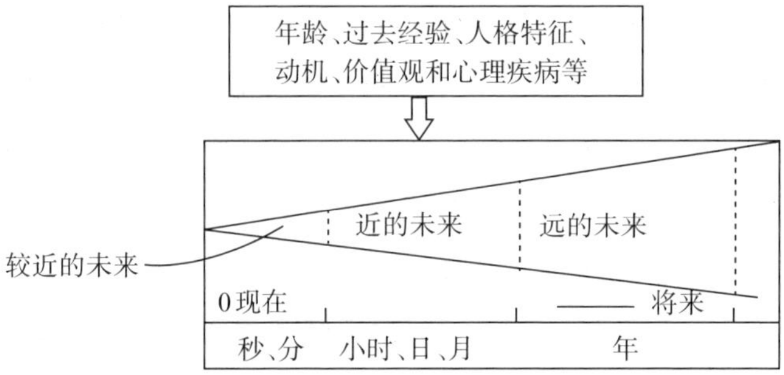


图1 未来时间的心理结构模型

根据上述分析,我尝试提出一个关于未来时间的心理结构的模型(图1)。图1中,下面大的长方框表示未来时间透视,其中横轴表示从现在指向未来的各种度量时间的单位(即时间量尺)。时间透视同一定的时间单位相对应:以"秒"和"分"为单位度量的未来时间是"较近的未来",以"小时"、"日"和"月"为单位度量的是"近的未来",以"年"为单位度量的是"远的未来"。虚线表示的是未来时间透视的模糊度,随着从现在越来越指向未来,其心理时间的模糊度也越来越大。未来的心理时间又是受人们的年龄、过去经验、人格特征、动机、价值观和心理疾病等因素的制约的。图1中上面的小长方框表示制约未来时间透视的诸因素。图1仅根据本研究结果及前人的一些研究结果描述了人们未来时间心理结构的大致情况。该模型中的一些细节尚待进一步的研究。

## 5 小结

本研究结果表明:

(1)选用的39个不定的未来时间修饰词与秒、分、小时、日、月、年有一定的对应关系。

(2)未来的心理时间分为三个时间段,即以秒和分为计时单位的"较近的未来",以小时、日、月为计时单位的"近的未来",以及以年为计时单位的"远的未来"。

(3)离现在越近的未来时间修饰词,词义模糊度越小,评量的把握度越大;而离现在越远的未来时间修饰词,词义模糊度越大,评量的把握度越小。根据未来时间修饰词词义赋值的结果,作者提出了一个未来时间的心理结构模型。

原文载于《心理学报》,1994年第2期。

# 过去时间的心理结构

## 1 引言

心理时间由时序(temporal succession)、时距(temporal duration)和时间透视(temporal perspective)等多种成分构成。时序是指事件出现的顺序(order)、位置(position)和间隔(lag),也就是个人所知觉到的事件的相继性和顺序性。时距是指时间的长短,即每一事件的持续时间。汉语中"时间"的"间",意为持续性被分成各个片段,有计量的含义。事件的持续时间是个人在编码和(或)回忆时觉知到的。时间透视是指个人对过去、现在和未来时间的经验和观念。这里所讲的经验和观念也包括个人对过去、现在和未来的情感、态度和预期。心理时间不同于物理时间。它不完全是认知性的。人们头脑里的心理时间总是受其情感、需要、价值观、性格、知识经验等因素的影响。

每一种文化中的时间修饰词都沉积着该种文化下人们的心理时间。我们的研究已经表明,通过对修饰词的赋值来探索人们时间经验的特点是相当有成效的(黄希庭,1994;黄希庭,孙承惠,1991)。例如,汉语的未来时间修饰词与秒、分、小时、日、月、年有一定的对应关系。未来的心理时间分为3个时间段,即以秒和分为计时单位的"较近的未来",以小时、日和月为计时单位的"近的未来",以及以年为计时单位的"远的未来"。那么,可否用过去时间修饰词来探讨人们过去时间的心理结构?人们的过去时间的心理结构是否与未来时间的心理结构有相类似的特点呢?本研究的目的是用计时单位和模糊统计试验方法对汉语的过去时间修饰词作经验赋值,来探讨我国大学生过去时间心理结构的特点。

## 2 研究方法

### 2.1 材料

从《现代汉语词典》(中国社科院语言研究所词典编辑室编,商务印书馆,1983)和《词林》(张聿忠主编,工人出版社,1986)中选取表示过去时间的修饰词。选词的标准是:(1)所选的修饰词是日常生活中广泛使用的,而非特定专业领域中使用的词或方言和口语;(2)所选的修饰词是不定时间词而非固定的时间词。根据这两条标准,最后通过3位专家的评定，共选出40个修饰词，见表1的A栏。

### 2.2 问卷

为了消除顺序效应，40个过去时间修饰词随机地排列成两种问卷。两种问卷都包含以下两项内容：(1)过去时间长度赋值：要求被试用秒、分、小时、日、星期、月、年7个时间单位对40个过去时间修饰词进行赋值。即要求被试根据自己的经验对表中列出的时间修饰词应该与哪种时间单位相对应做出判断，并用该时间单位判断每个时间修饰词的数值。(2)过去时间模糊统计方法赋值：向被试呈现从0~100的直线数轴，要求他们参照数轴，根据自己对每个过去时间修饰词的时间属性的理解从0~100中挑选出一个适当的数值范围或数来表明其意义。赋值的规则是：①该词所表示的时间越指向过去，选取越大的数字；反之，越指向现在，选取越小的数字。②该词的时间词义越含混，给出的数值范围应越宽；反之，该词的时间词义是明确的，就可用数轴上的一个数来表示。③选取出来的数值范围或数必须在给定的区间[0,100]。

### 2.3 被试

408名一、二、三、四年级大学生，男218人，女190人；文科236人，理科172人。

### 2.4 实施程序

以班为单位集体发放问卷。主试讲解指导语后，要求被试按规定将答案认真填入空格内。被试完成问卷的时间约为40分钟。在答卷前，告知被试完成问卷后将得到一定的报酬。

## 3 结果与分析

### 3.1 时间长度赋值的结果与分析

表1的A栏表示的是被试用秒、分、小时、日、星期、月、年7个时间单位对过去时间修饰词赋值所使用的时间单位及其长度的频数和众数。其结果显示：(1)被试使用某个时间单位对各修饰词的赋值结果是不大相同的，与我们日常生活中所使用的过去时间修饰词所表示的时间长度单位的基本倾向是相当一致的。从频数上看，对前面的22个时间修饰词主要是以秒、分、日、月这几个时间单位进行赋值的。从众数值来看，40个时间修饰词中以年为单位进行赋值的词最多(18个)，其次是日(9个)，再其次是秒(5个)、

小时（3个）、月（3个）、分（2个）。（2）被试用何种时间单位对过去时间修饰词进行赋值有相当大的一致性，但也有个别差异。其中对瞬间、刹那、往年、近年、过去、早年、由来已久、现代、近代、从前、很久以前、亘古等的赋值具有相当高的一致性，而对之前、近来、往常等的赋值则相当不一致。总的来看，被试在用秒、分、小时、日、月、年对一些过去时间修饰词进行赋值上具有相当高的一致性；而以星期为时间单位对某个时间修饰词赋值的却相当少。

### 3.2 模糊统计试验值的结果与分析

以模糊统计试验的赋值结果，求出各时间修饰词隶属度的最大值，所对应的分点 $X_K$ 和模糊集合的欧几里德模糊度 dE($\underset{\sim}{A}$)，此项结果列入表1的B栏。从此项结果可以看出：（1）时间单位量表值，即由众数所对应的 $X_K$ 值是时间单位的增函数，也就是说随着时间单位由小到大，其量表 $X_k$ 也基本上是按从小到大的顺序排列的。这表明，$X_k$ 越小，时间修饰词所表示的时间距现在越近。（2）从直观上看，虽然各时间单位的量表值之间不等距，但仍然可以看出，秒与分比较接近，日与月比较接近，它们之间似乎是不加区别地使用的。（3）从 dE($\underset{\sim}{A}$)值来看，距现在越近的时间修饰词，模糊度越小，距现在越远的时间修饰词，模糊度越大；时间修饰词蕴含的时间范围较宽，与其对应的dE($\underset{\sim}{A}$)值也较大。

## 4 讨论

### 4.1 过去与未来心理时间的对称性问题

本研究要求被试用秒、分、小时、日、星期、月和年7个时间单位对40个过去时间修饰词赋值的结果，如表1的A栏所示，相当多的过去时间修饰词与某个时间单位有明确的对应关系。绝大多数被试对“瞬间”、“刹那”、“瞬时”、“寸阴”是以秒来度量的；对“一会儿”、“刚才”是以“分”来度量的；对“目前”、“前夕”、“新近”、“早期”、“往日”是以“日”来度量的；而对“往年”、“近年”、“过去”、“从来”、“早年”、“由来已久”、“现代”、“近代”、“从前”、“很久以前”、“亘古”则是以“年”来度量的。从表1的B栏的量表值可以看出，以秒、分为度量单位的7个时间修饰词在心理量表上的距离十分接近，它们在过去时间的心理结构中可称为“较近的过去”；以小时、日、月为度量单位的15个时间修饰词在心理量表上的距离看来也比较接近，它们可称为“近的过去”；而以年为单位的18个时间修饰词在心理量表上也相当接近，它们可称为“远的过去”。这一结果与我们对未来时间心理结构的分段是完全相对称的。

表1 过去时间修饰词赋值的时间单位、频数(A)以及量表值和模糊度(B)

| 编号 | 修饰词 | A | | | B | |
|---|---|---|---|---|---|---|
| | | 单位 | 频数 | 众数 | $X_K$ | $d_E(\underset{\sim}{A})$ |
| 1 | 瞬间 | s | 408 | 1 s | 0.00 | 0.253 |
| 2 | 寸阴 | s | 354 | 1 s | 0.01 | 0.261 |
| | | min | 51 | | | |
| 3 | 瞬时 | s | 322 | 1 s | 0.00 | 0.272 |
| | | min | 74 | | | |
| 4 | 刹那 | s | 408 | 1 s | 0.02 | 0.281 |
| 5 | 眼前 | s | 139 | 1 s | 0.05 | 0.180 |
| | | min | 117 | | | |
| | | d | 123 | | | |
| 6 | 刚才 | min | 275 | 5 min | 0.05 | 0.321 |
| | | h | 92 | | | |
| 7 | 一会儿 | min | 289 | 10 min | 0.05 | 0.321 |
| | | h | 78 | | | |
| 8 | 伊始 | min | 140 | 1 h | 0.16 | 0.342 |
| | | h | 214 | | | |
| 9 | 不久 | min | 98 | 1 h | 0.13 | 0.307 |
| | | h | 162 | | | |
| | | d | 120 | | | |
| 10 | 最近 | h | 159 | 2 h | 0.18 | 0.396 |
| | | d | 124 | | | |
| | | wh | 89 | | | |
| 11 | 前夕 | h | 126 | 1 d | 0.15 | 0.383 |
| | | d | 258 | | | |
| 12 | 之前 | h | 121 | 1 d | 0.15 | 0.368 |
| | | d | 158 | | | |
| | | mo | 121 | | | |
| 13 | 事先 | h | 172 | 1 d | 0.16 | 0.353 |
| | | d | 192 | | | |
| 14 | 目前 | d | 222 | 1 d | 0.18 | 0.388 |
| | | mo | 145 | | | |
| 19 | 往日 | d | 240 | 10 d | 0.10 | 0.340 |
| | | mo | 73 | | | |
| | | yr | 60 | | | |
| 20 | 近期 | d | 77 | 1 mo | 0.22 | 0.376 |
| | | wk | 69 | | | |
| | | mo | 213 | | | |
| 21 | 初期 | d | 89 | 1 mo | 0.28 | 0.375 |
| | | mo | 124 | | | |
| | | yr | 132 | | | |
| 22 | 往常 | d | 102 | 3 mo | 0.28 | 0.416 |
| | | mo | 149 | | | |
| | | yr | 115 | | | |
| 23 | 至今 | d | 87 | 1 yr | 0.34 | 0.580 |
| | | yr | 282 | | | |
| 24 | 以前 | d | 85 | 2 yr | 0.35 | 0.518 |
| | | mo | 81 | | | |
| | | yr | 212 | | | |
| 25 | 往年 | yr | 371 | 3 yr | 0.38 | 0.489 |
| 26 | 近年 | yr | 389 | 3 yr | 0.37 | 0.452 |
| 27 | 原先 | d | 89 | 3 yr | 0.40 | 0.474 |
| | | mo | 91 | | | |
| | | yr | 191 | | | |
| 28 | 先前 | d | 89 | 5 yr | 0.41 | 0.474 |
| | | mo | 87 | | | |
| | | yr | 181 | | | |
| 29 | 后期 | mo | 105 | 10 yr | 0.42 | 0.439 |
| | | yr | 274 | | | |
| 30 | 过去 | yr | 359 | 10 yr | 0.22 | 0.495 |
| 31 | 前期 | mo | 172 | 10 yr | 0.45 | 0.493 |
| | | yr | 192 | | | |

续表

| 编号 | 修饰词 | A | | | B | | 编号 | 修饰词 | A | | | B | |
|---|---|---|---|---|---|---|---|---|---|---|---|---|---|
| | | 单位 | 频数 | 众数 | $X_K$ | $d_E(\underset{\sim}{A})$ | | | 单位 | 频数 | 众数 | $X_K$ | $d_E(\underset{\sim}{A})$ |
| 15 | 平时 | d | 148 | 1 d | 0.11 | 0.392 | 32 | 以往 | mo | 111 | 10 yr | 0.40 | 0.503 |
| | | mo | 129 | | | | | | yr | 261 | | | |
| | | yr | 111 | | | | 33 | 从来 | yr | 384 | 10 yr | 0.44 | 0.504 |
| 16 | 新近 | d | 220 | 2 d | 0.18 | 0.340 | 34 | 早年 | yr | 388 | 10 yr | 0.45 | 0.423 |
| | | wk | 106 | | | | 35 | 由来已久 | yr | 385 | 10 yr | 0.50 | 0.646 |
| | | mo | 81 | | | | 36 | 现代 | yr | 379 | 50 yr | 0.47 | 0.456 |
| 17 | 近来 | *d* | 131 | 5 d | 0.12 | 0.407 | 37 | 近代 | yr | 388 | 100 yr | 0.15 | 0.492 |
| | | *wk* | 122 | | | | 38 | 从前 | yr | 378 | 100 yr | 0.52 | 0.519 |
| | | *mo* | 111 | | | | 39 | 很久以前 | yr | 390 | 100 yr | 0.80 | 0.524 |
| 18 | 早期 | *d* | 245 | 10 d | 0.10 | 0.407 | 40 | 亘古 | yr | 404 | 1000 yr | 1.00 | 0.538 |
| | | *mo* | 133 | | | | | | | | | | |

为什么过去的心理时间与未来的心理时间是对称性的？这可能是因为：(1)心理上的未来时间总是以过去经验为基础而建构的。正如Michon所说，过去总是作为未来的一种可能性而出现，而所发生的事件总是期待着作为某种现实可能性的未来(Michon, 1997)。(2)我们中国人的一种心理特点。众所周知，中国人的时间观念是在循环中进行度量的。例如，天干(甲、乙、丙、丁、戊、己、庚、辛、壬、癸)和地支(子、丑、寅、卯、辰、巳、午、未、申、酉、戌、亥)合称为干支。以十干同十二支循环相配，可成为甲子、乙丑、丙寅……六十组，称为“六十花甲子”，用来表示年、月、日和时的次序，周而复始，循环使用。至今我国夏历的年和日仍用干支量度，循环使用。这种文化的历史沉积可能使人们在使用时间修饰词时反映出来：未来是与过去相对称而循环的。

### 4.2 很少用星期对时间修饰词进行赋值的问题

在本次研究中，只有少数被试以“星期”即周为单位，对“最近”、“新近”、“近来”、“近期”4个过去时间修饰词进行赋值。在我们上一次的研究中，也只有少数被试以“星期”为单位对“最近”、“短期”、“近期”、“近来”4个未来时间修饰词进行赋值，同样都没有达到众数的水平(黄希庭，1994)。我们的大学生被试的学习活动是以星期为单位安排的，而他们在对时间修饰词进行赋值时却很少以星期为单位，这是为什么呢？这个问题，似乎也只能从我国传统文化的时间经验中找到答案。在我国的传统文化中，计算时间顺序和长短，除了上述的“六十花甲子”外，还有一年的24个节气、一昼夜的12个时辰，而

“星期”则是从国外传入的。心理时间肯定受时间经验者的特征的影响。时间经验者的一些重要特征如种族、人格特征、兴趣、时间观念和先前的经验等对心理时间会产生深刻的影响(Block,1990)。而这些重要特征是不能不受传统文化影响的。这种潜在的影响,可能使我们的大学生被试很少用星期为单位对时间修饰词进行赋值。

我们推想,如果其他民族(例如犹太人)对他们所使用的时间修饰词进行赋值,其时间单位可能较多地使用星期。因为犹太教十分重视安息日。正如Gardet所说:“假如你在沙漠或极地迷了路,与其他犹太人失去了联系,假如你忘记今天是一周的哪一天,那么你所需要做的一切就是为自己择定第一日,尔后数到第七日,那将是你的安息日。”(Garnet,郑乐平,胡建平译,1988)。在这种传统文化的影响下,以安息日、安息年来度量心理时间,估计是相当普遍的。如果在这方面进行跨文化研究,将会加深我们对心理时间性质的认识。

### 4.3 时间透视的问题

时间透视影响着人们看待时间的方式以及与过去、现在、未来有关的问题。本研究通过对时间修饰词进行赋值探讨过去时间的心理结构,其实也就是对人们时间透视的研究。本研究得出的两项结论:(1)过去心理时间与未来心理时间分段的对称性;(2)离现在越近的过去时间修饰词,词义模糊度越小,评量的把握度越大。而离现在越远的过去的时间修饰词,词义模糊度越大,评量的把握度越小。这与人们的时间透视是一致的。对时间透视的研究表明,人们倾向于把时间看成从过去、经过现在到将来的连续体,但现代物理学不需要有从过去、到现在和将来的时间经过的概念(Fraser,1987)。这也可以说是间接地证明了本研究结果的可信度。

时间透视是时间心理学的一个重要研究课题。由于它所含的成分的复杂性以及研究手段上的局限性,这一研究领域一直进展不大(Fingerman & Perlmutter,1995;Melges,1990;Rappaport,Enrich,& Wilson,1985)。时间透视的心理结构至少包含认知和情感两种成分并且受文化因素的制约(Block,Saggau,& Nickol,1984)。而以往对时间透视的研究主要是采用问卷法考查其认知成分。本研究用7个时间单位和模糊统计试验方法对40个过去时间修饰词作经验赋值,虽然仍然考查透视的认知成分,但从方法上来说,是一种创新,并且更能揭示时间经验的模糊性。

## 5 结论

本研究结果表明：

（1）过去时间和未来时间在心理结构上是对称的，分为三个心理时间段，即以秒和分为计时单位的“较近的过去”和“较近的未来”，以小时、日和月为计时单位的“近的过去”和“近的未来”，和以年为计时单位的“远的过去”和“远的未来”。

（2）随着时间修饰词的词义离现在由近至远，其词义的模糊度趋于变大，而评量的把握度则变小。

（3）很少有被试以星期为计时单位对时间修饰词进行赋值。

合作者：孙承惠、胡维芳。原文载于《心理科学》，1998年第1期。

# 自我同一性状态对时间透视体验的结构关系研究

## 1 问题

我们对自己的将来都抱有各种各样的目标和希望并进行着努力，各人所设定的未来也就操纵着我们现在的行动，从而实现着一种组织化的动力性功能。理论上，Frank（1939）首先提出时间透视（time perspective）的概念，认为有关文化决定的时间性的态度以及过去和未来之间的动力的相互作用会给人的行动带来影响。其后，Lewin（1942）在其场论中提出时间透视的一个要素为生活空间，认为个人的生活空间不仅指现在，也包含于过去与未来之中，个人的时间透视与习俗（morale）之间有密切的关联。进入50年代以后，为了获得时间透视与社会阶层、不良行为等的关系的实证资料，有很多研究触及时间透视的结构和内容；而在人格心理学领域，以Allport（1950）和Maslow（1962）们为首的很多研究者曾指出时间透视在现实的人类生活中具有实现未来的重要功能。

但是，对于时间透视发生这些作用的心理结构基础及作用机制，迄今还没有一个较为完整的理论加以说明。认知心理学的进展已表明了心理时间不同于物理时间的性质：时间透视是对过去和未来的意识范围，以及对过去、现在和未来的相对注意；过去（现在之前）与现在（过去之后）的区别之所以进入意识的范围，是源于长期记忆，特别是情节记忆与预期框架的结构（黄希庭、郑涌，1995；Block，1990；Michon & Jackson，1985）。最近，黄希庭（1994）以未来时间修饰词为材料，探讨其与心理时间的对应关系，揭示了心理未来是从较近的未来、近的未来向远的未来移动的过程。尔后，又揭示过去时间有着与未来时间对称的心理结构（黄希庭、孙承惠、胡维芳，1998）。本文则试图揭示个体所处的一定的自我同一性状态（identity-status）在过去、现在与未来的各种时间体验及其在关系上所具有的整合作用。

自我同一性（self-identity）是由新精神分析学家E. H. Erikson提出的一个用以说明青年时期心理发展关键、代表人格进入成熟状态的一个术语。这一概念也已在国内心理学界广泛使用。最简单说，它是个体对`我是谁?”与“我将走向何方?”的问题的回答，一种不再惶惑迷失的感受。在这个意义上，自我同一性可分为自认达成型（identity achievement）与自认扩散型（identity diffusion）两种状态。值得注意的是，虽然同一性概念已被看作理解青年期心理社会发展的中心的整合结构，但Erikson本人的看法还不止于此.例如，Erikson写道：“这一时期（青年期）所要成全的我已称之为一种内在的同一感。为此，年轻人就必须在他经历了漫长的儿童期所成为的‘我’与他自认为的我，以及与他所觉察到的别人看待和期望他的'我'之间感到一种发展的连续性。"(Erikson,1968)。这其中,显然已包含了在个体的过去、现在和预期的未来之间的主观连续性的结构功能的内涵,为了深入探讨这种结构功能,本文将选取大学生为研究对象,这不仅是因为他们正处在青年期这一同一性形成的关键期,而且由于其特有的四年学制所带来的当前学习任务与未来就业目标之间的时滞,其自我同一性问题更为突出。

## 2 研究方法

### 2.1 被试

不同年级大学生被试共641名,其中男399名,女242名,共得有效问卷489份。

### 2.2 测量工具

#### 2.2.1 大学生自我同一性状态量表

在围绕"我是谁?"与"我将走向何方?"对大学生进行的深度访谈的基础上,参考Erikson(1959,1968,1987)对同一性问题的经典论述及同一性缺失的临床症状描述(Akhtar,1984),经量表编选工作,确定了36个项目,作5级评定。该量表的1月间隔重测稳定性系数为0.828,同质性系数a为0.890,Cuttman分半系数为0.895;与Zung自评焦虑量表及16PF之稳定性、忧虑性、紧张性、兴奋性及敢为性的相关均在0.400左右,呈极显著相关($P<0.001$),表现出一定的关联效度。

#### 2.2.2 时间透视体验量表

在对大学生时间体验维度的因素探析(郑涌、黄希庭,1997)的基础上,参考一些以SD法所做的时间透视研究(黄希庭、李宏翰,1995;Nuttin & Lens,1985),经SD法量表编选工作选定10对形容词(快乐的—痛苦的、美好的—可怕的、充实的—空虚的、诱人的—乏味的、充满希望的—没有希望的、松弛的—紧张的、清晰的—模糊的、稳定的—不稳定的、有计划的—无计划的、重要的—不重要的)。分别以"我感到,我的过去是"、"我感到,我的现在是"、"我预感,我的未来是"和"我希望,我的未来是"进行提示,用SD法7级评定测量被试对过去、现在、预期未来和理想未来的时间体验。经与对时间参照自我概念量表同样的处理,各分量表剩余项目5~8个,其a系数在0.794~0.889之间。

### 2.3 施测

1996年10月—12月间,以班为单位进行团体测试。

# 3 结果与讨论

## 3.1 大学生时间透视体验的一般状况

以被试在时间透视体验各分量表的平均分作为相应的时间体验指标，最消极的到最积极的体验的得分范围在1~7分之间。全部489名大学生在各种时间体验之得分的平均数和标准差为：过去5.27±1.04，现在4.5±1.10，预期未来5.43±1.01，理想未来6.34±0.59，可见，大学生的各种时间体验总的来说都是积极的，但比较而言，其中对理想中的未来抱有最为积极的体验，对现状最为不满，而过去体验和预期未来体验的得分都较高，流露出对过去（可能指中小学时代）的某种留恋和对未来（可能指就业以后）的乐观情绪。

另外，对各种时间体验的4（年级：一、二、三、四）×2（性别：男、女）ANOVA分析表明，各种时间体验之间没有显著差异（$P>0.05$），仅在过去体验方面有显著的年级主效应（$F(3.481)=2.65$，$P<0.05$）。描述统计显示，过去体验在一、四年级较为消极，二、三年级较为积极，呈倒"U"形曲线。这与对大学生自我概念的研究（郑涌，1997）中发现的正"U"曲线相映——愈是处在较低的自我评价中，对过去自然愈加抱有留恋之情；反之亦然。时间体验与自我概念的关系，将另文深加探讨。

## 3.2 不同同一性状态的时间透视体验

由于同一性状态量表得分呈正态分布，且理论中值落在正负1个标准差之内，因此按正负1个标准差将全体被试的自我同一性状态分为自认达成型、中间型和自认扩散型三组。表1显示，自我同一性状态与各种时间透视体验之间呈普遍的正相关（$P<0.001$）；三组被试在各种时间透视体验上都有差异，其中对现在、预期未来、过去的体验上差异极显著（$P<0.001$），在理想未来体验上也有显著差异（$P<0.05$）；随着被试的同一性状态由达成型到中间型，再到扩散型，其对过去、现在、预期未来和理想未来的时间体验表现得越来越消极。

表1 各种时间透视体验与同一性状态的相关性及不同状态组的平均值

| 时间透视体验 | 相关 | 同一性状态 | | | $F(2,486)$ |
|---|---|---|---|---|---|
| | | 自认达成型($N$=78) | 中间型($N$=328) | 自认扩散型($N$=83) | |
| 过去体验 | 0.254** | 5.66±0.89 | 5.30±0.96 | 4.76±1.25 | 16.84### |
| 现在体验 | 0.605** | 5.54±0.86 | 4.60±0.89 | 3.41±1.05 | 111.38### |

续表

| 时间透视体验 | 相关 | 同一性状态 | | | $F(2,486)$ |
|---|---|---|---|---|---|
| | | 自认达成型($N$=78) | 中间型($N$=328) | 自认扩散型($N$=83) | |
| 预期未来体验 | 0.391** | 6.05±0.72 | 5.43±0.94 | 4.83±1.14 | 33.71### |
| 理想未来体验 | 0.142** | 6.48±0.46 | 6.34±0.57 | 6.21±0.72 | 4.3# |

注：*表示$p<0.01$，**表示$p<0.001$；#表示$p<0.05$，##表示$p<0.01$，###表示$p<0.001$

值得注意的是，同一性状态与现在体验的关系最为密切，$r(489)=0.605$，$P<0.001$，不同统合状态在现在体验上的差异也最大，($F(2,486)=111.38$，$P<0.001$，预期未来体验次之，再次是过去体验。这一结果也间接反映了青年期自我同一性的两个基本问题——“我是谁？”与“我将走何方？”，由此也可以对青年人更积极地看待未来而不是指向过去的现象（黄希庭、李宏翰，1995）做出一定解释。

### 3.3 自我同一性统合状态与各种时间体验之间的回归

#### 3.3.1 各种时间体验的多元回归分析

为了从总体上把握各种时间体验在从过去到未来的时间发展维度上的相关性，本研究采用enetr法做了回归分析。表2是全部489名被试资料的回归分析结果及自变量与预测变量的净相关。表中全部标准化偏回归系数$\beta$和净相关系数$r$均达到显著水平，说明过去体验、现在体验与预期未来体验、理想未来体验之间确实存在普遍的相关性与回归，假设因此得以验证。数据还进一步显示，各种相关性与回归在强度上有很大的差异：(1)过去体验对现在体验的回归甚弱，而且较之现在体验，对预期和理想未来体验的回归也很弱，$\beta$值最大仅为0.177，相关情形也大体如此，显示被试立足现在、展望未来的时间透视体验很少受到过去体验的影响。显然，这一点可以作为上述讨论的补充，说明过去体验不仅与统合状态的关系最不重要，与现在乃至未来的时间体验也关系不大。(2)现在体现对预期未来体验的回归明显强于对理想未来体验的回归，$\beta$值分别为0.501与0.163，相关的情形也是这样，说明在被试的时间体验中，对未来的预期主要是根植于现在的，理想中的未来则不尽然。正如Erikson(1959)所指出的，对应于自我的“未来”概念的不是理想自我而是预期自我，在时间体验上也存在同样的情形。(3)从多元$R$值看，过去体验和现在体验对预期未来体验的预测也是明显好于对理想未来体验的预测。

3.3.2 自认达成型与扩散型的回归模式

对自认达成型和扩散型两种被试的各种时间体验分别进行回归分析，并标绘出0.05水平上有意义的$\beta$值，可直观地得出不同的路径图。图1显示了两种被试之间的重要差异：(1)虽然两种被试的预期未来体验都受到现在体验的影响，但扩散型被试还受到了过去体验的影响。(2)虽然两种被试的理想未来体验都只受制于现在体验，但在达成型被试身上，这种影响力要大得多($\beta$值分别为0.428和0.126)。(3)达成型被试，对预期未来体验和理想未来体验的预测力是比较均衡的(多元$R$值分别为0.33和0.435)；但扩散型被试对理想未来体验的预测力明显弱于预期未来体验(多元$R$值分别为0.156和0.475)。可见，在自认扩散状态下，理想中的未来是没有多少实际意义的；但对于达成型被试，理想中的未来并非遥不可及，从日值看，对理想未来的体验甚至已经超过了对预期未来的体验($\beta$值分别为0.428和0.327)。这就是说上述Erikson的论点——也是一种普遍的看法——更适合于自认扩散型而不是达成型。另外，可能由于两组被试的量都较总体大幅度减少，过去体验对现在体验和理想未来体验的$\beta$值未达到显著水平。

**表2 各种时间体验在时间进程上的多元回归分析(enter法)**

| | 预测变量 | | | | | |
|---|---|---|---|---|---|---|
| | 现在体验 | | 预期未来体验 | | 理想未来体验 | |
| | $\beta$ | $\gamma$ | $\beta$ | $\gamma$ | $\beta$ | $\gamma$ |
| 过去体验 | $0.113^{\#}$ | $0.113^{*}$ | $0.177^{\#\#\#}$ | $0.234^{**}$ | $0.143^{\#\#}$ | $0.162^{**}$ |
| 现在体验 | | | $0.501^{\#\#\#}$ | $0.521^{**}$ | $0.163^{\#\#\#}$ | $0.179^{**}$ |
| 多元$^{R}$ | | | $0.550^{\#\#\#}$ | | $0.229^{\#\#\#}$ | |

注：$N$=489；*表示$p$<0.01，**表示$p$<0.001；#表示$p$<0.05，##表示$p$<0.01，###表示$p$<0.001

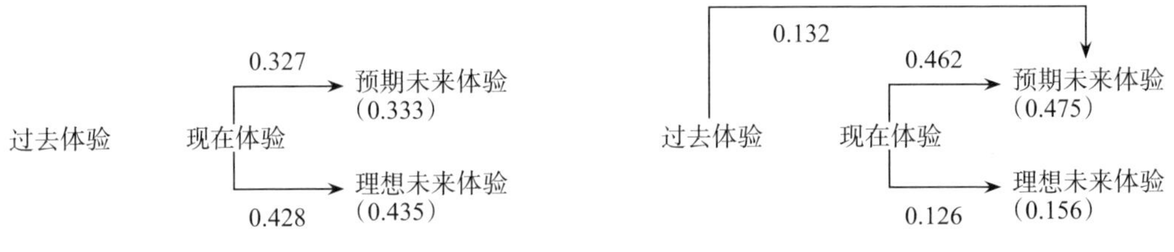


自认达成型被试组($N$=78)　　自认扩散型被试组($N$=83)

图1 不同同一状态组的时间透视体验路径

注：仅描绘0.05水平上有意义的路径，$\beta$值示于箭头旁；括号内显示达显著水平的多元$R$值。

总之,在各种时间体验之间的关系上不同同一性状态确实存在质的差异:达成型被试的各种时间体验是一种更为明晰的联结——这不仅表现在现在体验对两种形式的未来体验的一致的影响力,也表现在过去体验对现在乃至未来体验的一致的失去影响力。相形之下,扩散型被试的各种时间体验之间的关系是混乱的——对于预期未来体验,除了现在体验,过去体验也在产生影响;而理想未来体验,不仅脱离了过去体验的影响,现在体验对其也少有制约。

## 4 小结

无论从何种意义上说,立足现在、展望未来都是大学生时间透视体验的基本特征。在自我同一性状态与时间透视体验的关系上,本研究不仅得出了随着被试的同一性状态由自认达成型到中间型、再到扩散型,其对过去、现在、预期和理想未来的时间体验都表现得越来越消极的结果,还实证了不同同一性状态在各种时间体验之间的关系上也存在差异的假设,从而初步揭示了自我同一性状态对时间透视体验的结构的整合意义。

合作者:郑涌。原文载于《心理科学》, 1998年第3期。

# 时间认知分段综合模型的探讨

## 1 国外心理学家已有的研究

时间和空间是运动着的物质存在的基本形式。任何物质的运动过程表现为或前或后的相继顺序性和或长或短的持续性。对时间的认知,是人们进行各种活动的一个重要依据,一个社会越发达,时间观念就越被重视。时间早已成为许多学科的共同研究对象。

物理时间是一元的,但心理时间的延续性却不等同于物理时间的延续性,超过一定范围便看出其间的异质性。因此,自19世纪20年代对人差方程式进行测量以来,心理学家始终关注着对时间的研究。而现代认知心理学家则认为,时间不仅是一种因变量,而且也是一种自变量。在人类的信息加工系统中,时间是需要加工的重要信息。人类对时间的认知包括对时距、时序和时点的认知。其中,时序是指人们能将两个或两个以上的事件知觉为不同的并且按顺序组织起来。时距是指界于两个相继事件之间间隔时间的长短。人们能够对时距长短做出判断和估计,但估计的时距又不完全等同于物理时距。同样长的物理时距,人有时会觉得长一些,有时又会觉得短一些。那么,人类是怎样估计(判断)时距的呢?对于这个问题的解释,有两种观点,一种是生物学的观点,如生物钟理论;另一种是信息加工的理论,即认知的观点。用认知观点探讨人类如何形成时距估计,心理学家已提出了三种模型:存储容量模型、加工时间模型和变化/分割模型。

存储容量模型(storage size model)认为,对持续时间的估计取决于记忆中存储事件的数量,同样长的物理时距,个体所存储的信息越多,对时距的估计就越长;反之,时距估计就越短。除了被估计时距内觉察到的信息量以外,影响时距估计的因素还有信息的复杂度,被试对填充刺激信息复杂的时距的估计长于对填充刺激信息简单的时距的估计。上述观点得到了许多研究结果的支持,然而也有反对此模型的研究结果。有美国心理学家的研究表明,再现时距的长短与时距内事件的数量并不完全一致。对于短时距(小于2.4秒),再现时距是事件数的增函数(与上述模型相同),但是当时间上升至16秒时,再现时距与事件数呈"U"形函数关系,少于两个事件的时距有时被判断为长于更多填充事件的时距。

加工时间模型(processing-time model)认为,人类大脑的信息加工系统中存在两个不同的加工器,即认知计时器和刺激加工器。前者专门负责加工和编码时间信息,后者专门负责对刺激信息进行加工和编码,注意在它们之间进行分配。认知计时器得到的注意资源越多,时距估计就越长;反之越短。有限的注意资源对刺激加工器和认知计时器的投入成反比,随着刺激数的增加,注意对计时器的分配就越少,从而导致时距估计越短。另外,随着时距内刺激信息加工深度的增加,估计的时距也在缩小。该模型最初用于解释短时距(小于100ms)时间认知,现在被推广到更长的时距,也暴露出一些问题。由于该模型强调注意资源的有限性,强调注意对加工器的分配,所以加工时间模型也被称为注意模型。

变化/分割模型(change/segmentation model)认为,时间知觉就是知觉变化,时间估计就是把心理上所经历的变化分割为可记忆的片段,然后再根据段数来判断时距的长短。在被估计的时距内,认知背景的变化数量同其后的时距估计呈正相关。时距估计并不由被估计时距内的信息量决定,而是由时间经验的分割程度决定。影响分割水平的因素有:知觉到的事件数;事件的可分离性;事件的可记忆性(储存、提取、被组块的难易度)。这些因素都可能引起事件经验分割的变化,从而影响时距的判断。该模型不强调单一计时机制或时距估计方法,因而能够很好地解释存储容量模型和加工时间模型无法解释的实验结果,具有较高的预测效度,但它尚不能回答某些关键性的问题。

此外,国外的心理学家也就时序的认知提出了若干模型。这些研究的依据和重点各不相同,都能解释一些情况,但彼此之间争议较大。黄希庭和郑涌已对这方面的研究成果做过综述(黄希庭,1993;黄希庭,郑涌,1995),此处不再赘述。

综上所述,这些研究都是分散的,需要有一个综合的模型来对时距、时序和时点进行统一的解释。更重要的是,人类对时间的认知,其时距的幅度是很悬殊的:从毫秒、秒、分、小时、日、月,直至数十年。然而上述三个模型都是就短时距的认知而开展研究的。例如,Ornstein最初提出存储容量模型时只研究了1分钟左右的时距;Block和Poynter所研究的时距虽然有所延长,但仍未超过4分钟。但这些模型都试图以自己的结果来解释人类经历的所有时距,这显然是不适合的。值得注意的是,Burt曾经力图突破这一局限,要求被试追溯估计的实际时距范围为3~550天,以进一步支持存储容量模型,但其研究结果与该模型的预期是相矛盾的(Burt,1993)。如此跨度应该是具有分段性的,是已有的理论所不能解释的。人对不同时段的认知特点是应当有差异的。

## 2 中国心理学家的早期研究

黄希庭从事件数和事件组织结构、刺激复杂度、对非时间信息的加工深度等三个方面来对国外的三个时间认知模型的预测效度进行了进一步的综合考查。其研究结果表明,这三个模型都能解释不少实验结果,都分别对理解人类时距观念的形成做出了自己特殊的贡献。相比而言,变化/分割模型的预测效度比存储容量模型和加工时间模型要高一些。但变化/分割模型仍然是不够完善的,它没有解释什么是时间信息的表征,人类是如何对时距信息进行编码的以及遵循什么原则进行加工的。

为了建立一个综合的时间认知模型,中国心理学家很早就开展了广泛的研究,取得了一系列的成果。

首先是在短时距的认知方面开展了研究。黄希庭、张庆林和张小真(1987)研究了在短时记忆的操作时间内,活动对时间认知的影响。结果表明,再现时距是随着活动量的增多而增长的,其平均值与呈现时距呈线性相关;但其数值均小于呈现时距,出现时间知觉的低估。另外,主体在进行外部活动时,在短时距知觉中仍可出现Kappa效应。胡湘明和黄希庭(1992)考查了短时距知觉的视听通道效应及有关影响因素。结果表明:1. 在等时距比较实验中,听觉通道正误差判断率显著高于视觉通道正误差判断率;通道间的这种差异是间隔时距的函数;2. 在全部再现法实验中,听觉通道的再现时距长于视觉通道,听觉通道再现时距的精确度低于视觉通道;3. 在部分再现法实验中,听觉通道的再现时距短于视觉通道,听觉通道再现时距的精确度高于视觉通道;4. 在视听同时呈现一种时距的条件下均有听觉通道优势效应表现,但也受实验方法的影响。

此外,柳学智(1993)发现,时间连续知觉的阈限也受刺激的性质、通道的个数、判断标准等多种因素的影响。张蜀林和黄希庭(1995)发现,刺激物的面积大小会影响短时距知觉。郭召良和黄希庭(1997)发现,短时距认知既有自动加工,又有控制加工。黄希庭和邓铸(1997)发现,加工方式和提取机制不同会影响时距认知。总而言之,短时距的认知受到多种因素的影响。

为了进一步开展长时距认知的研究,黄希庭和孙承惠(1991)用模糊统计实验方法对9个表达不同时段的时间修饰词作了经验赋值工作。结果表明,虽然给定的9个时间修饰词都是模糊概念,但它们在心理量表上的距离是不相等的:离现在越近的未来时间修饰词,词义模糊度越小,评量的把握度越大;而离现在越远的未来时间修饰词,词义模糊度越大,评量的把握度越小。词义的模糊度与评量的把握度呈负相关。例如“此刻”的模糊度最小,“将来”和“过去”的模糊度最大,“不久”的模糊度居中。这一研究的结果虽然只是探索性的,但意味着人对不同时间长度的认知是有分段性的,因而是很有启发意义的。在此基础上,黄希庭等人使用了更多的时间词汇来进行更加深入的探讨。

黄希庭对大学生被试用秒、分、小时、日、星期、月和年7个时间单位和模糊统计试验方法对39个不定的未来时间修饰词作经验赋值的研究结果表明:这些不定的未来时间修饰词与秒、分、小时、日、月、年有一定的对应关系(黄希庭,1994),因此,未来的心理时间大致可以分为三个时间段,即以秒和分为计时单位的"较近的未来",以小时、日和月为计时单位的"近的未来",以及以年为计时单位的"远的未来"。

黄希庭、孙承惠、胡维芳(1998)则改用相似的方法对40个不定的过去时间修饰词作经验赋值,其研究结果表明:过去时间和未来时间在心理结构上是对称的,同样可以分为三个时间段,即以秒和分为计时单位的"较近的过去",以小时、日和月为计时单位的"近的过去",以及以年为计时单位的"远的过去"。此外他们还发现中国被试很少以星期为时间单位对时间修饰词进行赋值。

上述研究结果充分表明,人类对于物理时间的利用是以自己确定的时间单位,根据不同的用途而加以分段的。人们对于未来时间的思考和筹划也是以自己所确定的时间单位来加以分段的。这明显地反映在上述时间修饰词在心理量表值上距离的不同。例如所有以秒和分为单位衡量的时间修饰词在心理量表值上是十分接近的,以小时、日和月为单位计时的时间修饰词的心理量表值相当接近,以年为单位计时的未来时间修饰词在心理量表值上也相当接近。人类的心理活动主要是用言语来表达的。从日常使用的词语来看,根据该研究结果所测得的心理量表值的不同,把人们的心理时间分别划分为"较近的未来"或"较近的过去"、"近的未来"或"近的过去"和"远的未来"或"远的过去"三个时间段是合理的。

此外,该研究结果还表明,许多心理社会因素,如年龄、文化、成败经验、人格和心理疾病等因素具有重要作用。未来时间展望与人们的人生观、价值观有密切的联系。这些个体差异和团体差异,也在时间语词的赋值中表现出来。

黄希庭和徐光国进行了四个实验(黄希庭,徐光国,1997,1999),对已有的模型,尤其是对预测效度最高的变化/分割模型,进行了更加全面深入的检验。实验一控制目标时距和该时距内的填充数字系列,操纵数字系列的分割段数;实验二控制目标时距内的填充数字系列的间距,操纵目标时距及其中填充数字系列的分割段数;实验三控制目标时距及其中的填充数字系列的分割段数以及段的持续时间,操纵段内的项目数;实验四控制目标时距和该时距内填充数字系列的分割段数以及段内的项目数,操纵段的持续时间(段的时距),要求被试用再现法和参数估计法分别复制目标时距,并进行立即估计和延迟估计。

人脑中的时间表征是当代时间心理学的一个研究热点。内部计时器是否存在是上述各个模型争论的一个焦点。加工时间模型认为通过"注意"启动的认知计时器才能对时间信息进行加工,因此,任何对注意的干扰都将缩短时距的估计值。这一模型可称为"注意模型"。然而,存储容量模型和变化/分割模型则根本否认计时器的观念,甚至连"时间信息"的观念也不承认,认为时距估计只是一般信息加工的产物。这两个模型可称为“记忆模型”。但黄希庭和徐光国的研究结果表明,在立即操作条件下,数字回忆任务的正确率与时距估计的长短不呈正相关,而在延迟操作条件下两者却呈正相关;然而在立即操作条件下,被试分割出的变化事件数则与时距估计的长短呈正相关。换言之,时距的认知并不简单地受到单一的计时机制或时距估计方法的影响,记忆的数量、组织都可以决定时距认知,对事件的加工方式及注意的转移也可以影响时距认知。这说明时距判断都必须依据一个固定的可见的变化,即非时间维度。这一结果可以比较完整地解释上述各个模型的争论。

该研究结果还表明,被试对时距的估计,受到目标时距内的段数、段的持续时间以及被试对时距的估计方法、不同的分段策略、分段的层次等多种因素的影响。

首先,分段的多少对时距估计所起的作用很大。但当时距被分割的段数相等、段的项目数相等时,段的持续时间影响立即条件下的时距估计,而对延迟时距估计没有影响。如果段数及段的持续时间都是相同的,段内的项目数并不影响对时距的估计。不同方法所得到的结果也有差异。如再现法较能验证内部的变化/分割效应,而参数估计法则比再现法更能验证外部的变化/分割效应。这种差异是由被试使用量度时间的分段策略不同所致:要求用再现法估计,被试大多直观地进行估计;而用参数估计法,被试则习惯于用通用的时间单位对时间进行估计。再者,被试既可能选择高阶结构如组块的方式,也可能选择低阶结构如单个阿拉伯数字作为分段单位来对时距加以估计。

## 3 神经科学方面的探讨

神经心理学和脑成像研究证实人类对不同时段的认知加工所涉及的脑区域是不同的。现有的研究表明基底神经节、小脑和前额叶与时间信息加工脑机制有关。但不同的脑区域可能涉及不同时段的信息加工,也就是来自大脑皮层的不同区域及其皮下结构可能涉及不同的时间信息加工机制(Block,1996;Meck,1996)。小脑在时间信息加工中的作用可能主要表现在感觉运动方面,但也有可能参与有关时间估计的记忆或决策过程(Gibbon,Malapani,Dale,Gallistel,1997;Mangels,Ivry,Shimizu,1998)。基底神经节在时间信息加工中与短时距(几百毫秒)的计时活动有关,但有研究表明其也参与几秒的计时加工(Riesen & Schnider,2001),因此基底神经节可能控制基本的时间编码机制。前额叶是一个结构复杂的区域,同时与颞叶、顶叶及其皮层下区域存在广泛的神经联系。前额叶在时间信息加工中的机制可能主要与注意和工作记忆有关。但是由于时间判断作业中所要求的注意和记忆的参与的程度不同,并不是所有的研究中都能观察到前额叶或顶叶等部位的激活。在要求1秒以上的时间加工作业中,通常能够观察到前额叶和顶叶下部皮层被激活。额叶—顶叶和额叶—颞叶通路也有可能参与时间信息的加工,但这主要取决于时间信息加工的要求(Maquet et al.,1996)。虽然我们目前还不清楚年、月等时间单位以及过去、现在、将来等时间概念记忆的脑机制,但有研究显示其可能涉及更为广泛的脑皮层及其皮下结构(Block,1996)。

## 4 分段综合模型的提出

黄希庭等人在上述研究的基础上,提出了一个建立时间认知模型的基本思想,即既要考虑人类对时间的认知具有分段性,对不同持续时间有不同的表征;同时还必须考虑到无论对哪一种时距的认知均受多种因素,例如事件的数量与结构、通道特点、时序和时点的性质、注意资源、编码方式、分段和提取策略、实验指标,以及个体的时间信念、情绪、疾病等的影响,这样才可以全面理解人类对时间的认知。黄希庭将这个模型称之为"分段综合模型"(range-synthetic model)(黄希庭,2001;黄希庭,徐光国,1999)。该模型认为,个体对时间的认知取决于多种因素,主要有时间的长短、间隔、顺序、刺激出现的时点以及个体的认知因素和人格特征等。对于不同长度的时间,个体的认知策略也不同。通常个体对时间的认知总是将时序、时距和时点以及影响时间认知的诸因素综合起来加以考虑的。该模型还认为,时序、时距和时点是同一时间经历的不可分割的三个属性,单独对某一属性进行研究,虽然有利于深入探讨该属性的特点,但必然会忽略时间经历过程的完整性。应将这三个属性统一起来进行多维度的研究。因为不同的时间长度涉及不同的加工机制,而且其时间记忆表征的机制也不会完全相同(Huang,1999;李伯约,黄希庭,2000;王振勇,黄希庭,1996b,1996a;黄希庭,徐光国,1997)。分段综合模型是目前唯一把时序、时距和时点综合起来加以研究的理论。虽然该模型还只是初步的,其主要研究是在对变化/分割模型的检验的基础上针对时距的认知而开展的,但它指明了今后关于时间认知的进一步研究的方向。

## 5 今后的努力方向

由于人对时间的认知具有高度的复杂性,我们今后的研究必须走综合的方向,将已有的对时距认知的研究同对时序和时点认知的研究整合起来,力求对时间认知有一个全面的理解。我们将把成人个体的记忆的持续时间分为极短时距、短时距、长时距和极长时距,探讨成人个体对这 4 种时距记忆的认知机制和脑机制,以实验结果来论证分段综合模型。此外,由于人对时间的认知的不确定性,我们一方面要继续进行定量的研究，另一方面还要进行定性的研究。从研究取向上看，对时间的认知必须是多取向的。因此，除了进行实验的研究之外，利用神经心理学、神经病理学和脑成像的证据来证实分段综合模型，也是我们今后研究的一个重要手段。

合作者：李伯约、张志杰。原文载于《西南师范大学学报(人文社科版)》，2003年第2期。

# 1s范围视听时距认知的分段性研究

## 1 前言

自20世纪八九十年代始，研究者逐渐关注时距认知的“分段性”问题，并涌现出两类假说：非分段性假说和分段性假说。前者主张数十毫秒至数分钟以内时距加工机制可以统一用标量计时模型解释（Church，1984），后者认为时距认知存在分段性，分段临界点可能涉及2~3s，1s，1/2s，1/3s等（尹华站，李祚山，李丹，黄希庭，2010）。迄今，虽然学界对1s范围内时距加工机制差异有过探讨（Gupta，2014；Hayashi，Kantele，Walsh，Carlson，& Kanai，2014），但是仍存在证据分歧（Rammsayer & Lima，1991；Rammsayer & Ulrich，2005）。基于此，本研究继续探讨该范畴的时距认知分段性，这不仅有助于揭示人类时距加工机制，具有理论意义，同时还能为人类利用时间信息适应客观世界提供现实指导，具有实践意义。

目前，为了探讨1s范围内时距认知的分段性，研究者采用行为学、电生理学以及脑成像技术等开展了系列研究，既有支持的证据（Grimm，Widmann & Schröger，2004；Gutyrchik et al.，2010；Koch et al.，2007），也有不支持的证据（Rammsayer & Ulrich，2005）。1974年，Goldstone与Lhamon发现“声音比光判断更长”，这种现象被称为时距认知的视听通道效应。后来，有研究进一步发现视听通道效应也随加工时距的长度而变化，具有分段性（黄希庭，郑云，1999），因此，欲探讨1s范围内时距认知的分段性，本质上应该探讨各种通道上1s范围内时距认知的分段性。基于此，本研究拟设计实验1和实验2分别探讨1s范围内视、听时距认知是否具有分段性。众所周知，ERP或脑成像技术研究结果只能间接推断时距认知的分段性，直接推断分段性的重要途径之一是采用双任务范式探讨注意及工作记忆等在时距认知中的作用（Glicksohn，2001）。因此，实验1和实验2分别采用听觉或者视觉双任务范式探讨1s范围的听、视时距认知分段性。为了规避被试间设计带来的组间差异，同时规避被试内设计带来的迁移效应，实验1采用被试内设计，同时将100ms和1000ms的时距辨别任务分开在连续的两天里进行。其次，Rammsayer和Ulrich（2005）采用听觉刺激呈现时距信息，视觉刺激呈现心算任务，这种跨通道干扰可能会带来一定的额外误差。实验1将时距信号和心算任务均采用听觉呈现，探讨心算任务对100ms和1000ms加工的干扰模式。鉴于人类时间加工具有视、听通道效应（黄希庭，郑云，1999），实验2在实验1的基础上，采用视觉呈现时距比较任务和心算任务，继续探讨视觉时距认知的分段性。实验1和2可以预期，如果1s范围内时距认知具有分段性,那么100ms加工不受心算加工影响,而1000ms加工受心算加工影响。

## 2 实验1 1s范围内听时距认知分段性的研究

### 2.1 目的

实验1操纵心算任务负荷,旨在为1s范围内听时距认知分段性提供新证据。

### 2.2 方法

#### 2.2.1 被试

被试24名(14名女性,10名男性),年龄介于18~21岁之间(平均年龄18.7±1.3岁)。所有被试无既往神经功能障碍史或精神疾病,均是右利手。实验结束之后,可以获得认知心理学课程的部分成绩。

#### 2.2.2 设备与实验材料

奔腾Ⅳ(2048MB、内存128MB、显存6.4GHz处理器,21″显示器,1024×768分辨率)一台,标准MS键盘。采用E-Studio(E-prime V2.0)编写实验程序,并收集数据。心算任务中采用的听觉刺激使用AKG C410麦克风系统和Sony便携式数码录音机TCD-D8在隔音室内录制了9个语音(1,2,3,4,5,6,7,8,9),均为标准男声,音节长度不超过100ms。标准时距和比较时距的听觉刺激为通过扬声器(SONY CD450)呈现的响度为55dB,频率分别为1000Hz和1200Hz的正弦波纯音。

#### 2.2.3 实验设计

2×3被试内设计。自变量包括标准时距(100ms,1000ms)和心算任务(零负荷、低负荷及高负荷)。因变量指标是时距比较的75%差别阈限[$(\chi 75\% - \chi 25\%)/2$]和心算任务的正确率及反应时。

#### 2.2.4 实验程序

被试坐在一个隔音效果良好的专业实验室中,座位距离电脑屏幕60cm。被试需要完成时距比较任务、心算任务及双任务。实验包括两个阶段,在两天内分别进行。阶段1完成100ms标准时距的比较任务,阶段2完成1000ms标准时距的比较任务,两个阶段的顺序在被试间平衡。在每个阶段正式实验开始之前,首先进行42次练习,包括1个时距比较任务组块(10次测试),2个心算任务组块(高、低负荷各6次),2个双任务组块(10次)。练习旨在让被试理解指导语,并熟悉刺激程序和实验条件。每个阶段正式实验包含168次测试,分成5个组块。其中1个时距比较任务组块(48次测试);2个心算任务组块(12次测试),其中一个低负荷组块,另一个高负荷组块;2个双任务组块(48次测试)，其中一个低负荷组块，另一个高负荷组块。组块之间有1分钟时间休息，组块之间顺序随机，且在被试间平衡。每个组块任务类型在组块开始之前预先告知被试。

时距比较任务：按照Kaernbach(1991)设置，就100ms标准时距而言，估计χ25%“长”和χ75%“长”所对应的比较时距的起点分别是70ms和130ms。估计χ25%“长”所对应的比较时距时，以70ms为起点，如果判断标准时距“长”1次，则比较时距增加5ms；当被试判断标准时距“短”1次，则比较时距减少15ms。估计χ75%“长”所对应的比较时距，以130ms为起点，如果被试判断比较时距“长”1次，则比较时距减少10ms；当被试判断标准时距“长”1次，则比较时距增加15ms。每一次判断做出之后，计算机会自动计算判断比较时距为“长”的比率，一旦等于75%，计算机将自动停止程序。

就1000ms标准时距而言，估计χ25%“长”和χ75%“长”所对应比较时距的起点分别是820ms和1180ms。估计χ25%“长”所对应的比较时距时，以820ms为起点，如果判断标准时距“长”1次，则比较时距增加30ms；当判断标准时距“短”1次，则比较时距减少90ms。估计χ75%“长”所对应的比较时距时，以1180ms为起点，如果判断比较时距“长”1次，则比较时距减少30ms；当判断标准时距“长”1次，则比较时距增加90ms。每一次判断做出之后，计算机会自动计算判断比较时距为“长”的比率，一旦等于25%，计算机将自动停止程序。

当被试按下回车键时，测试开始。1000ms之后，出现一个听觉标准时距(100ms或1000ms)，间隔2800ms(100ms)或者1000ms(1000ms)之后出现比较时距。与此同时，自测试开始之后，在电脑屏幕上相继呈现三个星号，每个星号持续500ms，第三个星号与听觉比较时距的结束点保持同步。第一个星号出现在测试开始之后500 + D1ms，第二个星号出现在第一个星号结束之后500+ D2ms，第三个星号出现在第二个星号结束之后500 + D3ms，D1、D2、D3代表随机延迟的时间，因此每个星号之间的延迟时间至少500ms，在每一次测试中，D1 + D2 + D3之和是受控的，以便比较时距的结束点与第三个星号结束点同步。据此，D1随机介入0~1000 ms之间，D2随机介入D1~1000ms之间，D3等于$D_2$~1000ms。我们计算了D1、D2、D3的均值和标准差为333.3ms和231ms。实验要求被试尽可能准确地通过“二择一”的方式指出标准时距与比较时距哪一个更长。实验结束后，通过最大似然比程序估计75%差别阈限(Mattes & Ulrich, 1998)。所谓75%差别阈限是指在用恒定刺激法测量差别阈限时，要求被试只做两类回答时(“长”或“短”)，被试有75%的概率(χ75%)判断比较时距比标准时距要“长”所对应的比较时距长度，减去被试有25%的概率(χ25%)判断比较时距比标准时距要“长”所对应的比较时距长度，再除以2。

心算任务：

当被试按下回车键时，心算测试开始，至少500ms之后，相继以500秒每个的速度通过耳机给被试耳朵呈现三个数字(低负荷：1~3；高负荷：1~9)，每个数字间隔至少500ms，要求计算三个数字之和。与此同时，启动测试1000ms之后，通过扬声器呈现两个白噪音，两个白噪音的持续时间与时间辨别任务中的标准时距等长(如在短标准时距的实验阶段两个噪音均呈现100ms；在长标准时距的实验阶段的两个噪音均呈现1000ms)。白噪音之间的间隔时间分别是2800ms(100ms标准时距条件下)和1000ms(1000ms标准时距条件下)。白噪音的呈现模式是为了确保单一心算任务与双任务中心算任务的刺激结构一致。第三个听觉数字呈现的结束点与第二个白噪音的结束点同步。测试开始之前告知被试忽略白噪音。测试开始之后6.5s，一个数字和一个问题出现在电脑屏幕中央，被试的任务是按键判断("Y"或"N")该数字是否等于三个数字之和，其中1/2的测试，数字等于答案，另1/2的测试，数字略微大于或小于答案，数字与答案的差距介于1~5之间，每一种条件下的错误答案是变化的，因为在低负荷条件下的正确答案介入3~9，高负荷条件下的正确答案介入3~27。例如，当正确答案是8，那么低负荷条件下的错误答案是3，4，5，6，7，9，高负荷条件下的错误答案是3，4，5，6，7，9，10，11，12，13。每一个错误答案出现的概率均等。正确答案与错误答案在组块内呈现顺序随机。测试要求被试又快又准地回答，之后会有反馈。当反应时超过1.5s或者短于100ms则反馈为错误反应。记录心算任务反应时和正确率作为因变量指标。

双任务：在双任务程序中，数字和听觉时间刺激的呈现与单一心算任务或者单一时间辨别任务相同。在第二个听觉时距结束之后，被试必须通过指定按键来判断第二个时距与第一个时距的长短，实验不要求被试尽快按键。当被试按键反应500ms之后，屏幕上会出现一个数字和一个问题，直至被试做出回答才消失，其后出现反馈。实验告知被试时间任务与非时间任务同等重要，记录75%差别阈限及心算任务反应时和正确率作为因变量指标。

### 2.3 结果

在实验室情境下收集完数据之后，分别对单一任务和双任务中时距比较任务的75%差别阈限超过±3SD的极端数值、单一任务和双任务中的心算任务正确反应(反应时超过1500ms或者短于100ms，也记为错误反应)的反应时超过±3SD极端数值等进行排除，其余数据进入分析。

#### 2.3.1 心算任务

反应时：对反应时进行任务类型(单任务，100ms，1000ms)和心算负荷(低负荷和高负荷)的重复测量方差分析。结果发现，心算负荷主效应显著，$F(1, 23) = 19.043$，$p<$

0.001，$\eta_p^2$=0.31，高负荷条件下反应时（712ms）显著长于低负荷条件下反应时（674ms）。任务类型主效应显著，$F(2,46)$=21.021，$p<0.001$，$\eta_p^2$=0.37。进一步多重比较显示，单任务与100ms条件下心算任务反应时无显著差异，$p>0.05$；但均显著短于1000ms条件下心算任务反应时，$ps<0.001$。任务类型与心算负荷交互效应不显著，$p>0.05$，这意味着不同标准时距下，高负荷与低负荷条件下心算任务反应时变化趋势一致。

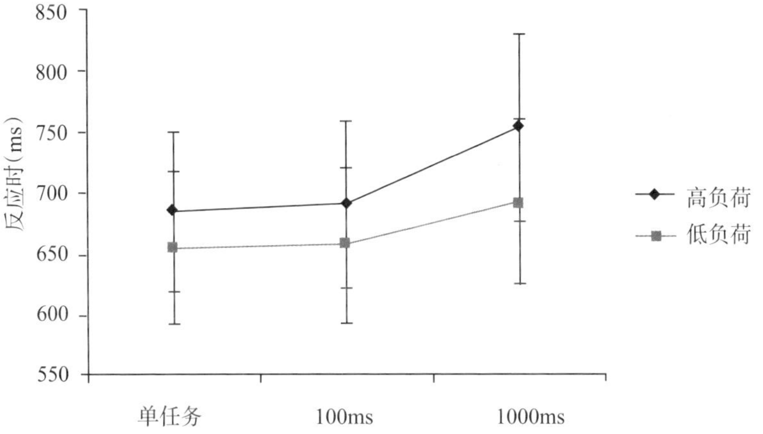


图1　单任务和不同标准时距下的心算任务反应时

正确率：对正确率进行任务类型（单任务、100ms、1000ms）和心算负荷（低负荷和高负荷）的重复测量方差分析。结果发现，心算负荷主效应显著，$F(1,23)$=17.021，$p<0.001$，$\eta_p^2$=0.27，高负荷条件下正确率（90.24%）显著小于低负荷条件下正确的率（95.02%）。任务类型主效应显著，$F(2,46)$=29.423，$p<0.001$，$\eta_p^2$=0.32。进一步多重比较显示，单任务与100ms条件下心算任务正确率无显著差异，$p>0.05$；但均显著大于1000ms条件下心算任务正确率，$ps<0.001$。任务类型与心算负荷交互效应不显著，$p>0.05$，这意味不同任务类型下，高负荷与低负荷条件下心算任务正确率的变化趋势一致。

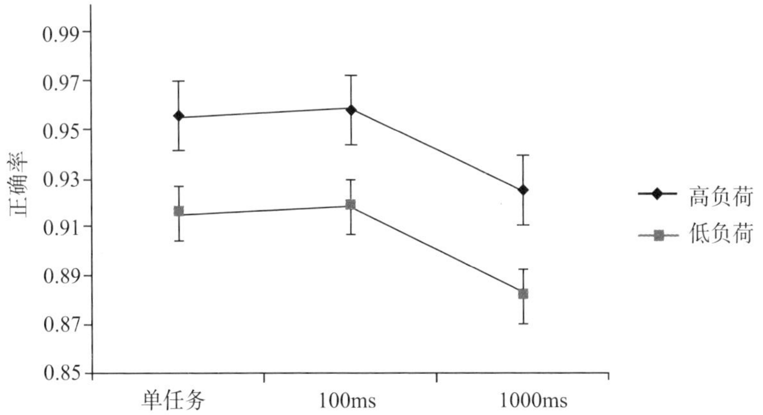


图2　单任务和不同标准时距下的心算任务的正确率

2.3.2 时距比较任务

为了比较不同条件下时距比较任务的成绩，我们对差别阈限进行标准时距（100ms，1000ms）和心算负荷（零负荷、低负荷和高负荷）的重复测量方差分析。结果发现，标准时距主效应显著，$F(1,23)=29.731$，$p<0.001$，$\eta_p^2=0.33$。进一步多重比较显示，1000ms较100ms条件下差别阈限显著增大，$ps<0.001$。心算负荷主效应显著，$F(2,46)=28.425$，$p<0.001$，$\eta_p^2=0.38$。进一步多重比较显示，零负荷、低负荷、高负荷条件下差别阈限依次显著增大，$ps<0.001$。标准时距与心算负荷交互作用显著，$F(2,46)=42.614$，$p<0.001$，$\eta_p^2=0.41$。进一步简单效应分析发现，100ms下，心算负荷主效应不显著，$p>0.05$；1000ms下，心算负荷主效应显著，$p<0.001$。

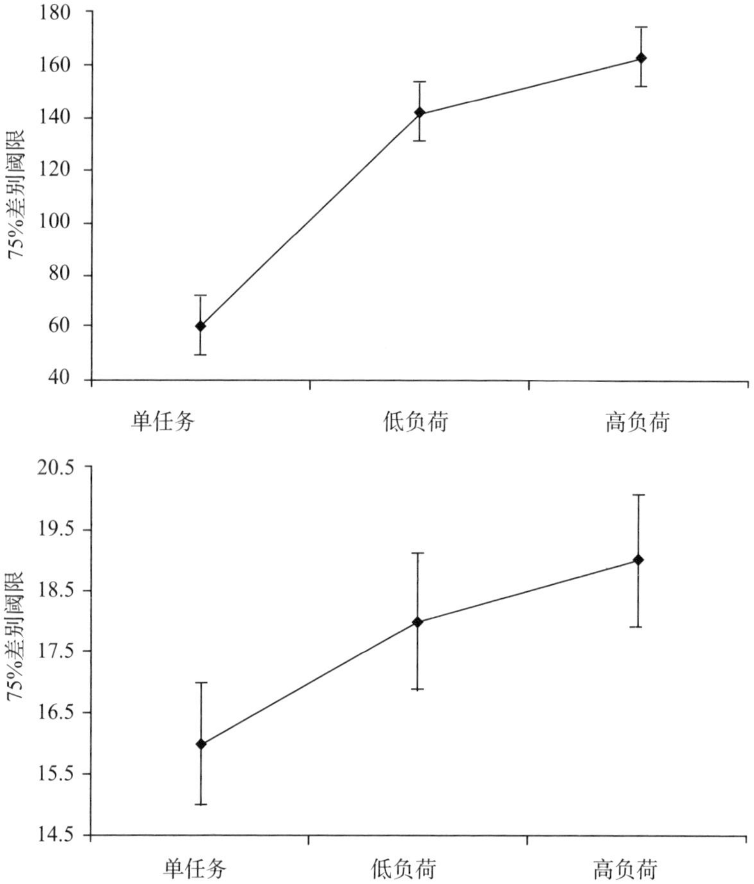


图3 单任务和不同心算负荷条件下1000ms（上图）和100ms（下图）的75%差别阈限

## 3 实验2 1s范围内视时距认知分段性的研究

### 3.1 目的

实验2操纵心算任务的负荷，旨在为1s范围内视时距认知分段性提供新证据。

### 3.2 方法

#### 3.2.1 被试

被试28名(16名女性，12名男性)，年龄在19~22岁之间(平均年龄19.2±1.3岁)。其他同实验1。

#### 3.2.2 设备与实验材料

仪器设备同实验1。实验心算任务中采用视觉刺激包括1，2，3，4……27等27个数字。每个数字均为白色，背景为黑色，大小为视角高0.2°，宽0.4°。时距比较任务中的标准时距和比较时距采用的视觉刺激分别为白色正方形和黑色正方形，大小为视角高0.1°，宽0.2°。

#### 3.2.3 实验设计

2×3被试内设计。自变量包括标准时距(100ms，1000ms)和心算任务(低负荷和高负荷)。因变量指标是时距比较的75%差别阈限[($\chi$75% $-\chi$25%)/2]和心算任务的正确率及反应时。

### 3.3 结果

#### 3.3.1 心算任务

反应时：对反应时进行任务类型(单任务，100ms，1000ms)和心算负荷(低负荷和高负荷)的重复测量方差分析。结果发现，心算负荷主效应显著，$F(1,27)=20.045$，$p<0.001$，$\eta_p^2=0.33$，高负荷条件下的反应时(726ms)显著长于低负荷条件下的反应时(688ms)。任务类型主效应显著，$F(2,54)=23.521$，$p<0.001$，$\eta_p^2=0.36$。进一步多重比较显示，单任务与100 ms条件下心算任务反应时无显著差异，$p>0.05$；但均显著短于1000ms条件下心算任务反应时，$ps<0.001$。任务类型与心算加工负荷交互效应不显著，$p>0.05$，这意味着不同任务类型下，高负荷与低负荷条件下心算任务反应时变化趋势一致。

正确率：对正确率进行任务类型(单任务、100ms、1000ms)和心算负荷(低负荷和高负荷)的重复测量方差分析。结果发现，心算负荷主效应显著，$F(1,27)=19.051$，$p<0.001$，$\eta_p^2=0.26$，高负荷条件下的正确率(90.24%)显著小于低负荷条件下的正确率(95.02%)。任务类型主效应显著，$F(2,54)=30.425$，$p<0.001$，$\eta_p^2=0.33$。进一步多重比较显示，单任

务与100ms条件下心算任务的正确率无显著差异，$p>0.05$；但均显著大于1000ms条件下心算任务的正确率，$ps<0.001$。任务类型与心算负荷交互效应不显著，$p>0.05$，这意味着不同任务类型下，高负荷与低负荷条件下的心算任务正确率变化趋势一致。

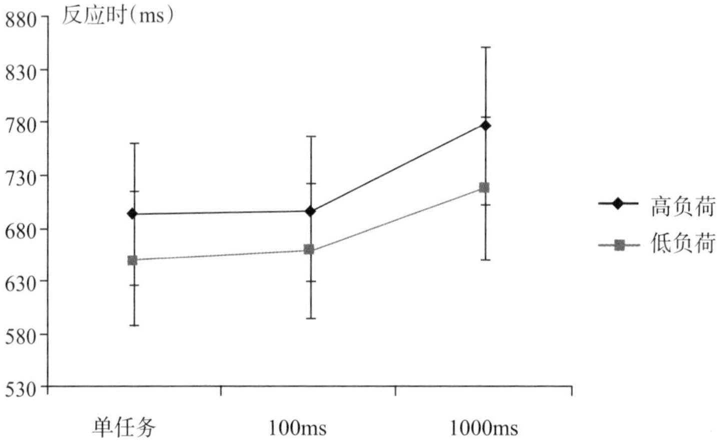


图4 不同条件下靶图形同时出现的判断频率

3.3.2 时距比较任务

为了比较不同时距比较任务成绩，我们对差别阈限进行标准时距（100ms，1000ms）和心算负荷（零负荷、低负荷和高负荷）的重复测量方差分析。结果发现，标准时距主效应显著，$F(1,27)=28.718$，$p<0.001$，$\eta_p^2=0.36$。多重比较显示，1000ms较100ms条件下差别阈限显著增大，ps<0.001。心算负荷主效应显著，$F(2,54)=30.415$，$p<0.001$，$\eta_p^2=0.32$。进一步多重比较显示，零负荷、低负荷、高负荷条件下差别阈限依次显著增大，ps<0.001。标准时距与心算负荷交互作用显著，$F(2,54)=43.715$，$p<0.001$，$\eta_p^2=0.43$。简单效应分析发现，100ms条件下，心算负荷主效应不显著$p>0.05$，1000ms条件下，心算负荷主效应显著，$p<0.001$。

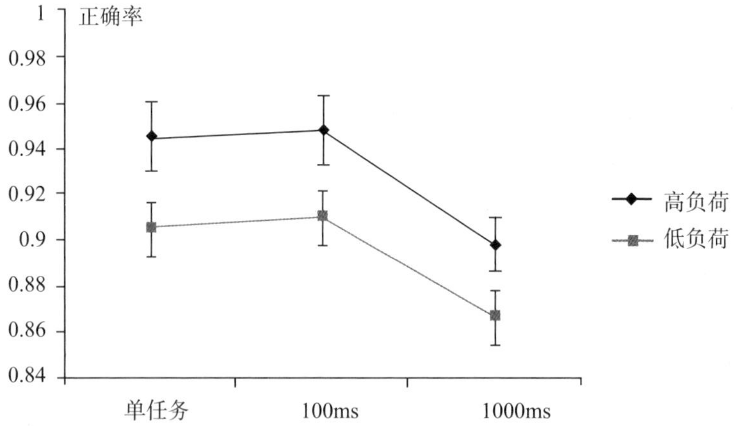


图5 单任务和不同标准时距下的心算任务正确率

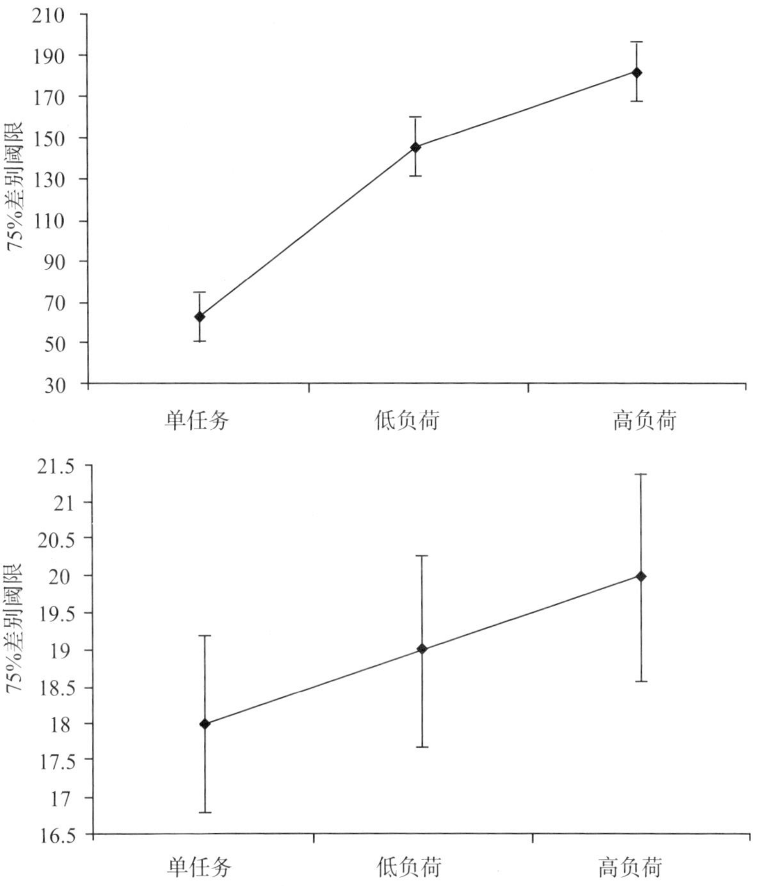


图6　单任务和不同心算负荷条件下1000ms(上图)和100ms(下图)的75%差别阈限

## 4 总讨论

实验1和实验2采用双任务范式探讨心算任务对100ms及1000ms听、视时距比较的选择性干扰,旨在为1s范围内视、听时距认知分段性提供新证据。结果发现,不管是在听觉双任务范式下,还是在视觉双任务范式下,标准时距与心算负荷交互作用显著,100ms条件下,心算负荷效应不显著;1000ms条件下,心算负荷效应显著,负荷越大,差别阈限越大。这说明不管是在听觉还是视觉通道中,心算任务影响1000ms的时距比较,但不影响100ms的时距比较。研究发现,心算任务涉及中央执行功能(Baddeley,1992),中央执行功能整合不同来源的信息,以协调双任务表现,非时间任务难度越大,时距比较成绩越差。双任务程序假定两种任务共同竞争同一种认知资源(Kahneman,1973),那么同时执行两种任务的成绩会较单独执行一种低(Baddeley,1992)。心算任务影响1000ms加工,可能是因为心算任务占用1000ms加工所需的注意资源;没有影响100ms

加工，则可能是因为100ms加工并不需要注意资源。这可能意味着100ms与1000ms加工存在差异。

但是，Rammsayer和Ulrich(2005)经过研究，没有发现1s内时距认知具有分段性的证据。原因可能是两项研究在实验设计和程序上存在差异。一方面，Rammsayer和Ulrich(2005)采用被试内设计，所有被试都参加了100ms和1000ms的时距比较任务，可能导致迁移效应无法消除，而在实验1和2中，虽然也采用了被试内设计，但是100ms和1000ms等系列的时距比较任务是在连续的两天里分开进行的，在一定程度上消除了迁移效应；另一方面，Rammsayer和Ulrich(2005)的研究中数字刺激是以视觉方式呈现的，而时距刺激是以听觉方式呈现的，这种跨通道干扰是否有效仍存在疑问。Woods，Alho和Algazi(1992)研究发现，跨通道注意信息加工有特定的皮层区域，当注意视觉通道时，跨通道信息加工主要影响顶叶；而当注意听觉通道时，跨通道信息加工主要影响额中央区。因此，这种跨通道干扰的效果仍值得进一步探讨。在实验1中，数字刺激和时距刺激均是以听觉的方式呈现的，实验2中，数字刺激和时距刺激均是以视觉方式呈现的。在实验1和2中，100ms条件下比较时距的范围分别是70~130ms区间，而1000ms条件下的比较时距范围分别是820~1180ms区间，而心算任务覆盖了100ms条件下的比较时距加工的全过程，却仅覆盖1000ms条件下的比较时距加工的部分过程，结果发现心算任务不影响100ms条件下的加工，却影响1000ms条件下的加工，这可能暗示着之间存在一个分段临界点，临界点以上受注意等认知资源的影响，而临界点以下不受注意资源的影响。陈有国等(2007)报告注意对时间知觉的调制加工在大约300 ms就出现了，这提示我们，以注意为指标可以确定一个300ms的分界点。这与Münsterberg(1889)主张以1/3秒为分界点的研究假说是一致的。

当然，1s时距比较受到心算任务干扰可以用注意阀门模型来解释(Zakay，2000)。在双任务条件下，时间任务和非时间任务之间共享注意资源导致计时的变异性增加，准确性降低(Rammsayer & Ulrich，2001)。实验1和实验2中，随着心算负荷增加，分配给时距比较的注意资源减少，进而降低了1s时距比较的准确性，从而使时距比较的差别阈限增大。另外，实验1和实验2还发现，不管在何种条件下，视觉时距比较的差别阈限略微大于听觉时距比较的差别阈限，这与以往研究发现的听觉估计比视觉估计具有更精确的通道效应的观点是吻合的(王振勇，李宏翰，黄希庭，1999)。

未来研究应注意几个方面：首先，实验1和2只关注了短时距认知的分段性，尚没从信息加工的角度探讨更长范围内(日、月、年)时间认知的分段性。其次，实验1和2只关注听、视时距比较的分段性，尚需要关注触觉、嗅觉等通道时距比较的分段性。第三，实验1和实验2只关注了视觉或听觉100ms和1000ms的加工差异，尚需要进一步关注视觉

100ms 与视觉 1000ms 加工以及听觉 100ms 与听觉 1000ms 存在差异的分段临界点,进而探讨通道效应是否具有分段性。

## 5 结论

实验 1 和 2 采用双任务范式,分别探讨了 1s 范围内时距认知分段性问题。研究结果表明,1s 范围内的视、听时距认知均具有分段性。

合作者:尹华站,李丹,陈盈羽。原文载于《心理科学》,2017 年第 2 期。

# 1~6秒时距认知分段性特征

## 1 前言

自20世纪八九十年代以来,研究者开始系统关注一个重要的科学问题:数秒以内时距认知是否具有分段性?对于不同时距,人们的加工机制和表征方式不同,这称为时距认知的分段性(黄希庭,李伯约,张志杰,2003)。迄今为止,围绕这一主题,学术界存在两类假说:非分段性假说和分段性假说。前者主张不同长度的时距认知机制一致(Church,1984),后者则主张不同长度的时距认知的机制不一致,分界点涉及3~5s,2~3s,1s,1/2s及1/3s等(Fraisse,1984;Musterberg, 1889;Lewis & Miall, 2003a;Michon,1985;Pöppel,1997)。近些年来,研究者对1s以内与1s以上之间的加工机制差异探讨较多(Cellini, Fabbri,Martoni, Tonetti, & Natale, 2014;Cordes, & Meck,2014;Gupta, 2014;Hayashi, Kantele, Walsh, Carlson,& Kanai, 2014),而对1s以上时距认知的分段性问题的探讨方兴未艾。基于此,本研究主要探讨1s以上时距认知的分段性问题,这不仅可以为两类假说提供可能的新证据,继而为彻底揭示1s以上时距认知机制奠定初步基础,还可以也为人类合理运用时距认知规律,指导生活实践提供理论参考。

分段性假说主要体现在Fraisse和Pöppel等的观点上。Fraisse指出,时间知觉范围如果过了一定的限度,我们对持续时间的认知就不是对现实的复制,而只能对长时记忆进行重构,这是时间估计或时间记忆(Fraisse, 1984)。时间知觉与"知觉到的现在"的内涵大致相同。Pöppel认为"知觉到的现在"的上限就是意识的限度,在该限度内,相继的事件信息可以被整合成为一个单元,或一个"格式塔"(gestalt),在这个格式塔所决定的时间范围内,意识才得以体现。意识的限度约为3s钟,不同人"知觉到的现在"是不同的,有的人为2s,有的人可能是4s (Pöppel, 1997)。

不同领域的研究均提供了1s以上时距认知具有分段性的证据。在一系列涉及动作事件任务、语言加工任务、感觉运动同步任务、双图识别任务及节奏感识别任务的研究中,研究者发现2~3s可能是一个关键的时间节点(Schleidt, Eibl-Eibesfeldt, & Pöppel, 1987;Kien & Kemp, 1994;Mates, Müller, Radil, & Pöppel,1994;Gomez, Argandona, Solier, Angulo, & Vazquez,1995;Szelag, 1997;Szelag, von Steinbüchel, Reiser,Gilles de Langen, & Pöppel, 1996;Szelag, Kowalska,Rymarczyk, & Pöppel, 1998)。当然,一系列采用心理物理法进行的时间信息加工研究也提供了类似的证据。研究发现,500ms至2s标

准时距的韦伯系数是相当稳定的(Kristofferson, 1976)。对于人类而言,估计200ms至2s范围内的时距,韦伯系数大约是标准时距的10% (Hirsh, Monahan, Grant, & Singh, 1990)。同时在另一些研究中发现,标准时距长于2~3s时,韦伯系数会显著地增加,这可能意味着人类对估计时距的敏锐性在2s以上会发生改变(Woodrow, 1930)。另外,脑损伤研究(Kagerer, Wittmann, Szelag, & vonSteinbüchel, 2002)、药理学研究(Wittmann et al., 2007)、ERP研究(Elbert, Ulrich, Rockstroh, & Lutzenberger, 1991)等均证实了1s以上时距认知具有分段性,分段临界点大约在2~3s。

非分段性假说则体现在Church (1984)等的观点上。这一观点虽然没有直接断定数秒以内时距认知不具有分段性,但都主张数秒以内时距加工机制采用以“内部时钟”为核心思想的系列模型来解释,譬如标量计时模型。该模型认为人类对时间的判断包括时钟、记忆和决策三个阶段。在时钟阶段,起搏器以一定的频率产生脉冲,在起搏器和累加器之间有一开关,注意时间特征时开关闭合,脉冲通过开关进入累加器。累加器对脉冲进行累加。记忆阶段由工作记忆和参照记忆组成,累加器把有关的时间信息传送至工作记忆和参照记忆中,并形成相应的时间表征。决策阶段主要对工作记忆中的当前时距和参照记忆中的时距表征进行比较, 进而完成判断(Church, 1984)。当然,在元分析研究(Eisler, 1976))、双任务研究(Fortin & Couture, 2002)和ERP研究(Gibbons & Rammsayer, 2004)中没有发现1s以上时距认知具有分段性的证据。

综上所述,目前关于1s以上时距认知是否具有分段性(2~3s的分段临界点)这一问题,学界仍存在分歧。本研究拟采用两条较新颖的途径探讨该问题。第一条途径是通过比较高、低工作记忆容量(memory working capacity, WMC)的被试在完成1~6s时距加工时的表现来推断时距认知的分段性。WMC是指个体进行在线信息加工过程中同时保持的信息量,这一指标可以综合体现个体的记忆存储能力、信息加工效率及注意控制能力(McCabe, Roediger, McDaniel, Balota, & Hambrick, 2010)。第二条途径是通过比较被试在完成1~6s时距加工时的通道效应(视觉和听觉)来推断时距认知的分段性。回顾以往文献,仅有一项研究采用过这两条途径(Ulbrich, Churan, Fink, &Wittmann, 2007)。在这项颇具代表性的研究中,Ulbrich等招募了21至84岁的被试,然后采用Corsi-block测试甄别出高低空间WMC的两组被试,比较这两组被试对1~5s的听觉和视觉时距进行复制的成绩,结果发现复制听觉时距时,两组被试在1~3s差异不显著;在4s和5s,WMC大的被试复制时距长;复制视觉时距时,两组被试在1s,2s和4s,差异不显著,在3s和5s,WMC大的被试复制时距长。然而,Ulbrich等(2007)的研究可能存在有待商榷之处。(1)被试的筛选。在Ulbrich等(2007)的实验中高、低WMC被试仅是根据两组被试在Corsi-block测试得分上的差异筛选出来的,这不意味着两组被试是“真正”的高、低WMC个体。(2)WMC的测量。Corsi积木测验是测量视觉—空间工作记忆容量的经典任务，主要应用于测量成年人(Smyth & Scholey, 1992)、儿童(Orsini, Schiappa, & Grossi, 1981)和神经心理障碍患者(Vilkki, Hoist, Öhman, J., Servo, & Heiskanen, 1989)的视空间工作记忆。而Ulbrich等(2007)的实验涉及视觉和听觉信号的呈现，所以要测量工作记忆容量就必须兼顾视觉工作记忆和听觉工作记忆两个方面更为合适。(3)额外变量的干扰。不能排除生理节律等无关因素的干扰。在Ulbrich等(2007)的实验中，高WMC组年龄显著小于低WMC组。年老被试的生理节律周期也下降了，因此年老被试在复制任务中低估时距，也可能是由内部时钟(与生理节律呈正相关)速度变慢所致(Block, Zakay, & Hancock, 1998)。

基于此，本研究拟设计实验1(时间复制任务)和实验2(时间产生任务)来探讨1 s以上时距认知的分段性问题。实验1在Ulbrich等(2007)研究的基础上进行了三个方面的改变：其一，自变量的测量。在一项研究中，自变量的测量与该研究的目的应该是一致的。Corsi积木测验是测量视觉—空间工作记忆容量的经典任务，主要应用于测量成年人(Smyth &Scholey, 1992)、儿童(Orsini et al., 1981)和神经心理障碍患者(Vilkki et al., 1989)的视空间工作记忆。本研究的目的之一是考查不同工作记忆容量的个体在完成视觉和听觉通道计时任务时的表现，所以要测量工作记忆容量就必须兼顾视觉工作记忆和听觉工作记忆两个方面。操作广度任务和对称广度任务恰好分别就是两种常见的听觉工作记忆任务和视觉工作记忆任务，且经常被研究者搭配使用(Conway et al., 2005; Unsworth, Redick, Heitz, Broadway, & Engle, 2009)。其二，自变量水平的操纵。在Ulbrich等(2007)的实验中，对WMC的操纵仅是根据Corsi-block测试得分而区分出高、低WMC两个水平，这样未必能够充分体现自变量的效应。所以，本研究通过大样本统计方法，收集正常成年个体的WMC数据，期待寻找符合正态分布的样本群体，以确保找到“真正”意义的高、低WMC组被试，对WMC的水平进行充分的操纵；其三，额外变量的控制。为了避免生理节律(内部时钟等)的差异所带来的对复制时距的额外影响，本研究尽可能采用年龄相对较小、年龄区间相对较窄的被试群体(19~35岁)，而Ulbrich等(2007)的实验被试年龄跨度为21~84岁。根据Fraisse和Pöppel的理论假说，2~3s以上时间估计受工作记忆及信号通道的影响，2~3s以下时间知觉受注意和工作记忆及信号通道的影响较小，那么实验1可以预期高WMC的个体较低WMC的个体复制2~3s以上，时距会更长，而复制2~3s以下时距不存在显著差异。复制2~3s以上的听时距较视时距更长，复制2~3s以下的听时距与视时距无显著差异。Baudouin, Vanneste, Isingrini和Pouthas (2006)认为不同时间估计方法基于不同加工机制，时间产生法主要与内部时钟的速度和注意监控有关，而时间复制法更多地依赖于注意监控和工作记忆。实验2拟要求被试完成时间产生任务，旨在为时距加工分段性寻找新的证据。实验2预期高WMC的个体较低WMC的个体产生2~3s以上时距会更短，而产生2~3s以下时距不存在显著差异。产生2~3s以上的听时距较视时距更短，产生2~3s以下的听时距与视时距无显著差异。

## 2 实验1 1~6s时距复制加工分段性特征研究

### 2.1 目的

实验1以高、低WMC组的个体为被试，要求他们完成1~6s的听时距和视时距复制任务，为1s以上时距认知的分段性提供新证据。

### 2.2 方法

#### 2.2.1 被试

本实验中招募的被试来自事先通过测试被区分出的低WMC和高WMC两组群体。所有被试都来自重庆市沙坪坝区大学城虎溪校区的当地社区的居民或者重庆师范大学、重庆科技学院、重庆医科大学等学校的在校本科生，年龄为19~35岁，均签订了知情同意书。为了筛选"真正"的高WMC和低WMC个体，课题组曾花费1年多时间收集了1000多名被试的WMC测验的数据(操作广度任务和对称广度任务得分)，这些分数一致被认为呈现出正态分布。

操作广度任务和对称广度任务均是把WMC界定为一种与执行控制有关的领域普适性能力的常用测试(Conway et al.,2005;Unsworth et al.,2009)。操作广度任务是一项针对WMC的言语测试。在测试中，首先给被试学习一系列听觉呈现的字母(譬如F,H,J,K,L,N,P,Q,R,S,T和Y)，然后，安排被试完成3~7个方程式(每次测试中学习与回忆之间的方程式数量是随机变化的)，继而要求被试通过鼠标在一个4×3的填满12个字母的栅格中按键，以按着原来的顺序回忆刚才学习的字母。为了保证所回忆字母的相对位置，当被试对某一个字母不能回忆时，按空格键代替(Unsworth,Heitz,Schrock,& Engle,2005)。在该测试中，我们采用严格的系列位置计分法，在1个正确的系列中报告正确1个项目得1分。譬如，如果学习的字母是JRKT，报告"JRK"得3分，报告"空格键RKT"得3分，但报告"RKT"得0分。计分由计算机程序自动完成。这种评分方法产生的WMC分数已被证明具有良好的信度和效度(Conwayet al.,2005)。操作广度任务的得分范围为0~75。

对称广度任务是一项针对WMC的视觉空间测试。在测试中，首先给被试学习一系列依次出现在一个4×4栅格中的红色正方形，然后，安排被试完成2~5次黑白图片对称判断（每次测试中学习与回忆之间的对称图形判断数量是随机变化的），继而要求被试通过鼠标在一个4×4的空栅格中按键，以按着原来的顺序回忆刚才学习的红色方块。为了保证所回忆红色方块的相对位置，当被试对某一个方块不能回忆时，按空格键代替（Unsworth et al.，2009）。在该测试中，我们采用严格的系列位置计分法，在1个正确的系列中报告正确1个项目得1分。譬如，如果学习的红色正方形是□□□□，报告□□□（三个正方形位置均正确，且属于前三个正方形的位置）得3分，但是报告□□□（三个正方形位置均正确，但不属于前三个正方形的位置，而是后三个正方形的位置）得0分，然而报告成“空格键□□□”（三个正方形位置均正确，且是后三个正方形的位置）依然可得3分。对称广度任务得分范围为0~42。

所有被试在两项WMC任务中的得分如下（原始分数）：操作广度作业：$M$=59.75，$SD$=12.15。对称广度作业：$M$=28.64，$SD$=8.49。两项WMC任务之间的得分相关性显著，$r$=0.58，$p<0.001$。每个被试每项WMC任务的得分都被转化为Z分数，继而求得两项WMC任务的Z分数平均值，形成复合Z得分。依照个体复合Z分数在所有复合Z分数分布中所处的位置，筛选出高WMC个体和低WMC个体，复合Z分数最高的25%为高WMC组，最低的25%为低WMC组。之后实验1、2中的被试均从筛选出的高WMC组和低WMC中随机选取。

最后确定参加实验1的被试44名（22名高WMC，12名女性；22名低MWC，14名女性）。两组被试在WMC得分上差异显著，$t(42)=-15.24$，$p<0.001$（高WMC：$M$=0.99，$SD$=0.18；低WMC：$M$=−1.18，$SD$=0.22）。所有被试均熟悉计算机基本操作，事先并不知道实验目的，也未参与过类似实验，并被告知实验结束之后会获取一定费用。被试无既往精神疾病或神经功能障碍史，均为右利手。

2.2.2 设备和刺激材料

奔腾Ⅳ（1024MB、内存64MB、显存3.2GHz处理器，21″显示器，分辨率1024×768）一台，标准MS键盘。采用E-Studio（E-prime V2.0）编写实验程序，并收集数据。为了避免被试容易疲劳，且研究发现无意识颜色知觉对时距判断无显著影响（Hays，Huybers，& Varakin，2014），实验将Ulbrich等（2007）研究中编码阶段和复制阶段的白色刺激和黄色刺激分别调整为黑色正方形和灰色正方形，正方形的边长为1cm；听觉材料为通过扬声器（SONY CD450）呈现的响度为45dB的，频率分别为1000Hz和1200Hz的正弦波。

2.2.3 实验设计

采用2×2×6混合设计。WMC（高、低）为被试间变量，通道（视觉、听觉）和时距长度（1s，2s，3s，4s，5s和6s）为被试内变量。因变量指标是平均时间复制长度、时间复制准确性和时间复制变异性。平均时间复制长度，即每一种客观时距条件下，多次复制的平均值；准确性用复制比率表示，即每一种条件下主观复制时距长度除以客观时距长度，复制比率大于1表明高估时间，小于1表明低估时间，等于1表明准估时间；变异性用变异系数表示，即每一种条件下主观复制时距标准差除以平均值，变异系数越大意味着变异性越大。

2.2.4 实验程序

练习阶段开始之前，通过指导语告知被试在时距加工过程中不要采用数数等策略，这种方法已经在以往研究中被证实是预防数数策略最有效的(Rattat & Droit-Volet, 2012)。

刺激流程如图1所示，首先在屏幕中央呈现一个红色词组“准备”，待被试准备好之后，按回车键继续实验。空屏500ms后，出现一黑色正方形(或1000Hz的纯音)，黑色正方形(纯音)呈现的总时间随机选取1~6s时距之一，要求被试记住黑色正方形(纯音)呈现的整体时间长度。接着空屏1500ms，最后屏幕上立刻出现一个灰色正方形(或1200Hz的纯音)，当觉得灰色正方形和黑色正方形(或两个纯音)持续时间相等时，按回车键。练习实验时，每个被试完成12种处理的测试，每种测试重复2次，共计24次。目的在于让被试熟悉实验刺激的流程。正式试验阶段包括4个视觉复制任务组块和4个听觉复制任务组块，每个组块30次测试，总共需要完成240次测试。视觉复制任务组块和听觉复制任务组块按照ABBA的顺序在被试间平衡，整个实验过程大概持续40~50min。实验结束之后，主试对实验过程(如是否出现疲劳、误答、程序显示及任务完成过程中的感受问题)进行询问和记录。

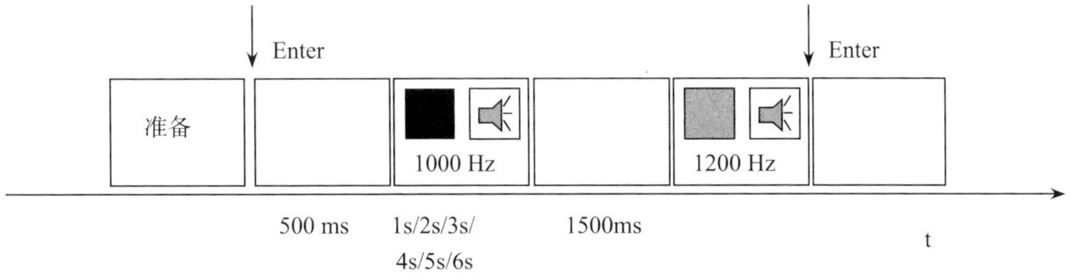


图1　实验1的刺激流程

### 2.3 结果与分析

以平均时间复制长度为指标，进行WMC(被试间变量)、通道(视觉、听觉)和时距长度(被试内变量)的重复测量方差分析(见图2)。结果表明，WMC主效应显著，$F(1,43)=20.01$，$p<0.001$，$\eta_p^2=0.34$。时距长度主效应显著，$F(5,215)=737.72$，$p<0.001$，$\eta_p^2=0.42$。

事后检验发现，6s的平均时间复制长度依次显著长于5s，4s，3s，2s及1s，$ps<0.001$。通道主效应显著，$F(1,43)=13.33$，$p<0.001$，$\eta_p^2=0.36$。WMC与时距长度交互效应显著，$F(5,215)=5.68$，$p<0.001$，$\eta_p^2=0.51$。简单效应分析发现，1s和2s条件下，高低WMC组复制时间无显著差异，$ps>0.05$。3s，4s，5s及6s条件下，高WMC组复制时间显著长于低WMC组，$ps<0.001$。通道与时距长度交互效应显著，$F(5,215)=8.41$，$p<0.001$，$\eta_p^2=0.54$。简单效应分析发现，被试复制1s和2s视时距与复制1s，2s听时距无显著差异，$ps>0.05$，被试复制3s，4s，5s及6s的听时距显著长于复制同一客观长度的视时距，$ps<0.001$。其他效应均不显著。

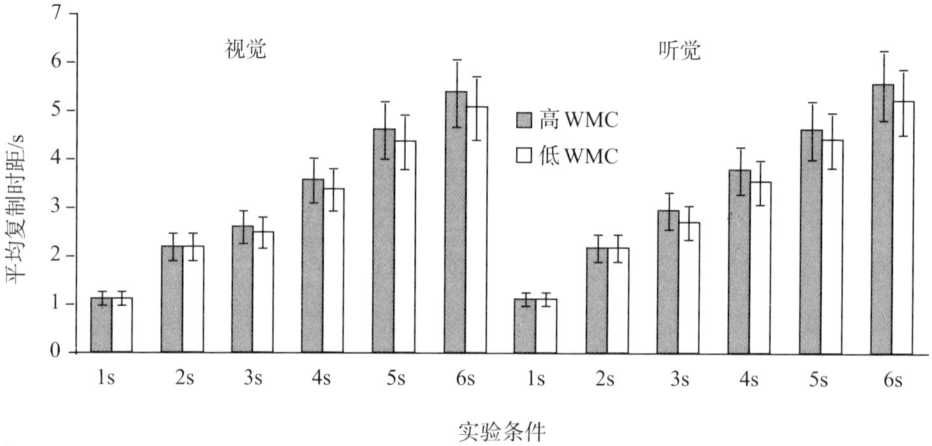


图2 高、低WMC组个体复制1~6s的平均时距

以复制比率为指标，进行WMC（被试间变量）、通道（视觉、听觉）和时距长度（被试内变量）的重复测量方差分析（见图3）。结果表明，WMC主效应显著，$F(1,43)=15.95$，$p<0.001$，$\eta_p^2=0.31$。时距长度主效应显著，$F(5,215)=28.67$，$p<0.001$，$\eta_p^2=0.43$。事后检验发现，6s的复制比率依次显著大于5s，4s，3s，2s及1s，$ps<0.001$。通道主效应显著，$F(1,43)=14.22$，$p=0.001$，$\eta_p^2=0.31$。WMC与时距长度交互效应显著，$F(5,215)=2.45$，$p=0.043$，$\eta_p^2=0.49$。简单效应分析发现，1s和2s条件下，高、低WMC组复制比率无显著差异，$ps>0.05$。3s，4s，5s及6s条件下，高WMC组复制比率显著高于低WMC组，$ps<0.001$。通道与时距长度交互效应显著，$F(5,215)=11.42$，$p<0.001$，$\eta_p^2=0.37$。简单效应分析发现，被试复制1s和2s视时距与复制1s，2s听时距的比率无显著差异，$ps>0.05$，被试复制3s，4s，5s及6s的听时距的比率系数显著大于复制同一客观长度的视时距，$ps<0.001$。其他交互效应均不显著。

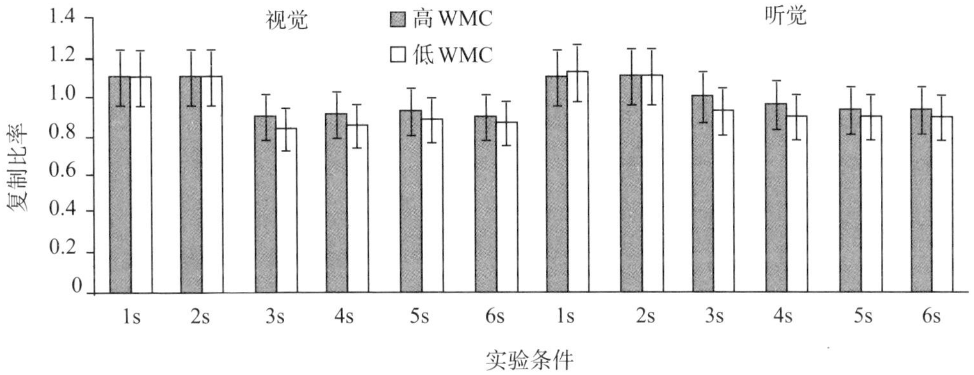


图3 高、低WMC组个体复制1~6s的比率系数

以变异系数为指标,进行WMC(被试间变量)、通道(视觉、听觉)和时距长度(被试内变量)的重复测量方差分析(见图4)。结果表明,WMC主效应显著,$F(1,43)=18.92$,$p<0.001$,$\eta_p^2=0.38$。时距长度主效应显著,$F(5,215)=28.67$,$p<0.001$,$\eta_p^2=0.43$。事后检验发现,6s的变异系数依次显著小于5s,4s,3s,2s及1s,$ps<0.001$。通道主效应显著,$F(1,43)=24.23$,$p<0.001$,$\eta_p^2=0.32$。WMC与时距长度的交互效应显著,$F(5,215)=15.35$,$p<0.001$,$\eta_p^2=0.47$。简单效应分析发现,1s和2s条件下,高低WMC组变异系数无显著差异,$ps>0.05$。3s,4s,5s及6s条件下,高WMC组变异系数显著小于低WMC组,$ps<0.001$。通道与时距长度交互效应显著,$F(5,215)=13.48$,$p<0.001$,$\eta_p^2=0.35$。简单效应分析发现,被试复制1s和2s视时距与复制1s,2s听时距的变异系数无显著差异,$ps>0.05$,被试复制3s,4s,5s及6s的听时距的变异系数显著小于复制同一客观长度的视时距,$ps<0.001$。其他交互效应均不显著。

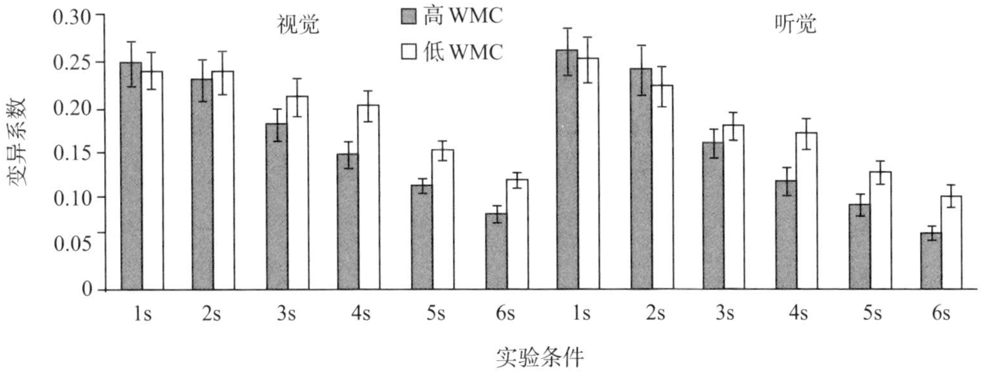


图4 高、低WMC组个体复制1~6s的变异系数

## 2.4 小结

实验1通过比较高、低WMC组被试在1~6s视、听时距加工任务中的成绩,旨在为1s

以上时距认知的分段性寻找新证据。实验1的结果发现，不管哪种WMC类型的被试均表现出高估短时距、低估长时距的趋势，这与以往多项研究结果一致（Rammsayer &Lima，1991；Szelag，1997；Kagerer et al.，2002）。实验1的结果还发现，高、低WMC组在平均复制时距、复制比率及变异系数上均存在主效应，WMC越高的被试，平均复制时距越长，复制比率越大、变异系数越小。这可能意味着高WMC个体存储信息容量大，加工信息的变异性较小。同时还发现WMC与时距长度的交互作用以及通道与时距长度的交互作用（1s，2s与3s，4s，5s及6s表现出不同趋势）。根据Fraisse（1984）和Pöppel（1997）的理论假说，2~3s以上时间估计受工作记忆及信号通道的影响，2~3s以下时间知觉受注意和工作记忆及信号通道的影响较小。上述结果明显与Fraisse（1984）和Pöppel（1997）的理论假说是吻合的。

时间产生法是一种不同于时间复制法的方法，涉及的认知过程不完全相同。时距产生法由主试给定具体的靶时距值（如2s）让被试控制刺激呈现的时距。时距复制法首先由主试呈现一个刺激时距，然后被试复制一个同样长短的操作时距。Baudouin等（2006）的研究认为不同的时间估计方法基于不同的加工机制，时间产生法主要与内部时钟的速度和注意控制有关，而时间复制法更多地依赖于注意监控和工作记忆。实验2拟采用时间产生法要求被试完成时间加工任务，旨在为1s以上时距加工分段性提供新证据。

## 3 实验2 1~6s时距产生加工分段性特征研究

### 3.1 目的

实验2以高、低WMC组的个体为被试，要求他们完成1~6s听时距和视时距产生任务，为1s以上时距加工分段性提供新证据。

### 3.2 方法

#### 3.2.1 被试

选取被试48名（24名高WMC，14名女性；24名低WMC，10名女性）。两组被试在WMC得分上差异显著，$t(46)=21.15$，$p<0.001$（高WMC：$M=1.01$，$SD=0.167$；低WMC：$M=-1.09$，$SD=0.124$）。所有被试均熟悉计算机基本操作，事先并不知道实验目的，也未参与过类似实验，并被告知实验结束之后会获取一定费用。被试无既往精神疾病或神经功能障碍史，均为右利手。

3.2.2 设备和刺激材料

设备同实验1。时距产生阶段采用的视觉材料为一个黑色正方形，边长为1cm；听觉材料为通过扬声器（SONY CD450）呈现响度为45dB、频率为1000Hz的正弦波。

3.2.3 实验设计

采用2×2×6混合设计。WMC（高、低）为被试间变量，通道（视觉、听觉）和时距长度（1s，2s，3s，4s，5s和6s）为被试内变量。因变量指标是平均产生时间长度、时间产生准确性和时间产生变异性。平均产生时间长度，即每一种客观时距条件下，多次产生时距的平均值；准确性用产生比率表示，即每一种条件下主观产生时距长度除以客观时距长度，产生比率大于1表明高估时间，小于1表明低估时间，等于1表明准估时间；变异性用变异系数表示，即每一种条件下主观产生时距标准差除以平均值，变异系数越大意味着变异性越大。

3.2.4 实验程序

刺激流程如图5所示，首先在屏幕中央呈现一个红色词组"准备"，待被试准备好之后，按回车键继续实验。空屏500ms后，屏幕上出现所要产生的目标时距（如1s），按回车键同时出现一个刺激（黑色正方形或1000Hz纯音），当被试主观感觉刺激呈现时间达到目标时距后，即按回车键，刺激消失。计算机自动记录被试产生的时距（精确到0.1s）。

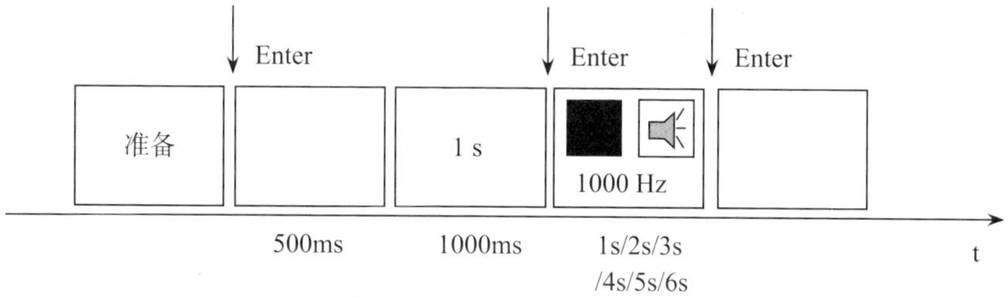


图5 实验2的刺激流程

练习实验时，每个被试完成12种处理的测试，每种测试重复2次，共计24次。目的在于让被试熟悉实验刺激的流程。正式试验阶段，包括4个视觉产生任务组块和4个听觉产生任务组块，每个组块30次测试，总共需要完成240次测试，视觉产生任务组块和听觉产生任务组块按照ABBA顺序在被试间平衡，整个实验过程大概持续20~30min。

实验结束之后，主试对实验过程（如是否出现疲劳、误答、程序显示及任务完成过程中的感受问题）进行询问和记录。

### 3.3 结果与分析

以平均时间产生长度为指标，进行WMC（被试间变量）、通道（视觉、听觉）和时距长度(被试内变量)的重复测量方差分析(见图6)。结果表明,WMC主效应显著,$F(1,47)=25.64$,$p<0.001$,$\eta_p^2=0.37$。时距长度主效应显著,$F(5,235)=694.42$,$p<0.001$,$\eta_p^2=0.45$。事后检验发现,6s的平均时间产生长度依次显著长于5s,4s,3s,2s及1s,$ps<0.001$。通道主效应显著,$F(1,47)=17.31$,$p<0.001$,$\eta_p^2=0.32$。WMC与时距长度交互效应显著,$F(5,235)=12.44$,$p<0.001$,$\eta_p^2=0.47$。简单效应分析发现,1s和2s条件下,高低WMC组产生时间无显著差异,$ps>0.05$。3s,4s,5s及6s条件下,高WMC组复制时间显著短于低WMC组,$ps<0.001$。通道与时距长度交互效应显著,$F(5,235)=9.14$,$p<0.001$,$\eta_p^2=0.43$。简单效应分析发现,被试产生1s和2s视时距与产生1s,2s听时距无显著差异,$ps>0.05$,被试产生3s,4s,5s及6s的听时距显著短于产生同一客观长度的视时距,$ps<0.001$。其他效应均不显著。

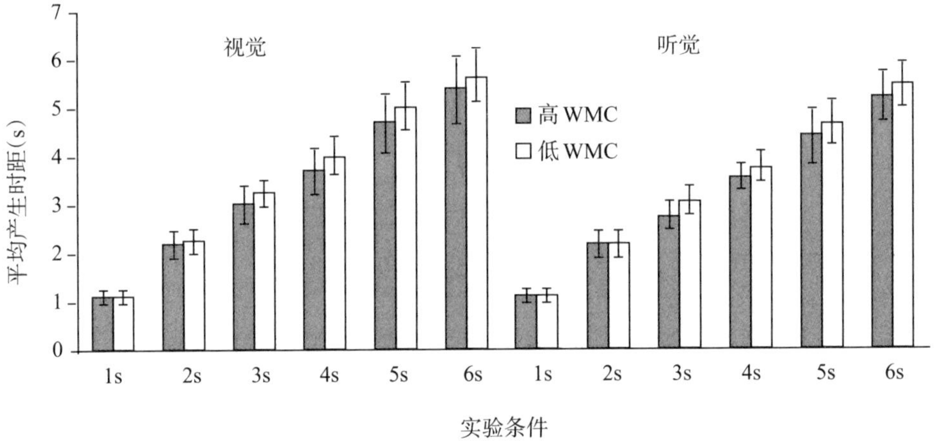


图6 高、低WMC组个体产生1~6s的平均时距

以产生比率为指标,进行WMC(被试间变量)、通道(视觉、听觉)和时距长度(被试内变量)的重复测量方差分析(见图7)。结果表明,WMC主效应显著,$F(1,47)=18.22$,$p<0.001$,$\eta_p^2=0.37$。时距长度主效应显著,$F(5,235)=21.42$,$p<0.001$,$\eta_p^2=0.41$。事后检验发现,6s的产生比率依次显著大于5s,4s,3s,2s及1s,$ps<0.001$。通道主效应显著,$F(1,47)=14.25$,$p<0.001$,$\eta_p^2=0.35$。WMC与时距长度交互效应显著,$F(5,235)=12.46$,$p<0.001$,$\eta_p^2=0.44$。简单效应分析发现,1s和2s条件下,高、低WMC组产生比率无显著差异,$ps>0.05$。3s,4s,5s及6s条件下,高WMC组产生比率显著小于低WMC组,$ps<0.001$。通道与时距长度交互效应显著,$F(5,235)=16.44$,$p<0.001$,$\eta_p^2=0.35$。简单效应分析发现,被试产生1s和2s视时距与产生1s,2s听时距的比率无显著差异,$ps>0.05$,被试产生3s,4s,5s及6s的听时距的比率系数显著小于产生同一客观长度的视时距,$ps<0.001$。其他交互效应均不显著。

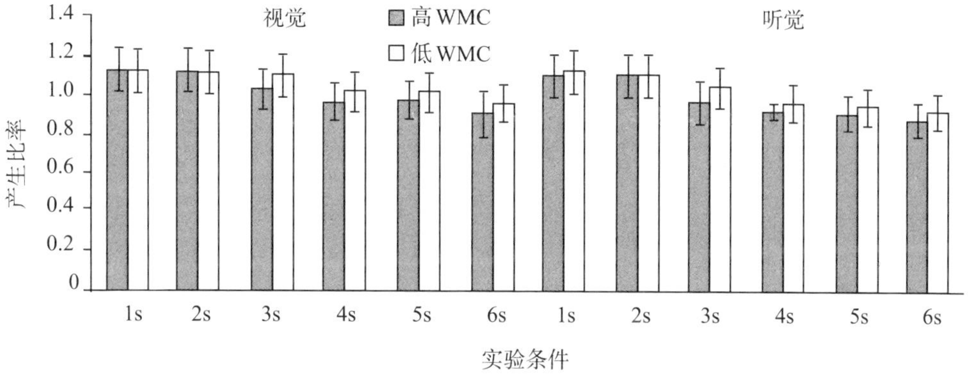


图7 高、低WMC组个体产生1~6s的比率系数

以变异系数为指标，进行WMC（被试间变量）、通道（视觉、听觉）和时距长度（被试内变量）的重复测量方差分析（见图8）。结果表明，WMC主效应显著，$F(1,47)=20.44$，$p<0.001$，$\eta_p^2=0.36$。时距长度主效应显著，$F(5,235)=22.29$，$p<0.001$，$\eta_p^2=0.46$。事后检验发现，6s的变异系数依次显著小于5s，4s，3s，2s及1s，$ps<0.001$。通道主效应显著，$F(1,47)=21.36$，$p<0.001$，$\eta_p^2=0.35$。通道与时距长度交互效应显著，$F(5,235)=24.45$，$p<0.001$，$\eta_p^2=0.39$。简单效应分析发现，被试产生1s和2s视时距与产生1s，2s听时距的变异系数无显著差异，$ps>0.05$，被试产生3s，4s，5s及6s的听时距的比率系数显著小于产生同一客观长度的视时距，$ps<0.001$。其他交互效应均不显著。

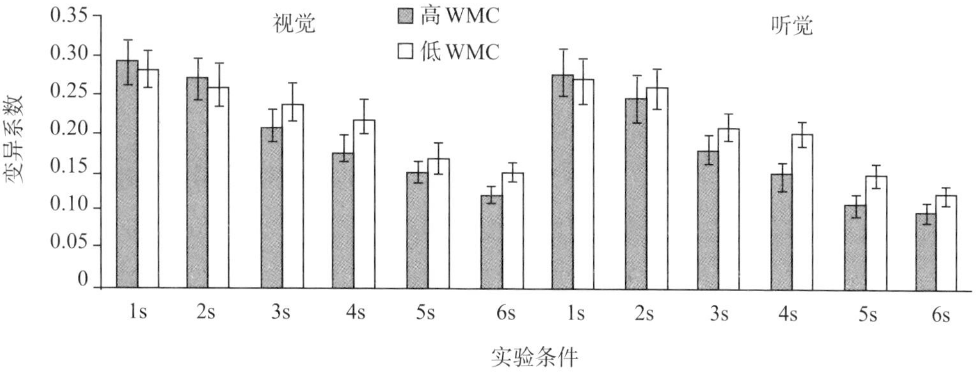


图8 高、低WMC组个体产生1~6s的变异系数

### 3.4 小结

实验2通过比较高、低WMC组被试1~6s视、听时距产生任务的成绩，旨在为1s以上时距认知分段性寻找新证据。实验2的结果发现，高、低WMC组在平均产生时距、产生比率及变异系数上均存在主效应，WMC越高的被试平均产生时距越短，产生比率越低，变异系数越小。同时还发现WMC与时距长度以及通道与时距长度的交互作用（1s，2s

与3s,4s,5s及6s表现出不同趋势)。根据Fraisse(1984)和Pöppel(1997)的理论假说,2~3s以上时间估计受工作记忆及计时信号呈现通道的影响,2~3s以下时间知觉受注意和工作记忆及信号通道的影响较小。上述结果也明显与Fraisse(1984)和Pöppel(1997)的理论假说吻合。

## 4 总讨论

实验1和实验2通过比较高、低WMC组被试在1~6s视、听时距复制或者时距产生任务中的成绩,旨在为1s以上时距认知的分段性寻找新证据。实验1的结果发现,高、低WMC组在平均复制时距、复制比率及变异系数上均存在主效应,WMC越高的被试平均复制时距越长,复制比率越大,变异系数越小,这与Ulbrich等(2007)的研究结果基本一致。部分不同点在于Ulbrich等(2007)研究中,对3s,4s,5s及6s的复制,表现出视觉主观时间估计(复制比率)长于听觉主观时间估计(复制比率),而在实验1中,3s,4s,5s及6s的复制,表现出听觉主观时间估计(复制比率)长于视觉主观时间估计(复制比率),这与多项研究发现的视、听通道效应是一致的(黄希庭,郑云,1993),即听觉判断要比视觉判断更加精确。另外,在Ulbrich等(2007)的研究中,以变异系数为指标,发现了时距长度和通道的主效应,但是WMC的主效应只是临界显著,且没有发现其他交互效应,而在实验1中,我们同样发现了时距长度和通道以及WMC的主效应,但是也发现了时距长度与WMC以及时距长度与通道的交互效应,这似乎说明了实验1的结果反映出1s和2s的时距加工,与3s,4s,5s及6s的加工模式不太一致。至于两项研究的差异,一方面可能是因为两项研究对于WMC的测量不太一致,另一方面可能也与两项研究中被试的个体差异性、实验环境、实验程序等因素无法保证完全一致有关。另外,实验1的结果与Fortin和Couture(2002)研究所发现的工作记忆负荷对1.85~6.45s时距复制的影响无显著差异的结果不一致。这可能是由于两项研究中所采用的实验程序不一致造成的。首先,Fortin和Couture(2002)在研究中采用非时间任务操纵时距复制过程中的工作记忆负荷,而在实验1中是以自然出现的WMC差异代替记忆负荷的操纵。其次,在Fortin和Couture(2002)研究中,操纵非时间任务的记忆负荷主要影响时距复制阶段,而实验1中被试之间的WMC差异是贯穿在整个实验阶段的。在这两项研究中,探测工作记忆效应的认知操作,可能涉及不同记忆成分,执行非时间任务涉及记忆提取加工,被认为削弱了脉冲累加过程,导致复制时间偏短或偏长(取决于在编码阶段还是在复制阶段执行非时间任务),而WMC可能涉及用来表征标准时距脉冲的存储加工能力。由于有限的存储容量,一部分脉冲可能会随时间流逝或受非时间任务干扰而丢失。实验1的结果支持这一点。在整个时间复制任务过程中，被试的WMC是一种稳定的特征，如果累加过程受到影响，那么高、低组WMC被试应该是没有任何差异的，因为WMC对编码阶段（标准时距的脉冲累加过程）和复制阶段（复制时距的脉冲累加过程）的影响应该基本一致。然而，实验1中确实观察到高WMC被试复制时距较长，因此，WMC涉及的关键记忆过程很有可能是标准时距脉冲的存储。换言之，高WMC的被试将信息保持得好，导致相对高估，低WMC被试累加脉冲更容易丢失，导致相对低估（特别是2~3s以上时距）。

实验2采用时间产生任务发现，高、低WMC组在平均产生时距、产生比率及变异系数上均存在主效应，WMC越高的被试平均产生时距越短，产生比率越低，变异系数越小。这可能是因为高WMC的个体在产生过程中注意监控较好，累加脉冲效率较高，所以达到目标脉冲数所需的客观时间较少，所以对同一目标时间（如6s）而言，高WMC组产生出的时间较短，产生比率较低，变异系数较小。实验1和实验2的结果还发现，WMC与时距长度以及通道与时距长度的交互作用，高、低WMC组被试在加工1s和2s的视、听时距过程中没有差异，而在加工3s，4s，5s及6s视、听时距过程中存在显著差异，这暗示着，2~3s以下与以上时距加工存在两种机制，2~3s以下时距加工即为时间知觉，整体性是时间知觉的一个重要特点。存在一种整合加工将3s内信息整合成一个整体（Fraisse，1984），θ和α波参与自动时间整合加工（Chen，Chen，Kuang，& Huang，2015）。Baddeley和Hitch（1974）提出了工作记忆模型，该模型认为人类主要是通过中央执行系统和语音回路及视空间模板负责对认知任务过程中的信息进行暂时储存与加工的。语音回路功能在于暂时储存听觉和语言信息，视空间模板功能在于保持和操纵视觉和空间信息，中央执行器涉及这两个系统的注意控制。因此，可以说人类在加工时间信息的过程中，也需要进行注意控制和暂时储存时间信息。已有研究表明，时间工作记忆是不同于空间和词语工作记忆的一种新类型的工作记忆（陈有国，2010）。实验1和2在工作记忆模型的基础上提出了解释分段性的时间工作记忆说，其基本观点如下：在加工2~3s以下时距时，人能够将2~3s以下的时距整合为一个整体，整合加工是在感觉记忆加工的基础上进行的，不受工作记忆和通道的影响；在2~3s以上，时距可能以离散的形式表征，累加过程受工作记忆和通道的影响。WMC决定了分界点的大小，老人和小孩的WMC较正常人小，因此他们的分界点比正常人小（Ulbrichet al.，2007）。

时间工作记忆说也可以对Lewis等的实验结果进行解释（Lewis & Miall，2003b）。在Lewis等的实验中，0.6s时距位于300ms分界点附近，该时距会被整合为一个整体。但由于在分界点附近，注意对0.6s时距的调制作用还很弱。3s时距位于3s分界点，这时已经达到WMC的临界点，工作记忆负荷很大，需要持续的注意维持时距加工，所以加工3s时距比0.6s时距需要更多的注意资源和更大的工作记忆负荷。Lewis等的实验结果发现，

3s时距更加激活了前扣带皮质和顶下叶。以往研究发现前扣带皮质与注意控制有关(Posner & Rothbart, 2007),顶下叶皮质可能与工作记忆有关(Owen, McMillan, Laird, & Bullmore, 2005)。时间认知分段综合模型既指出认知时间的分段性,也指出注意和工作记忆会影响时间信息加工,因此解释分段性的时间工作记忆说是时间认知分段综合模型解释分段性的具体表现形式(黄希庭等,2003)。

另外,时间工作记忆说只能解释短时距范围的分段性,还不能解释更长范围内时间认知的分段性。黄希庭等发现过去和未来具有相似的心理结构,即以秒和分为计时单位的"较近的过去"和"较近的未来",以小时、日和月为计时单位的"近的过去"和"近的未来",以及以年为计时单位的"远的过去"和"远的未来"(黄希庭,孙承惠,胡维芳,1998;黄希庭,1994)。这些分界点的认知基础还有待进一步研究。另外,随着脑磁图等(CHEN, et al., 2015)技术的迅猛发展,未来研究可以采用EEG分析,以alpha波幅为指标,为2~3s为分段临界点寻找新证据。

## 5 结论

本研究证明了1~6s时距认知具有分段性,分段临界点大约处在2~3s,且提出以时间工作记忆说解释时间认知的分段性,该假说是时间认知分段综合模型解释短时距加工分段性的具体表现形式。

合作者:尹华站,李丹,陈盈羽。原文载于《心理学报》,2016年第9期。

# 时序表征的空间特性

## 1 数字空间特性对时间空间表征研究的启示

Lakoff 和 Johnson 认为，人类概念系统是通过很小的一套具体概念来建构的，这些具体概念都源自人类的感知、动觉经验。抽象概念则需借助于这些基本的具体概念的映射来建构和理解。所有不是直接源自身体经验的概念本质上都是隐喻性的（吴念阳，2009）。时间概念是看不见摸不着的、无形无态的、高度抽象的，不使用隐喻就很难表征甚至可以说时间表征本质上就是隐喻性的。而时间的空间隐喻可以说是时间隐喻表征的原型（周榕，黄希庭，2000）。

数字表征具有空间特性这一观点已经得到大量研究的支持，其中最直接的研究就是关于空间数字的反应编码联合（spatial-numerical association of response codes，简称为 SNARC）效应的研究。在要求被试对数字做奇偶判断实验中，发现对于较小的数字，被试按左侧键反应较快，对于较大的数字按右侧键反应较快，与数字的奇偶性无关（Dehaene，Bossini，& Giraux，1993）。主要的理论解释是心理数字线假设，该假设认为：在一条心理数字线上，较小的数字在左边，较大的数字在右边。

日常生活中，除了数字表征具有空间特性外，时间表征也具有空间特性。人们在使用播放器的时候，“后退（<<）”，“播放（<）”以及“前进（>>）按钮的箭头就表示了知觉时间的方向。这就提示可能存在一条类似于心理数字线的“心理时间线”，时间被定位于从左到右的空间位置上。与“心理时间线”一致的空间和时间信息有助于动作反应，产生空间时间的反应编码联合效应（Ishihara，Kelker，Rossetii，& Prinz，2008）。时序是时间研究的重要内容，指人们能够将两个或两个以上的事件知觉为不同的并且按顺序组织起来。时序表征具有空间特性是一个较为普遍的结论，但人们将时序中的不同事件表征在空间的水平维度还是垂直维度上，以及某一维度的具体走向上，还存在一定的差异。此外，时序的空间表征能够导致空间注意的转移。本文拟对以上内容进行总结并提出一些值得进一步深入研究的问题。

## 2 时序空间表征的普遍性

时序表征的空间特性具有一定的普遍性，研究者操控不同实验材料、刺激呈现方式、反应方式的研究都发现了时序表征的空间特性。

### 2.1 不同熟悉度时序表征的空间特性

习俗性时序表征具有空间特性。Gevers等(2003,2004)以荷兰语月份和星期为实验材料的研究都发现反应边和位置之间有显著的交互作用,左手对参考点之前的刺激反应更快,右手对参考点之后的刺激反应更快。

有意义事件组成的时序表征具有空间特性。有意义的事件的时序是通过内在结构紧紧地联系在一起的。在Santiago,Roman(2010)等的研究中,主试要求被试对由电影片段和日常生活事件图片定义的时序进行前后判断也表现出空间特性。另一项用三张一组的图片(分别表示"早"、"中"、"晚")表示时序信息的研究中发现,英语被试在时间"早晚"与空间"左右"对应时反应更快(Fuhrman & Borodisky,2010)。

人为赋予的时序表征具有空间特性。人为赋予的时序通常是在特定的实验条件下,先让被试学习一个新的时序事件系列,再进行时序判断任务。研究发现新学习的时序表征也存在STEARC效应(Previtali,de havia,& Girell,2010)。

### 2.2 视听通道时序表征的空间特性

大多数时序空间表征的研究采用的都是视觉通道,但是在视觉通道研究中,被试的阅读过程本身可能导致空间偏差的产生。空间特性可能不是时序本身具有的,而是视觉任务激活的,因此有必要对视觉以外通道的时序表征进行研究。Ouellet,Santiago,Israeli等(2010)在研究中要求被试按左键或右键判断呈现于左耳或右耳的时间词汇是表示过去的还是未来的,结果表明西班牙语被试用左手对过去词做反应、右手对未来词做反应更快。这说明时序表征的空间特性不仅仅局限于视觉通道。

### 2.3 不同任务中时序表征的空间特性

对时序事件的二维和三维排序任务中均表现出空间特性。早期的研究中,主试给被试一些具有一定顺序的事件,要求对这些事件进行排序(Tvesky,Kugelmass,& Winter,1991)。后来的一些研究要求被试在三维立体中对时序事件进行定位,如指定被试面前某一个点为"今天",要求其在三维空间中指定"昨天"和"明天"所在位置(Fuhrman & Boroditsky,2010)。要求被试用眼动对呈现的词语进行时间指向判断的任务也有类似的结果(杨林霖,2011)。

## 3 时序空间表征的维度

在汉语体系中,时间是沿着直线运动的,同时又分为垂直方向和水平方向(杨艳,

2001)。时序表征的空间维度是否也有水平和垂直两种方向呢?

Boroditsky(2001)较早通过空间启动任务对此进行了研究,首先让被试完成空间加工任务,接着做时间关系句子的判断,结果发现母语为英语的被试在水平空间启动后的反应快于垂直启动,而汉语被试则相反。这也为后来的一些研究所支持(刘丽虹,张积家,2009)。然而,这种时序空间表征维度的差异似乎是不稳定的。Chen(2007)研究发现,汉语中虽然存在垂直和水平两种空间隐喻来表达时间,但水平空间启动和垂直空间启动的反应时没有显著差异。吴念阳、徐凝婷和张琰(2007)的研究也有同样的结果。

以上关于时序空间表征维度的争议是由于实验操作导致的还是本身就具有文化差异,似乎还难于定论。Chen(2007)并没有严格重复Boroditsky(2001)的研究。要验证是否存在文化差异,必须要考虑到被试的语言经历和实验任务的语言情境,尤其是使用双语被试的实验研究。

## 4 时序空间表征的方向

在时序空间表征的研究中,除了在垂直维度和水平维度上还不确定外,时序在空间维度上的具体走向也反应出一定的灵活性。

有研究证实时序空间表征的方向与被试母语的阅读和书写方向一致(Tversky et al., 1991)。人们在时序判断时会自发地运用文化特异的空间表征。但是在一定的条件下,时序空间表征的方向也会发生变化。比如,要求被试将数字与钟表上的时间刻度联系起来就出现相反的效应,而与直尺上的刻度联系则没有变化。训练也可能改变时序的空间表征(Boroditsky,2001)。这说明心理时间线表征空间位置编码是灵活的,可以随当前认知任务的改变而转化,同时也说明了生活经验对于时序空间表征的影响。

时序空间表征的方向与母语阅读和书写方向一致,同时也会随任务的变化而变化。这很难用文化差异来解释。如果主要受文化的影响,时序空间表征的具体方向应该是比较稳定的。但是,短期经验改变能够导致时序空间表征方向的改变。

## 5 时序表征对空间注意的影响

数字加工会引起视觉空间注意的转移,小数字加工后,检测左侧视野目标更快;大数字加工后,检测右侧视野更快(Fischer, Castel, Dodd, & Pratt, 2003; Casarotti, Michielin, Zorzi, & Umilta, 2007)。数字量值还会影响到被试对由数字组成的直线中点的判断,小数字组成的直线中点判断偏向左侧,大数字组成的直线中点判断偏向于右侧。这提示大数字表征能够导致视觉空间注意转移到右侧视野,小数字表征使视觉空间注意转移到左侧视野,这也得到ERP的研究的支持(Ranzini, Dehaene, Piazza, & Hubbard, 2009)。

时序表征同样具有空间特性,时序加工是否也会引起空间注意的转移呢? Santiago, Lupiáñez等(2007)的研究表明,时序加工能够自动激活空间的水平维度,表现为时间上的"过去未来"与空间上的"左—右"相对应。这种效应至少有两种解释:时间指向与左右手运动反应编码相联系,时间含义导致了空间注意的转移。Weger和Pratt(2008)试图对这两种机制进行区分。采用注意研究常用的提示范式,以"过去"和"将来"时间词作为提示线索,一种条件是要求被试用左右手食指按不同的键来判断随后出现的目标的位置;另一种条件是要求被试用单手食指按空格键检测目标是否出现。如果时间提示能够易化被试的动作反应,时空兼容性效应将会出现在第一种条件下,不会出现在第二种条件下;如果时间提示能够使空间注意转移到心理时间线对应的位置,两种条件下都会出现该效应。结果发现时间指向仅与左右手运动反应编码相联系。Ouellet, Santiage, Funes等进一步的研究发现过去时间词启动条件下对左侧目标的反应比右侧要快;未来时间词启动条件则相反。随后的实验发现线索提示效应只在长SOA中有所体现。

## 6 小结与展望

以往时序空间表征的研究大都是在数字空间特性的基础上展开的。理论上提出了心理时间线假设,也对此进行了大量实证研究,取得诸多进展,但也还存在一些需深入研究的问题。

第一,时间加工和空间加工有共同的表征机制,也存在一些差异,这在神经机制的研究中也有体现。有研究表明,时间加工和空间加工都激活了右顶叶皮质、侧顶内沟区、左顶叶皮质、小脑、前额等部位。也有不一致的发现,如时间加工激活左顶叶皮质,空间加工激活了右顶叶皮质;在时间进程上注意空间位置和注意时间信息分别反映了早期知觉加工和晚期决策反应,诱发了不同的ERP成分(毕翠华,黄希庭,2011)。专门针对时序空间表征神经机制的探讨还不多。

第二,时间心理学的研究表明,心理时间具有分段性。过去时间和未来时间在心理结构上是对称的,分为三个心理时间段,即以秒和分为计时单位的"较近的过去"和"较近的未来",以小时、日和月为计时单位的"近的过去"和"近的未来",以年为计时单位的"远的过去"和"远的未来"。时间总是从无限的"过去"经"现在",向着无限的"未来"而去(黄希庭,1994;黄希庭,孙承惠,胡维芳,1998)。人们也倾向于把时间看成是从过去、经过现在到将来的连续体。可以假设从过去到将来的分段性时序表征会产生类似于数字加工距离效应的分段性效应。这将有助于深入理解时序的空间表征问题。

第三，每一种文化都有其独特的时间观，这种文化差异在时序空间表征上可能会有所体现。中文的书写和阅读方向比较特殊，由最初的从右到左、从上到下演变为从左到右，而且现在在对联、传统请柬等的书写中也有从右到左、从上到下的方式；此外，中国文化中有“来世”、“轮回”等特有的观念，这种循环的时间观不同于西方线性的时间观，时间观的差异可能会在时序空间表征上有所反映。

合作者：阮昆良。原文载于《心理科学》，2013年第3期。

# “现在”有多长:空时距知觉的分段性研究

## 1 引言

在日常生活中,人们总会不假思索地使用“现在”这个词,但“现在”的定义是什么?它只是过去与将来的分界线,还是有其自身的时间长度?这引发了哲学家和心理学家们的思考。波佩尔认为:“‘现在’——也就是我们的意识——犹如架在时间这匹骏马上的鞍子,我们坐在上面,像两面人似的前后张望:向着过去,也向着将来。”(波佩尔著,李百涵,韩力,译,1995)这种认为“现在”本身具有时间长度的观点得到了学术界的普遍认同。那么心理的现在(psychological now)究竟有多久?该问题与时间知觉具有相同的内涵(黄希庭,2015)。

时间知觉(time perception)是对客观现象的持续性和顺序性的感知(凤四海,黄希庭,2004),与工作记忆密切相关。工作记忆(working memory)作为唯一可进行有意识加工的记忆阶段,负责暂时保持和处理包括字母、数字、图形、面孔和空间位置等在内的多种类型的信息(Baddeley,1992)。时间作为一种特殊的信息,也可在工作记忆中得到暂时保持,这就涉及“现在”的上限。因为,工作记忆的容量十分有限,从最早发现平均容量为7±2s(Miller,1956)到后来被修正为4s(Cowan,2001),都表明工作记忆只能保持一定限度的时间长度,即“现在”的上限。Fraisse对相关研究进行了总结,认为心理的现在不超过5s,平均在2~3s(Fraisse,1981)。波佩尔也提出,只有在约3s的时间范围内,信息才能被整合为一个单元或时间上的“格式塔”,成为心理的现在的内容(波佩尔著,李百涵,韩利,译,1995)。可见,该限度以内的一段时间可被人们知觉为现在,超过该限度则被排除在现在之外,成为过去。这导致处于该分界线上下的时间知觉存在分段性,可能对应着不同的时间加工方式。

然而,“现在”的限度并非一成不变,该限度会受哪些因素影响越来越引起研究者们的关注。早期研究虽对此进行了一些有意义的尝试,但限于行为研究的局限性,难以深入到内部表征进行探讨。近来,研究者发现大脑神经振荡活动对维持工作记忆的表征起重要作用(Jensen,2006;Koene & Hasselmo,2006;Lisman & Idiart,1995),为该问题的研究提供了新途径。Chen等和Yu等先后采用脑电图(EEG)技术对视、听时距在工作记忆保持过程中的神经振荡特点进行了考查(Chen,Chen,Kuang,& Huang,2015;Yu,Chen,Qiu,Li,& Huang,2017),首次从电生理角度表明“现在”的限度受到感觉通道的影响。

其中，人们从视觉通道体验的“现在”的上限是3s（Chen et al.，2015），听觉通道则为2s（Yu et al.，2017）。对于该发现，研究者认为其原因是人们对来自不同通道的时距知觉本身存在差异，即听觉信号总是比客观等长的视觉信号知觉为更长，该通道效应在以往研究中被多次证实（Penney，Gibbon，& Meck，2000；Wearden，Todd，& Jones，2006）。由此，容量有限的工作记忆所能保持的听觉时距比视觉更短，导致分界线更短。值得注意的是，有研究发现，在时距知觉中，比上述视听知觉差异更明显的效应发生在不同时距类型之间（Wearden，Norton，Martin，& Montford-Bebb，2007），这意味着以不同时距类型呈现的“现在”限度很可能也具有差异，这是本研究主要关注的问题。

时距分为两种类型：以持续形式呈现的为实时距（filled interval），以间隔形式呈现的为空时距（empty interval），即分别由一个简短的感觉事件来标记这段时间的开始和结束，而在这段时间里并没有信号呈现的“安静的”时距（郭秀艳，聂晶，2003）。与时距知觉的视听通道效应类似，研究者发现对于客观相等的一段时距，实时距会比用两个短音标记的空时距知觉为更长（ten Hoopen，Miyauchi，& Nakajima，2008），这称为实时距错觉（Filled du ration illusion）。例如，Zwicker（1969）要求被试自行调整一段连续的声音长度，使之与一段空时距的长度相等，结果发现人们会感到一段实时距和一段客观上约两倍长于该实时距的空时距等长。Craig（1973）也发现，空时距需要比实时距长657ms才能被知觉为与实时距相等。Wearden等人（2007）的研究也表明，一段空时距的长度仅仅被知觉为客观等长的一段实时距的55%~65%，且该错觉随刺激时距的增加越发明显。研究者主要采用时间知觉的内部时钟模型（internal clock model）对实时距错觉进行解释（Gibbon & Church，2014）。该模型认为，人脑中存在一个起搏器（pacemaker）和累加器（accumulator），二者之间有开关（switch）相连。当个体开始计时时，起搏器以一定频率发射脉冲，开关闭合，脉冲进入累加器进行整合，形成时间表征。研究者认为，实时距错觉产生的原因可能是与空时距相比，实时距知觉过程中起搏器发射脉冲的速度更快，或开关关闭更快而打开更慢，这都使实时距累加的脉冲更多，进而知觉为更长（Hasuo，Nakajima，Tomimatsu，Grondin，& Ueda，2014；John H Wearden et al.，2007）。有趣的是，这与视听时距知觉的通道效应的解释非常相似。那么空时距在工作记忆中的神经表征是否也与实时距存在差异，并且能否用与视听时距相同的方式进行解释，这是本研究所要探讨的问题。

考虑到Yu等（2017）已对听觉实时距进行过探讨，本研究采用与以往研究相同的matching-to-sample任务（Chen et al.，2015；Yu et al.，2017），结合脑电图技术对听觉空时距在工作记忆保持过程中的神经振荡特点（theta和alpha波）进行考查，假设如下：首先，“现在”的限度会受到不同时距类型的影响，即空时距在工作记忆中的表征分界线与实时距不同;其次,若实、空时距表征分界线出现差异的原因与视听时距的原因相同,那么与实时距的表征分界线相比(2s)(Yu et al.,2017),空时距的表征分界线将更长,即体验到的“现在”的上限会长于2s。

## 2 研究方法

### 2.1 被试

23名本科生自愿参加本实验,其中男生11名,女生12名,年龄为18~26岁(平均年龄20.304±2.055岁)。均为右利手,听力正常,视力或矫正视力正常,没有脑部损伤或神经系统疾病。实验后给予适当报酬。

### 2.2 材料和仪器

听觉空时距刺激采用两个持续50ms的纯音(1000Hz,响度约80dB,各有10ms的淡入淡出)标记时距的开始和结束。时距长度分别为1s,2s,3s,4s。空时距的长度界定为第一个声音消失到第二个声音刚出现之间的时间间隔,声音本身的持续时间不计入时距(Tse & Penney,2006)。由Sennheiser耳机双耳呈现。反应信号为视觉呈现一个白色问号,大小为2cm(1.53°)。电脑距被试约75cm。屏幕刷新频率为85Hz。

### 2.3 实验程序

采用matching-to-sample任务,整个实验共有7个blocks,每个block包括48个trials。每种时距条件包括84个trials。如图1所示,在每个trial中,先后呈现两个听觉空时距刺激(sample刺激和probe刺激),中间间隔3s(保持阶段)。每个空时距刺激的呈现时间为4种时距(1s,2s,3s, 4s)中的随机一种。经过1s间隔后,在屏幕中央出现一个问号(反应信号),随按键消失或经过2s后自动消失。被试需要估计第二个空时距刺激(probe)的时距是短于、等于还是长于第一个空时距刺激(sample)。在反应阶段,被试分别使用食指、中指或无名指按键盘上的1,2或3键(1,2,3键依次表示probe刺激短于、等于或长于sample刺激)。其中,一半被试用左手反应,另一半用右手反应。除休息时间外,要求被试在实验过程中不能闭眼,始终注视屏幕中央的注视点。trials之间间隔2s。

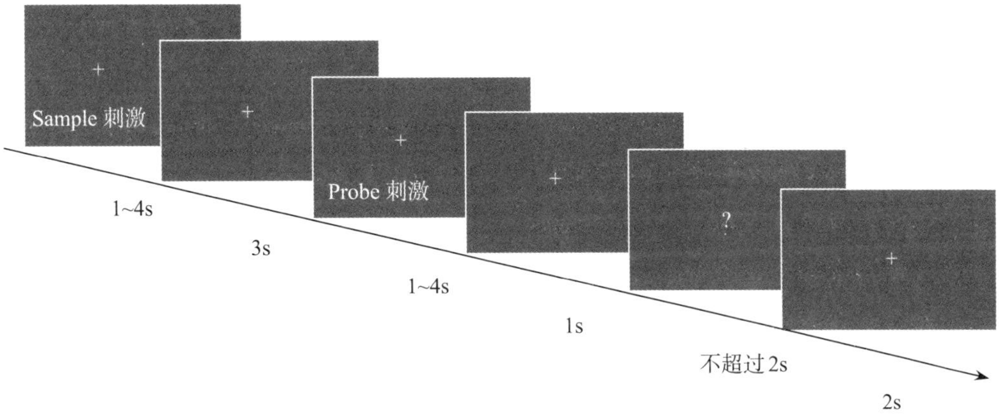


图1 单个trial的时距呈现流程图

### 2.4 脑电记录

采用安置Ag / AgCl电极的电极帽(Brain Products GmbH, Herrsching, Germany)连续记录EEG。按照国际扩展10~20系统安置64导电极记录脑电。另外增加两个电极分别安置于左右乳突上。左眼外侧安置电极记录水平眼电(HEOG),右眼下方安置电极记录垂直眼电(VEOG)。采样速度为500Hz。头皮电阻均小于5KΩ。

采用EEGLAB(Delorme & Makeig, 2004)和MATLAB(The MathWorks, Inc., Natick, Massachusetts, USA)进行离线分析。连续的EEG数据均采用左右耳后乳突的平均值进行重参考,数字滤波为0.5Hz高通(Chen et al., 2015; Hsieh, Ekstrom, & Ranganath, 2011; Roberts, Hsieh, & Ranganath, 2013)。以sample刺激(第一个声音)开始为时间点,以-1s到8s的窗口对连续数据进行分段。每段EEG通过减去sample刺激开始前的平均电压进行基线矫正。波幅超过±100μV自动标记,经观察确认后手动删除。采用独立成分分析,并根据头皮地图和活动特点(Jung, Makeig, Humphries, et al., 2000; Jung, Makeig, Westerfield, et al., 2000)辨别和删除与眼动等有关的伪迹独立成分。共保留95.76%的trials。重复测量方差分析发现,四种时距条件下保留的trials数量无显著差异[$F(3, 66)=0.427$, $p>0.05$, $\eta_p^2=0.019$]。

对已分段且无伪迹的数据进行时频分析。采用EEGLAB探讨EEG节律的trial-by-trial事件相关谱功率调制。采用3个周期、频率为3Hz的汉宁窗正弦小波进行时频分析,直至线性上升为15个周期、频率为30Hz(Makeig et al., 2004)。采用事件相关谱扰动(event-related spectral perturbation, ERSP)指数计算事件相关谱功率反应的变化(dB转换以sample刺激开始前-0.4s至-0.1s为基线)(Makeig, 1993)。图2为sample刺激的编码、保持阶段以及probe刺激呈现阶段的ERSP,均通过减去sample刺激开始前-0.4s至-0.1s

的平均振荡功率进行校正。

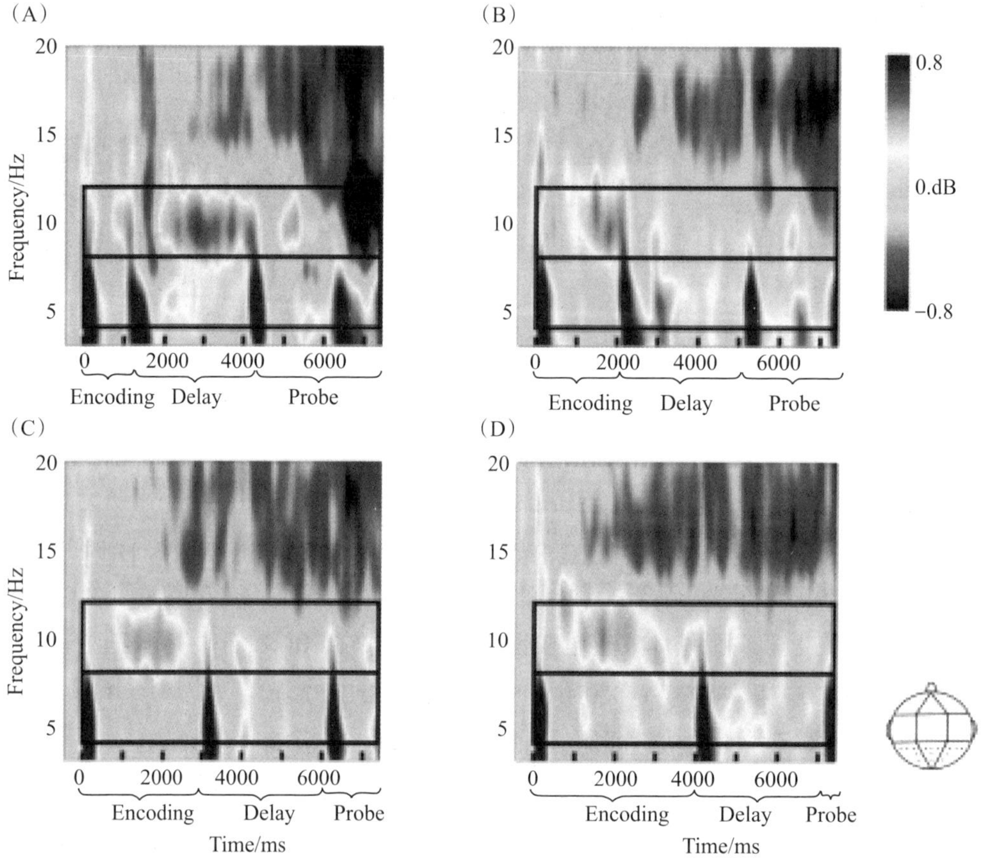


图2 1s(A),2s(B),3s(C),4s(D)空时距条件在大脑后部的ERSP总平均图

如图3所示,经频率平均后,从保持阶段开始后1s至3s期间提取出稳定的theta(4~8Hz)和alpha波(8~12Hz)活动。在新坐标系统中,0代表保持阶段的开始。本研究根据Roberts等(2013)的研究将电极点分为九个区域,即左-额叶((Fp1,AF3,AF7,F3,F5),中-额叶(Fpz,F1,Fz,F2),右-额叶(Fp2,AF4,AF8,F4,F6),左-中央(FC5,C3,C5,T7,CP5),中-中央(FCz,Cz,C1,C2,CPz),右-中央(FC6,C4,C6,T8,CP6),左-后部(P3,P5,P7,PO3,O1),中-后部(P1,P2,Pz,POz,Oz),右-后部(P4,P6,P8,PO4,O2)。

由于基线和保持阶段之间的时间间隔在四种时距条件下并不相同,为评估统计分析是否受基线和统计时间窗口之间不同时间间隔的污染,我们额外对所选取的保持阶段开始前-0.5s至-0.1s的时间窗口进行统计。以时距条件(1s,2s,3s,4s)和区域(九组)为自变量,分别对-0.5s至-0.1s和1s至3s的时间间隔的theta和alpha波进行重复测量方差分析。当不符合球形检验时,均采用Greenhouse-Geisser校正方法进行校正(Greenhouse & Geisser,1959)。偏eta方($\eta_p^2$)用来估计ANOVA的效应量(Levine &

Hullett,2002)。

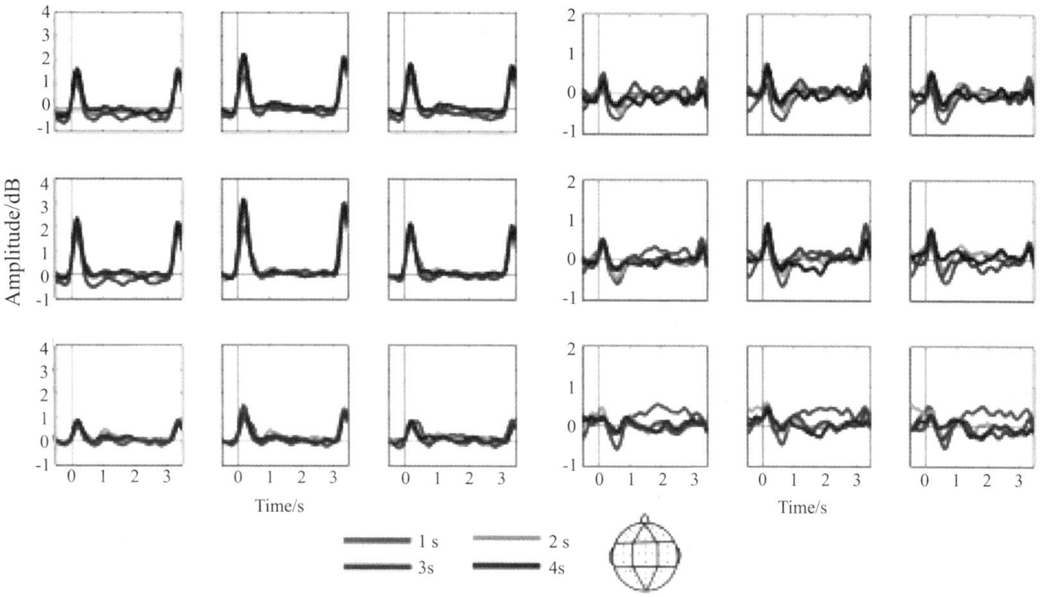


图3 1s,2s,3s,4s空时距条件在保持阶段中的theta波(A)和alpha波(B)平均值

# 3 结果

## 3.1 行为结果

以时距条件(1s,2s,3s,4s)为自变量,正确率为因变量进行重复测量方差分析,发现时距条件主效应显著($F(3,66)=50.616, p<0.001, \eta_p^2=0.697$)。事后检验发现,1s时距条件的正确率($M \pm SE$: 0.867±0.019)显著高于2s(0.783±0.019)、3s(0.708±0.018)和4s(0.628±0.027)条件($ps<0.001$),2s时距条件的正确率显著高于3s和4s条件($ps<0.001$),3s时距条件的正确率显著高于4s条件($p<0.01$)。

以时距条件(1s,2s,3s,4s)为自变量,反应时为因变量进行重复测量方差分析,发现时距条件主效应显著($F(1.779, 39.136)=4.308, p<0.05, \eta_p^2=0.164$)。事后检验发现,1s时距条件的反应时(495.169±29.163)与2s(508.757±31.672)无显著差异($p>0.05$),显著小于3s(522.573±32.861)和4s(524.135±32.396)条件($ps<0.05$)。2s时距条件的反应时显著小于3s和4s条件($ps<0.05$),3s和4s条件的反应时无显著差异($p>0.05$)。

## 3.2 EEG结果

对保持阶段开始前0.5~0.1s内theta波进行重复测量方差分析发现,时距的主效应、时距与脑区的交互作用均不显著($ps>0.05$)。对保持阶段开始后1~3s内theta波进行重复测量方差分析发现,时距的主效应不显著[$F(3,66)=0.623, p>0.05, \eta_p^2=0.028$],脑区的主效应显著[$F(2.014, 44.298)=3.219, p<0.05, \eta_p^2=0.128$],表现为在大脑后部(左-后部(0.078±0.123dB)、中-后部(0.098±0.114dB)和右-后部(0.111±0.109dB)激活相对较大。交互作用的主效应不显著[$F(7.140, 157.083=1.010, p>0.05, \eta_p^2=0.044$]。

对保持阶段开始前0.5~0.1s内alpha波进行重复测量方差分析发现,时距的主效应、时距与脑区的交互作用均不显著($ps>0.05$)。对保持阶段开始后1~3s内alpha波进行重复测量方差分析发现,时距的主效应显著[$F(3,66)=2.908, p<0.05, \eta_p^2=0.117$],表现为1s(0.353±0.225dB)条件下的alpha波值显著高于2s(0.011±0.220dB)、3s(-0.005±0.193dB)和4s(-0.036±0.208dB)条件($t(22)=2.113-2.641, ps<0.05$),而2s,3s和4s条件之间则无显著差异($t(22)=0.106-0.330, ps>0.05$)。脑区条件的主效应不显著[$F(2.194, 48.269)=1.228, p>0.05, \eta_p^2=0.053$],时距与脑区的交互作用显著[$F(4.898, 107.753)=5.166, p<0.01, \eta_p^2=0.190$]。进一步简单效应分析表明,时距效应主要在后部三区(左-后部、中-后部和右-后部)上显著[$F(3,66)=7.296-7.529, ps<0.01, \eta_p^2=0.249-0.255$],而在大脑前部三区和中部三区则均不显著[$F(3,66)=0.148-1.227, ps>0.05, \eta_p^2=0.007—0.053$]。如图4所示,在保持阶段开始后1~3s的时间间隔中,theta和alpha波功率在大脑后部最大。

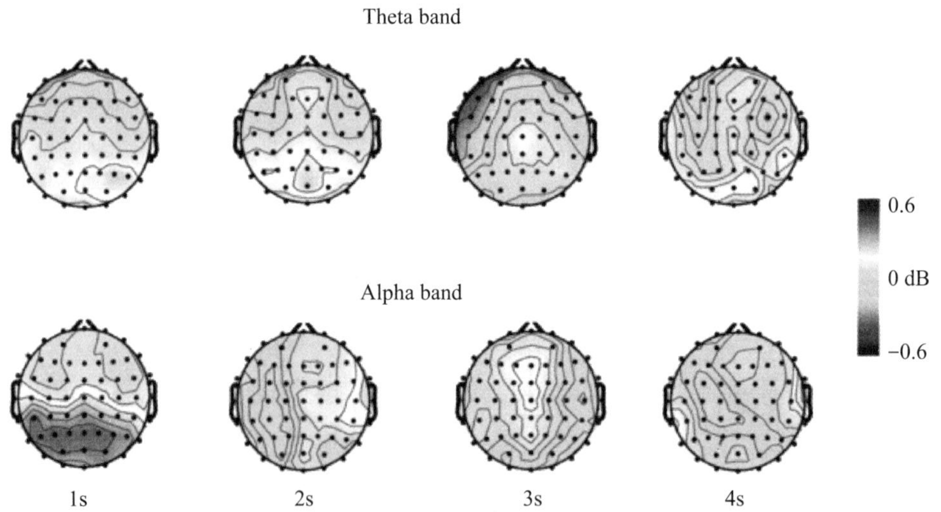


图4 1s,2s,3s,4s时距条件在保持阶段中的theta和alpha波振荡活动的地形图

## 4 讨论

EEG结果表明，在工作记忆的保持阶段，2s，3s和4s时距条件下的alpha波波幅均显著低于1s条件，不同时距条件下的theta波波幅却无显著差异，这与以往研究一致（Chen et al.，2015；Yu et al.，2017），均发现不同时距条件在alpha波而非theta波上表现出分段性。同时，与实时距的表征分界线相比（2s），本研究发现空时距表征的分界线为1s，这支持本研究的假设一，即空时距在工作记忆中的表征分界线与实时距不同，说明“现在”的限度会受到不同时距类型的影响。然而，空时距的表征分界线短于实时距（Yu et al.，2017）与假设二不符，说明实、空时距表征分界线出现差异的原因很可能与视听时距分界线出现差异的原因不同。

如引言所述，时距知觉的视听通道效应与实时距错觉描述的是不同通道和不同类型的信息在时距知觉上具有差异的现象。以往研究者倾向于采用相似的理由对二者进行解释，但多停留在理论层面，缺少实验证明。本研究首次对空时距的神经表征进行探讨，结果发现空时距的表征分界线为1s，说明工作记忆最多只能保持1s长度的空时距，即体验的“现在”的上限是1s，短于实时距（Yu et al.，2017），这不能用实时距错觉进行解释。波佩尔认为，“现在”经验的形成有赖于大脑的一种时间整合机制。该整合机制将系列事件融合成知觉单元，一旦两事件间的时间间隔超过一定限度（“现在”的时间长度），该整合单元就会解体（波佩尔著，李百涵，韩利，译，1995）。我们认为，实、空时距间的差异不仅仅体现在知觉长度上，二者的呈现方式也具有明显差异：与实时距的持续呈现相比，人们更容易将标记空时距开始和结束的两个刺激知觉为两个独立的事件，而非一个整体。这可能使空时距在工作记忆中被保持为一个整体单元的难度更大，最终导致空时距表征分界线更短。研究发现，6岁儿童可与成人一样较准确地复制出1s的实时距，但很难复制出空时距，即只能复制出空时距的其中一个声音标记，或复制出两个快速连续的声音标记。研究者认为，他们很可能只能觉察到空时距的两种声音标记的相继性（即知觉为两个独立的事件），而难以知觉二者之间标记的时距长度（即整合为一个主观结构）（Fraisse，1981）。在本研究中，当两种声音标记间隔在1s以内时，人们很容易将先后的两种标记整合为一个主观结构，作为一个整体保持在工作记忆中。然而一旦刺激间隔超过1s，人们则无法进行整合，而将两个刺激知觉为两个独立的事件，1s即为人们体验到的由空时距形式呈现的“现在”的限度。

本研究从神经表征的层面为理解实、空时距的差异提供了新视角，发现时距类型是影响“现在”的限度的因素之一，也表明不同影响因素之间的内部机制是不同的，还需进行深入探讨。此外，需要说明的是，与EEG结果不同，1~4s时距条件在行为结果上并未表现出分段性。主要是由于行为研究的结果会受到时距信息的编码、保持和决策阶段的综合影响，而EEG结果却能将上述三阶段进行分离，从而单独考查不同时距条件在保持阶段的分段性，后者显然在考查“现在”的限度这一问题上更具优势（Chen et al.，2015；Yu et al.，2017）。

合作者：于晓琳、陈有国、邱俊杰。原文载于《西南大学学报（社会科学版）》，2018年第3期。

# 时间贴现的分段性

时间既是物的存在方式也是人的存在方式,既是心理过程、心理状态的存在方式也是心理特征的存在方式。心理时间形式多样。时间贴现(temporal discounting)是其中一种相当有趣的心理时间,它是指个人对事件的价值量估计随着时间的流逝而下降的心理现象。在时间贴现的研究中,主试通常要求被试采用选择或匹配的方法来确定价值主观相等点(现在获得多少数量的价值对被试而言等同于延迟一段时间后获得的那笔价值)来间接认知时间贴现延迟获得的等待时间。选择是指要求被试在给出的两个选项中选择自己更愿意接受的那一个,匹配是指要求被试自行填写自己认为合适的价值量(Tversky, Sattath, & Slovic, 1988)。实验有延迟时间贴现范式和相对时间贴现范式两种。前者要求被试在现在可以获得的价值和延迟一段时间后可获得的价值之间选择愿意接受的那一个,以此来确定延迟获得的价值主观相等点,而在后者的实验中,选择项是两个不同的延迟时间可获得的价值(Read & Roelofsma, 2003)。相对时间贴现,实验的重点更侧重于两个不同延迟时间之间的比较。

个体对事件发生时间和事件结果之间的延迟时间的认知影响着对事件价值的估计。研究发现两段延迟时间放在时间轴的不同位置上,个体对事件价值的认知会发生变化,即使是同一段延迟时间放在远近不同的未来,个体对事件价值的认知也会出现差异;但研究结果并不一致。研究表明,随着延迟时间的增长,事件的主观价值持续下降但下降的速度放慢,时间贴现率是一个递减函数(Cajueiro, 2006; Green & Myerson, 1996; Rubinstein, 2003),延迟时间越长,个体对时间距离的增长越不敏感。这些结果虽然揭示了时间贴现的大致趋势,但比较粗糙,没有具体说明不同时段间价值变化的差异。而Read和Scholten等的相对延迟时间贴现研究虽然发现,当延迟时间对之间的间隔较长时,随着时间间隔的增大,时间贴现率会减小;当延迟时间对之间的间隔很短时,随着时间间隔的增大,事件价值贬值的速度会加快,时间贴现率会增大,个体对时间间隔的增长的敏感性提高了(Read & Roelofsma, 2003; Scholten & Read, 2006)。但是他们关注的仍然是时间贴现函数对不同延迟时间段的通用性,试图用一个函数的特征概括整个延迟时间的特点,忽视了不同长度的延迟时间可能具有不同的加工机制,没有提出相应的分段递减函数来拟合数据,更没有揭示时间贴现的分段性。

以往对时间贴现机制的研究仅关注立即与延迟事件的价值评估(Berns, Laibson, & Loewenstein, 2007; Loewenstein & Prelec, 1993; McClure, Laibson, Loewenstein, & Cohen,

2004；Wittmann，Leland，& Paulus，2007），都没有涉及远近不同的未来事件的价值评估。个体对时间的认知是受时间长短、情绪等因素影响的，而且对于不同长度的时间，个体的认知策略也不同（黄希庭，李伯约，张志杰，2003）。因此，有必要专门探讨远近不同的延迟时间之间的关系。我们的研究曾发现人类对时间的认知具有分段性。例如对未来时间修饰词作经验赋值和模糊统计分析，结果发现未来时间在心理结构上可以分为3个心理时间段，即以秒和分为计时单位的"较近的未来"，以小时、日和月为计时单位的"近的未来"，和以年为计时单位的"远的未来"（黄希庭，1994）。时间贴现是一种决策偏好行为，它既涉及动机也涉及对时间的认知，通常是跨期决策。基于此，本研究假设，人们对未来的时间贴现率可能不同，时间贴现也存在着分段性。为此，本研究设计了三个实验和一个问卷调查，以延迟时间和相对延迟时间贴现两个实验范式，操纵延迟时间长度，要求大学生被试用选择法与匹配法确定价值主观相等点，并完成时间贴现原因问卷来探寻时间贴现的分段性问题；还以中小学教师为被试来验证时间贴现分段性结论的普适性。

## 1 实验1 选择法延迟时间贴现实验

### 1.1 目的

以延迟时间贴现的实验范式要求被试采用选择法探寻时间贴现的分段性。

### 1.2 方法

#### 1.2.1 被试

大学本科生33名，其中女22人，男11人；平均年龄19.8岁，标准差0.85；健康状况良好，视力或矫正视力正常，无类似实验经验。实验完成后支付报酬，每人5元。

#### 1.2.2 实验材料

在电脑屏幕的右边呈现今天可获得的奖金数额（价值1），按大小顺序在延迟时间上进行匹配呈现，并且在被试间平衡价值1升降序出现的先后顺序（￥999、￥995、￥990、￥960、￥940、￥920、￥850、￥800、￥750、￥700、￥650、￥600、￥550、￥500、￥450、￥400、￥350、￥300、￥250、￥200、￥150、￥100、￥80、￥60、￥40、￥20、￥10、￥5、￥1，总共29个）。屏幕左边呈现延迟获得的奖金数额￥1000（价值2），延迟时间按时间长短顺序呈现，升序和降序出现的先后在被试间进行平衡（2周、1个月、3个月、6个月、1年、3年、5年、10年、25年、50年）。即在同一个延迟时间下，今天可获得的29个奖金数量依次呈现，完成一个循环后，顺序呈现下一个延迟时间选项。所有延迟时间呈现完一次后，再重复一次，价值1和延迟时间的呈现顺序与第一次相反。

举例：价值1　　　　　　价值2

　　今天　　　　　　　延迟时间

如果价值1从大到小顺序呈现，取被试的选择从愿意今天获得奖金转变到愿意延迟获得奖金时的价值1为价值主观相等点；如果价值1反向呈现，取被试的选择从愿意延迟获得奖金转变到愿意今天获得奖金时的价值1为价值主观相等点。两者的平均值即为某个延迟时间的价值主观相等点。

1.2.3 程序

被试在安静、光线良好的小房间内单独完成实验，无反应时间限制。要求被试根据电脑屏幕上呈现的时间价值选项，按键表示愿意接受的选项。正式实验开始前要求被试完成包含4个延迟时间项的练习，但不告知被试这是练习，使被试在正式实验前能够熟悉实验程序。整个实验结束后要求被试完成时间贴现原因问卷（见附录1）。整个实验大约耗时36分钟。

### 1.3 结果与分析

1.3.1 实验数据分析

剔除1个明显矛盾的无效数据并剔除它的问卷回答，男女无性别差异（以下实验结果均无性别差异）。

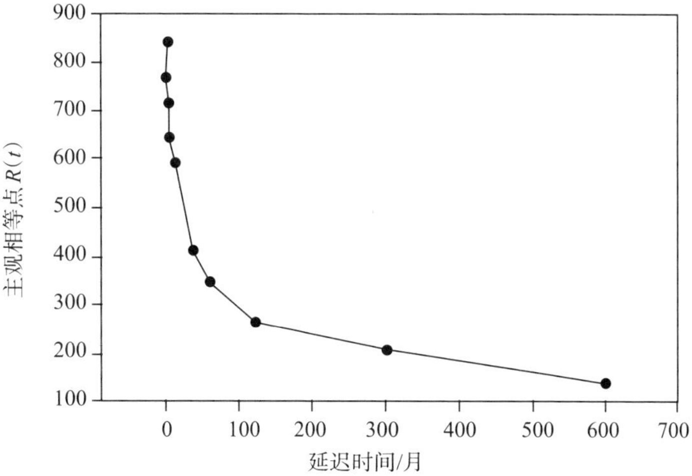


图1 用延迟范式和选择法确定的主观相等点

用瞬时贴现率$r(t)$曲线下延迟时间$(t_1,t_2)$范围内单位时间长度的面积$UAUr(t_1,t_2)$，$t_1<t_2$来度量价值贬值的速度（Takahashi，2007）。随着延迟时间的增长，主观相等点降低（见图1），$UAUr(t_1,t_2)$逐渐减小（见图2），其数量级以10倍的速度下降（见图3），利用

Mann-WhitneyU 检验法检验每两个相临延迟时间之间 $UAUr(t_1, t_2)$ 的差异，1个月和3个月之间差异达到显著水平，$Z$=2.25，$p$=0.025；3年和5年之间差异达到显著水平，$Z$=2.55，$p$=0.011；10年和25年之间差异达到显著水平，$Z$=2.87，$p$=0.004。数量级和 $UAUr(t_1, t_2)$ 的计算方法见附录2。

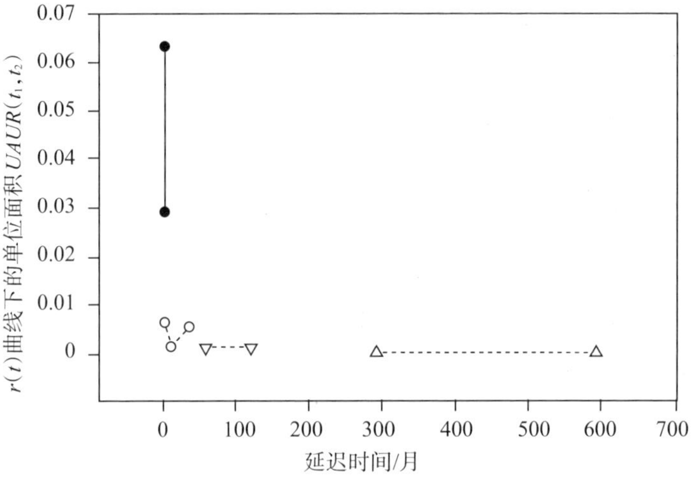


图2 用延迟范式和选择法确定主观相等点时，$r(t)$ 曲线下的单位面积 $UAUr(t_1, t_2)$

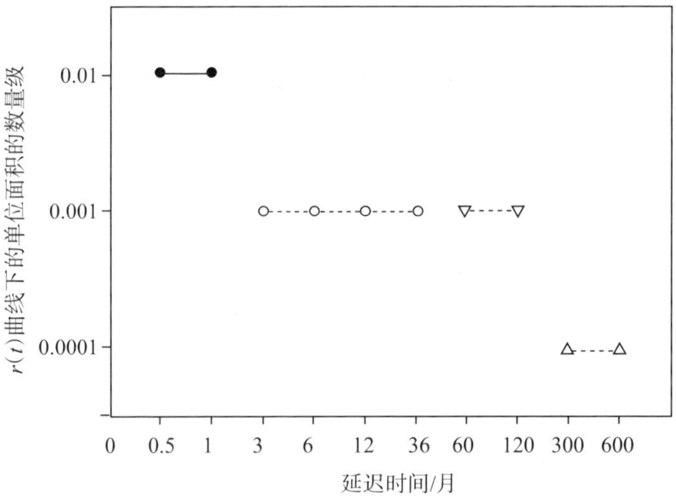


图3 用延迟范式和选择法确定主观相等点时，$r(t)$ 曲线下的单位面积的数量级

1.3.2 答卷内容分析

四名研究者对32份有效答卷进行内容分析和频次统计，频次统计信度为0.92。结果见表1。

表1 被试陈述时间贴现原因及人次

| 选择策略 | $B_1$ | $B_2$ | $B_1$&$B_2$ | $B_3$ | 小计(人次/%) |
|---|---|---|---|---|---|
| $A_1$&$A_2$ | 0 | 0 | 1 | 0 | 1(3.13) |
| $A_2$ | 0 | 0 | 0 | 1 | 1(3.13) |
| $A_1$&$A_2$&$A_3$ | 1 | 0 | 7 | 3 | 11(34.38) |
| $A_2$&$A_3$ | 4 | 0 | 0 | 5 | 9(28.13) |
| $A_3$ | 2 | 3 | 1 | 2 | 8(25.13) |
| $A_4$ | 1 | 1 | 0 | 0 | 2(6.25) |
| 小计(人次/%) | 8(25.00) | 4(12.50) | 9(28.13) | 11(34.38) | 32(100.00) |

注:$A_1$:规避损失,偏好风险,愿意短期等待。被试认为需要等待的时间很短,愿意等待,不愿意因为选择今天获得奖金而遭受损失,只有当今天得到的奖金与等待规定的时间后得到的奖金差异很小时,被试才愿意选择今天的奖金。

$A_2$:采用非补偿性策略,需求与风险并重,愿意长期等待。被试虽然认为等待的时间较长,但仍然愿意等待,只有当今天得到奖金的数量减少得不太多时,被试才愿意选择今天获得奖金。

$A_3$:规避风险,聊胜于无,不愿意等待太长时间。被试认为等待的时间太长,不愿意等待,即使今天可以得到的奖金非常少,被试也宁愿今天得到奖金。

$A_4$:没有提到多长的时间愿意等待或不愿意等待。

$B_1$:对奖金的需求。影响个体在不同时期对奖金的需求的重大生活事件。

$B_2$:按期获得奖金的风险。等待奖金的过程中,可能出现的影响获取具有同等购买力的奖金的各种意外事件。

$B_3$:没有提到具体的原因。

*&*:被试同时提到2个因素;

*&*&*:被试同时提到3个因素。

每位被试的回答计作1人次,共32人次。30(93.75%)人次将延迟获得的等待时间分为愿意短期等待,愿意长期等待和不愿意等待三个时段;12(37.5%)人次愿意短期等待——“1~6个月愿意等待”,22(68.75%)人次愿意长期等待——“1~5年我倾向于选择左边的选项”,28(87.5%)人次不愿意等待太长时间——“10~50年时间太久,肯定选眼前利益”。其余2(6.25%)人次没有说出延迟获得的等待时间。对被试选择原因的分析表明:21(65.63%)人次表示在未来不同时期对奖金的需求和影响奖金按期获得的风险影响了他们的选择，17（53.13%）人次关注未来不同时期对奖金的需求——“考虑奖金是否对目前或者将来有所帮助”；13（40.63%）人次关注各种影响奖金按期获得的风险——“金融危机、货币贬值、意外去世”；11（34.38%）人次没有提到具体的原因。

## 2 实验2 选择法相对延迟时间贴现实验

### 2.1 目的

用相对延迟时间贴现的实验范式要求被试采用选择法，以探究时间贴现的分段性。

### 2.2 方法

#### 2.2.1 被试

大学本科生33名，其中女23人，男10人；平均年龄20岁，标准差1.72；健康状况良好，视力或矫正视力正常，无类似实验经验。

#### 2.2.2 材料

在电脑屏幕右边呈现延迟时间1（简称T1）之后可获得的奖金数额，按从大到小或从小到大的顺序在延迟时间上进行匹配呈现，电脑屏幕左边呈现延迟时间2（简称T2）之后可获得的奖金数额￥1000（价值2）；T1<T2，T2取T1后的连续三个延迟时间。延迟时间对（T1、T2）以T1为优先顺序按时间长度从长到短或从短到长呈现。举例：2周：1个月，2周：3个月，2周：6个月，1个月：3个月，1个月：6个月，1个月：1年……；25年：50年，10年：25年，10年：50年，5年：10年，5年：25年，5年：50年……所有被试均只完成一次共24个延迟时间对的时间贴现实验。

呈现方式：

| | |
|---|---|
| 价值1 | 价值2 |
| 延迟时间T1 | 延迟时间T2 |

#### 2.2.3 程序

实验程序同实验1。正式实验开始前要求被试做包含6对延迟时间项的练习。整个实验耗时45分钟。

### 2.3 结果与分析

#### 2.3.1 实验数据分析

以T1为标准将延迟时间对（T1，T2）分为9组，随着T1的增长，主观相等点和$UAUr(t_1,t_2)$呈现整体下降的趋势（见图4、图5），$UAUr(t_1,t_2)$的数量级从0.1下降到0.0001（见

图6)。当T1=0.5个月时,$UAUr(t_1,t_2)$的数量级从0.1下降到0.001;当T1=1,3,6,12个月时,$UAUr(t_1,t_2)$的数量级从0.01下降到0.001;当T1=36,60,120个月时,$UAUr(t_1,t_2)$的数量级从0.001,0.01,0.001下降到0.0001;当T1=300个月时,$UAUr(t_1,t_2)$的数量级为0.001。

以T1为标准用每组延迟时间对(T1,T2)的贴现率计算T1的平均贴现率,采用平方根将其转换为正态性数据(K-S检验:$Z=0.70-1.14$,$p=0.148-0.738$),然后对每两个相临时间段进行重复测验方差分析,结果表明:3年和5年之间差异达到显著水平,$F(1,32)=12.94$,$p=0.001$;10年和25年之间差异达到显著水平,$F(1,32)=5.35$,$p=0.027$。

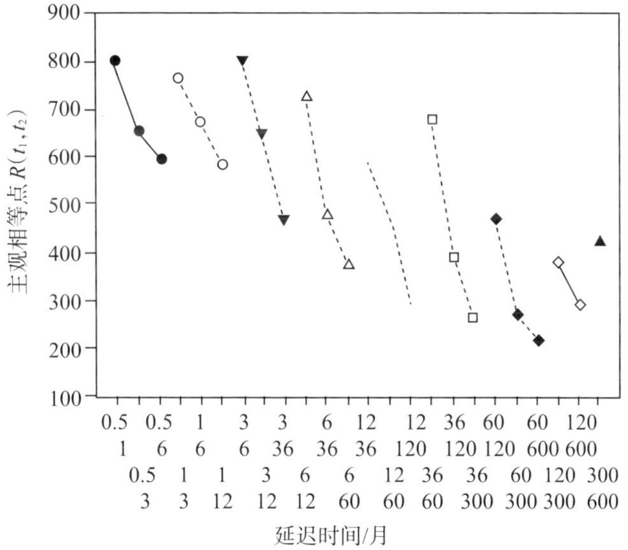

图4 用相对延迟范式和选择法确定的主观相等点

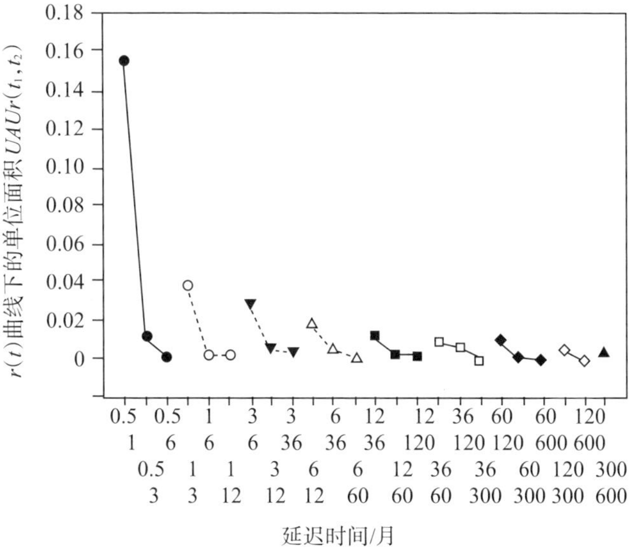

图5 用相对延迟范式和选择法确定主观相等点时,$r(t)$曲线下的单位面积$UAUr(t_1,t_2)$

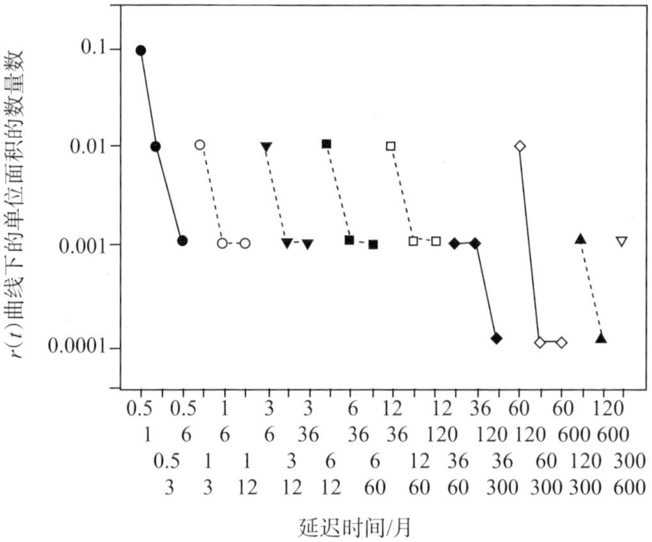


图6 用相对延迟范式和选择法确定主观相等点时，$r(t)$曲线下单位面积的数量级

2.3.2 答卷内容分析

四名研究者对33份答卷进行内容分析和频次统计，频次统计信度为0.93。结果见表2。

**表2 被试陈述时间贴现原因及人次和占比**

| 选择策略 | $B_1$ | $B_2$ | $B_1$&$B_2$ | $B_3$ | 小计（人次及占比） |
|---|---|---|---|---|---|
| $A_1$&$A_2$ | 0 | 0 | 1 | 0 | 1(3.03) |
| $A_1$&$A_2$&$A_3$ | 4 | 0 | 6 | 10 | 20(60.61) |
| $A_2$&$A_3$ | 0 | 1 | 2 | 3 | 6(18.18) |
| $A_3$ | 1 | 1 | 2 | 2 | 6(18.18) |
| 小计（人次及占比） | 5(15.15) | 2(6.06) | 11(33.33) | 15(45.46) | 33(100.00) |

注：符号同表1。

每位被试的回答计为1人次，共33人次。33人次将延迟获得的等待时间分为愿意短期等待，愿意长期等待和不愿意等待三个时段；21(63.64%)人次愿意短期等待——“2周、3个月、6个月这些时间对我来说几乎是一样的，可以等待”；27(81.81%)人次愿意长期等待——“一两年内还是可以等待的”；32(96.97%)人次不愿意等待太长时间——“十几二十年，宁愿早点得到奖金”。对被试选择原因的分析表明，18(54.55%)人次声称他们是基于自己对奖金的需求和奖金按期获得的风险的估计完成延迟获得的奖金选择的；16(48.48%)人次关注未来不同时期对奖金的需求——“1年后我并不能挣到什么钱，但3年、5年后我已能养活自己”;13(39.39%)人次关注影响奖金按期获得的风险——“哪天有横祸,那不啥都没有了”。其余15(45.46%)人次没有提到具体原因。这表明被试延迟等待的时间可以划分为三个时段。

## 3 实验3 匹配法延迟与相对延迟时间贴现实验

### 3.1 目的

以延迟和相对延迟时间的实验范式要求被试采用匹配法,以探讨时间贴现的分段性。

### 3.2 方法

#### 3.2.1 被试

大学本科生66人(均为参加了实验1或2的被试,实验3在被试完成了实验1或实验2后完成,前后三次实验间隔1至2天,参加过实验1或2的被试在实验3中的实验结果无显著差异),其中女45人,男21人;平均年龄20岁,标准差1.35;健康状况良好,视力或矫正视力正常。实验完成后支付每人5元报酬。

#### 3.2.2 材料

延迟时间对(今天:T2)中的延迟时间T2按时间长短顺序呈现,呈现方式同实验1,相对延迟时间对(T1:T2)按延迟时间长短顺序呈现,呈现方式同实验2。延迟时间对(今天:T2)和(T1:T2)出现的先后在被试间进行平衡。34个时间对呈现完后,再重复一次,两次呈现中时间对的呈现顺序相反。

#### 3.2.3 程序

实验环境同实验一。选项成对出现在电脑屏幕上,要求被试在空白处填写合适的今天或延迟一段时间T1获得的奖金数额,使得不同时间获得的两笔奖金对被试来说没有差异。正式实验开始前要求被试做包含4个延迟时间项的练习,但不告知被试这是练习。

例:??? 1000

今天或T1 T2

### 3.3 结果与分析

剔除填写的奖金数值大于1000的无效数据12个。

对延迟时间对(今天:T2)的实验结果进行分析。随着延迟时间的增长,主观相等点

和 $UAUr(t_1,t_2)$呈现下降趋势(见图7、图8),其数量级从0.01下降至0.0001(见图9),对每两个相临延迟时间段进行Mann-WhitneyU检验:2周和1个月之间差异显著,$Z=3.46$,$p=0.001$;1年和3年之间差异显著,$Z=1.99$,$p=0.046$;10年和25年之间差异显著,$Z=2.94$,$p=0.003$。$UAUr(t_1,t_2)$的计算方法见附录2。

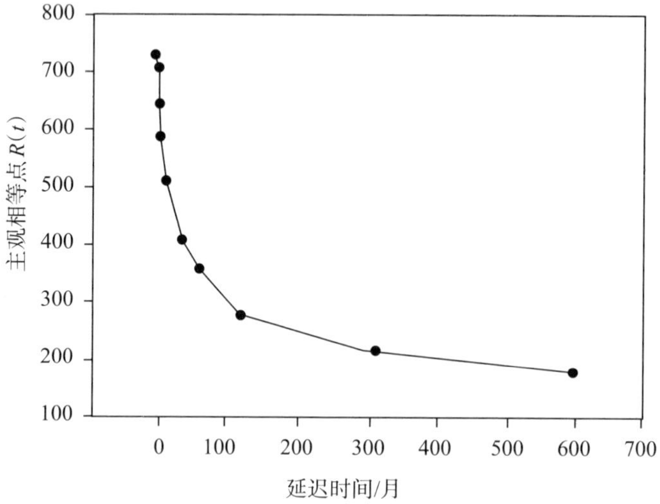


图7 用延迟范式和匹配法确定的主观相等点

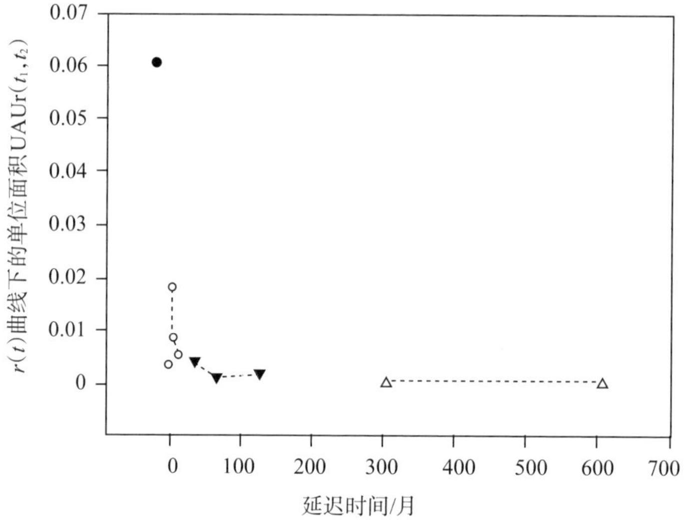


图8 用延迟范式和匹配法确定主观相等点时,$r(t)$曲线下的单位面积 $UAUr(t_1,t_2)$

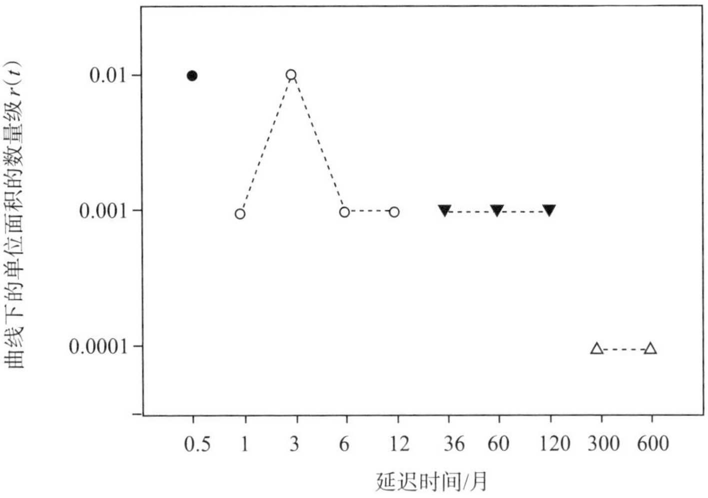


图9　用延迟范式和匹配法确定主观相等点时，$r(t)$曲线下单位面积的数量级

分析延迟时间对(T1∶T2)数据。随着延迟时间T1的增长，主观相等点下降(见图10)并且$UAUr(t_1,t_2)$以10倍的速度整体下降(见图11)，数量级从0.1下降到0.00001(见图12)。根据9组延迟时间对(T1,T2)的$UAUr(t_1,t_2)$数量级：当T1=0.5个月时，$UAUr(t_1,t_2)$的数量级从0.1下降到0.0001；当T1=1、3、6、12、36个月时，$UAUr(t_1,t_2)$的数量级大都从0.01下降到0.0001；当T1=60、120个月时，$UAUr(t_1,t_2)$的数量级从0.001下降到0.00001；当T1=300个月时，$UAUr(t_1,t_2)$的数量级为0.001。

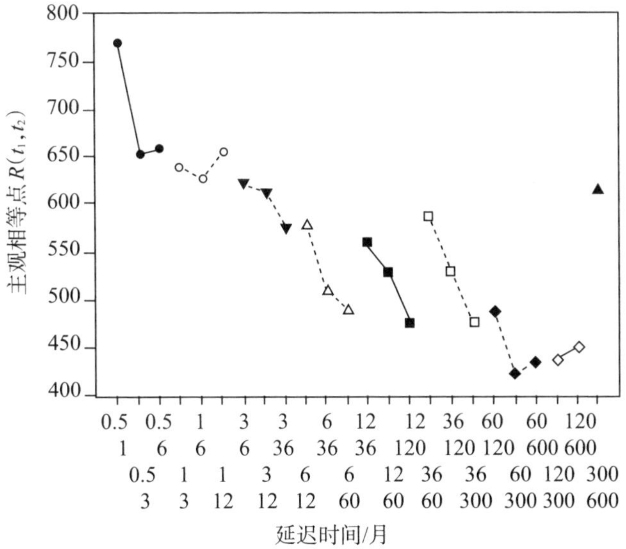


图10　用相对延迟范式和匹配法确定的主观相等点

以T为标准用每组延迟时间对(T1,T2)的贴现率计算T1的平均贴现率，采用Mann-WhitneyU检验法对每两个相临延迟时间进行检验：2周和1个月之间差异达到显著水

平，$Z=2.70$，$p=0.007$；3年和5年之间差异达到显著水平，$Z=2.16$，$p=0.031$；10年和25年之间差异达到显著水平，$Z=3.52$，$p<0.0001$。

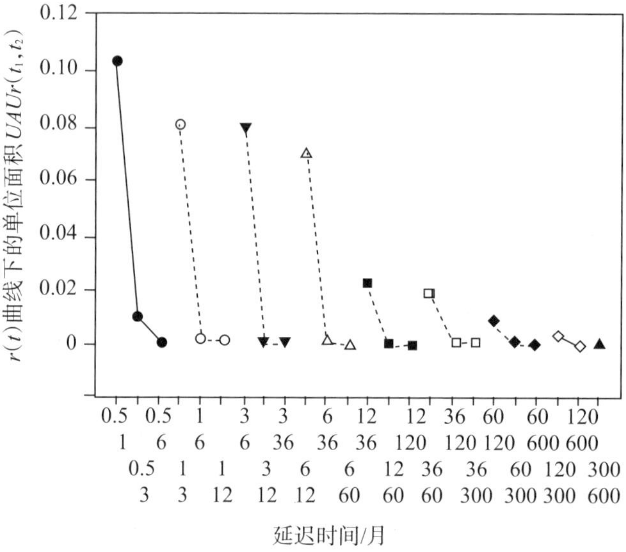


图11 用相对延迟范式和匹配法确定主观相等点时，曲线$r(t)$下的单位面积$UAUr(t_1, t_2)$

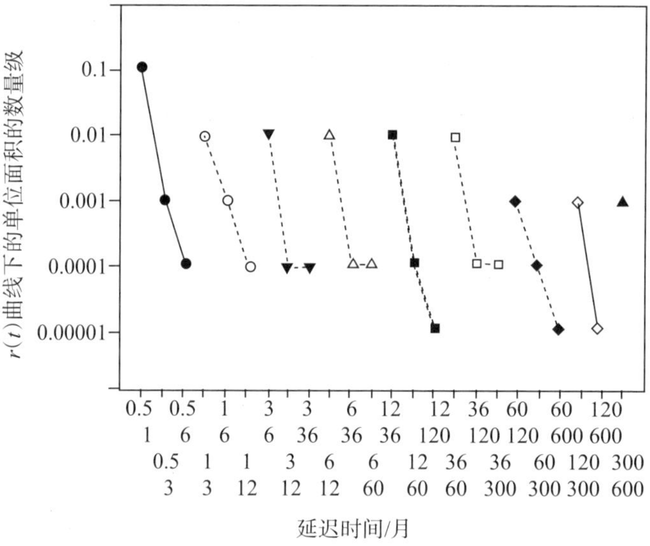


图12 用相对延迟范式和匹配法确定主观相等点时，$r(t)$曲线下单位面积的数量级

## 4 研究4 问卷调查

### 4.1 目的

以问卷调查的方式，在中小学教师被试中探讨时间贴现的分段性。

## 4.2 方法

### 4.2.1 被试

来自某市46所学校中小学教师200人，年龄23至60岁，其中41岁以上有7人。

### 4.2.2 材料

将实验1的测试编制成问卷，延迟时间段和奖金数额同实验1，延迟时间段、奖金数额分别按升序或降序排列，并且在被试间进行平衡。

例：是现在得到￥1还是延迟时间T后得到￥1000？

是现在得到￥999还是延迟时间T后得到￥1000？

### 4.2.3 程序

由研究者亲自主持集体测试，要求被试以画钩的方式在现在获得和延迟获得的奖金之间进行选择，完成纸笔测验的时间约40分钟。

## 4.3 结果与分析

共收回问卷184份。其中未完成的被试共43人，剔除年龄大于40的被试共7人，以及回答明显矛盾的被试30人。余下的有效问卷共104份，年龄在23至40岁之间（平均年龄31.73岁，标准差3.90）。

随着延迟时间的增长，主观相等点降低（见图13），$UAUr(t_1,t_2)$逐渐减小（见图14），其数量级以10倍的速度下降（见图15）。采用Mann-WhitneyU检验法对每两个相临延迟时间进行检验：2周和1个月之间差异显著，$Z=2.11$，$p=0.035$；3个月和6个月之间差异达到显著水平，$Z=2.42$，$p=0.016$；10年和25年之间差异达到显著水平，$Z=5.40$，$p<0.0001$。

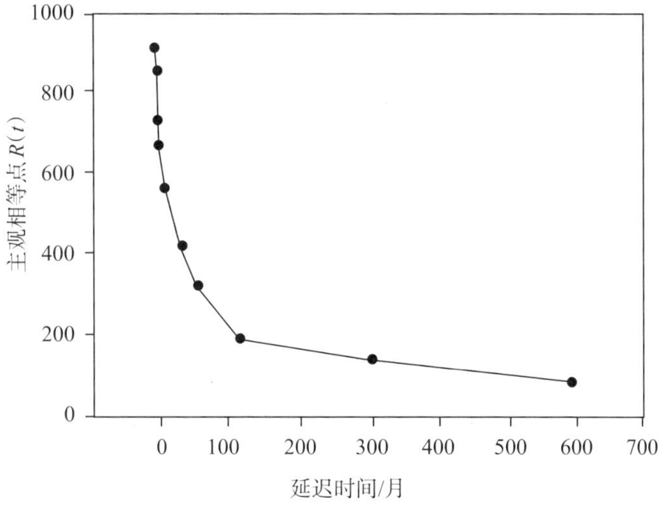


图13　用问卷法延迟范式和选择法确定的主观相等点

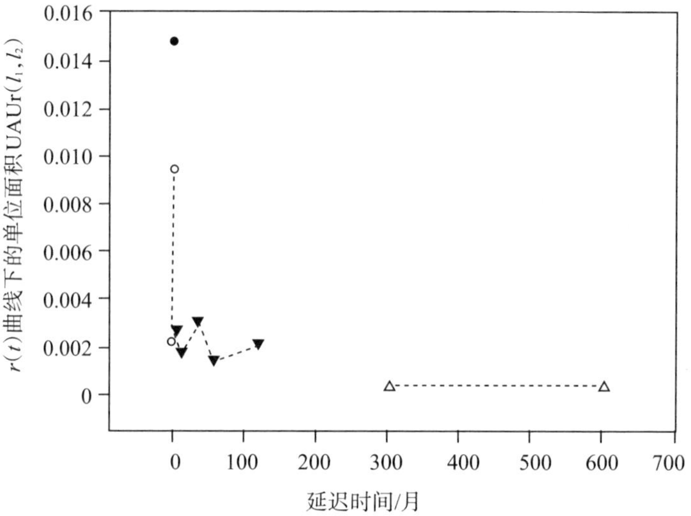


图14 用问卷法延迟范式和选择法确定主观相等点时，$r(t)$曲线下的单位面积$UAUr(t_1, t_2)$

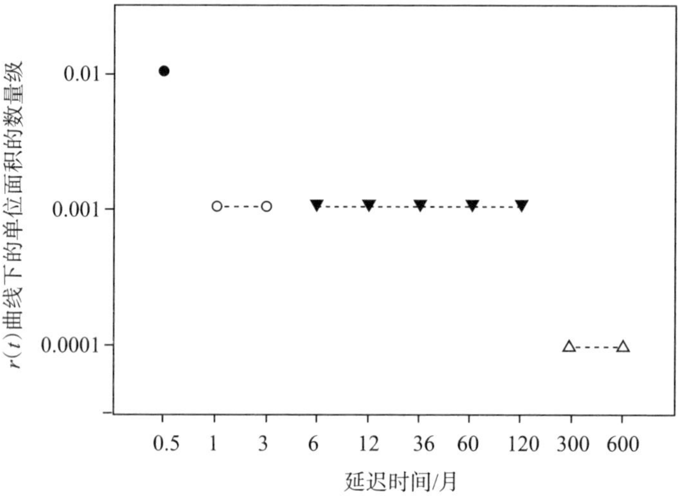


图15 用问卷法延迟范式和选择法确定主观相等点时，$r(t)$曲线下单位面积的数量级

## 5 总的讨论

人类活动的时间分段性是相当普遍的，它源于生命本身。无论是中国孔子总结自己人生所经历的不同阶段，还是当今心理学研究确认人类成长发展经历不同的阶段，在成长的每个阶段人类的认知发展同样具有阶段性。甚至人类的生物节律也存在阶段性：人类的食欲、睡眠时间甚至情绪都具有年度周期变化；女性的月经大致以28天为一个周期；人类的警戒性、体温和生长激素的分泌符合24小时周期变化；人类睡眠以90分钟为一个周期。这种分段性还表现在人类对时间的运用、事业目标的设立上。下自个

人，上至组织、国家，在计划活动，谋划发展时都是分时段安排时间的，比如：国家的五年中长期规划；港澳回归后实行一国两制，五十年不变；个体求学过程中经历的初等、中等和高等教育阶段。大量的民俗、谚语也反映了人类生活、劳作的阶段性。民俗如旧历新年的除夕除旧迎新，吃饺子，而饺子的寓意为更岁交子；谚语有"一年之计在于春，一日之计在于晨""春争日，夏争时，一年大事不宜迟"等，都表明心理时间分段性是普遍存在的。人类在不同时间段做出的行动决策也不同。

时间贴现探讨的是跨期决策的偏好问题，它受到对延迟价值的需求和按期获得奖金的风险的影响，使得奖金在心理账户中的属性随着延迟时间发生变化，促使决策者改变他们的跨期决策策略，从而表现出时间贴现的分段性。为了验证我们的假设，本研究利用时间贴现率来描述对时间贴现的认知的变化。随着延迟时间的增长，个体对相同长度的时间距离的增长越来越不敏感，时间贴现率以时快时慢的递减速率持续递减：同一个时段内时间贴现率降低的变化小；不同时段之间时间贴现率降低的变化大。

以大学生为被试，采用两种实验范式，以延迟时间范式关注被试对延迟获得的等待时间的认知，以相对延迟时间范式要求被试比较不同长度的延迟时间，来讨论时间贴现的分段性。在两个延迟时间之间进行权衡时，被试更关注延迟时间之间的差值，共同的等待时间很容易被忽视：认为都已经等了那么久，不妨再多等一下，出现选择偏好反转的现象（Green，Myerson，& Macaux，2005；Read & Roelofsma，2003；Scholten & Read，2006），即被试对相对延迟时间对（T1，T2）中的共同等待时间T1的长度变化的敏感性降低。

为了检验这种敏感性的降低对时间贴现分段性的影响，我们将相对延迟时间范式下的24个延迟时间对按T1分为9组，用每组$UAUr(t_1,t_2)$的平均值来度量T1的价值贴现速度，发现即使被试对T1的长度变化的敏感性降低，实验2的结果（3年和5年：$F(1,32)=12.94$，$p=0.001$；10年和25年：$F(1,32)=5.35$，$p=0.027$）仍然与实验1（1个月和3个月：$Z=2.25$，$p=0.025$；3年和5年：$Z=2.55$，$p=0.011$；10年和25年：$Z=2.87$，$p=0.004$）具有一致性。被试在做了实验1、2的一至二天之后做实验3，在延迟（2周和1个月：$Z=3.46$，$p=0.001$；1年和3年：$Z=1.99$，$p=0.046$；10年和25年：$Z=2.94$，$p=0.003$）与相对延迟实验范式（2周和1个月：$Z=2.70$，$p=0.007$；3年和5年：$Z=2.16$，$p=0.031$；10年和25年：$Z=3.52$，$p<0.0001$）下，采用匹配法确定价值主观相等点，根据$UAUr(t_1,t_2)$的数值变化，被试的延迟等待时间同样被分为三个时段。

以问卷调查中小学教师被试，发现其时间贴现同样具有一致性（2周和1个月：$Z=2.11$，$p=0.035$；3个月和6个月：$Z=2.42$，$p=0.016$；10年和25年：$Z=5.40$，$p<0.0001$）。综合本研究3个实验和1个问卷调查的结果，可以清楚地看出在2周内的时间贴现具有稳定性，采用匹配法确定主观相等点时，2周和1个月的差异达到显著水平；采用选择法时，

两个实验范式中2周内的时间贴现都很稳定，出现差异的时间点都在2周以后。这与已有研究发现的两三个月内的时间贴现是稳定的结论有一定的相似性（Ohmura, Takahashi, Kitamura, & Wehr, 2006; Takahashi, Furukawa, Miyakawa, Maesato, & Higuchi, 2007）。两种实验范式确定主观相等点的方法都使 $UAUr(t_1, t_2)$ 在10年和25年之间出现显著差异。因此很明显，被试的时间贴现从现在到未来50年之间有3个时段变化：从现在到未来2周内，从未来2周起直到未来10年，从未来10年起直到未来50年。

对关于大学生被试时间贴现原因的开放式问卷的内容分析和频次统计证实，被试为了又快又多地得到奖金，关注等待时间的长度和等待时间之间的长度差异，通过权衡需求和风险，在心理上将现在到未来50年的等待时间划分为3个时段。他们关注能否按期得到许诺的具有相同购买力的奖金，认为"不确定因素太多"，"早点拿到比较安心"。而且在不同时段被试对这笔奖金的需求在很大程度上影响了他们的选择。同时，被试常常比较等待时间的差异，当T1、T2都较短时，他们觉得等待无所谓，而当T1、T2都比较长，都是几年时，他们认为"都等了那么久，何不继续等待？"。基于这些理由，被试将延迟获得的等待时间分为愿意等待和不愿意等待——"太久了，我不会选择等待"，并且"在可等的时间内考虑效率问题"，思考等待成本与获得奖金之间的成本收益问题，将愿意等待时间分为愿意短期等待和愿意长期等待两种，"当等待时间不是很长，为了获得最大利益，愿意等待；当等待时间很长，选择今天获得略小于1000元的奖金，可以投资得到更多的效益"。这也表现出被试对外部环境因素和自己生活状态因素的不同预期。外部环境是不可控的，等待时间越久，就越可能发生意外事件，越早获得奖金越稳妥。还有，被试对自己的未来生活充满信心，认为未来的生活是富足的，1000元钱对自己来说不在话下。

前景理论从收益和损失的角度来定义价值，认为决策偏好取决于问题的框架，相对于某一参照点，某项价值被看作损失时的心理影响比被看作收益时的心理影响更强烈（Kahneman & Tversky, 2013），这使得决策者面对损失时常常偏好风险，面对收益时常常规避风险。在时间贴现中进行跨期抉择时，延迟获得的等待时间被看作影响奖金按期获得的风险因子（Green & Myerson, 1996; Stevenson, 1986）。决策者认为，距离现在越近，风险增长和需求改变的可能性越小。决策者对延迟获得的奖金的预期很高，在心理账户上把它归入收益，这样选择今天支付的奖金就会带来损失。为了规避损失，决策者偏好风险，愿意等待一段延迟时间以获得奖金。随着延迟时间的增长，风险增长和需求改变的可能性逐渐增高，这时决策者采取需求和风险并重的非补偿性策略。当时间延迟很长时，存在的风险就更多，对按期获得许诺的奖金的预期就会变得很低，今天能够得到的奖金在心理账户上的属性变成了收益，所以决策者选择规避风险，宁愿选择今天得到很少的奖金,也不愿意等待了。

因此,跨期决策策略的不同使得时间贴现具有分段性:规避损失、偏好风险、愿意短期等待,从现在到未来2周内将选择今天支付的奖金看作损失;采用非补偿性策略、需求与风险并重、愿意长期等待,从未来2周起直到未来10年决策者既关注获得奖金的可能性又关注自己对奖金的需求;规避风险、聊胜于无、不愿意等待,从未来10年起直到未来50年决策者将今天支付的奖金看作收益。

从现在到未来2周内是离现在最近的时段,这是被试认为自己最能把握的时段,离现在越近被试认为生活发生重大变化的可能性越低,越有可能按照预定的计划行事,这个时段被试的各项计划细节性强,多涉及如何做,怎样做;从未来2周起直到未来10年处于中间阶段,随着时间的延长,各种不可预期事件发生的可能性逐渐增大,被试常做出概括性高的计划,从为什么做某件事的层面上来计划生活(Arai, 1997; Green & Myerson, 1996; Rachlin, Raineri, & Cross, 1991; Sagristano, Trope, & Liberman, 2002; Stevenson, 1986; Trope & Liberman, 2003; Wu, 1999);从未来10年起直到未来50年,距离现在最远,人们对这一段未来生活的把握最小,发生不可预期事件的可能性最大,因此很多被试在规划未来时很少涉及这一段。

本研究发现时间贴现具有分段性,将有助于用数学模型来研究时间贴现,因为几乎所有数学模型的研究都没有得出一致的结果(Cajueiro, 2006; Green & Myerson, 1996; Read & Roelofsma, 2003)。这些数学模型有一个共同的特点:不论研究中设定的延迟时间范围的宽窄,只采用某个函数来表征整个延迟时间范围上价值的贬值。本研究发现时间贴现三个时段的行为决策策略是受多种因素影响的,因此使用同一个数学函数来表征整个延迟时间范围上的时间贴现可能是不恰当的。今后我们将尝试采用分段函数来拟合时间贴现实验数据,展现不同群体被试在时间贴现上的走势。

## 6 结论

在本研究的实验条件下,我们发现时间贴现具有分段性。被试的时间贴现有三次显著变化,表现为三个时段时间贴现心理状态的不同:从现在到未来2周内规避损失、偏好风险、愿意短期等待,从未来2周起直到未来10年采取非补偿性策略、需求与风险并重、愿意长期等待,以及从未来10年起直到未来50年规避风险、聊胜于无、不愿意等待。

**附录1：**

在每一对不同时间、不同数量的奖金之间进行选择时，你为什么会做出这样的选择？请把你的想法写在答题纸上。

**附录2：**

$UAUr(t_1,t_2)$的计算方法和相关解释

瞬时贴现率$r(t)$是时刻$t$时，单位时间内主观价值的变化与主观价值的比值，表示延迟一段时间直到时刻$t$时，单位时间内主观价值在$R(t)$的基础上变化了多少（Takahashi，2007）。

$UAUr(t_1,t_2)$的数量级是指$UAUr(t_1,t_2)$的尺度或大小的级别，本研究采用10的倍数作为相临两个数量级之间的比，举例：0.2=2×0.1的数量级为0.1，0.02=2×0.01的数量级为0.01。

利用价值主观相等点，计算瞬时贴现率$r(t)$曲线下延迟时间$(t_1,t_2)$范围内单位时间长度的面积$UAUr(t_1,t_2)$，$UAUr(t_1,t_2)=\ln[R(t_1)/R(t_1)]/(t_1-t_2)$，$t_1<t_2$。

$R(t)$：直到时间t贬值后的主观价值。

实验1：当延迟时间为0.5个月时，$t_2=0.5$，$t_1=0$，$R(0)=1000$，$UAUr(t_1,t_2)=\ln[1000/R(0.5)]/(0.5-0)$；

当延迟时间为1个月时，$t_2=1$，$t_1=0.5$，$UAUr(t_1,t_2)=\ln[R(0.5)/R(1)]/(1-0.5)$；

其他延迟时间的$UAUr(t_1,t_2)$值以此类推。

实验2：被试以延迟时间T1为参考点，在延迟时间对（T1：T2）之间做出选择时，所以应以T1为参考点，计算$UAUr(t_1,t_2)$。表示以T1为延迟时间的参考点，随着T2的增长，主观价值的贬值速度。R（T1：T2）：从延迟时间T1直到延迟时间T2，贬值后的主观价值。

当（T1：T2）=（0.5m：1m）时，$UAUr(t_1,t_2)=\ln[\frac{1000}{R(0.5\text{m:1m})}]/(1-0.5)$；

（T1：T2）=（0.5m：3m）时，$UAUr(t_1,t_2)=\ln[\frac{R(0.5\text{m:1m})}{R(0.5\text{m:3m})}]/(3-1)$；

（T1：T2）=（0.5m：6m）时，$UAUr(t_1,t_2)=\ln[\frac{R(0.5\text{m:3m})}{R(0.5\text{m:6m})}]/(6-3)$；

当T1为其他延迟时间时，$UAUr(t_1,t_2)$的值以此类推。

合作者：何嘉梅、尹可丽、罗扬眉。原文载于《心理学报》，2010年第4期。

# 时间心理学的新探索

时间是物的存在方式,也是人的存在方式。时间是心理过程的存在方式,也是人格特征的存在方式。对心理现象的研究都会涉及时间问题。经过多年的努力,我们已经在时间心理学领域取得了一些成绩,但仍然有许多问题值得探讨。本文着重阐述我们当前的主攻方向,即时间知觉与意识的关系、时间认知的脑机制问题、时间人格的研究。

## 1 时间知觉与意识

时间知觉即“知觉到的现在”(perceived present),和时间估计不同,它强调的是离散的心理事件只有在一定的时间限度内(其上限约为3秒钟)才能形成知觉上的整体(Fraisse,1984)。Pöppel认为这种时间知觉就是意识的限度,因为系列事件只有通过某种时间整合机制被整合成一个个单元或时间上的“格式塔”,才能成为主观的“现在”的内容(波佩尔著,李百涵,韩利,译,1995)。James很早就注意到这种主观的“现在”和意识之间的关系,他认为充斥在我们清醒生活中每个瞬间的“意识流”是多个对象和关系的复合,单个感觉汇聚在其中而常常难以区分(Kosslyn & Rosenberg,2004)。迄今,尽管在意识的本质上仍是众说纷纭,但一种普遍的倾向是将意识定义为觉知或是选择性注意的“探照灯”(Kosslyn & Rosenberg,2004;波佩尔著,李百涵,韩利,译,1995),后一种界定或比喻形象地表明了意识的加工容量和计时(timing)上的有限性,例如人在观察耐克立方体(Necker cube)等双关图形时,在一定时间间隔内注意或意识的内容会自动发生转换,表明人脑整合系列时间事件的能力有限,任一个意识的内容都只能保持至多3秒钟,且在这个时限内只能有一个意识内容存在(波佩尔著,李百涵,韩利,译,1995)。可见,时间知觉本质上反映了意识的主要功能,即将大量复杂知觉和心理过程整合成单一连贯的整体。

关于意识的这种计时机制,现代认知神经科学关于时间绑定(temporal binding)的研究给出了部分解释。“绑定”问题的基本形式是在作为认知功能基础的分布式神经系统中,信息如何被整合和达到连贯的表征状态(Crick & Koch,1990;Singer & Gray,1995;Treisman,1996)。例如视知觉过程牵涉到许多脑区的并行分布式加工,视觉对象同时激活了许多皮质区的特征检测单元,使其分别对物体的不同特征做出反应,这些并行神经反应如何被整合从而产生连贯的视觉觉知?一种解释是对同一物体做出反应的神经元可能会产生动作电位发放的时间同步化(temporal synchronization)。研究者们在大量神经生理学证据的基础上提出了一个γ振荡(或40Hz振荡)同步假设,即某种注意机制使得神经元的信号发放同步成40Hz的振荡过程从而在时间上将有关神经元绑定在一起,经成功绑定的物体才进入工作记忆从而实现意识的通达(Crick & Koch,1990;Revonsuo & Newman,1999;Singer & Gray,1995;Treisman,1996)。关于这种同步过程产生的神经机制,研究者们的观点略有不同,特别是在丘脑皮质回路在同步振荡产生中的作用方面(Revonsuo & Newman,1999)。

尽管在中枢神经系统的各个水平上都发现了时间绑定所假设的同步化现象,但时间绑定和意识或觉知间的关系仍是研究者们争论的焦点。例如,Crick曾指出意识产生于注意和工作记忆相结合的过程,而时间绑定是产生意识的必要条件(弗朗西斯·克里克,汪九云等译,2002);Engel等同步化假设的支持者起初认同这一点,但随后则做了退让(Engel,2003;Engel,Roelfsema,Fries,Brecht,& Singer,1997)。Zeki(1999)等则认为视觉意识本质上是模块化的:初级视感觉由自主加工系统产生,称"微意识"(microconsciousness),大规模的神经一致性并非单个有意识感觉产生的必要条件,绑定未必需要同步化。但关于模块化的微意识是如何"累积"成整体意识单元的,Zeki则表示不清楚。

Libet等较早用实验方法研究意识经验的计时机制,他用脉冲电直接刺激大脑皮层体感区,使被试产生感觉。其观点主要是:首先,意识的产生对应着一个长约500毫秒的神经激活时间(潜伏期);其次,为了解释意识经验的这种时滞和人对外部感觉世界的实时体验(即被试报告刺激发生与刺激作用同时)间的矛盾,他提出一个时间回退或时间倒置(backward referral in time)假设,并得到大量实验证据。感觉体验存在时滞,则可能有意识心理功能是无意识发动的,只有当神经活动持续足够长时间才会被意识到。第三,发现同时性自主运动的无意识激活以及动作意向的意识经验仅出现在其对应的皮质激活之后350毫秒;由此他认为尽管自主动作被无意识激活,但动作意向可能在其动作完成前就被有意识地否决了。这可能意味着"就对动作意向的意识早已产生而言,意识控制功能可以独立于先前发动的无意识皮质过程"(Gomes,1998;Libet,1996)。这些结论常被认为同心理和神经状态的同一性假设相矛盾,是对"自由意志"的否定,引起了广泛的争论。

Davies曾说,只有理解了时间的本质,我们才能理解心灵的奥秘(Breitmeyer,2002)。心理学家和哲学家关于时间和意识间关系的探索已经历了一个多世纪。随着意识问题重新成为科学研究的关注点,从计时和时间整合角度探讨意识的特点和功能无疑和回答意识在何处产生、如何产生同等重要。在这方面,时间知觉的研究将为之提供崭新的研究视角。

## 2 时间认知的脑机制

虽然到目前为止我们既不清楚时间信息的特定感受器官,也不清楚加工时间信息的脑机制,但是现代神经心理学的研究以及脑成像技术的发展为我们揭示时间信息加工的神经机制提供了有效的手段。

神经心理学的研究主要通过对脑损伤或脑疾病患者在认知实验中的表现来推知时间信息加工的脑机制。例如,Mangles等通过对前额叶和新小脑皮层损伤病人的实验表明(Mangels, Ivry, & Shimizu, 1998),新小脑损伤病人的损伤表现在400毫秒和4秒的时间辨别作业中,而前额叶损伤病人的损伤主要表现在长时间估计中。Casini及其同事探讨了前额叶和小脑在时间信息加工中的具体作用(Casini & Ivry, 1999),结果表明前额叶损伤病人所表现出来的时间信息加工的损伤可能与作业中注意的要求有关,而小脑损伤病人更具体地表现为计时机制的损伤。

神经心理学方法是通过被试在行为作业上的结果来推论认知功能和脑结构之间的相关性的,这种推论有其局限性,并且不能区分出是认知加工过程的哪一个阶段受到影响。随着科学技术的发展,事件相关电位(event related potential, ERP),正电子发射断层成像(positron emission tomography, PET)和功能磁共振成像(functional magnetic resonance imaging, fMRI)等功能成像方法能够对大脑活动进行无损伤的动态测量。Jueptner等(1995)采用PET来研究小脑在时间信系加工中的作用。小脑两侧半球和蚓部的rCBF在实验条件下有显著的增加。这表明小脑参与时距信息的加工过程。同时还观察到基底神经节、颞叶、前额叶和扣带回的rCBF的增加,表明这些皮层也可能与时距的信息加工有关。PET、fMRI这两种脑成像技术的最大的优点在于具有较高的空间分辨率,能够对认知活动所涉及的脑区域进行精确的定位。但是在时间分辨率上具有一定的局限性。脑电活动的时间分辨率很高,可以实时记录认知过程的脑功能变化,但其空间分辨率能力较差。因此两者的结合既能探讨时距过程中的时间历程,又能进行精确的脑定位。Pouthas等把ERP和PET两种技术结合起来研究时间信息加工的脑机制及其时间历程(Pouthas, Garnero, Ferrandez, & Renault, 2000)。虽然PET的研究结果表明时间维度和其他属性的加工激活具有相似的脑区域,但在ERP分析中,时距加工作业中额叶处诱发CNV,而强度加工作业在顶-枕叶处诱发P300。同时ERP的结果还显示出,在不同作业条件下各个脑区所涉及的加工的时间历程的差异。在强度辨别作业中,在P300时间窗口中,楔叶、前扣带回和左侧额叶产生最大的活动,并且随着刺激呈现的结束而快速减退。而在时距作业中,在刺激呈现结束后,楔叶和前扣带回的活动仍将持续几百毫秒。在时距加工过程中,额叶处诱发CNV,而在强度作业中,这个区域没有表现出明显的活动。

近来，Lewis等通过对有关结果的元分析发现，低于1s(sub-second)和高于1s(supra-second)的时距加工之间存在显著的脑区域的分离(Lewis & Miall,2003)。低于1s的时距加工的脑区主要有初级运动皮层、初级感觉皮层、辅助运动皮层、小脑以及颞叶上部。高于1s的时距加工的脑区主要有前额叶背外侧、额叶、顶叶下部等。此外，由于所采用的实验任务不同，其他的脑区也可能参与时间知觉过程。据此，Lewis等认为，时距加工存在两种认知机制：自动加工和认知控制加工。短时距的加工方式主要是自动加工，不受注意、唤醒等因素的影响，所涉及的脑机制区域主要有小脑、基底神经节、辅助运动皮层等。而长时距加工主要是认知控制加工，易受注意、唤醒等因素的影响，与之有关的脑区域主要有前额叶背外侧、顶叶、颞叶等脑区。此外还有运动皮层、扣带回、纺垂体等广泛的皮层及皮下区域参与时间知觉过程。

## 3 时间人格的研究

时间给每个人以相同的机会，但每个人对待时间的态度、对时间的管理和规划却是不同的。人们在时间上的人格差异，我们将其称为时间人格(time-personality)。早在1961年，我们就在对6至7岁儿童时间知觉的研究中发现，有的儿童不论对哪一种时距(3秒、5秒、15秒、30秒)的再现绝大多数均作提前反应；而另一些儿童恰好相反，不论对哪种时距大多数均作错后反应(黄希庭，张增杰，1979)。每个人对时间的紧迫感也不同。Friedman和Rosenman(1981)通过临床观察发现，易患冠心病者的A型人格与B型人格在时间紧迫感上有很大的差异。我们的另一项研究表明，A型人格者对于较长目标时距(40秒和60秒)，无论是在即时再现、剥夺使用内部时间标尺再现或口头言语估计上都显著地短于B型人格者(梅传强，黄希庭，1991)；对于短时距(3秒和16秒)，在剥夺使用内部时间标尺和口头言语估计的条件下，A型人格者再现和估计均显著短于B型人格者。Rammsayer(1997)的研究发现，外倾性的被试比内倾性的被试更容易高估时距，并且估计时距的准确性也更低。在精神病症倾向上得分较高的被试比得分较低的被试复制时距更准确。此外，时间知觉还存在显著的性别差异。Block，Hancok和Zakay(2000)对已有时距估计性别差异的元分析表明，与其他认知过程一样，在时距估计的程度(magnitude)和个体间变异(inter individual variability)上，人类存在一定程度的性别差异。在预期式和回溯式实验条件下，被式出现任务上的分离，即在预期式条件下，虽然没有表现出显著的性别差异，但女性比男性能够更多地注意时间信息。而在回溯式条件下，被试则表现出明显的性别效应，女性比男性具有更好的情节记忆，因而女性倾向于高估目标时距，而男性间的差异则不显著。

时间洞察力(time perspective)是个体在时间的认知、体验和行动(或行动倾向)上的人格特质(黄希庭,2004)。时间洞察力既是一种能力特质(ability trait)也是一种动力特质(dynamic trait)。从类别上划分,时间洞察力可分为过去时间洞察力、现在时间洞察力和未来时间洞察力。时间洞察力又可以分为状态时间洞察力(state time perspective)和特质时间洞察力(trait time perspective),后者是一个人的人格特质,属于时间维度上的人格差异。时间洞察力作为一种相对稳定的人格特质,在许多研究中都得到或明显或隐含的说明。Gorman和Wessman(1997)指出,把时间定向(time orientation)、时间态度和时间体验看作持久的人格特质是可能的。Zimbardo和Boyd(1999)也认为,尽管时间洞察力受到各种情景因素如职业性质、经济或政治、个人经历等的影响,而且其变化是通过个人的、社会的、情景的影响而习得和修改的,但是当一种独特的时间偏向(time bias)支配了个人的看法和反应、并且这种偏向在决策时被习惯性地过度强调时(对某一个独特的时间结构的过度依赖取决于多种习得的因素,如文化的、教育的、宗教的、社会阶层的、家庭风格等),就变成了对过去、现在和未来的认知时间偏向,如果被长期使用,这种偏向便可能成为一种相对稳定的倾向性特征或个体差异变量,能够刻画和预测个体在日常生活的抉择中将会有何反应。因此,时间洞察力是可以作为个体差异变量起作用的。但是,个体使用这些时间偏向的程度可能有所不同,每种偏向可能在具体的情景中引起最优的决策。时间偏向可能涉及频繁(或很少)地使用某一种或某几种时间框架。个体可能会在不同的人生阶段中以不同的方式形成某种特定的偏向,这种特定的时间定向一旦形成,个体就具备了相应的心理和行为过程的特征。我们的研究也发现(郑涌,黄希庭,2000;黄希庭,郑涌,2000),不同自我同一性的被试对其过去、现在和将来的时间体验不同;在时间洞察力的广度、方向及关联性等方面,高自我认同的被试有着较大的现在广度、较积极的远景开放的未来取向及较强的时间整合;低自我认同的被试则较注重过去,较易产生与未来中断的倾向。这些都表明时间是一种人格维度。我们采用多维度多方法的模式对时间洞察力进行探讨,主要内容包括:时间洞察力的心理结构、机制和形成规律,其他心理因素诸如自我观念(如自信、自尊)、成就动机、社会情绪、心理幸福感等与时间洞察力的关系,以及这些因素如何与时间洞察力一起影响着人格的形成与发展。

时间人格的另一种表现是时间管理倾向。我们认为,时间管理倾向包含三个维度:时间价值感、时间监控能力和时间效能感(黄希庭,张志杰,2001)。时间价值感是指个体对时间的功能和价值的稳定的态度,是个体时间管理的基础。时间监控能力是个体利用和运筹时间的能力,它体现在一系列外显的活动中,例如在计划安排、目标设置、时间分配、结果检查等一系列监控活动中所表现出的能力及主观评估。时间效能感指个体对自己驾驭时间的信念和预期,反映了个体对时间管理的信心以及对时间管理行为能力的估计,它是制约时间监控的一个重要的因素。因此,时间价值感、时间监控能力和时间效能感分别是价值观、自我监控和自我效能感在个体运用时间上的心理和行为特征,即时间维度上的人格特征。并据此编制了青少年时间管理倾向量表(Adolescence Time Management Disposition Scale,简称ATMD)。我们随后的研究从多方面论证了这种人格差异的存在及其特征(张志杰,2005;张志杰,黄希庭,凤四海,邓麟,2001;黄希庭,张志杰,崔丽弦,2007)。

目前,我们正尝试从过去时间洞察力、现在时间洞察力和未来时间洞察力等内涵着手对时间洞察力进行深入的研究,力求把我们的理论成果应用于健全人格养成的实践中;并探索时间管理倾向的理论及其应用,例如关于企业经理的时间管理倾向特点等。

合作者:张志杰、凤四海、郭秀艳、吕厚超、陈莹。原文载于《心理科学》,2005年第6期。

# Neural Oscillatory Correlates of Duration Maintenance in Working Memory

## 1 Introduction

Although there is no specific biological system that senses time, as there is for sight, hearing, and taste, we can perceive and process temporal information, and effectively use timing in our daily activities (Buhusi andMeck, 2005; Meck et al., 2013; Merchant et al., 2013). Working memory (WM), the short-term storage and online manipulation of information (Baddeley, 1992), is possibly a core element of temporal information processing. The internal representation of the external event duration must be stored in WM before it is transferred into long-term reference memory; the representation of reference duration can be temporally held in the WM after it is retrieved from long-term memory (Gibbon, 1977; Gibbon et al., 1984; Allan, 1998; Coull et al., 2008). Previous studies have confirmed that visual durations are retained in the visuospatial sketchpad, and auditory durations are retained in the phonological loop (Franssen et al., 2006; Rattat, 2010; Rattat and Picard, 2012). The neural networks underlying duration maintenance in WM are mainly cortico-striatal circuits involving frontal, parietal, and striatal regions (Sakurai et al., 2004; Coull et al., 2008; Genovesio et al., 2009; Harrington et al., 2010). However, more research is needed to understand the internal representation of duration retained in WM.

Some researchers have argued that separate mechanisms process durations below and above about 3 s. Perception of duration below about 3 s is based on the subjective present (Fraisse, 1984). A low-frequency binding mechanism integrates sensory inputs into a coherent experience or temporal gestalt (Poppel, 1997).Durations above about 3 s can no longer be perceived as a unit, and estimation of longer duration is based on memory and cognitive reconstruction (Fraisse, 1984).There is some evidence to support this theory (Kagereret al., 2002; Szelag et al., 2002; Ulbrich et al., 2007).One event-related potential (ERP) study found that temporal reproductions were accurate for durations up to 3 s, and accompanied by a slow negative wave named contingent negative variation (CNV), whereas the CNV was reduced or absent when durations longer than 3 s were processed (Elbert et al., 1991). Furthermore, a functional magnetic resonance imaging (fMRI) study revealed that the motor system and the default mode network process durations below and above 2s, respectively (Morillon et al., 2009). Based on these theoretical and experimental findings, we hypothesized that different internal representations were retained in WM for durations below and above about 3 s.

The synchronous activity of neural oscillation is acritical link between single-neuron activity and behavior (Engel et al., 2001; Buzsa' ki and Draguhn, 2004). Theta and alpha band frequencies serve distinct functional roles during WM maintenance. It is widely reported that the oscillatory power in the theta band (4-8 Hz) over the prefrontal region increases with the number of items maintained in WM, such as locations (Gevins et al., 1997), letters (Gevins et al., 1997; Onton et al., 2005), and digits(Jensen and Tesche, 2002; Meltzer et al., 2007).Research shows that theta oscillation reflects the organization of sequentially ordered WM items (Hsieh et al., 2011; Roberts et al., 2013; Roux and Uhlhaas, 2014).Alpha band activity (8-12 Hz) over the parieto-occipital region increases with the number of items maintained in WM, such as locations (Gevins et al., 1997; Johnsonet al., 2011), letters (Jensen et al., 2002), digits (Meltzeret al., 2007), shapes (Johnson et al., 2011), and faces(Jokisch and Jensen, 2007; Tuladhar et al., 2007). However, the precise role of the alpha band in WM is still under debate. Some scholars have proposed that oscillatory alpha activity reflects the inhibition of cortical areas representing task-irrelevant information (Jokischand Jensen, 2007; Klimesch et al., 2007; Tuladharet al., 2007; Manza et al., 2014), while others have suggested that alpha oscillation is related to successful maintenance of item information (Jensen et al., 2002; Palva and Palva, 2007; Hsieh et al., 2011; Johnsonet al., 2011). Duration maintenance in WM has received much less attention compared with non-temporal stimulus properties, and the relationship between neural oscillation and duration maintenance in WM has yet to be identified.

In the present study, a matching-to-sample task was adopted to study the neural oscillatory correlates of duration maintenance in WM. This experimental paradigm is widely used to investigate the brain substrates of retention of duration in WM (Sakurai et al., 2004; Coull et al., 2008; Genovesio et al., 2009; Harrington et al., 2010). A sample stimulus and a probe stimulus are presented in succession, separated by a delay. Subjects are asked to judge whether the durations of the probe stimulus and the sample stimulus are identical or different. An advantage of this paradigm is that the encoding (timing), maintenance, and decision for temporal information can be separated (Coull et al., 2008; Harrington et al., 2010). To our knowledge, no previous study has reported the oscillatory correlates of duration maintenance in WM. We focused on the relationship between duration maintenance in WM and neural oscillations in theta and alpha bands, because previous studies on WM have delineated these bands well. In the present study, participants were required to retain one duration (1 s, 2 s, 3 s, or4s) in WM. As the theta band reflects the organization of sequentially ordered WM items (Hsieh et al., 2011; Roberts et al., 2013; Roux and Uhlhaas, 2014), the temporal order was equal for four duration conditions; thus, we predicted that the amplitude of the theta band would not be modulated by the length of duration retained in WM. As previously stated, we hypothesized that different internal representations would be retained in WM for durations below and above about 3 s. We inferred that if alpha oscillation is related to successful maintenance of item information (Palva and Palva, 2007; Hsieh et al., 2011; Johnson et al., 2011), then the alpha band activity would reflect different internal representations of durations below and above about 3 s retained in WM. If alpha oscillation reflects inhibition of task-irrelevant information (Jokisch and Jensen, 2007; Klimesch et al., 2007; Tuladhar et al., 2007; Manza et al., 2014), and there is no relationship between alpha band activity and internal representation of duration retained in WM, we would observe no significant alpha band difference between durations above and below about 3 s.

## 2 Experimental Procedures

### 2.1 Participants

Eighteen right-handed undergraduates (six male), 20.67±1.33 years of age, were paid for participation in the experiment. Each participant had normal or corrected-to-normal visual acuity and reported having normal hearing. Participants were not taking medications and did not suffer from any central nervous system abnormality or injury. The study was approved by the local institutional review board (RIB), and written informed consent was obtained from each participant. The experimental procedure was in accordance with the Declaration of Helsinki (World Medical Association, 2013).

### 2.2 Experimental material and apparatus

The visual stimuli were displayed on a black background in the center of a computer screen. There were two types of visual stimuli: a red circle and a question mark. The red circle was 3 cm in size (2.29), its RGB values were [255, 0, 0], and its luminance was 48.5 cd/$m^2$. The question mark was white and 2cm in size (1.53). The refresh rate of the computer monitor was 85 Hz, and the computer screen was placed about 75 cm in front of participants.

## 2.3 Procedure

There were seven blocks of a matching-to-sample task in the experiment. Each block contained 48 trials. There were 84 trials for one duration condition in the experiment. As shown in Fig. 1, in each trial, two red circles (the sample stimulus and the probe stimulus) were presented in tandem, separated by an inter stimulus interval of 3 s (the delay/maintenance phase). Each circle was presented randomly for one off our durations (1 s, 2 s, 3 s, or 4s). After an interval of1 s, a question mark (response signal) was presented in the center of the screen, and terminated by a key press, or after 2s had elapsed. Participants had to estimate the duration of the second red circle (probe) as shorter, equal to, or longer than the first circle (sample). During the response period, participants pressed 1, 2, or 3 on the keyboard using the index, middle, or ring finger, respectively (1 denoted shorter, 2 denoted equal to, 3 denoted longer). Half of the participants responded with the left hand, and the other half responded with the right hand. An interatrial interval of 2s was used.

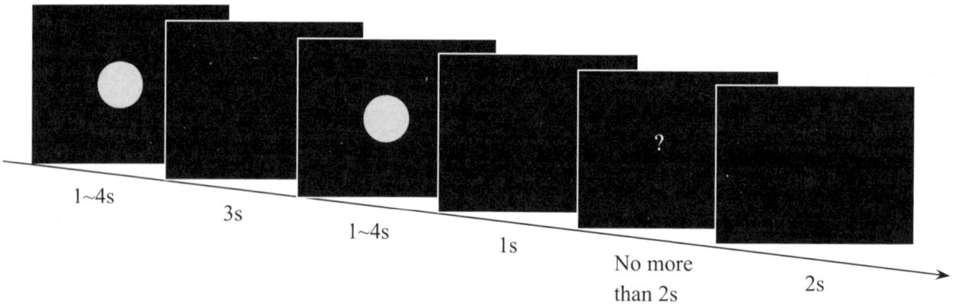


Fig. 1. Individual trial timeline with durations of each screen presentation

## 2.4 Electrophysiological recording

Continuous electroencephalogram (EEG) was acquired from Ag/AgCl electrodes mounted in an elastic cap (Brain Products GmbH, Gilching, Germany). Sixty-four electrodes were positioned according to the extended10-20 system. Additional electrodes were placed on the mastoids. The horizontal electrooculogram (EOG) was acquired using a bipolar pair of electrodes positioned at the external ocular canthi, and vertical EOG was recorded from electrodes placed below the left eye. The EEG and EOG were digitized at 500 Hz with an amplifier band pass of 0.01-100 Hz, including a 50-Hznotch filter, and were stored for offline analysis. All electrode impedances were maintained below 5kΩ.

## 2.5 EEG analysis

EEGLAB (Delorme and Makeig, 2004) and MATLAB (The Math Works, Inc., Natick, Massachusetts, USA) were used for offline EEG data processing. The continuous EEG data were re-referenced to the average of the right and left mastoids, and high-pass filtered at 0.5 Hz (Hsieh et al., 2011). EEG epochs were extracted for the period1s prior to the onset of the sample stimulus to 8s following the onset of the sample stimulus (the first red circle). Each EEG epoch was then baseline-corrected by subtracting the mean voltage before the onset of the sample stimulus. Segmentations with EOG artifacts (mean EOG voltage exceeding ±80 μV) and those contaminated with artifacts due to amplifier clipping or peak to-peak deflection exceeding ±80μV were excluded. The remaining EOG artifacts were visually identified and removed using independent component (IC) analysis according to their scalp maps and activity profile (Junget al., 2000a, b). The ICs related to eye movements had a large EOG channel contribution and a frontal scalp distribution. A total of 90.71% of trials remained, and a repeated measures analysis of variance (ANOVA) revealed no significant main effect of Duration (four duration conditions) on the remaining number of trials[$F(3, 51)=1.033$, $p>0.05$, $\eta_p^2=0.57$].

The segmented and artifact-free data were used for the time - frequency analysis. Trial-by- trial event- related spectral power modulation of the EEG rhythms was studied using EEGLAB. The time - frequency analysis used Hanning-windowed sinusoidal wavelets of three cycles at 3Hz, rising linearly to about 15 cycles at 30 Hz (Makeig et al., 2004). Changes in event-related spectral power response (in dB) were computed using the event-related spectral perturbation (ERSP) index (Makeig, 1993). As shown in Fig. 2, the ERSP during sample duration encoding, delay, and probe phases was displayed, and corrected by subtracting the mean oscillatory power of the pre-stimulus baseline interval (0.4 s to 0.1s) before the onset of the sample stimulus.

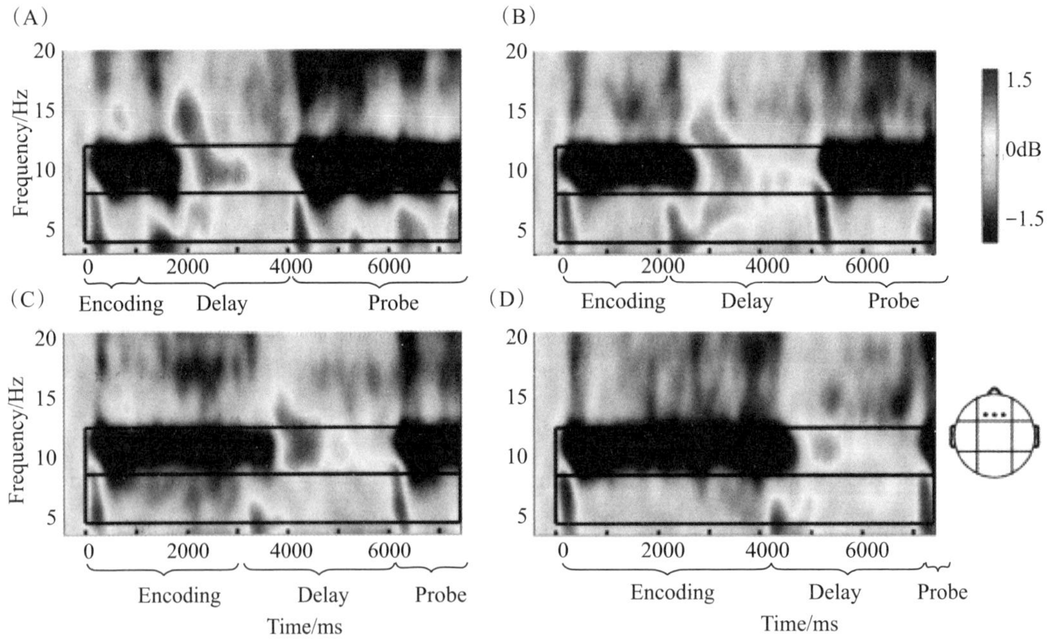


Fig. 2. Average EEG spectrum power as a function of time for the whole epoch at the middle-frontal cluster in the 1-s (A), 2-s (B), 3-s (C), and 4-s(D) duration conditions

To identify the temporal dynamics of the theta band (4–8 Hz) and the alpha band (8 - 12 Hz) powers during WM maintenance, the theta and alpha band powers were averaged across frequency, and were extracted during the delay phase (Figs. 3 and 4). In the new coordinate system, zero was the onset of delay, and the baseline was 0.4 s to 0.1 s interval before the onset of the sample stimulus (the first red circle). Following a previous study (Hsieh et al., 2011), electrodes were grouped into nine different clusters: left-frontal cluster (AF7, F7, F5), middle-frontal cluster (F1, Fz, F2), right frontal cluster (AF8, F8, F6), left-central cluster (C3, C5, T7), middle-central cluster (C1, Cz, C2), right-central cluster (C4, C6, T8), left-posterior cluster (P5, P7, PO7), middle-posterior cluster (O1, O2, Oz), and right-posterior cluster (P6, P8, PO8).

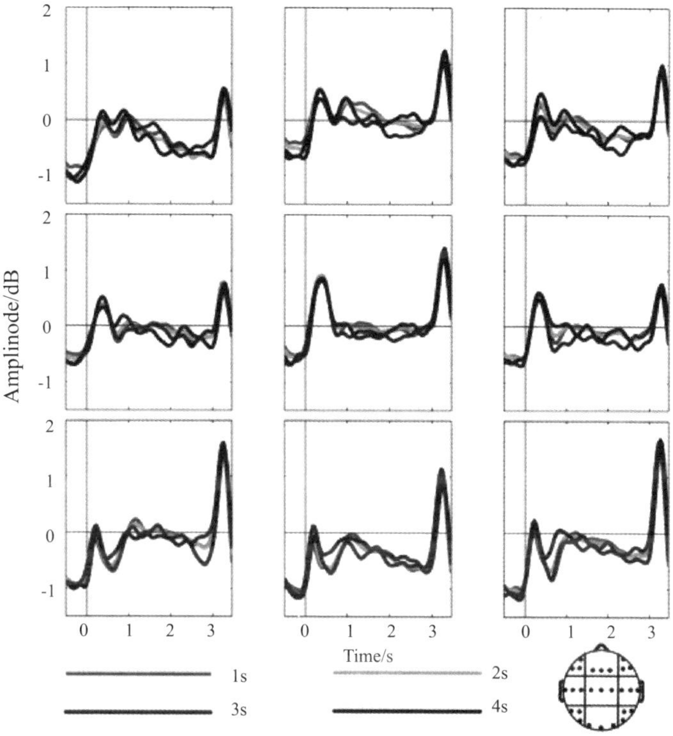


Fig. 3. Grand average theta band power during the delay phase in the 1-s, 2-s, 3-s, and 4-s duration conditions

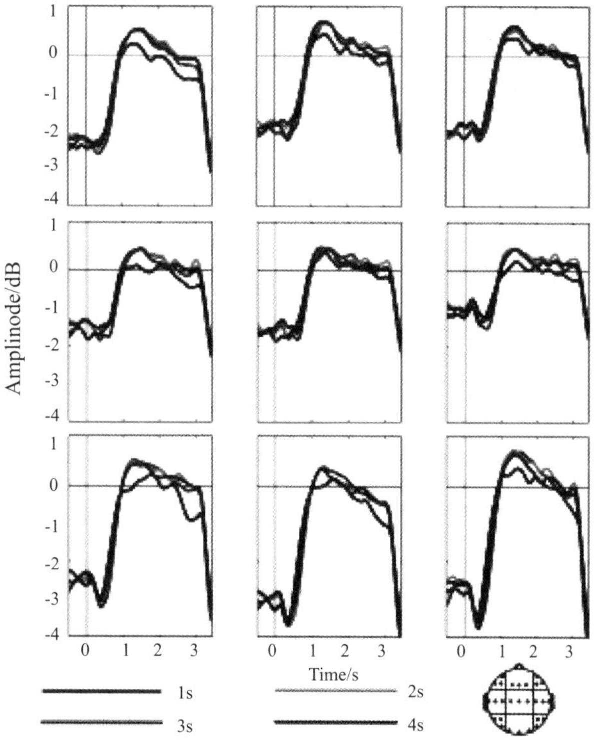


Fig. 4. Grand average alpha band power during the delay phase in the 1-s, 2-s, 3-s, and 4-s duration conditions

As shown in Fig. 4, steady alpha band activity was elicited from1s to 3s after the onset of delay; the statistical time window (1–3s time interval after the onset of the delay) was chosen and averaged. To assess whether the statistical analysis was contaminated by different time intervals between baseline and statistical time window, an additional statistical time window from 0.5 s to 0.1 s before the onset of delay was chosen. Two–way repeated measures ANOVAs were conducted on the mean power of theta and alpha bands in the 0.5s to 0.1s, and1 s to 3s time intervals, respectively. The ANOVA factors were Duration (1s, 2s, 3s, and4s) and Region (nine clusters). The Greenhouse – Geisser correction was used to correct for any violations of sphericity (Greenhouse and Geisser, 1959), and the partialetasquared ($\eta_p^2$) was used to estimate the ANOVA effect size (Levine and Hullett, 2002).

## 3 Results

### 3.1 Behavioral data

A repeated measures ANOVA of Accuracy (ACC) with Duration (1s, 2s, 3s, and4s) as a within–participant factor revealed a significant main effect of Duration [$F(3, 51)=17.851$, $p<0.001$, $\eta_p^2=0.512$]. Post hoc tests revealed that the ACC of the 1–s duration condition (Mean± SE: 0.836±0.036) was significantly higher than that of the 2–s (0.776±0.026), 3s (0.711±0.039), and 4–s (0.679±0.043) duration conditions ($t(17)=3.172$–$5.485$, $p$ values<0.01); the ACC of the 2–s duration condition was significantly higher than that of the 3–s and 4–s duration conditions ($t(17)=2.844$–$4.044$, $p$ values<0.05), but the difference between the 3–s and 4–s duration conditions was not significant ($t(17)=1.365$, $p>0.05$). A repeated measures ANOVA did not reveal a significant effect of Duration on reaction time (RT) [$F(3, 51)=0.366$, $p>0.05$, $\eta_p^2=0.021$].

### 3.2 EEG data

Fig.2 shows the dynamic activity of EEG spectrum power during the encoding (sample), delay, and probe phases. The offset of stimuli evoked distinct theta band oscillation. The amplitude of the alpha band decreased compared with baseline during the encoding and probe phases, and it increased compared with baseline during the delay phase.

Figs. 3 and 4 show the time course of the delay phase indexed by dynamic activity of theta and alpha bands (zero represents the onset of the delay phase). The first stage was sensory processing indexed by the theta band (Fig. 3). The offset of sample stimulus elicited theta activity, which was peaking at about 0.35s, and the theta activity reduced to the minimum value at about 0.6s. The second stage was duration maintenance in WM indexed by the alpha band (Fig. 4). Alpha band activity increased abruptly from about 0.4–1s, which reflected an increase in the neural activity of duration maintenance in WM. The result was consistent with the time course of an event-related potential component, P300, that is an index of the WM process (Figs. 3 and 4 do not show the event-related potentials, but they show oscillatory powers averaged across frequency for theta and alpha bands respectively) (Polich and Criado, 2006; Polich, 2007). Then, the alpha band maintained a steady activation from1s to 3s. The third stage was sensory processing indexed by the theta band (Fig. 3). The theta band was elicited by onset of the probe stimulus from 3s to 3.5s; at the same time, alpha band activity decreased abruptly (Fig. 4).

For theta band power from the 0.5-s to 0.1-s time interval before the onset of the delay phase, a repeated measures ANOVA did not show a significant effect of Duration, or a Duration Region interaction ($p$ values>0.05). For the theta band power from the 1-s to 3-s interval after the onset of delay, an ANOVA revealed a significant main effect of Region [$F$ (4.197, 71.350) =5.606, $p<0.001$, $\eta_p^2=0.248$]. The theta power was greatest over the middle-frontal (0.032±0.155dB) and middle-central regions (−0.011±0.107dB). The main effect of Duration [$F$ (2.058, 34.986) =0.929, $p>0.05$, $\eta_p^2=0.052$] and the Duration Region interaction [$F$ (6.360, 108.128)=1.024, $p>0.05$, $\eta_p^2=0.057$] were not significant.

For alpha band power from the 0.5-s to 0.1-s interval before the onset of delay, a repeated measures ANOVA did not show a significant effect of Duration or a Duration Region interaction ($p$ values>0.05). For alpha band power from the 1-s to 3-s interval after the onset of delay, an ANOVA revealed a significant main effect of Duration [$F$(2.697, 45.843)=3.813, $p<0.05$, $\eta_p^2$= 0.183]. Post hoc tests revealed that the differences of alpha power between 1-s (0.272 ± 0.135dB), 2-s (0.315±0.143dB), and 3-s(0.235±0.140dB) duration conditions were not significant ($t$(17)=0.568 - 0.820, p values>0.05), and that the alpha power of 4-s (0.018±0.129 dB) was lower than that of the 1-s, 2-s, and 3-s duration conditions($t$ (17)=2.307 - 2.790, $p$ values<0.05). The main effect of Region [$F$(3.380, 57.467)=1.644, $p>0.05$, $\eta_p^2=0.088$] and the Duration Region interaction [$F$(5.767, 98.042)=0.777, $p>0.05$, $\eta_p^2=0.044$] were not significant.

As shown in Fig. 5, theta and alpha band powers were both greatest over the frontal region during the 1-3-s time interval after the onset of the delay phase. To further assess the role of alpha band power in duration maintenance in WM, the relationship between accuracy and amplitude of alpha power at the middle-frontal cluster during the delay phase (1-3s) was analyzed for 1s, 2s, 3s, and 4s, respectively. As shown in Fig. 6, the amplitude of alpha power positively correlated with accuracy for the 3-s duration condition (Pearson's $r=0.546, p<0.05$). The correlations were not significant for 1-s ($r=0.354, p>0.05$), 2-s ($r=0.124, p>0.05$), and 4-s ($r=0.395, p>0.05$) conditions.

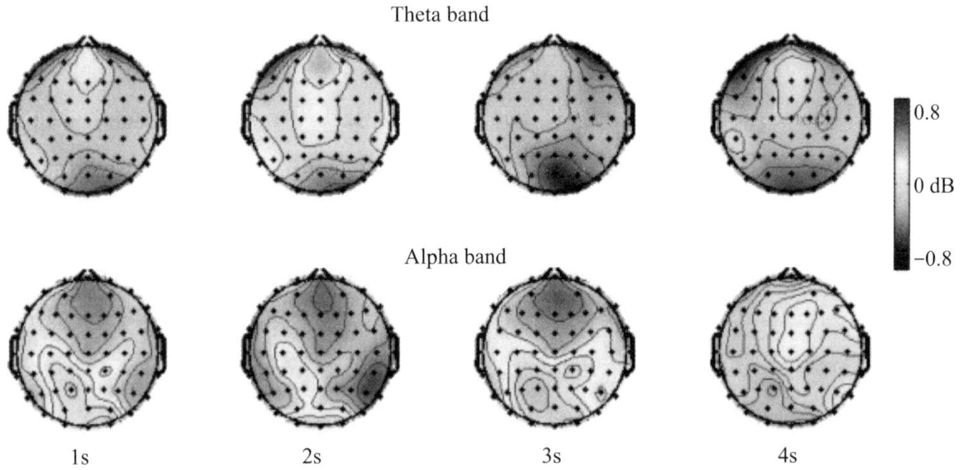


Fig. 5. The topographies of oscillatory activities of theta and alpha bands during the delay phase in the 1-s, 2-s, 3-s, and 4-s duration conditions

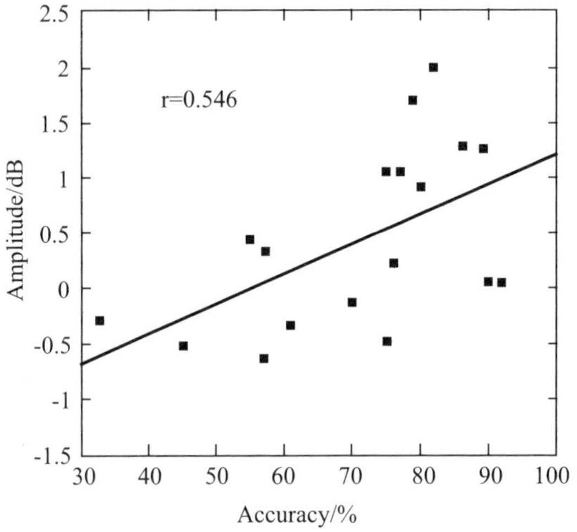


Fig. 6. The correlation between accuracy and amplitude of alpha band power during duration maintenance in the 3-s duration condition

## 4 Discussion

The present study used a matching-to-sample task to study the neural basis of duration maintenance in WM. EEG data showed that the theta band amplitude in the delay phase was not significantly modulated by the length of duration. The result confirmed our hypothesis that theta band frequencies are not engaged in maintenance of duration in WM. We also found that the alpha band amplitude of the 4-s duration condition in the delay phase was lowest among four duration conditions, and the alpha band amplitude positively correlated with accuracy in the 3-s duration condition. The findings emphasized the role of the alpha band in duration maintenance in WM.

As shown in Fig. 2, the time intervals between baseline and delay phase were different in the 1-s, 2-s, 3-s, and 4-s duration conditions, and this factor might have affected the alpha amplitude during the delay phase. If this factor had been an influence, it would have affected the alpha band amplitude between 0.5 and 0.1s before the onset of the delay phase, because the time intervals between baseline and this time window were different for the four duration conditions. An ANOVA revealed no significant main effect of Duration and no Duration Region interaction for amplitude of theta and alpha band power from the 0.5 to 0.1s before the onset of the delay phase. It indicated that the difference in time intervals from baseline to the delay phase for four duration conditions did not significantly affect the theta and alpha band amplitude during the delay phase.

It is still debated whether alpha oscillation is related to successful maintenance of item information (Jensenet al., 2002; Palva and Palva, 2007; Hsieh et al., 2011; Johnson et al., 2011), or whether it reflects inhibition of task-irrelevant information (Jokisch and Jensen, 2007; Klimesch et al., 2007; Tuladhar et al., 2007; Manza et al., 2014). Our study provided three pieces of evidence to support the maintenance rather than inhibition.

First, alpha band amplitude in the delay phase was significantly lower in the 4-s duration condition than in the 1-s, 2-s, and 3-s duration conditions. Previous studies suggest that short time intervals (below about 3s) can be perceived as a unit, whereas long time intervals (above about 3s) have to be divided into subunits and depend on a memory-based cognitive reconstruction (Fraisse, 1984; Poppel, 1997; Ulbrich et al., 2007). Our findings support previous work, as they indicate that durations below about 3s are encoded as a unit, and can therefore be retained in WM; thus, the reproduction and discrimination of durations below about 3s are accurate, and the alpha band amplitude was high during the delay phase. In contrast, the encoding of durations above about 3s is based on memory and cognitive reconstruction, and their internal representations cannot be retained in WM. Thus, there production and discrimination of durations above 3s is less accurate, and the alpha band amplitude was low during the delay phase. Therefore, the EEG results support our hypothesis that alpha band activity reflected duration maintenance in WM, and different internal representations were retained in WM for durations below and above about 3s.

Second, alpha band activity was greatest over the frontal region in the present study (Fig. 5). Previous studies indicate that alpha band activity is typically found over the parietal-occipital region, so some scholars suggest it reflects suppression of processing in visual areas (Jokisch and Jensen, 2007; Tuladhar et al., 2007; Freunberger et al., 2011). However, the finding of frontal distributed alpha band is consistent with previous findings that the frontal region plays an important role induration maintenance in WM (Olton, 1989; Sakuraiet al., 2004). Furthermore, one EEG study reported that alpha band activity appeared over the frontal regions when visuospatial information was retained and demanded manipulation in WM; these authors suggested that an increase of prefrontal alpha amplitude may not be interpreted in terms of inhibition, but may enable a tight functional coupling between prefrontal cortical areas (Sauseng et al., 2005). Therefore, the present study indicates that the alpha band activity distributed over the frontal region does not reflect the inhibition of the frontal region during maintenance of duration in WM, but suggests that the frontal distributed alpha band reflects the duration maintenance in WM.

Third, alpha band amplitude positively correlated with accuracy in the 3-s duration condition (Fig. 6). We hypothesized that 3s is near the boundary between short and long durations based on previous studies. It is natural to expect individual differences in the boundary. Subjects with a longer boundary (for whom 3s is a short duration) are likely to show high accuracy and high alpha band amplitude, and subjects with a shorter boundary (for whom 3s is a long duration) are likely to show low accuracy and low alpha band amplitude. This hypothesis was confirmed by the significant correlation between alpha band amplitude and accuracy in the 3-sduration condition.

In addition, two issues need to be explained in the present study. Firstly, the behavioral and EEG results revealed different boundaries between short and long durations. Our results were in line with previous studies. Behavioral studies support the concept of a boundary between 2s and 3s (Szelag et al., 2002; Ulbrich et al., 2007), but an EEG study indicates a boundary between 3s and4s (Elbert et al., 1991).Research suggests that variance in timing behavior is mainly due to encoding (clock), memory, and decision processes (Gibbon and Church, 1984; Allan, 1998). Ianthe present study, the behavioral results were not only influenced by WM, but also by encoding and decision processes. However, the encoding (timing), maintenance, and decision processes for temporal information can be distinguished by EEG. Thus, EEG data are more suitable than behavioral data to investigate the boundary between short and long durations. This explains the slight difference in boundary between the behavioral and EEG results.

Lastly, the correlations between alpha band amplitude and accuracy were not significant in 1-s, 2-s and 4-sduration conditions. The results do not simply imply that alpha band power has nothing to do with accuracy in1-s, 2-s and 4-s duration conditions. A correlation with larger sample size is easier to be statistical significant (Lowry, 2001), and a larger sample size is adopted by typical correlation studies (e.g. Adelabu, 2007; Hayashiet al., 2014). Given the ideal statistical power (1b) for any study is considered to be 0.8 (Suresh and Chandrashekara, 2012), and the significance level (a) is0.05, we can compute the ideal sample size as 60, 508, and 48 for 1-s, 2-s and 4-s duration conditions respectively (Cohen, 1988). The present experiment was designed to test the hypothesis of different internal representations retained in WM for durations below and above about 3 s, but it was not suitable to evaluate the correlations between alpha band amplitude and accuracy in 1-s, 2-s, and 4-s duration conditions because of the small sample size.

## 5 Conclusions

The present study is the first to explore the neural oscillatory correlates of duration maintenance in WM. We found that theta activity was not modulated by increasing length of duration retained in WM, whereas alpha power was lower in the 4-s duration condition than in the 1-s, 2-s, and 3-s duration conditions. The alpha power amplitude was positively correlated with accuracy for the 3-s duration condition, emphasizing the important role of frontal distributed alpha band oscillation in maintenance of duration in WM. We provided evidence of different internal representations retained in WM for durations below and above about 3s. The precise nature of the internal representation of duration is still unclear, and further work is necessary to elucidate this.

合作者：陈有国、陈雄、旷昌伟。原文载于 *Neuroscience*，2015年第290卷。

# Neural Oscillations Associated with Auditory Duration Maintenance in Working Memory

## 1 Introduction

Time is a basic abstract concept that humans use to precisely process temporal information. Everyone uses temporal information in his or her daily life without explicitly thinking about it. However, the nature of time itself may be best explained by Augustine, who said, 'what then is time? If no one asks me, I know; if I wish to explain it to one that asked, I know not'. A critical element of temporal information processing is working memory (WM), which involves short-term storage and the online manipulation of information (Baddeley, 1992). WM can maintain and manipulate many types of information, such as digits, letters, words, locations, images, etc.

Few studies have investigated the maintenance or manipulation of temporal information in WM (Chen, Chen, Kuang, & Huang, 2015) or the neural representation of duration in WM for different sensory modalities (Penney, 2003; Plummer & Humphrey, 2009; Rammsayer, Borter, & Troche, 2015; Rattat & Picard, 2012; Wearden, Parry, & Stamp, 2002). Behavioural studies have revealed that two types of memory subsystems—visuospatial sketchpad and phonological loop—maintain visual duration and auditory duration, respectively (Franssen, Vandierendonck, & Van Hiel, 2006; Rattat, 2010; Rattat & Picard, 2012). However, several limitations prohibit behavioural studies from examining the internal representation of duration in WM. In contrast, neurophysiological studies have indicated that neural oscillation is critically involved in the neuronal dynamics required for sustaining WM representations (Jensen, 2006; Koene & Hasselmo, 2006; Lisman & Idiart, 1995). Compared with other frequencies, theta and alpha bands are routinely delineated in neural oscillation studies of WM. Previous studies have reported correlations between WM load and theta oscillations (4 - 8 Hz) over prefrontal regions or alpha oscillation (8 - 12 Hz) over posterior sites (Chen & Huang, 2016; Gevins, Smith, McEvoy, & Yu, 1997; Jensen & Tesche, 2002; Johnson, Sutterer, Acheson, Lewis-Peacock, & Postle, 2011; Jokisch & Jensen, 2007; Meltzer, Negishi, Mayes, & Constable, 2007; Tuladhar et al., 2007). Some studies have suggested that alpha oscillations are involved in inhibiting the cortical areas representing information that is no-longer-relevant (Jokisch & Jensen, 2007; Klimesch, Sauseng, & Hanslmayr, 2007; Manza, Hau, & Leung, 2014). In contrast, others have suggested that the alpha oscillation is associated with the successful maintenance of item information (Chen et al., 2015; Hsieh, Ekstrom, & Ranganath, 2011; Johnson et al., 2011). However, more research is needed to specifically investigate the neural representation of temporal WM.

Recently, using electroencephalogram (EEG) recordings to examine the neural oscillatory correlates of visual duration in WM, Chen and colleagues (2015) found that alpha activity rather than theta activity was involved in the maintenance of visual duration in WM. Additionally, different alpha activities occurred during WM maintenance below and above 3s, which provides electrophysiological evidence for the perspective of segmented duration representation (Fraisse, 1984; Pöppel, 1997). They argued that the neural representations of different lengths of durations are distinct. Thus, an estimated critical threshold exists. Durations below the critical threshold will be recognised as the 'subjective present', and they typically should result in the perception of a coherent experience or temporal gestalt (Pöppel, 1997). In contrast, durations above the threshold would not result in the perception of a single unit because of disintegration (Fraisse, 1984).

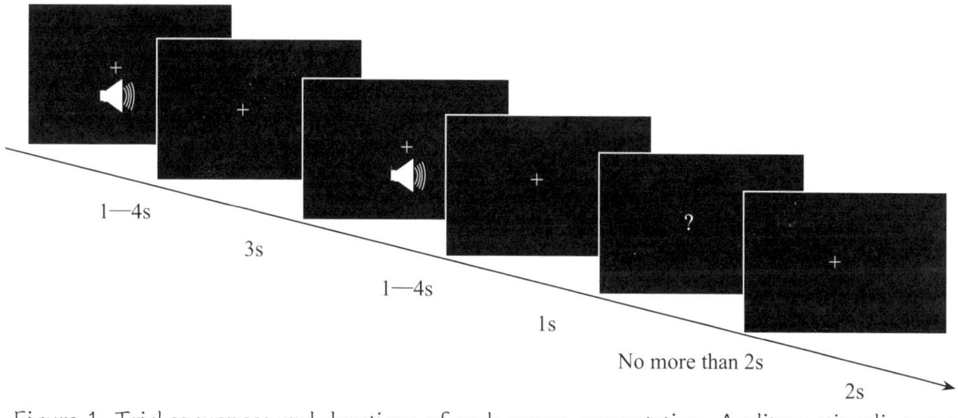


Figure 1. Trial sequences and durations of each screen presentation. Auditory stimuli were randomly presented for 1, 2, 3, or4s. Each trial starts with a pure tone (sample), followed by a 3-s interval (the delay/maintenance phase). Next, a second pure tone (probe) is presented. Participants press '1', '2', or '3' correspondingly after estimating the duration of the second pure tone (probe) as shorter, equal to, or longer than the first tone(sample)

There is some evidence to support this claim, e.g. Elbert et al employed event-related potentials (ERPs) and found that there was a critical threshold (3 s) for the accuracy of visual duration reproduction. (Elbert, Ulrich, Rockstroh, & Lutzenberger, 1991). Additionally, it was accompanied by a slow negative wave named contingent negative variation (CNV) during reproduction durations within the threshold, whereas the CNV was reduced or even absent when durations were beyond the threshold. Moreover, a functional magnetic resonance imaging showed that the motor system and default mode network respectively process durations below and above 2s (Morillon, Kell, & Giraud, 2009). Further indications for the perspective of segmented duration representation are derived from the perception of rhythmic coherence (e.g. it becomes impossible about the perception of rhythm if the tones are separated by intervals exceeding 3s in a regular sequence) (Szelag, von Steinbüchel, Reiser, de Langen, & Pöppel, 1996; Wittmann & Pöppel, 1999) and sensorimotor synchronization (e.g. the appropriate synchronization between a regular sequence of beats and corresponding motor acts breaks down when the interstimulus interval between the beats exceeds 2~3s) (Mates, Müller, Radil, & Pöppel, 1994).

However, the neural representation of auditory duration remains unknown, and thus is the focus of our study. It is an important characteristic of duration perception that subjectively perceived durations vary between different sensory modalities (e.g. auditory or visual). Many studies showed that auditory signals are often judged as longer than visual signals for a given duration (Droit-Volet, Meck, & Penney, 2007; Goldstone & Lhamon, 1974; Penney, Gibbon, & Meck, 2000; Wearden, Todd, & Jones, 2006; Wearden, Edwards, Fakhri, & Percival, 1998), for example, Wearden et al.34 used duration bisection task and verbal estimation found that auditory signals appeared longer than visual signals in all cases, and the effect was greater at longer stimulus durations. They suggested that auditory signals drive an internal clock at a faster rate than visual signals (Penney et al., 2000; Wearden et al., 1998). Similar auditory/visual difference in duration judgment was also observed in 5- and 8-year-old children as well as young adults (Droit-Volet et al., 2007). But this modality difference was more obvious for children. They believed that it is more automatic for the processing of auditory than visual signals for all age groups, however, visual signals require more attentional resources. Then it is more difficult for children to process visual signals than adults because of the limited attentional abilities. Therefore, considering that auditory signals are often judged to be longer than visual ones (Droit-Volet et al., 2007; Goldstone & Lhamon, 1974; Penney et al., 2000; Wearden et al., 2006; Wearden et al., 1998), we hypothesized that the neural representation of auditory duration in WM is also segmented, but the critical threshold may be shorter than that for visual duration.

Here, we applied a matching-to-sample task (Fig. 1), following the study of Chen et al. to investigate the theta and alpha oscillation correlates of auditory duration maintenance in WM (Chen et al., 2015). The advantage of this paradigm includes the separation of the encoding, maintenance, and decision stages of temporal information (Coull, Nazarian, & Vidal, 2008; Harrington, Zimbelman, Hinton, & Rao, 2009). Subjects were required to maintain one duration (1s, 2s, 3s, and 4s) in WM. As for the theta band, we hypothesized that the auditory duration length would not be associated with changes in the theta band amplitude, because the theta band mainly reflects the maintenance of temporal order information (Hsieh et al., 2011; Roberts, Hsieh, & Ranganath, 2013). As mentioned earlier, we hypothesized that the neural representation of auditory duration would be segmented. Thus, when it comes to the controversial role of alpha oscillation in WM, we inferred that if the alpha oscillation reflects different internal representation of auditory durations below and above the critical threshold point, then the alpha band reflects the successful maintenance of item information (Chen et al., 2015; Hsieh et al., 2011; Johnson et al., 2011). If there is no significant alpha band difference between durations below and above the critical threshold point, then the alpha band reflects inhibition of no-longer- relevant information (Jokisch & Jensen, 2007; Klimesch et al., 2007; Manza et al., 2014).

# 2 Results

## 2.1 Behavioral data.

repeated measures analysis of variance (ANOVA) was performed separately on accuracy and reaction time, with duration (1s, 2s, 3s, and 4s) as a within-participant factor. There was a significant main effect of duration [$F(2.071, 49.698)=61.205$, $p<0.001$, $\eta_p^2=0.718$] on accuracy. Results of post hoc tests showed that the accuracy of the 1-s condition (mean±standard error: 0.888±0.017) was significantly higher than that of the 2-s (0.840±0.019), 3-s (0.729±0.023), and 4-s (0.670±0.028) conditions ($t(24)=3.961$ - $9.216$, $p$ values<0.01); the accuracy of the 2-s condition was significantly higher than that of the 3-s and 4-s conditions ($t(24)=7.232$ - $8.881$, $p$ values<0.001); and the difference between the 3-s and 4-s conditions was also significant ($t(24)=3.596$, $p<0.01$).

There was also a significant effect of duration on reaction time [$F(3, 72)=3.176$, $p<0.05$, $\eta_p^2=0.117$].Results of the post hoc tests demonstrated that the difference between the 1-s (449.885±22.788) and 2-s (457.184±25.217) conditions on reaction time was not significant ($t(24)=-1.090$, $p>0.05$), whereas there was a marginal significant difference between the 1-s and 3-s (467.358±27.116) conditions ($t(24)=-2.042$, $p<0.06$). In addition, the reaction time of the 1-s condition was significantly shorter than that of the 4-s (469.806±27.463) condition. Differences among the 2-s, 3-s, and 4-s conditions were not significant ($t(24)=-1.756-0.413$, $p$ values>0.05).

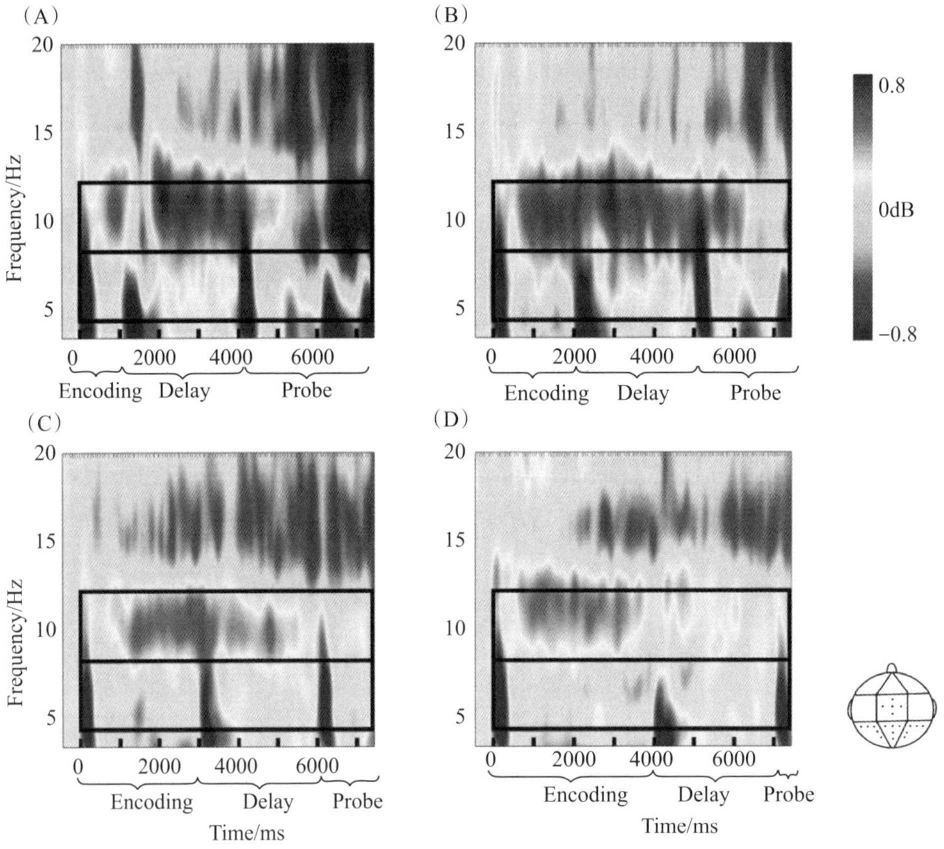


Figure 2. Theta and alpha effects for the whole epoch in the posterior parietal in the 1-s (A), 2-s (B), 3-s (C), and 4-s (D) auditory duration conditionsThe decibel-transformed value is relative to the baseline interval (−0.4 s to −0.1 s) before the sample stimulus. The theta band is enhanced at the onset and offset of stimuli, whereas the alpha band is enhanced during encoding, especially in the delay phase.

2.2 EEG data.

Figure 2 shows the dynamic activities of theta and alpha powers during the encoding (sample), delay, and probe phases. Figure 3 shows the average theta and alpha band powers during the time course of the delay phase. Repeated-measures ANOVA on the theta band power from the interval of 0.5 s to 0.1 s before the onset of delay found no significant effect of duration or a duration × region interaction ($p$ values>0.05). An ANOVA conducted on the theta band power from the 1-s to 3-s interval after the onset of delay found a significant main effect of region [$F(2.207, 52.959)=3.524$, $p<0.05$, $\eta_p^2=0.128$]. The regions with the highest theta band power during WM maintenance were the right-posterior cluster (0.148±0.098 dB), middle-posterior cluster (0.108±0.100 dB), middle-central cluster (0.076±0.119 dB), and left-posterior cluster (0.061±0.109 dB). There was no significant effect of duration [$F(3,72)=1.321$, $p>0.05$, $\eta_p^2=0.052$] or a duration × region interaction [$F(8.316, 199.582)=1.475$, $p>0.05$, $\eta_p^2=0.058$] (Fig. 4).

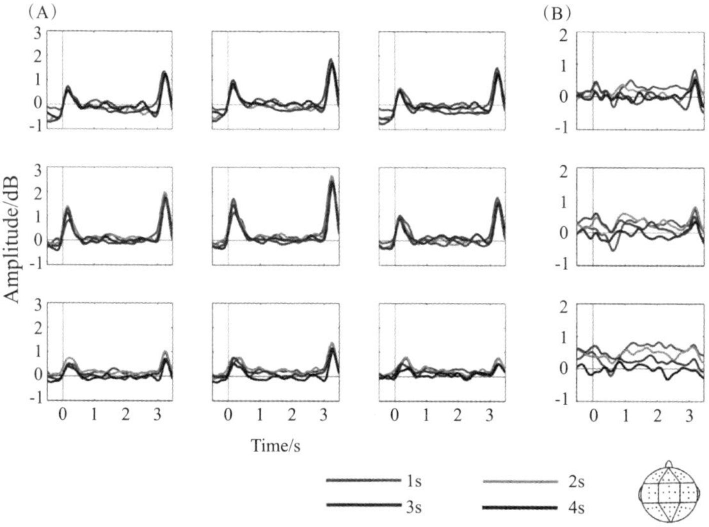


Figure 3. Average theta (A) and alpha (B) band powers during the 1-s, 2-s, 3-s, and 4-s auditory duration maintenance in WM. Steady theta (4 - 8 Hz) and alpha (8 - 12Hz) band activities are elicited during WM maintenance after averaging across frequency, and they are separately plotted for each of the nine analysed electrode clusters. Zero on the x-axis represents the onset of the delay phase. Red, green, blue, and black curves denote the 1-s, 2-s, 3-s, and 4-s auditory duration conditions, respectively.

Repeated-measures ANOVA conducted on the alpha band power from the interval of 0.5s to 0.1s before the onset of delay demonstrated no significant effect of duration or a duration × region interaction ($p$ values>0.05). An ANOVA conducted on the alpha band power from the interval of1s to 3 s after the onset of delay found a significantmain effect of duration [$F(3,72)=3.011$, $p<0.05$, $\eta_p^2=0.111$]. Results of post hoc tests showed that the difference of the alpha power between the 1-s (0.426±0.170dB) and 2-s (0.333±0.153dB) conditions was not significant ($t(24)=0.643$, $p>0.05$). Moreover, the alpha power for these duration conditions were higher (or marginalhigher) than that of the 3-s (0.084±0.185dB) and 4-s (0.053±0.153dB) conditions ($t(24)=1.899-2.459$, $p$ values<0.07), and the difference between the 3-s and 4-s conditions was not significant ($t(24)=0.203$, $p>0.05$).The main effect of the region was significant [$F(3.751, 90.031)=3.807$, $p<0.01$, $\eta_p^2=0.137$], and the regions with the highest alpha band power during WM maintenance were the middle-posterior cluster (0.429±0.183 dB), left-posterior cluster (0.346±0.157 dB), right-posterior cluster (0.321±0.170 dB), and middle-central cluster (0.304±0.175 dB). The duration × region interaction [$F(8.655, 207.714)=1.521$, $p>0.05$, $\eta_p^2=0.060$] was not significant (Fig. 4).

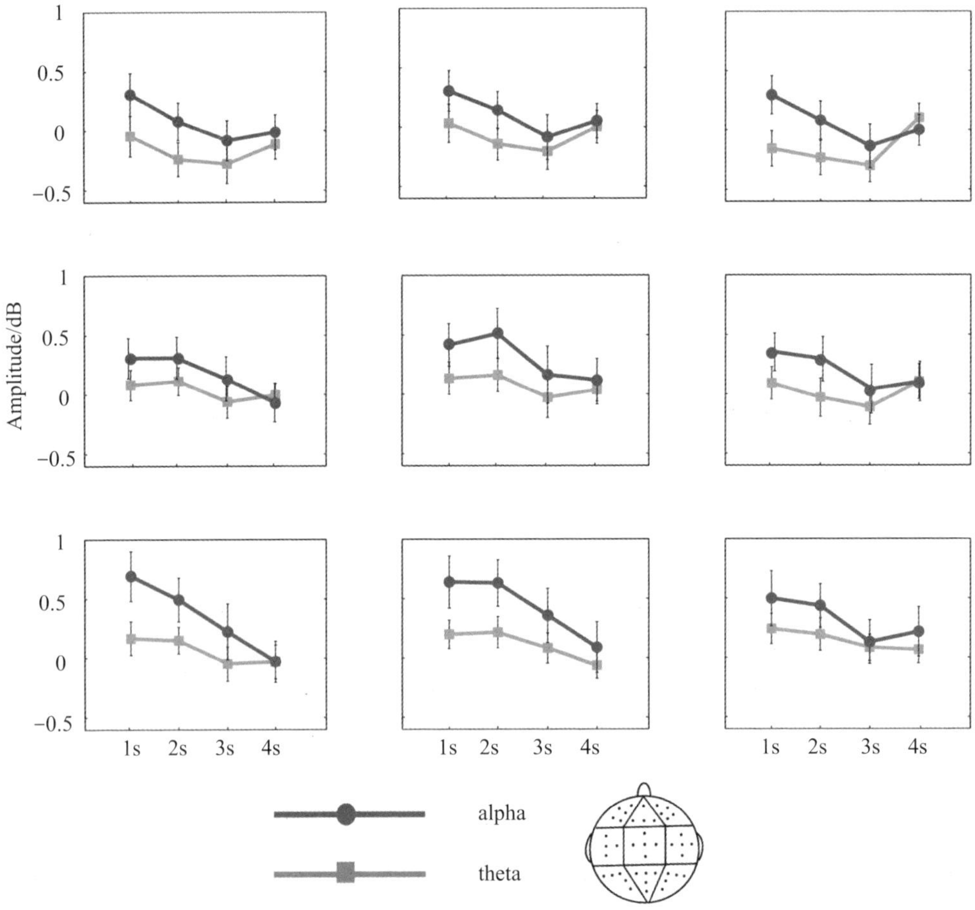


Figure 4. Grand average theta and alpha band powers during auditory duration maintenance in WM in the 1-s, 2-s, 3-s, and 4-s conditions. Grand average theta and alpha band powers during the delay phase are computed for each duration condition, and they are separately plotted for each of the nine analyzed electrode clusters. Red and green lines denote the alpha and theta band powers in each duration condition, respectively. Error bars represent the standard error of the mean across observers.

Figure5 shows that the region with the highest theta and alpha band powers during WM maintenance were the posterior parietal (i.e. the left-posterior cluster, middle-posterior cluster, right-posterior cluster, and middle-central cluster). A correlation analysis was performed to determine the relationship between the amplitude of the alpha power and the accuracy at the posterior parietal cortex (i.e. 20 channels in total) during the delay phase for every duration condition to further examine the role of the alpha band power in auditory duration maintenance in WM. As shown in Fig. 6, we found that the amplitude of the alpha power was positively correlated with the accuracy of the 2-s condition (Pearson $r=0.569$, $p<0.01$). In contrast, the correlations for the 1-s($r=0.155$, $p>0.05$), 3-s ($r=0.094$, $p>0.05$) and 4-s conditions ($r=-0.027$, $p>0.05$) were not significant.

## 2.3 Discussion

Using a matching-to-sample task, the present study was to investigate the neural oscillations associated with auditory duration maintenance in WM. EEG analyses indicated that the auditory duration length was not associated with changes in the theta band amplitude, which confirmed our hypothesis that the theta band is not involved in auditory duration maintenance in WM. The alpha band amplitudes during 3-s and 4-s auditory duration conditions were lower than during the 1-s and 2-s conditions. Additionally, the alpha amplitude positively correlated with accuracy in the 2-s condition. These results emphasize the involvement of the alpha band in auditory duration maintenance in WM. They are also consistent with our hypothesis that the neural representation of auditory duration is segmented with a critical point of approximately 2s, which is shorter than that for visual duration (3s).

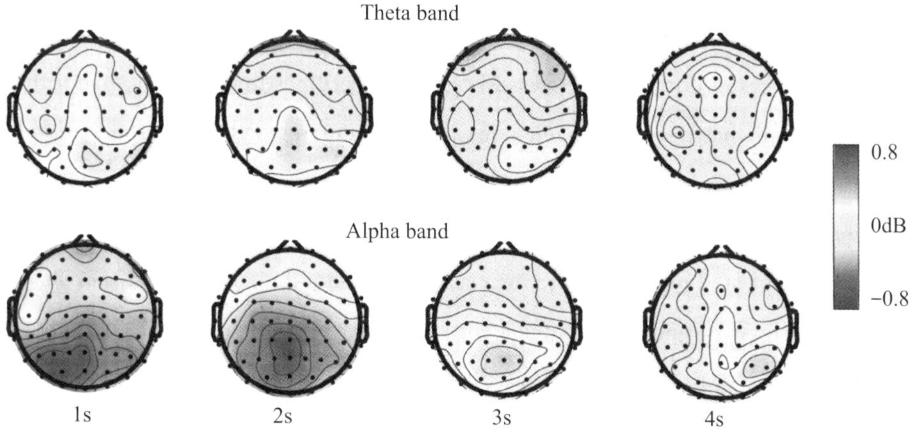


Figure 5. Topographies of theta and alpha activity during auditory duration maintenance in working memory in the 1-s, 2-s, 3-s, and 4-s conditions. Theta and alpha band powers are significantly activated in the posterior parietal cortex from the interval of 1s to 3 s after the onset of delay.

The neural representations of different lengths of durations are distinct. Separate mechanisms process durations below and above the critical threshold point. Compared with the results of Chen et al.'s study on visual duration(Chen et al., 2015), our study indicated that there are different threshold points between different sensory modalities. As mentioned earlier, only duration below the critical threshold point is represented as a coherent experience or temporal gestalt in WM(Pöppel, 1997). However, auditory signals are often subjectively perceived to be longer than visual ones for a given duration(Droit-Volet et al., 2007; Goldstone & Lhamon, 1974; Penney et al., 2000; Wearden et al., 2006; Wearden et al., 1998). As described in the pacemaker-accumulator model of timing, a pacemaker in the brain emitted pulses at the onset of a timed auditory/visual stimulus, and these pulses were summed by an accumulator until the stimulus stopped. Perception of duration depends on the number of pulses counted in the accumulator. Some researchers claim that the rate of internal clock for auditory signals is faster than that for visual ones(Wearden et al., 2006; Wearden et al., 1998). Others hold that it is better for auditory signals to capture attention than visual ones(Meck, 1984; Penney et al., 2000). In both cases, the accumulated clock value of auditory signals will be larger; therefore, the critical point of auditory duration in WM will be shorter compared with visual duration.

The role of the alpha oscillation is controversial, and our study's findings supported that the alpha band is related to successful maintenance of item information. The most important reason is that the 'inhibition' hypothesis of the alpha band cannot explain the separate representations of auditory duration below and above 2s. Every duration condition should be inhibited in the same way if alpha band reflects inhibition of no-longer-relevant information(Jokisch & Jensen, 2007; Klimesch et al., 2007; Manza et al., 2014), and there should be no significant alpha band difference between durations below and above the critical threshold point. Furthermore, our results indicated that the alpha band power was greatest over the posterior parietal during WM maintenance, which was suggested to be important to the storage of information in WM (Hamidi, Tononi, & Postle, 2008; Luber et al., 2007). One EEG study also reported that alpha band activities distributed over the posterior parietal and lateral occipital were increased during item maintenance in WM, and the enhancement was primarily evident in high performers on the item WM task(Hsieh et al., 2011). The parietal cortex is also considered as the most important region associated with temporal processing (Bueti & Walsh, 2009). In addition, individual threshold differences are likely to exist even though the general threshold is2s. That is, individuals with a longer threshold (2 s is a short duration) likely show a high accuracy and a high alpha band amplitude if the alpha band is engaged in the maintenance of auditory duration in

WM. In contrast, individuals with a shorter threshold (2s is a long duration) probably show a low discrimination accuracy and a low alpha band amplitude. Indeed, we found a positive relationship between the alpha amplitude and accuracy in the 2-s auditory duration condition (Fig. 6). Previous studies have considered that WM-related alpha oscillations during WM maintenance are an essential constituent that sustains the neural representations of memorized items (Palva & Palva, 2007), and they may preserve the fidelity of stimulus representations during WM maintenance (Hsieh et al., 2011). It seems that the alpha oscillation fluctuations during stimulus maintenance represent complex network activity of internally directed attention that promote WM processes to enhance the stimulus maintenance (Wilsch & Obleser, 2016).

Four issues must be noted. First, there may be varying degrees of task difficulty among 1-s, 2-s, 3-s, and 4-sduration conditions. For example, determining the difference of a 1-s sample and 2-s probe could be more difficult than that of a 1-s sample and 4-s probe. Moreover, the responses were chosen from two options (i.e. equal or longer/shorter) for 1-s and 4-s samples and three options (i.e. equal, longer, or shorter) for 2-s and 3-s samples. Thus, it would probably have been easier to make a decision for 1-s and 4-s samples than 2-s and 3-s. However, the behavioral result showed that the accuracy of judging significantly decreased with the increase of sample durations. This shows that the main conclusion was not affected by the task difficulty. Second, the time intervals between the baseline and delay phase among the 1-s, 2-s, 3-s, and 4-s conditions were different, which suggests the influence of the alpha amplitude in the delay phase. Thus, the alpha amplitude between −0.5 and −0.1 s before the onset of the delay phase may have been affected by another factor, namely the time intervals. However, an ANOVA found no significant main effect of duration or a duration × region interaction for the theta and alpha band amplitude during the interval between −0.5 and −0.1 s before the onset of the delay phase. This excluded the likelihood of an effect of the different time intervals between the baseline and delay phase on the theta and alpha band amplitude during the delay phase. Thus, the behavioral results did not support the presence of a threshold point between short and long auditory durations, which was different from the EEG results. This observation is likely due to the limitations of behavioral studies. Previous studies have suggested that variability in timing behavior is mainly attributed to encoding, memory, and decision-making processes (Allan, 1998; Gibbon & Church, 2014). Thus, WM as well as encoding and decision-making processes influenced the behavioral results of our study. EEG technology, nevertheless, can distinguish processes of encoding, maintenance, and decision-making for temporal information. Clearly, EEG data are more suitable than behavioral data for investigating a threshold point between short and long durations (Chen et al., 2015). Finally, there are some other differences between the neural representation of visual and auditory durations in addition to the difference of the critical threshold point (e.g. the encoding-related alpha oscillations and the topography of WM maintenance). This probably indicates that WM for stimulus duration is organized by stimulus modality, as predicted in previous behavioral studies (Franssen et al., 2006; Rattat, 2010; Rattat & Picard, 2012). On the basis of the advantages of electroencephalography technology, the present study has partly revealed the differences between visual and auditory durations in the neural representation compared to Chen et al.'s study (Chen et al., 2015). However, this is still a preliminary assessment. Further detailed studies of various advantageous techniques (e.g. functional magnetic resonance imaging with high spatial resolution) are still needed.

## 3 Methods

### 3.1 Participants

Twenty-five right-handed undergraduates (9 men, 21.00±1.78 years old) were paid for their participation in the present study. Each participant provided written informed consent, and they had normal or corrected-to-normal vision. Our study received approval from the local institutional review board of Southwest University and was compliant with the ethical standards of the Declaration of Helsinki (Association, 2001).

### 3.2 Stimuli and apparatus

Auditory stimuli were 1, 2, 3, or 4-s pure tones of 1,000 Hz that were binaurally presented through Sennheiser stereo earphones. The loudness was adjusted to be comfortable to the subjects at ~60 dB. The response signal was a 2-cm white question mark. The computer screen was positioned approximately 75 cm from the participants' eyes. The refresh rate of the monitor was 85 Hz.

### 3.3 Procedures

We used a classical matching-to-sample task (Fig. 1). Participants first heard a pure tone (the sample stimulus), followed by a 3-s interval (the delay/maintenance phase). Next, a second pure tone (the probe stimulus) was presented. Each tone was randomly presented for 1, 2, 3, or 4s. After a 1-s interval, a question mark (response signal) was displayed on the screen until a key was pressed, or for a maximum of 2s. During the response period, participants were instructed to press '1', '2', or '3' correspondingly after estimating the duration of the second pure tone (probe) as shorter, equal to, or longer than the first tone (sample). Half of the participants responded with their left hand, and the other half responded with their right hand. The intertrial interval was 2s. There were seven blocks with 48 trials in each block. Every duration condition contained 84 trials.

### 3.4 Electrophysiological recording

A continuous EEG was acquired from a 64-channel scalp cap (Brain Products GmbH, Herrsching, Germany) at a rate of 500 Hz, which conformed to the extended 10 – 20 system of channel locations with an amplifier bandpass of 0.01 – 100 Hz, including a 50-Hz notch filter. Additional electrodes were positioned on the left and right mastoids. The horizontal and vertical electrooculogram were acquired using electrodes positioned at the external ocular canthi and below the right eye, respectively. Impedances were maintained below 5kΩ for all electrodes.

### 3.5 EEG analysis

All data processing was performed offline using EEGLAB and MATLAB (MathWorks, Natick, MA, USA) (Delorme & Makeig, 2004). Continuous EEG data were re-referenced to the average of bilateral mastoids, and high-pass filtered at 0.5 Hz (Chen et al., 2015). EEG epochs were extracted in 9-s time windows (pre-stimulus 1s and post-stimulus 8s, and zero was the onset of the sample stimulus). Each EEG epoch was baseline-corrected by subtracting the mean voltage before the sample stimulus. Epochs with an amplitude exceeding ±100 μV were automatically marked and then manually confirmed and excluded through visual inspection. An independent component analysis was implemented to remove artefacts such as eye blinks and movements in terms of the scalp maps and activity profile (Jung et al., 2000). A total of 93.40% of the trials remained, and there was no significant main effect of duration (four duration conditions) on the remaining number of trials after ANOVA [$F(2.144, 51.455) = 0.103, p > 0.05, \eta_p^2 = 0.004$].

A time-frequency analysis was performed for the segmented and artefact-free data, which used Hanning-windowed sinusoidal wavelets of three cycles at 3 Hz, increasing linearly to approximately 15 cycles at 30 Hz; a similar approach was used by Makeig et al. and Chen et al. (Chen et al., 2015; Makeig et al., 2004). It was used to optimize the trade-off between temporal resolution at lower frequencies and stability at higher frequencies by selecting the modified wavelet transform(Makeig et al., 2004). The event-related spectral perturbation (ERSP) index was adopted to compute the changes in event-related spectral power response (in dB)(Makeig, 1993), which was decibel-transformed relative to the baseline interval(−0.4 s to −0.1 s) before the sample stimulus. Figure2shows the ERSP during the encoding, delay, and probe phases of the sample duration relative to the baseline. The spectral analysis was based on single trials.

As shown in Fig. 3, steady theta (4 - 8 Hz) and alpha band (8 - 12 Hz) activities were elicited during WM maintenance after averaging across frequency. For this new coordinate, zero represents the onset of the delay phase. Another average was computed for the theta and alpha amplitude during the delay phase, which is shown in Fig. 4. Topographic EEG power analyses were implemented by grouping electrodes into nine clusters based on previous studies(Roberts et al., 2013), i.e. the left-frontal cluster (Fp1, AF3, AF7, F3, and F5), middle-frontal cluster (Fpz, F1, Fz, and F2), right-frontal cluster (Fp2, AF4, AF8, F4, and F6), left-central cluster (FC5, C3, C5, T7, and CP5), middle-central cluster (FCz, Cz, C1, C2, and CPz), right-central cluster (FC6, C4, C6, T8, and CP6), left-posterior cluster (P3, P5, P7, PO3, and O1), middle-posterior cluster (P1, P2, Pz, POz, and Oz), and right-posterior cluster (P4, P6, P8, PO4, and O2).

The time intervals were different between the baseline and delay phase among the four duration conditions. Therefore, we chose an additional statistical time window of 0.5s to 0.1s before the onset of delay to examine whether the following statistical analysis was contaminated by the different time intervals. A two-way repeated measures ANOVA was successively performed on the mean power of the theta and alpha bands during 0.5s to 0.1 s and1s to 3s. Duration (1s, 2s, 3s, and4s) and region (nine clusters) were the ANOVA factors. We adopted the Greenhouse- Geisser correction method to correct for any violations of sphericity (Greenhouse & Geisser, 1959), and we used partial eta squared ($\eta_p^2$) to estimate the ANOVA effect size (Levine & Hullett, 2002).

合作者：于晓琳、陈有国、邱俊杰、李想。原文载于 *Scientific reports*, 2017年第7期。

# 参考文献


安蓉, 阴国恩, 郑金香.(2004). 图形拓扑性质对相似性判断和分类的影响. 心理与行为研究, 2(4), 626–629.

陈霖(2008). "大范围优先"对象形成的神经关联: 前颞叶. 生命科学 20(5), 718–721.

杨治良.(1998). 实验心理学. 杭州:浙江教育出版社.

张锋, 风四海, 黄希 庭.(2007). 时序知觉的启动效应. 心理科学, 30(6), 1433–1435.

张锋, 黄希庭, 郭秀艳.(2008). 重复启动对时序知觉的影响. 心理学报, 40(7), 766–773.

张锋, 黄希庭, 郭秀艳.(2009). 时序知觉重复启动效应的作用机制. 心理学报, 41(3), 233–241.

朱静, 郭兴焱, 马园, 任菲.(2010). 小鼠对不同拓扑性质图形的识别. 生物化学与生物物理进展, 37(6), 613–617.

朱滢.(2005). 陈霖的拓扑性质知觉理论. 心理科学, 28(5), 1031–1034.

左真涛, 罗欢, 周可.(2013). 拓扑不变性质在运动诱发视盲现象中的作用. 生物化学与生物物理进展, 40(5), 471–478.

毕翠华, & 黄希庭.(2011). 非语言情境中时间加工与空间距离加工的关系. 心理科学进展, 19(3), 346–354.

毕翠华, 黄希庭, 陈有 国, 刘 霞.(2010). 计时和计数的相似与差异. 心理科学进展, 18(3), 403–411.

毕翠华, 黄希庭.(2012). 工作记忆对时间加工的影响. 心理科学进展, 20(12), 1952–1961.

陈燕, 黄希庭.(2006). 时间隐喻研究述评. 心理科学进展, 14(4), 604–609.

陈莹.(2008). 时间自我: 过去我, 现在我和将来我的一致与不一致. 重庆: 西南大学博士学位论文.

陈有国, 张志杰, 黄希庭, 郭秀艳, 袁宏, 张甜.(2007). 时间知觉的注意调节: 一项 ERP 研究. 心理学报, 39(6), 1002–1011.

陈有国, 尹天子, 黄希庭, 张锋.(2011). 时间知觉的理论模型与展望. 西南大学学报(社会科学版), 37(5), 26–33.

陈有国.(2010).时间知觉自动与受控加工的神经机制.博士论文,西南大学.

狄敏,黄希庭,& 张永红.(2004).大学生时间管理倾向和a型人格的关系研究.中国临床心理学杂志,12(2),154-155.

窦刚,翁世华.(2009).初三学生时间管理倾向与前瞻记忆能力的关系.心理科学,32(5),1138-1141.

高良,郑雪,严标宾.(2010).幸福感的中西差异:自我建构的视角.心理科学进展,18(7),1041-1045.

何艳.(2009).非语言情境中空间对时间的影响及其关系.硕士学位论文.河北师范大学.

贺莉,杨治良,郭纬.(2005).分散注意条件下间隔对小学生前瞻记忆影响的实验研究.心理科学,28(2),311-313.

胡金生,黄希庭.(2006).华人社会中的自谦初探.心理科学,29(6),1392-1395.

胡金生,黄希庭.(2009).自谦:中国人一种重要的行事风格初探.心理学报(9),842-852.

黄希庭,徐光国.(1999).对变化/分割模型的检验(II).心理学报,31(2),135-141.

黄希庭,& 郑涌.(1995).时间记忆的理论与实验范型.心理科学(4),201-205.

黄希庭,李伯约,张志杰.(2003).时间认知分段综合模型的探讨.西南师范大学学报(人文社会科学版),29(2),5-9.

黄希庭,李宏翰.(1995).青少年学生和中年教师时间态度之研究.台北:华人心理家学术研讨会暨第三界中国人的心理与行为科际研讨会.

黄希庭,李继波,刘杰.(2012).城市幸福指数之思考.西南大学学报:社会科学版,38(5),83-91.

黄希庭,孙承惠,胡维芳.(1998).过去时间的心理结构.心理科学,30(1),1-4,16.

黄希庭,杨宗义,刘中华.(1980).5-9岁儿童时间观念发展的实验研究.见:中国心理学会发展心理教育心理学专业委员会编.中国心理学会第二届年会发展心理教育心理论文选(pp.285-303).北京:人们教育出版社.

黄希庭,郑云.(1993).时间判断的视听通道效应的实验研究.心理学报,25(3),225-232.

黄希庭,郭秀艳,聂晶.(2003).认知加工中时间与非时间信息的相互关系.心理科学,26(5),770-774.

黄希庭.(1994).未来时间的心理结构.心理学报,26(2),121-127.

黄希庭.(2002).人格心理学.杭州:浙江教育出版社.

黄希庭.(2006).时间与人格心理学探索.北京:北京师范大学出版社.

蓝纯.(1999).从认知角度看汉语的空间隐喻.外语教学与研究,(4),7-15.

林苗,钱秀莹.(2012).注意在时间知觉中的作用及其理论模型.心理科学进展,20(6),875-882.

刘丽虹,& 张积家.(2009).时间的空间隐喻对汉语母语者时间认知的影响.外语教学与研究:外国语文双月刊,41(4), 266-271.

刘瑞光,黄希庭.(1997).运动视觉中时间知觉信息源的研究.西南师范大学学报(自然科学版),22(6):727-734

罗扬眉.(2011).时间自我态度的外显和内隐测量.(硕士),重庆:西南大学硕士学位论文.

王丽娟,张哲,张常锋,李广政,于战宇.(2014).进行中任务变化对轻度认知功能障碍者基于事件前瞻记忆的影响.心理学报,46(10),1454-1462.

王亚林,黄希庭.(1998).时点记忆研究的若干问题.心理科学,4,367-368.

王振勇,李宏翰,黄希庭.(1999).时间信息视听通道效应的实验检验.心理科学进展,3,76-80.

吴念阳,刘慧敏,郝静,& 杨辰.(2010).空间意象图式在时空隐喻理解中的作用.心理科学,33(2),303-306.

吴念阳,徐凝婷,张琰.(2007).空间图式加工促进方向性时间表述的理解.心理科学,30(4),853-856.

吴念阳.(2009).隐喻的心理学研究.上海:上海百花出版社.

杨林霖.(2011)空间—时间联合编码效应:来自行为和眼动证据.硕士学位论文.河北师范大学.

杨艳.(2001).汉语中的时间隐喻.东南大学学报(哲学社会科学版),3(3),113-116.

杨珍,黄希庭.(2005).时间认知神经科学研究进展.心理科学,28(6),1506-1509.

叶浩生.(2010).具身认知:认知心理学的新取向.心理科学进展,18(5),705-710.

尹华站,李祚山,李丹,黄希庭.(2010).时距加工“长度效应”研究述评.心理科学进展,18(6),887-891.

尹华站,黄希庭,李丹,苏琴,李波.(2012).时距加工的记忆负荷效应.心理与行为研究,10(1),7-11.

尹华站,李丹,黄希庭.(2011).工作记忆影响时距加工的初步研究.心理学探新,31

(4),308-313.

张伯源.(1985).心血管病人的心身反应特点的研究——Ⅱ.对冠心病人的行为类型特征的探讨.心理学报, 3,314-321.

张锋,黄希庭,郭秀艳.(2008).重复启动对时序知觉的影响.心理学报,40(7),766-773.

张锋,黄希庭,郭秀艳.(2009).时序知觉重复启动效应的作用机制.心理学报,41(3),233-241.

张志杰,袁宏,黄希庭.(2006).不同时距加工机制的比较: 来 自 ERP 的证据 (I).心理科学,29 (1) ,87-90.

赵晋全 ,杨治良 ,秦金亮 ,郭力平 .(2003).前瞻记忆的自评和延时特点.心理学报 ,35(4),455-460.

赵志裕,邹智敏,林升栋.(2010).文化与社会赞许反应: 社会个人互动的观点.心理学报,42(1),48-55 .

郑涌,黄希庭.(1997).大学生时间体验维度的因素探析.西南师范大学学报(自然科学版),22(1):96-102.

郑涌.(1998).大学生的自我概念.见 黄希庭等(编).当代大学生心理特点与教育.上海:上海教育出版社.

周榕,黄希庭.(2000).时间隐喻表征的跨文化研究.心理科学,23(2),141-145.

周榕.(2000).时间隐喻表征的跨文化研究.现代外语,23(1),58-66.

Aaen-Stockdale, C., Hotchkiss, J., Heron, J., & Whitaker, D. (2011). Perceived time is spatial frequency dependent. Vision Research, 51, 1232-1238.

Aberle, I., & Kliegel, M. (2010). Time-based prospective memory performance in young children. European Journal of Developmental Psychology, 7(4), 419-431.

Adam, R., Schönfelder, S., Forneck, J., and Wessa, M. (2014). Regulating the blink: cognitive reappraisal modulates attention. Frontiers in Psychology,5, 12. doi: 10.3389/fpsyg.2014.00143

Adelabu DH (2007) Time perspective and school membership as correlates to academic achievement among African American adolescents. Adolescence 42(167),525-538.

Agrillo, C., Ranpura, A., & Butterworth, B. (2010). Time and numerosity estimation are independent: Behavioral evidence for two different systems using a conflict paradigm. Cognitive Neuroscience, 1(2), 96-101.

Akhtar, S. (1984). The syndrome of identity diffusion. American Journal of Psychiatry,

141, 1381- 1385.

Aldao, A., Sheppes, G., and Gross, J. J. (2015). Emotion regulation flexibility. Cogn.Ther. Res. 39(3), 263-278. doi: 10.1007/s10608-014-9662-4

Ali, M. R. (1972). Pattern of EEG recovery under photic stimulation by light of different colors. Electroencephalography and Clinical Neurophysiology, 33(3), 332-335.

Allan, L. G. (1998). The influence of the scalar timing model on human timing research. Behavioural Processes, 44, 101-117.

Allman, M. J., Teki, S., Griffiths, T. D., & Meck, W. H. (2014). Properties of the internal clock: First-and second-order principles of subjective time. Annual Review of Psychology, 65, 743-771.

Allport, G. W. (1951). The individual and his religion: a psychological interpretation. American Journal of Sociology, 56(4), 389-391.

Alverson, H. (1994). The Semantics and experience: Universal metaphors of time in English, Mandarin, Hindi, and Sesotho. Baltimore: Johns Hopkins University Press.

Anderson, M. C. (2003). Rethinking interference theory: Executive control and the mechanisms of forgetting. Journal of Memory and Language, 49, 415-445.

Angrilli, A., Cherubini, P., Pavese, A., and Mantredini, S. (1997). The influence of affective factors on time perception. Perception & Psychophysics, 59(6), 972-982.doi: 10.3758/BF03205512

Arnal, L. H., Doelling, K. B., & Poeppel, D. (2015). Delta-beta coupled oscillations underlie temporal prediction accuracy. Cerebral Cortex, 25(9), 3077-3085.

Arstila, V. (2012). Time slows down during accidents. Frontiers in Psychology, 3(3), 196.

Assmus, A., Marshall, J. C., Noth, J., Zilles, K., & Fink, G.R. (2005). Difficulty of perceptual spatiotemporal integration modulates the neural activity of left inferior parietal cortex. Neuroscience, 132, 923-927.

Attneave, F., & Arnoult, M. D. (1956).The quantitative study of shape and pattern perception. Psychological Bulletin, 53(6),452-471.

Bachmann, T. (1999). Twelve spatiotemporal phenomena and one explanation. In G. Aschersleben, T. Bachmann, & J. Müsseler. (Eds.) Cognitive contributions to the perception of spatial and temporal events (pp.173-206). North-Holland/Elsevier Science Publishers, Amsterdam.

Bächtold, D., Baumüller, M., & Brugger, P. (1998). Stimulus-response compatibility in representational space. Neuropsychologia, 36(8), 731-735.

Baddeley, A. D. (1992). Working memory. Science. 255(5044),556-559.

Baddeley, A. D. (2012).Working memory: Theories, models, and controversies. Annual Review of Psychology, 63, 1-29.

Baddeley, A. D., & Hitch, G. (1974). Working memory. In G. A. Bower (Ed.) The psychology of learning and motivation (pp. 47-89). New York: Academic Press.

Bangert, A. S., Reuter-Lorenz, P. A., & Seidler, R. D. (2011) . Dissecting the clock: Understanding the mechanisms of timing across tasks and temporal intervals. Acta Psychologica, 136, 20-34.

Bar-Haim, Y., Kerem, A., Lamy, D., & Zakay, D. (2010). When time slows down: The influence of threat on time perception in anxiety. Cognition and Emotion, 24(2), 255-263. http://doi.org/10.1080/02699930903387603

Barnes, R., & Jones, M. R. (2000). Expectancy, attention,and time. Cognitive Psychology, 41, 254-311.

Basso, G., Nichelli, P., Frassinetti, F., & di Pellegrino, G.(1996). Time perception in a neglected space. Neuroreport,7, 2111-2114.

Baudouin, A., Vanneste, S., Isingrini, M., & Pouthas, V. (2006). Differential involvement of internal clock and working memory in the production and reproduction of duration: A study on older adults. Acta Psychologica, 121, 285-296.

Baum, C., Schneider, R., Keogh, E., & Lautenbacher, S. (2013). Different stages in attentional processing of facial expressions of pain: A dot-probe task modification. The Journal of Pain, 14(3), 223-232.

Becchio, C., & Bertone, C. (2006). Time and neglect: abnormal temporal dynamics in unilateral spatial neglect. Neuropsychologia, 44, 2775-2782.

Beck, A. T., Steer, R. A., and Brown, G. K. (1996). Manual for the Beck Depression Inventory-II. San Antonio, TX: Psychological Corporation.

Bedoin, N., Brisseau, L., Molinier, P., Roch, D., & Tillmann,B. (2016). Temporally regular musical primes facilitate subsequent syntax processing in children with Specific Language Impairment. Frontiers in Neuroscience, 10, 245.

Bendixen, A., Schröger, E., & Winkler, I. (2009). I heard that coming: Event-related potential evidence for stimulus-driven prediction in the auditory system. Journal of Neuroscience, 29(26), 8447-8451.

Benussi, V. (1913). Analysis attempts of apparent motion induced by tactile stimulation. Archiv für die gesamte Psychologie, 36, 58–135.

Benuzzi, F., Lui, F., Duzzi, D., Nichelli, P. F., & Porro, C. A. (2008). Does it look painful or disgusting? Ask your parietal and cingulate cortex. Journal of Neuroscience, 28(4), 923–931.

Beudel, M., Renken, R., Leenders, K. L., & de Jong, B. M.(2009). Cerebral representations of space and time. Neuroimage, 44(3), 1032–1040.

Grondin, S. (2010). Timing and time perception: a review of recent behavioral and neuroscience findings and theoretical directions. Attention, Perception, & Psychophysics, 72(3), 561–582.

Bi, C. H., Yuan, X. Y., & Huang, X. T. (2013).The impact of object working memory on timing. Journal of Cognitive Psychology, 25(4), 390–399.

Bigand, E., & Poulin–Charronnat, B. (2006). Are we "experienced listeners"? A review of the musical capacities that do not depend on formal musical training. Cognition, 100, 100–130.

Bläsing, B., Calvo–Merino, B., Cross, E. S., Jola, C., Honisch, J.,& Stevens, C. J. (2012). Neurocognitive control in dance perception and performance. Acta Psychologica, 139,300–308.

Block, R. A. (1975).Time and consciousness In G .Underwood & R .Stevens(Eds.), Aspect of consciousness. New York :Academic Press:179–217.

Block, R. A. (1990). Cognitive models of psychological time. Lawrence Erlbaum Associates,Inc.

Block, R. A., and Gruber, R. P. (2014). Time perception, attention, and memory: A selective review. Acta Psychologica. 149, 129–133.

Block, R. A., Zakay, D., & Hancock, P. A. (1998). Human aging and duration judgments: A meta–analytic review. Psychology and Aging, 13(4), 584–596.

Block.R.A., Hancock, P.A., &Zakay, D.(2010).How cognitive load affects duration judgments: A meta–analytic review. Acta Psychologica, 134, 330–343.

Bolger, D., Coull, J. T., & Schön, D. (2014). Metrical rhythm implicitly orients attention in time as indexed by improved target detection and left inferior parietal activation. Journal of Cognitive Neuroscience, 26(3), 593–605.

Bolger, D., Trost, W., & Schön, D. (2013). Rhythm implicitly affects temporal orienting of attention across modalities. Acta Psychologica, 142, 238–244.

Bolton, P., MacDonald, H., Pickles, A., Rios, P., Goode, S., Crowson, M., Bailey, A., Rutter, M. (1994). A case-control family history study of autism. Journal of Child Psychology and Psychiatry, 35(5), 877-900.

Bonanno, G. A., Papa, A., Lalande, K., West phal, M., and Coifman, K. (2004).The importance of being flexible: the ability to both enhance and suppress emotional expression predicts long-term adjustment. Psychol. Sci. 15(7), 482-487.doi: 10.1111/j.0956-7976.2004.00705.x

Bootsma R J, Oudejans R.(1993). Visual information about time to collision between two objects. Journal of Experimental Psychology: Human Perception and Performance, 19(5),1041-1052.

Boroditsky, L. (2000). Metaphoric structuring: Understanding time through spatial metaphors. Cognition,75, 1-28.

Boroditsky, L. (2001). Does language shape thought?: Mandarin and English speakers' conceptions of time. Cognitive Psychology, 43, 1-22.

Boroditsky, L., Fuhrman, O., & McCormick, K. (2011). Do English and Mandarin speakers think about time differently? Cognition, 118, 123-129.

Bottini, R., & Casasanto, D. (2010). Implicit spatial length modulates time estimates, but not vice versa. In C.Hölscher et al. (Eds.). Spatial cognition (Vol. VII, pp.152-162). Springer, Berlin, Heidelberg.

Boucher, J. (2001). "Lost in a sea of time": time-parsing and autism. In Time and Memory (pp. 111-135). Oxford: Clarendon Press.

Boucher, Jill, & Lewis, V. (1989). Memory impairments and communication in relatively able autistic children. Journal of Child Psychology and Psychiatry, 30(1), 99-122.

Bouwer, F., & Honing, H. (2012). Rhythmic regularity revisited: Is beat induction indeed pre-attentive? In E.Cambouropoulos, C. Tsougras, P. Mavromatis, & K.Pastiadis (Eds.), Proceedings of the 12th international conference in music perception and cognition and the 8thtriennial conference of the European society for the cognitive sciences for music,Thessaloniki, Greece( (pp. 122-127).

Brendel, E., Hecht, H., DeLucia, P. R., & Gamer, M. (2014). Emotional effects on time-to-contact judgments: arousal, threat, and fear of spiders modulate the effect of pictorial content. Experimental Brain Research, 232, 2337-2347.

Breska, A., & Deouell, L. Y. (2014). Mechanisms of implicit timing: Cognitive and electrophysiological manifestations of temporal expectations following rhythmic visual input.Procedia-Social and Behavioral Sciences, 126, 45-46.

Breska, A., & Deouell, L. Y. (2016). When synchronizing to rhythms is not a good thing: Modulations of preparatory and post-target neural activity when shifting attention away from on-beat times of a distracting rhythm. The Journal of Neuroscience, 36(27), 7154-7166.

Brosch, T., Scherer, K. R., Grandjean, D., and Sander, D. (2013). The impact of emotion on perception, attention, memory, and decision- making. Swiss Med.Wkly. 143:w13786. doi: 10.4414/smw.2013.13786

Brown, C. N., Guskiewicz, K. M., & Bleiberg, J. (2007). Athlete characteristics and outcome scores for computerized neuropsychological assessment: a preliminary analysis. J Athl Train, 42(4), 515-523.

Brown, L., Schoutens, A. M. C., Whitehurst, G., Booker, T. J., Davis, T., Losinski, S., & Diehl, R. (2014). The effect of blue light on pilot and flight attendant behavioural alertness. Western Michigan University, Retrieved from" Http:/Works. Bepress. Com/Lori_brown/3.

Brown, S. W. (1995). Time, change, and motion: The effects of stimulus movement on temporal perception. Perception & Psychophysics, 57(1), 105-116.

Brown, S. W. (2006). Timing and executive function: Bidirectional interference between concurrent temporal production and randomization tasks. Memory & Cognition, 34(7), 1464-1471.

Brown, S. W., Collier, S. A., & Night, J. C. (2013). Timing and executive resources: Dual-task interference patterns between temporal production and shifting, updating, and inhibition tasks. Journal of Experimental Psychology: Human Perception and Performance, 39(4), 947-963.

Bruno, N., Martani, M., Corsini, C., & Oleari, C. (2013). The effect of the color red on consuming food does not depend on achromatic (Michelson) contrast and extends to rubbing cream on the skin. Appetite, 71, 307-313.

Buechner, V. L., Maier, M. A., Lichtenfeld, S., & Schwarz, S. (2014). Red - Take a closer look. PLoS One, 9(9), e108111.doi:10.1371/journal.pone.0108111.

Bueti, D., & Walsh, V. (2009). The parietal cortex and the representation of time, space, number and other magnitudes. Philosophical Transaction of the Royal Society B: Biological Sciences, 364,1831-1840.

Bueti, D., Bahrami, B., & Walsh, V. (2008). Sensory and association cortex in time perception. Journal of Cognitive Neuroscience 20(6), 1054-1062.

Buhusi CV, Meck WH (2005). What makes us tick? Functional and neural mechanisms of interval timing. Nat Rev Neurosci 6:755–765.

Buhusi, C. V, & Meck, W. H. (2009). Relative time sharing: New findings and an extension of the resource allocation model of temporal processing. Philosophical Transactions of the Royal Society B: Biological Sciences, 364,1875–1885.

Burle, B., and Casini, L. (2001). Dissociation between activation and attention effects in time estimation: implications for internal clock models. J. Exp. Psychol.Hum. Percept. Perform. 27(1), 195–205. doi: 10.1037/0096–1523.27.1.195

Burnham, B. R., Neely, J. H., and O'Connor, P. A. (2006). Priming effects on temporal order judgments about words: Perceived temporal priority or response bias? Psychonomic Bulletin and Review, 13(3), 429–433.

Burr, D. C., Ross, J., Binda, P., & Morrone, M. C. (2010).Saccades compress space, time and number. Trends in Cognitive Sciences, 14(12), 528–533.

Burr, D. C., Tozzi, A., & Morrone, M. C. (2007). Neural mechanisms for timing visual events are spatially selective in real–world coordinates. Nature Neuroscience, 10(4),423–425.

Busch, N. A., & VanRullen, R. (2010). Spontaneous EEG oscillations reveal periodic sampling of visual attention. Proceedings of the National Academy of Sciences of the United States of America, 107(37), 16048–16053.

Busseri, M. A. ( 2012 ). How Dispositional Optimists and Pessimists Evaluate their Past, Present and Anticipated Future Life Satisfaction: A Lifespan Approach. European Journal of Personality, 27(2), 185–199 .

Busseri, M. A. , Choma, B. L. ,&Sadava, S. W. (2009). Functional or Fantasy? Examining the Implications of Subjective Temporal Perspective "Trajectories" for Life Satisfaction. Personality and Social Psychology Bulletin, 35(3),295–308 .

Busseri, M. A. , Choma, B. L. ,&Sadava, S. W. (2012). Subjective temporal trajectories for subjective well–being. The Journal of Positive Psychology, 7(1), 1–15 .

Butler, E. A., Lee, T. L., and Gross, J. J. (2007). Emotion regulation and culture: are the social consequences of emotion suppression culture–specific? Emotion,7(1),30–48.

Buxbaum, L. J., Sirigu, A., Schwartz, M. F., & Klatzky, R. (2003). Cognitive representations of hand posture in ideomotor apraxia. Neuropsychologia, 41,1091–1113.

Buzsa'ki G, Draguhn A (2004) Neuronal oscillations in cortical networks. Science 304: 1926–1929.

Cai, A., Yang, J., Shuang, X. U., and Yuan, J. (2016). The male advantage in regulating negative emotion by expressive suppression: an event-related potential study. Acta Psychol. Sin. 48(5),482–494. doi: 10.3724/SP.J.1041.2016.00482

Cai, H. J. , Brown, J. D. , Deng, C. P. ,&Oakes, M. A. (2007). Self-esteem and culture: Differences in cognitive self-evaluations or affective self-regard? Asian Journal of Social Psychology, 10, 162~170 .

Calderone, D. J., Lakatos, P., Butler, P. D., & Castellanos, F.X. (2014). Entrainment of neural oscillations as a modifiable substrate of attention. Trends in Cognitive Sciences, 18(6), 300–309.

Capizzi, M., Sanabria, D., & Correa, Á. (2012). Dissociating controlled from automatic processing in temporal preparation. Cognition, 123, 293–302.

Cappelletti, M., Freeman, E. D., & Cipolotti, L. (2009).Dissociations and interactions between time, numerosity and space processing. Neuropsychologia, 47,2732–2748.

Cappelletti, M., Freeman, E. D., & Cipolotti, L. (2011) . Numbers and time doubly dissociate. Neuropsychologia, 49, 3078–3092.

Casarotti, M., Michielin, M., Zorzi, M., & Umiltà, C. (2007). Temporal order judgment reveals how number magnitude affects visuospatial attention. Cognition, 102, 101–117.

Casasanto, D. (2008). Who's afraid of the big bad Whorf: Crosslinguistic differences in temporal language and thought. Language Learning, 58, 63–79.

Casasanto, D. (2009). Embodiment of abstract concepts: Good and bad in right- and left-handers. Journal of Experimental Psychology: General, 138(3), 351–367.

Casasanto, D., & Boroditsky, L. (2008). Time in the mind: Using space to think about time. Cognition, 106, 579–593.

Casasanto, D., & Boroditsky, L.(2003). Do we think about time in terms of space? Paper presented at the meeting of Proceedings of the 25th Annual Meeting of the CognitiveScience Society, 25(25).

Casasanto, D., & Jasmin, K. (2010). Good and bad in the hands of politicians: Spontaneous gestures during positive and negative speech. PLoS ONE, 5(7), e11805.

Casasanto, D., Boroditsky, L., Phillips, W., Greene, J.,Goswami, S., Bocanegra-Thiel, S., et al. (2004). How deep are effects of language on thought? Time estimation in speakers of English, Indonesian, Greek, and Spanish. Paper presented at the meeting of Proceedings of the 26th Annual Meeting of the Cognitive Science Society, 26(26).

Casasanto, D., Fotakopoulou, O., & Boroditsky, L. (2010).Space and Time in the Child's Mind: Evidence for a Cross-Dimensional Asymmetry. Cognitive Science, 34,387-405.

Cellini, N., Fabbri, M., Martoni, M., Tonetti, L., & Natale, V. (2014). Discontinuity in the perception of sub-second intervals. Procedia - Social and Behavioral Sciences, 126, 222-223.

Chang, A., Bosnyak, D. J., & Trainor, L. J. (2016).Unpredicted pitch modulates beta oscillatory power during rhythmic entrainment to a tone sequence. Frontiers in Psychology, 7, 327.

Chen, J. Y. (2007). Do Chinese and English speakers think about time differently? Failure of replicating Boroditsky (2001). Cognition, 104, 427-436.

Chen, K. M., & Yeh, S. L. (2009). Asymmetric cross-modal effects in time perception. Acta Psychologica, 130, 225-234.

Chen, L. (1982). Topological structure in visual perception. Science, 218(4573), 699-700.

Chen, L. (1985). Topological structure in the perception of apparent motion. Perception, 14, 197-208.

Chen, L. (2005). The topological approach to perceptual organization. Visual Cognition, 12(4), 553-637.

Chen, L., & Zhou, W. (1997). Holes in illusory conjunctions. Psychonomic Bulletin & Review, 4(4), 507-511.

Chen, L., Zhang, S. W., & Srinivasan, M. V. (2003). Global perception in small brains: Topological pattern recognition in honey bees. Proceedings of the National Academy of Sciences of the United States of America, 100(11), 6884-6889.

Chen, S., Chen, C., Yang, J., and Yuan, J. (2017). Trait self-consciousness predicts amygdala activation and its functional brain connectivity during emotional suppression: an fMRI analysis. Sci. Rep. 7:117. doi: 10.1038/s41598-017-00073-3

Chen, S., Deng, Z., Xu, Y., Long, Q., Yang, J., and Yuan, J. (2017). Individual differences in spontaneous expressive suppression predict amygdala responses to fearful stimuli: the role of suppression priming. Front. Psychol. 8:1.doi: 10.3389/fpsyg.2017.00001

Chen, Y., Huang, X., Yang, B., Jackson, T., Peng, C., Yuan, H., &Liu, C. (2010) . An event-related potential study of temporal information encoding and decision making. Neuroreport, 21 , 152-155.

Chen, Y., Zhang, Z., Guang, X., Guo, X., Yuan, H., and Zhang, T. (2007). Attentional modulation of time perception: an ERP study. Acta Psychol. Sin.39(6), 1002-1011.

Chen, Y. G., Chen, X., Kuang, C. W., & Huang, X. T. (2015). Neural oscillatory correlates of duration maintenance in working memory. Neuroscience, 290, 389-397.

Chen,Y.G.(2010). Neural mechanisms of automatic and controlled processing of time perception. (Doctoral dissertation, SWNU)

Cheng, L., Yuan, J. J., Yuan-Yuan, H. E., and Hong, L. I. (2009). Emotion regulation strategies: cognitive reappraisal is more effective than expressive suppression. Adv. Psychol. Sci. 17(4), 730-735.

Cheng, R. K., Etchegaray, M., & Meck, W. H. (2007). Impairments in timing, temporal memory, and reversal learning linked to neurotoxic regimens of methamphetamine intoxication. Brain Research, 1186, 255-266.

Cheng, R. K., Tipples, J., Narayanan, N. S., & Meck, W. H. (2016). Clock speed as a window into dopaminergic control of emotion and time perception. Timing and Time Perception, 4, 99-122.

Chien, S. H.-L., Lin, Y.-L., Qian, W. L., Zhou, K., Lin, M.-K., & Hsu, H.-Y. (2012). With or without a hole: Young infants′ sensitivity for topological versus geometric property. Perception, 41(3), 305-318.

Chirimuuta, M., Tsvetanov, K., & Humphreys, G. (2012). Attentional effects of working memory load and consolidation during visual search. Journal of Vision, 12(9), 1145 (abstract).

Choma, B. L. , Busseri, M. A. ,&Sadava, S. W. (2014). Deciphering Subjective Trajectories for Life Satisfaction Using Self-versus-Normative Other Discrepancies, Self-esteem and Hope. European Journal of Personality, 28, 107 ~119 .

Church, R. M. (1984). Properties of the internal clock. Annals of the New York Academy of Sciences, 423(1),, 566-582.

Cohen J (1988) Statistical power analysis for the behavioral sciences. Hillsdale, NJ: Lawrence Erlbaum Associates.

Cohen, J., Hansel, C. E. M., & Sylvester, J. D. (1953). A new phenomenon in time judgement. Nature, 172(4385), 901.

Conway, A. R. A., Kane, M. J., Bunting, M. F., Hambrick, D. Z., Wilhelm, O., & Engle, R. W. (2005). Working memory span tasks: A methodological review and user's guide. Psychonomic Bulletin & Review, 12(5), 769-786.

Corbetta, M., & Shulman, G. L. (2002). Control of goal-directed and stimulus-driven attention in the brain. Nature Reviews Neuroscience, 3, 201-215.

Cordes, S., & Meck, W. H. (2014). Ordinal judgments in the rat: An understanding of longer and shorter for suprasecond, but not subsecond, durations. Journal of Experimental Psychology: General, 143(2), 710–720.

Correa, Á., Cona, G., Arbula, S., Vallesi, A., & Bisiacchi, P. (2014). TMS on prefrontal cortex influences temporal orienting but not preparation guided by rhythms. Procedia–Social and Behavioral Sciences, 126, 40.

Correa, Á., Lupiáñez, J., & Tudela, P. (2005). Attentional preparation based on temporal expectancy modulates processing at the perceptual level. Psychonomic Bulletin& Review, 12 (2), 328–334.

Correa, Á., Lupiáñez, J., Madrid, E., & Tudela, P. (2006).Temporal attention enhances early visual processing: A review and new evidence from event–related potentials. Brain Research, 1076, 116–128.

Costa, P. T., and McCrae, R. R. (1992). 'Normal' personality inventories in clinical assessment: general requirements and the potential for using the NEO personality inventory. a reply. Psychol. Assess. 4(1), 20–22. doi: 10.1037/1040-3590.4.1.20

Coull J.T., Nazarian B, Vidal F (2008).Timing, storage, and comparison of stimulus duration engage discrete anatomical components of a perceptual timing network. J Cogn Neurosci. 20 (12),2185–2197.

Coull, J. T., & Nobre, A. C. (1998). Where and when to pay attention: the neural systems for directing attention to spatial locations and to time intervals as revealed by both PET and fMRI. Journal of Neuroscience, 18(18), 7426–7435.

Coull, J. T., Franck, V., Bruno, N., & Francoise, M. (2004). Functional anatomy of the attentional modulation of time estimation. Science, 303(5663), 1506–1508.

Coull, J. T., Ruey–Kuang, C., & Meck, W. H. (2011). Neuroanatomical and neurochemical substrates of timing. Neuropsychopharmacology Official Publication of the American College of Neuropsychopharmacology, 36, 3–25..

Coull, J. T. (2004). fMRI studies of temporal attention: Allocating attention within, or towards, time. Cognitive Brain Research, 21, 216–226.

Coull, J. T., & Nobre, A. C. (2008). Dissociating explicit timing from temporal expectation with fMRI. Current Opinion in Neurobiology, 18, 137–144.

Coull, J. T., Davranche, K., Nazarian, B., & Vidal, F. (2013).Functional anatomy of timing differs for production versus prediction of time intervals. Neuropsychologia, 51, 309–319.

Craig, J. C., Rhodes, R. P., Busey, T. A., Kewley-Port, D., &Humes, L. E. (2010). Aging and tactile temporal order. Attention, Perception & Psychophysics, 72(1), 226-235.

Cravo, A. M., Rohenkohl, G., Wyart, V., & Nobre, A. C.(2013). Temporal expectation enhances contrast sensitivity by phase entrainment of low-frequency oscillations in visual cortex. The Journal of Neuroscience, 33(9), 4002-4010.

Cutanda, D., Correa, Á., & Sanabria, D. (2013). A dual-task approach to studytemporal preparation induced by auditory and visual rhythms. In 14th rhythmproduction and perception workshop Birmingham 11th-13th September 2013,Birmingham: University of Birmingham.

Cutanda, D., Correa, Á., & Sanabria, D. (2015). Auditory temporal preparation induced by rhythmic cues during concurrent auditory working memory tasks. Journal of Experimental Psychology: Human Perception and Performance,41(3), 790-797.

Cuttler, C., & Graf, P. (2007). Personality predicts prospective memory task performance: An adult lifespan study. Scandinavian Journal of Psychology, 48, 215-231.

Danckert, J., Ferber, S., Pun, C., Broderick, C., Striemer, C.,Rock, S., & Stewart, D. (2007). Neglected time: impaired temporal perception of multisecond intervals in unilateral neglect. Journal of Cognitive Neuroscience. 19(10),1706-1720.

Davidson, K. ,&Prkachin, K. ( 1997 ). Optimism and unrealistic optimism have an interacting impact on health-promoting behavior and knowledge changes. Personality and Social Psychology Bulletin, 23(6), 617-625 .

Davis, M., & Whalen, P. J. (2001). The amygdala: vigilance and emotion. Molecular Psychiatry, 6, 13-34.

Dawson, G., Klinger, L. G., Panagiotides, H., Lewy, A., & Castelloe, P. (1995). Subgroups of autistic children based on social behavior display distinct patterns of brain activity. Journal of Abnormal Child Psychology, 23(5), 569-583.

de la Rosa, M. D., Sanabria, D., Capizzi, M., & Correa, Á. (2012). Temporal preparation driven by rhythms is resistant to working memory interference. Frontiers in Psychology, 3, 308.

de Williams, A. C. (2002). Facial expression of pain: An evolutionary account. Behavioral and Brain Sciences, 25, 439-488.

Dehaene, S., Bossini, S., & Giraux, P. (1993). The mental representation of parity and number magnitude. Journal of experimental psychology: general, 122(3), 371-396.

Delorme A, Makeig S (2004) EEGLAB: an open source toolbox for analysis of single-trial EEG dynamics including independent component analysis. Journal Neuroscience Methods 134,

9-21.

Delucia P R, Warren R. (1994). Pictorial and motion-based depth information during active control of self-motion: on collision avoidance. Journal of Experimental Psychology: Human Perception and Performance, 20(4):783-798

Diener, E. ( 2009 ). Subjective well-being The science of well-being (pp. 11 ~58): Springer,37,11-58 .

Diener, E. (2000 ). Subjective well-being: The science of happiness and a proposal for a national index. American psychologist, 55(1), 34-43 .

Diener, E., Suh, E. M. , Lucas, R. E. ,&Smith, H. L. (1999 ). Subjective well-being: Three decades of progress. Psychological bulletin, 125(2), 276-302 .

Ding, N., Yang, J., Liu, Y., and Yuan, J. (2015). Paying less but harvesting more: the effect of unconscious acceptance in regulating frustrating emotion. Sci. ChinaLife Sci. 58 (8),, 799-809. doi: 10.1007/s11427-015-4875-7

Dockstader, C., Cheyne, D., & Tannock, R. (2010). Cortical dynamics of selective attention to somatosensory events. NeuroImage, 49, 1777-1785.

Doelling, K. B., & Poeppel, D. (2015). Cortical entrainment to music and its modulation by expertise. Proceedings of the National Academy of Sciences of the United States of America, 112(45), E6233-E6242.

Dormal, V., & Pesenti, M. (2013) . Processing numerosity, length and duration in a three-dimensional Stroop-Like task: towards a gradient of processing automaticity? Psychological research, 77, 116-127.

Dormal, V., Andres, M., & Pesenti, M. (2008) . Dissociation of numerosity and duration processing in the left intraparietal sulcus: A transcranial magnetic stimulation study. Cortex, 44, 462-469.

Dormal, V., Dormal, G., Joassin, F., & Pesenti, M. (2012) . A common right fronto-parietal network for numerosity and duration processing: An fMRI study. Human Brain Mapping, 33 ,1490-1501.

Dormal, V., Seron, X., & Pesenti, M. (2006) . Numerosity-duration interference: A Stroop experiment. Acta Psychologica, 121 , 109-124.

Downing, P. E. (2000). Interactions between visual working memory and selective attention. Psychological Science, 11(6), 467-473.

Driscoll, D., Tranel, D., and Anderson, S. W. (2009). The effects of voluntary regulation of positive and negative emotion on psychophysiological responsiveness. Int. J. Psychophysiol. Offic. J. Int. Organ. Psychophysiol. 72,61–66. doi: 10.1016/j.ijpsycho.2008.03.012

Droit – Volet, S. ( 2010) . Speeding up a master clock common to time, number and length? Behavioural Processes, 85, 372–384.

Droit –Volet, S., Clément, A., & Fayol, M. (2008). Time, number and length: Similarities and differences in discrimination in adults and children. The Quarterly Journal of Experimental Psychology, 61 (12) , 1827–1846.

Droit–Volet, S. (2003). Alerting attention and time perception in children. Journal of Experimental Child Psychology, 85(4), 372–384.

Droit–Volet, S. (2010). Speeding up a master clock common to time, number and length? Behavioral Processes, 85,126–134.

Gil, S., & Droit– Volet, S. (2012). Emotional time distortions: the fundamental role of arousal. Cogn. Emot. 26(5), 847–862. doi: 10.1080/02699931.2011.625401

Droit–Volet, S. (2013). Emotion and magnitude perception: number and length bisection. Front. Neurorobot. 7:24. doi: 10.3389/fnbot.2013.00024

Droit– Volet, S. (2013). Time perception, emotions and mood disorders. J. Physiol.Paris 107, 255–264. doi: 10.1016/j.jphysparis.2013.03.005

Droit–Volet, S., & Gil, S. (2009). The time–emotion paradox. Philosophical Transactions of the Royal Society B: Biological Sciences, 364(1525), 1943–1953.

Droit– Volet, S., & Meck, W. H. (2007). How emotions colour our perception of time. Trends in Cognitive Sciences, 11(12), 504–513.

Droit– Volet, S., Brunot, S., and Niedenthal, P. M. (2004). Perception of the duration of emotional events. Cogn. Emot. 18(6),489–858. doi: 10.1080/02699930341000194

Droit–Volet, S., Clement, A., & Fayol, M. (2003). Time and number discrimination in a bisection task with a sequence of stimuli: A developmental approach. Journal of Experimental Child Psychology, 84 , 63–76.

Droit–Volet, S., Fayolle, S. L., and Gil, S. (2011). Emotion and time perception: effects of film–induced mood. Front. Integr. Neurosci. 5:33. doi: 10.3389/fnint.2011.00033

Droit–Volet, S., Lamotte, M., and Izaute, M. (2015). The conscious awareness oftime distortions regulates the effect of emotion on the perception of time. Conscious Cogn. 38, 155–164. doi: 10.1016/j.concog.2015.02.021

Droit–Volet, S., Meck, W. H., & Penney, T. B. (2007). Sensory modality and time perception in children and adults. Behavioural Processes, 74,, 244–250.

Droit–Volet, S., Mermillod, M., Cocenas–silva, R., and Gil, S. (2010). The effect of expectancy of a threatening event on time perception in human adults. Emotion,10(6), 908–914. doi: 10.1037/a0020258

Droit– Volet, S., Ramos, D., Bueno, J. L., and Bigand, E. (2013). Music, emotion, and time perception: the influence of subjective emotional valence and arousal? Front. Psychol. 4: 417. doi: 10.3389/fpsyg.2013.00417

Eagleman, D. M. (2001). Visual illusions and neurobiology. Nature Reviews Neuroscience, 2, 920–926.

Eagleman, D. M. (2008). Human time perception and its illusions. Current Opinion in Neurobiology, 18, 131–136.

Eagleman, D. M., & Pariyadath, V. (2009). Is subjective duration a signature of coding efficiency? Philosophical Transactions of the Royal Society B, 364, 1841–1851.

Effron, D. A., Niedenthal, P. M., Gil, S., and Droit–Volet, S. (2006). Embodied temporal perception of emotion. Emotion ,6(1),1–9. doi: 10.1037/1528–3542.6.1.1

Einstein, G. O., & McDaniel, M. A. (1990). Normal aging and prospective memory. Journal of Experimental Psychology: Learning, Memory, and Cognition, 16(4),717–726.

Einstein, G. O., & McDaniel, M. A. (1996). Retrieval processes in prospective memory: Theoretical approaches and some new empirical findings. Prospective memory: Theory and applications, 115–141.

Einstein, G. O., & McDaniel, M. A. (2000). Prospective memory and aging: Forgetting intentions over short delays. Psychology and Aging, 15(4), 671–683.

Eippert, F., Veit, R., Weiskopf, N., Erb, M., Birbaumer, N., and Anders, S. (2007).Regulation of emotional responses elicited by threat–related stimuli. Hum. BrainMapp. 28, 409–423. doi: 10.1002/hbm.20291

Eisler, H. (1976). Experiments on subjective duration 1868~1975: A collection of power function exponents. Psychological Bulletin, 83(6), 1154–1171.

Elbert T, Ulrich R, Rockstroh B, Lutzenberger W (1991) The processing of temporal intervals reflected by CNV–like brain potentials. Psychophysiology, 28(6), 648–655.

Elliot, A. J. (2015). Color and psychological functioning: A review of theoretical and empirical work. Frontiers in Psychology, 6, 368.

Elliot, A. J., & Maier, M. A. (2014). Color psychology: Effects of perceiving color on psychological functioning in humans. Annual Review of Psychology, 65, 95–120.

Elliot, A. J., & Niesta, D. (2008). Romantic red: Red enhances men's attraction to women. Journal of Personality and Social Psychology, 95(5), 1150–1164.

Engel AK, Fries P, Singer W (2001) Dynamic predictions: oscillations and synchrony in top–down processing. Nat Rev Neurosci 2:704–716.

Erikson, E. H. (1959). Identity and the life cycle: selected papers. Psychological Issues, 1, 1–171.

Erikson, E. H. (1968). Identity: youth and crisis. Psychosomatics, 9(4), 243–244.

Escoffier, N., Herrmann, C. S., & Schirmer, A. (2015). Auditory rhythms entrain visual processes in the human brain: Evidence from evoked oscillations and event–related potentials. NeuroImage, 111, 267–276.

Escoffier, N., Sheng, D. Y. J., & Schirmer, A. (2010). Unattended musical beats enhance visual processing. Acta Psychologica, 135, 12–16.

Estes, Z., & Adelman, J. S. (2008). Automatic Vigilance for Negative Words Is Categorical and General. Emotion, 8(4), 453–457.

Etchell, A. C., Ryan, M., Martin, E., Johnson, B. W., &Sowman, P. F. (2016). Abnormal time course of low beta modulation in non–fluent preschool children: A magnetoencephalographic study of rhythm tracking. NeuroImage, 125, 953–963.

Fayolle, S. L., & Droit–Volet, S. (2014). Time perception and dynamics of facial expressions of emotions. PLoS ONE, 9(5), e97944.

Fayolle, S., Droit–Volet, S., & Gil, S. (2011). Emotion and Time Perception: Effects of Film–induced Mood. Front Integr Neurosci, 5,33.

Fayolle, S., Gil, S., & Droit–Volet, S. (2015). Fear and time: Fear speeds up the internal clock. Behavioural Processes, 120, 135–140.

Ferrara, A., Lejeune, H., and Wearden, J. H. (1997). Changing sensitivity to duration in human scalar timing: an experiment, a review, and some possible explanations. Q. J. Exp. Psychol. 50(3), 217–237.

Fetterman, J. G., & Killeen, P. R. (2011) . Interactions of numerical and temporal stimulus characteristics on the control of response location by brief flashes of light. Learning & Behavior, 39, 191–201.

Field, D. T., & Groeger, J. A. (2004). Temporal interval production and short–term memory. Perception and Psychophysics, 66(5), 808–819.

Finke, K., Matthias, E., Keller, I., Müller, H. J., Schneider, W. X., & Bublak, P. (2012). How does phasic alerting improve performance in patients with unilateral neglect? A systematic analysis of attentional processing capacity and spatial weighting mechanisms. Neuropsychologia, 50, 1178–1189.

Fischer, M. H., Castel, A. D., Dodd, M. D., & Pratt, J. (2003). Perceiving numbers causes spatial shifts of attention. Nature neuroscience, 6(6), 555.

Flynn, J. J., Hollenstein, T., and Mackey, A. (2010). T The effect of suppressing and not accepting emotions on depressive symptoms: is suppression different for men and women? Pers. Individ. Diff. 49, 582–586. doi: 10.1016/j.paid.2010.05.022

Fortin, C. (1999). Short–term memory in time interval production. International Journal of Psychology, 34(5/6), 308–316.

Fortin, C., & Breton, R. (1995). Temporal interval production and processing in working memory. Perception and Psychophysics, 57(2), 203–215.

Fortin, C., & Rousseau, R. (1998). Interference from short– term memory processing on encoding and reproducing brief duration. Psychological Research, 61(4),269–276.

Fortin, C., Champagne, J., & Poirier, M. (2007). Temporal order in memory and interval timing: An interference analysis. Acta Psychologica, 126, 18–33.

Fortin, C., Rousseau, R., Bourque, P., & Kirouac, E. (1993).Time estimation and concurrent no temporal processing: Specific interference from short– term memory demands. Perception and Psychophysics, 53(5), 536–548.

Fortin, C., Schweickert, R., Gaudreault, R., & Viau–Quesnel, C. (2010). Timing is affected by demands in memory search but not by task switching. Journal of Experimental Psychology: Human Perception and Performance, 36(3), 580–595.

Fortin, C., & Couture, E. (2002). Short–term memory and time estimation: Beyond the 2–second "critical" value. Canadian Journal of Experimental Psychology– Revue Canadienne De Psychologie Experimentale, 56(2), 120–127.

Fraisse, P. (1984). Perception and estimation of time. Annu. Rev. Psychol. 35, 1–36.doi: 10.1146/annurev.ps.35.020184.000245

Francis–Smythe, J (2006) Time Management. In Joseph, G. (Ed.). (2006). Timing the future: The case for a time–based prospective memory.(pp: 143–170) World Scientific.

Francis–Smythe, J. A., & Robertson, I. T. (1999). On the relationship between time management and time estimation. British Journal of Psychology, 90, 333–347.

Frank, L. K. (1939). Time perspectives. Journal of Social Philosophy, 4, 293.

Franssen V, Vandierendonck A, Van Hiel A (2006) Duration estimation and the phonological loop: articulatory suppression and irrelevant sounds. Psychol Res 70,304–316.

Freeman T C A, Harris M G, Tyler P A.(1994). Human sensitivity to temporal proximity: The role of special and temporal speed gradients. Perception Psychophysics, 55(6): 689 –699

Freunberger R, Werkle- Bergner M, Griesmayr B, Lindenberger U,Klimesch W (2011) Brain oscillatory correlates of working memory constraints. Brain Res 1375:93–102.

Frey, R. D. (1990).Selective attention, event perception and the criterion of acceptability principle: Evidence supporting and rejecting the doctrine of prior entry. Human Movement Science, 9, 481–530.

Fuhrman, O., & Boroditsky, L. (2010). Cross–cultural differences in mental representations of time: Evidence from an implicit nonlinguistic task. Cognitive Science, 34,1430–1451.

Fuhrman, O., McCormick, K., Chen, E., Jiang, H., Shu, D., Mao, S., et al. (2011). How linguistic and cultural forces shape conceptions of time: English and Mandarin time in3D. Cognitive Science, 35, 1305–1328.

Fujioka, T., Trainor, L. J., Large, E. W., & Ross, B. (2012). Internalized timing of isochronous sounds is represented in neuromagnetic beta oscillations. The Journal of Neuroscience, 32 (5), 1791–1802.

Fujioka, T., Ross, B., & Trainor, L. J. (2015). Beta–band oscillations represent auditory beat and its metrical hierarchy in perception and imagery. The Journal of Neuroscience, 35 (45), 15187–15198.

Fujioka, T., Trainor, L. J., Large, E. W., & Ross, B. (2009).Beta and gamma rhythms in human auditory cortex duringmusical beat processing. Annals of the New York Academyof Sciences, 1169, 89–92

Füstös, J., Gramann, K., Herbert, B. M., and Pollatos, O. (2013). On the embodiment of emotion regulation: interceptive awareness facilitates reappraisal. Soc. Cogn. Affect. Neurosci. 8 (8), 911–917. doi: 10.1093/scan/nss089

Gable, P. A., & Poole, B. D. (2012). Time flies when you're having approach–motivated fun: effects of motivational intensity on time perception. Psychological Science, 23(8), 879–886.doi:10.1177/0956797611435817.

Gallistel, C. R., & Gelman, R. (2000). Non–verbal numerical cognition: From reals to integers. Trends in Cognitive Sciences, 4(2), 59–65.

Gan, T., Wang, N., Zhang, Z., Li, H., and Luo, Y. J. (2009). Emotional influences on time perception: evidence from event- related potentials. Neuroreport 20,839- 843. doi: 10.1097/WNR.0b013e32832be7dc

Geiser, E., Notter, M., & Gabrieli, J. D. E. (2012). A corticostriatal neural system enhances auditory perception through temporal context processing. The Journal of Neuroscience,32 (18),6177-6182.

Geiser, E., Sandmann, P., Jäncke, L., & Meyer, M. (2010).Refinement of metre perception- training increaseshierarchical metre processing. European Journal of Neuroscience, 32 (11), 1979-1985.

Genovesio A, Tsujimoto S, Wise SP (2009) Feature- and order-based timing representations in the frontal cortex. Neuron 63:254-266.

Genschow, O., Reutner, L., & Wänke, M. (2012). The color red reduces snack food and soft drink intake. Appetite, 58,699-702.

Gentner, D., & Imai, M. (1992). Is the future always ahead? Evidence for system-mappings in understanding space-time metaphors. Paper presented at the meeting of Proceedings of the fourteenth annual conference of the Cognitive Science Society, 510-515.

Gentner, D., Imai, M., & Boroditsky, L. (2002). As time goes by: Evidence for two systems in processing space-time metaphors. Language and Cognitive Processes, 17(5),537-565.

Gevers, W., Reynvoet, B., & Fias, W. (2003). The mental representation of ordinal sequences is spatially organized. Cognition, 87, B87-B95.

Gevers, W., Reynvoet, B., & Fias, W. (2004). The mental representation of ordinal sequences is spatially organized: Evidence from days of the week. Cortex, 40(1), 171-172.

Gevins A, Smith ME, McEvoy L, Yu D (1997) High-resolution EEG mapping of cortical activation related to working memory: effects of task difficulty, type of processing, and practice. Cereb Cortex 7:374-385.

Gibbon J (1977) Scalar expectancy theory and Weber's law in animal timing. Psychol Rev.84(3),279-325.

Gibbon J, Church RM (1984) Sources of variance in an information processing theory of timing. In: Animal cognition (Roitblat HL,et al., eds), pp 465-488 Hillsdale, NJ: Erlbaum.

Gibbon, J., Church, R. M., & Meck, W. H. (1984). Scalar timing in memory. Annals of the New York Academy of Sciences, 423, 52-77.

Gibbons, H., & Rammsayer, T. H. (2004). Current-source density analysis of slow brain potentials during time estimation. Psychophysiology ,41 ,861–874.

Gil, S., & Droit–Volet, S. (2011). "Time flies in the presence of angry faces"… depending on the temporal task used! Acta Psychologica, 136 ,354–362.

Gil, S., and Droit– Volet, S. (2012). Emotional time distortions: the fundamental role of arousal. Cogn. Emot. 26(5), 847–862. doi: 10.1080/02699931.2011.625401

Glicksohn, J. (2001). Temporal cognition and the phenomenology of time: A multiplicative function for apparent duration. Consciousness and Cognition, 10, 1–25.

Glucksberg, S., Brown, M., & McGlone, M. S. (1993).Conceptual metaphors are not automatically accessed during idiom comprehension. Memory and Cognition,21(5), 711–719.

Goldin, P. R., Mcrae, K., Ramel, W., and Gross, J. J. (2008). The neural basesof emotion regulation: reappraisal and suppression of negative emotion. Biol.Psychiatry .63(6), 577–586. doi: 10.1016/j.biopsych.2007.05.031

Goldstone, S., & Lhamon, W. T. (1974). Studies of auditory–visual differences in human time judgment: 1. sounds are judged longer than lights. Perceptual and Motor Skills, 39, 63–82.

Gomez, C., Argandona, E. D., Solier, R. G., Angulo, J. C., & Vazquez, M. (1995). Timing and competition in networks representing ambiguous figures. Brain and Cognition, 29(2), 103–114.

Gooch, D., Snowling, M., &Hulme, C.(2011).Time perception phonological skills and executive function in children with dyslexia and/or ADHD symptoms. Journal of Child Psychology and Psychiatry, 52(2), 195–203.

Gorn, G. J., Chattopadhyay, A., Sengupta, J., & Tripathi, S.(2004). Waiting for the web: How screen color affects time perception. Journal of Marketing Research, 41(2), 215–225.

Graf,P.,&Grondin,S.(2006), Time Perception and Time–Based Prospective Memory. In Joseph, G. (Ed.).. Timing the future: The case for a time–based prospective memory.(pp: 1–24) World Scientific.

Grahn, J. A. (2012). Neural mechanisms of rhythmperception: Current findings and future perspectives.Topics in Cognitive Science, 4, 585–606.

Greenhouse SW, Geisser S (1959) On methods in the analysis of profile data. Psychometrika 24:95–112.

Griffin, I. C., Miniussi, C., & Nobre, A. C. (2002). Multiple mechanisms of selective attention: differential modulation of stimulus processing by attention to space or time. Neuropsychologia, 40, 2325–2340.

Grill-Spector, K., Henson, R., & Martin, A. (2006). Repetition and the brain: Neural models of stimulus-specific effects. Trends in Cognitive Sciences, 10(1), 14-23.

Grimm, S., Widmann, A., & Schroger, E. (2004). Differential processing of duration changes within short and long sounds in humans. Neuroscience Letters, 356, 83-86.

Grommet, E. K., Droit-Volet, S., Gil, S., Hemmes, N. S., Baker, A. H., & Brown, B. L. (2011). Time estimation of fear cues in human observers. Behavioural Processes, 86, 88-93.

Grondin, S. (2010). Timing and time perception: A review of recent behavioral and neuroscience findings and theoretical directions. Attention, Perception, and Psychophysics, 72(3), 561-582.

Grondin, S. (2012). Violation of the scalar property for time perception between1 and 2 seconds: Evidence from interval discrimination, reproduction, and categorization. Journal of Experimental Psychology: Human Perception and Performance, 38(4), 880-890.

Grondin, S., & Plourde, M. (2007). Discrimination of time intervals presented in sequences: Spatial effects with multiple auditory sources. Human Movement Science, 26, 702-716.

Grondin, S., Laflamme, V., & Gontier, É. (2014). Effect on perceived duration and sensitivity to time when observing disgusted faces and disgusting mutilation pictures. Attention, Perception, and Psychophysics, 76, 1522-1534.

Grondin, S., Meilleur-Wells, G., Ouellette, C., & Macar, F. (1998). Sensory effects on judgments of short time-intervals. Psychological Research, 61, 261-268.

Gross, J. J. (1998). The emerging field of emotion regulation: an integrative review.Rev. Gen. Psychol. 2(3), 271-299. doi: 10.1037/1089-2680.2.3.271Gross, J. J. (2007). Handbook of Emotion Regulation. New York, NY: Guilford Press.

Gross, J. J. (2014). Handbook of Emotion Regulation, 2nd Edn. New York, NY:Guilford Press.

Gross, J. J., and John, O. P. (2003). Individual differences in two emotion regulation processes: implications for affect, relationships, and well-being. J. Pers. Soc.Psychol. 85(2), 348-362. doi: 10.1037/0022-3514.85.2.348

Guay, I., & Grondin, S. (2001). Influence on time interval categorization of distance between markers located on verticals plane. na

Gupta, D. S. (2014). Processing of sub- and supra-second intervals in the primate brain results from the calibration of neuronal oscillators via sensory, motor, and feedback processes. Frontiers in Psychology, 5, 816.

Gutyrchik, E., Churan, J., Meindl, T., Bokde, A. L. W., von Bernewitz, H., Born, C., et al. (2010). Functional neuroimaging of duration discrimination on two different time scales. Neuroscience Letters, 469(3), 411–415.

Hanke, W. (2000). The perception of time. In: R. Buccheri, V. Di Gesù, & M. Saniga (Eds.), Studies on the structure of time: From physics to psycho (patho)logy. New York: Kluwe Academic/Plenum Publishers.

Hannon, E. E., & Johnson, S. P. (2005). Infants use meter to categorize rhythms and melodies: Implications for musical structure learning. Cognitive Psychology, 50, 354–377.

Happé, F. (1995). Autism: An introduction to psychological theory. Havard University Press.

Haroush, K., Hochstein, S., & Deouell, L. Y. (2010).Momentary fluctuations in allocation of attention: Cross modal effects of visual task load on auditory discrimination. Journal of Cognitive Neuroscience, 22(7), 1440–1451.

Harrington DL, Zimbelman JL, Hinton SC, Rao SM (2010) Neural modulation of temporal encoding, maintenance, and decision processes. Cereb Cortex 20:1274–1285.

Harrington, D. L., Boyd, L. A., Mayer, A. R, Sheltraw, D. M., Lee,R. R., Huang, M., & Rao, S. M. (2004) . Neural representation of interval encoding and decision making. Cognitive Brain Research, 21, 193–205.

Harrington, D. L., Castillo, G. N., Fong, C. H., and Reed, J. D. (2011). Neural underpinnings of distortions in the experience of time across senses. Front.Integr. Neurosci. 5:32. doi: 10.3389/fnint.2011.00032

Harrington, D. L., Zimbelman, J. L., Hinton, S. C., & Rao, S. M.(2010) . Neural modulation of temporal encoding, maintenance, and decision processes. Cerebral Cortex, 20, 1274–1285.

Hayashi, M. J., Kanai, R., Tanabe, H. C., Yoshida, Y., Carlson, S., Walsh, V., & Sadato, N. (2013).Interaction of numerosity and time in prefrontal and parietal cortex. The Journal of Neuroscience, 33(3), 883–893.

Hayashi, M. J., Kantele, M., Walsh, V., Carlson, S., & Kanai, R. (2014). Dissociable neuroanatomical correlates of subsecond and suprasecond time perception. Journal of Cognitive Neuroscience, 26(8), 1685–1693.

Hays, J., Huybers, B., & Varakin, A. (2014). Coloring time! the effect of color in pictures on time perception. Journal of Vision, 14(10), 376–376.

Heffernan, T., & Ling, J. (2001). The impact of Eysenck's extraversion–introversion personality dimension on prospective memory. Scandinavian Journal of Psychology, 42,321–325.

Helweg–Larsen, M. ,&Shepperd, J. A. (2001). Do moderators of the optimistic bias affect personal or target risk estimates? A review of the literature. Personality and Social Psychology Review, 5(1), 74 –95 .

Hemmes, N. S., Brown, B. L., & Kladopoulos, C. N. (2004). Time perception with and without a concurrent nontemporal task. Perception & Psychophysics, 66(2), 328–341.

Henry, M. J., & Herrmann, B. (2014). Low–frequency neural oscillations support dynamic attending in temporal context. Timing and Time Perception, 2, 62–86.

Henry, M. J., Herrmann, & Jonas, O. (2015). Selective attention to temporal features on nested time scales. Cerebral Cortex, 25(2), 450–459.

Henry, M. J., Herrmann, B., & Obleser, J. (2014). Entrained neural oscillations in multiple frequency bands comodulate behavior. Proceedings of the National Academy of Sciences of the United States of America, 111(41), 14935–14940.

Henry, M.J., &McAuley, J.D.(2009).Evaluation of an imputed pitch velocity model of the auditory Kappa Effect. Journal of Experimental Psychology: Human Perception and Performance, 35(2), 551–564.

Herbst, S. K., & Landau, A. N. (2016). Rhythms for cognition: The case of temporal processing. Current Opinion in Behavioral Sciences, 8, 85–93.

Hermelin, B., & O'CONNOR, N. (1975). The recall of digits by normal, deaf and autistic children. British Journal of Psychology, 66(2), 203–209.

Heron, J., Roach, N. W., Hanson, J. V., McGraw, P. V., & Whitaker, D. (2012). Audiovisual time perception is spatially specific. Experimental brain research, 218, 477–485.

Herrmann, B., Henry, M. J., Haegens, S., & Obleser, J. (2016). Temporal expectations and neural amplitude fluctuations in auditory cortex interactively influence perception. NeuroImage, 124, 487–497.

Hicks, J. L., Marsh, R. L., & Cook, G. I. (2005). Task interference in time–based, event–based, and dual intention prospective memory conditions. Journal of Memory and Language, 53(3), 430–444.

Hicks, J. L., Marsh, R. L., & Russell, E. J. (2000). The Properties of retention intervals and their affect on retaining prospective memories. Journal of Experimental Psychology, 26(5), 1160–1169.

Hillstrom, A. P., Husain, M., Shapiro, K. L., & Rorden, C.(2004). Spatiotemporal dynamics of attention in visual neglect: a case study. Cortex, 40, 433–440.

Hirsh, I. J., & Sherrick, C. E. Jr. (1961). Perceived order indifferent sense modalities. Journal of Experimental Psychology, 62(5), 423–432.

Hirsh, I. J., Monahan, C. B., Grant, K. W., & Singh, P. G. (1990). Studies in auditory timing: 1. Simple patterns. Perception & Psychophysics, 47(3), 215–226.

Hobson, R. P. (1993). Autism and the development of mind. Taylor & Francis.

Hoffman, J., Holiday, K., and Erin, M. (2013). Do negative emotional pictures automatically capture attention? J. Vis. 13:83. doi: 10.1167/13.9.83

Hofmann, S. G., Heering, S., Sawyer, A. T., and Asnaani, A. (2009). How to handle anxiety: the effects of reappraisal, acceptance, and suppression strategies on anxious arousal. Behav. Res. Ther. 47, 389–394. doi: 10.1016/j.brat.2009.02.010

Hostetter, A.B., &Alibali, W.M.(2008).Visible embodiment, gestures as simulated action. Psychonomic Bulletin and Review, 15(3), 495–514.

Hsieh LT, Ekstrom AD, Ranganath C (2011) Neural oscillations associated with item and temporal order maintenance in working memory. J Neurosci .31(30),10803–10810.

Huang, Y., Zhou, T. G., & Chen, L. (2011). The precedence of topological change over top-down attention in masked priming. Journal of Vision, 11(12):9, 1–10.

Hur, J., Iordan, A. D., Berenbaum, H., and Dolcos, F. (2016). Emotion-attention interactions in fear conditioning: moderation by executive load, neuroticism, and awareness. Biol. Psychol. 121, 213–220. doi: 10.1016/j.biopsycho.2015.10.007

Husain, G., Thompson, W. F., & Schellenberg, E. G. (2002). Effects of musical tempo and mode on arousal, mood, and spatial abilities. Music Perception: An Interdisciplinary Journal, 20(2), 151–171.

Husain, M., & Rorden, C. (2003). Non-spatially lateralized mechanisms in hemispatial neglect. Nature Reviews Neuroscience, 4, 26–36.

Husain, M., Shapiro, K., Martin, J., & Kennard, C. (1997).Abnormal temporal dynamics of visual attention in spatial neglect patients. Nature, 385, 154–156.

Ishihara, M., Keller, P. E., Rossetti, Y., & Prinz, W. (2008). Horizontal spatial representations of time: evidence for the stearic effect. Cortex, 44,454–461.

Ishikawa, K., and Okubo, M. (2016). Overestimation of the subjective experience of time in social anxiety: effects of facial expression, gaze direction, and time course. Front. Psychol. 7:

611. doi: 10.3389/fpsyg.2016.00611

Iversen, J. R., & Balasubramaniam, R. (2016). Synchronization and temporal processing. Current Opinion in Behavioral Sciences, 8, 175–180.

Ivry, R. B., & Schlerf, J. E. (2008). Dedicated and intrinsic models of time perception. Trends in Cognitive Sciences, 12(7), 273–280.

Jacobs, K. W., & Hustmyer, F. E., Jr. (1974). Effects of four psychological primary colors on GSR, heart rate and respiration rate. Perceptual and Motor Skills, 38(3), 763–766.

Jager, T., & Kliegel, M. (2008). Time-based and event-based prospective memory across adulthood: Underlying mechanisms and differential costs on the ongoing task. The Journal of general psychology, 135(1), 4–22.

January, D., & Kako, E. (2007). Re-evaluating evidence for linguistic relativity: Reply to Boroditsky. Cognition, 104,417–426.

Jaskowski, P. (1993). Selective attention and temporal- order judgment. Perception, 22, 681–689.

Jaskowski, P. (1996). Simple reaction time and perception of temporal order: dissociations and hypotheses. Perceptual and Motor Skills, 82,707–730.

Javadi, A. H, & Aichelburg, C. (2012) . When time and numerosity interfere: The longer the more, and the more the longer. PLoSONE, 7 (7) , e41496.

Jazayeri, M., & Shadlen, M. N. (2010). Temporal context calibrates interval timing. Nature Neuroscience, 13(8),1020–1026.

Jensen O, Gelfand J, Kounios J, Lisman JE (2002) Oscillations in the alpha band (9–12 Hz) increase with memory load during retention in a short-term memory task. Cerebral Cortex , 12:877–882.

Jensen O, Tesche CD (2002) Frontal theta activity in humans increases with memory load in a working memory task. Eur JNeurosci 15:1395–1399.

Jia, L., Shi, Z., Zang, X., & Müller, H. J. (2013). Concurrent emotional pictures modulate temporal order judgments of spatially separated audio- tactile stimuli. Brain Research, 1537, 156–163.

Jin, F., Mccandliss, B. D., Tobias, S., Amir, R., & Posner, M. I. (2002). Testing the efficiency and independence of attentional networks. Journal of Cognitive Neuroscience, 14(3), 340–347.

Johnson JS, Sutterer DW, Acheson DJ, Lewis-Peacock JA, PostleBR (2011) Increased alpha-band power during the retention of shapes and shape-location associations in visual short-term memory. Front Psychol 2:128.

Johnston, A., Arnold, D. H., & Nishida, S. (2006). Spatially localized distortions of event time. Current Biology, 16,472-479.

Jokisch D, Jensen O (2007) Modulation of gamma and alpha activity during a working memory task engaging the dorsal or ventral stream. J Neurosci, 27(12),3244-3251.

Jones, B., & Huang, Y. L. (1982). Space-time dependencies in psychological judgment of extent and duration: Algebraic model of the tau and kappa effects. Psychological Bulletin, 91 (1), 128-142.

Jones, M. R. (2010). Attending to sound patterns and the role of entrainment. In A. C.Nobre & J. T. Coull (Eds.), Attention and time (pp. 317-330). Oxford: Oxford University Press.

Jones, M. R., Moynihan, H., MacKenzie, N., & Puente, J. (2002). Temporal aspects of stimulus-driven attending in dynamic arrays. Psychological Science, 13(4), 313-319

Jung TP, Makeig S, Humphries C, Lee TW, McKeown MJ, Iragui V,Sejnowski TJ (2000) Removing electroencephalographic artifacts by blind source separation. Psychophysiology 37: 163-178.

Jung TP, Makeig S, Westerfield M, Townsend J, Courchesne E,Sejnowski TJ (2000b) Removal of eye activity artifacts from visual event-related potentials in normal and clinical subjects. Clinical Neurophysiology,111:1745-1758.

Jusyte, A., Schneidt, A., and Schönenberg, M. (2015). Temporal estimation of threatening stimuli in social anxiety disorder: investigation of the effects of state anxiety and fearfulness. J. Behav. Ther. Exp. Psychiatry 47, 25-33.doi: 10.1016/j.jbtep.2014.11.006

Kaernbach, C. (1991). Simple adaptive testing with the weighted up-down method. Perception and Psychophysics, 49(3), 227-229.

Kagerer FA, Wittmann M, Szelag E, Von Steinbuchel N (2002) Cortical involvement in temporal reproduction: evidence for differential roles of the hemispheres. Neuropsychologia 40: 357-366.

Kahneman, D. (1973). Attention and effort. Englewood Cliffs, NJ: Prentice-Hall.

Kanai, R., Lloyd, H., Bueti, D., & Walsh, V. (2011). Modality-independent role of the primary auditory cortex in time estimation. Experimental Brain Research, 209, 465-471.

Kappesser, J., & de Williams, C. (2002). Pain and negative emotions in the face: Judgements by health care professionals. Pain, 99, 197-206.

Kaya, N., & Epps, H. H. (2004). Relationship between color and emotion: A study of college students. College Student Journal, 38(3), 396-405.

Keil, J., Pomper, U., & Senkowski, D. (2016). Distinct patterns of local oscillatory activity and functional connectivity underlie intersensory attention and temporal prediction. Cortex, 74, 277-288.

Keysar, B., & Bly, B. (1995). Intuitions of the transparency of idioms: Can one keep a secret by spilling the beans? Journal of Memory and Language, 34, 89-109.

Khan, A., Sharma, N. K., & Dixit, S. (2008). Cognitive load and task condition in event- and time-based prospective memory: an experimental investigation. The Journal of psychology, 142(5), 517-532.

Kien, J., & Kemp, A. (1994). Is speech temporally segmented? Comparison with temporal segmentation in behavior. Brain and Language, 46, 662-682.

Kim, Y. H., Cai, H. J., Gilliland, M., Chiu, C. Y., Xia, S., & Tam, K. P. (2012). Standing in the glory or shadow of the past self: cultures differ in how much the past self affects current subjective well-being. Emotion, 12(5), 1111-1117.

Kim, Y. H., Chiu, C. Y., Peng, S. Q., Cai, H. J., &Tov, W. (2010). Explaining East-West differences in the likelihood of making favorable self-evaluations: The role of evaluation apprehension and directness of expression. Journal of Cross-Cultural Psychology, 41(1), 62-75.

Klimesch W, Sauseng P, Hanslmayr S (2007) EEG alpha oscillations: the inhibition-timing hypothesis. Brain Res Rev 53:63-88.

Klink, P. C., Montijn, J. S., & van Wezel, R. J. A. (2011). Crossmodal duration perception involves perceptual grouping, temporal ventriloquism, and variable internal clock rates. Attention, Perception, & Psychophysics, 73, 219-236.

Koch, G., Oliveri, M., Torriero, S., Salerno, S., Gerfo, E. L., Caltagirone, C. (2007).Repetitive TMS of cerebellum interferes with millisecond time processing. Experimental Brain Research, 179, 291-299.

Koch, I. (2005). Sequential task predictability in task switching. Psychonomic Bulletin and Review, 12(1),107-112.

Kristjánsson, A., Vuilleumier, P., Malhotra, P., Husain, M., & Driver, J. (2005). Priming of color and position during visual search in unilateral spatial neglect. Journal of Cognitive Neuroscience, 17(6),859-873.

Kristjánsson, A., Vuilleumier, P., Schwartz, S., Macaluso, A., & Driver, J. (2007). Neural basis forpriming of pop-out during visual search revealed with fMRI. Cerebral Cortex, 17, 1612-1624.

Kristofferson, A. B. (1976). Low-variance stimulus-response latencies: Deterministic internal delays? Perception & Psychophysics, 20(2), 89-100.

Kroger-Costa, A., Machado, A., & Santos, J. A. (2013). Effects of motion on time perception. Behavioral Processes, 95, 50-59.

Kvavilashvili, L., & Fisher, L. (2007). Is time-based prospective remembering mediated by self-initiated rehearsals? Role of incidental cues, ongoing activity, age, and motivation. Journal of Experimental Psychology: General, 136(1), 112-132.

Labelle, M. A., Graf, P., Grondin, S., & Gagne-Roy, L. (2009). Time-related processes in time-based prospective memory and in time-interval production. European Journal of Cognitive Psychology, 21(4), 501-521.

Labrecque, L. I., & Milne, G. R. (2012). Exciting red and competent blue: The importance of color in marketing. Journal of the Academy of Marketing Science, 40, 711-727

Ladinig, O., Honing, H., Háden, G., & Winkler, I. (2009).Probing attentive and preattentive emergent meter in adult listeners without extensive music training. Music Perception, 26(4), 377-386.

Lakatos, P., Karmos, G., Mehta, A. D., Ulbert, I., & Schroeder, C. E. (2008). Entrainment of neuronal oscillations as a mechanism of attentional selection. Science, 320, 110-113.

Lakatos, P., Karmos, G., Mehta, A. D., Ulbert, I., &Schroeder, C. E. (2008). Entrainment of neuronal oscillationsas a mechanism of attentional selection. Science, 320,110-113.

Lakatos, P., Musacchia, G., O'Connel, M. N., Falchier, A. Y.,Javitt, D. C., & Schroeder, C. E. (2013). The spectrotemporal filter mechanism of auditory selective attention. Neuron,77, 750-761.

Lakatos, P., Schroeder, C. E., Leitman, D. I., & Javitt, D. C.(2013). Predictive suppression of cortical excitability and its deficit in schizophrenia. The Journal of Neuroscience,33(28), 11692-11702

Lake, J. I. (2016). Recent advances in understanding emotion- driven temporal distortions. Curr. Opin. Behav. Sci. 8, 214-219. doi:10.1016/j.cobeha.2016.02.009

Lake, J. I., LaBar, K. S., & Meck, W. H. (2016). Emotional modulation of interval timing and time perception. Neuroscience and Biobehavioral Reviews, 64, 403-420.

Lakoff, G., & Johnson, M. (1999). Philosophy in the fiesh: The embodied mind and its challenge to western thought(pp.166). Chicago: University of Chicago Press.

Lange, K. (2009). Brain correlates of early auditory processing are attenuated by expectations for time and pitch. Brain and Cognition, 69(1), 127–137.

Large, E. W., & Jones, M. R. (1999). The dynamics of attending: How people track time–varying events. Psychological Review, 106(1), 119–159.

Lavie, N. (2005). Distracted and confused?: Selective attention under load. Trends in Cognitive Sciences, 9(2), 75–82

Lavie, N., Hirst, A., de Fockert, J. W., & Viding, E. (2004).Load theory of selective attention and cognitive control.Journal of Experimental Psychology: General, 133(3), 339–354.

Lawrence, M. A., & Klein, R. M. (2013). Isolating exogenous and endogenous modes of temporal attention. Journal of Experimental Psychology: General, 142(2), 560–572

Lebensfield, P., &Wapner, S. (1968).Configuration and space– time inter dependence. American Journal of Psychology, 81(1), 106–110.

Lejeune, H. (1998). Switching or gating? the attentional challenge in cognitive models of psychological time. Behav. Process. 44, 127–145.

Leon, M. I., & Shadlen, M. N. (2003). Representation of time by neurons in the posterior parietal cortex of the macaque. Neuron, 38, 317–327.

Leonard, L. B. (2014). Children with specific language impairment. MIT press.

Levine TR, Hullett CR (2002) Eta squared, partial eta squared, and misreporting of effect size in communication research. HumCommun Res, 28(4),612–625.

Lewin K. (1942). "Time perspective and morale," . In G. Watson (Ed.), Civilian morale: Second yearbook of the Society for the Psychological Study of Social Issues (p. 48–70). Houghton Mifflin Company. https://doi.org/10.1037/13983–004

Lewis, P. A., & Miall, R. C. (2003). Brain activation patterns during measurement of sub– and supra–second intervals. Neuropsychologia, 41, 1583–1592.

Lewis, P. A., and Meek, W. H. (2012). Time and the sleeping brain. Psychologist 25(8), 594–597.

Li, H., and Yuan, J. J. (2018). The emotion regulation effect of unconscious distraction on the subclinical depression. Chin. Sci. Bull, 63(20),2057–2070. 6doi:10.1360/N972017–01253

Lewis, P. A., & Miall, R. C. (2009). The precision of temporal judgment: Milliseconds, many minutes, and beyond. Philosophical Transactions of the Royal Society B: Biological Sciences, 364(1525), 1897–1905.

Lewis, P., Critchley, H., Rotshtein, P., & Dolan, R. (2007). Neural correlates of processing valence and arousal in affective words. Cerebral Cortex, 17, 742–748.

Lewis, P. A., & Miall, R. C. (2003). Distinct systems for automatic and cognitively controlled time measurement: Evidence from neuroimaging. Current Opinion in Neurobiology, 13, 250–255.

Li, Y. R., Weinborn, M., Loft, S., & Maybery, M. (2013). Patterns of prospective memory impairment among individuals with depression: The influence of cue type and delay interval. Journal of the International Neuropsychological Society, 19, 1–5.

Lincoln, A. J., Allen, M. H., & Kilman, A. (1995). The assessment and interpretation of intellectual abilities in people with autism. In Learning and cognition in autism (pp. 89–117). Springer.

Liu, P., Yang, W., Yuan, X., Bi, C., Chen, A., and Huang, X. (2015).Individual alerting efficiency modulates time perception. Front. Psychol. 6:386.doi: 10.3389/fpsyg.2015.00386

Logie, R., Maylor, E., Della Sala, S., & Smith, G. (2004). Working memory in event-and time-based prospective memory tasks: Effects of secondary demand and age. European Journal of cognitive psychology, 16(3), 441–456.

Lourenco, S. F. & Longo, M. R. (2010).General magnitude representation in human infants. Psychological Science, 21(6), 873–881.

Lowry R (2001) Significance of a correlation coefficient. Available from: http://vassarstats.net/rsig.html.

Lu, A. T., Hodges, B., Zhang, J. J., & Zhang, J. X. (2009). Contextual effects on number–time interaction. Cognition, 113, 117–122.

Lu, B., Hui, M., and Yu–xia, H. (2005). The development of native Chinese affective picture system–A pretest in 46 college students. Chin. Ment. Health J. 19(11),719–722

Lui, M. A., Penney, T. B., & Schirmer, A. (2011). Emotion effects on timing: Attention versus pacemaker accounts. PLoS ONE, 6(7), e21829.

Luo, Y. M. , Huang, X. T. , Chen, Y. G. , Jackson, T. ,& Wei, D. T .(2010). Negativity bias of the self across time: an event–related potentials study. Neuroscience letters, 475, 69 ~73 .

Lustig, C., & Meck, W. H. (2011). Modality differences in timing and temporal memory throughout the lifespan. Brain and Cognition, 77, 298–303.

Macan, T., Gibson, J. M., & Cunningham, J. (2010). Will you remember to read this article later when you have time? the relationship between prospective memory and time management. Personality & Individual Differences, 48, 725–730.

Macar, F., Grondin, S., & Casini, L. (1994). Controlled attention sharing influences time estimation. Memory & Cognition, 22(6), 673–686.

Mackinlay, R. J., Kliegel, M., & Mäntylä, T. (2009). Predictors of time-based prospective memory in children. Journal of Experiment Child Psychology, 102, 251–264.

MacLeod, A. K. ,&Conway, C. (2005). Well-being and the anticipation of future positive experiences: The role of income, social networks, and planning ability. Cognition &emotion, 19 (3), 357–374 .

Maguire, E. A. (1997). The cerebral representation of space: insights from functional imaging data. Trends in Cognitive Science, 1(2), 62–68.

Makeig S (1993) Auditory event-related dynamics of the EEG spectrum and effects of exposure to tones. Electroencephalogr Clin Neurophysiol 86:283–293

Makeig S, Delorme A, Westerfield M, Jung TP, Townsend J, Courchesne E, Sejnowski TJ (2004) Electroencephalographic brain dynamics following manually responded visual targets. PLoS Biol,2(6),0747.

Mäntylä, T., Missier, F. D., & Nilsson, L. G. (2009). Age differences in multiple outcome measures of time-based prospective memory. Aging, Neuropsychology, and Cognition, 16, 708–720.

Manza P, Hau CL, Leung HC (2014) Alpha power gates relevant information during working memory updating. J Neurosci,34(17),5998–6002.

Manzey, D., & Lorenz, B. (1998). Mental performance during short-term and long-term spaceflight. Brain Research Reviews, 28, 215–221.

Marchant, J. L., & Driver, J. (2013). Visual and audiovisual effects of isochronous timing on visual perception and brain activity. Cerebral Cortex, 23(6), 1290–1298.

Maricq, A. V, Roberts, S., & Church, R. M. (1981). Methamphetamine and time estimation. J Exp Psychol Anim Behav Process, 7(1), 18–30.

Marsh, R. L., Hicks, J. L., Cook, G. I., Hansen, J. S., & Pallos, A. L. (2003). Interference to ongoing activities covaries with the characteristics of an event based intention. Journal of Experimental Psychology: Learning, Memory, and Cognition, 29(5), 861–870.

Martin, B. A., Brown, N. L., & Hicks, J. L. (2011). Ongoing task delays affect prospective memory more powerfully than filler task delays. Canadian Journal of Experimental Psychology,

65(1), 48-56.

Masin, S. C., Fanton, V., & Crestoni, L. (1988). An experimental study of the asymmetry effect in the method of constant stimuli. Psychological Research, 50, 181-182.

Maslow, A. H. (1962). Toward a psychology of being. Philosophy & Phenomenological Research, 25(2), 57-64.

Mates, J., Müller, U., Radil, T., & Pöppel, E. (1994). Temporal integration in sensorimotor synchronization. Journal of Cognitive Neuroscience, 6(4), 332-340.

Mathewson, K. E., Fabiani, M., Gratton, G., Beck, D. M., &Lleras, A. (2010). Rescuing stimuli from invisibility: Inducing a momentary release from visual masking with pre-target entrainment. Cognition, 115, 186-191.

Matlock, T., Ramscar, M., & Boroditsky, L. (2005). On the experiential link between spatial and temporal language. Cognitive Science, 29, 655-664.

Matsuda, F. (1996). Duration, distance, and speed judgments of two moving objects by 4-to 11-year olds. Journal of Experimental Child Psychology, 63, 286-311.

Mattes, S., & Ulrich, R. (1998). Directed attention prolongs the perceived duration of a brief stimulus. Perception and Psychophysics, 60(8), 1305-1317.

Matthews, W. J. (2011). Stimulus repetition and the perception of time: The effects of prior exposure on temporal discrimination, Judgment, and production. Plos One, 6(5), e19815.

Matthews, W. J., & Meck, W. H. (2014). Time perception: The bad news and the good. Wiley Interdisciplinary Reviews: Cognitive Science, 5, 429-446.

Matthews, W. J., Stewart, N., & Wearden, J. H. (2011). Stimulus intensity and the perception of duration. Journal of Experimental Psychology: Human Perception and Performance, 37 (1), 303-313.

Mauss, I. B., Cook, C. L., Cheng, J. Y., and Gross, J. J. (2007). Individual differences in cognitive reappraisal: experiential and physiological responses to an anger provocation. Int. J. Psychol. 66, 116-124. doi: 10.1016/j.ijpsycho.2007.03.017

Mauss, I. B., Evers, C., Wilhelm, F. H., and Gross, J. J. (2006). How to bite your tongue without blowing your top: implicit evaluation of emotion regulation predicts affective responding to anger provocation. Pers. Soc. Psychol. Bull. 32 (5), 589- 602. doi: 10.1177/0146167205283841

McAuley, J. D., & Jones, M. R. (2003). Modeling effects of rhythmic context on perceived duration: A comparison of interval and entrainment approaches to short-interval timing. Journal of Experimental Psychology: Human Perception and Performance, 29(6), , 1102–1125.

McBride, D. M., Beckner, J. K., & Abney, D. H. (2011). Effects of delay of prospective memory cues in an ongoing task on prospective memory task performance. Memory and Cognition, 39, 1222–1231.

McCabe, D. P., Roediger III, H. L., McDaniel, M. A., Balota, D. A., & Hambrick, D. Z. (2010). The relationship between working memory capacity and executive functioning: Evidence for a common executive attention construct. Neuropsychology, 24(2), 222–243.

Mcdonnell, E., & Achterberg, C. (2010). Separation of phasic arousal and expectancy effects in a speeded reaction time task via fMRI. Psychophysiology, 46, 163–171.

McGlone, M. S., & Harding, J. L. (1998). Back (or forward?) to the future: The role of perspective in temporal language comprehension. Journal of Experimental Psychology: Learning, Memory, and Cognition, 24(5), 1211–1223

Meck WH, Vatakis A, van Rijn H (2013) Timing & time perception enters a new dimension. Timing Time Percept 1:1–2.

Meck, W. H. (1983). Selective adjustment of the speed of internal clock and memory processes. J Exp Psychol Anim Behav Process, 9(2), 171–201.

Meck, W. H. (2010). Attentional bias between modalities: effect on the internal clock, memory, and decision stages used in animal time discrimination. Ann N Y Acad Sci, 423(1), 528–541.

Meck, W. H., & Church, R. M. (1983). A mode control model of counting and timing processes. Journal of Experimental Psychology: Animal Behavior Processes, 9(3), 320–334.

Mehta, R., & Zhu, R. J. (2009). Blue or red? Exploring the effect of color on cognitive task performances. Science, 323,1226–1229.

Meier, B. P., D'Agostino, P. R., Elliot, A. J., Maier, M. A.,& Wilkowski, B. M. (2012). Color in context: Psychological context moderates the influence of red on approach and avoidance–motivated behavior. PLoS One, 7(7), e40333.

Meier, B., Zimmermann, T. D., & Perrig, W. J. (2006). Retrieval experience in prospective memory: Strategic monitoring and spontaneous retrieval. Memory,14(7), 872– 889.

Meijer, D., te Woerd, E., & Praamstra, P. (2016). Timing of beta oscillatory synchronization and temporal prediction of upcoming stimuli. NeuroImage, 138, 233–241.

Mella, N., Conty, L., and Pouthas, V. (2011). The role of physiological arousal in time perception: psychophysiological evidence from an emotion regulation paradigm. Brain Cogn. 75

(2), 182–187. doi: 10.1016/j.bandc.2010.11.012

Meltzer JA, Negishi M, Mayes LC, Constable RT (2007) Individual differences in EEG theta and alpha dynamics during working memory correlate with fMRI responses across subjects. Clinical Neurophysiology, 118:2419–2436.

Meng, X., Yang, J., Cai, A., Ding, X. S., and Liu, W., Li, H., Yuan, J (2015). The neural mechanisms underlying the aging-related enhancement of positive affects: electrophysiological evidences. Front. Aging Neurosci. 7:143. doi: 10.3389/fnagi.2015.00143

Merchant, H., Harrington, D. L., & Meck, W. H. (2013). Neural basis of the perception and estimation of time. Annual Review of Neuroscience, 36, 313–336.

Merritt, D. J., Casasanto, D., & Brannon, E. M. (2010). Do monkeys think in metaphors? Representations of space and time in monkeys and humans. Cognition, 117(2) ,191–202.

Merzenich, M. M., Jenkins, W. M., Johnston, P., Schreiner, C., Miller, S. L., & Tallal, P. (1996). Temporal processing deficits of language-learning impaired children ameliorated by training. Science, 271, 77–81.

Method, Leuven University Press and Erlbaum, Leuven, Belgium and Hillsdale, NJ.

Meyer, T., Smeets, T., Giesbrecht, T., and Merckelbach, H. (2012). The efficiency of reappraisal and expressive suppression in regulating everyday affective experiences. Psychiatry Res. 200, 964–969. doi: 10.1016/j.psychres.2012.05.034

Michon, J. A., & Jackson, J. L. (1985). Time, mind, and behavior. Springer-Verlag Berlin, Heidelberg.

Michon, J. A. & Jackson, J. L. (1985). The compleat time experiencer. In Time, mind, and behavior (pp. 20–52). Berlin Heidelberg: Springer Verlag.

Miles, L. K., Tan, L., Noble, G. D., Lumsden, J., & Macrae, C. N. (2011). Can a mind have two time lines? Exploring space-time mapping in Mandarin and English speakers. Psychonomic Bulletin & Review, 18, 598–604.

Miller, J. E., Carlson, L. A., & McAuley, J. D. (2013). When what you hear influences when you see: Listening to an auditory rhythm influences the temporal allocation of visual attention. Psychological Science, 24(1), 11–18.

Minshew, N. J., Goldstein, G., & Siegel, D. J. (1997). Neuropsychologic functioning in autism: Profile of a complex information processing disorder. Journal of the International Neuropsychological Society, 3, 303–316.

Mioni, G., & Stablum, F. (2014). Monitoring behavior in a time-based prospective memory task: The involvement of executive functions and time perception. Memory, 22(5), 536–552.

Mioni, G., Stablum, F., McClintock, S. M., & Grondin, S. (2014). Different methods for reproducing time, different results. Attention, Perception, and Psychophysics, 76, 675–681.

Morillon B, Kell CA, Giraud AL (2009) Three stages and four neural systems in time estimation. J Neurosci,29(47),14803–14811.

Morillon, B., & Schroeder, C. E. (2015). Neuronaloscillations as a mechanistic substrate of auditory temporalprediction. Annals of the New York Academy of Sciences,1337,26–31.

Morillon, B., Schroeder, C. E., Wyart, V., & Arnal, L. H.(2016). Temporal prediction in lieu of periodic stimulation.The Journal of Neuroscience,36(8),2342–2347.

Morrone, M. C., Ross, J., & Burr, D. (2005). Saccadic eye movements cause compression of time as well as space.Nature Neuroscience, 8(7),950–954.

Murata, A., Moser, J. S., and Kitayama, S. (2013). Culture shapes electro cortical responses during emotion suppression. Soc. Cogn. Affect. Neurosci. 8, 595– 601.doi: 10.1093/scan/nss036

Murphy, G. L. (1996). On metaphoric representation. Cognition, 60, 173–204.

Murray, S. O., & Wojciulik, E. (2003). Attention increases neural selectivity in the human lateral occipital complex. Nature Neuroscience, 7(1), 70–74.

Musterberg, H. (1889). Beiträge zur experimentellen Psychologie: Heft 2. Freiburg, Germany: Akademische Verlagsbuchhandlung.

Näätänen, R., Astikainen, P., Ruusuvirta, T., & Huotilainen,M. (2010). Automatic auditory intelligence: An expression of the sensory–cognitive core of cognitive processes. Brain Research Reviews,64(1),123–136.

Näätänen, R., Paavilainen, P., Rinne, T., & Alho, K. (2007).The mismatch negativity (MMN) in basic research of central auditory processing: A review. Clinical Neurophysiology, 118,2544–2590.

Néda, Z., Ravasz, E., Brechet, Y., Vicsek, T., & Barabási, A.L. (2000). Self–organizing processes: The sound of many hands clapping. Nature,403,849–850.

Neumann, O., & Niepel, M. (2004). Timing of "perception" and perception of "time". In: C. Kärnbach, E. Schröger, &H. Müller. (Eds.) Psychophysics beyond sensation: laws and invariants of human cognition (pp. 245–269). Mahwah, NJ: Erlbaum.

New, J. J., & Scholl, B. J. (2009). Subjective time dilation: Spatially local, object–based, or a global visual experience? Journal of Vision, 9(2):4, 1–11.

Niedźwieńska, A., & Barzykowski, K. (2012). The age prospective memory paradox within the same sample in time-based and event-based tasks. Aging, Neuropsychology, and Cognition, 19(1-2), 58-83.

Nigro, G., & Cicogna, P. C. (2000). Does delay affect prospective memory performance? European Psychologist, 5(3), 228-233.

Nigro, G., Senese, V. P., Natullo, O., & Sergi, I. (2002). Preliminary remarks on type of task and delay in children's prospective memory. Perceptual and Motor Skills, 95, 515-519.

Nose, Z., Inoue, K., Tsutsui, K., Sakurai, Y., Niki, H., &Taira, M. (2001). Brain mechanisms for time and space interval perception. Neuroimage,13(6), 921.

Noulhiane, M., Mella, N., Samson, S., Ragot, R., and Pouthas, V. (2007). How emotional auditory stimuli modulate time perception. Emotion ,7 (4), 697- 704.doi: 10.1037/1528-3542.7.4.697

Nozaradan, S., Zerouali, Y., Peretz, I., & Mouraux, A.(2015). Capturing with EEG the neural entrainment and coupling underlying sensorimotor synchronization to the beat. Cerebral Cortex,25(3),736-747.

Nuttin, J. (2014). Future time perspective and motivation: Theory and research method. Psychology Press.

Oettingen, G. , Pak, H-J. ,&Schnetter, K. (2001). Self-regulation of goal-setting: Turning free fantasies about the future into binding goals. Journal of personality and social psychology, 80(5), 736-753 .

Ogden, R. S., Moore, D., Redfern, L., & McGlone, F. (2015). The effect of pain and the anticipation of pain on temporal perception: A role for attention and arousal. Cognition and Emotion, 29(5), 910-922.

Okun, M. A. , Dittburner, J. L. ,&Huff, B. P. (2006 ). Perceived changes in well-being: The role of chronological age, target age, and type of measure. The International Journal of Aging and Human Development, 63(4), 259-278 .

Oliveri, M., Koch, G., & Caltagirone, C. (2009).Spatial-temporal interactions in the human brain. Experimental Brain Research, 195, 489-497.

Oliveri, M., Koch, G., Salerno, S., Torriero, S., Gerfo, E. L.,& Caltagirone, C. (2009). Representation of time intervals in the right posterior parietal cortex: Implications for a mental time line. Neuroimage, 46, 1173-1179.

Oliveri, M., Vicario, C. M., Salerno, S., Koch, G., Turriziani, P., Mangano, R., Chillemi, G.

& Caltagirone, C. (2008). Perceiving numbers alters time perception. Neuroscience Letters, 438, 308–311.

Olton DS (1989) Frontal cortex, timing and memory. Neuropsychologia, 27(1), 121–130.

Ono, F., & Kawahara, J. (2005). The effect of unconscious priming on temporal production. Consciousness and Cognition, 14, 474–482.

Ono, F., &Kawahara, J.I.(2007).The subjective size of visual stimuli affects the perceived duration of their presentation. Perception and Psychophysics, 69(6), 952–957.

Onton J, Delorme A, Makeig S (2005) Frontal midline EEG dynamics during working memory. NeuroImage 27:341–356.

O'Reilly, J. X., Mesulam, M. M., & Nobre, A. C. (2008). The cerebellum predicts the timing of perceptual events. Journal of Neuroscience, 28(9), 2252–2260.

Orsini, A., Schiappa, O., & Grossi, D. (1981). Sex and cultural differences in children's spatial and verbal memory span. Perceptual and Motor Skills, 53, 39–42.

Ortega, L., & López, F. (2008). Effects of visual flicker on subjective time in a temporal bisection task. Behavioural Processes, 78, 380–386.

Ortega, L., Lopez, F., & Church, R. M. (2009). Modality and intermittency effects on time estimation. Behavioural Processes, 81, 270–273.

Ouellet, M. , Santiago, J. , Israeli, Z. , & Gabay, S. . (2009). Is the future the right time?. Experimental Psychology, 57(4), 308–314.

Ouellet, M., Santiago, J., Funes, M. J., & Lupiáñez, J. (2010).Thinking about the future moves attention to the right. Journal of Experimental Psychology: Human Perception and Performance, 36(1), 17–24.

Owen, A. M., Mcmillan, K. M., Laird, A. R., & Bullmore, E. (2005). N-back working memory paradigm: a meta-analysis of normative functional neuroimaging studies. Human Brain Mapping, 25, 46–59.

Palva S, Palva JM (2007) New vistas for alpha-frequency band oscillations. Trends in Neurosciences, 30(4),150–158.

Pan, Y., & Luo, Q. Y. (2012). Working memory modulates the perception of time. Psychonomic Bulletin & Review, 19, 46–51.

Pariyadath, V., & Eagleman, D. M. (2007). The effect of predictability on subjective duration. Plos One, 2(11), e1264.

Pariyadath, V., & Eagleman, D. M. (2008). Brief subjective durations contract with repetition. Journal of Vision, 8(16):11, 1-6.

Pariyadath, V., & Eagleman, D. M. (2012). Subjective duration distortions mirror neural repetition suppression. Plos One, 7(12), e49362.

Parncutt, R. (1994). A perceptual model of pulse salience and metrical accent in musical rhythms. Music Perception: An Interdisciplinary Journal, 11(4), 409-464.

Pashler, H. (1998). The psychology of attention. Cambridge, MA: MIT Press. Pöppel, E. (1994). Temporal mechanisms in perception. International Review of Neurobiology, 37, 185-202.

Paul, S., Simon, D., Kniesche, R., Kathmann, N., and Endrass, T. (2013). Timing effects of antecedent- and response-focused emotion regulation strategies. Biol.Psychol. 94, 136-142. doi: 10.1016/j.biopsycho.2013.05.019

Paul, B. T., Sederberg, P. B., & Feth, L. L. (2015). Imagined temporal groupings tune oscillatory neural activity for processing rhythmic sounds. Timing & Time Perception, 3,172-188.

Pavot, W. (2014). Temporal Satisfaction with Life Scale (TSWLS). Encyclopedia of Quality of Life and Well-Being Research, 6609-6611.

Pavot, W., Diener, E., &Suh, E. (1998). The temporal satisfaction with life scale. Journal of Personality Assessment, 70(2), 340-354.

Pazda, A. D., Elliot, A. J., & Greitemeyer, T. (2014). Perceived sexual receptivity and fashionableness: Separate paths linking red and black to perceived attractiveness. Color Research& Application, 39(2), 208-212.

Peiduo, L., Wenjing, Y., Jia, C., Xiting, H., & Antao, C. (2013). Alertness modulates conflict adaptation and feature integration in an opposite way. Plos One, 8(11), e79146.

Penney, T. B. (2003). Modality differences in interval timing: Attention, Clock Speed, and Memory.

Penney, T. B., Gibbon, J., & Meck, W. H. (2000). Differential effects of auditory and visual signals on clock speed and temporal memory. Journal of Experimental Psychology: Human Perception and Performance, 26(6), 1770-1787.

Penney, T. B., Holder, M. D., & Meck, W. H. (1996). Clonidine-induced antagonism of norepinephrine modulates the attentional processes involved in peak-interval timing. Experimental and Clinical Psychopharmacology, 4(1), 82-92.

Petróczi, A., & Aidman, E. (2008). Psychological drivers in doping: The life-cycle model of performance enhancement. Substance Abuse Treatment, Prevention, and Policy, 3, 7.

Polich J (2007) Updating p300: an integrative theory of P3a and P3b. Clinical Neurophysiology, 118,2128–2148.

Polich J, Criado JR (2006) Neuropsychology and neuropharmacology of P3a and P3b. Int J Psychophysiol 60:172–185.

Polivy, J. (1998). The effects of behavioral inhibition: integrating internal cues, cognition, behavior, and affect. Psychol. Inq. 9(3), 181–204. doi: 10.1207/s15327965pli0903_1

Poppel E (1997) A hierarchical model of temporal perception. Trends Cogn Sci ,1(2),56–61.

Poquette, A. J., Moore, D. J., Gouaux, B., Morgan, E. E., Grant, I., Woods, S.P., & The HNRP Group. (2013). Prospective memory and antiretroviral medication non–Adherence in HIV: An analysis of ongoing task delay length using the memory for intentions screening test. Journal of the International Neuropsychological Society, 19, 155–161.

Posner, M. I., & Petersen, S. E. (2012). The attention system of the human brain : 20 Years After. Annual Review of Neuroscience, 35, 73–89.

Posner, M. I., & Rothbart, M. K. (2007). Research on attention networks as a model for the integration of psychological science. Annual Review of Psychology, 58, 1–23.

Previtali, P., de Hevia, M. D., & Girelli, L. (2010). Placing order in space: the snarc effect in serial learning. Experimental Brain Research, 201, 599–605.

Radden, G. (2003). The metaphor TIME AS SPACE across languages. Zeitschrift für interkulturellen Fremdsprachenunterricht, 8(2).

Rammsayer, T. H., & Lima, S. D. (1991). Duration discrimination of filled and empty auditory intervals: Cognitive and perceptual factors. Perception and Psychophysics, 50(6), 565–574.

Rammsayer, T. H., & Ulrich, R. (2001). Counting models of temporal discrimination. Psychonomic Bulletin and Review, 8(2), 270–277.

Rammsayer, T. H., & Ulrich, R. (2005). No evidence for qualitative differences in the processing of short and long temporal intervals. Acta Psychologica, 120, 141–171.

Rammsayer, T., & Ulrich, R. (2011). Elaborative rehearsal of nontemporal information interferes with temporal processing of durations in the range of seconds but not milliseconds. Acta Psychologica, 137, 127–133.

Ranganath, C., & Rainer, G. (2003). Neural mechanisms for detecting and remembering novel events. Nature Reviews Neuroscience, 4, 193–202.

Ranzini, M., Dehaene, S., Piazza, M., & Hubbard, E. M. (2009). Neural mechanisms of attentional shifts due to irrelevant spatial and numerical cues. Neuropsychologia, 47, 2615–2624.

Rao, S. M., Mayer, A. R., Harrington, D. L. et al. ( 2001 ) . The evolution of brain activation during temporal processing. Nature Neuroscience, 4 (3) , 317–323.

Rattat AC (2010) Bidirectional interference between timing and concurrent memory processing in children. J Exp Child Psychol106:145–162.

Rattat AC, Picard D (2012) Short–term memory for auditory and visual durations: evidence for selective interference effects. Psychol Res76:32–40.

Rattat, A. C., & Droit–Volet, S. (2012). What is the best and easiest method of preventing counting in different temporal tasks? Behavior Research methods, 44, 67–80.

Richards, J. M., and Gross, J. J. (2000). Emotion regulation and memory: the cognitive costs of keeping one' s cool. J. Pers. Soc. Psychol. 79 (3), 410– 424.doi: 10.1037/0022-3514.79.3.410

Richdale, A. L., & Prior, M. R. (1995). The sleep/wake rhythm in children with autism. European Child & Adolescent Psychiatry, 4(3), 175–186.

Rimmele, J., Jolsvai, H., & Sussman, E. (2011). Auditory target detection is affected by implicit temporal and spatial expectations. Journal of Cognitive Neuroscience,23 (5) , 1136–1147

Roberts BM, Hsieh LT, Ranganath C (2013) Oscillatory activity during maintenance of spatial and temporal information in working memory. Neuropsychologia 51:349–357.

Roberts, W. A., & Mitchell, S. (1994). Can a pigeon simultaneously process temporal and numerical information. Journal of Experimental Psychology Animal Behavior Processes, 20(1), 66–78.

Robertson, I. H., Mattingley, J. B., Rorden ., C., & Driver ., J. (1998). Phasic alerting of neglect patients overcomes their spatial deficit in visual awareness. Nature, 395, 169–172.

Rohenkohl, G., Coull, J. T., & Nobre, A. C. (2011). Behavioral dissociation between exogenous and endogenous temporal orienting of attention. PLoSONE, 6(1), e14620.

Rohenkohl, G., Cravo, A. M., Wyart, V., & Nobre, A. C.(2012). Temporal expectation improves the quality of sensory information. The Journal of Neuroscience, 32(24),8424–8428.

Roitman, J. D., Brannon, E. M., Andrews, J. R., & Platt, M. L.( 2007) . Nonverbal representation of time and number in adults. Acta Psychologica, 124, 296–318.

Rorden, C., Mattingley, J. B., Karnath, H. O., & Driver, J.(1997). Visual extinction and prior entry: impaired perception of temporal order with intact motion perception after unilateral parietal damage. . Neuropsychologia, 35(4),421–433.

Rose, D., & Summers, J. (1995). Duration illusions in a train of visual stimuli. Perception, 24, 1177–1187.

Ross, M. , Heine, S. J. , Wilson, A. E. ,&Sugimori, S. (2005 ). Cross–cultural discrepancies in self–appraisals. Personality and Social Psychology Bulletin, 31(9), 1175–1188 .

Ross, M. ,&Newby–Clark, I. R. ( 1998 ). Construing the past and future. Social Cognition, 16(1), 133–150 .

Roux F, Uhlhaas PJ (2014) Working memory and neural oscillations: alpha–gamma versus theta–gamma codes for distinct WM information? Trends Cogn Sci ,18(1),16–25.

Roy, M., Kuroda, T., & Grondin, S. (2011). Effect of space on auditory temporal processing with a single–stimulus method. Advances in sound localization, 95–104.

Ruth, A., Sandra, S., Johanna, F., and Michèle, W. (2014). Regulating the blink: cognitive reappraisal modulates attention. Front. Psychol. 5:143. doi: 10.3389/fpsyg.2014.00143

Sadeghi, N. G., Pariyadath, V., Apte, S., Eagleman, D. M., & Cook, E. P. (2011). Neural correlates of subsecond time distortion in the middle temporal area of visual cortex. Journal of Cognitive Neuroscience, 23(12), 3829–3840.

Sakurai Y, Takahashi S, Inoue M (2004) Stimulus duration in working memory is represented by neuronal activity in the monkey prefrontal cortex. Eur J Neurosci 20:1069–1080.

Saleh , M. , Reimer , J. , Penn , R. , Ojakangas , C. L. , & Hatsopoulos,N. G. (2010). Fast and slow oscillations in human primary motor cortex predict oncoming behaviorally relevant cues. Neuron , 65 , 461–471.

Sameiro–Barbosa , C. M. , & Geiser , E. (2016). Sensory entrainment mechanisms in auditory perception: Neural synchronization and cortico–striatal activation. Frontiers in Neuroscience , 10 , 361.

Sanabria, D., & Correa, Á. (2013). Electrophysiological evidence of temporal preparation driven by rhythms in audition. Biological Psychology, 92(2), 98–105.

Sanabria , D. , Capizzi , M. , & Correa , Á. (2011). Rhythms that speed you up. Journal of Experimental Psychology: Human Perception and Performance , 37(1) , 236–244.

Santiago, J., Lupáñez, J., Pérez, E., & Funes, M. J. (2007). Time (also) flies from left to right. Psychonomic Bulletin & Review, 14(3), 512–516.

Santiago, J., Román, A., Ouellet, M., Rodríguez, N., & Pérez–Azor, P. (2010). In hindsight, life flows from left to right. Psychological Research,74, 59–70.

Sarrazin, J. C., Giraudo, M. D., & Pittenger, J. B. (2007).Tau and Kappa effects in physical space: the case of audition. Psychological Research, 71, 201-218.

Sarrazin, J. C., Giraudo, M. D., Pailhous, J., & Bootsma, R. J.(2004). Dynamics of balancing space and time in Memory: Tau and Kappa effects revisited.Journal of Experimental Psychology: Human Perception and Performance, 30(3),411-430.

Sauseng P, Klimesch W, Doppelmayr M, Pecherstorfer T,Freunberger R, Hanslmayr S (2005) EEG alpha synchronization and functional coupling during top-down processing in a working memory task. Hum Brain Mapp 26:148-155.

Scharlau I. (2004). Evidence against a response bias in temporal order judgments with attention manipulation by masked primes. Psychological Research, 68, 224-236.

Scharlau, I., & Neumann, O. (2003). Perceptual latency priming by masked and unmasked stimuli: Evidence for an attentional interpretation. Psychological Research, 67,184-196.

Scharlau, I., & Neumann, O. (2003). Temporal parameters and time course of perceptual latency priming. Acta Psychologica, 113, 185-203.

Schindel, R., Rowlands, J., & Arnold, D. H. (2011). The oddball effect: Perceived duration and predictive coding. Journal of Vision, 11(2):17, 1-9.

Schirmer, A. (2004). Timing speech: A review of lesion and neuroimaging findings. Cognitive Brain Research, 21, 269-287.

Schleidt, M., Eibl-Eibesfeldt, I., & Pöppel, E. (1987). A universal constant in temporal segmentation of human short-term behavior. Natur wissenschaften, 74, 289-290.

Schloss, K. B., & Palmer, S. E. (2015). Ecological aspects of color preference. In A. J. Elliot, M. D. Fairchild, &A. Franklin (Eds.), Handbook of color psychology (pp.435-453). Cambridge, England: Cambridge University Press.

Schneider, K. A., & Bavelier, D. (2003). Components of visual prior entry. Cognitive Psychology, 47, 333-366.

Schneider, K. A., & Komlos, M. (2008). Attention biases decisions but does not alter appearance. Journal of Vision, 8(15):3, 1-10.

Schroeder, C. E., & Lakatos, P. (2009). Low-frequency neuronal oscillations as instruments of sensory selection. Trends in Neurosciences, 32(1), 9-18.

Schroeder, C. E., Lakatos, P., Kajikawa, Y., Partan, S., &Puce, A. (2008). Neuronal oscillations and visual amplification of speech. Trends in Cognitive Sciences, 12(3), 106-113.

Schwartz, M. A., Winkler, I., and Sedlmeier, P. (2013). The heart beat does not make us tick: the impacts of heart rate and arousal on time perception. Attent. Percept.Psychophys. 75, 182–193. doi: 10.3758/s13414-012-0387-8

Schwartze, M., Rothermich, K., Schmidt-Kassow, M., & Kotz, S. A. (2011).Temporal regularity effects on pre-attentive and attentive processing of deviance. Biological Psychology, 87, 146–151.

Scullin, M. K., & McDaniel, M. A. (2010). Remembering to execute a goal: Sleep on it! Psychological Science, 21(7), 1028–1035.

Searleman, A. (2013). Personality variables and prospective memory performance. Basic and applied memory research: Practical applications, 2, 111–119.

Sederer, L., M.D., Belmont, Mass (1998). A way of looking at things: selected papers from 1930 to 1980 by Erik H. Erikson. American Journal of Psychiatry, 155(1), 147–149.

Sedikides, C. ,&Hepper, E. G. ( 2009 ). Self-improvement. Social and Personality Psychology Compass, 3, 899–917 .

Séguin, J. A. (2013). The Effect of Emotion on Time Perception for Complex Visual Stimuli. Wellington: Victoria University of Wellington.

Seifried, T., & Ulrich, R. (2010). Does the asymmetry effect inflate the temporal expansion of odd stimuli? Psychological Research, 74, 90–98.

Sheng, F., & Han, S. H. (2012). Manipulations of cognitive strategies and intergroup relationships reduce the racial bias in empathic neural responses. NeuroImage, 61, 786–797.

Sheppes, G., Suri, G., and Gross, J. J. (2015). Emotion regulation and psychopathology. Annu. Rev. Clin. Psychol. 11, 379–405. doi: 10.1146/annurevclinpsy-032814-112739

Shi, J., Zhang, C., & Jiang, F. (2015). Does red undermine individuals' intellectual performance? A test in China. International Journal of Psychology, 50(1), 81–84.

Shibasaki, M., & Masataka, N. (2014). The color red distorts time perception for men, but not for women. Scientific Reports, 4, 5899.

Simon, D., Craig, K. D., Gosselin, F., Belin, P., & Rainville, P. (2008). Recognition and discrimination of prototypical dynamic expressions of pain and emotions. Pain, 135, 55–64.

Smets, G. (1969). Time expression of red and blue. Perceptual and Motor Skills, 29(2), 511–514.

Smith, J. G., Harper, D. N., Gittings, D., & Abernethy, D.(2007). The effect of Parkinson's disease on time estimation as a function of stimulus duration range and modality. Brain and Cognition, 64, 130–143.

Smith, R. E. (2003). The cost of remembering to remember in event-based prospective memory: investigating the capacity demands of delayed intention performance. Journal of Experimental Psychology: Learning, Memory, and Cognition, 29(3), 347-361.

Smith, S. D., Mciver, T. A., Di Nella, M. S., and Crease, M. L. (2011). The effects of valence and arousal on the emotional modulation of time perception: evidence for multiple stages of processing. Emotion,11(6), 1305-1313. doi: 10.1037/a0026145

Smith, W. F. (1933). The relative quickness of visual and auditory perception. Journal of Experimental Psychology, 16(2), 239-257.

Smyth, M. M., & Scholey, K. A. (1992). Determining spatial span: The role of movement time and articulation rate. The Quarterly Journal of Experimental Psychology: Section A, 45(3),479-501.

Soto, D., Heinke, D., & Humphreys, G. W. (2005). Early, involuntary top-down guidance of attention from working memory. Journal of Experimental Psychology: Human Perception and Performance, 31(2), 248-261.

Soto, D., Hodsoll, J., & Rotshtein, P. & Humphreys, GW. (2008). Automatic guidance of attention from working memory. Trends in Cognitive Sciences, 12(9), 342-348.

Soto, D., Humphreys, G. W., & Heinke, D. (2006). Working memory can guide pop-out search. Vision Research, 46, 1010-1018.

Spence, C., Shore, D. I., & Klein, R. M. (2001). Multisensory prior entry. Journal of Experimental Psychology: General, 130(4),799-832.

Spielberger, C. (1970). STAI manual for the State-trait anxiety inventory. SelfEvaluat. Quest. 4, 1-24.Tipples, J. (2008). Negative emotionality influences the effects of emotion on time perception. Emotion 8, 127-131. doi: 10.1037/1528-3542.8.1.127

Srinivasan, M., & Carey, S. (2010). The long and the short of it: On the nature and origin of functional overlap between representations of space and time. Cognition, 116,217-241.

Staudinger, U. M. , Bluck, S. ,&Herzberg, P. Y. (2003). Looking back and looking ahead: adult age differences in consistency of diachronous ratings of subjective well-being. Psychology and Aging, 18(1), 13-24 .

Stauffer, C. C., Haldemann, J., Troche, S. J., & Rammsayer, T. H. (2012). Auditory and visual temporal sensitivity: evidence for a hierarchical structure of modality-specific and modality-independent levels of temporal information processing. Psychological Research, 76, 20-31.

Stolz, J. A. (1999). Word recognition and temporal order judgments: Semantics turns back the clock. Canadian Journal of Experimental Psychology, 53(4), 316–322.

Sturm ., W., & Willmes ., K. (2001). On the functional neuroanatomy of intrinsic and phasic alertness. Neuroimage, 14, S76–S84.

Summerfield, C., Trittschuh, E. H., Monti, J. M., Mesulam, M. M., & Egner, T. (2008). Neural repetition suppression reflects fulfilled perceptual expectations. Nature Neuroscience, 11 (9), 1004–1006.

Suresh K, Chandrashekara S (2012) Sample size estimation and power analysis for clinical research studies. J Hum Reprod Sci,5(1),7–13.

Sussman, E., Winkler, I., Huotilainen, M., Ritter, W., & Näätänen, R. (2002). Top down effects can modify the initially stimulus–driven auditory organization. Cognitive Brain Research, 13(3), 393–405.

Suto, Y. (1955). The effect of space on time estimation(S–effect) in tactual space. II: The role of vision in the Seffect upon skin. Japanese Journal of Psychology, 26,94–99.

Sylvie, D. V., & Meck, W. H. (2007). How emotions colour our perception of time. Trends in Cognitive Sciences, 11(12), 504–513.

Szelag E, Kowalska J, Rymarczyk K, Poppel E (2002) Duration processing in children as determined by time reproduction: implications for a few seconds temporal window. Acta Psychol, 110, 1–19.

Szelag, E. (1997). Temporal integration of the brain as studied with the metronome paradigm. In Time, temporality, now (pp. 121–131). Berlin Heidelberg: Springer.

Szelag, E., Kowalska, J., Rymarczyk, K., & Pöppel, E. (1998). Temporal integration in a subjective accentuation task as a function of child cognitive development. Neuroscience Letters, 257(2), 69–72.

Szelag, E., von Steinbüchel, N., Reiser, M., Gilles de Langen, E., & Pöppel, E. (1996). Temporal constraints in processing of nonverbal rhythmic patterns. Acta Neurobiologiae Experimentalis, 56(1), 215–225.

Tafti, M., Besset, A., & Billiard, M. (1992). Effects of zopiclone on subjective evaluation of sleep and daytime alertness and on psychomotor and physical performance tests in athletes. Progress in Neuro–Psychopharmacology & Biological Psychiatry. 16,55–63.

Takata, T. (2003 ). Self–Enhancement and Self–Criticism in Japanese Culture An Experimental Analysis. Journal of Cross–Cultural Psychology, 34(5), 542–551 .

Taylor, S. E. ,&Brown, J. D. (1988 ). Illusion and well–being: asocial psychological perspective on mental health. Psychological bulletin, 103(2), 193 ~210 .

Teki, S., & Griffiths, T. D. (2014). Working memory for time intervals in auditory rhythmic sequences. Frontiers in Psychology, 5, 1329.

Theeuwes, J., & Van der Burg, E. (2013). Priming makes a stimulus more salient. Journal of Vision, 13(3):21, 1–11.

Thessaloniki,Greece.Bouwer, F. L., & Honing, H. (2015). Temporal attending andprediction influence the perception of metrical rhythm:Evidence from reaction times and ERPs.. Frontiers inPsychology, 6, 1094.

Thomas, E. A. C., & Weaver, W. B. (1975). Cognitive processing and time perception. Perception and Psychophysics, 17(4), 363–367.

Tipples, J. (2008). Negative emotionality influences the effects of emotion on time perception. Emotion, 8(1), 127–131.

Tipples, J., Brattan, V., & Johnston, P. (2015). Facial emotion modulates the neural mechanisms responsible for short interval time perception. Brain Topography, 28, 104–112.

Todd, J. T., Chen, L., & Norman, J. F. (1998). On the relative salience of Euclidean, affine, and topological structure for 3–D form discrimination. Perception, 27, 273–282.

Torralbo, A., Santiago, J., & Lupiáñez, J. (2006). Flexible conceptual projection of time onto spatial frames of reference. Cognitive Science, 30, 745–757.

Treisman, M. (1963). Temporal discrimination and the indifference interval: Implications for a model of the" internal clock". Psychological Monographs: General and Applied, 77(13), 1–31.

Treisman, M., Faulkner, A., Naish, P. L., & Brogan, D. (1990). The internal clock: Evidence for a temporal oscillator underlying time perception with some estimates of its characteristic frequency. Perception, 19, 705–742.

Tresilian, J.R. (1995). Perception and cognitive processes in time to contact estimation: Analysis of prediction– motion and relative judgment tasks. Perception & Psychophysics, 57 (2), 231—245

Triviño, M., Arnedo, M., Lupiáñez, J., Chirivella, J., & Correa, Á. (2011).Rhythms can overcome temporal orienting deficit after right frontal damage. Neuropsychologia, 49, 3917–3930.

Tse, P. U., Intriligator, J., Rivest, J., & Cavanagh, P. (2004). Attention and the subjective expansion of time. Perception, & Psychophysics, 66(7), 1171–1189.

Tuladhar AM, ter Huurne N, Schoffelen JM, Maris E, Oostenveld R,Jensen O (2007) Parieto-occipital sources account for the increase in alpha activity with working memory load. Hum Brain Mapp 28:785–792.

Tversky, B., Kugelmass, S., & Winter, A. (1991). Cross- cultural and developmental trends in graphic productions. Cognitive psychology, 23, 515–557.

Ulbrich P, Churan J, Fink M, Wittmann M (2007) Temporal reproduction: further evidence for two processes. Acta Psychol,125:51–65.

Ulrich, R., & Maienborn, C. (2010). Left–right coding of past and future in language: The mental timeline during sentence processing. Cognition, 117, 126–138.

Ulrich, R., Nitschke, J., & Rammsayer, T. (2006). Cross modal temporal discrimination: Assessing the predictions of a general pacemaker–counter model. Perception and Psychophysics, 68(7), 1140–1152.

Ulrich, R., Nitschke, J., & Rammsayer, T. (2006). Perceived duration of expected and unexpected stimuli. Psychological Research, 70, 77–87.

Unsworth, N., Heitz, R. P., Schrock, J. C., & Engle, R. W. (2005). An automated version of the operation span task. Behavior Research Methods, 37(3), 498–505.

Unsworth, N., Redick, T. S., Heitz, R. P., Broadway, J. M., & Engle, R. W. (2009). Complex working memory span tasks and higher–order cognition: A latent–variable analysis of the relationship between processing and storage. Memory, 17(6), 635–654.

Vallesi, A., Binns, M. A., & Shallice, T. (2008). An effect of spatial–temporal association of response codes: Understanding the cognitive representations of time. Cognition, 107, 501–527.

Valsecchi, M., Vescovi, M., & Turatto, M. (2010). Are the effects of attention on speed judgments genuinely perceptual? Attention, Perception, & Psychophysics, 72(3),637–650.

van Dijck, J. P., & Fias, W. (2011). A working memory account for spatial–numerical associations. Cognition, 119, 114–119.

Van Eijk, R. L. J., Kohlrausch, A., Juola, J. F., & van de Par, S.(2008). Audiovisual synchrony and temporal–order judgments: effects of experimental method and stimulus type. Perception & Psychophysics, 70(6), 955–968.

Van Wassenhove, V., Buonomano, D. V, Shimojo, S., & Shams, L. (2008). Distortions of subjective time perception within and across senses. PloS One, 3(1), e1437.

van Wassenhove, V., Wittmann, M., Craig, A. D., & Paulus, P. (2011). Psychological and neural mechanisms of subjective time dilation. Frontiers in Neuroscience, 5, 56.

van Wassenhove, V. (2016). Temporal cognition and neural oscillations. Current Opinion in Behavioral Sciences, 8,124–130.

Vatakis, A., & Spence, C. (2007). Cross modal binding: evaluating the "unity assumption" using audiovisual speech stimuli. Perception & Psychophysics, 69(5),744–756.

Vatakis, A., Navarra, J., Soto–Faraco, S., & Spence, C. (2008).Audiovisual temporal adaptation of speech: Temporal order versus simultaneity judgments. Experimental Brain Research, 185, 521–529.

Vicario, C. M., Pecoraro, P., Turriziani, P., Koch, G. Caltagirone, C., & Oliveri, M. (2008). Relativistic compression and expansion experiential time in the left and right space. PLoS ONE, 3 (3), e1716.

Vilkki, J., Holst, P., Öhman, J., Servo, A., & Heiskanen, O. (1989). Cognitive deficits related to computed tomographic findings after surgery for a ruptured intracranial aneurysm. Neurosurgery, 25(2), 166–172.

Vogt, J., and De Houwer, J. (2014). Emotion regulation meets emotional attention: the influence of emotion suppression on emotional attention depends on the nature of the distracters. Emotion 14, 840–845. doi: 10.1037/a0037399

Volkinburg, H. V., and Balsam, P. (2014). Effects of emotional valence and arousal on time perception. Timing Time Percept. 2, 360–378. doi: 10.1163/22134468–00002034

Wackermann, J., & Spati, J.(2006).Asymmetry of the discrimination function for temporal durations in human subjects. Acta Neurobiologiae Experimentalis, 66, 245–254.

Walker, J. T., & Scott, K. J. (1981). Auditory–visual conflicts in the perceived duration of lights, tones, and gaps. Journal of Experimental Psychology: Human Perception and Performance, 7(6), 1327–1339.

Walsh, V. (2003). A theory of magnitude: common cortical metrics of time, space and quantity. Trends in Cognitive Sciences, 7(11), 483–488.

Wang, B., Zhou, T. G., Zhuo, Y., & Chen, L. (2007). Global topological dominance in the left hemisphere. Proceedings of the National Academy of Sciences of the United States of America, 104(52), 21014–21019.

Wang, L., & Jiang, Y. (2012). Life motion signals lengthen perceived temporal duration. Proceedings of the National Academy of Sciences, 109(11), 673–677.

Wang, N., Wang, J. Y., and Luo, F. (2016). Neurophysiological mechanisms and effects of emotional regulation on time perception. Acta Physiologica Sinica, 68(4),464-474.

Wearden, J. H., Edwards, H., Fakhri, M., & Percival, A. (1998). "sounds are judged longer than lights": Application of a model of the internal clock in humans. The Quarterly Journal of Experimental Psychology: Section B, 51(2), 97-120.

Weger, U. W., & Pratt, J. (2008). Time flies like an arrow: Space-time compatibility effects suggest the use of a mental timeline. Psychonomic Bulletin & Review, 15(2), 426-430.

Weinbach, N., & Henik, A. (2011). Phasic alertness can modulate executive control by enhancing global processing of visual stimuli. Cognition, 121, 454-458.

Weinborn, M., Woods, S. P., Nulsen, C., & Park, K. (2011). Prospective memory deficits in Ecstasy users: Effects of longer ongoing task delay interval. Journal of Clinical and Experimental Neuropsychology, 33(10), 1119-1128.

West, R. L., & Crook, T. H. (1990). Age differences in everyday memory: Laboratory analogues of telephone number recall. Psychology and Aging, 5(4), 520-529.

Wieland, E. A., McAuley, J. D., Dilley, L. C., & Chang, S. E. (2015). Evidence for a rhythm perception deficit in children who stutter. Brain and Language, 144, 26-34.

Williams, D. (1996). Autism-an Inside-out Approach: An Innovative Look at the Mechanics of' autism' and Its Developmental' cousins'. Jessica Kingsley Publishers.

Wing, L. (1997). The autistic spectrum. The Lancet, 350(9093), 1761-1766.

Winkler, I., Háden, G. P., Ladinig, O., Sziller, I., & Honing,H. (2009). Newborn infants detect the beat in music. Proceedings of the National Academy of Sciences of the United States of America, 106(7), 2468-2471.

Witherspoon, D., & Allan, L. G. (1985). The effect of a prior presentation on temporal judgments in a perceptual identification task. Memory and Cognition, 13(2), 101-111.

Wittmann, M. (1999). Time perception and temporal processing levels of the brain. Chronobiology International, 16(1), 17-32.

Wittmann, M., Burtscher, A., Fries, W., & von Steinbüchel, N. (2004). Effects of lesion size and location on temporal-order judgment in brain-injured patients. Neuroreport, 15(15), 2401-2405.

Wittmann, M., Carter, O., Hasler, F., Cahn, B. R., Grimberg, U., Spring, P., Vollenweider, F. X. (2007). Effects of psilocybin on time perception and temporal control of behaviour in humans. Journal of Psychopharmacology, 21(1), 50-64.

Wixted, J. T., & Ebbeson, E. B. (1991). On the form of forgetting. Psychological Science,

2(6), 409–415.

Woodrow, H. (1930). The reproduction of temporal intervals. Journal of Experimental Psychology, 13(6), 473–499.

Woods, D. L., Alho, K., & Algazi, A. (1992). Intermodal selective attention. I. Effects on event–related potentials to lateralized auditory and visual stimuli. Electroencephalography and Clinical Neurophysiology, 82, 341–355.

Woods, S. P., Moran, L. M., Dawson, M. S., Carey, C. L., Grant, I., & The HI Neurobehavioral Research Center (HNRC) Group. (2008). Psychometric characteristics of the memory for intentions screening test. The Clinical Neuropsychologist, 22, 864–878.

World Medical Association (2013). WMA declaration of Helsinki –ethical principles for medical research involving human subjects. Available from: http://www.wma.net/en/30publications/10policies/b3/index.html.

Xuan, B., Zhang, D. R., He, S., & Chen, X. C. (2007). Larger stimuli are judged to last longer. Journal of Vision, 7(10):2, 1–5.

Yakimoff, N., Mateeff, S., Ehrenstein, W. H. & Hohnsbein, J (1993).Motion extrapolation performance: A linear model approach. Human Factors, 35(3),501–510.

Yamaguchi, S. , Greenwald, A. G. , Banaji, M. R. , Murakami, F. , Chen, D. , Shiomura, K. , et al. (2007 ). Apparent universality of positive implicit self–esteem. Psychological Science, 18 ( 6 ), 498~500 .

Yanaka, H. T., Saito, D. N., Uchiyama, Y., & Sadato, N. (2010). Neural substrates of phasic alertness: A functional magnetic resonance imaging study. Neuroscience Research, 68, 51–58.

Yates, M. J., Loetscher, T., & Nicholls, M. E. R. (2012) . A generalized magnitude system for space, time, and quantity? A cautionary note. Journal of Vision, 12 (7):9 , 1–7.

Yiend, J. (2010). The effects of emotion on attention: a review of attentional processing of emotional information. Cogn. Emot. 24(1), 3–47. doi: 10.1080/02699930903205698

Yoo, J. Y., and Lee, J. H. (2015). The effects of valence and arousal on time perception in individuals with social anxiety. Front. Psychol. 6:1208.doi: 10.3389/fpsyg.2015.01208

Yoon, H., Kim, S. A., and Kim, S. H. (2015). Facial expression primes and implicit regulation of negative emotion. Neuroreport 26, 548–553. doi: 10.1097/WNR.0000000000000383.

Yuan, J. J., Ding, N., Liu, Y., and Yang, J. (2015). Unconscious emotion regulation: nonconscious reappraisal decreases emotion– related physiological reactivity during frustration.

Cogn. Emot. 29, 1042–1053. doi: 10.1080/02699931.2014.965663

Yuan, J. J., Long, Q. S., Ding, N. X., Lou, Y. X., Liu, Y. Y., and Yang, J. M.(2014). Suppression dampens unpleasant emotion faster than reappraisal: neural dynamics in a Chinese sample. Sci. China Life Sci. 58, 480–491.doi: 10.1007/s11427-014-4739-6

Yuan, J., Zhang, J., Zhou, X., Yang, J., Meng, X., Zhang, Q., et al. (2012). Neural mechanisms underlying the higher levels of subjective well-being in extraverts: pleasant bias and unpleasant resistance. Cogn. Affect. Behav. Neurosci. 12,175- 192. doi: 10.3758/s13415- 011-0064-8

Yunzhe, L., Dandan, Z., Jing, M., Dan, L., Huazhan, Y., & Yuejia, L. (2013). The attention modulation on timing: an event-related potential study. Plos One, 8(6), e66190.

Zakay, D. (1993). Relative and absolute duration judgments under prospective and retrospective paradigms. Perception &Psychophysics, 54(5), 656–664. doi:10.3758/BF03211789.

Zakay, D. (2000). Gating or switching? Gating is a better model of prospective timing (a response to 'switching or gating?' by Lejeune). Behavioural Processes, 50, 1–7.

Zakay, D. (2005). Attention et judgment temporal. Psychol. Fr. 50, 65–79.doi: 10.1016/j.psfr.2004.10.004

Zakay, D., & Block, R. A. (1997). Temporal cognition. Current Directions in Psychological Science, 6(1), 12–16.

Zakay, D., & Tsal, Y. (1989). Awareness of attention allocation and time estimation accuracy. Bulletin of the Psychonomic Society, 27(3), 209–210. doi:10.3758/BF03334586.

Zakay, D., and Block, R. A. (1996). The role of attention in time estimation processes. Adv. Psychol. 115, 143–164. doi: 10.1016/S0166-4115(96)80057-4

Zanto, T. P., Snyder, J. S., & Large, E. W. (2006). Neural correlates of rhythmic expectancy. Advances in Cognitive Psychology, 2(2-3), 221–231.

Zélanti, P. S., & Droit-Volet, S. (2012). Auditory and visual differences in time perception? An investigation from a developmental perspective with neuropsychological tests. Journal of Experimental Child Psychology, 112, 296–311.

Zentner, M., & Eerola, T. (2010). Rhythmic engagement with music in infancy. Proceedings of the National Academy of Sciences of the United States of America, 107(13),5768–5773.

Zhang, D., Liu, Y., Wang, X., Chen, Y., and Luo, Y. (2014). The duration of disgusted and fearful faces is judged longer and shorter than that of neutral faces: the attention-related time distortions as revealed by behavioral and electrophysiological measurements. Front. Behav.

Neurosci. 8:293. doi: 10.3389/fnbeh.2014.00293

Zhang, H., Chen, L., and Zhou, X. (2012). Adaptation to visual or auditory time intervals modulates the perception of visual apparent motion. Front. Integr. Neurosci. 6:100. doi: 10.3389/fnint.2012.00100

Zhou, K., Luo, H., Zhou, T. G., Zhuo, Y., & Chen, L. (2010). Topological change disturbs object continuity in attentive tracking. Proceedings of the National Academy of Sciences of the United States of America, 107(50), 21920–21924.

Zhou, T. G., Zhang, J., & Chen, L. (2008). Neural correlation of "Global–first" topological perception: Anterior temporal lobe. Brain Imaging and Behavior, 2, 309–317.

Zhuo, Y., Zhou, T. G., Rao, H. Y., Wang, J. J., Meng, M., Chen, M., Zhou,C., &Chen, L. (2003). Contributions of the visual ventral pathway to long–range apparent motion. Science, 299(5605), 417–420.

Ziaei, M., and Fischer, H. (2016). Emotion and Aging: The Impact of Emotion on Attention, Memory, and Face Recognition in Late Adulthood. (pp. 259–278). Academic Press.

Zion Golumbic, E. M., Ding, N., Bickel, S., Lakatos, P.,Schevon, C. A., McKhann, G. M., ··· Schroeder, C. E.(2013). Mechanisms underlying selective neuronal tracking of attended speech at a "cocktail party". Neuron, 77,980–991.